मृत्यु से मुक्ति तक

श्रीमद्भागवत सरलतम तत्त्व-विवेचन

डॉ. रमेश सिंह पाल

ISBN
Paperback 979-8-89588-968-8
Hardcase 979-8-89632-366-2

त्वदीयं वस्तु गोविन्दतुभ्यमेवसमर्पये।
तेन त्वं अङ्घ्रि कमले रतिं मे यच्छ शाश्वतीम्।।

"हे गोविन्द! आपकी वस्तु आपको ही समर्पण कर रहा हूँ। इसके द्वारा आपके चरण कमलों में मुझे शाश्वत प्रेम प्रदान करने की कृपा करें।"

विषय-सूची

प्रस्तावना

एक बार किसी ने मुझसे पूछा कि हम जीवन जी क्यों रहे है? तो मेरे मुख से स्वतः ही निकल गया कि हम सब लोग मरने के लिए ही जी रहे है। उस समय तो मैंने बोल दिया लेकिन बाद मे मेरे मन में इस वाक्य को लेकर बहुत विचार आने लगे क्यो कि देखा जाय तो यह सत्य है कि हम सब मरने के लिए ही, जीवित है। मरण (मृत्यु) ही एक मात्र सत्य है, लेकिन हमने वेदान्त मे पढ़ा है कि मृत्यु तो असम्भव है, मृत्यु केवल एक अवस्था परिवर्तन मात्र है। जिस प्रकार जब हम पैदा होते है तो हमारा देह एक शिशु का देह होता है, फिर यह देह बढ़ता है और जवान (प्रौढ़) अवस्था मे आता है, फिर यह देह मे विकार आते है, तथा इसका क्षय शुरू होता है और फिर बुढ़ापा आता है और एक दिन यह देह की मृत्यु हो जाती है।

अगर थोड़ा ध्यान से देखा जाए तो यह उसी प्रकार है जैसे, समुद्र मे पानी भाप बनकर उड़ा फिर वो बादल बना और फिर बादल नष्ट होकर फिर से पानी मे मिल गये तो क्या पानी का जन्म हुआ और क्या पानी की मृत्यु हो गयी? मनुष्य अपने संस्कारो के अनुरूप एक देह धारण करता है और उस देह के साथ वह इतना अधिक (प्रगाढ़) तादात्म कर लेता है कि वह देह को ही सत्य मान कर जीने लगता है, और जैसे-जैसे इस देह में विकार आने शुरू होते है, मनुष्य को गहरी चिन्ता घेर लेती है। देखा जाय तो कोई भी मनुष्य मृत्यु के कारण दुखी नही होता क्यों कि शायद सभी को पता है कि एक दिन तो मरना ही है, मनुष्य मृत्यु के भय के कारण दुखी होता है, मृत्यु का भय आदमी को जीने नही देता।

जब हम इस संसार मे आते है हमे हर एक चीज सीखनी पड़ती है चाहे वह गाड़ी चलाना हो या जीवन निर्वाह के लिए कोई भी कार्य हो, तो क्या हमे यह नही सीखना चाहिए कि मरना कैसे है? यदि जीवन जीना एक कला है तो मरना भी एक कला है। भगवान ने भगवतगीता मे कहा है, "अमृतं चौव मृत्युश्च सदसच्चाहमर्जुन" कि जीवन भी मै ही हूँ और मृत्यु भी मै ही हूँ। सत भी मै ही हूँ और असत भी मैं ही हूँ। अगर मृत्यु भी परमात्मा ही है तो भला मृत्यु से कैसा भय? परंतु यह

बात बोलने मे तो ठीक लगती है लेकिन जब तक हम जीवन को सही ढंग के नही समझते, तब तक मृत्यु को भी हम नही समझ सकते।

भगवत गीता में भगवान कहते है कि आदमी का दो तरह से देह त्याग हो सकता है, एक तो है कीट पतंगे की तरह का कीट पटगे, कामना के वसीभूत होकर गति प्रकाश/अग्नि की ओर आकर्षित होते है। और उनमे जलकर तड़प-तड़प कर अपने प्राण त्यागते है। ये बड़ी दर्द-दायक मृत्यु है, लेकिन क्योंकि कामना मे चाहे, कीट-पतंगे हो या मनुष्य हर कोई अन्धा हो जाता है। उसे पता होता है कि वह किस नरक से गुजर रहा है। लेकिन फिर भी अपनी कामनाओं को नही त्यागता। दूसरी तरह की मृत्यु हमें दिखाई नहीं पड़ती है। नदी भी सागर में मिलकर स्वयं को खो देती है लेकिन वो मिटती नही, अब वो सागर हो जाती है। अब वो अनंत हो जाती है, जो ज्ञानीजन, विवेकी पुरुष है, वो जानते है कि मृत्यु, मुक्ति के रास्ते मे आने वाला एक पड़ाव मात्र है, मृत्यु तो अनंत होने का अवसर है। अपने व्यतित्व को मिटाकर अनंत के साथ एक हो जाना, ऐसी मृत्यु, मुक्ति है।

यह पुस्तक श्रीमद भागवत महापुराण को आधार बनाकर लिखी गयी हैं, श्रीमद भागवत महापुराण इतना विस्तृत है कि एक आम आदमी इसे पूरा अध्यन करने से पहले १०० बार सोचता है इसलिए वह कथावाचकों से भागवतम सुन लेता है, इसमें बताई गयी कथाओ को भी याद कर लेता है। लेकिन उन कथाओ का तात्यर्य निर्णय, व्यवहारिक एवं आध्यात्मिक तौर पर सही-सही नहीं कर पता है। आजकल के कथा वाचक भी केवल धर्म और कथा को, धन और यश बटोरने साधन बनाये हुए है। इसलिए शायद आज एक आम आदमी, धर्म और अध्यात्म को लेकर जितना संदेहित है, इतना कभी भी नहीं था।

श्रीमद भगवत महापुराण में सबकुछ है, उपनिषद जैसा ज्ञान है, भक्ति-सूत्र जैसी भक्ति है और भगवत गीता जैसा कर्म-सन्यास भी है। नीति, धर्म और अध्यात्म का पूर्ण समवेश हमें श्रीमद भगवत महापुराण में देखने को मिलता है। इस पुस्तक में तत्व (वेदान्त) की दृष्टि से भागवत महापुराण के तथ्यो का विवेचन किया गया है, जब तक हम लोग अपनी दृष्टि में द्वैवत को छोड़कर अद्वैवत भाव नही ले आते, यह पुस्तक पूर्ण रूप से समझ मे नही आ सकती तथा इसमें बताये गये तथ्य हमे केवल मानसिक कल्पानाओ मे ही डालेंगे।

ये पुस्तक एक प्रयास है, पूर्ण भागवतम के सार को व्यावहारिक दृष्टि से जनमानस के लिए उपलब्ध कराने का। लेखक के लिए १८००० श्लोक को लगभग ३०० पेजो में समाहित करना एक चुनौती भरा कार्य था। लेकिन परमात्मा की कृपा दृष्टि और गुरुओ के आशीर्वाद से, ये कार्य लेखक द्वारा सफलता पूर्वक इस किताब के रूप में सम्प्पन किया गया। ये पुस्तक केवल चंद पन्नो पर लिखी कुछ लाइने

नहीं है, बल्कि ये पुस्तक एक-पथ प्रदर्शक साबित हो सकती है, उन सभी जिज्ञासुओं के लिए जो समझते है कि मनुष्य जीवन का प्रथम और अंतिम लक्ष्य, जीवन में कृत-कृत्यता, आत्म-ज्ञान और आंनद प्राप्ति है।

डॉ. रमेश सिंह पाल

अध्याय-1

श्रीमद्भागवत माहात्म्य

परमात्मा, इच्छा पूर्ति का साधन नहीं है

श्रीमदभागवत महापुराण का प्रथम स्कन्ध, माहात्म्य स्कन्ध है। माहात्म्य का क्या अर्थ है? यह समझना बहुत जरूरी है। सामान्यतः इस संसार में कोई भी मनुष्य किसी भी प्रकार का कर्म निष्प्रयोजन नही करता है। प्रत्येक कर्म मे एक प्रयोजन छुपा होता है, और जब तक वो कार्य हमारे लिए किस प्रकार से अच्छा है या फलदायी है, यह हम नही जान लेते; हम वो कार्य नही करते। अगर दूसरे शब्दो मे कहे तो जब तक किसी भी वस्तु के प्रति हमारी माहात्म्य बुद्धि नही होती, यह बुद्धि उस कार्य मे नहीं लगती। इसीलिए चाहे कोई भी ग्रन्थ ले लो या कोई भी स्त्रोत या मंत्र ले लो, उसमे फलश्रुत्री दी होती है कि इसको इतना पाठ करेंगे तो आपको अमुक चीजो की प्राप्ति होगी।

इसलिए जब भागवत कथा होती है तो भीड़ इकट्ठा करने के लिए पहले दिन व्यास पीठ पर बैठे कथावाचक भागवत के माहात्म का विस्तार से वर्णन करते है, और जो लोग कथा सुनने आते है उनको लगता है कि चलो सुन लेते है, क्या पता हमारे दुखः दुर हो जायः? अगर, हमारी नीव ही गलत हो तो मकान कैसे ठीक रह सकता है। जब तक कथा सुनते है तो सब ठीक लगता है, परन्तु जैसे ही घर गये फिर वही लड़ाई, झगड़ा, क्लेष और दुख शुरू हो जाता है।

एक बात बहुत ही स्पष्ट तौर पर समझ लेनी चाहिए कि जब तक हम परमात्मा को केवल ईट पत्थरो में देखते रहेंगे, परमात्मा कभी भी हमारी बुद्धि मे नही समा सकता, परमात्मा को जब तक हम केवल अपनी इच्छा पूर्ति का साधन मानेंगे, दुख हमारा पीछा नही छोड़ेंगे। जब तक जीवन को हम समझदारी से जीना प्रारम्भ नही करते, हमारे जीवन मे कष्ट दुख निरन्तर बने रहेंगे, और समझदारी से जीवन जीने के लिए हमे अपनी गलत धारणाओं को ठीक करना पड़ेगा। हमारी

गलत धारणाये है कि हम कौन है? ईश्वर कौन है?, जीव का क्या अर्थ है?, जगत का स्वरूप क्या है? तथा आध्यातमिक साधना क्या है?

जब तक हम इन तत्थो को स्पष्ट तौर पर नही जान जाते है, हम परमात्मा का नाम लेने से पहले सोचेंगे कि यार! नाम लेने के क्या मिलेगा?

भागवत महापुराण हमे, हमारे गलत धारणाओं को ठीक करके, कैसे परमात्मा के साथ एक होना है? यह सिखाती है। इसके पाठ से मिलेगा कुछ भी नही? बल्कि जो भी आपने अभी तक पकड़ कर रखा है, वो भी छूट जायेगा। हमने क्या पकड़ कर रखा है? सबके पहले तो हमने इस देह को पकड़ कर रखा है, इस देह के साथ इतना आसक्त हो जातें है मानो सब कुछ यह देह ही है। फिर हमने पकड़कर रखा है, नाम-रूप, उपाधि, राग-द्वेष, ईर्ष्या, मंद, मात्सर्य, आदि ये सभी हमको इस देह में बाधते है। भागवत का महात्म यहि है कि इन देह विकारों को समाप्त करके, कैसे हम अपने स्वरूप में लौट आये।

देह के साथ हमे जीवन कैसे जीना चाहिये? यह हमे भगवान भगवत गीता मे बताते है तथा हमे देह का त्याग कैसे करना चाहिए यह हमे भागवत महापुराण बताता है, और एक बात अवश्य जान ले जो मनुष्य ठीक प्रकार से जीवन जीया नही वह ठीक प्रकार से मर भी नही सकता। यही जीवन का नियम है। जीवन इसी प्रकार कार्य करता है।

1. मंगलाचरण

मंगलाचरण का तात्पर्य है कि हम सभी के साथ अच्छा व्यवहार करे। इसके लिए जरूरी है, हम प्रत्येक मनुष्य मे भगवान को देखे क्यों कि सभी में वही परमात्मा जीवन के रूप मे प्रकट हो रहा है।

सच्चिदानन्द रूपाय विश्वोत्पत्यादिहेतवे।
तापत्रय विनाशाय श्रीकृष्णायवयंनुमः।।

सत-चित-आनन्द ये तीन शब्द परमात्मा, ब्रहम या भगवान को लखाने के लिए कहे जाते है। परमात्मा सत स्वरूप है, चित (चेतना) उसकी अनन्त शक्ति है तथा आनन्द उस अन्नत शक्ति की अभिव्यक्ति है। परमात्मा ही इस विश्व (जगत) के अभिन्न, निमित्त उपादान कारण है तथा वे तीनो तापो (आदि भौतिक, आदि दैविक तथा आध्यात्मिक) का नाश करने वाले है।

भौतिक जगत मे यदि हम देखे तो सृष्टि की संरचना, इस प्रकार बनायी गयी है मानो किसी ने बहुत ही सुनियोजित ढंग से सभी चीजों को अपनी जगह पर रखा हो, जब हम लोग एक घर बनाते है तो उसमे सभी चीजों का ध्यान रखते है, जिससे घर मे सभी लोग आराम के रह सके। उसी प्रकार सृष्टि मे

भी हमेशा एक सन्तुलन बना रहता है जैसे हवा, हमेशा बह रही है, सूर्य, चांद अपनी जगह पर है, पानी हमेशा तरल ही है।

अगर हम सृष्टि के विस्तार को देखे तो हमारी बुद्धि चक्कर खा जायेगी। यह ब्रह्मांड अनन्त है और सब अपनी जगह पर सही प्रकार कार्य कर रहा है। यह सब कुछ क्या अपने आप हो रहा है? हम अपने घर पर यदि किसी छोटे से भी उत्सव का आयोजन करते है तो हम घर के सभी लोग कितने दिनो तक इसमे लगे रहते है, तो फिर ये अनन्त ब्रह्मंण कैसे भला बिना किसी नियंत्रण के नियंत्रित हो सकता है। उसी अनन्त शक्ति, चैतन्य तथा ज्ञान के स्त्रोत को भक्त लोग भगवान, योगी लोग परमात्मा तथा वेदान्त में ब्रह्म कहा जाता है। भागवत में उसी ब्रह्म को कृष्ण कहा गया है।

अगर कोई पेन्टर, एक अच्छी पेन्टिंग बनाता है तो सभी उसकी बहुत तारीफ करते है। लेकिन जिसने यह जीती जागती विश्व रूप पेन्टिंग बनायी है उस तरफ हमारा ध्यान ही नही जाता है। सभी लोगो ने चींटी अवश्य देखी होगी, एक छोटी सी चीटी क्या कमाल की संरचना है। क्या कोई मनुष्य चीटी बना सकता है? एक पेड़ का पत्ता कैसे कार्य करता है। पूरी जीवन भर भी यदि इस पर हम सोचते रहे तो कई जन्मों के बाद भी हम इस पत्ते के बारे में पूर्ण रूप में नही जान सकते।

चाहे वह एक मनुष्य हो, कोई जानवर हो, पेड़-पौधा हो या ईंट-पत्थर सभी केवल इसीलिए है क्यो कि उनमें परमात्मा की अभिव्यक्ति है अन्यथा यदि परमात्मा की अभिव्यक्ति ना हो तो कुछ भी ना हो। यहि है मंगलाचरण का तात्पर्य कि हम यह जान ले कि यह जीव, जगत, ईश्वर, सत, असत, सब कुछ परमात्मा ही है और कुछ नही।

2. भागवत माहात्म्य

भगवान श्री कृष्ण के पश्चात् हम भगवान शुकदेव जी को नमस्कार करते है। श्रीमद भागवत महापुराण के अनेक वक्ता हुए है परन्तु शुकदेव जी के समान कोई वक्ता नही हुआ। श्रीमदभागवत की गुरू परंपरा में नाराण भगवान आदि गुरू है। उनके शिष्य है ब्रह्मा जी, ब्रह्मा जी के शिष्य है नारद मुनि, नारद मुनि के शिष्य है, भगवान वेदव्यास जी और वेदव्यास जी के शिष्य है शुकदेव जी। शुकदेव जी का ऐसा विलक्षण प्रभाव है कि उनके आगमन पर बड़े-बड़े महर्षियों की सभा में भी सब के सब उठकर खड़े हो जाते है। स्वयं भगवान वेदव्यास भी खड़े हो जाते है। यद्यपि शुकदेव जी की आयु केवल सोलह वर्ष की है। शुकदेव जी के बारे में बहुत सारी कथायें शास्त्रो में मिलती है। जिनमें से स्कन्ध पुराण में वर्णन आता है कि-जब भगवान शुकदेव जी माता के गर्भ में थे तो गर्भ से निकलना ही नही चाहते थे। दस महीने हो गये, एक साल हो गया, बारह साल हो गये तो भी वे गर्भ से बाहर नही आये। परेशान होकर

माता ने शुकदेव जी के पिता भगवान वेदव्यास से कहा तब भगवान वेदव्यास जी कहते है कि हे पुत्र माता को बहुत कष्ट हो रहा है। तुम बाहर आ जाओ, तो शुकदेव जी कहते है कि हे पिता जी, भगवान की माया बहुत प्रबल है बाहर आते ही वह सबको फसा लेती है। अतः मै बाहर नही निकलूंगा। तो वेदव्यास जी ने कहा ''अच्छा मै तुमको आशीर्वाद देता हूं कि बाहर आने पर भी माया तुम्हे नही सतायेगी'' इतना कहते ही शुकदेव जी गर्भ से बाहर आकर सीधे जंगल की ओर जाने लगे ऐसा देखकर भगवान वेदव्यास भी उनके पीछे पुत्र-पुत्र की आवाज लगाते हुए जाने लगे तब शुकदेव जी की ओर से पेड़ो ने व्यास जी को उत्तर दिया कि हे भगवन वो वापिस नही आयेंगे आपका प्रयास बेकार है। क्योकि वे तो ''सर्वभूतात्मभूतात्मा'' है तथा माया उन पर प्रभाव नही डाल सकती।

इस कथा में यह भी आता है कि भगवान शुकदेव जी का ना तो यज्ञोपवित हुआ और ना ही कोई और संस्कार हुआ क्योकि जो नित्य शुद्ध है उन्हें सन्सकारों की क्या आवश्यकता है। संस्कार तो अशुद्ध लोगो को दिये जाते है। प्रश्नोपनिषद में भगवान के लिए ''ब्रात्य'' शब्द का प्रयोग किया गया है। जिसका अर्थ होता है ''संस्कारहीन''।

भागवत महात्म्य की कथा का प्रसंग पद्यपुराण से लिया गया है। यह श्रीमदभागवत का प्रथम स्कन्ध है तथा इसमें छः अध्याय है।

एक बार नैमिषारण्य में शौनकदि अठासी हजार ऋषि जब यज्ञ कर रहे थे तो वहां पर श्री सूत जी आते है। ये ''सूत जी'' कौन है? भगवान वेदव्यास के शिष्य रोमहर्षण के पुत्र है। सूत एक जाति होती है जिसमें माँ ब्राह्मण जाति की होती है और पिता क्षत्रिय जाति के होते है। ऐसे विवाह को प्रतिलोम विवाह कहते है, उनका जो पुत्र होता है उसे सूत कहते है श्री सूत जी बड़े ही ज्ञानी थे ऋषियो की सभा में जाकर वे पुराणो की कथा सुनाते थे।

यहां पर ''नैमिषारण्य'' स्थान का विवेचन करना जरूरी है। इसको दो तथ्यों से समझते है। एक बार बहुत सारे ऋषि भगवान ब्रह्मा जी के पास गये और पूछने लगे कि हम साधना कहा पर करे? तब ब्रह्मा जी ने उन्हे चार भुजाओ वाला (मन, चित्त, बुद्धि, अहंकार) वाला एक घुमता हुआ चक्र दिया और कहा कि जिस भी स्थान पर यह चक्र घुमना बन्द हो जायेगा वही साधना का उत्तम स्थान होगा। वह चक्र आकर उत्तर प्रदेश, लखनऊ के नजदीक नैमिषारण्य स्थान पर रूक गया। इस कथा का तात्पर्य यही है कि जहां कही पर भी हमारे मन का भटकना बन्द हो जाता है, मन के विक्षेप शान्त हो आए और उनमें स्थिरता आ आए वही स्थान शाधना के लिए उत्तम है। दूसरी रिति से देखे तो निमिष का अर्थ होता है, एक क्षण मात्र में हमारा ध्यान अथवा मन भगवान में रम जाये हमारे मन की आसुरी वृत्तियां शान्त हो जाये उसी स्थान को नैमिषारण्य कहा जाता है।

सूत जी को आता देखकर अठासी हजार ऋषियों के प्रमुख श्री शौनक जी सूत जी को नमस्कार करते है और उन्हे आसन पर बिठाकर निवेदन करते है- हे सूत जी आप हमे कानो मे अमृत घोलने वाली भगवान की कथा सुनाइये, अब "कथा" शब्द का अर्थ भी समझ लेना चाहिए, कथ का अर्थ कोई काल्पनिक कहानी किस्सा नही होता है, कथा का अर्थ है "कथ" यानी कहना, हम कहते किसलिए है? किसी वस्तु को प्रकाशित करने के लिए, उसका बोध कराने के लिए। "कथ्यते, प्रकाश्यते यथां कथा" जिसके द्वारा कोई चीज कही जाती है, प्रकाशित की जाती है उसे कथा कहते है।

शौनक जी कहते है कि हे भगवन आप ऐसी कथा सुनाये जिससे सुनकर भक्ति, ज्ञान, वैराग्य बढ़ने लगते है और मोह-माया, आसक्ति, राग-द्वेष, क्रोध आदि घटने लगते है। शौनक जी का प्रश्न सर्वकल्याणकारी होने के कारण उत्तम प्रश्न माना जाता है क्योकि यह प्रश्न व्यक्तिगत नही था। हमारे प्रश्न प्रायः व्यक्तिगत होते है। जैसे मेरी शादी कब होगी? धन की प्राप्ति कब होगा, नौकरी कब लगेगी इत्यादि। इस तरह के व्यक्तिगत प्रश्नों के उत्तर श्रेष्ठ महाजन नही देते, परन्तु जिन प्रश्नो में जिज्ञासा छुपी हो तथा जो सर्वकल्याणकारी हो ऐसा प्रश्न सुनकर महात्मजन अत्यन्त प्रसन्न हो जाते है।

सूत जी कहते है कि हे शौनक जी, आपका प्रश्न बहुत ही उत्तम है। इसलिए मै सर्व सिद्धान्तो का सार तुम्हे सुनाता हूँ। संसार के भय, मृत्यु के भय तथा मन के विक्षेपो के कारण होने वाले दुखों को पूर्णतः नष्ट करने वाले अमृत का नाम है श्रीमद्भागवत। आगे सूत जी कहते है कि जब शुकदेव जी परीक्षीत महाराज को भागवत सुनाने लगे, तब देवता लोग अमृत कुंभ लेकर वहां पर पहुच गये और शुकदेव जी से कहने लगे- महाराज इन्हे (राजा को) श्राप मिला है कि तक्षक आयेगा और उनके दंश से इनका मरण होगा, तो इन्हे हम यह अमृत कुंभ दिये देते है परन्तु आप यह भागवतामृत हमे भी दीजिये तब शुकदेव महाराज कहते है। कहां तुम्हारा अमृत और कहां यह भागवत कथा। तुम्हारे अमृत को पीकर केवल देह की मृत्यु से बचा जा सकता है। परन्तु पाप, पुण्य, सुख, दुख, काम, द्वेष से मुक्ति नही मिल सकती है। देहात्मभाव फिर भी बना रहता है। ऐसा जी कर भला क्या लाभ? परन्तु भागवत अमृत के द्वारा जन्म-मृत्यु के परे जाया जा सकता है जो कि जीव का एक मात्र लक्ष्य है। ऐसा जानकर शुकदेव जी ने भागवत कथा देवताओं को नही दी। तुलसीदास जी तो साफ-साफ कहते है।

"आए देव सदा स्वारथी"

इस प्रसंग से यह बात बतायी गयी है कि देवताओं के लिए भी यह कथा दुर्लभ है। तो फिर भागवत का श्रेष्ठ अधिकारी कौन है? भागवत का उत्तम अधिकारी वह है जिसे अब जीवन में कुछ और सिद्ध नही करना है। जिसका मन संसार से

उपरत हो गया है तथा जो अपने भगवत स्वरूप को जानने का जिग्यासु है। वही केवल भागवत में बतायी गयी बातो का सही ढंग से तात्पर्य निर्णय कर सकता है तथा तात्पर्य निर्णय करके इस पर चिन्तन, मनन व निधिध्यासन कर सकता है।

राजा परीक्षित को श्राप मिला था कि सातवे दिन तक्षक नाग उन्हे काट लेगा और उनका मरण हो जायेगा। यह जानकर राजा ने सब कुछ त्याग दिया और गंगा किनारे जाकर बैठ गये। इसका अभिप्राय क्या हुआ? उन सात दिनो में भागवत के द्वारा राजा परीक्षित को अपने असली स्वरूप का ज्ञान हो गया और वे तक्षक के आने से पहले ही अपने मूल स्वरूप (परमात्मा) के साथ मिल गये। भगवत गीता में भगवान 11वे अध्याय में दो तरह की मृत्यु का वर्णन करते है।

यथा नदीनां बहवोऽम्बुवेगाः समुद्रमेवाभिमुखा द्रवन्ति।
तथा तवामी नरलोकवीरा विशन्ति वक्त्राण्यभिविज्वलन्ति॥

पहली मृत्यु उन लोगो के लिए बतायी है जिन्होने कर्म के द्वारा अपना अन्तर्करण शुद्ध करके उपासना के द्वारा अपना मन परमात्मा की ओर लगाकर, समझदारी पूर्वक जीवन जीया है। वे मनुष्य अन्त समय में परमात्मा के साथ ठीक वैसे ही मिल जाते है जैसे कोई नदी लाखो मील का सफर तय करके अन्त में बिना किसी आवाज के, शान्त सागर में मिल जाती है। इस मिलन में पानी, पानी से ही मिल जाता है क्याकि पानी चाहे नदी का हो या सागर का सत्य नदी या सागर नही है, सत्य पानी है। ठीक उसी प्रकार हम अपने स्वभाव को मिटाकर, जब अपने स्वरूप में मिल जाते है तो इसे मृत्यु नही कहते इसे मोक्ष या मुक्ति कहते है, जो कि देवताओं के लिए भी दुर्लभ है।

दूसरी ओर वे मनुष्य है जिनका अन्तर्करण शुद्ध नही है, जिनके जीवन का प्रेरक काम है। उनके लिए भगवान कहते है।

यथा प्रदीप्तं ज्वलनं पतंगाविशन्ति नाशाय समृद्धवेगाः।
तथैव नाशाय विशन्ति लोकास्तवापि वक्त्राणि समृद्धवेगाः॥

जो मनुष्य पूरा जीवन के मन की इच्छाओ को पूरा करने में बीता देते है तथा इस देह को ही सम्पूर्ण सत्य समझकर जीते है, वो अपने जीवन का त्याग भी उस प्रकार करते है जैसे कीट-पतंगे वर्षा ऋतु में काम से प्रेरित होकर प्रकाश की ओर भागते है और उससे टकरा-टकरा कर अपने प्राण त्याग देते है। यह मृत्यु बड़ी ही दुखदायी होती है। रहीमदास जी कहते है।

तन रहीम है कर्म बस, मन राखो ओही ओर।
जल में उलझी नाव जा, खैंचत उनके जोर॥

इससे बचने के लिए ही एक आध्यात्मिक जीवन निर्वाह के लिए, जो भी कर्म करे; परन्तु मन हमेशा अपने उदगम स्थान (शुद्ध चैतन्य परमात्मा) की ओर होना चाहिए।

सातवे दिन ऋषि श्राप के अनुसार तक्षक आया और परीक्षित जी को काटा लेकिन परीक्षित महाराज के देह को। परीक्षित महाराज तो उससे पहले ही देहात्मभाव का त्याग करके परम आनन्द परमात्मा से जा मिले थे। अगर कोई ये कहे कि तक्षक के काटने से परीक्षित महाराज की मृत्यु हुई तो यह गलत होगा क्योंकि मृत्यु केवल उसकी होती है जिसका जन्म होता है और हमारा न तो जन्म हुआ है और न मृत्यु। हम एक अखण्ड सत्ता है, लेकिन मन तथा माया के कारण ऐसा प्रतित होता सा दिखता है जैसे हमने जन्म लिया और हमारी मृत्यु हो जायेगी। इसी अज्ञान को नष्ट करने के लिए भागवत तत्व विवेचन सार समझना अति आवश्यक है।

आगे सूत जी कहते है कि हे शौनक जी, भागवत सर्वप्रथम नारद जी को सनत्कुमारो ने बताई थी। पुराणो की कथाँए ऐसी है कि एक कथा में से दूसरी कथा निकल आती है। शौनक जी ने सूत जी से पूछा कि हे भगवन, नारद जी तो हमेशा घूमते रहते है, उनका सनत्कुमारो से कहा मिलना हुआ? और उन्होने भागवत कहा सुनायी? सूत जी कहते है कि नारद का अर्थ होता है "ज्ञान देने वाला" एक बार नारद जी विचरण करते-करते बद्रिकाश्रम में पहुचे, जहां उनकी भेट सनत्कुमारो से हुई, सनक, सनातन, सनन्दन और सनत्कुमार। ये चारो ब्रह्मा जी के मानस पुत्र है। उन्होने नारद जी से पूछा "नारद जी आप बहुत दुखी दिखाई दे रहे हो, क्या बात है? इस पर नारद जी बोले कि हे भगवन, मै स्वर्गलोक से यह सोचकर पृथ्वी पर गया था कि पृथ्वी बहुत अच्छी जगह है क्योंकि मनुष्य बड़े अधिकारी होते है, परन्तु पृथ्वी पर मैने देखा कि सब ओर दुख ही दुख है, पृथ्वी पर सत्य नही है, तप नही है, सौच, दया, दान आदि कुछ भी नही है। यह देखकर में हैरान और दुखी हुआ कि लोग वेद भी बेचने लगे है और भगवान का नाम लोग केवल डर के कारण ले रहे है। भगवान से कोई प्रेम नही करता।

3. नारद जी और भक्ति का संवाद

नारद जी कहते है कि मै चलते-चलते वृन्दावन पहुचा वहां मैने एक अदभुत बात देखी, मैने देखा कि एक सुन्दर तरूणी स्त्री अपने दो पुत्रो के पास बैठकर विलाप कर रही थी। उसके दोनों पुत्र वृद्ध हो गये थे तथा बेहोश पड़े थे। उस स्त्री के साथ उसकी सखियां भी थी जो उसकी सेवा कर रही थी। तब मैने उससे पूछा कि आप कौन है? वो बोली-कि मै भक्ति हूं और ये दानो मेरे पुत्र है, ज्ञान और वैराग्य और ये स्त्रिया गंगा, जमुना, कावेरी आदि नदियां है। वह बोली कि हे भगवन मै बहुत दुखी हूँ। मेरा जन्म द्रविड़ देश में हुआ, कर्नाटक मै मेरी वृद्धि हुई, महाराष्ट्र में

थोड़ी और बढ़ी और गुजरात में जाकर क्षीण हो गयी। फिर मै वृन्दावन आ गयी, वृन्दावन आकर मै तो युवा हो गयी परन्तु मेरे दोनो पुत्र ज्ञान और वैराग्य बूढ़े हो गये है। वृन्दावन, गोकुल के लोग भगवान श्री कृष्ण के सगुण उपासक है, उन्हे वेदान्त की चर्चा अच्छी नही लगती वे ज्ञान-वैराग्य को नही मानते इसलिए यहां ये दोनों बेहोश पड़े है। यहां के लोगो का कहना है कि हमें तो यहां सब जगह भगवान दिखते है तो वैराग्य किससे करे? भक्ति माता कहती है कि हे नारद जी आप मेरे पुत्रो के लिए कुछ कीजिए, उन्हे पुनः युवा बना दिजीये। नारद जी कहते है कि हे माता! चिन्ता मत करो, भगवान सब ठीक करें। यह सब कलियुग का प्रभाव है। अतः इसमें घबराने की कोई आवश्यकता नही है। मै अभी वेद-वेदान्त का पाठ करके इन्हे उठा देता हूं। नारद जी वेद-वेदान्त का पाठ करने लगे लेकिन ज्ञान वैराग्य नही उठे फिर नारद जी ने वेदान्त सार रूपि भगवतगीता का पाठ किया, तो भी ज्ञान वैराग्य थोड़ा जागकर फिर सो गये।

इसका तात्पर्य यह है कि चाहे हम वेदान्त पढ़ ले या चाहे भगवतगीता कन्ठस्थ याद कर ले, उससे हममे ज्ञान और वैराग्य का उदय नही हो सकता। जब तक कि हम वेदान्त तथा भगवतगीता में बताई गयी बातो पर चिन्तन, मनन तथा निधिध्यासन नही करते, वेदान्त तथा भगवतगीता के रहस्य इतने गूढ़ है कि उनका तात्पर्य निर्णय करना एक मनुष्य के लिए अत्यन्त कठिन है।

जब तक मनुष्य जीव, जगत, ईश्वर तथा परमात्मा को लेकर अपनी अनगिनत गलब धारणाओ को ठीक नही कर लेता उसमें ज्ञान, भक्ति तथा वैराग्य का उदय नही हो सकता है। यह उसी प्रकार है जैसे यदि हम एक पेड़ के पत्तो पर तथा तने पर खूब पानी खाद दे लेकिन यदि वह पानी और खाद उसकी जड़ तक नही पहुचेगा तो पेड़ सूख जायेगा, और यदि पेड़ के मूल जड़ को खाद पानी सही मिल रहा हो तो वह सदा हरा भरा रहेगा। इसलिए यदि मनुष्य अपने मूल स्वरूप से जुड़ा है तो वह कभी भी दुख की अवस्था में आ ही नही सकता।

4. नारद जी की सनत्कुमारो से भेट

जब ज्ञान और वैराग्य ठीक नही हुये तो नारद जी भी सोच में पड़ गये और वे बद्रीवन चले आये और वहा तपस्या का विचार कर ही हरे थे तभी चारो सनत्कुमार वहां आ गये। नारद जी उन्हे देखकर अत्यन्त प्रसन्न हो गये और उन्हे पृथ्वी लोक का पूरा वर्णन सुनाया तथा ज्ञान-वैराग्य को जगाने का उपाय पूछा। सनत्कुमारो ने कहा कि हे नारद जी आप चिन्ता ना करे।

सत्कर्मसूचको नून ज्ञानयज्ञः स्मृतो बुधै;।
श्रीमद्भागवत लापः सतु गीतः शुकादिभिः।।

आप भागवत सप्ताह करो, उसमे ज्ञान और वैराग्य जाग जायेंगे। सनत्कुमार बोले इसकी दवाई पहले से ही ज्ञात है। कभी-कभी ऐसा हमारे साथ भी होता है जब हमे कोई रोग हो जाता है और उसकी दवाई हमे मालूम नही होती फिर हम डाक्टर के पास जाते है। वह हमे कही और भेज देता है परन्तु रोग ठीक नही होता फिर वो जानकार आकर कहता है कि तुम्हारे घर में तुलसी का पौधा है कि नही? बस उसका काढ़ा पी लो, कभी-कभी उपाय इतना सरल होते हुए भी हमे ज्ञात नही होता और हम दूसरे बड़े-बड़े उपाय करते रहते है। आपरेशन आदि कराने चले जाते है। यहि बात नारद जी के साथ भी हुई। यहां नारद जी पूछते है कि हे भगवन-यह बात मेरी समझ में नही आती, आखिर भागवत वेद-वेदान्त से अलग बात तो बताता नही है, फिर इसकी इतनी महिमा क्यो है? क्या भागवत में ऐसी कोई बात बतायी गयी है जो वेदो में न हो?

सनत्कुमारो ने कहा-बात तो तुम ठीक ही कहते हो। भागवत में वेदान्त ही बताया गया है, तथापि भागवत की विशेषता ऐसी है जैसे आम्र फल में आम के पेड़ का ही रस व्याप्त होता है, तथापि आम का स्वाद तो फल में ही आता है, पेड़ के दूसरे किसी भाग में नही आता है। -"निगम कल्पतरोर्गलितं फलम"। यह भागवत वेद-वेदान्त रूपी कल्पवृक्ष का पका हुआ फल है। पेड़ का ही सार फल में होता है लेकिन फल और पेड़ में बहुत अन्तर होता है। इसी प्रकार गन्ने का जो रस है वह गन्ने से अलग है, गन्ने में जो शक्कर है वह पूरे गन्ने में व्याप्त है लेकिन गन्ने का सारा भाग मीठा है क्या? नही। वेदो को पेड़ कहा गया है लेकिन भागवत को फल कहा गया है। अतः यह वेद से पृथक नही है वरन उससे ऊचा है।

"ब्रह्मा शब्देन परमात्मा उच्यते न तु वेदाः"

वेद जिस ब्रह्म का ज्ञान कराते है, वह ब्रह्म स्वयं यह भागवत है। एक बात बहुत ही स्पष्ठ तौर पर हमको समझनी होगी कि भागवत कोई ग्रन्थ, अथवा पुस्तक नही है अथवा मै जो इस पुस्तक में लिख रहा हूं, यह भागवत नही है। भागवत साक्षात ज्ञान स्वरूप परमात्मा है, यह अपना ही स्वरूप है।

भगवान वेदव्यास जी ने सारे वेदो का संपादन किया, ब्रह्मसूत्र लिखे पुराणो की रचना की महाभारत लिखा, लेकिन जब तक उन्होने भागवत की रचना नही की, तब तक उनको आनन्द की प्राप्ती नही हुई। कृत-कृत्यता का अनुभव नही आया।

यह सुनकर नारद जी कहते है- "ज्ञानयज्ञ करिष्यमि" मै यह ज्ञान यज्ञ करूंगा आप मुझे इसकी विधि बताईये। सनत्कुमारो ने कहा कि आप भागवत सप्ताह ऐसे स्थान पर करो, जहां प्राणियो का आपस में बैर ना हो- जैसे गंगा जी का किनारा।

अब जैसे ही गंगा जी के किनारे पर भागवत कथा करने का निश्चय किया तो उसका परिणाम यह हुआ कि कथा सुनने के लिए सारी नदियां वहां आ गई, सारे ऋषि, वेद पुराण तथा उनके अधिष्ठाता देवता वहां आ गये, नारद जी के आग्रह

पर सनत्कुमार कथा कहने लगे। सबसे पहले सनत्कुमार जी ने भागवत महात्मय बताना प्रारम्भ किया। कहते है जिन्होने मनुष्य जन्म लेकर एक बार भी भागवत कथा नही सुना, उन्होने केवल अपनी मां को प्रसव कष्ट दिया है, उसका जीवन गधे-घोड़े से भी निकृष्ट है। ऐसे लोग पशु के समान है। इन सब बातो का अर्थ यह है कि हम लोग मनुष्य जन्म की दुर्लभता को समझे और उसको श्रेष्ठ बनाए। शौनक जी सूत जी से पूछते है कि-

"निःश्रेमसे भागवतं पुराणं जातं। कुतो योगविदादिसूचकम।।"

आप भागवत की इतनी प्रशन्सा कर रहे है। इसमें इतनी शक्ति कहा से आयी?सूत जी बोले- भगवान श्रीकृष्ण जब अपना अवतार काल समाप्त करके पृथ्वी लोक से जा रहे थे तब उद्वव जी उनके पास जाकर कहने लगे कि हे भगवन आप यहा से चले जायेंगे, यहा पर कलियुग का प्रवेश हो जायेगा और लोग दुखी हो जाएगे, तो उनके उद्वार के लिए कोई शक्तिशाली साधन भी तो होना चाहिए"- तब भगवान भी सोचने लगे और बोले मै स्वंय भागवत में प्रविष्ट हो जाता हूं। तब भगवान अन्तर्धान होकर भागवत में प्रविष्ठ हो गये। इसलिए भागवत को भगवान की शब्दमयी मूर्ती कहा जाता है। इसलिए इसमें इतनी शक्ति है।

जब सनत्कुमार जी कथा सुना रहे थे वहां पर भक्ति माता अपने दोनो पुत्रो (ज्ञान एवं वैराग्य) को लेकर पहुची। भागवत सुनते ही वो दोनो तरूण बनने लगे। भक्ति माता बहुत प्रसन्न हुई और वे सभी के हृदय में चली गयी। जब भगवान श्रीकृष्ण ने देखा कि उस सभा में सब के हृदय में भक्ति छा गयी है तो वे स्वयं सबके हृदय में प्रकट हो गये और सबको अपने देह की विस्मृति चली गयी अर्थात् उनका देहात्मभाव छूट गया, तो कुल मिलाकर मनुष्य के जीवन का प्रयोजन यही हुआ कि येन-केन-प्रकारेण उसका देहात्म भाव छूट जाय और यह केवल तभी सम्भव है जब हमारे हृदय में परमात्मा प्रकट हो जाय। लेकिन हमारे हृदय में परमात्मा का प्राकट्य तब तक नही हो सकता, जब तक वहां राग, द्वेष, कामना, घृणा, छल, मद, मात्सर्य आदि चीजे बैठी है। पहले हमे इन्हे हटाकर अपने आध्यात्मिक हृदय का निर्माण करना होगा। भक्ति, ज्ञान, वैराग्य से हृदय को सुशोभित करना होगा, तभी परमात्मा का प्राकृट्य हमारे हृदय में हो सकता है।

5. भागवत कथा श्रवण की महिमा

नारद जी सनत्कुमार जी से पूछते है कि हे भगवन! भागवत कथा के श्रवण से कौन-कौन लोग पवित्र हो जाते है? आप कृपा करके भागवत कथा श्रवण की महिमा बताईये। देखो पाप तो अनेक प्रकार के होते है। जैसे झूठ बोलना, किसी की निन्दा करना, चोरी करना आदि परन्तु ये सभी पाप जीव सृष्ठि मे है अर्थात ये पाप तभी तक है जब तक हमने अपने को देह के साथ जोड़ा हुआ है लेकिन ईश्वर सृष्ठि में

पाप का तात्पर्य है देह आत्मभाव के साथ जीवन को जीना। सनत-सुजातिया नामक ग्रन्थ मे सनत्कुमार जी धृतराष्ट्र को उपदेश करते हुए कहते है। कि -

अन्यथा संतमात्मानम अन्यथा प्रतिपद्यते।
किम तेन ना कृत वादं चोरेनाआत्म अपहरिना।।

हम है कुछ और तथा हमने अपने आप को कुछ और ही मान लिया है। यहि सबसे बड़ा पाप है। हम है तो सतचितानन्द स्वरूप तथा हमने अपने आप को 5-6 फुट का देह मान लिया है। इस देह को ना हमने पैदा किया और ना यह हमारी बात मानता है। इस देह को ही अपना स्वरूप मानकर जीना यह चोरी नही, सरासर डकैती है। इसलिए हम अपने स्वरूप को जान जाये यहि सबसे बड़ा पुण्य है और देहआत्म भाव ही सबसे बड़ा पाप है।

यहा पर सनत्कुमार जी कहते है कि जो मनुष्य पापियों का शिरोमणि हो अर्थात देह में अत्यन्त आसक्त हो, वो भी भागवत के चिंतन-मनन से पवित्र हो जाता है अर्थात अपना देहात्मभाव से मुक्त हो जाता है। फिर सनत्कुमार जी एक दृष्टांत के माध्यम से इसको समझाते है।

6. आत्मदेव तथा धुंधली की कथा

कहते है तुंगभद्रा तट पर आत्मदेव नाम का एक ब्राह्मण रहता था। उस ब्राह्मण की पत्नी की पत्नी का नाम धुंधली था। आत्मदेव बड़ा शास्त्रज्ञ था, वह वैदिक कर्मो में विश्वास रखने वाला था लेकिन आत्मज्ञानी नही था। उसकी पत्नी बहुत ही अडियल थी, गप-शप में उसको बहुत मजा आता था। वह क्रूर भी थी, घर के कामो में कुशल थी लेकिन झगड़ा कराने और करने में उसे बहुत आनन्द आता था।

इन पति-पत्नी के कोई पुत्र नही था। इसका धुंधली को तो कोई दुख नही था परन्तु आत्मदेव इस कारण बहुत दुखी रहता था। इसी कारण आत्मदेव एक दिन घर छोड़कर वन मे चला गया तथा थक-हार के एक तालाब के किनारे बैठ गया, तब वहां पर एक बड़े ही ज्ञानी सन्यासी वहां आये। आत्मदेव ने उन्हे नमस्कार किया और उनके चरणो में गिर पड़े। सन्यासी बोला 'क्या हुआ'? तुम्हे क्या दुख है? आत्मदेव ने सन्यासी जी को पूरी बात बताई और कहा कि महाराज बिना पुत्र के जीवन व्यर्थ है इसलिए मै जीना नही चाहता। सन्यासी महाराज हसे! और बोले तू पुत्र के पीछे क्यो पड़ा है, आखिर पुत्र से तुमको ऐसा कौन सा सुख मिलने वाला है। यह तो भगवान की तुझपे कृपा है कि तेरा पुत्र नही है। तू इस जीवन को प्रभु की प्राप्ति में लगा दे, अपने स्वरूप को जानने का प्रयत्न कर उसी मे परमआनन्द है। मनुष्य पहले पुत्र नही है, उसके कारण दुखी होता है। और जब पुत्र हो जाता है, वह पुत्र के कारण दुखी होता है। कहते है, जब तक मन मे कामना है, जीवन मे दुख बना रहता है। इस पर आत्मदेव कहता है-गृहस्थ आश्रम बड़ा ही अच्छा है।

नन्हे-मुन्न बच्चे होंगे, फिर जब वो बड़े होगे तो उनके भी बच्चे होंगे, कितना सुख है। अकेले जीने में भी कोई रस है आप मुझे किसी भी प्रकार से पुत्र की प्राप्ति करा दिजिए, नही तो मै जीवित रहकर क्या करूंगा?

सन्यासी महाराज बोले- ठीक है, उसे एक फल दिया और बोले- यह फल तुम अपनी पत्नी को खिला देना तथा एक साल तक सत्य व दया का पालन करना, एक वर्ष पश्चात् तुम्हारी पत्नी को एक पुत्र की प्राप्ति होगी वह पुत्र बड़ा ज्ञानी होगा।

आत्मदेव बड़े खुश हुए, घर आकर पत्नी को फल दिया और उसे सारी बात बताई तब पत्नी को बड़ा दुख हुआ वह सोचने लगी कि यदि मैने फल खा लिया तो मेरा शरीर खराब हो जायेगा। गर्भधारण के दुख मै कैसे सहन कर सकूंगी? सत्य-दया-तप यह सब कठिन नियम है ये सब मै कैसे कर सकूंगी? यह सोचकर उसने फल नही खाया। आत्मदेव ने जब पत्नी से पूछा कि फल खा लिया? तो उसने कहा कि हां मैने फल खा लिया है। धुंधली की एक बहन थी। वह एक दिन धुंधली के घर आयी, धुंधली ने उसे सारी बात बताई, तब उसकी बहन बोली कि मुझे भी बच्चा होने वाला है। तुम ऐसा नाटक करो कि तुमको गर्भ है। जब मेरे बच्चे का जन्म होगा तो वह बच्चा मै तुम्हे दे दूंगी, बदले में तुम मेरे पति को पैसे दे देना। यह फल तुम अपनी गाय को खिला दो। धुंधली ने ऐसा ही किया।

कुछ दिनो बाद धुंधली की बहन को पुत्र हुआ तो वह बच्चे को धुंधली को दे गयी और बदले में धुंधली न उसे पैसे दे दिये। सन्यासी के द्वारा दिये गये फल को खाकर गाय भी गर्भवती हो गयी तथा गाय ने भी एक सुन्दर कुमार को जन्म दिया उस गाय के बच्चे के कान, गाय के जैसे थे इसलिए उसका नाम गोकर्ण रखा गया। सोचा गया कि धुंधली के बच्चे का नाम क्या हो तो वह स्वयं बोली- मेरा नाम धुंधली है तो इसका नाम धुंधकारी होना चाहिए। इसलिए उसका नाम धुंधकारी रखा गया।

बड़ा होकर गोकर्ण जी तो विरक्त ज्ञानी, पण्डित बन गये परन्तु धुंधकारी महादुष्ट, क्रूर और भयकारी बन गया। धुंधकारी केवल भोग करता रहता था, फिर उसने अपने माता-पिता को गाली देना तथा पीटना भी शुरू कर दिया तथा वैश्याओं के फंदे में फसकर अपने पिता की सारी सम्पत्ति नष्ट कर दी। अब आत्मदेव रोने लगे और सन्यासी की कहि बाते याद करने लगे फिर सोचने लगे कि यहां तो दुख ही दुख है तथापि वे भगवान को धन्यवाद देने लगे। बोले, इस बच्चे के कारण मुझे संसार से वैराग्य हो गया। संसार में कोई सार नही है, यह बात मेरी समझ में बहुत देर में आयी है। तब गोकर्ण बोले कि पिता जी आप संसार की झूठी आशाएं छोड़कर अपना जीवन प्रभु चरणों मे समर्पित कर दीजिए। वही सच्चा सुख है। तब गोकर्ण जी ने आत्मदेव जी को देहात्म भाव को त्यागने के लिए उपदेश दिया। गोकर्ण की बात मानकर आत्मदेव वन में चले गये तथा वहां पर श्रीमदभागवत के दशम स्कन्ध का पाठ करने लगे जिसके कारण उनकी मुक्ति हो गयी। धुंधली

ने धुंधकारी से तंग आकर एक दिन कुए मे कूदकर आत्महत्या कर ली। धुंधकारी अब चोरी करने लगा जिसके कारण कुछ वैश्याओं ने उसका चोरी का धन लेने के इरादे से उसको गला दबाकर मार डाला। इस बीच गोकर्ण जी यात्रा करने के लिए चले गये थे। जब उनको अपने भाई की मृत्यु का समाचार मिला तो उन्होने पवित्र क्षेत्रों में धुंधकारी का श्राद्धकर्म किया और अपने गांव में आ गये। रात को गोकर्ण जी आंगन में सो रहे थे तब वहां एक बड़ा भयंकर प्राणी जो कभी बकरे की शक्ल वाला, कभी भैस की शक्ल वाला तो कभी गन्धर्व की शक्ल का हो जाता था वह वहा आया, गोकर्ण जी ज्ञानी थे वे घबराये नही उन्होने उस प्रेत के ऊपर जल छिड़का और पूछा कि आप कौन है। तब वह प्रेत बोला- मै तुम्हारा भाई धुंधकारी हूँ। अपने घोर कर्मो के कारण मुझे प्रेत योनि प्राप्त हो गयी है। गोकर्ण जी कहते है- परन्तु मैने तो तेरी मुक्ति के लिए बहुत से श्राद्ध किये है। धुंधकारी कहता है- मैने इतने पाप किये है कि ऐसे हजार श्राद्ध करोगे तो भी मेरी मुक्ति नही होगी। गोकर्ण जी बोले ठीक है अभी तुम आराम करो कल मै कुछ करता हूं। प्रातः उठकर गोकर्ण जी ने सूर्य भगवान का आहवाहन किया। सूर्य भगवान प्रसन्न होकर कहते है कि तुम भागवत सप्ताह करो सब ठीक हो जायेगा। फिर तत्काल भागवत सप्ताह का आयोजन किया गया। गांव के सभी लोग आंगन में बैठ गये गोकर्ण जी ने भागवत कथा कही, वहा पर एक बास रखा था जिसमे सात गांठे थी। प्रेतआत्मा धुंधकारी को कोई और जगह नही मिली तो वह बांस में जाकर बैठ गया। एक दिन की कथा हुई तो बांस की एक गांठ फठ गयी। दूसरे दिन की कथा हुई तो दूसरी गांठ फट गयी। लोगो की समझ नही आ रहा था कि यह कुछ फटने की आवाज कहा से आती है। सातवे दिन कथा समाप्ति पर बाँस की आखिरी गांठ भी फट गयी और उस बास में से एक दिव्य जीव निकला और वह गोकर्ण को प्रणाम करके बार-बार धन्यवाद देता है कि भाई आपने मुझे दुर्गती से बचा लिया। देखते ही देखते उसके लिए बैकुण्ठ से विमान आया। तब गोकर्ण ने हरिदासो से कहा- यहां हमारे इतने सारे श्रोता है सबने भागवत सुना है। तुम केवल धुंधकारी के लिए विमान लेकर आये है? यह क्या बात हुई? श्रवण तो सबने किया फिर फलभेद कैसे हुआ? इस पर हरिदासो ने कहा कि हे गोकर्ण जी कथा श्रवण तो सबने किया लेकिन उस पर मनन और निधिध्यासन केवल धुंधकारी ने ही किया है। सभी लोगो के कान केवल कथा सुन रहे थे लेकिन मन संसार के विषय वस्तुओ तथा सम्बन्धो मे ही लगा था। कथा का तात्पर्य निर्णय अर्थात् मनन तथा केवल परमात्मा का ही हमेशा चिन्तन (निधिध्यासन) केवल धुंधकारी ने ही किया क्या कि इसका देह आत्म भाव तो पहले ही खत्म हो चुका है तथा इसके जगत के सम्बंध-संग्रह का भी त्याग कर दिया है। धुंधकारी जिस प्रकार छटपटा रहा था कि इस गति से कैसे निकलू, वैसी व्याकुलता दूसरो में नही थी।

देखो इस दृष्टान्त का बहुत ही गूढ़ रहस्य है। एक बार यह कहानी मैने किसी को बतायी तो एक डॉ साब भी वहां पर बैठा थे। उन्होंने मुझसे पूछा कि सर - हमारे देश में प्रतिदिन हजारो जगह भागवत कथा होती है हमने तो कोई विमान उतरते हुए नही देखा और ना ही कही गाठे खुलती देखी है, इसका मतलब यह कहानी झूठी है। मैने उन डॉ साब से बिना किसी वाद-विवाद के कह दिया कि हां झूठी है और यह कहानी आपके लिए नही है। देखो दोस्तों- भागवत अथवा अन्य किसी पुराण में जो कहानी या रूपक बताया जाता है हम संसारिक स्थुल बुद्धि से उसका तात्पर्य निर्णय नही कर सकते है और जब तक सही तात्पर्य हमे पता नही चलेगा तब तक ये दृष्टान्त हमें केवल काल्पनिक कहानियां ही लगेगी।

अभी हमारी बुद्धि बहिरगामी है, यह तर्क करना जानती है। इसको स्थुल बुद्धि कहते है यहि बुद्धि जब अन्तर्गामी हो जाती है तथा कारण तथा कार्य से परे चली जाती है इसको शूक्ष्म बुद्धि कहते है। जब हम शूक्ष्म बुद्धि से चिन्तन करते है तो हि हम इन कहानियों का तात्पर्य निर्णय कर सकते है। इस कहानी का तात्पर्य यह है कि जब तक हम देहात्मभाव छोड़कर परमात्मा के स्वरूप को अपने में प्रकट नही होने देते। तब तक आदमी में मान, अपमान, राग-द्वेष बना रहता है और जब तक हममे मान बना है तब तक भगवान का विमान नही आ सकता। वि-नही, मान-अभिमान। जब अभिमान नही है तो माया की गति आपको कुण्ठित नही करेगी अर्थात आप बैकुण्ठ मे ही है। वै-माया, कुण्ठ-कुण्ठित, जहां माया की गति कुण्ठित हो जाती है। उस अवस्था को वैकुण्ठ कहते है।

7. सनदकुमारो द्वारा भागवत सप्ताह व उसकी विधि

इसके बाद सनत्कुमारो ने भागवत कथा की श्रवण विधि बताते हुए कहते है कि वक्ता को बड़े श्रद्धा से कथा कहनी चाहिए। कथा के दौरान अधिक भोजन नही करना चाहिए। वक्ता व्यास से अपनी संकाओ का निवारण करना चाहिए। नियमपूर्वक भली भाति कथा कहने तथा सुनने से अत्यन्त आनन्द प्राप्त होता है। इस प्रकार भागवत कथा की विधि बताने के पश्चात पूरी भागवत कथा वहां पर कही गयी। कथा समाप्ति पर शुकदेव जी साक्षात वहां पधारे। शुकदेव जी कहते है- यह अमृत है। तोते का चखा हुआ फल, एक दम मीठा होता है। "शुक" का अर्थ तोता भी होता है।

अब शौनक जी सूत जी से प्रश्न पूछते है कि भागवत कथा पहले कब हुई थी? सूत जी कहते है, जब भगवान श्री कृष्ण पृथ्वी लोक से चले गये, उसके तीस साल सबसे पहले शुकदेव जी ने यह भागवत कथा परीक्षित जी को सुनाई थी। उसके दौ सौ साल बाद यह कथा गोकर्ण ने दूसरे सब लोगो को सुनाई। इसके पश्चात तीस साल और बीत जाने के बाद सनत्कुमारो ने नारद जी के निमित्त से यह कथा सबको सुनाई। भागवत, भगवान की कथा नही है। भागवत का अर्थ होता है भगवान

का भक्त। अतः भागवत में जो भी कथाये है वे भगवान के भक्तों की कथाये है। भगवान और भगवान के भक्त अलग नही है। भगवान जिनके माध्यम से प्रकट होते है। उन्हे भागवत कहा जाता है तथा भागवत के इस संसार में अभिव्यक्ति को भक्ति कहते है।

कहते है, पहले कबीरदास जी हरि-हरि कहते भगवान के पीछे जाते थे लेकिन बाद मे भगवान कबीर के पीछे कबीर-कबीर कहते उनके पीछे आते थे -

कबीर मन निर्मल भया जैसे गंगा नीर।
पीछे-पीछे हरि फिरे कहत कबीर-कबीर।।

भागवत, भगवान का स्वरूप है और जो अपने भगवत स्वरूप को जान लेता है उसी को भागवत कहा जाता है। फिर भागवत और भगवत में कुछ अन्तर नही रह जाता। इसी के साथ भागवत महात्मय का प्रसंग समाप्त होता है।

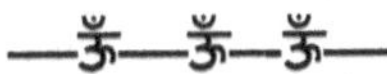

अध्याय-2

प्रथम स्कन्ध
योग्य तो बनना पड़ेगा

श्री भागवत में बारह स्कन्ध है। प्रत्येक स्कन्ध में अनेक अध्याय है, किसी में कम है किसी में ज्यादा। प्रथम स्कन्ध "अधिकारी स्कन्ध" है। इसमें यह बताया गया है कि भागवत पढ़ने और सुनने का सवोत्कृष्ट अधिकारी कौन है? भागवत के अनुसार, राजा परीक्षित भागवत श्रवण के सबसे योग्य अधिकारी है अर्थात् राजा परीक्षित के जैसा जो भी मनुष्य है, वह सर्वश्रेष्ठ अधिकारी है।

इस भागवत पुराण के प्रारम्भ मे ही बहुत सुन्दर श्लोक आता है। अगर केवल इस श्लोक पर ही सात दिन तक बात की जाय तो वो भी कम है। इसी एक श्लोक की ही व्याख्या पूरे ग्रन्थ में की गयी है।

जन्माद्यस्य यतोऽन्वयादितरतश्चार्थेष्वठभिज्ञः
स्वराट् तेने ब्रह्म हृदा य आदिकवये मुह्यन्ति यत्सूरयः।
तेजोवारिमृदां यथा विनिमयो यत्र त्रिसर्गोऽमृषाः
धाम्ना स्वेन सदा निरस्तकुहकं सत्यं परं धीमहि।।

"सत्यं परं धीमहि" सुनते ही एकदम गायत्री मंत्र का ध्यान आ जाता है। गायत्री मत्र सारे वेदो का सार है इसलिए इस मंत्र के माध्यम से भी वेद शास्त्र का ही सार तथा रहस्य बताया गया है। "धीमहि" माने हम ध्यान करते है। किस का? परम सत्य का। कृष्ण धीमहि नही कहा या राम धीमहि नही कहा। यहां कोई एक विशेष नाम नही दिया यहां केवल इसको परम सत्य निर्विशेष कहा गया है। वही सत्य जो कृष्ण, राम, ईशु, नानक, बुद्ध या महावीर के द्वारा प्रकट हुआ। यहां उसी एक अद्वितीय सत्य को प्रणाम किया गया है। वह परम सत्य कैसा है तो कहते है **"जन्माहास्य यतः"** इसको पढ़ते ही ब्रह्म सूत्र की याद आती है ब्रह्म सूत्र का

दूसरा ही सूत्र है **"जन्माहास्य यत"** बोले पहले ब्रहम का ज्ञान करो। ब्रहम क्या है? जिससे सारे जगत की उत्पत्ति होती है, स्थिति होती है और जिसमे जगत का लय होता है वह ब्रहम है, हम उस परम सत्य ब्रहम का ध्यान करते है।

"अर्थेष्ठाभिज्ञः स्वराठ्"- अभिज्ञ का अर्थ है चैतन्म स्वरूप तो वह सत्य चैतन्य स्वरूप है और वही इस जगत का कारण है। जगत का यह जो कारण है वह सत स्वरूप है तथा यह स्वराठ अर्थात स्वयं चैतन्य स्वरूप है किसी और के कारण इसमें चेतन नही है। इसी चैतन्य के कारण सभी में चेतन है। "अन्यवयात' अर्थात सारे जगत में उसकी सत्ता व्याप्त है लेकिन इस चैतन्य में जगत नही है, अर्थात जगत के समस्त पदार्थो मे व्याप्त होते हुए भी वह जगत के भिन्न लक्षणो वाला है।

"तेने ब्रहम हृदा य आदिकवये मुह्यन्ति यत्सूरयः"- आदिकवि का तात्पर्य है ब्रहम, वह ब्रहम जिसने सबसे पहले ब्रह्मा जी के हृदय में संकल्प मात्र से वेदो को प्रकट कर दिया। वह ऐसा सत्य है, जिसकी सत्यता के कारण यह सारा विस्तृत जगत असत्य होते हुए, भी सत्य सा दिखाई देता है। यह जगत हमे ना होते हुए भी ठीक उसी तरह भासता है। जैसे - **"तेजोवारिमृदां यथा विनिमयो यत्र त्रिसार्गऽमृषा"** रेगिस्तान में पानी दिखाई देता है (मृग मरीचिका) देखा जाय तो सूरज की किरणे चमकती रहती है रेत के ऊपर, परन्तु किरणो में आभास होता है, जल का जब कि वास्तव में वहां केवल रेत ही है लेकिन वहां जो जल दिखता है वह केवल भ्रान्ति मात्र है। रेत पर चमकने वाली किरणो मे पानी नही है केवल पानी का आभास है। इसी प्रकार उस परमात्मा (ब्रहम) मे भी सृष्टि नही है केवल सृष्टि का आभास मात्र है। परन्तु हमे यह सृष्टि सत्य सी दिखाई देती है। वास्तव में परमात्मा की सत्ता के कारण ही यह सत्य भी दिखाई देती है। हम उस परमात्मा का ध्यान करते है। आगे कहते है "मुह्यन्ति यत्सूरयः" इस परमात्मा के विषय में बड़े-बड़े कवि अर्थात ज्ञानी लोग भी मोहित हो जाते है। "धाम्ना स्वेन सदा निरस्त कुहकं"- वह परमात्मा अपने स्वरूप में ऐसा स्थित है कि वहां माया का आभास भी नही है। जो माया से पूर्णतः मुक्त है। हम उस परमात्मा का ध्यान करते है।

भागवत मे कर्मकाण्ड, उपासनाकाण्ड, तथा धर्म सबकी विशेषता बताई गयी है, इसी कारण भागवत के हर एक श्लोक पर बड़े भाष्य लिखे गये है। भागवत में ऐसी परम वस्तु का भी निरूपण किया गया है जो "शिवदं" अर्थात सर्व- कल्याणप्रद तथा "तापत्रयोन्मूलनम" ताप त्रम को जड़ से मिटा देने वाली है। अगर हम भागवत में बताये गये बातो का सही प्रकार से तात्पर्य निर्णय कर पाये तो हमे पता चलेगा कि ये जो हम लोग जीव, जगत, ईश्वर, परमात्मा (ब्रहम) भगवान, आदि अलग-अलग नामो से अलग-अलग दिखाई देते है, ये वास्तव में एक ही शुद्ध चैतन्य रूप परम सत्य परमात्मा पर अनेक उपाधियां चड़ा देने पर हमे अलग-अलग भासते है। परन्तु इन सभी का अधिष्ठान (Base) एक ही है और इस जगत में परमात्मा

के अतिरिक्त कुछ है ही नही। चाहे वह सत्ता के रूप में हो, चाहे वह जीवन के रूप मे हो या चाहे वह जीवन की अभिव्यक्ति आनन्द के रूप मे हो। यह संसार परमात्म तत्व से ही ओत-प्रोत है। यहि दृष्टि हमें यह भागवत महापुराण प्रदान करता है और एक बार यह दृष्टि हममे आ गयी फिर ना जन्म है और ना मृत्यु।

जन्म और मृत्यु शरीर का होता है परन्तु चैतन्य स्वरूप जीवन का जन्म या मृत्यु नही होती। एक बार यह बात पर हम दृढ़ हो जाये तो हमारी मृत्यु हो ही नही सकती क्योकि हम तो देह है ही नही। हमारा स्वरूप तो परमात्म स्वरूप है, मृत्यु केवल एक भ्रान्ति मात्र है।

"श्रीमद्भागवते महामुनिकृते" यह भागवत महामुनि द्वारा रचा गया है। महामुनि का तात्पर्य भगवान वेदव्यास जी है, जो स्वयं नारायण स्वरूप है।

कृष्णं नारायणं वन्दे कृष्णं वन्दे व्रजप्रियम्।
कृष्णं द्वैपायनं वन्दे कृष्णं वन्दे पृथासुतम्।।

देखो एक बात स्पष्ठ तौर पर समझनी होगी कि हम लोग जो भगवान कृष्ण या भगवान राम की फोटो देखते है। वो भगवान कृष्ण या राम नही है। यह फोटो उस देह का फोटो हो सकता है। जिसके माध्यम से परमात्मा पूर्ण रूप से प्रकट हुए लेकिन कृष्ण या राम स्वयं चैतन्य स्वरूप परमात्मा है। वे सबकुछ है। वे ही मै हूं, वे ही आप है। वे ही ब्रज प्रिय है। वे ही द्वैपायन व्यास है और वे ही अर्जुन है। और वे ही सब है। इसलिए हम उस नारायण स्वरूप परमात्मा को नमस्कार करते है।

नैमिषेऽनिमिषक्षेत्रे ऋषयः शौनकादयः।
सत्रं स्वर्गाय लोकाय सहस्रसममासत।।

एक बार शौनकादि ऋषियो ने नैमिषारण्य में एक बड़ा सत्र किया। नैमिषारण्य को अनिमिष क्षेत्र भी कहते है। अनिमिष कौन है। अनिमिष उसको कहते है जिसके बिना पल भर के लिए भी हमारा अथवा इस सम्पूर्ण जगत का होना सम्भव नही है। शौनकादि ऋषि वहां पर यज्ञ कर रहे थे। पहले हमने महात्मय प्रसंग देखा वह पद्यपुराण का भाग था। अब हम भागवत पुराण देख रहे है। यज्ञ के अन्तराल के समय वे सूत जी से प्रश्न पूछते है। कुल मिलाकर छः प्रश्न पूछे गये।

1. शौनक आदि ऋषियो के प्रश्न

पहला प्रश्न- "पुंसां एकान्ततः श्रेयः किं अस्ति" अर्थात् मनुष्य के लिए परम कल्याण का मार्ग कौन सा है। एक होता है प्रिय मार्ग और एक होता है श्रेय मार्ग। कठोपनिषद में दोनो मार्गो का विस्तृत वर्णन आता है। प्रिय मार्ग वो है जो मनुष्य को अपनी बुद्धि अनुसार अच्छा लगता हो लेकिन परमार्थतः वह हमारे लिए अच्छा हो यह जरूरी नही तथा श्रेय मार्ग वो है जो हमारे लिए सदा सर्वदा अच्छा ही है

और होगा भले ही वह हमे अच्छा लगे या ना लगे। यहा प्रश्न सम्पूर्ण मनुष्यों के लिए पूछा गया है। इसलिए यह उत्तम प्रश्न है।

दूसरा प्रश्नः- भगवान के अनेक अवतार होते है ऐसा बताया गया है इन अवतारो का प्रयोजन क्या है? हेतु क्या है? निमित्त क्या है? किस कारण से भगवान इतने अवतार ग्रहणं करते है?

तीसरा प्रश्नः- भगवान जब अवतार लेते है तब वे किस-किस प्रकार के कर्म करते है?

चौथा प्रश्नः- अवतारो की कथाये कौन-कौन सी है।

पाँचवा प्रश्नः- शौनक जी सूत जी से कहते है कि हे भगवन हम विशेष रूप से भगवान श्री कृष्ण का चरित्र सुनना चाहते है।

छठा प्रश्नः- जब भगवान श्री कृष्ण अपनी लीला खत्म करके इस पृथ्वी से चले गये, तब यह धर्म किसकी शरण मे गया? क्यो कि धर्म संस्थापना के लिए ही भगवान यहां आये थे।

देखो कितने अच्छे प्रश्न पूछे गये है इनमे से एक भी प्रश्न व्यक्तिगत नही है। साधु संत ज्ञानी पुरूष कभी भी व्यक्तिगत प्रश्न ना पूछते है और ना उनका जवाब देते है। अब मन मे यह प्रश्न आ सकता है कि शौनक ऋषि तो परम ज्ञानी थे, क्या उन्हे इन सब प्रश्नो के उत्तर नही मालूम था? उन्हे इन सभी प्रश्नो के जवाब मालूम थे लेकिन ये प्रश्न लोक कल्याण के लिए पूछे गये है और भगवान की चर्चा तो किसी कारण से भी हो, वह तो सुख देने वाली ही होती है। जब दो या ज्यादा ज्ञानी पुरूष मिलते है तो वे भगवत चर्चा तथा चिन्तन के अलावा दूसरा कार्य नही करते।

कबीरदास जी कहते है -

ज्ञानी को ज्ञानी मिलै, रस की लूटम लूट।
ज्ञानी अज्ञानी मिलै, होवे माया कूप।।

इन्ही छः प्रश्नो के जवाब में जो बताया गया है, वह सम्पूर्ण भागवत पुराण है।

सूत जी शौनक आदि ऋषियो के प्रश्न सुनकर प्रसन्न हुए और जब सूत जी ने उत्तर देना शुरू किया तो सर्वप्रथम उन्होने शुकदेव जी को प्रणाम किया क्योकि शुकदेव जी नित्य अपने स्वरूप में स्थित है। देखो, भागवत के जितने भी वक्ता हुए है, उनका एक ही कारण था कि उनके हृदय में सब लोगो के लिए करुणा थी। देखो करुणा और दया में फर्क होता है। करुणा यह सेवा का भाव है, जिसके साथ हम एकत्व अथवा अपने से श्रेष्ठ का भाव रखते है उसी की हम सेवा करते है, उस के प्रति करूणा होती है। जैसे हम अपने माता-पिता की सेवा करते है और माता-पिता की बच्चे के प्रति करूणा होती है। दया दूसरे के प्रति निकृष्टता का भाव है, दूसरा छोटा है इसलिए दया करनी है। यहाँ करूणा के कारण शुकदेव जी ने कथा

कही है। अन्यथा, वे तो आत्मस्वरूप में रमे हुए थे, उन्हे किसी को कथा बताने की क्या आवश्यकता थी।

हमारे शास्त्रो पुराणो में कथन की एक प्रणाली है। इसमे पहले एक बात संक्षेप में पूछी जाती है और उसका उत्तर भी संक्षेप मे, सिद्धान्त रूप में दिया जाता है। यदि कोई बताये गये सिद्धान्त को समझ ले तो और अधिक विस्तार की आवश्यकता नही होती। लेकिन यदि संक्षेप में सिद्धान्त समझ नही आता है तो फिर समझाने के लिए फिर विभिन्न दृष्टान्तो का सहारा लेना पड़ता है। दृष्टान्त से बात सरलता से समझ में आ जाती है। इसलिए बच्चो की किताबो में भी कुत्ते-बिल्ली के चित्र तथा अनेक कहानियाँ बताई जाते है। जिससे बच्चा बताये जाने वाले सिद्धान्त को आसानी से समझ ले। ठीक इसी प्रकार सूत जी भी पहले उत्तर सिद्धान्त के रूप मे बताते है और उसके बाद अनेक प्रकार के दृष्टान्त देते है।

2. सूत जी के उत्तर

हम पहले सिद्धान्त रूप में बात समझ ले। सूत जी सीधा-सीधा उत्तर देते है कि -

स वै पुंसां परो धर्मो यतो भक्तिरधोक्षजे।
अहैतुक्यप्रतिहता ययाऽऽत्मा सम्प्रसीदति।।

हे शौनक जी, आपने पूछा कि मनुष्य के लिए परम कल्याण की बात कौन सी है। परम श्रेय क्या है? तो जिसके द्वारा भगवान के चरणो में दृढ प्रेम हो जाय, वही श्रेय की बात है। वही सबसे बड़ा धर्म है, वही सबसे बड़ा ज्ञान है। परन्तु भगवान के प्रति यह प्रेम, "अहैतुकी" होना चाहिए अर्थात् बिना किसी हेतु अथवा कारण के और भगवान के प्रति हमारी भक्ति कैसी होनी चाहिए? कहते है, - "अप्रतिहता" अर्थात् जीवन में चाहे जितने भी लौकिक अथवा अलौकिक आघात सहने पड़े, तो भी उन कंकरो के कारण हमारी भक्ति प्रभु के प्रति हिलनी नही चाहिए। इसको कहते है, अखण्ड भक्ति अथवा प्रेम। परन्तु हमारी भक्ति थोड़ा सा कष्ट आते ही भागने लगती है। कहते है, यह भक्ति नही, भोगति है। हमारी दृष्टि में भगवान का अस्तित्व, हमारी इच्छा पूर्ती पर निर्भर करता है। हमारी इच्छा पूरी हो गयी, तो भगवान है और इच्छा पूरी नही हुई, तो भगवान नही है। यह भक्ति नही बल्कि आसक्ति है और जो आसक्ति है वो जा भी सकती है, टिकती नही है।

सच्चा भक्त वही है जिसकी भगवान के प्रति प्रेम बिना किसी कारण या हेतु के होता है जैसे हमारा प्रेम, अपने प्रति होता है। क्या हमे, अपने से प्रेम करने के लिए किसी कारण की आवश्यकता पड़ती है? नही। भले ही दूसरो को हमसे प्रेम करने जैसी कोई बात दिखाई ना दे लेकिन हमारा स्वयं के प्रति प्रेम किसी कारण से नही होता। मै बहुत सुन्दर हू, इसलिए मै अपने को प्रिय हूँ। ऐसा नही होता। सुन्दर तो मै अपने आप को मानता हूं, चाहे जितना कुरूप क्यो न होऊं, तो भी

हमारा अपने प्रति जो प्रेम है वह कम नही होता। दूसरी बात, स्वयं से जो हमारा प्रेम है, वह कभी नष्ट नही होता। अप्रतिहत रहता है। ऐसा परमप्रेम, जब परमात्मा के प्रति होता है, तब वह सबके लिए कल्याणकारी होता है।

यहां एक बात समझने वाली है कि जब तक भगवान अथवा परमात्मा को हम अपने से अन्य के रूप में देखने और समझने का प्रयास करेंगे, परमात्मा कभी भी अनुभव में नही आ सकता। इसलिए एक सिद्धान्त यह बन जाता है कि "हम जिस वस्तु का त्याग नही कर सकते, वो परमात्मा है और जो कभी भी पकड़ में नही आ सकता वो संसार है"। अब यदि हम इस सिद्धान्त को अपने पर लगाये तो हम देखेंगे कि हम गहरी नींद (सुसुप्ति अवस्था) में संसार, इन्द्रिय, मन, बुद्धि, देह सभी क्या त्याग कर देते है लेकिन उस वक्त भी हममे जीवन ज्यो का त्यो बना रहता है। सभी क्रियाये चलती रहती है। क्योकि उस समय हम परमात्मा तत्व में विद्यमान रहते है।

आगे कहते है-यदि भगवान के प्रति हमारा प्रेम अहैतुकी तथा अप्रतिहत हो जाय तो ज्ञान-वैराग्य अपने आप हममे आ जायेंगे। उदाहरण के लिए, जिस वस्तु का हमे ज्ञान होता है हमे उससे प्रेम हो यह जरूरी नही है इसलिए शिव-सुत्र मे कहा भी गया है- "ज्ञानं बन्ध"। जब ज्ञान संसार के विषय वस्तु या प्राणियों के बारे में होता है, तो अक्सर वह हमारे बन्धन का कारण बन जाता है क्यो कि जिन व्यक्तियों अथवा वस्तुओ को हम जानते है उन सबसे हमारा प्रेम हो, यह जरूरी नही है परन्तु जिससे हमारा प्रेम होता है उसके बारे में हम अधिक से अधिक जानना चाहते है। हम उसके पास जाना चाहते है। जिस चीज के प्रति हमे शुद्ध प्रेम होता है, उसका ज्ञान हम जरूर प्राप्त करते है। चाहे उस चीज के लिए हमे, दूसरी चीजे छोड़नी ही क्यो ना पड़े। यहि वैराग्य का आधार बन जाता है।

एक बार एक महात्मा जी से किसी ने कहा कि आपने संसार का त्याग कर दिया आपका त्याग बहुत बड़ा है। तब महात्मा जी ने कहा कि नही आपके त्याग के आगे तो हमारा त्याग कुछ भी नही। तो वो सज्जन सोच में पड़ गये और बोले महात्मा जी वो कैसे? महात्मा जी ने कहा हमने संसार को त्यागा क्योकि हमे उस परमात्मा की प्राप्ति करनी है जो अखण्डकोटी ब्रह्माड नायक सत-चित्त-आनन्द स्वरूप है। हमने बड़ी चीज पाने के लिए छोटी चीज का त्याग कर दिया है। परन्तु आपने तो एक छोटी चीज (संसार) के लिए उसका त्याग कर दिया है जिसमें ऐसे हजारो संसार रोज बनते-बिगड़ते है। इसलिए आपका त्याग बड़ा है। कहने का तात्पर्य यह है कि जब हमे कुछ बड़ा पाने की इच्छा होती है तो उसके लिए छोटी चीजे हमसे स्वतः ही छूट जाती है। बोले यहि भक्ति की महिमा है।

3. कर्त्तव्य का स्वरूप व प्रयोजन

हम सभी लोग जीवन में हर क्षण कुछ ना कुछ कर्म करते रहते है ये कर्म शारीरिक, मानसिक तथा वाणी के स्तर के होते है। और हम जो भी करणीय-अकरणीय कार्य करते है उनको हम कर्त्तव्य पालन का नाम देते है। कर्त्तव्य पालन को लेकर हम लोगो का कुछ इस प्रकार का विचार है कि हम जो-जो कर्त्तव्यपालन करते है उससे हमको पैसा मिलना चाहिये, जगत मे प्रतिष्ठा मिलनी चाहिए, प्रमोशन मिलना चाहिए, इत्यादि और यदि ये सब नही मिलता तो हम कहते है कि मै इतना काम करता हूं, लेकिन मुझे क्या मिला? मैने अपने बच्चो के लिए इतना कुछ किया, लेकिन बदले में वो मेरी इज्जत तक नही करते। कर्त्तव्य पालन करने से मुझे क्या मिला? एक बात बहुत स्पष्ट तौर पर समझ लेनी चाहिए कि इस संसार मे जो भी हम करते है उसकी जरूरत सिर्फ हमे है। अन्य किसी को इसकी जरूरत नही है। भागवत में कर्त्तव्य पालन के बारे मे बताते हुए कहते है- जो धर्मपालन अथवा कर्त्तव्यपालन हमारे मन मे भगवान के प्रति अर्थात अपने स्वरूप के प्रति प्रेम उत्पन्न नही करता है, वह धर्मपालन केवल परिश्रम है। देखो! कर्त्तव्य पालन सही रूप से हुआ हो, तो उसमे हमे आनन्द का अनुभव होना चाहिए। ऐसा नही लगना चाहिए कि इससे मुझे क्या लाभ हुआ। जिस कर्म के द्वारा हम अपने से दूर चले जाते है, वह कर्म व्यर्थ है। तो कर्त्तव्य कर्म का असली प्रयोजन है परमात्मा तत्व की ओर नित्य-निरन्तर अग्रसर होना। यह सरल सा नियम है।

उदाहरण के लिए जैसे हमारा कर्त्तव्य कर्म है, अपने माता-पिता की सेवा करना। क्यो? क्यो कि माता-पिता ने हमको शरीर दिया। हमारा पालन पोषण किया। इसलिए इस देह पर प्रथम अधिकार उनका है। अब जरा सोचो! इस देह को जो मूलभूत शक्तियाँ प्राप्त है वे कहां से प्राप्त हुई है। जैसे आखो में दृष्टि, कानो में श्रवण शक्ति, बोलने की शक्ति, विचारने की शक्ति तथा सबसे परे जीवन शक्ति। इन सबका निर्माण माता-पिता ने नही किया है और यदि ये सारी शक्तियां हममे ना हो तो क्या कोई हमको सरकारी नौकरी दे सकता है? क्या कभी आपने मुर्दो को भी सरकारी नौकरी अथवा माता-पिता या देश की सेवा करते देखा है? नही। इन सभी शक्तियो का मूल श्रोत वह परमशुद्ध चैतन्य है। क्या उस परम शुद्ध चैतन्य परमात्मा के प्रति हमारा कोई कर्त्तव्य कर्म नही है? धर्म पालन का यही वास्तविक स्वरूप है कि हम अपने मे तथा सम्पूर्ण जगत मे व्याप्त उस परमात्म तत्व को जानकर उसके साथ एक हो जाये।

आगे सूत जी ने धर्म, अर्थ, काम, मोक्ष इन चारो पुरूषार्थ के बारे में बहुत सुंदर बाते बतायी। उनको साधारण भाषा मे हम समझने का प्रयास करते है। देखिये, सबसे पहले हमे जीवन मे क्या चाहिए? सबसे पहले हम अपनी सुरक्षा चाहते है। सुरक्षा के लिए जो प्रयत्न अथवा कर्म होते है उसी को शास्त्रिय भाषा में "अर्थ" पुरूषार्थ कहते है। तथा जब हम अपने आपको सुरक्षित कर लेते है। तब फिर हमारी

इच्छा होती है। भोग करने की, उसको कहते है काम अर्थात हमारे मन मे बाहरी विषयो को लेकर जितनी भी कल्पनाये है, वे सब मिलकर काम कहलाती है। काम तथा अर्थ को संयमित करने के लिए "धर्म" होता है क्योकि यदि अर्थ और काम पर मनुष्य का संयम ना रहे तो उसका जीवन पशु के तुल्य हो जाता है। इसलिए जिस प्रकार हमारे देश मे नियम-कानून की ठीक ढंग के चलाने के लिए एक संविधान बनाया गया है। ऐसे ही इस जीव की गति को नियमित संयमित करने के लिए भगवान का जो शास्त्र है उसे "धर्म" कहा जाता है। इसलिए कहां गया कि धर्म के अनुसार हमे अर्थ तथा काम को जीवन में उतारना है और यदि हमें ऐसा किया तो मोक्ष के आप अधिकारी हो जाते हो। फिर आपको, अपने को जानने की इच्छा मन मे आना स्वभाविक हो जाता है।

बहुत से लोगो को लगता है कि हमारा जीवन केवल आहार, निद्रा, भय तथा मैथुन इनके लिए ही है। यदि हम इच्छानुसार खा-पी नही सकते, तो जीने का क्या लाभ? लेकिन भागवत में कहा है। "कामस्य न इन्द्रियप्रीतिः" काम का प्रयोजन इन्द्रिय प्रिति नही है तो फिर क्या है? जीवन के प्रयोजन को लेकर यहां बहुत उची बात बताई गयी है- "जीवस्य तत्त्वजिज्ञासा नार्थो यश्चेह कर्मभिः"। कहते हैं- हमारे जीवन का प्रयोजन है, तत्व जिज्ञासा। मनुष्य जीवन मे आये है तो तत्व को जान ले। दूसरी चीजे (आहार, निद्रा, भय, मैथुन) तो अन्य किसी भी जीवन मे कर सकते है, परन्तु केवल मनुष्य देह मे ही परम सत्य परमात्मा को जान सकते है।

और यदि इस मनुष्य जन्म मे परम सत्य को जान लिया तो बहुत अच्छा है और यदि ऐसा नही हुआ तो कहते है- "इह चेदवेदीदथ सत्यमस्ति न चेदिहावेदीन्महती विनष्टिः"। यह महाविनाश "महति विनष्टि" है कि इतना अच्छा अवसर, हमे मिला और ऐसे ही चला गया। देखो! हम लोग धर्म करते है अर्थ के लिए, अर्थ कमाते है काम के लिए, भोग के लिए और भोग करते है रोग के लिए, और रोग होता है, मरण के लिए। बाकी और कुछ नही, जन्मे और मर गये। कबीरदास जी कहते है, ये भी कोई मरना हुआ। मरे तो ऐसे मरे, कि फिर कभी ना मरना पड़े

जीवन मे मरना भला, जो मरिजाने कोय।
मरना पहिले जो मरै, अजय अमर सो होय।।

जीते जी ही मरना अच्छा है यदि कोई मरना जाने तो। मरने से पहले ही जिसने अपने देहआत्म भाव का त्याग कर दिया हो, वो वासना विजयी होकर जीवन मुक्त हो जाता है। तो कुल मिलाकर हम जो भी कर्त्तव्य कर्म करे, वह यह समझ कर करे कि हमारे जीवन मे अर्थ है, धर्म के लिए और धर्म है, मोक्ष (जीवन मुक्ति) के लिए तथा काम केवल इस शरीर मे जीवन को बनाये रखने अर्थात जीवन निर्वाह के लिए है, तथा जीवन है-तत्व जिज्ञासा के लिए।

4.   तत्व का स्वरूप

हमारे जीवन का प्रयोजन तत्व जिज्ञासा बताया गया लेकिन, यह तत्व क्या है?। परम सत्य क्या है यह कैसे पता चले? कहते है-

वदन्ति तत्तत्त्वविदस्तत्त्वं यज्ज्ञानमद्वयम।
ब्रह्मेति परमात्मेति भगवानिति शब्द्यते।।

वह जो तत्व है, उसी को वेदान्ती लोग ब्रह्म कहते है। वेदान्त के अनुसार यह तत्व निर्गुण-निराकार है तथा योग मे इसी तत्व को परमात्मा कहते है जो कि निर्गुण-साकार है तथा भक्ति शास्त्र मे इसी तत्व को भगवान कहा जाता है, जो कि सगुण-साकार है। लेकिन वास्तव मे यह तत्व निर्गुण-निराकार, निगुण-साकार तथा सगुण-साकार होते हुए भी, इन तीनो से परे है। जैसे एक आदमी, पति, पुत्र, भाई होते हुए भी इन तीनो से परे है। और कहते है इस तत्व का स्वरूप क्या है? "अद्वयं ज्ञानं" जो अद्वितीय चैतन्य है तथा सत-चित-आनन्द स्वरूप है। वही तत्व है। वही एक तत्व विभिन्न नाम-रूप-माया-पंचकोशो की उपाधी ग्रहण करके जगत, ईश्वर तथा जीव बना है। यह तत्व ही, अपना असली स्वरूप है।

भागवत में बहुत सी कथाये आगे बताई जायेगी। इन कथाओ का एक ही प्रयोजन है कि हम उन सभी कथाओ मे बताये गये सिद्धान्त को समझ ले और सिद्धान्त हम तभी समझ सकते है जब हम तत्व को पकड़ने की द्विव्य दृष्टि अपने में जागृत करें। इसके लिए थोड़ा हमको लायक (अधिकारी) बनना पडैगा, तभी भगवत कृपा से हमारी बुद्धि मे इन कथाओ का तात्विक सार समझ मे आ सकता है, और एक बार ऐसी दृष्टि आ जाए तब देखो इसमे कैसा आनन्द आने लगता है। हमे सारी कथाओ का रहस्य समझ मे आने लगता है कि कौन सी कथा किसलिए कही गयी है। परन्तु अभी हम लोग शुभ-अशुभ, धर्म-अधर्म, जाति, पन्थ-सम्प्रदाय, शिव भक्त, विष्णु भक्त इन सब मे फसे हुए है। इसलिए अभी हम बिलकुल प्रारम्भिक कक्षा मे है, तो हम प्रारम्भ कहां से करे? तो इस बारे मे सूत जी कहते है कि प्रारम्भ तीर्थ यात्रा से करे। अब यह "तीर्थ" शब्द का अर्थ भी जरा समझ लेते है। देखो! तीर्थयात्रा माने यह नही कि कुछ पैसे देकर चार धाम की यात्रा कर आए। एक बस कर ली, एक सप्ताह मे सब जगह घूम के आ गये। सिर्फ फोटो लेते रहे और बाद मे फोटो लेते-लेते जब थक गये तो कुछ रेडिमेट फोटो खरीद ली। यह "तीर्थ" का तात्पर्य नही है। तीर्थ शब्द का अर्थ है-

"तरन्ति अनेन इति तीर्थम"

तीर्थ वह है, जिसके द्वारा मनुष्य तर जाता है, पार हो जाता है। तीर्थ कोई एक विशेष स्थान नही होता है। असली तीर्थ यदि कोई है, तो वह है महापुरूषो का संग,

जिस स्थान पर जाकर हमारे मन मे भगवान के प्रति महात्म बुद्धि प्रकट हो जाती है, वो स्थान अथवा साधुओ का मिलन तीर्थ है-

"मुद मंगलमय संत समाजू, जो जग जगम तीरथराजू।।"

अब सवाल आता है कि हमे कैसे पता चले कि कौन महात्मा है? और कौन छोटी-आत्मा (कोरपरेटानन्द)। देखो आजकल जितना पैसा, जमीन इन So-Called महात्मा, गुरूओ के पास है। इतना शायद किसी बड़े Business man के पास भी नही होगा, धर्म के नाम पर ये लोग भक्तो का चित्त के स्थान पर उनका वित्त हरण करते है। जो भी गुरु या महात्मा आपको संसार से बांधने का प्रयास करे, जो आपके बंधनो को ढीला करने के बजाय उन्हें और उलझा दे, ऐसे गुरु आपको प्रिय तो लग सकते है लेकिन कभी ये आपको आपके श्रेय की बात नहीं कहेंगे।

5. भगवान के अवतार का प्रयोजन

शुरूवात में शौनक आदि ऋषियो ने यह सवाल पूछा था कि भगवान जो अनेक अवतार लेते है उसका प्रयोजन क्या है? जानते है यह सवाल ठीक उसी प्रकार का है जैसे कोई प्रधानमंत्री का नौकर उनसे पूछने लग जाये कि आप इतनी विदेश यात्रा क्यो करते है? यह प्रश्न बहुत ही विचित्र है क्योकि भगवान अनन्त बुद्धि वाले है। वे कोई काम क्यो करते है, यह हम स्थूल बुद्धि वाले कैसे समझ सकते है।

हम लोगो मे अवतार को लेकर एक धारणा है कि भगवान कही स्वर्ग से या बैकुण्ठ से धरती पर आते है और फिर यहां पर कुछ समय रहते है और फिर वापस लौट जाते है। ऐसी गलत धारणाये हममे इसलिए है क्योकि हमने अपने आपको भी ऐसा ही सोचकर रखा है कि हम लोग इस धरती पर जन्म लेते है, यहां पर जीवन जीते है और फिर मर जाते है। यह बिलकुल गलत धारणा है, हम लोग एक अखण्ड सत्ता है और परमात्मा भी एक अखण्ड सत्ता है। यह जो अखण्ड अविनाशी सत्ता है, यह ना जन्म लेती है और ना मरती है। यह सिर्फ व्यक्त और अव्यक्त होती है। परमात्मा जब एक देह के माध्यम से इस संसार मे पूर्ण रूप से प्रकट होते है तो उसी को हम भगवान का अवतार कहते है जैसे भगवान राम, कृष्ण, आदि शंकराचार्य, भगवान रमणा ऋषि आदि। हममे और अवतार मे सिर्फ इतना ही फर्क है कि अवतारो मे परमात्मा तत्व का प्रकटीकरण प्रकृति की अपेक्षा अधिक होता है जबकि एक सामान्य मनुष्य प्रकृति के गुणो के प्रभाव में अपना जीवन व्यतीत करता है। अवतारो के माध्यम से परमात्मा अपना कार्य करवाते है जबकि साधारण मनुष्य प्रकृति के परवस होकर आहार, निद्रा, भय तथा मैथुन इन्ही कामो मे जीवन व्यतीत कर देता है।

भगवान अवतार इसलिए धारण करते है कि वे इस संसार मे सत्य की खोज के लिए लोगो के प्रेरणा श्रोत बन सके। एक आदर्श स्थापित कर सके। भगवान के

कई अवतार हुए इनमे से कुछ भगवान के गुणावतार हुए तकि कुछ नित्यावतार, अंशावतार, कलावतार, चरित्रावतार, स्फूर्ति अवतार हुए। उदाहरण के लिए ब्रह्मा, विष्णु, महेश ये भगवान के गुणावतार है।

6. वेदव्यास जी का असंतोष

सूत जी, शौनकादि ऋषियो को बताते है कि कलयुग प्रारम्भ होने के कारण, भगवान वेद व्यास जी ने देखा कि समाज के लोग बहुत दुखी हो रहे है। उन्हे उनके कल्याण का मार्ग दिखाना चाहिये। यहि सोचकर भगवान वेद व्यास ने चारो वेदो का संकलन किया। ब्रह्मसूत्र लिखा, उसके बाद 17 पुराण भी लिखे और महाभारत को भी संरचनाबद्ध किया और अपने शिष्यो को विभिन्न विधाओ मे पारन्गत किया, जैसे पैल ऋषि को ऋग्वेद सिखाया, जैमिनि को सामवेद सिखाया, वैशम्पायन जी को यजुर्वेद सिखाया और समन्तु जी को अथर्ववेद का ज्ञान दिया और सूत जी के पिता रोम हर्षण को इतिहास पुराण सिखाये। लेकिन इतना सबकुछ करने के बाद भी भगवान वेदव्यास को कृत-कृतता (fullfilment) का अनुभव नही आ रहा था, उनके मन मे सन्तुष्टि का अनुभव नही हो रहा था, इसी सोच मे भगवान वेद व्यास सरस्वती नदी के किनारे बैठे थे तब नारद जी वहां पर अनायास वहां पहुच गये और भगवान वेदव्यास जी से पूछा कि हे महाराज आपने तो बड़े-बड़े काम किये है जिस ब्रह्म की जिज्ञासा करनी चाहिये, जिसको जानना चाहिये, उसे विचार पूर्वक आपने जान भी लिया है, फिर भी आप दुखी से दिखाई दे रहे है। ऐसा लग रहा है जैसे अभी आप कृतार्थ नही हुए?

व्यास भगवान कहते है कि हे महाराज मैने इतना विचार किया, जाना, लिखा, प्रचार किया, शिष्यो को पढ़ाया, सब किया लेकिन फिर भी मुझे कृत-कृतता का अनुभव नही हुआ। हे नारद जी आप मुझे बताइये कि मुझमे क्या कमी रह गयी है। नारद जी कहते है कि इसका एक ही कारण है कि आपने धर्म, ज्ञान तथा कर्म को लेकर बहुत कुछ लिखा, किया, जाना लेकिन आपने भगवान के यश का गुणगान नही किया। आपने ऐसा कोई ग्रन्थ नही लिखा जिसमे कर्म, धर्म, ज्ञान के साथ-साथ भक्ति का भी पूर्ण समावेश हो क्यो कि ज्ञान बिना प्रेम अधुरा है। प्रेम माने, शुद्ध प्रेम।

नारद भक्ति सूत्र मे कहा है-जो वेद के परे चला जाता है, वह केवल शुद्ध प्रेम से ही प्राप्त हो सकता है। धर्म, उपासना, ज्ञान; सभी भक्ति (शुद्ध प्रेम) के बिना अधूरे है। जब तब किसी वस्तु या व्यक्ति का महात्म्य मानसिक स्तर पर होता है तो इसे प्रेम कहा जाता है और जब किसी वस्तु व्यक्ति का महात्म्य आत्मा के स्तर पर होता है तो इसी को भक्ति अथवा परमप्रेम कहा जाता है। धर्म, उपसना तथा ज्ञान के द्वारा भगवान का महात्मय शारीरिक (स्थूल) स्तर से हटाकर मानसिक

स्तर तक लाने मे सहायक है परन्तु आत्म का परमात्मा से मिलन, यह परम संतोष हमे भक्ति के द्वारा ही मिल सकता है।

नारद जी कहते है कि हे वेद व्यास जी मै जो ये सब बाते आपको बता रहा हूं। इसमे कोई नयी बात नही है, यह सब आपको ज्ञात ही है। परन्तु कभी-कभी ऐसा हो जाता है कि कोई बात मालूम होते हुए भी वहां से हमारा ध्यान हट जाता है। इसलिए तब कोई संकेत भर मिल जाय तो हमारे उद्वार के लिए वही पर्याप्त होता है। इसी प्रकार मैने आपको केवल संकेत करने के लिए यह बाते कही है। तब भगवान वेद व्यास ने अठारहवां पुराण रचा जिसे हम सभी पुराणो का सार भागवत महापुराण कहते है।

7. नारद जी के पूर्व जन्म की कथा

आगे देवर्षि नारद जी अपने पूर्वजन्म की कथा बताते हुए कहते है कि हे वेदव्यास जी पूर्वजन्म मे मै एक दासी पुत्र था। वह दासी साधु संतो की सेवा किया करती थी, वे साधु सन्त मुझसे बहुत प्यार करते थे। मेरी मां मुझमे बहुत आसक्त थी। एक दिन जब वह जंगल गयी तो उसको सांप ने काट लिया और वह मर गयी, मैने उसमे भगवान की कृपा समझी और मैने अपना पूरा समय भागवत सेवा मे लगा दिया। और एक बार भगवान की खोज मे मै अपने स्थान से चल पड़ा। चलते-चलते जब मै थक गया तो मै एक पेड़ के नीचे विश्राम के लिए बैठ गया तथा मेरा ध्यान वही पर भगवान मे लग गया तत्पश्चात मेरे सामने भगवान प्रकट हुये और अगले ही क्षण वे अन्तर्ध्यान हो गये। मै व्याकुल होकर तड़पने सा लगा तथा रोने लगा तभी भगवान के द्वारा एक आकाशवाणी हुई कि हे वत्स, तुम भगवान का ध्यान निरन्तर करते रहो, एक दिन वे हमेशा के लिए तुम्हारे पास आ जायेंगे। फिर भगवान की कृपा से मेरे शरीर ने मुझे छोड़ दिया और अगले कल्प मे मै भगवान से साथ एक रूप हो गया और इस कल्प मे मै भगवान की नाभि से उत्पन्न ब्रह्मा जी का पुत्र बनकर पैदा हुआ। नारद जी कहते है कि हे वेदव्यास जी भगवान का जो प्रेम है, वही सबसे बड़ी चीज है। भगवत भक्ति से ही सच्चा सुख मिलता है। नारद मुनि इस प्रकार कह कर वहां से चले गये।

8. गर्भ मे परीक्षित की रक्षा

महाभारत का युद्ध समाप्ति के पश्चात जब युधिष्ठर राजा बनने वाले थे तो दुर्योधन के मित्र, अश्वत्थामा ने पाण्डवो का वंश खत्म करने के लिए अभिमन्यु की पत्नी उत्तरा के गर्भ पर ब्रह्म अस्त्र चला दिया। तब उत्तरा ने भगवान से रक्षा की प्रार्थना की। तब भगवान ने समत्व योग के द्वारा उत्तरा के गर्भ मे पल रहे शिशु की रक्षा की। जब उस बच्चे का जन्म हुआ तब युधिष्ठर ने ज्योतिषियो को बुलाकर कहा कि भगवन आप मुझे इस बच्चे का भविष्य बताईये, उस बच्चे का नाम परीक्षित

और विष्णुरात रखा गया, क्योकि भगवान विष्णु ने उनकी रक्षा की थी, देखा जाये तो हर बच्चा विष्णुरात ही है क्योकि गर्भ मे सभी की रक्षा भगवान ही करते है। वहां मां क्या कर सकती है। वहां तो भगवान ही होते है। इसलिए बच्चा जब छोटा होता है तो वह एक-एक को बड़े ध्यान से देखता है कि मेरी रक्षा करने वाला ये ही तो नही है।

9.   अधिकारी के लक्षण

ब्राह्मणों तथा ज्योतिषियों ने राजा युधिष्ठर को बताया कि हे राजन यह बालक बड़ा ही वीर, धर्म परायण, सहनशील तथा उदार होगा। परन्तु एक बात यह है कि जब यह युवा होकर राजा बनेगे तो इन्हे एक ब्रह्मण श्राप के कारण तक्षक सर्प के डसने से इनकी मृत्यु हो जायेगी, लेकिन वह मृत्यु केवल इनके शरीर की होगी क्योकि भगवान शुकदेव जी के ज्ञान के द्वारा उससे पहले ही राजा परीक्षित ब्रह्म पद को प्राप्त हो जायेगे। इसलिए इस विषय में चिन्ता करने वाली कोई बात नही है।

10. विदुर जी के उपदेश से धृतराष्ट्र व गांधारी का वन गमन

विदुर जी धृतराष्ट्र व पाण्डु के छोटे भाई थे, वे दासीपुत्र थे। उनको यमराज का अवतार कहा जाता है। विदुर जी बड़े धर्मात्मा थे। जब महाभारत का युद्ध होने वाला था, तब विदुर जी तीर्थयात्रा पर चले गये थे, क्योकि उन्हे इस युद्ध से कोई लेना देना नही था। जब वे युद्ध समाप्ति के पश्चात तीर्थयात्रा से लौटे तो उन्हे कौरवो के नाश का पता चला। तब वे धृतराष्ट्र गांधारी को धर्म का उपदेश देकर उन्हे हिमालय की ओर ले गये और वहां उन दोनो की मुक्ति भी हो गई।

राजा युधिष्ठिर ने देखा चारो तरफ भयंकर उत्पात हो रहे है तो उनका मन शंकित हो गया उसी समय अर्जुन द्वारका से लौटकर आये तथा उन्होने बताया कि कैसे यदुवंश का नाश हो गया तथा भगवान कृष्ण अपने स्वधाम चले गये है। तब राजा युधिष्ठर ने राजपाठ परिक्षित को सौपकर हिमालय की ओर चले, यह कहानी महाभारत में विस्तार से बताई गयी है। जब राजा परीक्षित को पता चला कि भगवान श्री कृष्ण के जाने के बाद इस युग में अधिष्ठाता पुरूष कलि होगा तो राजा परीक्षित ने सोचा कि यहां पर कलि को संयमित करना बहुत जरूरी है क्योकि कलि का अर्थ है कलह, झगड़ा यदि कलि को नियंत्रित नही किया गया तो सब जगह अराजकता फैल सकती है इसलिए ऐसा सोचकर राजा परिक्षित निकल पड़े क्योकि राजा का काम ही होता है राज्य मे अराजकता को रोकना, बहुत से राज्यो से गुजरते हुए एक स्थान पर उन्होने एक विचित्र दृश्य देखा।

11. धर्म और पृथ्वी का संवाद

राजा ने देखा कि एक गाय है और एक बैल है, गाय बहुत दुखी होकर रोती हुई खड़ी है और बैल के तीन पाव टूट गये है। वह एक पाव पर लंगड़ाता हुआ चल रहा है। ये दोनो पृथ्वी माता और धर्म है। गाय पृथ्वी माता है तथा बैल धर्म है। वह बैल-वृषभ रूपी धर्म, पृथ्वी के पास जाकर उसे पहचाकर पूछता है कि हे माता आप क्यो दुखी है? आप मुझे बताईये, इस पर पृथ्वी कहती है- कि हे धर्म आप तो सब जानते है। ऐसा उन दोनो का संवाद चल ही रहा था, तभी एक शूद्र व्यक्ति वहा पर आ पहुचा। वह व्यक्ति राजा के समान मुकुट धारण किये हुए हाथ में तलवार लिय हुए था। वह आते ही उन दोनो को पिड़ीत करने लगा उसी समय राजा परीक्षित वहां पर पहुंच गये। राजा ने कहां- तुम कौन हो? हे सूद्र व्यक्ति, तुम इतना नीच कार्य कैसे कर सकते है?, मै तुम्हे इसी वक्त समाप्त कर दूंगा।

परन्तु इससे पहले राजा परीक्षित बैल से पूछते है कि आप कौन है? इस पर धर्म बोले कि हे राजन आप तो समझदार व्यक्ति है, आप स्वयं बताईये कि मै कौन हूं। तब राजा को समझ आया कि केवल धर्म है जो कभी भी दूसरे व्यक्ति की चुगली या बुराई नही करता इसलिए वे बैल रूपी धर्म को पहचान गये।

धर्म के चार पाव होते है- तप, सोच, दया तथा सत्य इन चारो का पालन जहां होता है वही पर धर्म की निष्ठा होती है।

12. परीक्षित के द्वारा कलि का निग्रह

राजा परीक्षित ने कहा कि यह शूद्र तुम्हे पीड़ित कर रहा है मै इसे अभी समाप्त कर देता हूं। ऐसा कहकर वे शूद्र को मारने के लिए आगे बढ़े। लेकिन कलि बहुत चतुर था, वह राजा कि शरण में आ गया और बोला कि हे राजन आप एक शरणागति को कैसे मार सकते हो? मै भी आपकी ही प्रजा हूँ। आप कृपा करके मेरे रहने का स्थान बता दीजिये फिर मै करके मेरे रहने का स्थान बता दीजिये फिर मै वही रहूंगा और किसी को भी परेशान नही करूंगा।

13. कलि के पाँच निवास स्थान

राजा परिक्षित को कलि पर दया आ गयी और कहा कि ठीक है मै तुम्हे चार स्थान देता हूं। पहला है- "द्यूत" यानि जुआ, दूसरा है- "पान" यानि मदिरा, तीसरा है- "स्त्री" यानी कामवासना तथा चौथा है- "सून" माने कबाईखाना। इस पर कलि ने कहा- कि हे राजन कृपा करके एक स्थान और दे। तब राजा ने कहा ठीक है तुम "सुवर्ण" अर्थात सोने मे भी रह सकते है।

इस पाँचो स्थानो का यदि सूक्ष्मता से चिन्तन किया जाय तो हम पायेंगे कि जो मनुष्य इन पांचो का त्यागी है वही भगवत स्वरूप भागवत है। उदाहरण के लिए द्यूत का अर्थ केवल पैसे का जुआ नही है। जब भी हम किसी कर्म या

निवेश (Investment) के द्वारा अधिक फल इच्छा चाहते हो तो यह जुआ ही है उदाहरण के लिए हम भगवान को 11रू का प्रसाद चढ़ाकर अपनी अनेको इच्छाएं पूरी करना चाहते है तो क्या यह जुआ नही है?। इसी प्रकार मदिरा यानी नशा, नशा केवल शराब का नही होता सबसे बड़ा नशा होता है। अच्छे स्वस्थ का, पैसे का, गाड़ी, बंगले का, पुत्रो का। क्या ये सब नशे में नही आते? जो भी वस्तु मनुष्य मे अहम (अहंकार) का निर्माण करती है, वह वस्तु मदिरा ही है। तीसरा स्त्री, यह थोड़ा समझने वाली बात है। यहा पर स्त्री को कामवासना का द्योतक माना गया है। स्त्री किसी लिंग (Gender) विशेष के लिए नही कहा गया है। स्त्री का अर्थ है, प्रकृति द्वारा उत्पन्न गुण स- सत्व, त- तम, र- रजस इसी को स्त्री बोला गया है। जब तक मनुष्य इन गुणो के प्रभाव मे है। उसमे कामना, इच्छा होना स्वभाविक है और जहां कामना है वहा कलि का प्रभाव है। चौथा सून अर्थात कसाईखाना, यह हिंसा का द्योतक है। जहां पर हिंसा है, कलह है, वहां कलि है। तथा अन्तिम है, सोना या धन - एक बात समझना बहुत आवश्यक है कि सोना या धन होने के हम धनवान बनते है लेकिन समृद्ध (Prosperous) नही बनते। धनवान व्यक्ति तो दुखी हो सकता है लेकिन समृद्ध वो है जो कभी भी दुखी नही होता, इसलिए हमे समृद्ध बनना चाहिए ना कि धनवान।

14. राजा परीक्षित को ऋषि पुत्र का शाप

राजा परीक्षित एक बार शिकार के लिए जंगल में कही भटक गये। भूख प्यास से व्याकुल होकर वो एक आश्रम पहुंचे जहां पर एक ऋषि ध्यान मग्न थे; राजा परिक्षित ने ध्यानस्थ ऋषि के सामने खड़े होकर पीने के लिए जल मांगा, लेकिन ऋषि ने उन्हे कुछ उत्तर नही दिया। इस पर भूख-प्यास की व्याकुलता के कारण राजा को क्रोध आ गया तथा वे भ्रमित हो गये। कलि का प्रभाव उन पर आ गया तो उन्होने पास मे पड़ें हुए एक मृतक सांप को उठाकर ऋषि शमीक के गले मे डालकर बोले कि तुमने मेरा अपमान किया है। तुम्हारी यही सजा है।

यहां पर ध्यान देने वाली बात है कि परमात्मा जब-जब अपना कुछ कार्य अपने भक्तो द्वारा पूर्ण करवाना चाहते है तो वे एक मोह का प्रसंग निर्माण करते है जैसे कि रणभूमि में अर्जुन के मोह के समाधान के द्वारा भगवत गीता रूपी अमृत भगवान ने प्रकट किया ऐसे ही राजा परिक्षित के इस मोह के कारण ही श्रीमदभागवत महापुराण रूपी अदभुत ग्रन्थ का निर्माण हुआ।

ऋषि समीक के पुत्र का नाम ऋषि श्रृंगी था। जब श्रृंगी आश्रम पहुंचे तो उन्होने देखा कि मेरे पिता का अपमान हुआ है। उन्होने श्राप दे दिया कि जिसने भी ऐसा दुष्कर्म किया है, उसका आज से सातवे दिन तक्षक नाग के दंश से मरण हो जाएगा। ऐसा श्राप देकर उसने अपने पिता के गले से सांप निकाला और जोर-जोर से रोने लगा। तब ऋषि शमीक ने आखे खोली और पुत्र से सारा वृष्टान्त सुना तो

ऋषि शमीक को अपने पुत्र के कृत्य पर अत्यन्त कष्ट हुआ। उन्होने कहा कि राजा परीक्षित तो अत्यन्त दयालु है, तुम्हे बिना सोचे यह श्राप नही देना चाहिए था। अब तुम राज महल जाओ और राजा को उन्हे मिले श्राप के बारे मे अवगत कराओ।

15. परीक्षित का पश्चाताप व दण्ड की याचना

राज्य मे लौटकर परीक्षित महाराज को अपने कृत्य का बहुत पश्चाताप हुआ। परीक्षित महाराज सोचने लगे कि मैने गलत कार्य किया है, तो मुझे इसका दण्ड भी अवश्य मिलना चाहिए। जिससे मै कभी ऐसा कार्य दोबारा ना करूँ।

जब कभी हमे अपने अपराध का बोध हो जाय और उसका दण्ड भी हमे तुरन्त मिल जाय तो हमको समझ जाना चाहिए कि परमात्मा की हम पर विशेष कृपा है। अन्यथा आदमी भटक जाता है। ऐसा विचार राजा परीक्षित कर ही रहे थे तभी उनसे ऋषि पुत्र श्रृंगी मिलने आये और राजा तो बताया कि हे राजन आज से ठीक 7 दिन बाद तक्षक नाग आयेगा और उसके डसने से आपकी मृत्यु हो जायेगी, इतना सुनकर राजा बहुत प्रसन्न हुए और बोले कि यह दण्ड मेरे लिए कम है आप अभी मेरे प्राणो को ले लिजिए, देखो राजा ने यह नही सोचा कि श्राप की निवृति कैसे हो सकती है या बहुत सारे डाक्टरो को इकट्ठा करे जिससे तक्षक के काटने पर वे जहर उतारने का इन्जेक्शन दे सके।

देखो! यह विचारणीय है कि सातवे ही दिन हम सबको भी मृत्यु रूपी सर्प डसेगा क्योकि एक सप्ताह मे सात दिन ही होते है और कोई भी दिन सांतवा हो सकता है। जैसे ही राजा परीक्षित हो पता चला, बिना समय गवाये उन्होने जन्मेजय जो उनके चारो पुत्रो मे बड़े थे, को राजपाठ सौप दिया और विरक्त हो गये। घर से निकलकर गंगा जी के किनारे जा कर बैठ गये।

16. परीक्षित की विरक्ति तथा शुकदेव जी का आगमन

मरण होना हो तो परीक्षित जैसा होना चाहिए, क्योकि यह ऋषि पुत्र का श्राप उनके लिए वरदान साबित होने जा रहा है। उनके लिए मृत्यु, वरदान बनने जा ही है। यह देह तो नित्य क्षण मर रही है, प्रत्येक क्षण हमारे शरीर मे लाखो कोशिकाओ की मृत्यु हो रही है। परन्तु मरण ऐसा होना चाहिए कि फिर कभी ना मरना पडे। हम लोगो के सैकड़ो जन्म हुए है और हम सैकड़ो बार मरे है और कुछ लोगो तो जीते ही नही है। वह हर छोटी बात पर जो उन्हे रास नही आती, उस पर मर जाते है। क्योकि जब-जब हम अपने जीवन मे आनन्दित नही है, तब-तब हम मरे हुए के समान ही है। मीराबाई जी कहा करती थी कि मै ऐसे वर को क्यो वरूँ जो जन्मे और मर जाये। मै तो ऐसे वर को करूँगी जो ऐसे मरे कि फिर कभी ना मरे। ये होती है, मरने की कला।

जब राजा विरक्त होकर गंगा जी के किनारे बैठ गये तो वहां पर बहुत से ऋषि महात्मागण पधारे, उन्हे देखकर राजा बहुत प्रसन्न हुए। उन सबसे राजा परीक्षित ने कहा कि कृपा करके आप मुझे बताइये कि अपना कल्याण चाहने वाले मनुष्य को, विशेषकर मरणासन्न मनुष्य को तन-मन से कौन सा कर्म करना चाहिए?

तभी वहां पर भगवान वेद व्यास जी के पुत्र शुकदेव जी का आगमन हुआ। उस समय उनकी आयु मात्र 16 वर्ष थी, उनके शरीर पर कोई वस्त्र नही था, "अलक्ष्यलिगो" जिन पर वर्णाश्रम को कोई चिन्ह नही था तथा वे "निजलाभतुष्ट:" अपने स्वरूप में स्थित थे। आत्मसन्तुष्ट थे। शुकदेव जी के सभा मे प्रवेश करते ही वहा उपस्थित सभी ऋषि मुनि अपने-अपने आसनो से उठकर खड़े हो गये।

राजा परीक्षित कहते है कि हे भगवन, आप तो सारे तीर्थ क्षेत्रो की तीर्थता प्रदान करने वाले है। आप स्वयं ही मेरे पास पहुच गये, मै आपको प्रणाम करता हूं। ऐसा कह कर राजा परीक्षित शुकदेव जी से बिना समय गवाये पूछते है- मरणासन्न पुरूष का कर्त्तव्य क्या है? यह आप मुझे बताइये, साथ ही मरणासन्न व्यक्ति को कैसे मरना चाहिए तथा उसे क्या करना, सुनना चाहिए यह भी आप मुझे बताईये। राजा के ऐसे जिज्ञाषा पूर्ण प्रश्नो को सुनकर शुकदेव जी आसन पर बैठ गये और परीक्षित पर ऐसे मुग्ध हो गये कि मानो उन्हे एक उत्तम अधिकारी शिष्य मिल गया हो।

अध्याय-3

द्वितीय स्कन्ध

आखिर कैसे जाने उसको?

प्रथम स्कन्ध मे हमने देखा कि प्रत्येक ज्ञान के लिए एक अधिकार की आवश्यकता होती है। जैसे संसार में हर एक सरकारी कर्मचारी के कुछ अधिकार निहित है। एक दफ्तर का चपरासी को यह अधिकार नही है कि वह अपने साहब के अधिकार के क्षेत्र मे जाकर कार्य कर सके ठीक उसी प्रकार आध्यात्म मे भी हमे अधिकार की आवश्यकता होती है। जब तक हम किसी तथ्य अथवा शास्त्रो मे बताये गयी बातो को समझने के अधिकारी नही बन जाते, शास्त्रो की बाते हमे झूठ ही लगती है और एक बार हमने अपने अन्तःकर्ण को शुद्ध करके यह अधिकार प्राप्त कर लिया फिर शास्त्रो की यही बाते बहुत ही सरलता से हमारी समझ मे आ जाती है, तो प्रथम स्कन्ध अधिकारी स्कन्ध है जिसमे हमने श्रोता और वक्ता दोनो के अधिकार को देखा। यहां भागवत में परीक्षित जी श्रेष्ठ श्रोता है और शुकदेव जी श्रेष्ठ वक्ता है।

भागवत का दूसरा स्कन्ध साधन स्कन्ध है। श्री शुकदेव जी; राजा परिक्षित से कहते है कि हे राजन तुमने एक "लोकहित कृत!" प्रश्न पूछा है। क्योकि इसमे केवल व्यक्तिगत जिज्ञासा अथवा कोतुहल नही है। बल्कि यह सारे प्राणियो के लिए हितकारी है। अज्ञानी लोगो के लिए भागवत मे एक बहुत सुन्दर श्लोक आता है। -

काव्यशास्त्रविनोदेन कालो गच्छति धीमताम्।
व्यसनेन तु मूर्खाणां निद्रया कलहेन वा।।

अज्ञानी लोगो का समय ताश खेलने मे, किसी व्यसन मे या निद्रा मे व्यतीत होता है। वे लोग देह-गेह मे परिवार मे इतने मस्त हो जाते है कि मरण दिखते हुए भी उसे देख नही पाते। हम लोग भौतिक जगत की वस्तुओ का इतना ज्यादा ध्यान रखते है, खाने का, रहने का, कपड़े पहनने का, लेकिन हमे कैसे मरना है? इसका

ध्यान नही रखते और बुढ़ापे मे जब हम किसी लायक नही रह जाते, तब हम सोचते है कि चलो अब हम आध्यात्म के लायक हो गये। हमने अपने जिन्दगी के सुनहरे वर्ष तो अनित्य चीजो को पाने मे व्यर्थ कर दिये और हम जिन्दगी के सबसे खराब वर्ष नित्य को पाने के लिए लगाना चाहते है। परन्तु यह सम्भव नही है। हमे लायक बनना होगा, यह लायक बनने का सफर हमे अभी इसी क्षण से शुरू करना होगा। तभी बुढ़ापे मे जाकर, हमारा मन शान्त तथा आनन्दमय रह सकता है।

1. परीक्षित के प्रश्न का उत्तर

शुकदेव जी कहते है- हे राजन यदि हमें अभय अवस्था को प्राप्त करना है तो हमे भगवान के नाम रूप, गुण तथा लीला का श्रवण करना चाहिए। शरीर से आप कुछ भी करो, लेकिन मन से हमेशा परमात्मा का ही चिन्तन करना चाहिए, तभी अभय अवस्था प्राप्त हो सकती है। आगे कहते है- हम लोग जो भी धर्म, कर्म, योग, ज्ञान आदि करते है उसका सच्चा लाभ यहि है कि मरण के समय विकार रहित हमारा मन परमात्मा मे लगा रहे। यदि ऐसा हुआ तो हमारा मरण सफल है वरना फिर से वहि जन्म-मरण का चक्कर शुरू हो जायेगा।

जब तक संसार मे हमे सुख दिखाई देता है, तब तक हमारे मन मे परमात्मा के प्रति आकर्षण जाग्रत नही होता। इसी कारण अज्ञानी लोग इस अनित्म सुख की चाह में भगवान को भुलाकर यहां पृथ्वी पर दीर्घकाल तक जीना चाहते है। परन्तु वे यह भूल जाते है कि संसार में सुख चाहना, यह सबसे बड़ी मूर्खता है। सुख तो हमारा अपना स्वरूप है क्योंकि हम उस आनन्द स्वरूप परमात्मा के अंश है।

2. विराट का ध्यान

आगे शुकदेव जी कहते है- **गृहात प्रव्रजितो धीरः पुण्यतीर्थजलाप्लुतः।**
शुचौ विविक्त आसीनो विधिवत्कल्पितासने।।

हे राजन, जब मरण समय आये तो सबसे पहले घर से बाहर निकल जाओ और किसी पवित्र स्थान पर बैठ जाना चाहिए तथा धारणा करके मन को जीत लेना चाहिए। यहां पर ध्यान देने योग्य बात है कि घर से निकल जाओ अर्थात अपने मन मे अपने घर स्त्री, पुत्र अथवा धन-सम्पदा के सभी विचारो को नही आने देना चाहिए तथा इसके लिए आदमी को नित्य अभ्यास करना चाहिए।

जितासनो जितश्वासो जितसंगो जितेन्द्रियः।
स्थूले भगवतो रूपे मनः सन्धारयेद्धिया।।

अभ्यास के लिए हमे चार बाते करनी होगी प्रतिदिन ये चार बाते है -
जितासनः - एक स्थान पर शान्त होकर बैठना

जितश्वासः- श्वासः को सयमित करना

जितसंगः- कोई भी विषयसंग, नाते रिस्ते वालो के कारण मन का उस दिशा मे खिचा न जाना

जितेन्द्रियः- इन्द्रियो के कारण भी मन का क्षुब्ध न होना

फिर शुकदेव जी कहते है- कि आसन, श्वास, संग तथा इन्द्रियो को जीतकर फिर अपने मन को भगवान के स्थूल विराट रूप मे स्थिर करना चाहिए। यह विराट शब्द भागवत तथा भगवतगीता मे भी कई बार आया है थोड़ा इसको समझने का प्रयास करते है। मनुष्य का शरीर केवल 5-6 फुट का होता है लेकिन भगवान का शरीर विराट बताया गया है। विराट कितना बड़ा होता है यह हमारी बुद्धि निर्णय नही कर सकती लेकिन शास्त्रो मे आता है कि -

"पद पाताल सीस अजधामा"

पताल भगवान के चरण स्थान है। ब्रह्मलोक उनका सिर है। यह सिर्फ एक ब्रह्ममाण्ड की बात हो रही है, ऐसे अनन्त ब्रह्ममाण्ड है और वे सब भगवान के अन्तर्गत ही है।

पातालमेतस्य हि पादमूल पठन्ति पार्ष्णिप्रपदे रसातलम।
महातलं विश्वसृजोऽथ गुल्फौ तलातलं वै पुरुषस्य जंघे।।

इस श्लोक के अनुसार विराट पुरुष परमात्मा मे चौदह लोक है। पैर से लेकर कटि भाग तक सप्त अधो लोक है। कटिभाग मे भूभाग है। नाभि रूप आकाश है। हृदय स्वर्गलोक है तथा हृदय से उपर सिर तक सप्त उर्द्वव लोक है। इस प्रकार विराट पुरुष मे चौदह लोक है पाताल भगवान का पादमूल है। एडिया तथा पंजे रसातल है। टखना जहा घुघरू बाधते है वो महातल है, घुटने के नीचे का भाग तलातल है। भगवान के घुटने सुतललोक है। जांघे अतल-वितल लोक है। कपाल तपोलोक है और शीर्ष ब्रह्मलोक है। इन्द्र आदि देवता भगवान की भुजाये है। पंचतत्व और उनके अधिष्ठाता देवता भगवान की इन्द्रियां है। दात यमराज है तथा भगवान हंसी ही भगवान की माया है। भगवान की माया दो प्रकार की होती है, एक है- **स्वजन मोहिनी माया**, जिसके द्वारा भगवान अपने भक्तो को मोहित करते है जैसे माता यशोदा, माता कौशल्या, अर्जुन तथा बालि आदि को भगवान ने अपनी स्वजन मोहिनी माया से मोहित किया तथा भगवान की दूसरी तरह की हंसी होती है- **विमुखजन मोहिनी माया** जो अभक्तो को मोहित करती है। जैसे हम जैसे साधारण मनुष्य भगवान के विमुख होकर उनकी माया के कारण काम, क्रोध, लोभ, मोह, मद मात्सर्य अनेक प्रकार के विकारो द्वारा मोहित होते रहते है। लेकिन जिस दिन ये विकारो से वैराग्य होना प्रारम्भ हो जाय, समझ लेना अब भगवान की स्वजन मोहिनी माया कार्य कर रही है, जिसके कारण भक्तो का हमेशा कल्याण ही होता है।

तुलसीदास जी कहते है- **सनमुख होय जीव मोहे जबहि।**
जन्म कोटी अध नासहि तबहि॥

जिस दिन हम भगवान से सम्मुख हो गये, उस दिन से भगवान की स्वजन मोहिनी माया कार्य करने लगती है और अपने को तथा परमात्मा को जानने की इच्छा तीव्र हो जाती है। फिर भगवान अपनी कृपा करते है।

विराट के ध्यान का अर्थ यह हुआ कि हम अपने आप को पूरे विश्व से अलग ना समझकर इस सम्पूर्ण ब्रह्ममाण्ड रूपी विराट परमेश्वर का ही अंश समझे तथा सभी देश, काल, वस्तु, स्थिति तथा परिस्थिती मे भगवान का ही अनुभव करे। क्योकि जब तक हम भगवान से जुड़े है, हम शिव स्वरूप है और जब हम परमात्मा से अलग हो जाते है तो शव कहलाते है। अशुभ हो जाते है। अर्थात भगवान के साथ एक रूप होने पर ही मन शुद्ध होगा। तभी इस संसार से हमारी भोग आशक्ति मिटेगी।

3. सूक्ष्म रूप का ध्यान

कोई मनुष्य यदि यह कहे कि इस विराट में हमारा मन नही लगता, हम इतने बड़े विशाल रूप की कल्पना नही कर सकते तो आगे बताते है कि ठीक है, भगवान का जो भी रूप आपको प्रिय लगता है जैसे गणेश जी, श्री कृष्ण, राम, शिवजी उसी रूप का ध्यान करे तथा यह दृढ़ निश्चय करे कि वही भगवान हमेशा आपके हृदय में विराजमान है। ऐसा ध्यान करते-करते, आपका मन निर्मल हो जागेगा।

4. सगुण साकार का ध्यान

अब यदि कोई कहे कि यह हृदय में भगवान का ध्यान करना भी कठिन है तो फिर बाहर पूजा के स्थान पर भगवान की एक मूर्ति अथवा चित्र रख ले, कोई पत्थर ही रख ले क्यों की परमात्मा सब में है और सब परमात्मा में। वो ही है हर जगह व्याप्त। लेकिन प्रकट वो आपके भाव से होता है, आपके प्रेम से होता है। भगवन शंकर कहते है-

हरि ब्यापक सर्बत्र समाना। प्रेम तें प्रगट होहिं मैं जाना॥
देस काल दिसि बिदिसिहु माहीं। कहहु सो कहाँ जहाँ प्रभु नाहीं॥

नित निरंतर अभ्यास करते करते भगवान का ध्यान करते-करते, मन स्वतः ही निर्गुण मे लगने लगेगा तथा मन निर्मल हो जायेगा। देखो, यहां शुकदेव जी कौन से प्रश्न का उत्तर दे रहे है? मरणासन्न पुरूष का कर्त्तव्य क्या होता है? चाहे हम सगुण साकार की पूजा करे चाहे, सगुण निराकार की उपासना, योग करे, या निगुर्ण निराकार का चिन्तन, मनन करे कुल मिलाकर सभी बातो का सार यह है कि

"येनकेन प्रकारेण मनः भगवन निवेशयेत" मन को भगवान मे लगा दे तथा सभी ओर उसका ही दर्शन करे, हमेशा उसका ही चिन्तन करे तथा बुद्धि मे परमात्मा के अलावा कोई और विचार ना आवे।

5. परीक्षित के सृष्टि विषयक प्रश्न

आगे परीक्षित शुकदेव जी से कहते है कि आप मुझे समझाकर बताईये कि भगवान सृष्टि की रचना कैसे करते है तथा फिर उस सृष्टि को धारण किस प्रकार करते है, तथा प्रलय काल मे किस प्रकार उसी सृष्टि को अपने आप मे कैसे लीन कर लेते है?

6. पुराणो मे उत्तर देने की विशेष शैली

पुराणो मे किसी भी प्रश्न का उत्तर देने की एक विशेष शैली है। यहां पर प्रश्न का उत्तर वक्ता सीधे नही देता है, वह पहले यह बताता है कि इसी प्रकार का प्रश्न पहले भी किसी व्यक्ति ने किसी वक्ता से पूछा था तथा उसने उसका अमुक-अमुक जवाब दिया था। ऐसा करने तथा कहने का एक बहुत ही सटिक प्रयोजन है। वो यह है कि कभी-कभी प्रश्न करने वाले को लगता है कि मैने तो बहुत ही सटिक सवाल पूछा है, ऐसा तो किसी और की बुद्धि मे आ ही नही सकता। लेकिन उसे बताया जाता है कि एक तुम ही बुद्धिमान नही हो। तुमसे पहले भी यह प्रश्न पूछा जा चुका है, इसलिए तुमको अभिमान करने की आवश्यकता नही है, तथा इसके द्वारा वक्ता को भी यह निदेर्शित होता है कि इस प्रश्न का उत्तर पहले दिया गया था। तुम कोई नयी बात नही बता रहे हो इसलिए तुमको भी अभिमान करने की आवश्यकता नही है, तथा एक बात इससे और पता चलता है कि यह ज्ञान सृष्टि के आरम्भ तथा अन्त से प्रभावित नही है। यह अखण्ड ज्ञान अनादि है तथा इससे हमे अपने ज्ञानी पूर्वजो का भी परिचय प्राप्त हो जाता है।

7. शुकदेव जी का उत्तर

शुकदेव जी कहते है कि ऐसा ही सृष्टि विषयक प्रश्न पहले नारद जी ने ब्रह्म जी से पूछा था, नारद जी ने ब्रह्म जी से पूछा कि हे भगवन, आप इतनी बड़ी सृष्टि की रचना कार्य करते हो लेकिन कभी भी थके हुए नही दिखाई देते। आपकी इस शक्ति का क्या राज है? ब्रह्मा जी नारद जी की बात सुनकर उन पर प्रसन्न हुए तथा उनसे कहा कि यह बात सच है कि मुझे सब कुछ मालूम है तथा उसी ज्ञान से मै विश्व को रचता हूं, लेकिन यह मेरी शक्ति नही है। जिनकी शक्ति से यह सम्पूर्ण ब्रह्मण प्रकाशमान है। उन्होने अपनी कुछ शक्ति मुझे प्रदान की है, उसी से मै यह सृष्टि का कार्य करता हूं।

आजकल जब ऐसा ही प्रश्न अगर कोई बेटा अपने बाप से पूछे कि आप घर का तथा ऑफिस का इतना काम करते हो तो भी नही थकते तो आपकी शक्ति का

राज क्या है तो पहले तो वह बाप थोड़ा स्टाईल मारेगा तथा फिर थोड़ा अभिमान के साथ बेटे को बतायेगा कि हमे घी-दूघ तथा पौस्टिक भोजन खाना चाहिए। फिर कसरत करनी चाहिये तथा और भी बहुत सारी बाते लेकिन कभी क्या किसी बाप को यह प्रश्न सुनकर उस परमात्मा की याद आयी? क्या हमारी आखो मे दृष्टि तथा कानो मे श्रवण शक्ति हमारे अपने प्रयास से है? क्या हमारा हृदय जो धड़क रहा है, उसे हमारे निर्देश की आवश्यकता है। अगर इस शरीर मे परमात्मा का चैतन्य प्रकाश ना हो तो, मुर्दे को आप कितना ही घी पिलाते रहे, क्या वो उसके किसी काम का है? नही, इसलिए हम इस संसार में जो अपनी जीव सृष्टि का निर्माण करते है वह उस परमात्मा की ही शक्ति के कारण है। लेकिन- "अहंकार विमुडात्मा कर्ता अंह इति मन्यते"।

8. भगवान नारायण तथा ब्रह्मा जी

कार्यप्रणाली के अनुसार परमात्मा और ब्रह्मा जी मे एक भेद है वो यह कि ब्रह्मा जी केवल उसी सृष्टि का निर्माण कर सकते है जिसके लिए पूर्ण सामग्री उपलब्ध हो अर्थात अन्तःकरण चतुष्ठय मे संग्रहित संस्कार; पहले से जो जीव है और उस जीव ने जो कर्मो के द्वारा जो संस्कार एकत्र किये है, उन्ही संस्कारो को आधार बनाकर ब्रह्मा जी सृष्टि का निर्माण करते है। परन्तु परमात्मा को सृष्टि रचना के लिए किसी जीव की आवश्यकता नही है। उसके कर्मो की आवश्यकता नही है, और किसी भी प्रकार के उपादान पदार्थ की भी आवश्यकता नही है। इसीलिए ब्रह्मा जी कहते है कि उस परमात्मा के तेज शक्ति से ही मै यह सृष्टि का सृजन कार्य करता हूं। उन्ही ही शक्ति से विष्णु इस सृष्टि का भरण-पोषण करते है तथा उसी शक्ति को आधार बनाकर शंकर इस सृष्टि का संहार करते है। यहां परमात्मा (ब्रह्म) को नारायण नाम से उच्चारित किया गया है। नारायण शब्द का अर्थ है। नराणां अयनं- जो सारे जीवो के परमधाम, स्वामी तथा लक्ष्य है उनको नारायण कहा जाता है। 'नर' शब्द का अर्थ होता है, पानी तथा "अयनं" शब्द का अर्थ है शयन या "निवाश" तो सारे जीवो की उत्पत्ति पानी से ही तो हुई है। इसलिए भगवान भी पानी में शमन करते है।

सृष्टि प्रक्रिया भागवत मे कई स्थानो पर आयी है। परन्तु एक बात बहुत स्पष्ठ है कि जो भी कुछ इस वक्त दिखाई दे रहा है। वह पहले सूक्ष्म रूप में प्रकट होता है और सूक्ष्म में आने से पूर्व वह कारण अव्यक्त होता है। जैसे मान लो कुछ लोग साथ में बैठे हो और यदि एक आदमी अचानक उठता है और दूसरे को चांटा मार देता है, तो देखने वाले को लगता है कि एकदम से यह क्या हुआ? लेकिन चांटा मारने की जो स्थूल क्रिया है, वह चांटा मारने वाले के मन में पहले से ही सूक्ष्म रूप मे हो चुकी थी तथा यही क्रिया मन में आने से पहले भी थी लेकिन अवयक्त अवस्था मे थी।

यह संसार भी चैतन्य स्वरूप, निर्गुण निर्विशेष भगवान में सदा रहता है परन्तु कभी व्यक्त अवस्था मे रहता है और कभी अव्यक्त अवस्था मे, लेकिन भगवान मे सृष्टि आदि कुछ नही है, परन्तु वही परमात्मा/भगवान/ब्रह्म जब अव्यक्त प्रकृति के साथ तादात्म्य करते है तो उनको ईश्वर कहते है तथा जब पूरी सृष्टि प्रकट (स्थूल) अवस्था मे प्रकट होती है तो सृष्टि के इस रूप की हिरण्यगर्भ कहते है तथा सृष्टि जब पूर्ण रूप से स्थूल रूप धारण कर लेती है तो उसे विराट कहा जाता है। एक ही परमात्मा के ये सब नाम हैं। लेकिन यह स्थूल, सूक्ष्म व अव्यक्त, सब के सब भगवान ही दृष्टि में स्थित है।

जैसे आपका स्वप्न होता तो है आपके मन में, दृष्टि मे, परन्तु प्रकट रूप से तो बाहर ही दिखता है। जिस प्रकार आप स्वप्न की सृष्टि करते हैं, उसी प्रकार भगवान दृष्टि मात्र से ब्रह्माण्ड रच देते हैं, यहाँ इसी का विस्तार किया गया है। पहले होता है अव्यक्त फिर महत्तत्त्व, उसके बाद समष्टि बुद्धि, फिर अहंकार, मन, सूक्ष्म पंचमहाभूत, फिर स्थूल पंचमहाभूत, फिर उनका मिश्रण जगत, और उससे ये भिन्न-भिन्न शरीर आदि सब दिखाई देते हैं। सृष्टि में अलग-अलग जो भी रूप दिखाई दे रहे हैं, वे सब वास्तव में एक तत्त्व के भिन्न-भिन्न आकार हैं। इसलिए ब्रह्माण्ड की, चौदह लोकों की कल्पना की गई है। अब यह जो सृष्टि का क्रम बताया जाता है, इस संदर्भ में हमारे पुराणों में वर्णन आता है कि भगवान क्षीरसागर में शयन कर रहे हैं।

वे आदिवारि हैं, मूलकारण हैं, उनकी नाभि से एक कमल निकला। उस कमल पर चतुर्भुज ब्रह्माजी बैठे हैं। ऐसा सुनकर कुछ लोग सोचते हैं अब नारायण भगवान की नाभि से कमल निकला और ब्रह्माजी उसमें बैठें हैं, तो कमल डगमगा रहा होगा। तब ब्रह्माजी की कैसी स्थिति हुई होगी। ऐसे नहीं। भगवान की नाभि, सारी सृष्टि का केन्द्र है। उसमें से ही पहली वृत्ति प्रकट होती है। अर्थात चतुर्भुज ब्रह्माजी प्रकट होते हैं। हम सब भी शयन करते हैं कि नहीं? हमारा शयन भले ही निद्रा रूप हो। सुबह नाभि में एक कमल निकलता है कि नहीं? विचार करो। जरा सोचो। हम जब नींद से जगते हैं, तो सबसे पहले 'मैं हूँ' यह भाव प्रकट होता है। उसके बाद होता है संकल्प- 'अब उठना चाहिए', फिर निश्चय- 'उठना ही है', क्यों उठें? तब न उठने से क्या होगा इसका स्मरण होता है। और फिर, मैं उस कार्य को करूँगा यह अहंकार जगता है। यह सब प्रतिदिन होता है। उपनिषदों में नाभि, कमल आदि का वर्णन नहीं है। वहाँ कहते हैं- 'एकोऽहं बहुस्याम्।' 'सोऽकामयत'। पुराणों में तो कहते हैं, कि भगवान के नाभि कमल से ब्रह्माजी प्रकट हुए, लेकिन वेदान्त में कहते हैं। ब्रह्म ने विचार किया, उसने भी तप किया। पुराणों की अपनी शैली है और उपनिषदों की अपनी शैली है। लेकिन बात एक ही है। ब्रह्म सच्चिदानन्द है। उसमें से प्रकट हुए ब्रह्माजी। फिर, जब हम सृष्टि के भेद देखते हैं, तो नारायण भगवान में और ब्रह्माजी में यह अन्तर है ऐसी (भेद की) भाषा बोलते हैं। लेकिन जब एक

की ओर ध्यान जाता है, तो सारे भेद नष्ट हो जाते हैं। जब दो की ओर, या अनेक की ओर ध्यान जाता है और हम प्रश्न पूछते हैं कि इसमें और उसमें क्या अन्तर है, तो उत्तर भी दिया जाता है। उत्तर दिया जाता है इसलिए कि अभी भेद दृष्टि है। अभेद दृष्टि में कोई प्रश्न ही नहीं बचता। तो इस प्रकार, अनेक अंगों की कल्पना की गई है। ब्रह्माजी ने तप किया, उससे भगवान प्रसन्न हुए। उन्हीं से ब्रह्माजी को सृष्टि करने की क्षमता मिली और उसी से ब्रह्माजी ने सृष्टि की रचना की।

जैसे सोने से आभूषण बनाए जाते हैं, और फिर कहा जाता है कि यह चूड़ी है, यह हार है, तो दानों में अन्तर क्या होता है? कुछ नहीं, वास्तव में तो सब सुवर्ण ही है, रूप और आकार की दृष्टि से ही वे पृथक्-पृथक् भासते हैं। ब्रह्माजी आगे कहते हैं कि मेरी वाणी कभी मिथ्या भाषण नहीं करती। मेरा मन मिथ्या चीजों में नहीं जाता। मेरी इन्द्रियाँ असत् मार्ग पर नहीं जातीं क्योंकि मैंने भगवान को अपने हृदय में बिठाकर रखा है। इसका तात्पर्य क्या हुआ? यही कि हमारा मन जो बहुत इधर-उधर मिथ्या चीजों में जाता रहता है, हमारी इन्द्रियाँ मिथ्या चीजों के और भागती रहती हैं और वाणी भी बहुत झूठ-मूठ की बातें करती रहती है, उसका कारण यही है कि हमने भगवान को अपने हृदय में नहीं बिठा रखा है। सीधी-सी बात बस इतनी है, जब हृदय में भगवान का निवास होगा, तब मन से, वाणी से, या इन्द्रियों से कोई भी गलत काम नहीं होगा। ब्रह्माजी कहते हैं, "भगवान की मेरे ऊपर बड़ी कृपा है, इसी से मैं यह सब कर पाता हूँ और कर रहा हूँ।"

हमारी ही तरह ब्रह्मा, विष्णु, महेश, इत्यादि भी भगवान के अवतार की, अनेक कर्मों की कथा गाते रहते हैं, लेकिन वे भी उनको पूरी तरह से गा नहीं पाते। भगवान जिन पर द्रवित हो जाते हैं उन्हें वे अपना रहस्य प्रकट कर देते हैं लेकिन वे किसके ऊपर द्रवित हैं? जो पूरी तरह से उनका ही आश्रय लेता है, अर्थात मन में कोई कपट नहीं रखता। हम लोग एक ओर बोलते हैं, "तेरा तुझको अर्पण क्या लागे मेरा" मैंने अपने आपको, आपके चरणों में अर्पित किया है। दूसरी ओर यह भी कहते है। कि आप जरा मेरे घर का ध्यान रखना, मेरी बीबी-बच्चो का ध्यान रखना। यह बड़े आश्चर्य की बात है, अपने आपको भगवान के प्रति अर्पित कर दिया, तुम तुम्हारे नहीं रहे, तो घर तुम्हारा कैसे बना रहा? अब वह तुम्हारा घर नहीं, भगवान का घर है। अतः ऐसे नहीं, जिनके मन में जरा भी छल-कपट नहीं हो और मिथ्या भाषण भी न हो, वे लोग "ते दुस्तरामतितरन्ति देवमायां" देवमाया को पार कर जाते है।

इस शरीर में जो "अहं-मम" भाव नही रखते, वे ही माया को पार कर जाते हैं। इसका अर्थ यह है कि अहं-मम ही माया है। इस देह को "यह मैं हूँ" ऐसा समझना ही माया है। हम सब लोग भगवान की माया के फंदे में पड़े है, उससे अलग कैसे हुआ जाए? तो कहा कि भगवान की माया का वर्णन करते रहो, तब अनायास ही भगवान का ध्यान होता रहेगा। वैसे भी हम लोग माया का ही ध्यान करते रहते

हैं, परन्तु भगवान की माया का ध्यान नहीं करते। भगवान की, ईश्वर की माया का वर्णन, ईश्वर के बिना नहीं कर सकते। तब वह माया हमें मोहित नहीं करेगी। इस प्रकार पहले ब्रह्माजी ने नारद जी उपदेश दिया था।

9. परीक्षित के प्रश्न

परीक्षित जी शुकदेव जी से पूछते है कि जब ब्रह्मा जी ने नारद जी को इस ज्ञान का प्रचार करने के लिए कहा, तब उन्होने यह ज्ञान किस-किस को सुनाया? तथा हे भगवन आप कृपा करके बताये कि परमात्मा इस सृष्टि की रचना कैसे करते है?। उसका पालन तथा लय कैसे करते है? कितने प्रकार के लोक है? लोकपाल है तथा देवता है? काल किसको कहते है तथा काल कितने प्रकार के होते है? काल की कितनी गतिया है? कर्म कितने प्रकार के होते है? ब्रह्माण क्या है? उसका माप क्या है? उसकी सीमा क्या है? किस युग का धर्म क्या होता है। भगवान के कितने अवतार है? उनकी कथाएं क्या है? मनुष्य के लिए साधारण धर्म, विशेष धर्म क्या है? तथा गृहस्थाश्रम, ब्रह्मचर्याश्रम, वानप्रस्थाश्रम और सन्यासाश्रम के क्या-क्या धर्म है? इसके अलावा और जो भी कुछ छूठ गया हो, कृपा करके आप मुझे बताइये।

इतने प्रश्न सुनने के बाद शुकदेव जी को बहुत प्रसन्नता हुई और आगे कहते है कि हे राजन अब मै तुम्हे व्यापक सृष्टि के बारे में बताता हूं। इससे तुम्हारे कुछ प्रश्न शान्त हो जायेगे, लेकिन जिस स्थूल व्यापक सृष्टि का वर्णन मे करने जा रहा हूं। वह कोई पारमार्थिक सत्य नही है। यह केवल आभास रूप है।

आत्ममायामृते राजन् परस्यानुभवात्मनः।
न घटेतार्थसम्बन्धः स्वप्नद्रष्टुरिवांजसा।।

परमात्मा सच्चिदानन्द स्वरूप हैं। उनमें माया कहाँ से आ सकती है? उनमें, अपने आप में तो विकार होता नहीं। तब यह सृष्टि बन कैसे सकती है? यह सृष्टि बने, इसके लिए मूलभूत वस्तु में विकार आना आवश्यक है। तभी तो सृष्टि बनेगी। जैसे दूध फटे बिना पनीर नही बनता। कहने का भाव यह है कि विकार के बिना कोई सृष्टि होती नहीं। अब देखो, इस जगत के मूल में क्या है? अविकारी परमात्मा तत्त्व है। परमात्म तत्त्व में विकार होता नहीं, तो फिर यह सृष्टि कैसे उत्पन्न हो सकती है? अब यदि यह सृष्टि उत्पन्न होती ही है, तो वह माया के संबन्ध से ही संभव है। परन्तु परमात्म तत्त्व के अतिरिक्त, दूसरी कोई चीज है ही नहीं, तो माया का संबन्ध कैसे हो सकता है? इसलिए कहते हैं कि जो कुछ होता हुआ दिखाई दे रहा है, वह केवल दिखाई ही दे रहा है, हुआ नहीं है। वैसे इस तत्त्व को समझना बड़ा कठिन है। जब तक वैराग्य नहीं होता, जिज्ञासा नहीं होती, अच्छी प्रकार से साधना नहीं करते, महापुरुषों का आश्रय नहीं मिलता, तब तक यह बात समझ में नहीं आती। लेकिन तत्त्व को भूलना नहीं चाहिए। क्योंकि जब और सृष्टि को सत्य

मानते रहेंगे तब तक दुःख भी होता रहेगा और सृष्टि को ही देखते रहेंगे। जिसकी दृष्टि में यह सृष्टि है, उस द्रष्टा को पकड़ो। भागवत की यह बड़ी सीधी-सी बात है। स्वप्न केवल जाग्रत पुरुष की दृष्टि में है। अतः जाग जाओ। जाग्रत होने पर स्वप्न समाप्त हो जाएगा। क्योंकि स्वप्न तो जाग्रत पुरुष की दृष्टि में ही है। सिद्धान्त यह है कि एक मात्र चौतन्य द्रष्टा है- उसकी दृष्टि में सृष्टि है। बस और कुछ नहीं।

आप धीरे से सृष्टि ध्यान हटा कर, उस द्रष्टा में लगाइए जिसकी दृष्टि में यह सब है। वर्णन आता है कि ब्रह्माजी जब प्रकट हुए, तो वे चारों ओर देखने लगे। उनकी समझ में नहीं आया कि मैं क्या करूँ। कभी-कभी हमारे साथ भी ऐसा ही हो जाता है। मैं क्या करूँ, कुछ समझ में नहीं आता। उनको भी, मैं कौन हूँ, क्या हूँ कुछ समझ में नहीं आ रहा था। तब उनको एक आवाज सुयी पड़ी, और आवाज ने कहा- तप, तप, तप! वे देखने लगे कि आवाज कहाँ से आयी, तो कुछ दिखाई नहीं दिया। लेकिन इतना समझ में आ गया कि मुझे तप करने को कहा गया है। 'तप' शब्द का अर्थ एक पाँव पर खड़े रहना, भूखे रहना इत्यादि ही नहीं है। यहाँ 'तप' का अर्थ है- आलोचना, अर्थात एकाग्र चिन्तन। देखो, कभी-कभी हम सबेरे उठते हैं, तो ध्यान में नहीं आता है कि मैं कहाँ हूँ, मुझे क्या करना है। तब, हम सब तप ही तो करते हैं। पहले-पहले, मुझे ऑफिसियल काम के कारण जब दूसरी जगह जाना पड़ता था तो कभी-कभी पता ही नहीं चलता था कि मैं भोपाल में हूँ या कानपूर में या अपने स्थायी निवास अल्मोड़ा में। थोड़ा तप कर लेने के बाद पता चल जाता था कि मैं अल्मोड़ा में ही हूँ। जब तप करने के लिए कहा गया, तो ब्रह्माजी एक हजार साल तक तप करते रहे। तब नारायण भगवान उनके सामने प्रकट हुए। उनके अत्यंत सुन्दर रूप को देखकर ब्रह्माजी बहुत प्रसन्न होते हैं और भगवान की स्तुति करते हैं। भगवान कहते हैं- तुम्हारे तप से मैं बहुत संतुष्ट हूँ। मैंने ही तुमसे कहा था कि तप करो-चिन्तन करो। वह इसलिए कि तप के द्वारा ही मैं सृष्टि करता हूँ, उसे स्थिर रखता हूँ। तप बहुत बड़ी चीज है। अब बताओ कि तुम्हें क्या चाहिए? ब्रह्माजी बोले- आपका दर्शन हुआ। अब मुझे क्या चाह हो सकती है। लेकिन आपका जो पर-अपर, निर्गुण-सगुण, परापर स्वरूप है, वह मुझे समझाइये। यह भी समझाइये कि आप किस प्रकार से सृष्टि रचते हैं? आगे मैं कि प्रकार से सृष्टि की रचना करूँ, जिससे कि मैं थकूँ नहीं, और आपको भूलूँ भी नहीं। सबसे बड़ी बात तो यही है। उसे मैं किस प्रकार से करूँ? इसीलिए कहते हैं- शादी करके देखनी चाहिए, मकान बनाकर देखना चाहिए। सब भजन-पूजन समाप्त हो जाता है। सिमेंट की बोरियाँ गिनते रह जाते हैं। जप-नाम स्मरण कुछ नहीं हो पाता। अतः, काम भी करते रहें और भगवान का स्मरण भी बना रहे, यह बड़ा कठिन कार्य है। रजोगुण सब भुला देता है। कहने का अर्थ है, भगवान का स्मरण बना रहे, यह बहुत महत्त्वपूर्ण बात है। भगवान भगवत गीता में कहते है- **"तस्मात् सर्वेषु कालेषु माम् अनुस्मर युध्य च"**। तुझे जीवन में युद्ध तो मिलेंगे, लड़ना भी

तुझे होगा, लेकिन यदि लड़ते वक्त मेरा स्मरण बना रहेगा तो फिर ये संसार तुझे बांधेगा नहीं।

10. चतुश्लोकी भागवत

तब भगवान ने ब्रह्माजी को ज्ञान दिया, केवल चार श्लोकों में, इसी को 'चतुःश्लोकी भागवत' कहते हैं। इस पर कोई कह सकता है- जब चार श्लोक ही काफी है, तो फिर अठारह हजार श्लोकों की क्या आवश्यकता है? बोले, उन्हीं चार श्लोकों को समझने के लिए अठारह हजार श्लोकों की आवश्यकता पड़ती है। ब्रह्मा जी जैसे शिष्य के लिए, चार श्लोक ही काफी थे। चार श्लोक नारदजी के लिए भी पर्याप्त थे। लेकिन नारदजी से ब्रह्माजी ने कहा 'विपुली कुरु'- इसका विस्तार करो, इसको बढ़ाओ। फिर नारदजी ने व्यासजी से यही कहा। व्यास भगवान तो इस कार्य में और भी कुशल हैं। उन्होंने विस्तार कर दिया, और शुकदेव जी से, उसे और बढ़ाने को कहा। इस विस्तार कार्य में शुकदेवजी व्यास भगवान से भी कुशल निकले। इस प्रकार यह बढ़ता चला गया। लेकिन मूल में तो केवल ये चार ही श्लोक हैं।

अब पहले हम इन्हीं चार श्लोकों पर विचार करेंगे। चतुःश्लोकी में ब्रह्म, माया, जगत तथा ब्रह्म प्राप्ति का साधन, इन्हीं चार विषयों का वर्णन है। प्रथम श्लोक में ब्रह्मा का स्वरूप दर्शाया गया है। दूसरे श्लोक में माया का स्वरूप निरूपित है। तीसरे श्लोक में जगत क्या है यह कहा गया है और- चौथे श्लोक में ब्रह्मस्वरूप की प्राप्ति का साधन कहा गया हैं।

अहमेवासमेवाग्रे नान्यद् यत् सदसत परं।
पश्चादहं यदेतच्च योऽवशिष्येत सोऽस्म्यहं।।

सृष्टि के पहले केवल मैं ही था। और मैं केवल था। कैसा था, क्या था, कुछ नहीं बस केवल था। 'था' शब्द भी इसलिए कहा कि अभी हम जो सृष्टि देख रहे हैं, उसके पहले की बात कह रहे हैं। अन्यथा 'था' का भी प्रश्न आता नहीं। केवल मैं ही मैं हूँ। अहं एवं-यहाँ 'अहं' शब्द से चेतनता प्रकट होती है और 'इदं' कहने से जड़ता। तो सबसे पहले 'मैं' यानी चौतन्य स्वरूप ही था, और केवल था। 'न सत' माने स्थूल नहीं, 'न असत' माने सूक्ष्म नहीं और सत-असत् के परे यानी अव्यक्त भी नहीं था। केवल 'मैं' निर्विशेष सत्ता मात्र था। भगवान पहले अकेले थे, सजातीय-विजातीय-स्वगत भेद रहित अकेले ही थे, यह तो ठीक है। लेकिन अब सृष्टि बन गयी है, तो लगता है वे अनेक हो गए हैं। बोले- नहीं, जब पहले मेरे अतिरिक्त और कुछ नहीं था, तो इस समय भी, जब मैं ही सर्वरूप बना हुआ हूँ, अब भी दूसरी कोई चीज नहीं हो सकती।

अब जो सामने दिखाई दे रहा है, वह भी मैं ही हूँ और यह सृष्टि जब लीन हो जाती है, तब भी मैं ही रहता हूँ। "योऽवशिष्येत सोऽस्म्यहं" जो बाकी रह जाता

है वह भी मैं ही हूँ। देखो, यहाँ आपको बता देते हैं-वास्तव में तो वेदान्त का ज्ञान कराने के लिए यह एक ही श्लोक पर्याप्त है। "अहमेवासं" और "आसमेवाग्रे" यदि वेदान्त का ज्ञान हो, तो यह श्लोक आपके मन को मुग्ध कर देगा। इसके आगे कुछ कहने की आवश्यकता नहीं रहेगी। 'अहम एवं आसम' और 'आसमेवाग्रे'। आत्मा ही केवल था और दूसरी कोई चीज नहीं थी। सत्तामात्र चैतन्य, चेतन, सत्ता, यह भगवान का सर्वोत्कृष्ट स्वरूप, भगवान का ब्रह्मस्वरूप है। ब्रह्म का स्वरूप दर्शाने के बाद, अब कहते हैं कि माया क्या है।

ऋतेऽर्थं यत् प्रतीयेत न प्रतीयेत चात्मनि।
तद्विद्यादात्मनो मायां यथाऽऽभासो यथा तमः।।

परमात्मा की माया वह शक्ति है जिसके कारण सत्ताहीन पदार्थ तो सत् अर्थात 'है' के रूप में प्रतीत होता है और जो वास्तव में वस्तु हैं उसकी प्रतीति नहीं होती है। आत्मा तो छिप गया लेकिन जगत प्रतीत होता है! यही माया है। पदार्थ का न होकर भी दिखाई देना - जैसे रस्सी में साँप का दिखाई देनां वहाँ साँप है नहीं लेकिन "ऋतेऽर्थं प्रतियेत" वह बिना पदार्थ के ही दिखाई देता है। लेकिन "न प्रतीयेत चात्मनि"- वह किस कारण से दिखाई देता है? रस्सी के अज्ञान के कारण। अज्ञान आपको दिखाई देता है क्या? नहीं। फिर भी वह है न? हाँ है। उसी के कारण दिखाई दे रहा है। पदार्थ है नहीं, परन्तु वह दिखाई नहीं दे रहा है, 'यथाऽऽभासः' अज्ञान है, परन्तु वह दिखाई नहीं दे रहा है, 'यथा तमः'। यह भगवान की माया- "तद्विद्यादात्मनो मायां यथाऽऽभासो यथा तमः"। 'तम' माने अज्ञान, अन्धकार। वह है परन्तु दिखाई नहीं देता। रस्सी के अज्ञान के कारण साँप दिखाई देता है। हमको तो, न अज्ञान दिखाई देता है, न रस्सी दिखाई देती है, केवल साँप दिखाई देता है, जो है नहीं। विस्मयकारी माया है कि नहीं? यह भगवान की माया है। जब हम भगवान को ही देखने लगेंगे, तो समझ में आने लगेगा कि माया कुछ नहीं है। तब अज्ञान है, यह कहना भी विचित्र बात ही जाएगी। जब पदार्थ नहीं होकर भी दिखाई देता है, तो समझाने के लिए कहते हैं कि माया है। अन्यथा, माया नाम की भी कोई चीज नहीं है। यह बड़ी विचित्र बात है कि यह माया केवल आभासरूप है। कहीं पर दिखाई नहीं देती। पता नहीं कहाँ पर है, परन्तु सारा खेल कराती रहती है। यह दूसरा श्लोक हुआ माया के विषय में। अब तीसरे श्लोक में जगत का निरूपण है। बोले - जगत क्या है? जगत का वर्णन करना भी बहुत कठिन काम है। पता नहीं यह है भी कि नहीं, और यदि है तो कैसा है?

यथा महान्ति भूतानि भूतेषूच्चावचेष्वनु।
प्रविष्टान्यप्रविष्टानि तथा तेषु न तेष्वहम्।।

यह जगत कैसा है? किससे बना हुआ है? पंचमहाभूतों से बना है। यहाँ जितनी चीजें है, उनमें पंचमहाभूत हैं या नहीं हैं? बोले, हाँ है।

क्या वास्तव में पंचमहाभूतों ने सभी चीजों में प्रवेश किया है? प्रवेश किया है, ऐसा नहीं कह सकते। मिट्टी का घड़ा बनाया जाता है, तो पहले घड़ा बन गया और बाद में उसमें मिट्टी ने प्रवेश किया, ऐसा नहीं कह सकते। जब घड़ा नहीं था, तब भी मिट्टी थी। और घड़े के रूप में भी मिट्टी ही है। अतः ऐसा नहीं कह सकते कि मिट्टी ने घड़े में प्रवेश किया। अच्छा, प्रवेश नहीं किया, यह भी नहीं कह सकते। प्रवेश नहीं किया तो घड़ा कहाँ रहने वाला है। प्रवेश किया, ऐसा कहने के लिए घड़े को मिट्टी से भिन्न कुछ और होना पडेगा। इसका अर्थ यह हुआ कि 'घडा' यह केवल एक नाम है, लेकिन वह है मिट्टी ही। नारायण भगवान ब्रह्माजी से कहते हैं इसी प्रकार केवल एक 'मैं' ही हूँ। मुझे आपने एक नाम दे दिया- जगत। बस! सारे जगत में मैंने ही प्रवेश किया है। इस संदर्भ में गीताजी में बड़ी सुन्दर बात कहीं गई है- 'मया ततमिदं सर्व' यह जगत मेरे द्वारा व्याप्त है। सब मुझमें है। बाद में कहते है, मुझमें कुछ भी नहीं है। इसका अर्थ यह हुआ कि जिसको जगत कहते हो, वह भी आभास ही है। जिसको माया कहते हो, वह भी आभास है। जिसको जीव कहते हो वह भी जगत के अन्तर्गत है, अतः वह जीव भी आभास है, उस परमात्मा का भास कहीं नहीं हो रहा है। तो फिर उस परमात्मा का भान कैसे हो? इसके लिए साधन क्या है? चौथे श्लोक में परमात्म प्राप्ति का साधन बताया गया है।

एतावदेव जिज्ञास्यं तत्त्वजिज्ञासुनाऽऽत्मनः।
अन्वयव्यतिरेकाभ्यां यत् स्यात् सर्वत्र सर्वदा।।

अब कहते हैं, अन्वय और व्यतिरेक की प्रक्रिया से इस परम तत्त्व को जान लेना चाहिए। दुनिया में और कोई जानने योग्य चीज नहीं है। अन्वय-व्यतिरेक का अर्थ है- जब घड़ा है, तब मिट्टी है यह अन्वय हुआ। 'अन्वय' माने होना। जब घड़ा नहीं है तब भी मिट्टी है, यह हुआ व्यतिरेक। घड़े का व्यतिरेक- अभाव होने पर भी मिट्टी तो है ही।

अब घड़े से मिट्टी को अलग कैसे समझें? घड़ा है तो मिट्टी है और घड़ा नहीं है, तब भी मिट्टी है। अन्वय-व्यतिरेक यह एक प्रक्रिया है। दूसरी पद्धति है- जब मिट्टी है तब घड़ा है। जब मिट्टी नहीं है तो घड़ा भी नहीं है, अर्थात जिसके होने से चीज हो, और जिसके नहीं होने से चीज भी न हो। हालाँकि जिसके नहीं होने से चीज नहीं है, यह मिट्टी के बारे में बोल सकते है (क्योंकि मिट्टी का नहीं होना बन सकता है), लेकिन आत्मा के बारे में ऐसा नहीं बोल सकते। आत्मा नहीं, है ऐसा नहीं कह सकते। कहने वाला कौन होगा? वह आत्मा ही होगा। इसलिए इस प्रकार का वाक्य कभी बनता नहीं है। लेकिन एक बात है, जब यह लगता है कि जगत है तब उसमें मैं हूँ ऐसा भासता है। परन्तु जब जगत का भाव नहीं होता, तब भी

'मैं' होता है। आपकी जाग्रत अवस्था में चेतन है या नहीं? है। स्वप्नावस्था में भी चेतन है। उस समय जाग्रत अवस्था है? नहीं है। स्वप्नावस्था में चेतन तो है, परन्तु जाग्रत अवस्था नहीं है। आप निद्रावस्था में चले गए, वहाँ जाग्रत अवस्था है? नहीं है। स्वप्न अवस्था है? नहीं है। लेकिन चेतन है। अर्थात निद्रावस्था (गहरी नींद) में न जाग्रत अवस्था है न ही स्वाप्नस्था है, केवल चेतन है। क्योंकि चेतन ही सभी अभावों को प्रकाशित करता है। और समाधि की अवस्था में तो निद्रावस्था भी नहीं होती, लेकिन 'मैं' हमेशा रहता है।

आप पूरी भागवत पढ़ें न पढ़ें, इन चार श्लाकों को प्रतिदिन पढ़ते रहना चाहिए। इनको याद कर लेना चाहिए। इस प्रकार भगवान नारायण ने ब्रह्माजी को यह ज्ञान दिया। तत् पश्चात ही, ब्रह्माजी पूरी जरह से सृष्टि कार्य करने में समर्थ हुए। इसके बाद, यह ज्ञान उन्होंने नारदजी को दिया। शुकदेवजी परीक्षित से कहते हैं- तुमने पूछा था, नारदजी ने यह ज्ञान किसको दिया? तो नारदजी ने यह ज्ञान मेरे पिता वेदव्यास जी को दिया, और पिताजी ने मुझे दिया। वही यह भागवत पुराण है। अब प्रश्न यह उठता है कि इस भागवत पुराण का विषय क्या है? सर्वप्रथम इसमें अधिकारी निरूपण है। पहला स्कन्ध अधिकारी स्कन्ध है। उसके बाद इसमें साधन बताया गया है, अतः दूसरा स्कन्ध साधन स्कन्ध है।

11. भागवत के दस विषय

शुकदेव जी कहते है कि इस भागवत कथा मे 10 प्रमुख विषय है। जिनमे सभी प्रश्नो के उत्तर समाहित है।

अत्र सर्गो विसर्गश्च स्थानं पोषणमूतमः।
मन्वन्त रेशानुकथा निरोधो मुक्तिराक्षयं॥

सबसे पहले है, सर्ग- सृष्टि। फिर आता हैं, विसर्ग- विशेष सर्ग। अब सर्ग में और विसर्ग में क्या अन्तर है? यद्यपि यहाँ पर सब की परिभाषा दी गई है, तथापि हम सरल भाषा इनको समझने का प्रयासकरेंगे।

पंचमहाभूत जो आपको दिखाई देते हैं, वह सर्ग हैं। अपने में भी जो पंचमहाभूत, मन, बुद्धि है ये सब सर्ग हैं। लेकिन इन पंचमहाभूतों के द्वारा हम सब जो रचना करते हैं उसे विसर्ग कहते हैं उदाहरण के लिए, कुम्हार मिट्टी से घड़ा बनाता है। मिट्टी से कुम्हार घड़ा तो बनाता है लेकिन मिट्टी बनाता है क्या? कोई कुम्हार या वैज्ञानिक मिट्टी, फूल आदि नहीं बना सकता। प्लास्टिक के फूल की बात नहीं हो रही है। वायुमण्डल, आकाश, पृथ्वी- इनकी उत्पत्ति को सर्ग कहते हैं। उसमें मनुष्य जो सृष्टि रचता है, हर एक जीव अपनी वासना के अनुसार जो सृष्टि रचता है, उसको विसर्ग-विशेष सर्ग- पौरुष सर्ग कहते हैं।

तीसरा विषय है- स्थानं। सृष्टि बनने के बाद वह कहाँ पर रहती है? तो वह जहाँ रहती है वह 'स्थान' है। चौथा विषय है- पोषणं। बच्चे को जन्म दिया हो तो उसका पोषण भी करना पड़ता है। अन्यथा उसका नाश होने लगेगा, अधःपात होने लग जाएगा। सारे जीवों का पोषण कौन करता है? तो कहते हैं पोषणं यानी भगवान का जो अनुग्रह है, कृपा है, वही सबको बनाए रखती है। अगर भगवान इतने दयालु है, तो सृष्टि में इतना भेद क्यों दिखाई देता है? बोले, कर्मवासना के कारण। पाँचवाँ है- ऊतयः या ऊती अर्थात् कर्मवासना। इसके पश्चात छठा है- मन्वन्तर। फिर सातवाँ ईशानुकथा- भगवान के भिन्न-भिन्न अवतारों की कथा। आठवाँ है- निरोधः। निरोध का अर्थ है, प्रलय। इसके बाद नवाँ विषय है- मुक्ति। और अन्तिम (दसवाँ) विषय है- आश्रयतत्त्व। अब देखो, वास्तव में विषय तो एक ही है, वह है आश्रयतत्त्व।

इस आश्रय तत्त्व को समझने के लिए पूर्वोक्त नौ विषयों का वर्णन किया गया है। सृष्टि कैसे बनती है? विसर्ग किस प्रकार होती है? सृष्टि का स्थान कहाँ होता है? उसका पोषण कौन करता है? तो कहा, सब भगवान् ही हैं। सर्ग हो या विसर्ग हो, स्थान का वर्णन हो या पोषण का। मन्वन्तर हो या ईशानुकथा। प्रलय का वर्णन हो या मुक्ति का - इन सबका प्रयोजन जगत् के आधार तत्त्व को प्रकट करना ही है। और उस आधार तत्त्व के प्रकट हो जाने पर, वह परमात्मा ही सर्ग, विसर्ग, स्थान तथा पोषण रूप में दिखाई देगा। इतनी बात समझ लें, तो आगे समझने में कोई कठिनाई नहीं रह जायगी। इसे समझने का एक तरीका होता है।

भले ही सृष्टि का वर्णन समझ में आता हो या नहीं आता हो, आप स्वयं अपनी दृष्टि से वर्णन करें। एक स्थान पर चुपचाप शान्त बैठकर सोचें, कल्पना करें। तो कल्पना की सृष्टि हुई ना? एक सर्ग हुआ। अब उस कल्पना से दूसरी अनेक कल्पनाएँ प्रारम्भ हुयीं। विसर्ग हुआ। अब इस सर्ग, विसर्ग सृष्टिका स्थान कहाँ था? कल्पना किसने की? आपने। उससे फिर दूसरी अनेक कल्पनाएँ किसने कीं? आपने। तो उसका स्थान कहाँ था? कल्पना कहाँ की? आपके मन में। उस कल्पना का पोषण किसने किया? जब तक आप चाहते हैं, तब तक इस कल्पना को बनाए रखते हैं। उसमें मन्वन्तर, ईशानुकथा आदि चाहे जितने विषय हो सकते हैं। अच्छा, प्रलय कौन करता है? आप ही प्रलय करते हैं, अपनी कल्पना को आप स्वयं समाप्त कर देते हैं। कल्पना खत्म हुई, तो मुक्ति हो गई। लेकिन यदि कल्पना को खत्म नहीं कर पाए तो? तब तो बड़ा बन्धन है। एक साधुबाबा किसी कुएँ के पास बैठे थे। वहाँ से एक बारात जा रही थी, डम-डम करते हुए। उसे देखकर वे सोचने लगे-मेरी भी शादी होगी तो क्या होगा? बारात निकलेगी, बैंड बजेगा, लोग नाचेंगे, शादी होगी, फिर बच्चा होगा, उसके बाद पत्नी के साथ या बच्चे के साथ मेरा झगड़ा होगा। पत्नी मुझे धक्का देगी, और तब मैं गिर जाऊँगा। सोचते-सोचते वे धम-से गिर गए कुएँ में। अच्छी बात इतनी थी कि कुआँ ज्यादा गहरा नहीं था।

लोगों ने उन्हें उठाकर बाहर निकाला और पूछने लगे कि क्या हुआ? कुएँ के अन्दर कैसे गिरे? बोले- कुछ नहीं, ऐसे ही मैं मनोरथ करने लगा था। तो कल्पना का त्याग कर दिया। मुक्ति हो गई। अब देखो मुक्ति की परिभाषा क्या है?।

हम सब जो कल्पना कर लेते हैं, उसका त्याग करके अपने स्वरूप में बैठ जाना ही मुक्ति है। इसलिए, वास्तव में घबराने की कोई बात ही नहीं हैं, सर्ग, विसर्ग आदि अनेक (दस) विषय नहीं हैं, केवल एक ही है! यहाँ एक बात विशेष ध्यान देने योग्य है। परीक्षित मरणासन्न थे। तब उसे इतनी सब चीजें क्यों जाननी थीं? बोले- ये इतनी सारी चीजें नहीं हैं, सारे प्रश्न परमात्मा से ही सम्बन्धित हैं। सृष्टि का वर्णन भी, सृष्टि भी, सृष्टि के लिये नहीं है। यह सृष्टि इतनी विशाल और विचित्र है, तो जिसने इसे बताया, वह परमात्मा कैसा होगा-यही दर्शाने के लिए हैं। इसलिए जब हम रेडियो आदि पर कोई अच्छा गाना सुनते हैं, तो सुनते-सुनते गाने वाले की ओर भी ध्यान चला ही जाता है। तब उस गानेवाले को भी जानने की इच्छा होने लगती है। टी.वी. पर भी जब किसी को देखते हैं, तो जानना चाहते हैं कि यह कौन है? इसीलिये प्रायः घरों में जब बूढ़ें व्यक्ति टी.वी. देखते हैं, तो अपने नाती-पोतों से पूछते रहते हैं- यह कौन है, वह कौन दौड़ रहा है। तो सिर्फ देखने मात्र से, उसे जानने का मन होने लगता है। इसी प्रकार जब सृष्टि को देखते हैं, तो सृष्टि कर्ता कौन होगा? ऐसा विचार मन में आता है। तात्पर्य यही है कि सृष्टि के वर्णन का मूल उद्देश्य परमात्मा को दर्शाना ही है। यही नहीं वरन जो विसर्ग, स्थान, पोषण, मन्वन्तर, ईशानुकथा है, वे सब भी भगवान् को दर्शाने के लिए हैं। इसके बाद शुकदेवजी सृष्टि की रचना का वर्णन करते हैं और फिर कहते हैं कि यह सृष्टि केवल शब्दमात्र है, परमार्थ नहीं है। वास्तव में तो यहाँ केवल परमात्मा ही है और वह शुद्ध चौतन्य स्वरूप ज्यों-का-त्यों है।

राजा परीक्षित ने सृष्टि के विषय में बहुत सारे प्रश्न पूछे थे- गुणों के विषय में, कर्म तथा अवतारों के विषय में, जीवों के विषय में और उनके वर्ण, आश्रम, धर्म, आदि के विषय में भी पूछा था। इन्हीं प्रश्नों को विदुरजी ने मैत्रेय ऋषि से पूछा था। और तब मैत्रेय ऋषि ने इन्हीं सारे प्रश्नों के उत्तर दिए थे। इसलिए, अब यह कथा धीरे से मैत्रेय ऋषि की ओर मुड़ती है। अब शौनकजी सूत जी से कहते हैं- आपने पहले एक बार कहा था कि महाभारत युद्ध के समय विदुरजी घर से निकल गए थे। वे किस प्रकार मैत्रेयजी से मिले? वह सारा प्रसंग आप मुझे सुनाइये। तब सूतजी ने कहा कि यही सब परीक्षित ने भी शुकदेवजी से पूछा था। श्री शुकदेवजी ने उन्हें जो बताया था वही में अब आप ऋषि जनों को सुनाता हूँ। इस पुराण में बारह स्कन्ध हैं। उनमें पहला है अधिकारी स्कन्ध, दूसरा है साधन स्कन्ध और आगे के जो दस स्कन्ध हैं उनमें सर्ग, विसर्ग, स्थान, पोषण, ऊतयः, मन्वन्तर, ईशानुकथा, निरोध, मुक्ति और आश्रय इन दस विषयों का वर्णन है।

—ॐ—ॐ—ॐ—

अध्याय-4

तृतीय स्कन्ध

ईश्वर सृष्टि में दुःख नहीं है, मनुष्य सृष्टि में सुख नहीं है

तीसरे स्कन्ध में सर्ग का, सृष्टि का वर्णन है। सूक्ष्म महाभूत, प्राण, मन, इन्द्रिय आदि की सृष्टि किस प्रकार होती है, उसका वर्णन है। श्री शुकदेवजी परीक्षित से कहते है कि तुमने जो प्रश्न पूछे हैं, वे ही सब प्रश्न विदुरजी ने भी मैत्रेय ऋषि से पूछे थे।

1. विदुर जी तथा मैत्रेय ऋषि का संवाद

विदुरजी, मैत्रेय ऋषि से प्रश्न पूछते हैं कि-

सुखाय कर्माणि करोति लोको न तैः सुखं वान्यदुपारमं वा।

विन्देत भूयस्तत एवं दुःखं यदत्र युक्तं भगवान वदेन्नः।।

संसार में सभी लोग सुख चाहते हैं। सुख प्राप्ति के लिए बहुत प्रयत्न भी करते रहते हैं लेकिन उनको सुख मिलता नहीं। सुख नहीं मिलता इतना ही नहीं, "विन्देत भूयस्तत एवं दुःखं", और ज्यादा दुःख ही प्राप्त होता रहता है। अतः सुख प्राप्त करने के लिए जो युक्त-समीचीन बात हो, वह आप मुझे बताइये, क्योंकि मेरे लिए आप में, भगवान में कोई अन्तर नहीं है।

यह सुनकर मैत्रेय ऋषि प्रसन्नतापूर्वक कहते हैं, तुमने बहुत सुंदर प्रश्न पूछा है, ऐसा शास्त्र में कहा गया है। भगवान चन्दन के पेड़ के समान हैं, तो भक्त वायु के समान हैं- "चन्दन तरु हरि संत समीरा"।। वायु बहती है तो चन्दन की सुगन्ध सब ओर फैला देती है। भक्त भी भगवान के यश को सब ओर फैला देते हैं। आप भी ऐसे भक्तों में ही हैं। इस प्रकार वर्णन करते हुए अब उन्होंने बड़ी विचित्र बात कहीं-

अतो भगवतो माया मायिनामपि मोहिनी।
यत्स्वयं चात्मवर्त्मात्मा न वेद किमुतापरे।।

भगवान की माया सबको मोहित करती है। अपनी माया की गति को स्वयं भगवान भी नहीं जानते। अब ऐसी बात सुनने पर वह बड़ी विचित्र लगती है। भगवान की माया बड़े-बड़े लोगों को मोहित कर देती है, यह बात तो समझ मे आती है लेकिन यहाँ तो कहा कि अपनी ही माया की गति को भगवान भी नही जानते। तो क्या इसका तात्पर्य यह हुआ कि भगवान अज्ञानी हैं? ऐसा अर्थ नहीं लगाना।

यहाँ पर जो वाक्य बोले जाते हैं, उन्हें समझने का प्रयास करना चहिए। जब ऐसा कहा कि अपनी माया की गति भगवान भी नहीं जानते, तो इसका अभिप्राय यही दर्शाना है कि भगवान की माया की कितनी प्रबल है। यह एक बात है। दूसरी बात है- 'अनन्तत्त्वात' वह अनन्त निमित्तों से हमें मोहित कर देती है। उसकी गति अनन्त है। उसे स्वयं भगवान भी नहीं जानते। किसी बात को कहने का यह एक तरीका है। जैसे, कोई कार चला रहा हो और स्टीयरिंग छोड़ दे, तो फिर क्या वह बता सकता है कि कार कहाँ जाएगी? कोई कहे अरे भाई, तुम तो ड्राइवर हो, क्या तुम नहीं बता सकते कि कार कहाँ जाएगी? तो कहना पड़ेगा- नहीं बता सकते, एक बार स्टीयरिंग व्हील से हाथ हटा लिए, तो उसके बाद कुछ नहीं बता सकते। भगवान की माया की गति अनन्त है, प्रबल है, यही इसका तात्पर्य है। इसीलिए मायापति भगवान का भजन करने के लिए कहा गया है। इसके बाद विदुरजी ने एक बड़ा शास्त्रीय और पारिभाषिक प्रश्न पूछा है। वे कहते हैं- भगवन! आपने कहा कि भगवान अविकारी हैं और वे माया शक्ति से ही सारी सृष्टि बनाते हैं। जो अविकारी सच्चिदानन्द भगवान हैं, उनको माया का स्पर्श हो ही कैसे सकता है? माया का सम्बन्ध उनके साथ हो ही कैसे सकता है? इस पर मैत्रेय ऋषि हँसते हुए कहते हैं- तुमने बड़ी अच्छी बात कही। बोले- इसी को तो माया कहते हैं।

सेयं भगवतो माया यन्नयेन विरुध्यते।
ईश्वरस्य विमुक्तस्य कार्पण्यमुक्त बन्धनम।।

माया की यह सबसे अच्छी परिभाषा है। यह माया सभी तर्कों को उठाकर फेंक देती है। तर्क से जो समझ में नहीं आती, उसी को माया कहते हैं। परमात्मा अविकारी हैं। उनमें विकार कैसे हो सकता है? उनके साथ माया का संबन्ध नहीं हो सकता, इसलिए हुआ भी नहीं है, लेकिन फिर भी प्रतीत होता है। अतः उसे न सत् कह सकते हैं, न असत। यहाँ तर्क कुछ काम नहीं करता। किसी वस्तु का होते हुए भी नहीं दीखना, और जो न हो उसका न होकर भी दीखना, इसी को माया कहते हैं। लेकिन हम इन सब प्रश्नों को माया में रह कर ही पूछते हैं, अतः उनका उत्तर भी नहीं मिलता, परन्तु जहाँ परमात्मतत्त्व के प्रति जाग जाते है, वहाँ माया

नहीं बचती। जैसे स्वप्न से जब जाग जाते है, तो स्वप्न की माया नहीं रहती। लेकिन स्वप्न में रहकर स्वप्न के बारे में पूछें तो कोई उत्तर नहीं मिलता। उस अनिर्वचनीय माया के योग से ही भगवान सृष्टि रचते हैं।

वास्तव में यह काल (समय) परब्रह्म परमात्मा का स्वरूप ही है। अब यहाँ एक विचित्र बात आती है, ब्रह्मा जी जब सृष्टि रचते हैं, तो अपने कान-आँख-जाँघ आदि से रचते हैं। प्रायः जब हम ऐसी बातें पढ़ते या सुनते है, तो उन्हें स्वीकार नहीं कर पाते। हमें लगता है कि यह सब क्या है? यह मानस सृष्टि है। जब हम स्वप्नावस्था में रहते हैं, तो सोचो उस स्वप्न को हम कहाँ से रचते हैं? यह कोई बता सकता है? कान से-नाक से, कहीं से भी कहो, तो क्या अन्तर पड़ता है।

आगे एक स्थान पर वर्णन आता है कि सृष्टि करते समय ब्रह्माजी ने सरस्वती जी को बनाया। तो सरस्वती जी उनकी कन्या हो गयीं। अब वे उसी पर मोहित हो गए। यह देखकर उनके पुत्र मरीचि आदि ऋषियों ने उन्हें समझाते हुए कहा- आप यह कैसा अनर्थकारी संकल्प कर रहे हैं। ऐसा तो पूर्व में किसी ब्रह्मा ने नहीं किया। लोग जब वर्णन पढते हैं तो भ्रमित हो जाते हैं। उन्हें लगता है- ब्रह्माजी और ऐसी बात। ये कैसा काम करते हैं? अतः पुराणों की इन बातो को विचारपूर्वक समझने की आवश्यकता होती है। इस प्रसंग से यह दर्शाया गया है कि हमें अपने मन पर कभी विश्वास नहीं करना चाहिए। हम किसी पर भी मोहित हो सकते हैं। अब देखो, ये ब्रह्माजी क्या है? सूक्ष्म समष्टि ही ब्रह्माजी का शरीर है। अतः उन्हीं से समस्त (समष्टि के) संस्कार व्यक्त होते हैं। समष्टि संस्कार ही उनकी उपाधि है, तो सृष्टि में ऐसे लोग जिन्हें किसी पर भी मोह हो जाता है, हुए हैं कि नहीं? ऐसा नहीं कह सकते कि नहीं हुए है। महाभयंकर लोग हुए हैं। उनके भी संस्कार प्रकट होते हैं। देखो, हमारे जाग्रत मन में जिस प्रकार के संस्कार होते है, वैसे ही स्वप्न में प्रकट होते हैं। है न? तो उसमें गन्दे संस्कार भी प्रकट होते ही हैं। जो संस्कारों का भण्डार है, निधान है, वहीं से सारे संस्कार प्रकट होंगे सृष्टि प्रकट होगी। तो काम का संस्कार प्रकट हुआ, क्रोध का संस्कार प्रकट हुआ।

आगे कहा गया कि भौतिक सृष्टि विस्तार के लिए ब्रह्मा जी ने अपने शरीर दो भागों में विभक्त कर दिया और उन भागों से मनु और शतरूपा प्रकट हुए। तब ब्रह्माजी उन्हे आदेश दिया कि तुम लोग सृष्टि का विस्तार करो।

2. वराह-अवतार

अब मनु, ब्रह्माजी को नमस्कार करते हैं और कहते हैं, "आपके आदेश का पालन करने के लिए मैं तैयार हूँ, परन्तु पहले हमें रहने के लिए कोई स्थान चाहिए। ऐसा होता भी रहता है, है न? आजकल लड़के की शादी कर देने मात्र से नहीं चलता, उसके लिए फ्लैट भी देना पड़ता है। उसके माता-पिता को ही यह चिन्ता रहती है कि अब इसको रहने के लिए एक घर भी हो। बोले पृथ्वी को तो, हिरण्याक्ष नाम

का असुर रसातल में ले गया है। अब रहने के लिए कोई स्थान ही नहीं है। तो क्या करें? ब्रह्माजी भी चिन्तित होने लगे कि उस हिरण्याक्ष को मैंने ही वरदान दिया है, अतः मै स्वयं तो उसका कुछ बिगाड़ नहीं सकता। उसकी कथा हम आगे देखेंगे। ब्रह्माजी चिन्ता कर ही रहे थे कि उनकी नाक से एक छोटा-सा, सुहर-वराह निकला। ऐसा सुनने पर हमें लगता है पुराणों में ये कैसी बातें लिखी जाती है। पुराणों में बातो को समझाने का जो तरीका है, वो सीधा नहीं है। हर जगह एक कहानी है, कथा है यदि कहानियो का तात्पर्य निर्णय सही न हो, तो वास्तव में यही लगता है कि क्या ऊटपटाँग बातें लिखते हैं। आगे कहते है कि देखते-देखते वह छोटा-सा वराह हाथी जैसा बड़ा हो गया और वहाँ से चल पड़ा। चल कर उसने सीधे समुद्र में प्रवेश किया। समुद्र में जाकर जब वह पृथ्वी को उठकार ऊपर लाने लगता है, तो हिरण्याक्ष उसे रोकने के लिए आता है और मारने लगता हैं। लेकिन वराह भगवान पृथ्वी को पहले बाहर लाकर रख देते हैं, स्थापित कर देते है। और फिर उसी वराह द्वारा हिरण्याक्ष का वध होता है। तब सारे देवता, ऋषि, मुनि सब वराह भगवान की स्तुति करने लगते हैं-

जितं जितं तेऽजित यज्ञभावन त्रयीं तनुं स्वां परिधुन्वते नमः।
यद्रोमगर्तेषु निलिल्युरध्वरा- स्तस्मै नमः कारणसूकराय ते।।

आप जीत गए, जीत गए! 'नमः कारणसूकराय' आप कारणसूकर हैं। कारणसूकर के दो अर्थ होते हैं एक अर्थ है- ये वराह रूप में- सूकर रूप में, कार्य के रूप में दिखाई तो दे रहे हैं, लेकिन ये कार्य नहीं हैं- समस्त जगत् के कारण है। तो सूकर रूप में दिखाई देते हुए भी ये जगत् के कारण हैं। कहने की बात यह है कि यह प्रेम है! तो देखो, पृथ्वी का गुण है- गन्ध। और गन्ध का ग्रहण नाक से होता है। अतः पृथ्वी का उद्धार करना हो, तो पृथ्वी का प्रेमी बनकर-सुकर बनकर आना पड़ेगा, इसलिए कि उसमें नाक की ही प्रधानता है। इसीलिए यहाँ कहा ब्रह्माजी की नाक से भगवान वराह रूप में प्रकट हुए, यही दिखाने के लिए कि वे बड़े पृथ्वी प्रेमी हैं। पृथ्वी का उद्धार वे स्वयं करेंगे। और यह भी दिखाने के लिए कि सारे रूपों में- चाहे वह मछली का रूप हो चाहे कछुए का, सभी रूपों में भगवान ज्यों-के-त्यो बने रहते हैं। एक ही भगवान अलग-अलग रूप में आते रहते हैं। कबीरदास जी ने एक सुंदर पद लिखा है। उसके अन्त में उन्होंने एक बात कही है-

ठाकुरद्वारे ब्राह्मण बैठा मक्का में दरबेसा।
कहत कबीर सुनो भई साधो हरि जैसे का तैसा।।

साधो हरि को हर में देखा.......... 'हरि को हर में देखा'। हरि को हर रूप में देखा। वे अलग-अलग रूप में आते हैं- कभी मछली के रूप में आते हैं, कभी कछुए के रूप में, तो कभी वराह के रूप में। लेकिन हर रूप में- 'हरि जैसे का तैसा', वे ज्यों-के-

त्यों रहते हैं। इसलिए कहा - 'नमः कारण सूकराय' यह वेदान्त की बात है। तो भगवान वराह रूप में आते हैं और पृथ्वी का उद्धार करते है, क्योंकि इस कार्य के लिए योग्य रूप वही है।

3.   दिति की याचना

हिरण्याक्ष के साथ भगवान का युद्ध हुआ, ऐसा सुनने पर जैसे हम लोगो को भी उस विषय में थोड़ी और बातें जानने की उत्सुकता होती है, वैसे ही वहाँ पर विदुर जी को भी अधिक जानकारी प्राप्त करने की इच्छा हुई, इसलिए उन्होंने प्रशन पूछा कि किस कारण से हिरण्याक्ष पृथ्वी को रसातल में ले गया था? भगवान ने अवतार क्यो लिया? उनका युद्ध क्यों हुआ, यह सब आप मुझे बताइये। तब मैत्रेय ऋषि बताना प्रारम्भ करते हैं।

दितिर्दाक्षायणी क्षत्तर्मारीचं कश्यपं पतिम।

कश्यप ऋषि के साथ दिति और अदिति इन दोनों का विवाह हुआ। 'दिति' शब्द का अर्थ होता है- जो टुकड़े-टुकड़े कर दे, (वह दिति) और 'अदिति' उसको कहते हैं जो टुकड़े-टुकड़े नहीं करती। इसलिए दिति के पुत्र हुए दैत्य - सारे असुर लोग। और अदिति के पुत्र हुए आदित्य- सारे देवता लोग। दिति और अदिति दोनों बहने हैं और कश्यप ऋषि की पत्नियाँ भी हैं। कश्यप प्रजापति हैं और उनसे ही यह सारी सृष्टि हुई है।

कश्यप ऋषि ने दिति के स्वभाव से रुष्ट होकर उन्हें ये श्राप दिए था कि तुम्हारे पुत्र बड़े भयंकर होंगे और वे सारी दुनिया को त्रस्त करेंगे। और जब ये सब लोगो को पीड़ित करने लगेंगे तब भगवान स्वयं उनका वध करने के लिए आएँगे। दूसरे कोई उनको मार नहीं पाएगा। इस बात को सुनकर दिति प्रसन्न हो गयी। किस बात से प्रसन्न हुई? असुर बच्चे होंगे, इस बात से नहीं। बोली - मेरे बच्चों को भगवान मारेंगे, तब तो ठीक ही है। और क्यों कि भगवान में तुम्हारी भक्ति भी है, इसलिए तुमको मैं एक वरदान और देता हूँ। तुम्हारे लड़के तो असुर होगे, लेकिन उनमें से एक लड़के का जो लड़का होगा, वह महाभागवत होगा। प्रह्लाद होगा।

4.   जय-विजय को आसुरी योनि की प्राप्ति

भगवान नारायण वैकुण्ठ लोक में रहते हैं श्रीदेवी लक्ष्मी जी उनकी पत्नी हैं। उनके दो द्वारपाल है, जय और विजय। जो भगवान के बड़े श्रेष्ठ, ऊँची कोटि के भक्त होते हैं, उन्हीं को ऐसा स्थान प्राप्त होता है। वास्तव में जय-विजय का अर्थ है इन्द्रियजय और मनोविजय। देखो भगवान के पास वे ही दो द्वारपाल होगे, है न? भगवान के पास, उनसे मिलने जाना हो, तो क्या कोई यों ही पहुँच जायेगा? वे पूछेंगे क्या अपनी इन्द्रियों पर जय पा ली है? अपने मन के ऊपर विजय पा ली

है? तो जब तक जय-विजय की अनुमति नहीं मिलती, तब तक भगवद धाम में प्रवेश भी नहीं मिलता। ऐसी बात है। लेकिन, इनके मन में भी अभिमान आ गया। कभी-कभी हमको भी मनोजय और इन्द्रियविजय का अभिमान हो जाता है। हमको लगता है कि हमने इन्द्रियों को जीत लिया है, मन को जीत लिया है। जहाँ ऐसा सोचा, वहीं हम वेकुण्ठ से नीचे गिर जाते हैं। ये जो पुराणों की कहानियाँ हैं न, वे बड़ी रोचक होती हैं। उनमें बहुत बड़ा मनोविज्ञान और अध्यात्मज्ञान भरा रहता है। जय-विजय बड़ा अभिमान हो गया कि हमारी अनुमति के बिना कोई अंदर नहीं जा सकता। एक दिन सनत्कुमारों को वैकुण्ठ जाने की इच्छा हुई। ये सनत्कुमार छोटे-छोटे से बालवत् दिखाई देते हैं, लेकिन है बड़े पूर्वकालीन, दीर्घायु। ये चार हैं - सनक, सनन्दन, सनत, सनातन। जैसे ही वे भगवान के द्वार पर पहुँचते हैं। वहाँ द्वारपालों को देखकर उनको लगा कि भगवान के पास जाने के लिए बीच में द्वारपालों की क्या आवश्यकता है? द्वारपालों ने डण्डे से उन्हें रोकते हुए कहा, "ए अपॉइन्टमेन्ट है क्या" तो उन्होंने कहा, "अपॉइन्टमेन्ट"?

भगवान के धाम में आने के लिए अपॉइन्टमेन्ट? हमें और कहीं पर, दूसरा कोई नहीं रोकता। यहाँ क्यों रोकते हो?" जय-विजय को तो अभिमान हो ही गया था। वैसे वे दोनों निरभिमानी थे। इसीलिए तो उनको वैकुण्ठ में भगवान के पास में स्थान मिला था। जिस गुण के कारण उनको वहाँ स्थान मिल गया था उसी गुण का उन्हें अभिमान हो गया। तो इनके मन में यह राक्षस की वृत्ति आ गयी न?

अच्छा, इनसे जो अपराध हुआ सो तो हुआ ही, परन्तु अब सनत्कुमारों को भी बड़ा क्रोध आ गया। अब देखो ये जो सनत्कुमार हैं, ये तो बड़े ज्ञानी हैं। इनको क्रोध क्यों आना चाहिए? उनको क्रोध आया, यह भी बड़ी गडबड़ बात हो गयी। उन्होंने जय-विजय को शाप दे दिया। तुम लोग यहाँ हमको रोकते हो? जाओ, तुम दोनों राक्षस बन कर नीचे गिर पड़ो। तुम वैकुण्ठ में रहने लायक नहीं हो। वैकुण्ठ में तो उसी की गति होती है जो माया से मुक्त होता है। अहंकार हो जाना तो माया का लक्षण है। अब वे दोनों घबरा गए क्योंकि सनत्कुमार जैसे ऋषियों का शाप तो बड़ा भारी शाप होता है ऐसा नहीं होता है कि कभी लगा, कभी नहीं लगा। (एक बार मैने एक आदमी को शाप दिया कि तुम नरक में जाओं। वह आदमी बोला मैं आपको वही पर मिलूँगा! हमारे शाप से कुछ नही होता।), ये जो सनत्कुमार हैं, उनका शाप बहुत प्रबल होता है। वे समझ गए कि अब हम शीघ्र ही राक्षस बन जाएँगे। अतः क्षमा माँगने लगे। भगवान विष्णु ने यह सब शोर-गुल सुना तो वे बाहर आ गये। जैसे ही विष्णु भगवान को देखा तो जय-विजय भी घबराने लगे और सनत्कुमारों को भी बुरा लगने लगा। सनत्कुमारों को लगा कि इनसे गलती हो गयी, वह तो ठीक है, लेकिन हमको क्या अधिकार था कि इनको यहाँ से निकाल दें। यह तो ऐसा हुआ जैसे कोई प्रधानमंत्री के निवास स्थान पर जाये और वहाँ पर कोई सेक्रेटरी उसे रोके, तो व उस सेक्रेटरी को बरखास्त कर दे। अरे भाई प्रधानमंत्री के निवास स्थान

पर वह सचिव है। उसे बरखास्त करने का तुम्हें क्या अधिकार है, यदि किसी को कोई शिकायत हो तो, प्रधानमंत्री से कहना चाहिए कि ऐसा-ऐसा है।

तो सनत्कुमारों को लगा हमसे बड़ी गलती हो गयी। हमें तो सिर्फ भगवान से कहना चाहिए था। उस पर क्या करना कहना है, यह तो फिर भगवान सोचते। अब वे भगवान को प्रणाम करके क्षमा माँगने लगे। भगवान, सनत्कुमारों से कहते हैं आप इन दोनों ने असुरों जैसा काम किया तो उसके लिए आपने इन्हें शाप दिया सो ठीक किया। देखो, भगवान यह नहीं कहते कि आपको इन्हें शाप देने का क्या अधिकार था, ये मेरे नौकर हैं। आपको मुझसे कहना चाहिए था। बोले आपने ठीक किया। फिर भगवान ने एक इससे भी ऊँची बात कही- अगर भृत्य (सेवक) के हाथ से कोई अपराध होता है, तो केवल भृत्य को नहीं, स्वामी को भी उसका दण्ड मिलना चाहिए। क्योंकि जब सेवक का ऐसा साहस हो जाय, तो इसका साफ मतलब यह निकलता है कि उन पर उनका स्वामी ध्यान नहीं दे रहा है। यह तो कर्तव्य की उपेक्षा है। सेवकों को ठीक करके रखना भी स्वामी का ही कर्तव्य होता है। तो बोले, इनको दण्ड मिला है तो मुझे भी दण्ड मिलना चाहिए। आपने इनसे कहा कि तीन जन्मों तक इन्हे असुर बनना पड़ेगा, तो ये दोनों तीन जन्म लेंगे। और जब ये नीये जाएँगे, तो मैं भी यहाँ नही रह सकता। मैं भी नीचे जाऊँगा। ये तीन जन्म लेंगे तो मैं चार जन्म लूँगा! अब तो सनत्कुमार घबरा गये। बार-बार क्षमा माँगने लगे। भगवान आप ऐसी बात न कहें। हमारी बुद्धि को क्या हो गया, पता नहीं, वह मोहित हो गयी और हमने शाप दे दिया। भगवान! आप हमारी इस बात को काट डालिए। भगवान ने कहा- हम काट डालने के लिए थोडे ही कोई बात कहते हैं। वह कोई भारत सरकार कि नीतिया है कि समय-समय पर संशोधन करते जाएँ और फिर उनको काटते जाएँ। आपने जो बोल दिया, सो बोल दिया। और उस पर जो मैंने बोला वह भी ठीक ही है। बार-बार संविधान को बदला नहीं जाता। ओ हो! अब क्या होगा? अब ये तीन जन्म लेंगे, और मैं चार जन्म लूँगा। संक्षेप में, जो जय-विजय थे, वे ही शाप वश हिरण्याक्ष-हिरण्यकशिपु बनकर आये। अब हिरण्याक्ष का उद्धार करने के लिए भगवान वराह बनकर आए। हिरण्यकशिप का उद्धार करने के लिए भगवान नृसिंह बनकर आए, इसके बाद ये दोनों रावण-कुंभकर्ण बनकर आए। तब भगवान श्री रामचन्द्र बनकर आए। और फिर आखिरी जन्म में ये शिशुपाल-वक्रदन्त बने। तब भगवान श्रीकृष्ण बनकर आए और इनका उद्धार किया।

अब इस प्रसंग को अच्छी तरह से समझने की आवश्यकता है। जहाँ अभिमान होगा, वहाँ हम वैकुण्ठ से गिरने लायक हो जाएँगे। सनत्कुमार को वहाँ क्रोध आया, यह भी कोई उचित बात नहीं थी। लेकिन भगवान की उदारता देखो- उन्होंने इस शाप को स्वीकार कर लिया और अपने ऊपर भी दण्ड ले लिया। भगवान चाहते तो इस शाप को निरस्त (Cancel) भी कर सकते थे, काट भी सकते थे। लेकिन उन्होंने काटा नहीं। तो प्रथम द्रष्ट्या यही लगता है कि देखो भगवान ने अपने सेवकों को,

भक्तों को, नीचे ही गिरा दिया। लेकिन सच बात तो यह है कि भगवान अपने भक्तों को कभी नहीं छोड़ते। वे तो कहते हैं- भले ही इन्हें आसुरी योनि में जाना पड़े, तब भी मैं इनको छोड़ने वाला नहीं हूँ। मैं भी इनके पीछे-पीछे चला जाऊँगा। अब देखो, भगवान ने सनत्कुमार के शाप को रहने दिया, इससे ऐसा लगता है कि सनत्कुमार पर भगवान का ज्यादा प्रेम है और जय-विजय को ये मुक्त करना नहीं चाहते हैं। लेकिन, विचार करने पर पता चलता है कि जय-विजय पर भी भगवान का प्रेम कम नहीं है। बोले- ये राक्षस बनेंगे, तो उद्धार करने के लिए मैं (भगवान) स्वंय जाऊँगा। अर्थात- "न मे भक्तः प्रणश्यति।"

भगवान ने कहा- मेरा भक्त को कभी कष्ट नहीं होता। वह असुर योनि में चला जाए तो भी मैं उसका उद्धार करूँगा, उसे छोड़ूँगा नहीं। दूसरी बात यह है कि भगवान का भक्त चाहे राक्षस ही क्यो न बन जाये, तब भी वह इतना शक्तिशाली होता है कि उसकी शक्ति मनुष्य लोक के सभी लोगों से बढ़कर होती है। भगवान उसकी शक्ति को कम नहीं करते। तो ये दोनों जय-विजय राक्षस बने और भगवान भी अवतार लेकर आये। कौन-सा अवतार? तो कहा वराह अवतार। सनत्कुमार को बहुत बुरा लगा। बोले मेरे कारण ही यह सारी गड़बड़ी हुई है। अब भगवान अवतार ले रहे हैं, तो मुझे भी अवतार लेना चाहिए। ऐसा कहते हैं कि जय-विजय जब हिरण्यकशिपु-हिरण्याक्ष बन, तो सनत्कुमार प्रह्लाद बनकर आ गये। जब वे दोनों रावण-कुम्भकर्ण बने तो सनत्कुमार विभीषण बनकर आये, बार-बार उन दोनों को भक्ति की याद दिलाने के लिये। और जब वे शिशुपाल-वक्रदन्त आये तो सनत्कुमार नही आये। क्योंकि उनको मालूम था कि अब तो तीसरे जन्म में इनका उद्धार हो ही जाएगा। देखो, जब भगवान किसी को मारते हैं तो उनका मारना भी तरना ही होता है, उसका उद्धार हो ही जाता है।

5. हिरण्यकशिपु व हिरण्याक्ष का जन्म

अब हिरण्याक्ष और हिरण्यकशिपु का जन्म होता है। हिरण्यकशिपु बड़ा भाई है, हिरण्याक्ष छोटा भाई है। आपस में दोनों को बड़ा प्रेम है। हिरण्याक्ष का अर्थ है- अक्ष यानी आँखें, तो जिसकी आँखें हमेशा सोने के ऊपर रहती हैं वह हिरण्याक्ष है। उसको और कुछ दिखाई नहीं देता। जहाँ सोना दिख हड़प लिया। अब वह पृथ्वी को रसातल में ले गया, इसका क्या अर्थ हुआ? पृथ्वी पर जितना धन है वह सब मेरा ही हो और किसी का नहीं। वह किसी और को कुछ भी लेने नहीं देता था। तो यह हिरण्याक्ष बड़ा लोभी, शक्तिशाली और क्रोधी हुआ। और हिरण्यकशिपु- बड़ा कामी-भोगी। कशिपु माने विस्तर, और हिरण्य माने सोना। अतः जो सोने के विस्तर पर सोये वह हिरण्यकशिपु अर्थात महाकामी-भोगी। ये दोनों भाई काम, और लोभ के प्रतीक हैं।

6. वराह भगवान के साथ हिरण्याक्ष का युद्ध

नारद जी हिरण्याक्ष के पास जाते है और कहते है- हिरण्याक्ष कोई देव, सुअर बनकर आया हैं और तुम्हारी पृथ्वी को उठाकर ले जा रहा हैं। नारदजी की बात सुनकर उसे बड़ा गुस्सा आया। कहाँ हैं? उसने देखा भगवान पृथ्वी को अपने मुँह पर उठाकर ले जा रहे हैं। वह पीछे से चिल्लाता हुआ आता है, "डरपोक, कायर, रुक जा। भागता कहाँ हैं? मेरे साथ लड़ाई कर।"

लेकिन भगवान उसकी बात सुनते नहीं। क्योंकि बुद्धिमान लोगों का स्वभाव होता है कि पहले वे अपना काम पूरा करते हैं। दूसरे लोग, जो बेकार ही बीच में कुछ-कुछ, कहते-करते रहते हैं, उनकी ओर वे ध्यान नहीं देते। पहले अपना काम करते हैं। यहाँ वह भगवान को डरपोक कहता है, शठ कहता है, दुष्ट कहता है। भगवान सब गालियाँ सहन करते हैं। पृथ्वी को समुद्र के ऊपर रखकर उसे अपनी शक्ति देते हैं, जिससे वह अपने को धारण कर सके और फिर, पीछे मुड़कर हिरण्याक्ष से कहते हैं, "अब आओ! तुम्हारे जैसे के लिए ही मैं यहाँ आया हूँ। भगवान ने संकल्प किया तो सुदर्शन चक्र आ गया"।

देखो नाम क्या है- 'सुदर्शन' सुंदर दर्शन है, भगवान का दर्शन हो जाता है, तो माया-मोह रह सकते है क्या? लेकिन फिर भी वह दौड़ पडता है भगवान की ओर। और फिर यहाँ एक विस्मयकारी घटना घटती है। यहाँ पर भगवान उसके कान पर एक तमाचा मारते हैं और बस! उलट-पुलट कर वह गिर पड़ता है और मर जाता है।

7. भगवान का ज्ञानावतार (कपिलावतार)

आगे वर्णन आता है, स्वायभुव मनु और शतरूपा का विवाह हुआ और फिर उनके दो पुत्र और तीन पुत्रियाँ हुई। दो पुत्र थे, उत्तानपाद और प्रियव्रत, (उनकी कथा चतुर्थ स्कन्ध में आएगी) और तीन पुत्रियाँ थीं देवहूति, आकृति और प्रसूति। देवहूति का विवाह कर्दम ऋषि के साथ हुआ। उनके पुत्र पैदा हुए भगवन कपिल। देखो भगवान की दो शक्तियाँ होती हैं एक कर्म शक्ति ओर दूसरी ज्ञान शक्ति। तो ज्ञान भी प्रकट होता है और कर्म भी प्रकट होता है। कर्म की शक्ति से उन्होंने हिरण्याक्ष का वध किया और ज्ञान की शक्ति से अब आत्मज्ञान का जन्म। कपिलावतार ज्ञानावतार है और यह बड़ा प्रसिद्ध अवतार है। अब कर्दम ऋषि निश्चिन्त भाव से बैठे थे। तब सम्राट् मनु अपनी पत्नी शतरूपा और पुत्री देवहूति के साथ रथ में बैठकर इनके पास आते हैं। कर्दम ऋषि उनका स्वागत करते है और कहते है- महाराज, आप यहाँ कैसे आये? आपकी क्या इच्छा है, मुझे बताइये। मैं आपकी इच्छा को पूर्ण करूँगा। वैसे ये जानते हैं उनकी क्या इच्छा है। मनु महाराज कहतें हैं- यह मेरी कन्या है देवहूति। इसका विवाह मैं आपके साथ करना चाहता हूँ। बोले बाढम्! अवश्य, मैं तैयार हूँ। मैं भी विवाह करना चाहता हूँ। देखो, ये मनु इतने बड़े राजा हैं, चक्रवर्ती सम्राट् हैं, लेकिन अपनी कन्या का विवाह इन्होंने उसी समय वहीं पर

कर दिया, किसी प्रकार का आडंबर नहीं। मंत्रादि के साथ उनका विवाह हो गया और देवहूति को उसी समय वहाँ ऋषि के आश्रम में छोड़ दिया और घर वापस चले गये। इतना योग्य वर मिल गया, इसलिए वे बड़े प्रसन्न हैं। ऐसा नहीं सोचते कि यह तपस्वी यहाँ बैठा है, मेरी लड़की को यहाँ क्या मिलेगा। ये कर्दम ऋषि भी ऐसे विचित्र थे, विवाह तो कर लिया, उसके बाद बैठ गये तप करने के लिए। देवहूति की तरफ ध्यान ही नहीं देते। कैसी विचित्र बात है। एक ओर लगता है उसके ऊपर बड़ा प्रेम है, लेकिन वैसे देखो तो उसकी ओर ध्यान ही नहीं देते। यहाँ समझने की बात यह है कि- यह भी एक परीक्षा है, देवहूति राजा की लड़की है अतः कर्दम ऋषि देखना चाहते हैं कि वह कितना सहन करने के लिए तैयार है, क्योंकि आखिर उससे भगवान का जन्म होने वाला है, तो उसे तैयार भी करना है कि नहीं? चाहे जिसके गर्भ से भगवान का जन्म नहीं हुआ करता। बहुत लोग कहते रहते हैं अब भगवान के अवतार लेने का समय आ गया है। बोलते हैं इतने अधर्म बढ़ गया है कि अब भगवान को अवतार लेना ही चाहिए। परन्तु पश्न यह है कि भगवान के माता-पिता कौन बनेंगे? है किसी में ऐसी योग्यता? यहाँ तो लोगों को खाने-पीने से फुरसत नहीं मिलती। तो देखो, यह कोई देवहूति की उपेक्षा नहीं है, उनको योग्य बनाना है। वह कितनी निरपेक्ष हैं, कितनी निरभिमानी है, कितनी सेवा परायण हैं, ऋषि यह सब देखना चाहते हैं। ओर देखो, वह देवहूति, इतने बड़े सम्राट की लड़की होते हुए भी उसने चूँ तक नहीं की। दिन-रात सेवा करती रहती थी कि कहीं ऋषि नाराज न हो जाएँ। यह नहीं कि मैं तो जा रहीं हूँ अपने माता-पिता के पास। न-न, वह सेवा करती जा रही है, बस करती जा रही है। तो इस प्रकार रहते-रहते देवहूति बिल्कुल् दुबली हो गयी।

जब सेवा करते करते बहुत समय बीत गया, तब कर्दम ऋषि उस पर प्रसन्न हो गये। देवहूति से कहते है। मैं तुम्हारे ऊपर बहुत प्रसन्न हूँ। तुमको क्या चाहिए? अब वह स्त्री किस प्रकार कहे कि उसको क्या चाहिए? बोली- महाराज गृहस्थाश्रम में आये हैं, तो गृहस्थाश्रम का कुछ सुख मिलना चाहिए। इसके बाद विस्तृत वर्णन आता है कि माता देवहूति को नौ कन्याओं और एक पुत्र के रूप में भगवन कपिल का जन्म हुआ। इतना सब हो जाने के बाद, इतना भोग कर लेने के बाद देवहूति को संसार से वैराग्य होने लगा। फिर उन्होंने सोचा कि भले ही मैं आसक्त हुई लेकिन मेरी आसक्ति, अनासक्त के प्रति है। आसक्ति यदि रागी लोगों के साथ, कामी लोगों के साथ हो जाए, तो वह बन्धन का कारण बनती है। लेकिन अनासक्त के प्रति होने वाली आसक्ति मोक्ष का कारण बनती है, तो अब मुझे इसका फल मिलना चाहिए।

8. कपिल भगवान से माता देवहूति का ज्ञानार्जन

सर्ग का वर्णन भागवत में अनेक बार आया है। इस वर्णन के द्वारा यहाँ भगवान का ही संकेत किया गया है। आगे देवहूति और कपिलदेव का संवाद आता है और यही तीसरे स्कन्ध की विशेषता है। अब सबसे पहले देवहूति हाथ जोड़कर अपने पुत्र साक्षात भगवान कपिल से कहती हैं-

निर्विण्णा नितरां भूमन्नसदिन्द्रियतर्षणात्।
येन सम्भाव्यमानेन प्रपन्नान्धं तमः प्रभो।।

मैं इन झूठी इन्द्रियों को खुश करने में लगी रही। मैंने बड़ा धोखा खाया। लेकिन अब मुझे उनसे वैराग्य हो गया है। आज मुझे आपके आशीर्वाद के रूप में नयी दृष्टि प्राप्त हो गयी है। आप मेरे मोह को दूर कीजिए। मैं बहुत समय तक इस अज्ञान अंधकार में पड़ी रही। इस प्रकार यहाँ बहुत ही सुन्दर वर्णन किया गया है।

तं त्वा गताहं शरणं शरण्यं स्वभृत्यसंसारतरोः कुठारम्।

आज मैं आपकी शरण में आयी हूँ। अपने भृत्य के संसार रूपी पेड़ के लिए आप कुठार रूप, कुल्हाड़ी रूप हैं। इस संसार वृक्ष को आप काट डालेंगे। यह सुनकर भगवान तो बड़े ही प्रसन्न हुए। अपनी माता को ज्ञान देने के लिए तत्पर होकर वे कहते हैं, माता "तुमको मैं अध्यात्म योग का उपदेश करूँगा।" अब देखो, यह अध्यात्म योग क्या है? भगवान कहते हैं - हम सब जो बन्धन-बन्धन करते रहते हैं, वह सब वास्तव में हमारे मन के कारण ही हैं।

मन एवं मनुष्याणां कारणं बन्धमोक्षयोः।
चेतः खल्वस्य बन्धाय मुक्तये चात्मनो मतम्।

मन ही बन्धन और मोक्ष दोनों का कारण है। कैसे? हमारा मन ही जब प्रकृति के पदार्थों में आसक्त होता है, तो वही बन्धन का कारण बन जाता है और जब मन भगवान में रमता है, तो वही मुक्ति का कारण भी बन जाता है बस इतनी बात है। यही अध्यात्म योग है। अभी हमारा मन विषयों में, भौतिक पदार्थों में आसक्त हो गया है। उसको वहाँ से हटाकर, आत्म स्वरूप में स्थिर कर देने का जो अभ्यास है, उसी को अध्यात्मयोग कहते हैं। अहंता-ममता को छोड़ना है, धीरे-धीरे विषयासक्ति को छोड़ना है। यह कैसे हो? यहाँ पर उसी का उत्तर बताया गया है कि सत्संग ही उसके लिए सर्वश्रेष्ठ साधन है।

यहाँ पर हम जरा भागवत की जो विषय प्रणाली है उसको संक्षेप में देख लेते हैं। देखो, कभी-कभी ग्रंथ बहुत बड़ा हो सकता है लेकिन सारी कथाएँ, सारा विवेचन मुख्य विषय के आसपास ही घूमता रहता है। तो भागवत शास्त्र भक्ति शास्त्र

है। इसका सार क्या है? बोले हमारा जो धर्म है, कर्म है, उपासना है, योगाभ्यास है, ज्ञान है, वह सब ठीक है, लेकिन इन सब का पर्यवसान, इन सबकी समाप्ति भगवान की दृढ़ भक्ति, दृढ़ प्रेम में होनी चाहिए। तो एक सिद्धान्त यह है कि भगवान के लिए हमारे मन में शुद्ध, दृढ़ अनुराग उत्पन्न हो जाए। और दूसरी ओर विषयों से वैराग्य हो जाए। विषयों से हट कर हमारा मन भगवान में स्थिर हो जाए। इसी के लिए यहाँ पर यह सारा-का-सारा वर्णन किया जा रहा है। ज्ञान की भाषा में कहेंगे कि मन को विषयों से हटा कर आत्म स्वरूप में स्थित करो। वहाँ आत्म स्थिति की बात की जाती है, केवल स्थिति की बात नहीं। 'स्थिति' शब्द में हमको लगता है जैसे सब कुछ स्थिर हो जाता है। इसीलिये बहुत से लोगों को ऐसा लगता है कि समाधि में मन ऐसा हो जाएगा, फिर क्या होगा? लेकिन भक्ति शास्त्र में कहते हैं, हमारा जो मन है उसे विषयों से हटा कर भगवान में लगाओ। भक्ति से मन भगवान में रम जाता है। मधुसूदन सरस्वती जी ने भक्ति रसायन में 'स्थिति' और 'रति' का सुन्दर विवेचन किया है। केवल परमात्मा में स्थिति को भक्ति नहीं कहते। परमात्म स्वरूप में जो रति है उसको भक्ति कहते हैं। तो एक ओर भगवद भक्ति और दूसरी ओर विषयों से विरक्ति होनी चाहिए। भागवत में यही उपदेश बार-बार आता रहता है। इसलिये पहले मनुष्य जन्म की दुर्लभता बताते हैं, और फिर कहते हैं इसी दुर्लभ जन्म में भक्ति प्राप्त की जा सकती है, अतः उसी को प्राप्त करें। व्यर्थ की चीजों में अपना समय न गँवाएँ, ऐसा यहाँ पर कहा गया है। इसलिए अध्यात्म योग हमें बताता है कि तुम सत्संग करो। सत्संग से ही ये सारी बातें समझ में आने लग जाएँगी।

अब माता देवहूति कहती हैं- आपने यह जो भक्ति की बात कही, वह मेरे अनुभव में किस प्रकार आ सकती है? मुझे उसका कोई उपाय बताइये। इस पर भगवान् कपिल उपाय बताते है- कि तुम अपनी सारी इन्द्रियों को भगवान के रूप में, नाम में, गुण में लगा दो, यही इसका उपाय है। माने क्या? देखो, आँखों से हम बहुत सारे विषय देखते रहते हैं। तो बोले, आँखों से तुम भगवान को ही देखो। भगवान के रूप को देखो। अभी जब तक भगवान सभी ओर नहीं दिखते, तब तक मंदिर में, घर में या पूजा में अपने आपको भगवान में स्थिर करने का प्रयत्न करो। अपने कानों से दूसरी व्यर्थ की बातें न सुनो। कौन सी बातें? "स्त्री, धन, नास्तिक, वैर, चरित्रं न श्रवणीयं।" माने मन में काम, क्रोध, भय आदि विकार उत्पन्न करने वाली बातें मत सुनो। केवल भगवान के ही गुण सुनो। वाणी के द्वारा भगवान का ही नाम लो। और कहा, जो कान भगवान का नाम नहीं सुनते वे साँप के बिल के समान हैं। जो हाथ भगवान की पूजा नहीं करते, वे प्रेत के हाथ हैं। तो इस प्रकार भक्ति योग को सुलभ कर दिया। देखो, ज्ञान योग में कहते है कि ध्यानाभ्यास के समय सारी इन्द्रियों को विषयों से खींच लेना चाहिए। यहाँ इस अध्यात्म योग में

कहते हैं- तुम अपनी सारी इन्द्रियों का विषय भगवान को ही बना लो। तो भक्ति योग की यह सुंदर बात यहाँ पर बताते हुए कहते हैं-

एतावानेव लोकेऽस्मिन् पुंसां निःश्रेयसोदयः।
तीव्रेण भक्तियोगेन मनो मय्यर्पितं स्थिरम्।।

मनुष्य का परम पुरुषार्थ, परम श्रेय यही है कि तीव्र-से-तीव्र भक्ति योग के द्वारा वह अपने मन को भगवान में लगा दे। यहाँ 'तीव्र' भक्ति योग कहा। हमारा कैसा है? मंद। मंद भी नहीं अति मंद, मंदातिमंद। पता नहीं हमारा भक्ति योग तो कैसा विचित्र है, कि कुछ करते-करते ऐसा लगता है एक कप चाय पी लें, फिर जप करेंगे। उठ गए, चाय पी ली। फिर, लगता है मुँह में कैसा-कैसा लग रहा है, थोड़ा पान बहार डाल लेते हैं, थोड़ा जुबा केसरी कर लेते है, फिर सोचेंगे। हमारा ऐसा मंद भक्ति योग है।

जिसने तीव्र भक्ति योग के द्वारा मन को भगवान में स्थिर कर लिया, उसी ने जीवन में परम कल्याण को प्राप्त कर लिया। इसके बाद भगवान कहते हैं अब मैं तुमको तत्त्व का लक्षण बताता हूँ। हम पहले ही सृष्टि के तत्त्व का लक्षण देख चुके हैं। भगवान से अव्यक्त, अव्यक्त से महत् तत्त्व, महत् तत्त्व से पान्च भौतिक सृष्टि प्रकट होती है। इसका विस्तृत वर्णन भगवान आगे तत्त्व विचार में करते हैं। उस तत्त्व विचार का वर्णन भी भगवान के स्वरूप को प्रकट करने के लिए ही है। उसके बाद कहते हैं- एक है प्रकृति और एक है पुरुष। यहाँ भगवान कपिल देव जी ने प्रकृति-पुरुष का जो विवेचन किया है उसे सांख्य शास्त्र कहा गया है। लेकिन ध्यान में रखना, सांख्य के नाम से प्रसिद्ध जो कपिल मुनि का दर्शन है वह निरीश्वर वादी है, वह इससे पृथक् है। यहाँ पर तो भगवान की भक्ति का ही विस्तृत वर्णन है। वह जो दूसरा सांख्य है, जो षट् दर्शनों में गिना जाने वाला सांख्य शास्त्र है। उसके प्रणेता जो कपिल मुनि हुये, वे दूसरे हैं। यहाँ देवहूति के पुत्र रूप में आये हुए कपिल जी भगवद् भक्ति का भी वर्णन करते हैं और प्रकृति-पुरुष का विवेचन भी करते हैं। उन्होंने कहा जो चेतन तत्त्व दिखाई दे रहा है वह पुरुष है और जो जड़ तत्त्व दिखाई दे रहा है वह सब-का-सब प्रकृति है। वास्तव में तो जो जड़ प्रकृति दिखाई देती है, वह भी चेतन से अलग-स्वतंत्र नहीं है। लेकिन अभी हमको भ्रम हो गया है। इसलिए हमें लगता है कि जड़ प्रकृति चेतन तत्त्व से पृथक् है, उसी की बनी ये सारी उपाधियाँ हैं और वही मैं हूँ। ऐसा हमने मान लिया है। जगत का निर्माण तो होता है प्रकृति से, लेकिन वह पुरुष की उपस्थिति में ही होता है। पुरुष सदा ही असंग है। वह कभी भी प्रकृति से बंधता नहीं। लेकिन इस समय हमें यही लग रहा है कि वह बंध गया है। यह बंधन कैसा है? अपने देह को ही 'यह मैं हूँ' ऐसा हमने मान लिया और जो आदमी देह को ही 'यह मैं हूँ, ऐसा

मान लेता है, वह विषयों के बंधन में आता ही रहता है, क्योंकि वह कल्पना कर लेता है कि विषयों में बड़ा सुख है। कैसे?

देहादिसर्वविषये परिकल्प्य रागं बन्धाति तेन पुरुषं पशुवद्गुणेन।

जैसे, जंगल में कोई गाय हो तो वह बड़े आराम से कहीं भी भटकती रहती है। फिर कोई आता है और उसके गले में रस्सी डालकर उसको एक खूँटे से बाँध देता है। पहले तो यह गाय आराम से सब ओर घूम सकती थी। लेकिन अब वह उतने ही दायरे में घूमती है, ज्यादा नहीं। इसी प्रकार हमारा मन भी स्वतंत्र है, लेकिन वह कल्पना कर लेता है कि विषयों में सुख है और अपने आप को विषयों के साथ बाँध लेता है। जैसे, जब तक कोई ब्रह्मचारी रहता है, तब तक वह बड़े आराम से घूमता रहता है। बेकार में ही उसे लगता रहता है कि मेरी शादी हो जाये। वह इसलिए कि उसने ऐसी कल्पना कर रखी है कि इसमें बड़ा सुख है। बस, फिर अपने आप को एक खूँटे से बाँध लेता है। उसे बात समझ में नहीं आती। अच्छा भला स्वतंत्र था, परन्तु अपने आप को बाँध लिया। अब नौकरी ढूँढना, घर ढूँढना, पत्नी बच्चों की देखभाल करना, सब प्रारंभ हो गया। देखो, यहाँ कोई गृहस्थाश्रम का विरोध नहीं किया जा रहा है, अपितु यह बताया जा रहा है कि हम लोग आसक्त कैसे हो जाते हैं। आगे वर्णन आता है कि जो गृहस्थाश्रम में हैं, वे कैसे मुक्त हों, उसके लिए उन्हें क्या करना चाहिए। लेकिन यहाँ यह कहा जा रहा है कि जो गृहस्थाश्रम में नहीं हैं, उनको उसमें प्रविष्ट होने की क्या जरूरत है? इसमें बड़ा सुख है, ऐसी कल्पना करके ही आदमी प्रकृति से आसक्त हो जाता है। इसीलिए, फिर उसे अपने आप के मुक्त करने का प्रयास भी करना पड़ता है।

वैरस्यमत्र विषवत्सुविधाय पश्चात् एनं विमाचयति तन्मन एव बन्धात।

अर्थात वही मन जब समझने लगता है कि इसमें कोई रस नहीं है, तो वह अपने आपको वहाँ से निकाल लेता है, मुक्त कर लेता है। अब देवहूति ने प्रश्न पूछा- भगवन आपने कहा कि स्वरूप से तो पुरुष असंग है लेकिन अभी वह प्रकृति के साथ, माया में आसक्त हो गया है, बन्धन में आ गय है। अब किसी तरह वह बंधन से छूट भी जाता है तब भी, यदि वह माया और उसका बन्धन फिर से आ जाएँ, तो? बड़े प्रयत्न से हम उसे काटें और वह फिर से लौट आई तो? बोले ऐसा नहीं होता। यह माया अज्ञान रूप है। यह अज्ञान एक बार जाता है तो पुनः वापस नहीं आता, परन्तु हमें कई बार ऐसा लगता है जैसे माया फिर से आ गयी हो। वह इसलिए कि हमने उसके (माया के) तत्त्व को अच्छी तरह से देखा नहीं होता, तभी ऐसा (भ्रम) होता है।

भुक्तभोगा परित्यक्ता दृष्टदोषा च नित्यशः।
नेश्वरस्याशुभं धत्ते स्वे महिग्नि स्थितस्य च।।

अब देखो, यदि कोई हापूस आम हाथ में पकड़े हो और खाने ही जा रहा हो और वह आम उसके हाथ से फिसल कर गिर जाए तो उसे कैसा लगेगा? उसकी बुद्धि तो कहेगी कि गिरी हुई चीज को उठाना नहीं चाहिए। यदि थोड़ी देर इस विचार से वह अपने आप को संयत भी कर ले, तब भी कुछ देर बार उसका मन कहता है अभी तो इसको मैंने एक ही बार चूसा है, कैसे छोड़ दूँ? सब ठीक है, पानी से धोकर फिर से खा लेता हूँ। ऐसा क्यों हुआ? क्योंकि वह 'भुक्तभोगा' नहीं है। परन्तु जब वह उस आम को पूरी तरह चूस कर फेंक देता है, तब क्या वह देखता है कि छिलके को गाय ने खाया कि बकरी ने? नहीं, क्योंकि वह अब 'भुक्तभोगा' है और 'परित्यक्ता' उसने पूरी तरह से उसे छोड़ दिया है, वह फिसल कर गिरा नहीं है। उसने स्वयं भोग करके उस छिलके को छोड़ दिया है। 'दृष्टदोषा' अब तो उसे छिलके में दोष भी दिखाई देता है कि छिलका खाऊँगा या गुठली चबाकर खाऊँगा तो पेट दुखने लग जाएगा, रस का सारा स्वाद, आनन्द भी चला जाएगा। तो उसमें दोष है, यह दिखाई देता है 'दृष्टदोषा'।

इसी प्रकार कहते हैं 'नेश्वरस्याशुभं धत्ते' जैसे वह छिलका या गुठली उस भुक्त भोगी को दुःख नहीं दे सकती, वैसे ही इस प्रकृति का भोग करके जिसने भली प्रकार से उसे देख लिया हो, उसमें दोष भी देख लिए हों और इसलिए उसे छोड़कर जो 'स्वेमहिग्नि प्रतिष्ठितः' अपनी महिमा में स्थित हो गया हो, उसके पास यह माया फिर से नहीं आ सकती। उसको छू नहीं सकती। एक बार जो हो गया सो हो गया। बार-बार थोड़े ही होते रहता है? लेकिन एक बात है, यह माया है तो झूठी ही, लेकिन जब तक अन्तःकरण शुद्ध नहीं होता, तब तक यह जल्दी से अपने प्रभाव को हटाती नहीं है। बहुत नचाती है। परन्तु यदि किसी ने तीव्र साधना कर ली हो, तब तो डरने की कोई बात नहीं रहती।

इतना कहने के बाद अगले अध्याय में कपिल देव जी सबीज समाधि का लक्षण बताते हैं। सबीज समाधि का अर्थ होता है-सगुण ध्यान। द्वितीय स्कन्ध के प्रारंभ में, पहले विराट् पुरुष का ध्यान और फिर अपने हृदय में उसी पुरुष के एक छोटे-से रूप की कल्पना करके उसका ध्यान बताया गया था। वह सबीज ध्यान कहलाता है। अपने धर्माचरण से, तप और व्रत के द्वारा मन को शुद्ध करके, उसे भोग से हटाकर, एकान्त स्थान में, स्नान-ध्यान करके, जितासन, जितश्वासः आदि होकर भगवान का सगुण ध्यान करना सबीज समाधि है। सबीज योग सगुण योग है। और इसको करते-करते मन जब अत्यन्त शुद्ध हो जाता है तो वही मन निर्गुण स्वरूप में स्थित हो जाता है। उसके बाद कैसी स्थिति होती है? कहते हैं कपड़ा उसके शरीर पर है भी या नहीं, उसको कुछ पता नहीं चलता। इसी प्रकार आदमी

जब समाधि में रम जाता है, तब देह-गेह, मन आदि सब हट जाते हैं, फिर आँखें खुली हों तो भी क्या?

सर्वभूतेषु चात्मानं सर्वभूतानि चात्मनि। ईक्षेतानन्यभावेन भूतेष्ठिव तदात्मताम्।।

वह तो सारे प्राणियों को आत्मा में देखता है और सब प्राणियों में आत्मा को देखता है। इस प्रकार वह अद्वैत में स्थित हो जाता है। ऐसी स्थिति सबीज समाधि के द्वारा प्राप्त होती है। माता देवहूति ने कहा - भगवन् आपने इस सबीज समाधि का बड़ा सुन्दर वर्णन किया। तत्त्वों को भी अच्छी तरह से बताया। अब भक्तियोग का भी विस्तार से वर्णन कीजिये।

भक्तियोगस्य मे मार्ग ब्रूहि विस्तरशः प्रभो।।

भगवान कहते हैं भक्ति तो सभी करते हैं लेकिन किसी की भक्ति तामसिक होती है, किसी की राजसिक होती है, तो किसी की सात्त्विक। कोई-कोई भूत-प्रेत की पूजा करते रहते हैं। ये लोग तामसिक पूजा करते है- किसी को मारने के लिए या किसी को लूटने के लिए। कोई तो देवताओं की उपासना करते हैं अपनी ही कामना पूर्ण करने के लिए। वे लोग राजसिक होते हैं और जो निःस्वार्थ होकर भगवान की उपासना करते हैं वे सात्त्विक भक्त हैं। और निर्गुण भक्ति जो सर्वश्रेष्ठ भक्ति है, उसके बारे में वर्णन करते हुए भगवान कहते हैं कि असली भक्त तो वह है कि जिसे मुक्ति भी दी जाये तो उसे भी लेने को तैयार नहीं होता है।

दीयमानं न गृह्णन्ति विना मत्सेवनं जनाः।।

वह कहता है- मुझे तो भगवान की सेवा करनी है। कोई कहेगा कि तुमने भगवान की बड़ी सेवा की, अब भगवान के लोक वैकुण्ठ जाकर आराम से रहो वहाँ। बोले, नहीं ऐसी सालोक्य मुक्ति मुझे नहीं चाहिए। अच्छा, तो तुम भगवान के जैसे शंख-चक्र-गदा-पद्मधारी चतुर्भुज रूप वाले हो जाओ। बोले ऐसा रूप लेकर मैं क्या करूँगा? हमेशा शस्त्र उठाकर खड़ा रहना पड़ेगा। ऐसी सारूप्य मुक्ति भी नहीं चाहिए मुझे। अच्छा, भगवान के निजी सचिव बन जाओ, और उनके समीप रहो। बोले न, वह भी नहीं चाहिए। इस प्रकार से स्वामी का सामीप्य भी नहीं चाहिए। भगवान के जैसा ऐश्वर्य ले लो। बोले नहीं। भगवान से एकरूप हो जाओ। बोले नहीं। सारी-की-सारी मुक्तियाँ देने के लिए कोई तैयार हो, तो भी वह उन्हें नहीं लेता। बोले फिर क्या करना है? मुझे तो उनके पैर दबाने हैं। मुझे भगवान की सेवा करनी है। इसको निर्गुण भक्ति कहते हैं- यह सर्वश्रेष्ठ भक्ति है। भगवान कहते हैं-

अहं सर्वेषु भूतेषु भूतात्मावस्थितः सदा।
तमतवज्ञाय मां मर्त्यः कुरुतेऽर्चाविडम्बनम्।।

भगवान ने यहाँ उन लोगों की निंदा की है जो मूर्ति पूजा में ही अटके रहते हैं और सबके हृदय में बैठे हुए उस प्रभु की उपेक्षा करते हैं। ध्यान में रखना यह मूर्ति पूजा की निंदा नहीं है, यह तो उन मंद बुद्धि वालों की निंदा है जो एक मूर्ति में, पत्थर में, या लकड़ी में तो भगवान को देखते हैं, उसकी पूजा भी करते रहते हैं, लेकिन यहाँ जो इतने दुःखी लोग हैं, उनकी पूजा नहीं करते, उनकी कोई सेवा नहीं करते। भगवान कहते हैं यह अर्चना नहीं है, अर्चना की एक विडम्बना है, दिखावा है बस! और कुछ नहीं।

मां सर्वेषु भूतेषु सन्तमात्मानमीश्वरम्।
हित्वार्चां भजते मौढ्याद्भस्मन्येव जुहाति सः॥

बोले, सर्वभूत हृदय में स्थित-मेरी उपेक्षा करके, मूढ़ता वश जो केवल मूर्ति पूजा कर रहा है, वह मानो अग्नि में आहुत न देकर भस्म में, विभूति में, राख में 'स्वाहा-स्वाहा' करता चला जा रहा है। अरे! राख में आहुत देकर क्या मिलने वाला है? जो दूसरों से वैर करने वाला है, उसे कभी भी शान्ति प्राप्त नहीं होती। उस-उस मनुष्य में वह मेरी उपेक्षा कर रहा है, मेरा अपमान कर रहा है। अब यहाँ कपिल देव जी एक बड़ी ही महत्त्वपूर्ण बात कहते हैं। बोले - मूर्ति पूजा आदि जो साधनाएँ है, उनका तभी तक महत्त्व है जब तक उस परमात्मा को अपने हृदय में देख नहीं लेते। वही परमात्मा सबके हृदय में हैं, ऐसा देख नहीं लेते तभी तक मूर्ति पूजा का महत्त्व है। उसके बाद मूर्ति पूजा न भी करें, तो भी चल जाता है। लोकमान्य तिलकजी से सम्बन्धित एक कहानी है। वे बड़े अच्छे नेता और देशभक्त थे। वे किसी मित्र के घर गये और वहाँ उनके साथ बात करने लगे। मित्र की पत्नी अपने बेटे से कह रही थी, "पिताजी को आज समय नहीं है, तो तुम भगवान की मूर्ति की पूजा कर लो"। "लड़के ने कहा- तिलक जी तो पूजा नहीं करते"। माँ ने कहा चुप! चुप रह! क्योंकि दूसरे कमरे में तिलकजी बैठे थे। लेकिन उन्होंने यह बात सुन ली। वे अंदर आकर कहते हैं- देखो बेटा, माँ की बात माननी चाहिए। वह कहती है पूजा करो, तो करो। तो वह कहता है- आप तो पूजा नहीं करते। तिलक जी बोले- मैं भी पूजा करता हूँ। वह बोला- आप भी करते हैं? तो आपके भगवान कहाँ हैं? तिलकजी ने उससे कहा- चलो मेरे साथ। उसे छत पर ले गये। नीचे बहुत सारे लोग आ-जा रहे थे। उनकी ओर इंगित कर वे कहते हैं- ये मेरे भगवान हैं। और जब तुम इनकी पूजा करना सीख लोगे, तब मूर्ति की पूजा छोड़ भी दो तो चल जाएगा। लेकिन, न इनकी पूजा और न मूर्ति की पूजा, यह तो ठीक नहीं है। हम लोग तो ऐसे विचित्र हैं कि हमको जब साकार की पूजा करने के लिए कहा जाता है तो हम कहने लगते हैं भगवान क्या साकार हैं? वे तो सर्वव्यापी हैं। वे कोई मूर्ति में थोड़े ही हैं? मंदिर में थोड़े ही हैं? वे तो निर्गुण हैं। अच्छा तो निर्गुण में मन लगाओ। अब देखो, निर्गुण में मन लगता है क्या? कचौड़ी-पकौड़ी की ही याद आती रहती है। निर्गुण में कहाँ

मन लगता है? तो आज स्थिति ऐसी है कि निर्गुण में मन लगता नहीं, सगुण में विश्वास नहीं होता। तो सगुण भी गया, निर्गुण भी गया- बस दुर्गुण रह गया। अवगुण बढ़ गए हैं। अपने को स्वयं ही ऐसा मूर्ख न बनाओ। भ्रान्ति में मत रखो। देहात्म भाव भी रखना और भगवान की पूजा भी नहीं करना, यह बहुत गलत बात है। भगवान की पूजा करो और उस मूर्ति की कीर्ति भी जग में सब ओर देखो, पहले उसकी पूजा करना सीखो। फिर ऐसा करते-करते जब उस भगवान को सबमें देखना आ जायेगा, तब कभी मूर्ति पूजा न भी हो पाए तो चल जाएगा। इसके बाद अब जगत के प्राणियों की श्रेष्ठता का तारतम्य बताते हुए कहते हैं पत्थर से वनस्पती, वनस्पती से पशु, पशुओं में भी एक इन्द्रिय से दो इन्द्रिय वाला श्रेष्ठ है- इस प्रकार से बताते हुए आगे कहते हैं कि ब्रह्म ज्ञानियों में भी, जो मेरी सेवा करने में रमता है वह सबसे श्रेष्ठ है, उससे बढ़कर दूसरा कोई व्यक्ति नहीं है।

इस प्रकार कपिल भगवान ने भक्ति योग का वर्णन किया और कहा कि मन में सात्त्विक भक्ति को बढ़ाओ। उनके उपदेश का सार इतना ही है कि हम मूर्ति पूजा करें और उसकी कीर्ति सब ओर देखें। और जानें कि जिसकी हम बाहर पूजा कर रहे हैं वही (सबके) भीतर है। जैसे, जब हम आइने में देखते हैं तब देखते भले ही हम शीशे में हैं, लेकिन वहाँ देखते अपने आपको ही हैं। इसी प्रकार जो मूर्ति है, उसे भी एक आइने जैसी ही समझना चाहिए। उसमें अपना ही स्वरूप प्रकट होता हुआ दिखना चाहिए। जब ऐसा हो, तभी उस पूजा का महत्त्व है। वह पूजा तभी सार्थक होती है।

इसके बाद अधार्मिक, साधन विहीन जीवन के परिणाम का वर्णन करते हैं। अब देखो, किसी बात को बताने की दो रीतियाँ, पद्धतियाँ होती हैं। एक विधेयात्मक पद्धति होती है- Positive method और दूसरी निषेधात्मक होती है- Negative method। बोले इस प्रकार से साधना करोगे तो ऊँचा फल प्राप्त होगा, और यदि नहीं करोगे तो कोड़े पड़ने वाले हैं। इसलिए अगले अध्याय में नरक का वर्णन आता है।

बोले, जो लोग किसी भी प्रकार से धर्म, उपासना, भक्ति और ज्ञान का आश्रय नहीं लेते, "तं तं धुनोति भगवान" उसके मानो भगवान रुलाते रहते हैं। और देखो जब संकल्प करके कोई उसे पूरा नहीं कर पाता, तो उसे समझ लेना चाहिए कि अब भगवान उसे अपनी ओर खींचना चाहते हैं। यहाँ पर भगवान ने स्पष्ट ही कहा कि मैं जिसको अपनी ओर खींचना चाहता हूँ, उसका धन हर लेता हूँ, उसको दुःखी बना देता हूँ। लेकिन फिर भी, जल्दी से यह बात हमारी समझ में नहीं आती। तो यहाँ कहते हैं, जो कर्म, भक्ति, उपासना, ज्ञानार्जन कुछ नहीं करता, वह नरक में जाता है।

अत्रैव नरकः स्वर्ग इति मातः प्रचक्षते।
या यातना वै नारक्यस्ता इहाप्युपलक्षिताः।।

अतः यह ध्यान देने की बात है कि नरक लोक भी होते हैं। उनका वर्णन आगे आने वाला है। उन नरकों में जो दुःख है, सो तो हैं ही, लेकिन यहाँ पर क्या कम हैं? लोगों के चेहरे देख लो, पता चल जाएगा कि ये स्वर्ग से आये हैं या नरक से। एक ईसाई पादरी थे। उन्होंने अपने शिष्यों को पढ़ाया और कहा कि जाओ, अब तुम लोग प्रचार करो। एक बात ध्यान में रखना कि स्वर्ग का वर्णन करते समय, चेहरे पर प्रसन्नता हो और आँखों में थोड़ी चमक भी हो। ऐसी भाव भंगिमा सहित हाथ ऊँचे करके हँस-हँस कर वर्णन करना। तो एक ने पूछा, "और जब हमें नरक का वर्णन करना हो तो क्या करें?" बोले- तू कुछ मत कर। तू जैसा है, वैसा ही खड़ा रह, तो बस लोगों को पता चल जाएगा। विशेष रूप से कुछ भी करने की जरूरत नहीं है। अरे! यहीं पर सब लोग इतनी नरक यातना भोग रहे हैं। दिन-रात अपने कुटुंब पालन में कितने-कितने पाप कर्म करते रहते हैं, कैसे-कैसे दुःख भोगते रहते हैं अब और कौन-सा नरक चाहिए? दिन-रात अशांति बनी रहती है, नींद नहीं आती, नींद की गोलियाँ खाकर भी नींद नहीं आती।

लेकिन हमारे शास्त्रों ने एक बड़ी अच्छी बात यह बतायी है कि हमारे यहाँ नरक शाश्वत नहीं होता। बड़ी कृपा है! कोई भी नरक हमेशा के लिए नहीं है। बोले, जब बर्तन बहुत गंदा हो जाता है या जब कपड़ा बहुत गंदा हो जाता है, तो जैसे उसको खौलते हुए पानी में डाल देते हैं, रगड़-रगड़ कर साफ करते है, और साफ करके फिर उसे बाहर निकालते हैं, उसी प्रकार नरक में भी सबको साफ करने के लिए ही डाला जाता है। लेकिन हाँ, वह सफाई होती बड़ी भयानक है, नरकों का वर्णन देखने से ऐसा ही लगता है।

आगे कहते हैं कि यह जीव (दैवात) नरक में जाता है और फिर वहाँ से बाहर आता है, तब पहले वह जीव पुरुष के शरीर में आता है- वीर्य के रूप में। फिर जब उस वीर्य की स्थापना की जाती है- स्त्री देह में, तब उसका गर्भाधान होता है। उस गर्भ का भी यहाँ पर पूरा-पूरा वर्णन किया गया है। पहले दिन क्या होता है, तीसरे दिन क्या होता है, फिर एक मास में क्या होता है, पिण्ड कब बनता है, इन्द्रियाँ कब प्रकट होती हैं इत्यादि। यहाँ इन सब बातों का वर्णन किया गया है। यहाँ पर गर्भावस्था का जो वर्णन है, उसे देखकर चिकित्साशास्त्र वाले भी आश्चर्यचकित रह जाते हैं, इतना विस्तृत वर्णन किया गया है। और फिर कहते हैं कि वह जीव गर्भावस्था में ऋषि के समान होता है। उसको ज्ञान होता है कि कितने-कितने जन्मों में उसने कौन-कौन सी यातनाएँ भोगी हैं औरद तब वह जीव भगवान से कहता है कि मैं अनेक-अनेक गर्भों से निकला और उन सभी गर्भों में मैंने बहुत-सी यातनाएँ भोगीं, लेकिन भगवान, इस समय आप मुझे इस अंधकूप से निकाल दीजिए। यहाँ से निकलकर मैं आपका भजन करूँगा। मैं फिर से इस माया के चक्कर में नहीं आऊँगा। मुझे जल्दी से यहाँ से छुड़ाइये। इस प्रकार वह ऋषियों जैसी बाते करता है।

एवं कृतमतिर्गर्भ दशमास्यः स्तुवन्नृषिः।

यहाँ ऋषि कहा है उसे। उसको उस समय सब याद आता रहता है। देखो, जब किसी बच्चे का जन्म होता है तब यदि वह जल्दी से रोता नहीं, तो नर्स उसे एक चाँटा लगाती है। फिर वह जोर से रोने लगता है। (और बस चाँटे से प्रारम्भ हुआ तो आखिर तक जीवन में वह चाँटे ही खाता रहता है।) तब उसकी ऐसी स्थिति होती है कि कीड़ा आ जाए चाहे, चींटी आ जाए उसे पता ही नहीं चलता है। बस, वह रोता है। और जब वह रोता है तब उसकी माँ को भी समझ में नहीं आता है कि यह क्यों रो रहा है। वह चिल्लाता रहता है, दुःख भोगता रहता है। यहाँ उन सभी दुःखों का वर्णन किया गया है।

आगे कहते हैं कि वह जीव यहाँ पर अनेक प्रकार की आसक्तियाँ बढ़ा लेता है, लेकिन सभी आसक्तियों में यह जो स्त्री में होने वाली आसक्ति है और इसी प्रकार स्त्री के लिए पुरुष में जो आसक्ति है, वह सबसे ज्यादा कष्टप्रद है। दूसरी आसक्तियाँ इतनी तकलीफ देने वाली नहीं होती। हम सब देखते-जानते हैं कि जब किसी लड़की को किसी लड़के से प्रेम (आसक्ति) हो जाता है तब वे लोग जन्म के सम्बन्धों को - माता-पिता के साथ जो जन्म से ही एक सम्बन्ध बना रहता है, प्रेम होता है, उसे भी त्यागने के लिए तैयार हो जाते हैं। है न?

देखो, घर में रहकर भी यह ज्ञान प्राप्त हो सकता है, लेकिन उसको नहीं प्राप्त हो सकता जो यह चाहता रहता है कि घर में रहकर ही उसे यह ज्ञान प्राप्त हो जाए। क्योंकि वह घर छोड़ने के लिए तैयार नहीं होता है। जो आदमी घर में आसक्त है, घर को छोड़ने के लिए तैयार नहीं है, डरता है, वही पूछता रहता है कि क्या घर में रहते हुए भी इस ज्ञान की प्राप्ति हो सकती है? तो कहा, उसको नहीं हो सकती। लेकिन जो घर में आसक्त नहीं है, जिसे घर छूटने या छोड़ने का भय नहीं, वह तो जब छोड़ना पड़े तो छोड़कर चल देगा। अरे! विदुर जी ने जिस घर का त्याग किया था, वह क्या कोई साधारण घर था? उस घर में तो भगवान स्वयं भोजन करके गये थे। ऐसे घर को छोड़कर चले गये थे विदुर जी। छोड़ने की जरूरत पड़े तो ऐसे छोड़ देना चाहिए। बिल्कुल तृण की तरह- जैसे किसी घास की पत्ती को उठाते हैं और थोड़ी देर के बाद छोड़ देते हैं। ऐसा यदि कोई हो, तो वह घर में रहकर भी भगवान को प्राप्त कर सकता है। इस प्रकार यह सारा ज्ञान देने के बाद भगवान कपिलमुनि अपनी माँ से कहते हैं ॥

नैतत्खलायोपदिशेन्नाविनीताय कर्हिचित।
न स्तब्धाय न भिन्नाय नैव धर्मध्वजाय च॥

जो दुष्ट हो, नम्र नहीं हो, जिसके मन में भक्ति नहीं हो उसे यह ज्ञान नहीं देना अर्थात अनधिकारी व्यक्ति को यह ज्ञान नहीं देना।

नाभक्ताय च मे जातु न मद्भक्तद्विषामपि।।

जो कोई मुझसे या मेरे भक्तों से द्वेष करने वाला हो उसे भी यह ज्ञान नहीं देना। उसको खाने-पीने दो, भोग करने दो, उसके पास एक महल हो, तो- तुम्हारे दस महल हो जाएँ, उसे ऐसा आशीर्वाद देना। उसे ये ज्ञान की बातें बताने की आवश्यकता नहीं है, लेकिन "श्रद्धाधानाय भक्ताय" जो मेरा भक्त है, जिसका चित्त श्रद्धायुक्त है, जो सर्व प्राणियों से मैत्री करने वाला है, सेवारत है, शान्त है उसी को यह ज्ञान देना। फिर कहते हैं, माताजी, आपको मैंने यह ज्ञान दिया, आपने सुन लिया, अब आप इस पर विचार करती रहिए, इसका मनन चिन्तन करती रहिए, इससे आपके मन की सारी शंकाएँ दूर हो जाएँगी, आपको मुक्ति प्राप्त हो जाएगी। इतना बताकर फिर कहते हैं- नमस्कार! अब मैं चला!

देखो, ये कपिलदेव जी ज्ञानावतार हैं। और वह माँ भी देखो कैसी है, उनका मोह दूर हो गया था, अतः "विस्रस्तमोहपटला तमभिप्रणम्य" वे कपिल भगवान को (अपने पुत्र को) प्रणाम करती हैं और कहती हैं- आपने मुझे इस संसार के बन्धन से छुड़ा दिया। मैं आपको कैसे धन्यवाद दूँ? पुनः प्रणाम करती हैं। "उनको प्रसन्न करके कपिलमुनि चले जाते हैं, कहते हैं कि वे गंगा सागर के पास बंगाल में चले गए। यहाँ उनकी माताजी यानी देवहूति ने उसी आश्रम में बैठकर ऐसा ध्यान लगाया कि कई-कई दिनों तक उनको अपनी देह का भी भान नहीं रहता था। देवी-देवता आकर उनके देह की रक्षा करते थे। और इसी तरह अन्त में उन्होंने अपनी देह को विलीन कर दिया।

इस प्रकार यह जो कपिलमुन के द्वारा दिया गया ज्ञान है, इसका जो कोई वर्णन करता है, श्रवण करता है, चिन्तन करता है, उसे भगवान के श्री चरणों में दृढ़ भक्ति प्राप्त होती है ऐसी इसकी फलश्रुति है। इसी प्रसंग के साथ यह तीसरा स्कन्ध समाप्त होता है, यह सर्ग का वर्णन हुआ।

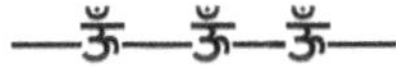

—ॐ—ॐ—ॐ—

अध्याय-5

चतुर्थ स्कन्ध

मुक्ति के लिए सम्यक पुरुषार्थ अति-आवश्यक है

इस महापुराण में सर्ग, विसर्ग, स्थान, पोषण, ऊति, मन्वन्तर, ईशानुकथा, निरोध, मुक्ति, आश्रय इन दस चीजों का वर्णन किया है। प्रथम स्कन्ध अधिकारी स्कन्ध कहलाता है। दूसरा - साधन स्कन्ध और तीसरे स्कन्ध में सर्ग का निरूपण किया गया। वहाँ सर्ग के द्वारा भगवान का ही निर्देश किया गया। अब विसर्ग अर्थात पुरुष के द्वारा बनायी गयी सृष्टि का वर्णन आता है। इस चौथे स्कन्ध में धर्म-अर्थ-काम-मोक्ष इन चारों पुरुषार्थों का सम्यक् वर्णन किया गया है। अर्थ तथा काम का प्रयोजन क्या है? यह हम देख चुके हैं। यहाँ प्रारम्भ के कुछ अध्यायों में धर्म का विचार किया गया है, फिर किन्हीं अध्यायों में अर्थ का, फिर काम का और अन्त में मोक्ष का। सबमें यही बताया गया कि जो धर्मपालन ईश्वर की पूजा के लिए किया गया हो, वह तो मोक्ष देने वाला होता है, क्योंकि वह हमारे अन्तःकरण को शुद्ध करता है। और यदि धर्मपालन के द्वारा ईश्वर की पूजा नहीं की गयी हो, तब भले ही वह कितना ही बड़ा यज्ञ-याग आदि क्यों न हो, वह सफल नहीं होता, सार्थक नहीं होता है, इतना ही नहीं, उस प्रकार के यज्ञ (जिसमें भगवान की आराधना का भाव न हो) करने वाले का तो नाश ही हो जाता है, ऐसा यहाँ कहा गया है। इसी प्रकार यहाँ अर्थ पुरुषार्थ का भी वर्णन किया गया है। पहले भले ही व्यक्ति के मन में धर्म कार्य से अर्थ प्राप्ति की ही इच्छा हो, लेकिन अर्थ प्राप्ति के बाद, भगवान में मन लगना चाहिए। जीवन में किसी प्रकार की कमी हो, तो प्रारम्भिक दशा में हम पैसे आदि के लिए भी भगवान के पास जा सकते हैं, उसमें कोई दोष नहीं है। लेकिन पैसा या वह चीज मिल जाने के बाद भगवान को भूल जाएँ, तो वह बहुत बड़ा दोष है। अर्थ प्राप्ति हो जाने के पश्चात् उसकी समाप्ति भगवद भक्ति में होनी

चाहिए। इसी प्रकार काम पुरुषार्थ के प्रसंग को भी समझना चाहिए। और मोक्ष की पूर्णता भी भगवद्भक्ति में ही होती है। इस प्रकार धर्म, अर्थ, काम, मोक्ष का यहाँ वर्णन किया गया है। धर्म का वर्णन करते समय दक्ष यज्ञ की कथा कही गयी है। अर्थ का वर्णन करते समय भक्त ध्रुव की कथा, काम पुरुषार्थ तथा भक्ति के वर्णन के संदर्भ में राजा पृथु का वर्णन है और मोक्ष के संदर्भ में नारद जी द्वारा प्राचीनबर्हि को सुनाए गए पुरन्जन उपाख्यान का वर्णन किया गया है।

अब हम प्रारम्भ करते हैं, धर्म पुरुषार्थ की कथा से। राजा मनु के दो पुत्र थे और तीन पुत्रियाँ थीं। पुत्रियों में एक तो थी देवहूति, जिनका विवाह कर्दम ऋषि के साथ हुआ था। उनके पुत्र हुए कपिलमुनि, जो साक्षात् भगवान के अवतार थे। उस प्रसंग को हम देख चुके हैं।

दूसरी पुत्री थी आकूति, जिसका विवाह उन्होंने प्रजापति रुचि के साथ किया था। तीसरी कन्या थी प्रसूति, जिसका विवाह दक्ष प्रजापति के साथ हुआ। उनकी सोलह कन्याएँ हुई। सोलह कन्याओं में से तेहर का विवाह धर्म के साथ हुआ। और जो सती थीं उनका विवाह शिवजी के साथ हुआ। फिर आगे कहते हैं-दक्ष और उनके जमाई शिवजी, इन दोनों में कुछ कलह हो गयी। यद्यपि शिवजी ने कोई झगड़ा नहीं किया, तथापि दक्ष उनसे द्वेष करने लगा।

1. दक्ष प्रजापति व शिवजी का वैमनस्य

दक्ष ने अपनी पुत्री सती का विवाह किया शिवजी के साथ। वैसे उनको शिवजी पहले से ही अच्छे नहीं लगते थे। क्योंकि वे श्मशान में रहते हैं, विभूति लगाते हैं। उनका कोई घर भी नहीं है। जब देखो वट वृक्ष के नीचे बैठे रहते हैं। देखो, जिनको बड़े पद या प्रतिष्ठा से आसक्ति होती है वे साधु-महात्मा भी प्रसिद्धि वाले ही ढूंढते है। ज्ञान से उन्हें कोई लेना-देना नहीं होता। सच्चे साधु से तो वो मिलाना भी पसंद नहीं करते या यु कहे; जिनकी संसार में बड़ी आसक्ति होती है, उनको साधु सन्यासियों से कोई प्रेम नहीं होता और यदि प्रेम होता भी है तो मतलबी, किसी तरह हमारी मनोकामना पूरी ही जाये बस। जैसे, जो चर्चिल थे, वे महात्मा गाँधी जी से कभी मिले ही नहीं। बोले ये क्या! चादर ओढ़ते हैं, धोती पहनते हैं, मुझे नहीं मिलना उनसे। देखो, दक्ष प्रजापति प्रवृत्ति मार्ग पर चलने वाले हैं और शिवजी निवृत्ति मार्ग पर। प्रवृत्ति मार्गी लोगों को ज्ञान की चर्चा, भागवत-चिंतन ये सब बातें अच्छी लगती हैं क्या? वे कहते हैं - कर्म करना चाहिए। उनको कर्म की ही लगी रहती है। 'दक्ष' माने कुशल, ये प्रवृत्ति मार्ग वाले अपनी बुद्धि बहुत चलाते रहते हैं। उनकी कन्या थी सती। शिवजी तो श्रद्धा रूप हैं। अब सती जी की बहुत विचित्र स्थिति हो गयी। वे कन्या हुई तर्कवादी दक्ष की, पत्नी हुई श्रद्धा रूपी शिवजी की। तो कभी उनके मन में पिता के संस्कार जागृत हो जाते थे तो कभी पति के संस्कार। जब तक पति के संस्कार में रहती थीं, तब तक उनके मन में

शान्ति रहती थी। लेकिन पिता के संस्कार जागृत होते ही गड़बड़ हो जाती थी। हमारा मन भी कभी संशय से ग्रस्त हो जाता है, तो कभी श्रद्धा से भरा रहता है। मन में श्रद्धा हो तो शान्ति रहती है और संशय आ जाए तो तर्क-वितर्क होने लगता है और तब बड़ी अशान्ति हो जाती है। सती जी शिवजी को चाहती थीं, अतः उनका विवाह शंकर के साथ हो गया।

अब विदुर जी मैत्रेय ऋषि से पूछ रहे हैं, कि दक्ष और शिवजी के मध्य द्वेष का क्या कारण हुआ? तब मैत्रेय ऋषि ने कहा कि एक बार प्रजापतियों के यज्ञ में सभी प्रजापति, देवता, ऋषि आदि एकत्रित हुए। सभा में सब लोग बैठे हुए थे। वहाँ ब्रह्माजी और शिवजी भी थे। शिवजी अपनी आँखें बंद करके बैठे थे, बोले, आँख खोलकर क्या देखना है, देखने जैसी कोई चीज है ही नहीं! तो वे शान्त चित्त से नेत्र मूंद कर बैठे थे। इतने में उस सभा में दक्ष ने प्रवेश किया। ये दक्ष ब्रह्माजी के मानस पुत्र हैं, बड़े अभिमानी भी हैं। उन्होंने जब सभा में प्रवेश किया तो सारे-के-सारे देवता लोग उठकर खड़े हो गये लेकिन ब्रह्मा जी नहीं उठे। उनका अपना ही पुत्र है, तो उसके लिए क्या खड़ा होना। साथ ही शिवजी भी उठकर खड़े नहीं हुए, क्योंकि उनका ध्यान लग गया था। इससे दक्ष को ब्रह्माजी के ऊपर तो क्रोध नहीं आया, लेकिन शिवजी पर बड़ा क्रोध आ गया। कहने लगे 'यह बड़ा निर्लज्ज है। देखो, निर्लज्ज कह दिया शिवजी को। 'ये जो लोकपाल हैं, इन सबमें यह बड़ा बेढंगा यहाँ आकर बैठ गया है। इसको रीति-नीति, नियम मर्यादा का कोई ज्ञान नहीं है। इसने मेरी लड़की का पाणिग्रहण किया है, इसलिए मेरे शिष्य के समान है। लेकिन यहाँ पर यह खड़ा तक नहीं होता? और फिर दक्ष ने उनको 'मर्कटलोचन' भी कह दिया। अब शिवजी जो हैं, वे शिवानन्द, सच्चिदानन्द स्वरूप परमात्मा हैं। उनका यह बहुत बड़ा अपमान था। वे नित्य शुद्ध हैं परन्तु यहाँ दक्ष कहता है- यह अशुद्ध है, श्मशान में रहता है, भस्म लगाता है। इस प्रकार दक्ष सबके सामने शिवजी को बहुत अपमानजनक वचन कहता है। लेकिन इस पर भी वहाँ उसे किसी ने नहीं रोका, उसे कुछ कहा भी नहीं। शिवजी तब भी शान्त बैठे थे। इसी प्रकार, यदि दक्ष भी शान्त बैठे रहते तो आगे कोई बात बढ़ती क्या? लेकिन नहीं। दक्ष कहता है, अब मैं इसको शाप देता हूँ कि यज्ञ-यागादि में दूसरे देवताओं के साथ इसे आहुति न मिले, इसको अपना उपहार न मिले। ऐसा शाप देकर दक्ष वहाँ से चला गया।

भगवान शिवजी शान्त बैठे थे। बोले- बच्चा है, ऐसे ही कुछ-कुछ बोलता रहता है, उस पर ध्यान देने की कोई जरूरत नहीं है। लेकिन भगवान का ऐसा अपमान होते देखा, तो भगवान के वाहन नन्दी को बड़ा गुस्सा आया। उसने कहा- 'मेरे स्वामी को शाप देने वाला यह होता कौन है?' फिर नन्दी ने भी दक्ष को शाप दे दिया बोले हमारे शिवजी तो अद्वैत तत्त्व में रमे हुए भगवान हैं। उसमें यह दक्ष दोष देखता है। अरे! जो गृहस्थी में, स्त्री में रमा हुआ है, भोग में रमा हुआ है, वह भला शिवजी को क्या जाने, कैसे समझे? इसकी बुद्धि बिगड़ गयी है। बहुत मैं-मैं

करता रहता है। अतः इसका सिर और मुँह बकरे का हो जाए! नन्दी ने जब ऐसा शाप दिया तो वहाँ पर जो भृगु ऋषि थे, उनको भी बड़ा क्रोध आया। वे भी कुछ-कुछ प्रवृत्ति मार्ग गामी ही थे, दक्ष के पक्ष वाले थे। तो भृगु ऋषि ने शिवजी के गणों को तथा अनुचरों को शाप दे दिया कि तुम सब भी अमंगल रूप हो जाओ, नग्न-भग्न होकर घूमते रहो, जगत में तुम सबको कोई सम्मान न मिले। तुम सब को बिना किसी ठिकाने के जगत में भटकते रहना पडेगा। उन्होंने ऐसा शाप दे दिया और कहा कि शिव दीक्षा लेने वाले भी सब इसी प्रकार के हो जाएँ।

नष्टशौचा मूढधियो जटाभस्मास्थिधारिणः।

दक्ष ने शिवजी को शाप दिया, नन्दी ने दक्ष को शाप दिया और नन्दी को भृगुऋषि ने शाप दिया। इस प्रकार वहाँ पर शापा शापी होने लगी। झगड़ा होने लगा। यहाँ इस प्रसंग से यही दर्शाया गया है कि कभी-कभी हम कितने ही बड़े पद पर क्यों न पहुँच जाएँ, जैसे दक्ष पहुँच गया था, तब भी हमारी बुद्धि छोटी ही रह जाती है। एक ने झगड़ा किया, दूसरे ने बात बढ़ाई। तो तीसरा भी प्रारंभ हो गया। ऐसी इनकी शापाशापी होती रही और दुर्भाग्य से सब-के-सब शक्तिशाली थे, अतः उन सबका शाप असर करने लगा। इस घटना क्रम से कुछ खिन्न-से होकर शंकर भगवान भी अपने अनुचरों सहित वहाँ से चले गये।

2. दक्ष यज्ञ में सती जी का आत्म दहन

इस घटना को बहुत समय बीत गया। कैलाश में शंकर जी और वहाँ अपने घर दक्ष, दोनों के ही मन में बात गड़ कर रह गई। इसी बीच ब्रह्मा जी ने दक्ष को समस्त प्रजापतियों का अधिपति बना दिया, तो इससे दक्ष का अभिमान और भी बढ़ गया। उसने पहले वाजपेय यज्ञ किया, फिर ब्रहस्पति सव नामक महायज्ञ प्रारम्भ किया। उस उत्सव में सारे ब्रह्मर्षि, देवर्षि, पितर, देवता आदि सब-के-सब अपनी-अपनी पत्नियों सहित सज-धज कर जा रहे थे। आकाश मण्डल में उन सब को विमानों से जाते हुए सती जी ने देखा। जाते हुए देवतागण उस यज्ञ की चर्चा कर रहे थे। सती जी ने वह सब सुन लिया। वह सब देख-सुन कर उनके मन में भी पिता के घर, उस यज्ञोत्सव में जाने की उत्सुकता जगी तो वे शिवजी से कहने लगीं- स्वामी मेरा भी पिता जी के घर जाने का बहुत मन कर रहा है। मैं वहाँ जाऊँगी, अपनी माँ से, बहनों और अन्य प्रियजनों से मिलूँगी। अतः यदि आप चाहें तो हम भी इस यज्ञोत्सव में चलें। आप बड़े करुणामय हैं, आप मेरी इस याचना पर ध्यान दें और मेरी इच्छा पूर्ण करके मुझे अनुगृहीत करें। यह सुनकर भी, जब शंकर जी चुप रहे, तो वे कहती हैं- उन्होंने आमंत्रण नहीं दिया है, यह तो सच बात है, लेकिन पिता के घर जाने के लिए किसी निमंत्रण की क्या जरूरत है? जब जान बूझकर

निमंत्रण नहीं भेजा गया हो, तब वहाँ कैसे जाया जाए? ऐसी स्थिति में वहाँ जाने से तो अपमान ही होगा। अतः तुम मत जाओ।

एक बार हमारे मन में कोई इच्छा जग जाती है, तो सही बात भी समझ में नहीं आती। सती जी को भी बात समझ में नहीं आई। अपने बन्धुओं से मिलने की इच्छा उनके मन में जग गई थी। अब उसके पूर्ण न होने की संभावना से पहले तो उनकी आँखें अश्रुओं से भर गईं, उनका श्वास तेज गति से चलने लगा। और फिर इस शोक के बाद, अब उन्हें शंकर जी पर इतना क्रोध आया कि उन्हें इस प्रकार देखने लगीं मानो उन्हें अपनी आँखों से भस्म कर डालना चाहती हों। अपनी इच्छा पूर्ति में जब कोई विघ्न आता है तो देखो कैसी मनोदशा हो जाती है। फिर वे कहती हैं- आपको नहीं जाना हो तो मत जाइए लेकिन मैं तो जाऊँगी। शिवजी ने कहा- "जैसी तुम्हारी इच्छा"। शिवजी को तो उनमें भी कोई आसक्ति नहीं थी। वे वहाँ रहें या न रहें, इससे उन्हें क्या अन्तर पड़ता है? सती कहती है- "मैं तो जा रही हूँ" और वे वहाँ से चल पड़ीं। जब नन्दी भगवान ने देखा कि हमारी स्वामिनी अकेली जा रहीं हैं, तो वे भी अन्य साथियों को लेकर उनके साथ चल पड़े। उन सबके साथ सती जी यज्ञशाला पहुँचती हैं। वहाँ दक्ष ने तो उनकी बड़ी अवहेलना की। सती के प्रति उनके पिताजी का रुख देखकर, वहाँ उनसे मिलने का किसी और ने साहस नहीं किया और न ही किसी ने उनका आदर सत्कार ही किया। केवल उनकी माँ अवश्य उनसे प्यार से मिलती हैं, दूसरा कोई उनसे बात भी नहीं करता। फिर सती जी ने देखा कि वहाँ यज्ञ मण्डप में सभी देवताओं के लिए स्थान है, लेकिन शिवजी के लिए कोई यज्ञ-भाग नहीं रखा गया है। अब देखो, जब वे पति के पास थीं, तब उनके हृदय में पितृ-प्रेम उमड़ रहा था और अब पिता के पास जाकर वहाँ की स्थिति देखती हैं, तो पति-प्रेम उमड़ आया है। वास्तव में उनका पति प्रेम ही सच्चा था। उन्हें वह बात याद आयी जो शिवजी ने पहले ही कह दी थी।

पति का ऐसा अपमान देखा तो उन्हें इतना क्रोध आया कि दक्ष को भरी सभा में कहने लगीं - मुझे इस बात पर शर्म आती है कि मैं तुम्हारी पुत्री हूँ और तुम मेरे पिता हो। अब मैं किस मुँह से वापस जाऊँ अपने पति के पास? वे मुझ से कहेंगे- 'हे दाक्षायणी, तुम्हारे सम्बन्ध से मुझे संबोधित करेंगे तो मुझे अच्छा नहीं लगेगा। मैंने उनकी बात नहीं मानी। फिर कहती हैं- तुम शिवजी में दोष देखते हो? जो निर्गुण, निर्विशेष, निराकार, निर्विकल्प स्वरूप परमात्मा हैं, नित्यशुद्ध हैं, उनको तुम अशुद्ध मानते हो? उनको किसी से, किसी प्रकार की अपेक्षा नहीं है। तुम उनका सुख नहीं देख सकते। सच बात तो यह है कि तुमको उनसे जलन होती रहती है कि किसी चीज के बिना ही वे आनन्द में मग्न रहते हैं। और तुम्हारे पास सब कुछ होते हुए भी तुमको दुःख होता रहता है। इसलिए तुमको उनसे द्वेष हो रहा है, ईर्ष्या हो रही है। अब मैं इस देह को धारण नहीं कर सकती, इसका सम्बन्ध तुम्हारे साथ लगा हुआ है। देखो, वे कितनी नाराज हुईं और उसी समय उन्होंने अपनी देह

को यज्ञाग्नि में जला डाला। जब शिवजी के गणों ने देखा कि हमारी स्वामिनी ने देह त्याग कर दिया है, तो नन्दी जी के एक इशारे पर सारे-के-सारे गण यज्ञशाला पर टूट पड़े। सारी तोड़-फोड़ कर डाली और यज्ञ का विध्वंस कर दिया। उधर भृगु ऋषि को बड़ा गुस्सा आया। वे बड़े शक्तिशाली थे। तपोबल से उन्होंने ऋभु नामक सहस्त्रों देवताओं को उत्पन्न किया। वे सब जग रुद्रगणों को बुरी तरह पीटने लगे तो वे सब भाग गए।

3. दक्ष यज्ञ का विध्वंस

यह सब होते ही नारद मुनि शिवजी के पास पहुँच गये। नारद जी बड़े चतुर थे, बहुत ही शीघ्रता से समाचार पहुँचाते रहते हैं। तो वे शिवजी के पास आकर उन्हें समाचार देते हैं। बोले महाराज, आपकी पत्नी का दक्ष यज्ञ में बड़ा अपमान हुआ। उन्होंने अपनी देह को योगाग्नि में जला डाला। शिवजी ने जब नारद जी से इस बात को सुना तो उन्हें बड़ा क्रोध आ गया। अत्यंत उग्र रूप धारण करके उन्होंने अपनी जटा का एक बाल निकाला और उसे जमीन पर पटक दिया। उसमें से सहस्त्र भुजाओं और तीन नेत्रों वाला एक भयंकर प्राणी निकला। उसका नाम था वीरभद्र। वीरभद्र ने हाथ जोड़कर कहा- भगवन् मैं क्या करूँ? शिवजी ने कहा-जाओ मेरे पार्षदों सहित तुम वहाँ जाकर दक्ष को तथा उसके यज्ञ में जो शेष बचा हो, उसे भी नष्ट कर दो। देखो, यहाँ एक बात विशेष ध्यान देने योग्य है। दक्ष ने जब स्वयं शिवजी का अपमान किया तब तो उनको गुस्सा नहीं आया लेकिन जब उसने सती जी का अपमान किया तो वे इतने क्रुद्ध हुए कि वीरभद्र को उत्पन्न किया और उसे वहाँ भेज दिया। वह इसलिए कि सती जी भक्त हैं। और देखो, सती जी को भी क्रोध क्यों आया? पति का अपमान होते देखा, तो क्रोध आया। नन्दी ने भी वहाँ पर कहा- तुम सब लोग भगवान की निंदा सुनते हो? ऐसा नियम है कि जो लोग भगवान की निंदा करते हैं, उनको तो पाप लगता ही है लेकिन जो भगवान की निंदा सुनते हैं उन्हें भी पाप लगता है।

तो वीरभद्र रुद्र गणों की सेना लेकर यज्ञ स्थल पर पहुँचता है और वहाँ सब की ऐसी पिटाई करता है कि कुछ पूछो नहीं। इसका यहाँ बड़े विस्तार से वर्णन किया गया है। वीरभद्र ने दक्ष के सिर को धड़ से अलग करके उस सिर को यज्ञ कुण्ठ में डाल दिया। अब वहाँ उपस्थित सारे लोग घबरा कर ब्रह्मा जी के पास गये। ब्रह्मा जी बोले, चलो शिवजी के पास चलते हैं। देखो, वैसे तो ये भोले बाबा बड़े शान्त स्वभाव के हैं, लेकिन ये शिव हैं- तो रुद्र भी हैं। इसलिए जब ऐसी बात हो गयी है, तो अब हम और कुछ नहीं कर सकते, बस उनके पास जाकर क्षमा माँग सकते हैं। तो ये सब वहाँ शिवजी के पास जाकर कहते है- महाराज हम छोटे-छोटे जीव हैं, हमसे गलती हो जाती है। आप नाराज मत होइये।

4. भगवान शंकर द्वारा दक्ष यज्ञ की पूर्ति

भगवान शिवजी कहते हैं- अच्छा, तो ऐसा करो उसके धड़ पर बकरे का सिर लगा दो, क्योंकि वह 'मैं-मैं' बहुत करता रहता है। एक विशेष बात यह हुई कि दक्ष का अभिमान नष्ट हो गया। वह शिवजी के चरण छूता है और कहता है, "महाराज आपने मेरे ऊपर बड़ी कृपा की।" इस प्रकार उसका हृदय परिवर्तित हो गया और वह भगवान का भक्त बन गया। इसके साथ ही यह प्रसंग समाप्त होता है।

इसका सार इतना ही है कि यज्ञ कर्म वैसे तो बहुत बड़ा पुण्य का कार्य है, लेकिन यदि उसमें भगवान शिव का अपमान किया जाए, वहाँ उनका उचित सम्मान न हो, तो वह धर्म नहीं रहता, अधर्म हो जाता है। इसलिए पहले धर्म को भली प्रकार से समझने की आवश्यकता है। धर्म का रहस्य यही है कि अपने-अपने कर्तव्य कर्मों को ही यदि भगवान की पूजा समझ कर करें, तो वह धर्म हो जाता है। और यदि हमारे कर्म में ईश्वरार्पण भाव न हो तो वही अधर्म बन जाता है, चाहे वे कर्म यज्ञ कर्म ही क्यों न हों। अर्थात 'धर्म' यह किसी कर्म विशेष का नाम नहीं है। अभिमान और ममता को छोड़कर, ईश्वरार्पण बुद्धि से किए गए समस्त कर्म चाहे वह कर्तव्य कर्म हों, या यज्ञ कर्म हों, वे सब धर्म बन जाते हैं और उनकी पूर्ति पर साक्षात नारायण भगवान प्रकट होते हैं। और क्या चाहिए? तो दक्ष का यज्ञ पूरा हो गया। यह धर्म का वर्णन है। इसलिए धर्म जो है, वह कोई पद, अधिकार या वैभव पाने के लिए नहीं होता। लेकिन प्रारम्भ में, दक्ष का यह यज्ञ रूपी धर्म कार्य भी अपना वैभव दिखाने के लिए ही था। उसमें दिखावा होने के कारण वह धर्म नहीं हुआ। धर्म का प्रसंग यहाँ पर समाप्त होता है।

5. ध्रुव का मान-भंग

स्वयांभुव मनु महाराज के कुल परम्परा का वर्णन करते हुए मैत्रेय ऋषि कहते हैं- विदुर जी स्वायम्भुव मनु की पुत्रियों के बारे में तो हमने देख लिया, अब पुत्रों के बारे में देखते हैं। महाराज स्वयांभुव मनु और महारानी शतरूपा के दो पुत्र हुए प्रियव्रत और उत्तानपाद। इनमें पहले उत्तानपाद राजा बने। राजा उत्तानपाद की दो पत्नियाँ थी। एक का नाम था सुनीति और दूसरी का नाम सुरुचि। देखो सुनीति का अर्थ होता है अच्छी नीति, सुंदर नीति और सुरुचि माने जो हमें रुचिकर लगे, अच्छा लगे वह। राजा उत्तानपाद सुरुचि के वश में थे। हम लोग भी राजा उत्तानपाद के जैसे ही हैं। अपनी रुचि के वश में रहते हैं। खाते भी हैं तो पेट की ओर देखकर नहीं, जीभ की ओर देखकर खाते हैं। जहाँ देखो हम अपनी रुचि के अनुसार ही वर्तन करते रहते हैं, नीति की ओर ध्यान कौन देता है? तो सुरुचि का पुत्र हुआ उत्तम और सुनीति का पुत्र हुआ ध्रुव। संभव है सुरुचि ज्यादा सुंदर हो या ज्यादा चतुर हो, उसने राजा को पूर्णतः अपने वश में कर रखा था। राजा उत्तानपाद सुनीति की ओर ज्यादा ध्यान नहीं देते थे। उन्होंने सुनीति को कहीं अलग दूसरे महल में रखा

था। एक दिन की बात है, पाँच वर्ष का छोटा-सा बालक ध्रुव, खेलते-खेलते महल में पहुँच गया। वहाँ सिंहासन पर राजा बैठे हैं, रानी भी हैं। राजा उत्तानपाद सुरुचि के पुत्र उत्तम को गोद में बैठाकर प्यार कर रहे हैं। अपने पिता को देखा तो ध्रुव दौड़ता हुआ वहाँ गया और उसने उनकी गोद में बैठना चाहा। परन्तु, सुरुचि के भय से राजा ने उसे अपनी गोद में नहीं लिया। इससे सुरुचि का साहस और भी बढ़ गया। तब सुरुचि उसको आँख दिखाती है और गर्व से भरे वचनों से उसे डाँटने लगती है। इतना ही नहीं, इसके बाद उसने जो बात कही, वह बहुत ही कठोर थी और गलत भी थी।

उसने कहा- बेटा, तुम राजा की गोद में बैठने के अधिकारी नहीं हो। (क्यों?) क्योंकि तुम मेरे गर्भ से उत्पन्न नहीं हुए हो। अच्छा, यहाँ तक भी उसकी बात ठीक हो सकती है, मान ली जा सकती है। लेकिन देखो, आगे वह और क्या कहती है- तुम यदि राजा की गोद में बैठना चाहते हो, तो पहले तुमको मेरे गर्भ से जन्म लेना पड़ेगा। इसके लिए तुम तपस्या करके, प्रार्थना करके, भगवान को प्रसन्न करो। अच्छा? सुरुचि के गर्भ में आना- क्या यही भगवान की भक्ति का, तपस्या का फल है? देखो, तपस्या का, भगवान की पूजा- आराधना का यह कितना बड़ा अपमान है! उसका अभिमान देखो कितना है, अपने गर्भ में आना- इस बात को वह इतना महत्त्वपूर्ण समझती है और उसके लिए भगवान को प्रसन्न करने को कहती है। कहती है- तब तुम राजा की गोद में बैठने के अधिकारी बनोगे। अरे! राजा की गोद इतनी बड़ी चीज हो गयी? और इसके (सुरुचि के) गर्भ में आना इतनी बड़ी बात हो गयी कि उसके लिए भगवान की आराधना उपासना को साधन बनाया जाए?

6. ध्रुव का वन-गमन

ध्रुव क्षत्रिय बालक है। सौतेली माँ की बात उसके हृदय में चुभ गयी और जब उसने देखा कि पिता जी भी कुछ नहीं बोलते, तो वह वहाँ से निकल पड़ा। उसके मन में दुःख भी है, और क्रोध भी है। रोता हुआ वह अपनी माँ के पास गया। माँ कहती हैं- बेटा तुमको क्या हुआ? वहाँ जो दूसरे लोग थे उन्होंने सारी बात बतायी। देखो, सुनीति बहुत समझदार है। उसको भी बहुत दुःख हुआ, लेकिन बेटे से कहती है- बेटा, किसी को दोष नहीं देना। यहाँ हम सब अपने-अपने कर्मों के फल भोगते रहते हैं। वह सौतेली माँ है तो क्या हुआ? उसने बात तो ठीक ही कही है कि भगवान की आराधना करनी चाहिए। देखो, यह कितनी अच्छी स्त्री है, केवल उतनी बात को ले लेती है, आगे की बात को उसने छोड़ दिया। यही उसकी समझदारी है। बोली, बेटा उसकी बात सही है। राजा की तुम्हारे ऊपर अभी कृपा नहीं है। लेकिन जैसा कि तुम्हारी सौतेली माँ ने कहा है, तुम उस अखिल ब्रह्माण्ड पति परमात्मा की पूजा करो। उनको प्रसन्न करो। वे प्रसन्न हो जाएँगे तो तुमको उन्हीं भगवान की गोद में स्थान मिल जायेगा। तुम्हें ऐसा ध्रुव स्थान मिलेगा कि वहाँ से कभी कोई तुम्हें

हटने को नहीं कहेगा। देखो, इसलिए कहा जाता है कि ऐसी जगह पर बैठना चाहिए कि जहाँ से हमें उठने को न कहे। बेटा, अब तुम जाओं और भगवान की आराधना करो। मेरा आशीर्वाद तुम्हारे साथ है। वह बालक तुरंत चल पड़ा। कहाँ जाना है, क्या करना है, कुछ पता नहीं। इस प्रकार जब कोई बालक घर से निकल पड़ता है, तो भगवान को चिन्ता होती है कि मेरा बालक घर से निकल पड़ा है। उसके लिए मैं क्या करूँ? बोले- नारद जी, क्या कर रहे हो तुम? जाओ उसके पास।

7.   ध्रुव को नारद जी का उपदेश

बेटा तुम्हारी माँ ने तुमको जो उपदेश दिया है वह बड़ा अच्छा उपदेश है। अब तुम इसी मार्ग पर चलो। यही निःश्रेयस का मार्ग है। यहाँ से तुम मधुवन में जाओ, यमुना जी के किनारे वहाँ पर रोज सुबह यमुना जी में स्नान करना। उसके बाद स्थिर होकर आसन में बैठ जाना, और फिर प्राणायाम के द्वारा अपने श्वास को संयमित कर लेना। सर्व संग का त्याग कर इन्द्रियों को वश में कर लेना। और फिर भगवान के अत्यंत मनोहारी रूप का ध्यान करना। इस प्रकार नारद जी ने भगवान के रूप का वर्णन किया और कहा- 'ॐ नमों भगवते वासुदेवाय' इस मन्त्र का तुम निरन्तर जप करते रहना। और उधर राजा उत्तानपाद के पास चलते हैं। ध्रुव के वन में चले जाने से राजा उत्तानपाद को बहुत दुःख हुआ। अपने आप को कोसने लगे।

ध्रुव जी को मधुवन भेजकर नारद जी उत्तानपाद के पास पहुँचे। उन्होंने राजा से कहा कि तुम किस सोच में पड़े हुए हो, तुम्हारा मुख क्यों सूख रहा है? तो राजा उत्तानपाद कहते हैं - नारद जी मैं कैसा मूढ़ हूँ। पाँच वर्ष का मेरा वह छोटा-सा बेटा मेरी गोद में बैठने के लिए आया और मैं पत्नी के कहने में आ गया। पत्नी ने उसे निकाल दिया और मैं देखता रहा। इस प्रकार से वे बहुत दुःखी होते हैं, रोते हैं कि मेरा छोटा-सा बच्चा वन में चला गया। वहाँ पर शेर होंगे, भालू होंगे, रीछ होंगे- वे सब उसको मार डालेंगे। मैं कैसा नीच आदमी हूँ। मैं पत्नी का गुलाम बन गया। इस तरह वे अपने को कोसने लगे। इस पर नारद जी कहते हैं- तुम शोक मत करो। क्योंकि- "स्वतनयं देवगुप्तं विशाम्पते" तुम्हारे बच्चे की रक्षा तो स्वयं भगवान करने वाले हैं। तुमको यों ही लगता रहता है कि तुम उसकी रक्षा करने वाले हो। ध्यान में रखना, उसकी रक्षा का भार स्वयं भगवान ने ले लिया है। 'तत्प्रभावमविज्ञाय' तुम अभी उसके प्रभाव को नहीं जानते।

वह तो ऐसे-ऐसे सुदुष्कर कर्म करेगा जैसे पहले किसी ने नहीं किए हैं। तुम्हारा यश को वह सब ओर फैलाएगा। और वह स्वयं भी बड़ा ही यशस्वी बेटा बनेगा। तुम उसकी चिन्ता मत करो। जब नारद जी के मुख से ऐसे वचन सुने तो उत्तानपाद की चिन्ता दूर हो गयी। अब आगे भगवान मैत्रेय ऋषि भक्त ध्रुव के तप का वर्णन करते हैं। ध्रुव जी ने भगवान की जो भक्ति की उसका प्रारम्भ 'अर्थ' से हुआ। वे एक निश्चय पद को प्राप्त करना चाहते थे। तो वहाँ मधुवन में ध्रुव जी तप कर रहे

थे। जरा सोचो, वे पाँच साल के बालक हैं। अर्थ की इच्छा से ही क्यों ही न हो, वे तप के लिये घर से निकल पड़े। तो हमें भी कभी-कभी सोचना चाहिए कि हमारी आयु इतने साल की हो गई परन्तु हमने अब तक क्या किया? पाँच वर्ष के वे ध्रुव जी ने अपने मन और इन्द्रियों को पूर्णतया विषयों से हटा कर उन्हेंने भगवान में लगा दिया। भगवान अपने भक्त का दर्शन करने के लिए व्याकुल हो गए। जरा सोचो, यह कैसी बात है। देखो, जीवन में भक्ति का प्रारंभ, भले ही किसी ने 'अर्थ' से लिया हो लेकिन वह परमार्थ में कैसे जा सकता है, इस बात का सबसे बड़ा सुन्दर दृष्टान्त है। यद्यपि ध्रुव जी भक्ति प्रारम्भ करते हैं 'अर्थार्थी' बनकर ही। लेकिन अब जो उनका मन भगवान में लगा है, तो अब उसमें धन या राज्य का कोई विचार तक नहीं है। तो भगवान उनका दर्शन करने के लिए जाते हैं। तब ध्रुव जी ने नेत्र सहसा खुल गए। सामने खड़े भगवान को देखकर ध्रुव जी ने साष्टांग दण्डवत नमन किया। तब ध्रुव जी ने भगवान की जो स्तुति की है। उसका पहला ही श्लोक बड़ा ही सुन्दर है, बहुत प्रसिद्ध भी है-

योऽन्तः प्रविश्य मम वाचमिमां प्रसुप्तां संजीवयत्यखिलशक्तिधरः स्वधाम्ना।
अन्यांश्च हस्तचरणश्रवणत्वगादीन् प्राणान्नमो भगवते पुरुषाय तुभ्यम्।।

परम पुरुष भगवान को नमस्कार! कौन हैं ये भगवान? तो कहा-जो मेरे अन्तः करण में प्रवेश करके अपनी चौतन्य शक्ति के द्वारा मेरी सोयी हुई वाणी को जगा देते हैं ये वही हैं। फिर कहा, केवल वाणी को ही नहीं- 'त्वगादीन' सारी ज्ञानेन्द्रियों को, सारी कर्मेन्द्रियों को, और मेरे प्राणों को भी जगा देते हैं। यही बात केनोपनिषद् में भी कही गई है। 'श्रोत्रस्य श्रोत्रं- भगवान तो कानों के कान हैं, आँखों की आँखें हैं, मन के भी मन हैं और प्राणों के भी प्राण हैं। उन्हीं के कारण कान सुनने में समर्थ होते हैं, आँखें देखने में समर्थ होती हैं। यहाँ कहा-ऐसे समर्थ भगवान को मैं नमस्कार करता हूँ। एक अखण्ड होते हुए भी अनेक रूपों में आप ही प्रकट हो रहे हैं।

नूनं विमुष्टमतयस्तव मायया ते ये त्वां भवाप्ययविमोक्षणमन्यहेतोय।
अर्चन्ति कल्पकतरुं कुणपोपभोग्य-मिच्छन्ति यत्स्पर्शजं निरयेऽपि नृणां।।

यद्यपि आपसे मोक्ष प्राप्त कर सकते हैं, परा भक्ति की प्राप्ति कर सकते हैं तथापि उसकी जगह महामूढ़ अज्ञानी लोग आपकी माया से मोहित होने के कारण इन्द्रियों के सुख को ही माँगते हैं, जो कि नरक में भी प्राप्त हो सकता है। यहाँ लिखा है नरक में भी स्पर्श का सुख प्राप्त हो सकता है। माने, स्पर्श सुख नरक है, यह अर्थ हुआ उसका। हमारी भाषा और शास्त्र की भाषा में अन्तर होता है। नरक में भी स्पर्श सुख प्राप्त होता है, यानी स्पर्श सुख नरक ही है। भगवन्! लोग समझते नहीं, वे स्वर्ग आदि प्राप्त करना चाहते हैं, आपकी भक्ति नहीं चाहते। अब मुझे स्वर्ग प्राप्त कराने वाली भक्ति नहीं चाहिए क्योंकि मैंने देखा है, बाद में वे लोग स्वर्ग

से टपा-टप टपकते हैं। थोड़ा पुण्य प्राप्त होता है तो लोग स्वर्ग में जाते हैं, और फिर "क्षीणे पुण्ये मर्त्य लोकं पतन्ति", 'विशन्ति' नहीं। 'पतन्ति' भी क्या कहें। सच में तो देवता लोग धक्का मार कर उन्हें वहाँ से गिरा देते हैं। साधु-सन्त तो कहते हैं स्वर्ग लोक में जाना वेश्या के घर जाने के समान है। स्वर्ग क्या कोई बड़ी चीज है? स्वर्गवासियों को तो- विमानों से गिरते हुए मैंने देखा है, ऐसा ध्रुव जी कहते हैं- हे अनन्त भगवान! आप मेरे हृदय में आकर भक्ति की धारा को बढ़ा दीजिए। मुझे और कुछ नहीं चाहिए।

अब देखो, 'अर्थ' किसलिए होता है? भक्ति करने के लिए। ध्यान में रखना, ध्रुव जी भले ही अर्थ की कामना से ही वन गए थे, लेकिन बाद में जब उन्हें भगवान का दर्शन हुआ, तब अर्थ का या राज्य का विचार तक नहीं है उनके मन में। वे जानते हैं कि ये सारी-की-सारी चीजें अनित्य हैं। इससे भगवान बहुत प्रसन्न होते हैं। वे जानते हैं कि अब इसके मन में कोई कामना नहीं है। लेकिन जब यह घर से निकला था तब इसके मन में संकल्प था। अतः उस संकल्प को पूरा करते हैं। यहाँ एक बात अच्छी तहर से समझ लेनी चाहिए। हम किसी संकल्प से भगवान के पास जाएँ और स्वयं उस संकल्प को छोड़ भी दें, तो भी भगवान उसे पूरा करते हैं। यदि कभी भगवान अपनी ओर से हमको कुछ दे रहे हों और हम कहें कि नहीं चाहिए, तब भी भगवान तो देंगे ही। क्योंकि देखो, हमारे न चाहने पर यदि भगवान कहें कि ठीक है तो छोड़ दो उसे, तब भी ऐसा लगेगा कि भगवान को भी देने की कोई बहुत इच्छा नहीं थी। कभी-कभी हमारे घरों में भी ऐसा होता रहता है कि नहीं? हमारे घर जब कोई आता है तो हम कहते हैं भोजन कर लीजिए। वह कहता है कि नहीं, मैं भोजन करके आया हूँ। तब यदि हम उससे भोजन करने के लिए आग्रह नहीं करते और कहते हैं- अच्छा ठीक है, तो इसका अर्थ यही होता है कि खिलाने की हमारी कोई विशेष इच्छा नहीं है। परन्तु यदि हम वास्तव में खिलाना चाहते हैं तो कहेंगे थोड़ा-सा प्रसाद तो ले ही लीजिए। अन्यथा ऐसा नहीं लगता कि हमारे दिल में उनके लिए कोई ज्यादा प्यार हो। तो यहाँ भगवान कहते हैं- जिस संकल्प से तुम यहाँ आये हो, वह अवश्य पूर्ण होगा। मैं तुमको ऐसा पद दूँगा जहाँ से तुम्हें कोई नहीं हटा सकेगा, 'ध्रुवलोक' कहते हैं उसे। भगवान ने उनके लिए नया स्थान बना दिया। ऐसा कोई स्थान था नहीं उनके ब्रह्माण्ड में। लेकिन ध्रुव जी के लिए एक अलग से ध्रुवलोक बना दिया और कहते हैं- चन्द्र-तारे-नक्षत्र सब उस लोक की परिक्रमा करते रहेंगे, और तुम वहाँ पर निश्चिंत होकर निवास करना। वहाँ जाने के पूर्व तुम छत्तीस हजार वर्षों तक राज्य करो। यह सुन कर हमारी आँखें चकराने लगेंगी। छत्तीस हजार साल! देखो, शंका नहीं करना। अरे भाई, कभी-कभी काल हमको छोटा दिखाई देता है लेकिन वह होता दीर्घ है। स्वप्न का काल दूसरा होता है, जाग्रत का दूसरा होता है। किसी युग में आयु लंबी होती है, तो किसी युग में आयु कम-ज्यादा भी हो सकती है। किसी की आयु सौ साल की हो और सर्वशक्तिमान्

भगवान कहें कि तुम हजार साल जियो तो उसे कौन रोक सकता है? सेवानिवृत्ति की आयु 60 साल की होती है और सरकार कहे कि तुम दो-चार साल और कार्य कर लो तो उस व्यक्ति को कौन मना कर सकता है, कौन निकाल सकता है? क्योंकि सरकार को यह अधिकार है कि चाहे तो उनके सेवा-काल में वृद्धि कर सके। भगवान ने कहा- अब तुम यहाँ से वापस घर जाओ और राज्य करो।

8. भगवद्दर्शन प्राप्त करके ध्रुव जी का घर लौटना

उधरा राजा उत्तानपाद को किसी ने यह समाचार दिया। लेकिन उसे इस बात पर विश्वास नहीं हो रहा था। तब नारद जी आकर उनसे कहते हैं- तुम्हारा लड़का वापस आ रहा है। सुन कर राजा उत्तानपाद दौड़ पड़े। सुरुचि और सुनीति भी निकल पड़ीं। फिर सब लोग ध्रुवजी को हाथी पर बिठाकर राज्य में वापस लाते हैं, और उनका स्वागत करते हैं। ध्रुव बड़े होने लगे। राजा उत्तानपाद ने ध्रुव का प्रभाव देखा तो उनको लगा कि अब ध्रुव को राज सिंहासन दे देना चाहिए। ऐसा सोचकर उन्होंने ध्रुव को राज्य दे दिया और वे स्वयं वन में चले गए। भागवत में ऐसी बात बार-बार देखने में आती है। सभी बड़े-बड़े लोग राज-काज के बाद वन में जाते हैं और संन्यास लेकर अपने मन को भगवान में लगा देते हैं। इससे हमें भी कुछ समझ लेना चाहिए। हर आदमी को एक दिन अपने घर से जाना चाहिए। जाने का समय भी निश्चित कर लेना चाहिए कि इससे ज्यादा घर में नहीं रहना है। घर में ज्यादा रहने से घरघराहट ज्यादा होती है। क्योंकि बुढ़ापे में घुर-घुर करते हैं। तो राजा उत्तानपाद इनको राजा बनाकर स्वयं वन में चले गए। उचित समय पर प्रजापति की कन्या भ्रमि के साथ ध्रुव जी का विवाह हुआ। उनके दो पुत्र हुए कल्प और वत्सर। उनकी एक दूसरी पत्नी का नाम था इला। उससे जो पुत्र हुआ उसका नाम था उत्कल। वह बड़ा शक्तिशाली और विरागी था, उसने राज नहीं किया। बाद में वत्सर राजा बन गया।

9. ध्रुव जी का यक्षों से युद्ध व उन्हें मनु जी की शिक्षा

अब ध्रुव जी राज्य करने लगे। एक बार उनका भाई उत्तम जंगल में गया था। वहाँ कुबेर के सेवक गण यक्षों ने उस पर आक्रमण किया और उसे मार डाला गया। उसके बाद उसकी माँ सुरुचि, जिसने कहा था कि भगवान को प्रसन्न करके मेरे गर्भ में आना, वह भी जंगल की आग में जलकर मर जाती है। ध्रुव को जब पता लगा कि यक्षों ने मेरे भाई को मारा है, तो उनको बड़ा क्रोध आ गया। देखो, कभी-कभी भगवद्दर्शन हो जाने के बाद भी पता नहीं कौन-सा सुप्त संस्कार प्रकट हो जाए कुछ कह नहीं सकते। उन्होंने यक्षों की नगरी पर आक्रमण किया और भयानक युद्ध करने लगे। ध्रुव बड़े पराक्रमी थे। यक्ष आदि सब घबरा गये। वे सब ध्रुव के सामने टिक नहीं पा रहे थे। उसी समय स्वायम्भुव मनु यानी इनके दादाजी वहाँ आते हैं और

उन्हें रोकते हैं। कहते हैं- बेटा तूने इतना तप किया-पाँच साल की आयु में, केवल छः महीनों में तुझे भगवान के दर्शन हुए। फिर तुझे यह राज्य आदि इतना सब प्राप्त हुआ। तब भी इन यक्षों के लिए तुम्हारे मन में इतना वैर भाव आ गया? इन्होंने तुम्हारे एक भाई को मारा उसके लिए तुम इतने सब लोगों को मारते चले जा रहे हो? यह तो कोई बुद्धिमत्ता की बात नहीं हुई। इसलिए अब तुमको युद्ध से निवृत्त होना चाहिए। "ध्रुव जी ने दादाजी की बात मान ली। बोले आप ठीक कह रहे हैं। मुझे न जाने क्यों इतना क्रोध आ गया। देखो, क्रोध के आवेश में आदमी कहाँ-से-कहाँ चला जाता है। अब वे युद्ध से निवृत्त हो गए। यह देखकर कुबेर भगवान बड़े प्रसन्न हुए। प्रसन्न होकर ध्रुव जी से कहते हैं- तुमने अपने बड़े-बूढ़ों की बात मान ली, तुम बड़े समझदार हो। अपने हठ पर अड़े नहीं रहे। तुमने दुराग्रह छोड़ दिया, यह बड़ा अच्छा किया। अब मैं तुम पर प्रसन्न हूँ। तुमको क्या वर चाहिए? माँग लो। तब ध्रुव जी ने कहा- आप वर दे रहे हैं, परन्तु मुझे अब भक्ति के अतिरिक्त और कुछ नहीं चाहिये। अतः आप मुझे ऐसा आशीर्वाद दीजिए कि भगवान के प्रति मेरी भक्ति बनी रहे। मुझे और कुछ नहीं चाहिए। भगवान कुबेर प्रसन्न होकर उन्हें ऐसा ही वरदान देते हैं। ध्रुव जी वापस लौट आते हैं।

10. ध्रुव जी को ध्रुव लोक की प्राप्ति

इसके बाद, मनु जी के उपदेश व कुबेर जी के वरदान के फलस्वरूप ध्रुव जी के मन में तीव्र भगवद्भक्ति का उदय हुआ। वे सारी सृष्टि को अविद्याकृत, स्वप्रवत् देखने लगे और एक दिन, (छत्तीस हजार वर्षों तक राज्य करने के बाद) बद्रीवन, विशाला क्षेत्र में चले गए। वहाँ पहले विराट रूप में मन लगा फिर भगवान में ही अपने मन को लीन कर दिया। तब ध्रुव जी को लेने के लिए विमान आया। ध्रुव जी जब उस विमान पर चढ़ ही रहे थे, तो उसी समय मृत्यु वहाँ आकर कहने लगी- देखो इस मृत्यु लोक से जो भी जाता है वह मुझे कर दिये बिना कैसे जा सकता है? आपने तो मृत्यु को भी पार कर लिया है, अतः अब आप पर मेरा कोई वश नहीं है। आप मेरे मस्तक पर पैर रखकर विमान में चढ़ जाइये। तो मृत्यु के सिर पर पैर रखकर ध्रुव जी उस विमान में बैठ जाते हैं। अर्थात् मृत्यु भी उनका स्पर्श नहीं कर पाई।

देखो, पहले हमने 'धर्म' का प्रसंग देखा था। और अब यह 'अर्थ' का प्रसंग भी देख लिया। कभी हमारे मन में किसी वस्तु को प्राप्त करने की इच्छा हो जाए और हम भगवान से उसे माँग लें, यह बात तो समझ में आती है। लेकिन उसके बाद हमारी स्थिति कैसी होनी चाहिए यह हमें ध्रुवजी से सीखना चाहिए। यह नहीं कि अपना काम हो गया, तो बस भगवान को भूल गये। "दुःख में सुमिरन सब करें, सुख में करे न कोय"। ऐसे लोग भी होते हैं। दुःख आने पर तो भगवान को पुकारते रहते हैं, पूजा पाठ भी करते-कराते हैं। उसके बाद कभी भगवान को याद तक नहीं

करते। और उस स्थिति का उनको बुरा भी नहीं लगता। भगवान के पास जाकर हम क्या चीज माँग रहे हैं यह बड़े महत्त्व की बात होती है।

11. ध्रुव-वंश के राजा अंग तथा वेन की कथा

ध्रुव के बदरिकाश्रम जाने के बाद उत्कल ने राज्य स्वीकार नहीं किया। वह तो बड़ा विरक्त था। इसलिए वत्सर राजा बन गया। तत्पश्चात् कुछ पीढ़ियों के बाद उस वंश में अंग नाम का राजा हुआ और सुनीथा उसकी एक पत्नी हुई (सुनीति नहीं)। उस राजा को पुत्र नहीं हो रहा था अतः वह दुःखी था। किसी प्रकार उसे एक पुत्र हुआ, जिसका नाम वेन था और वह महादुष्ट बन गया। वह ऐसा पापी दुराचारी और क्रूर था कि बच्चों को उठाकर नदी में फेंक देता था। उनका गला घोंट देता था। कहते हैं वह बाहर निकलता था तो लोग कहते थे 'वेन आ गया, वेन आ गया' और वहाँ से भाग जाते थे। पुत्र के लिए तड़पने वाले अपने पिता अंग को वेन ने बहुत कष्ट दिया। जैसे धुंधुकारी ने आत्मदेव को दिया था। राजा अंग को ऐसी विरक्ति हो गई कि अपनी पत्नी और बच्चों को छोड़कर, किसी को पता न चले इस प्रकार रात को उठकर वे घर से निकल गए। बोले- भगवान आपको धन्यवाद! आपने मुझे ऐसा पुत्र दिया कि जिसने मेरी आँखों के सामने ही तारे चमका दिये। अच्छा हुआ जो आपने ऐसा दुष्ट पुत्र दिया। अच्छा पुत्र होता तो मैं संसार में ही आसक्त रहता। अब मुझे समझ में आ गया कि यह संसार बड़ा असार रूप है। घर से निकल कर वे कहाँ गये किसी को पता नहीं चला। अब राजा अंग तो चले गए। पर उनके अभाव में राज्य में सब ओर अशान्ति, उपद्रव होने लगे। सब लोग सोचने लगे कि अब क्या करें? यह लड़का वेन तो बड़ा खराब है। लेकिन क्या करें इसी को राजा बनाकर देख लेते हैं। संभव है राजा बनने पर ठीक हो जाए। देखो, कभी-कभी घरों में भी ऐसा होता रहता है। जब लड़का कोई अनुचित कार्य करने लगता है, तो घर वाले सोचते हैं कि इसकी शादी कर दें तो ठीक हो जाएगा। या फिर इसको आश्रम में भेज दो, शायद वहाँ ठीक हो जाएगा। बोले, इसके राजा बना देते हैं, उत्तरदायित्व के कारण संभव है ठीक हो जाए। तो वेन राजा बन गया। उसके भय से वहाँ के सारे डाकू भाग गये। बोले यह राजा इतना दुष्ट है, कि हमको भी मार डालेगा। डाकू तो भाग गए लेकिन वेन स्वयं ही लोगों को सताने लगा। ऋषियों ने सोचा हमने इसे राजा बनाया है, तो अब इसको समझाना भी हमारा ही कर्तव्य बनता है। तब वे जाकर उसे समझाने लगे कि उसका कर्तव्य क्या है। परन्तु वह तो उन्हीं को डाँटने लगा कि आप किसकी बात करते हो? मैं यहाँ का राजा हूँ और राजा ही भगवान होता है। और मुझे कहते हो कि किसी और की पूजा करूँ? उन्होंने देखा कि यह अत्यंत दुष्ट हो गया है।

अब हमारा कर्तव्य है कि प्रजा को इस दुःख से छुड़ाएँ। सच्चे सन्यासी हो कर यदि हम प्रजा का दुःख इसी प्रकार देखते रहे, तो हमें पाप लगेगा। वैसे (सीधे)

राजनीति में जाने की हमारी कोई इच्छा नहीं है और न ही वह हमारा धर्म है। लेकिन सब लोग दुःखी हो रहे हों, उसे देखते रहना भी हमारा धर्म नहीं है। ऋषियों की क्रोधभरी एक हुंकार से ही वह राजा वेन मर गया। उसका कोई पुत्र नहीं था। ऋषि क्रोधित हो कर वहाँ से निकल गये। उसकी माँ बड़ी चतुर थीं। उसने अपने पुत्र के देह को सम्हालकर रख दिया। अब जैसे ही दुष्टों को पता लगा कि वेन मर गया है तो बस, वे सारे डाकू आकर फिर उत्पात मचाने लगे। ऋषियों ने कहा यह तो बड़ी गड़बड़ बात हो गयी, एक समस्या को ठीक करने गये, तो दूसरी उत्पन्न हो गइ।। अब तो राज्य में अराजकता फैल गयी है। वे सोचने लगे कि अब क्या करें? तब उन्हें पता लगा कि उसका (वेन का) देह अभी तक सम्हालकर रखा हुआ है। देखो, उन ऋषियों में बड़ी विलक्षण शक्तियाँ थीं। उन्होंने सोचा अब इस देह का मन्थन करते हैं। अरे भाई, देखो अपने इस जीवित शरीर में भी जो मंथन होता है, उसी के फलस्वरूप वीर्य बनता है। हम जो भोजन करते हैं, उससे रक्त बनता है, रक्त से जो वीर्य बनता है वह मंथन करके ही बनता है न? जैसे दूध है, दूध से दही बनाते हैं, उस दही का फिर मंथन करते हैं तब उसमें से मक्खन निकलता है। तो बोले, यह तो मरी हुई चीज है, वास्तव में वहाँ कोई है ही नहीं। लेकिन देखो, जिसको हम मरा हुआ देह कहते हैं उसमें से भी कितने जीव-जन्तु प्रकट होते रहते हैं। तो अपनी विलक्षण शक्तियों का प्रयोग करके जब ऋषियों ने उसकी जांघ का मन्थन किया, तब उससे 'काककृष्ण' कौए जैसा काला, 'अतिहृस्वः' छोटा सा 'हृस्वबाहुः छोटे-छोटे हाथ वाला, बड़ी ठोड़ी वाला, 'रक्ताक्षः' लाल-लाल आँखों वाला पुरुष उत्पन्न हुआ। उसके बाल तांबे के रंग के थे। उसने कहा 'किं करोमि' - मैं क्या करूँ? ऋषियों ने सोचा यह कहाँ से आ गया? वे बोले 'निषीद' बैठ जा, तू कुछ मत करना। तो वह बैठ गया। फिर उन्होंने उससे कहा यहाँ से निकल जा। तो वह निकल गया। वही फिर निषाद जाति बन गयी।

12. पृथु-चरित्र

ऋषियों को लगा यह तो जंगल में रहने वाली जाति है। इससे काम नहीं बनेगा। हमें तो राजा को बनाना है- बाहु-भुजा, क्षत्रिय की निशानी है। इसलिए अब भुजाओं का मंथन किया गया। तपोबल, मन्त्रबल और शक्ति-योग के द्वारा उसमें से एक सुन्दर पुरुष और स्त्री की जोड़ी निकल पड़ी। उनके हाथों में और पैरों में भगवान विष्णु के तथा लक्ष्मी जी के चिह्न दिखाई दे रहे थे। सारे देवतागण उनके ऊपर पुष्प वृष्टि करने लगे। बोले- यह तो भगवान का अवतार है। वह सुन्दर पुरुष पृथु हैं और लक्ष्मी देवी ही वह स्त्री अर्चि हैं। विलक्षण तेज संपन्न हैं। कुबेर भगवान उनको एक सोने का सिंहासन बनाकर देते हैं। राज्याभिषेक में जिन-जिन चीजों की आवश्यकता होती है उन सब को सारे देवता गण ले आते हैं। इन्द्र देव ने किरीट, वायु देवता ने चँवर, यमराज ने दण्ड, लक्ष्मी ने सम्पत्ति, तो श्री हरि ने अपना

सुदर्शन चक्र लाकर दिया। इसी प्रकार अन्य सभी देवता अपने-अपने उपहार लाकर देते हैं। और फिर पृथु का राज्याभिषेक होता है।

जब पृथु राजा बने तो उस समय किसी को खाने के लिए अन्न भी नहीं मिल रहा था। लोग राज पृथु के पास आये और आकर कहने लगे- आपको जो बड़े-बड़े कार्य करने हों वे सब आप बाद में करें। पहले तो आप हमें खाने का अन्न दें। भूख-प्यास से हम लोग मरे जा रहे हैं। राजा पथु ने उनसे पूछा- फसल नहीं होती क्या? क्या बात है, ऐसा कहते हुए अपना धनुष-बाण उठाकर वे चल पड़े। क्योंकि उनकी समझ में आ गया कि पृथ्वी ने अपना रस खींच लिया है। उनको धनुष-बाण लेकर आते देखा तो पृथ्वी गाय का रूप लेकर भागने लगी। राजा पृथु भी उसके पीछे-पीछे दौड़ पड़े। कहने लगे- कहाँ जा रही हो। "अब वह घबरा कर उनकी शरण में आ गई"। कहने लगीं- मैं तो आपकी दासी हूँ। आप मुझे ही मारने लगे? मैं तो स्त्री हूँ। वे बोले- जो दूसरों को दुःख देता है, वह चाहे स्त्री हो या पुरुष उसे दण्ड मिलना ही चाहिए। तुम्हारा नाम है 'धरा'। धरा, वसुंधरा, वसुधा। ये सारे-के-सारे नाम तुमको किस लिए दिये गए हैं? सबको धारण करने वाली हो इसीलिए। वहाँ प्रजा मर रही है। किसी को अन्न नहीं मिल रहा। तो पृथ्वी माता ने कहा- ये लोग बड़े पापी हो गये हैं इसलिए मैंने सारा रस खींच लिया। जैसे गाय का बछड़ा हो, तो उसके लिए वह दूध देती है। ऐसे ही मेरे लिए भी कोई बछड़ा ले आए, तो मैं फिर से सब कुछ देना प्रारम्भ कर दूँगी। तब राजा पृथु ने स्वायम्भुव मनु का स्मरण किया। राजा मनु उनके (पृथ्वी माता के) वत्स हैं। अब पृथ्वी माता ने धन-धान्य आदि जितना कुछ छिपा लिया था, सब-का-सब प्रकट कर दिया। यहाँ बड़ा सुन्दर वर्णन है- देवताओं ने, पितरों ने, ऋषियें ने, सबने अपने-अपने काम की चीज पृथ्वी से प्राप्त कर ली। जहाँ कहीं पृथ्वी उबड़-खाबड़ थी, उसको भी राजा पृथु ने समतल कर दिया। कहते हैं, कि राजा पृथु के पूर्व नगर, ग्राम आदि की व्यवस्था नहीं थी। राजा पृथु ने पहली बार ग्राम, नगर आदि सब अलग-अलग बसाये। उनमें अलग-अलग कस्बे बनाये गये, जिनमें लोग अपनी वृत्ति के अनुसार रह सकें। पहले सारे लोग चाहे जहाँ रहा करते थे। लेकिन अब राजा पृथु ने सब व्यवस्थित कर दिया।

13. राजा पृथु के यज्ञ में भगवान का प्राकट्य

अब राज्य में संपत्ति भी हो गयी। राजा पृथु ने एक के बाद एक, ऐसे अनेक अश्वमेघ यज्ञ किए। उनके निन्यानबे यज्ञ पूरे हो गए थे और अब सौवाँ यज्ञ चल रहा था। इन्द्र देवता को डर लगने लगा कि इनके सौ यज्ञ पूरे हो गए तो मेरा पद चला जाएगा, यद्यपि राजा पृथु इन्द्र पद के लिए यज्ञ नहीं कर रहे थे। देखो, कोई कितने ही ऊँचे पद पर क्यों न चला जाए, लेकिन यदि उसे भय लगता हो, तो काम-क्रोध भी आ ही जाते हैं और तब वह उस पद से नीचे गिर जाता है। इसी बात को यहाँ दर्शाया गया है। अब इन्द्र ने यज्ञ का घोड़ा चुरा लिया। तब परमात्मा

स्वंय भगवान वहाँ पर प्रकट हुए। तो बताओ उसका यज्ञ क्या अधूरा रहा? वह तो सच में पूरा हो गया, सफल हो गया। इतना ही नहीं, इन्द्र को भगवान स्वयं पकड़कर ले आये। दोनों ने एक दूसरे से हाथ मिलाया।

अब देखो राजा पृथु ने भगवान से क्या माँगा? कहते हैं, "भगवान मुझे और कोई बड़ी चीज नहीं चाहिये। मुझे आप एक करोड़ कान दे दीजिये। एक करोड़ कान को कहाँ लगाओगे? एक करोड़ कान क्यों चाहिए? बोले, ये दो कान आपका यश सुनने के लिए मुझे पर्याप्त नहीं लगते। मुझे लगता है, मैं आपका यश निरंतर सुनता रहूँ। माने, एक करोड़ कानों की जो शक्ति है, वह मेरे दो कानों में आ कर समा जाए। (नहीं तो एक करोड़ कान कहाँ-कहाँ लगाए जाएँ, इस प्रकार से नहीं।) इस प्रकार की माँग से यही प्रकट होता है कि श्रवण में उनकी कितनी अधिक भक्ति है। तब भगवान ने कहा- मैं ही भक्ति रस हूँ। जाओ अब तुम्हें वरदान प्राप्त है। तुम्हारी भक्ति मुझमें इसी प्रकार से बनी रहेगी। अब तुम अच्छी तरह से राज्य करते रहो। राजा पृथु का यज्ञ अधूरा होते हुए भी पूर्ण हुआ। पृथु के जैसा राजा कोई दूसरा हुआ नहीं, ऐसा बताया जाता है। अपने राज्य में उन्होंने ऐसी व्यवस्था कर रखी थी कि कोई कहीं पर भी जाए, तो उसे भगवान की ही याद आये। ऐसे चिह्न अथवा प्रतीक उन्होंने सभी जगहों पर लगा रखे थे। कहीं पर भी ऐसी कोई चीज नहीं थी कि जिसे देखकर मन में विकार उत्पन्न होने लग जायें। जैसे कि आजकल दिखाई देते हैं। नेताओ के पोस्टर, महाभयंकर पोस्टर्स! और वे एकदम सामने ही लगे रहते हैं। उन्हें देखकर मन में काम-क्रोध आदि नाना विकार जागते रहते हैं। बाहर ही नहीं, लोग इन्हें अपने घरों में भी लगाकर रखते हैं। राजा पृथु का राज्य कितना सुन्दर था, उसका यहाँ बड़ा हु सुन्दर वर्णन किया गया है।

14. राजा पृथु का प्रजा को उपदेश

एक बार राजा पृथु ने सभा में सब लोगों को बुलाया और कहा- देखो, राजा का यह कर्तव्य होता है कि वह प्रजा को अपनी नीतियों से परिचित कराए। जैसे हमारे यहाँ राष्ट्र के लिए सन्देश होते हैं, प्रधानमंत्री या राष्ट्रपति राष्ट्र के लिए सन्देश प्रसारित करते हैं, पन्द्रह अगस्त व छब्बीस जनवरी को। यहाँ पर राजा ने सभा बुलायी और कहा- आप सब लोग यहाँ आये हैं। अब मैं आप सब को यह बताने जा रहा हूँ कि मैं कौन सी नीति पर चल रहा हूँ, मेरा अर्थात् राजा का, क्या कर्तव्य होता है, और मैं उसे किस प्रकार निभा रहा हूँ। फिर यह भी बताऊँगा कि प्रजा का यानी आप सब का क्या कर्तव्य होता है। यह बताना भी मेरा कर्तव्य बनता है। यदि प्रजा को मालूम ही न हो कि राजा हम से क्या अपेक्षा रखता है, तो बात नहीं बनती। आजकल सब ऐसा ही चल रहा है। अपनी सरकार में किसी को पता ही नहीं चलता कि करना क्या है? अतः कोई भी निर्णय लेने या कुछ करने के लिए तैयार ही नहीं होता।

अहं दण्डधरो राजा प्रजानामिह योजितः।

राजा के चार मुख्य काम होते हैं। एक तो 'रक्षिता'- यानी राजा का पहला काम यह है कि सबकी सुरक्षा की व्यवस्था करे, उसके लिये नियम, कानून भी बनाए। दूसरा काम है 'वृत्तिदः'- रोजगार देना, और तीसरा- 'स्वेषु-सेतुषु स्थापिता पृथक' सब लोग अपनी-अपनी धर्म-मर्यादा, अपने-अपने काम में निष्ठा-पूर्वक लगे रहें यह देखना। चौथा- जो लोग काम नहीं करते उनको दण्ड देना और जो अपना काम ठीक तरह से करते हैं उन्हें किसी-न-किसी प्रकार से प्रोत्साहित करना। ये सब राजा के मुख्य कार्य होते हैं। मैं इन कार्यों को कर रहा हूँ। जो राजा प्रजा से केवल कर वसूल करता है लेकिन धर्म शिक्षा नहीं देता वह राजा प्रजा के पाप ग्रहण करता है। आगे यह बताना प्रारंभ करते हैं कि प्रजा को क्या करना चाहिए। इसी संदर्भ में कहते हैं कि पहले एक बात समझ लो। मैं भले ही यहाँ पर राजा हूँ, लेकिन मुझे राजा किसने बनाया? बोले, यज्ञ नाम की एक संस्था है जिसको हम परमात्मा कहते हैं उसी ने राजा को बनाया। हम सब उसी के अधीन हैं।

15. राजा पृथु को सनत्कुमारों का उपदेश

एक दिन की बात है, इनकी सभा में सनत्कुमार अपने आप आ पहुँचते हैं। अब देखिये, इनका यज्ञ कैसा हुआ- पृथ्वी माता ने सारा वैभव दे दिया। सारे लोगों की कामनाएँ पूर्ण हो गयीं। इस प्रकार इनका यज्ञ अधूरा होते हुए भी पूरा हो गया, क्योंकि साक्षात् भगवान वहाँ पर आ गये। भगवान के बाद अब भक्त आ रहे हैं। सभा में सनत्कुमारों को आते देखकर राजा पृथु अत्यन्त प्रसन्न हुए। कहते हैं- आप हम लोगों के लिए श्रेय का मार्ग बताइये। यह सुन कर सनत्कुमार प्रसन्न होते हैं और कहते हैं-

संगमः खलु साधूनामुभयेषां च सम्मतः।
यत्सम्भाषणसम्प्रश्नः सर्वेषां वितनोति शम।।

यहाँ सनत्कुमार ने उसी ज्ञान का उपदेश दिया है जिसे हम प्रारंभ से देखते आ रहे हैं। उसमें यही बात बतायी गई है कि अपने धर्म का पालन करें, उससे विषयों से वैराग्य उत्पन्न होगा। तब साधुओं की सेवा करें, और उनसे ज्ञान प्राप्त करें, उनसे कथा सुनें। तब कथा में रुचि उत्पन्न होगी, भक्ति उत्पन्न होगी।

इस प्रकार अपने जीवन में भगवान की भक्ति को बढ़ाते चलें। यही उपदेश यहाँ पर सनत्कुमार राजा पृथु तथा अन्य लोगों को देते हैं। सनत्कुमार से जब राजा पृथु ने ऐसे ज्ञान और भक्ति का उपदेश सुना, तो वे कहते हैं- महाराज, आपने हमारे ऊपर बहुत ही अनुग्रह किया है। एक बात राजा पृथु ने यहाँ बहुत ही अच्छी कही। मैंने अपना सब कुछ आपके चरणों में अर्पित कर दिया है। मेरे शरीर, प्राण,

घर, परिवार, मेरे जितने नाते-रिश्तेवाले हैं, जितना भी मेरा सैन्य है, धन-धान्य है वह सब आपके चरणों में समर्पित है। यह श्लोक बड़ा प्रसिद्ध है। इसे पन्चदशीकार ने भी अपने पन्चदशी में उद्धृत किया है-

सैनापत्यं च राज्यं च दण्डनेतृत्वमेव च।
सर्वलोकाधिपत्यं च वेदशास्त्रविदर्हति।।

जो वेद-शास्त्र के अर्थ को जानता हो वास्तव में वही सेना, धन का खजाना और राज्य का नेतृत्व करने की शक्ति रखता है। तो देखो, कभी ऐसा नहीं सोचना कि ज्ञानी महात्मा को पैसा क्यों दें? पैसा लेकर वह क्या करेगा? वास्तव में पैसा लेने का अधिकारी तो विरक्त ज्ञानी ही है। क्योंकि विरक्त ज्ञानी ही ठीक तरह से पैसे खर्च कर सकता है। एक कथा प्रसिद्ध है। स्वामी रामदास जी छत्रपति शिवाजी के पास भिक्षा के लिए गये। छत्रपति शिवाजी की समझ में ही नहीं आया कि मैं गुरु जी को भिक्षा में क्या दूँ। तो उन्होंने अपना पूरा राज्य ही एक कागज पर लिखकर उनकी झोली में डाल दिया कि यह समग्र राज्य आपका है। अब यहाँ, ऐसा नहीं सोचना चाहिए कि ये साधु क्या राज्य करेंगे। साधु राज्य कर सकता है। वह चाहे जिस काम को कर सकता है। वास्तव में राज्य करने का अधिकार उसी का है। रामदास स्वामी ने उसको स्वीकार भी किया, बोले यह राज्य अब मेरा है। मेरी ओर से तुम राज्य करों इसीलिए तो (विरक्त ज्ञानी) भगवा ध्वज वहाँ पर आ गया। देखो, आज भारत में विरक्त ज्ञानी का राज्य आ जाए तो भारत की स्थिति अच्छी हो जायेगी।

इसके पश्चात् राजा पृथु ने अनेक वर्षों तक बहुत ही सुन्दर रीति से राज्य किया। फिर उन्हें भी सब चीजों से वैराग्य हो गया। देखो, भागवत की आखिरी चोट वैराग्य पर आती है। पहले हमने देखा कि 'धर्म' भी भक्ति में बदला, और 'अर्थ' भी भक्ति में परिणत हुआ। अब यहाँ पर, काम पुरुषार्थ की बात थी। राजा पृथु को सब प्रकार का वैभव प्राप्त हुआ। परन्तु अन्ततः उसकी समाप्ति किसमें हुई? निष्काम भक्ति में। राजा पृथु ने कहा- अब बहुत हो गया। नमस्ते! वे घर से निकल पड़े। देखो भक्ति माने ज्ञान। क्यों की ज्ञान के बिना भक्ति नहीं और भक्ति के बिना ज्ञान नहीं। ज्ञान के बिना भक्ति सिर्फ पांडित्य है और भक्ति के बिना ज्ञान सिर्फ अहंकार का पोषण। इसलिए भक्ति और ज्ञान एक दूसरे के पूरक है। राजा पृथु घर से निकल पड़ते हैं- ध्यान करके अपने स्वरूप में स्थित होने के लिए, ज्ञान प्राप्त करके वे अपनी देह को त्याग देते हैं। उनकी सुकुमारी पत्नी अर्चि देवी भी उनके साथ वन में गयी थीं। जब उन्होंने देखा कि राजा ने देह का त्याग कर दिया है, तो वे भी उनके साथ सती हो गईं। अब इस त्याग को देखकर सारे देवता बड़े चकित होते हैं। और अर्चिदेवी की स्तुति करते हैं। जो लोग इस दुर्लभ मनुष्य देह को प्राप्त करके विषय में रमते हैं, उनका जीवन बड़ा दयनीय है। इनका जीवन देखो, कैसा

त्याग किया, और इन्होंने कैसी श्रेष्ठ भक्ति प्राप्त कर ली। एक ओर ऐसे लोग हैं, तो दूसरी ओर विषयासक्त लोग भी हैं।

इसी के साथ यहाँ पृथु का चरित्र भी समाप्त होता है। आगे पृथु के वंश का वर्णन करते हुए कहते हैं कि पृथु के वंश में एक बर्हिषद् नाम के बड़े राजा हुए। वे बड़े कर्मकाण्डी थे। उनको यज्ञ-याग आदि करने का बड़ा शौक था। यहाँ मैत्रेय ऋषि कहते हैं उन्होंने इतने यज्ञ किये थे कि उसके लिए जितनी कुशा लगती थी उसे फैलाया जाए तो उसे सारी पृथ्वी भर जाए, इतने यज्ञ किये थे। इसलिये सब लोग उनको प्राचीनबर्हि नाम से जानते थे।

16. प्रचेताओं को भगवान शंकर का उपदेश

प्राचीनबर्हि के दस लड़के थे। वे सब-के-सब एक जैसे स्वभाव के थे। उनमें आपस में इतना प्यार था कि कुछ पूछो नहीं। अतः उन सबका नाम भी एक ही हुआ- प्रचेता। प्रचेता-1, प्रचेता-2 .... इस प्रकार। वे सब बड़े भगवद्भक्त थे- कर्मकाण्डी नहीं थे। राजा प्राचीनबर्हि ने जब उनसे सन्तान उत्पन्न करने के लिए कहा तब उनकी आज्ञा मानकर वे सब (सारे प्रचेतागण) पहले तपस्या करने के लिए पश्चिम दिशा में समुद्र की ओर निकल पड़े, और चलते-चलते नारायण सरोवर जा पहुँचे। अभी वे सब उस सरावेर के सौन्दर्य को देखकर आश्चर्यचकित हो ही रहे थे कि इतने में भगवान रुद्र स्वयं उनके सामने प्रकट हो गए। और उन्होंने प्रचेताओं को भक्ति का उपदेश दिया। भगवान की आराधना किस प्रकार की जाये इसके लिये एक सुदीर्घ स्त्रोत भी बता दिया और ध्यान की विधि भी समझाई। देखो, उनका आपस में जो प्यार था उसी को देखकर भगवान उन पर बड़े प्रसन्न थे। उनका आपस में इतना प्यार था कि वे सब तपस्या करने के लिए भी एक साथ ही निकल पड़े थे। अब शंकर भगवान के उपदेशानुसार ये प्रचेतागण भक्ति में लग गए परन्तु प्राचीनबर्हि तो कर्मकाण्डी थे। नारदजी को उन पर दया आ गई। नारदजी अहैतुकी दया करने वाले हैं। बोले, यह कर्मकाण्डी है, कर्म, कर्म करता रहता है (workaholic)। यज्ञ कुण्ड से जो धुआँ निकलता है वह केवल इसकी आँखों में ही नहीं बुद्धि में भी भर गया है, जिससे इसकी बुद्धि भी धूमिल हो गई है। और अपने यज्ञों में यह कितने ही पशुओं की बलि चढ़ाता जा रहा है। महा भयंकर काम करता रहता है। इसके लड़के तो भक्त हो गए, परन्तु यह ज्यों-का-त्यों ऐसा ही रह जाएगा तो ठीक नहीं होगा। तो वे आ गए प्राचीनबर्हि के पास 'नारायण-नारायण' करते हुए। बोले- अरे राजन, तुम्हें मालूम है कि दुःख की हानि कैसे होती है? क्या इससे तुम सुखी हो गए? राजा कहने लगा, "नहीं भगवन, मुझे मालूम नहीं है। घर में रहते-रहते पुत्र-धन और कर्म में मैं ऐसा फँस गया कि मैंने कुछ सोचा ही नहीं। मुझे कुछ मालूम नहीं। अब आप दया करके मुझे बताइये। देखिये भले ही प्राचीनबर्हि कर्मकांडी था, ज्ञान-भक्ति से उसका कोई नाता नहीं था लेकिन एक बात थी वो ये जानता था

और मानता भी था कि ये सब करने से भीउसके जीवन में सुख नहीं है। इसलिए उसने ये स्वीकार किया कि मुझे कुछ भी मालूम नहीं है। ये मानना भी बहुत बड़ी बात है। आजकल तो कोई मानने को भी तैयार नहीं कि उसे कुछ नहीं पता। सब अपने कि ज्ञानी समझते है, चाहे पता कुछ भी न हो। ऐसे आदमी को मूढ़ कहा जाता है। जो जानता तो कुछ नहीं लेकिन ये मनाता है कि वो सब कुछ जनता है, जो बस अपने झूठे अंहकार में जीता है। ऐसे आदमी को कभी कोई ज्ञान नहीं हो सकता क्यों कि वो भ्रम में जी रहा है।

17. पुरञ्जनोपाख्यान

तब नारदजी उसे एक कथा सुनाते हैं। 'पुरन्जन आख्यान' नामक यह एक रूपक। पुरन्जन नाम का एक राजा था। उसका एक मित्र था 'अविज्ञात', जिसका नाम किसी को मालूम नहीं था। यह पुरन्जन राजा नगरी बनाने के लिए सारी पृथ्वी में घूमता है। तब उसको एक नौ द्वार वाली नगरी दिखाई देती है। उसी समय वहाँ एक सुन्दर स्त्री भी आती है, अपनी दस सखियों के साथ। साथ ही पाँच सिरों वाला एक सर्प उसकी रक्षा करता आ रहा है। पुरन्जन उसे देखकर उस पर मोहित हो जाता है। और उससे पूछता है कि तुम कौन हो? यहाँ क्यों आई हो? किसकी कन्या हो? वह कहती है- यह सब न मैं जानती हूँ, न ही इन बातों का कोई प्रयोजन है। आओ मेरे साथ गृहस्थाश्रम का सुख भोगो। वह उसकी बात मान लेता है। दोनों बड़े आराम से साथ-साथ रहने लगते हैं। साथ रहते-रहते पुरन्जन उस में इतना आसक्त हो जाता है कि जब वह गाती है तो यह भी गाने लगता है, वह रोती है तो यह भी रोने लगता है, वह बैठती है तो यह भी बैठता है, और वह सोती है तो यह भी सो जाता है। वह शराब पीती है तो यह भी शराब पीता है, वह दौड़ती है तो यह भी दौड़ता है। इस प्रकार वह उस स्त्री में इतना आसक्त हो गया कि उसके हाथ का 'क्रीड़ामृग', खिलौना हो गया। यद्यपि वह बाहर से बड़ा शूरवीर बनता था। जंगल में जाता और बहुत सारे पशुओं को मारता। परन्तु घर लौटने पर जब उसे पता चलता कि उसकी पत्नी नाराज है तो काँपने लगता, रोने लगता। उससे कहता, "प्रिये क्या तुम मुझसे नाराज हो?" उसे मनाने लगता कि मैं तुमको क्या दूँ। उसको प्रसन्न करने का हर संभव प्रयास करता और जब वह हँसने लगती तो यह भी प्रसन्न हो कर हँसने लगता।

इस प्रकार रहते-रहते वह बूढ़ा हो गया। चण्डवेग नामक गन्धर्व राजा ने अपनी सेना के साथ उस नगरी पर आक्रमण कर दिया। उसकी नगरी जलने लगी। तब वह सोचता है- मेरी पत्नी का क्या होगा? तब तक उसकी पत्नी जलकर खत्म हो जाती है और वह स्वयं भी खत्म हो जाता है। तो यह पुरन्जन भी मृत्यु को प्राप्त हो गया। स्त्री में आसक्त होने के कारण पुरन्जन स्त्री बन गया। पाण्ड्य देश के राजा मलयध्वज के साथ उसका विवाह हुआ। वे राजा तो बड़े भगवदभक्त थे। जब

उनकी सन्तानें बड़ी हो गईं तो उनको अपनी सम्पत्ति बाँट कर वे अपनी पत्नी के साथ तप करने के लिए वन में चल दिए। वहाँ वे भगवद भजन में लग गए। उन्हें तत्त्वज्ञान प्राप्त हो गया। और वे पूर्णतः उपरत हो गए। उनकी पत्नी जो पूर्वजन्म में पुरन्जन थी उसे पहले तो पता ही नहीं चला कि उसके पति ने शरीर छोड़ दिया है। जब पता लगा तो वह रोने लगी, तब उसका जो 'अविज्ञात' नाम का मित्र था वह वहाँ पहुँचकर उसे समझाने लगा कि देखो यह पुरुष कौन है जिसके लिए रोते हो? तुम मुझे पहचानते हो? हम दोनों साथ-साथ निकले थे। परन्तु तुम तो एक स्त्री को देखकर मुग्ध हो गये। और तुमने मुझे भुला दिया। वास्तव में न तुम स्त्री हो न पुरुष। तुम तो शुद्ध चौतन्य स्वरूप हो। इस प्रकार अविज्ञात ने पुरन्जन (जो अब स्त्री बना हुआ है) को अपने स्वरूप की याद दिलायी। उसका सारा दुःख दूर हो गया। प्राचीनबर्हि कहता है- महाराज, आपने जो यह कहानी सुनायी उसका अर्थ मुझे कुछ ज्यादा समझ में नहीं आया। कर्म में ही रत होने के कारण मेरी बुद्धि गड़बड़ा गयी है। अतः इसका तात्पर्य आप मुझे समझा कर बताइये।

18. पुरञ्जनोपाख्यान का तात्पर्य

तो नारद जी ने कहा कि पुरन्जन रूपी जीव तुम स्वयं हो। भगवान ही 'अविज्ञात मित्र हैं। नवद्वार की नगरी यह शरीर है। स्त्री तुम्हारी बुद्धि है। जीव का जब बुद्धि के साथ तादात्म्य हो जाता है, तो बुद्धि खुश हुई कि जीव (हम) भी खुश, और बुद्धि दुःखी तो हम भी दुःखी। अर्थात मन में जैसी वृत्ति आती है, हम स्वयं वैसे बन जाते हैं, और फिर वैसा ही करने भी लग जाते हैं। जैसे, राग की वृत्ति आयी तो रागी बन गए, काम की वृत्ति आयी तो कामी और क्रोध की वृत्ति आयी तो क्रोधी बन गए। और देखो, वह चण्डवेग तथा उसकी सेना ये सब कौन हैं? काल ही वह चण्डवेग है, और वृद्धावस्था, ज्वर, ताप आदि सब उसकी सेना है। ये सब हमारे शरीर पर आक्रमण करते हैं। तब हम दुःखी होते रहते हैं, क्या करें? अन्ततः देह का त्याग भी करना पड़ता है। फिर जैसे हमारे संस्कार होते हैं, जिसमें हमारी आसक्ति होती है उसी के अनुरूप हम पुनः जन्म लेते हैं। लेकिन देखो, वास्तव में न तो तुम यह देह हो, न जीव, न ही बुद्धि। तुम तो सच्चिदानन्द स्वरूप हो। इस प्रकार नारदजी ने उसको समझाया। सुनकर प्राचीनबर्हि की आँखें खुल गयीं। (सब धुआँ निकल गया) वे बोले- महाराज, आपने तो मुझे मुक्त ही कर दिया। दो मिनट में ही मुक्त कर दिया। अब मैं इन्हीं बातों का ध्यान करूँगा। "ऐसा कह कर वह जंगल में चला गया। देखो, वह इतना चिन्ता-मुक्त हो गया। यह नहीं सोचा कि मेरे दस पुत्र तो जंगल में चले गये हैं। अब मैं भी चला जाऊँ तो राज्य कैसे चलेगा? बस! चल दिए तो चल दिये, बात वहीं समाप्त हो गई। इसके बाद क्या होगा, उसकी चिन्ता करने की आवश्यकता नहीं। ऐसा सोचकर वे तो निकल गये

और भगवान की भक्ति में उन्होंने अपने मन को इस प्रकार से लगा दिया कि उनकी मुक्ति हो गयी।

इस चतुर्थ स्कन्ध में धर्म-अर्थ-काम-मोक्ष चारो पुरूषार्थी का सम्यक वर्णन किया गया। धर्म का वर्णन करते समय दक्ष प्रजापति यज्ञ की कथा कही गयी। अर्थ का वर्णन करते समय भक्त धुर की कथा, काम के वर्णन के लिए राजा पृथु का वर्णन एवं मोक्ष के संदर्भ में नारद जी के द्वारा प्राचीन वर्हि को सुनाये गये पुरञ्जन उपख्यान का वर्णन किया गया। दरअसल देखा जाय तो धर्म अर्थ काम मोक्ष का सही क्रम (Sequence) अर्थ→काम→धर्म→मोक्ष होना चाहिए। आज तक जितनी भी सभ्यताएं धरती पर हुई है, उनमें से केवल भारतीय सनातन सभ्यता ही है जो मोक्ष का वर्णन करती है। बाकी सभी सभ्यताएं या तो केवल अर्थ या फिर अर्थ और फिर काम तक आ कर रूक गयी। कुछ सभ्यताओ ने अर्थ→काम के बाद धर्म को छुआ, जो सभ्यताये धर्म पर आकर रूकी उन्होने धर्म का परिणाम स्वर्ग-नरक तक ला कर समाप्त कर दिया, लेकिन भारतीय मनीषियो ने मोक्ष जैसे असाधारण तथ्य को मनुष्य जीवन का लक्ष्य बनाया। मोक्ष का मतलब स्वर्ग प्राप्ति नही है। मोक्ष का अर्थ है स्वर्ग-नरक के पार चले जाना। जन्म-मृत्यु के पार चले जाना, सुख-दुख का अतिक्रमण कर देना। अर्थ या पैसा बिलकुल ही जड़ वस्तु है, उसमे जीवन की बिलकुल भी झलक नही है। जिस मनुष्य का जीवन केवल धन, पद तथा आर्थिक उन्नति मे लगा है। उसका जीवीत होना, न जीवित होने जैसा ही है। वो पैसे जैसा ही जड़ है। उसने जीवन का उपयोग किया ही नही उससे बेहतर तो वो है जो जीवन को काम वासना पूर्ति के लिए लगा रहा है। कम से कम उसके जीवन में कुछ तो है जो जीवन्त है। वो आज नही तो कल धर्म की ओर अग्रसर हो सकता है। उसके जीवन में काम वासना, प्रेम मे रूपान्तरित हो सकती है, और प्रेम धर्म का आधार है। धर्म, जीवन का एक अधभूत आयाम है। परन्तु ये जीवन का सर्वोच्च या अन्तिम आयाम नही है। अन्तिम आयाम या लक्ष्य तो केवल मोक्ष ही हो सकता है। क्योकि धर्म मे भी कामना तो बची ही रहती है। स्वर्ग की कामना, सुख की कामना, मोक्ष; इस कामना के भी अतिक्रमण का नाम है। सभी बन्धनो से मुक्ति का नाम मोक्ष है। मोक्ष, कुछ प्राप्ति का नाम नही बल्कि सबकुछ पाकर जो प्राप्त हो, जिसको पाकर कुछ और पाना शेष न रह जाय वो मोक्ष है, और वही मनुष्य जीवन का अन्तिम और आत्यन्तिक उद्देश्य है।

—ॐ—ॐ—ॐ—

अध्याय-6

पञ्चम स्कन्ध

ये सम्पूर्ण विश्व, विश्व-विद्यालय है

अब पाँचवें स्कन्ध में 'स्थान' का वर्णन है। विदुरजी ने मैत्रेय ऋषि से कई प्रश्न पूछे थे, जिनमें भूगोल-खगोल आदि की स्थिति के बारे में भी प्रश्न था। उन सबका वर्णन अभी मैत्रेय ऋषि ने किया भी नहीं था, परन्तु विदुरजी ने कहा- महाराज, नमस्कार! अब मुझे और कुछ सुनने की आवश्यकता नहीं है। देखो, इन्होंने प्रश्न तो बहुत सारे पूछे थे, लेकिन धर्म-अर्थ-काम-मोक्ष का उन्होंने जो वर्णन सुना, प्रचेताओं की मुक्ति का वर्णन सुना, तो उसी से विदुरजी के मन में इतनी भगवद्भक्ति प्रकट हो गयी कि वे बोल पड़े- अब आगे क्या सुनना है? यह सब जितना है, जो है, शब्द मात्र है। उनकी ऐसी स्थिति को देख कर मैत्रेय ऋषि प्रसन्न हो गये। बोले - यह तो कृतार्थ हो गया, इसको प्रेम रस प्राप्त हो गया। अब इसे और कुछ सुनने का क्या प्रयोजन हो सकता है। जब तक किसी ने चीनी नहीं चखी हो, तब तक तो उसको चीनी क्या होती है, कैसी होती है इन सबके वर्णन की आवश्यकता है। जब उसने शक्कर को चख लिया, तब भी यदि उसे कोई सुनाता रहे तो वह कहेगा बस, अब मुझे उसका स्वाद मालूम है, अब वर्णन करने की कोई आवश्यकता नहीं।

1. प्रियव्रत-चरित्र

विदुरजी तो नमस्कार करके चले गए। लेकिन परीक्षित अभी बैठे हैं। परीक्षित ने कहा- महाराज, आपने राजा मनु की कन्याओं के बारे में बताया। उत्तानपाद के बारे में बताया, अब प्रियव्रत के बारे में बताइये। राजा प्रियव्रत बड़ा ही महाभागवत था। उसे तो संसार से या गृहस्थाश्रम से जरा भी प्रेम नहीं था। परन्तु ब्रह्माजी की आज्ञा से उन्होंने गृहस्थाश्रम का पालन किया। उनके दस पुत्र हुए- आग्नीध्र, इध्मजिह्व, यज्ञबाहु, महावीर, हिरण्यरेता, घृतपृष्ठ, सवन, मेधातिथि, वीतिहोत्र और

कवि। जिनमें से तीन महावीर, सवन और कवि ऊर्ध्वरेता ब्रह्मचारी हो गये। अन्य सभी पुत्र कर्म क्षेत्र में लग गये। प्रियव्रत ने भगवान की भक्ति पूर्वक राज्य किया। उनका राज्य बड़ा समृद्धिशाली बन गया। एक दिन उनको लगा 'मैं कहाँ फँस गया?' ब्रह्माजी की बात मान कर मैं यहाँ पर आ गया। वे कहते थे- यहाँ गृहस्थाश्रम में भी सब साधन हो सकता है। लेकिन यहाँ तो मैं दूसरी ही चीजों में पड़ा रहा। भगवान की भक्ति जिस प्रकार से करनी चाहिए उस प्रकार से नहीं कर पाया। अब सब कुछ छोड़कर चले जाना चाहिए। इस प्रकार सोचकर प्रियव्रत को सब चीजों से वैराग्य हो गया। सब छोड़कर वह जंगल में चले गए और वहीं पर फिर से उपदेश ग्रहण करके उन्होंने अपने मन को भगवान में लगा दिया। देखो गृहस्थ, मनुष्य को नहीं बांधता। ये जो गृहस्थ जीवन के प्रति राग है, ये मनुष्य को बांधता है और राग चाहे किसी भी चीज के प्रति हो वह बंधेगा ही बंधेगा।

2.   प्रियव्रत के वंश का वर्णन

प्रियव्रत के जाने के बाद आग्नीध्र राजा बना। आग्नीध्र के नौ पुत्र हुए नाभि, किम्पुरुष, हरिवर्ष, इलावृत, रम्यक, हिरण्मय, कुरु, भद्राश्व और केतुमाल। उन नौ लड़कों में सबसे पहला था नाभि। ये जो नौ पुत्र हैं उन्हीं के नाम से नौ वर्ष कहे गए हैं। वर्ष अर्थात् स्थान। इस स्कन्ध में 'स्थान' का वर्णन किया गया है। तो सर्ग, विसर्ग के पश्चात् आता है 'स्थान'। माने, जितना भूगोल-खगोलादि है, विभिन्न ब्रह्माण्डों में जितने लोग हैं वे सब भगवान् में ही स्थित हैं। भगवान् ही उनके अधिष्ठान हैं। यही बात यहाँ पर बताने वाले हैं। आग्नीध्र का ज्येष्ठ पुत्र हुआ नाभि। नाभि का चरित्र बड़ा ऊँचा था। उनका विवाह मेरुदेवी से हुआ। नाभि की इच्छा थी कि भगवान् को ही पुत्र रूप में प्राप्त करें। उन्होंने यज्ञ किया। यज्ञपुरुष प्रसन्न हुए। सारे पुरोहित आदि उनको नमस्कार करते हैं और कहते हैं- महाराज हमारे यजमान पुत्र प्राप्त करना चाहते हैं। उन्हें आपके जैसा पुत्र चाहिए। भगवान् ने कहा- तुमने जो माँगा है वह बड़ी कठिन बात है। क्योंकि मेरे जैसा तो कोई है नहीं। अतः अब मैं स्वयं इनका पुत्र बनकर आऊँगा।

3.   ऋषभावतार

देखिए, वराह अवतार जो हुआ वह कर्मावतार था। कपिल मुनि का अवतार ज्ञानावतार था। अब यहाँ पर भगवान् ऋषभदेव का अवतार होने वाला है। इस अवतार में परम हंसों का धर्म प्रकट किया गया है। परमहंस परिव्राजकों का, संन्यासियों का धर्म बड़ा कठिन होता है। परमहंसों के उस धर्म को, उनकी चर्या को प्रकट करने वाला ऋषभावतार है। ऋषभ का अर्थ ही होता है श्रेष्ठ। अब राजा नाभि बड़े प्रसन्न हुए। कुछ ही समय बाद उनके यहाँ भगवान् आविर्भूत हुए। उनका नाम 'ऋषभ' रखा गया। ऋषभ के प्रभाव को देखकर नाभि ने सोचा कि अब मुझे सेवानिवृत्त होना

चाहिए, इतना श्रेष्ठ लड़का है, इसको राज्य सौंप देना चाहिए। तो ऋषभ देव को राजा बनाकर नाभि घर से निकल जाते हैं। अब ऋषभ देव गुरुकुल जाते हैं, गुरु की सेवा करते हैं, और ज्ञान प्राप्त करते हैं। फिर गुरु की आज्ञा से उनका विवाह होता है, इन्द्रदत्ता माने इन्द्र के द्वारा दी गयी उनकी कन्या जयन्ती के साथ। उनके सौ पुत्र हुए। जिनमें भरत ज्येष्ठ ही नहीं सबसे श्रेष्ठ भी थे। उन भरत का आख्यान आगे आने वाला है। वे ही बाद में जड़ भरत कहलाए।

भरत सबसे बड़े थे। और उनके बाद के जो नौ लड़के हुए, उनके नाम हैं कुशावर्त, इलावर्त, ब्रह्मावर्त, मलयकेतु, भद्रसेन, इन्द्रस्पृक्, विदर्भ और कीकट। इस प्रकार ये दस हुए। शेष नब्बे में से इक्यासी (81) तो कर्मकाण्डी बने, लेकिन जो शेष नौ थे वे सभी बड़े ज्ञानी पुरुष थे। इन नौ योगियों के चरित्र का वर्णन ग्यारहवें स्कन्ध में किया गया है।

4. ऋषभदेव का अपने पुत्रों को उपदेश

ऋषभदेव एक बार अपने पुत्रों को लेकर घूमते-घूमते ब्रह्मावर्त पहुँचे। वहाँ सारे ऋषियों की सभा लगी थी। वहीं पर ऋषभदेव ने अपने पुत्रों को उपदेश दिया। उसे सभी माताओं और पिताओं को सुनना चाहिए। जिससे कि उन्हें ज्ञात हो कि अपने बच्चों को किस प्रकार उपदेश दें। देखो, यहाँ पर कहते हैं-ऋषभदेव ने अपने पुत्रों को भरी सभा में उपदेश दिया, अकेले में नहीं। बड़े-बड़े महापुरुष जहाँ पर विराजमान थे, उस सभा में उपदेश दिया। इसका अर्थ क्या हुआ मालूम है? सारी सभा को भी मालूम पड़ जाए कि इनके पिता ने इन्हें क्या उपदेश दिया है। तब, यदि बाद में बेटे कुछ गड़बड़ करें तो दूसरे लोग उन से कह सकते हैं कि ऐसा करना ठीक नहीं है। तुम सब को तो तुम्हारे पिता ने जो उपदेश दिया था उसे हमने भी सुना था। यहाँ प्रारम्भ में ही बड़ी ऊँची- सर्वश्रेष्ठ सबसे बड़ी बात कही गई है।

नायं देहो देहभाजां नृलोके, कष्टान् कामानर्हते विड्भुजां ये।
तपो दिव्यं पुत्रका येन सत्त्वं, शुद्ध्येद्यस्माद् ब्रह्मसौख्यं त्वनन्तं।।

यह देह केवल भोग करने के लिए नहीं है। यह (देह) तो बाद में कीड़े-मकोड़े के लिये भक्ष्य पदार्थ बन जाता है। इसलिए जीवन में कर्म ऐसे करने चाहिए कि मन विशुद्ध हो जाये और अनन्त सुख-जो ब्रह्म सुख कहलाता है वह प्राप्त हो जाए। इस मानव देह का प्रयोजन काम सुख नहीं, ब्रह्म सुख है। और कहते हैं- महापुरुषों का संग मोक्ष का द्वार है और संसार में आसक्त कामी का संग नरक का द्वार है। मैंने सुना है, एक बार एक आदमी अपने कर्म से स्वर्ग गया, लेकिन रास्तें में उसको नरक दिखाई पड़ा। वहाँ पर खूब नाच गाना चल रहा था। उसने सोचा यह तो बड़ी रोचक (मजेदार) जगह है। लिखा तो है कि यह नरक है, लेकिन यहाँ पर सब लोग बड़े मजे से खा-पी रहें हैं। वह स्वर्ग में पहुँचा तो देखा कि वहाँ सब सुनसान

था। तब वह भगवान से कहता है- मुझे नरक भेज दीजिए। बोले- अरे! तू नरक में क्यों जाना चाहता है? तो वह बोला- वहीं अच्छा है। भगवान ने कहा- जैसी तुम्हारी इच्छा। वह आदमी जब वहाँ नरक में गया तो जाते ही अन्दर खींचकर लोगों ने उसे मारना-पीटना प्रारंभ कर दिया। वह चिल्लाने लगा। किसी ने उसकी नहीं सुनी। तब वह कहने लगा- यह क्या है? बोले- यह नरक है। नरक? पहले मैं यहाँ से स्वर्ग जा रहा था तब तो यहाँ खूब नाच-गाना चल रहा था? बोले- वह तो हमारा विज्ञापन विभाग था। तब तुम अतिथि थे, अब निवासी हो गये हो। मेहमान को तो अच्छी-अच्छी चीजें ही दिखाई जाती हैं न? देखो, आसक्त कामी पुरुषों का संग भी ऐसा ही होता है। पहले वह बड़ा अच्छा लगता है, क्योंकि वह हमें नाच आदि दिखाता है, खिलाता-पिलाता है। लेकिन एक बार हम उसके पंजे में आ गए तो बस। यह मन आदमी को बहुत नचाता रहता है। तो यहाँ कहते हैं विशेष रूप से राजा और गुरु का यह कर्तव्य बनता है कि अपने पुत्र को, शिष्य को अच्छी शिक्षा दें।

यहाँ पर उन्होंने कहा- बोले वह माँ, माँ नहीं है। वह पिता, पिता नहीं है। वह गुरु, गुरु नहीं है। वह स्वजन, स्वजन नहीं है। वह पति, पति नहीं है; जो अपने पर आश्रित व्यक्ति को संसार के बंधन से मुक्त नहीं कराता। आजकल माता-पिता अपने बच्चों को अनेक वस्तुएँ देते हैं, ऊँची शिक्षा, भिन्न-भिन्न विद्याएँ (जीवकोपार्जन की) भी देते हैं परन्तु धन का उपयोग धर्म के लिए कैसे करना चाहिए, धर्म का पालन किस प्रकार किया जाए कि वह जीवन को मोक्ष के द्वार पर खड़ा कर दे, यह नहीं सिखाते। ऐसे में यदि बच्चे बिगड़ रहे हों तो किसको दोष दिया जाए? अपने ऊपर ही दोष लेना पड़ता है। यहाँ पर स्पष्ट ही कहा है कि ऋषभदेव पूरी सभा को यह बात समझाकर बता रहें हैं। इसलिए कहते हैं, हर प्रकार से भगवान की भक्ति करनी चाहिए, भावपूर्ण होकर भक्ति करनी चाहिए। आगे कहते हैं- जो व्यक्ति मन, वचन और कर्म से प्रभु की भक्ति नहीं करता है, उसे इस संसार से छुड़ाने वाली और कोई शक्ति नहीं है। और किसी प्रकार से यह संभव नहीं है। अपने पुत्रों को (सभा में) ऐसा सुन्दर उपदेश दे कर वे स्वयं सन्यास की, परमहंस की दीक्षा ले लेते हैं। देखो, संन्यासियों में भी कुटीचक, हंस और परमहंस ऐसे उत्तरोत्तर ऊँचे-ऊँचे स्तर होते हैं। ये ऐसे परमहंस अवधूत थे कि इन्होंने अपने पुत्रों को सब के समक्ष उपदेश दे कर पिता के कर्तव्य का निर्वाह कर दिया और बस! वहीं पर सब कुछ त्याग दिया।

5. अवधूत-धर्म

तत पश्चात वे परमहंस का धर्म, उसकी चर्या प्रकट करने लिए के निकल पड़ते हैं। नग्न अवस्था है, अवधूत वेश है, बाल बिखरे हुए हैं और वे विरक्त बन कर चले जा रहे हैं। इतना ही नहीं, उन्होंने मुँह में पत्थर रख लिया था। कुछ बोलना ही नहीं है। लोग उनको समझते नहीं थे। कोई पत्थर मारता था तो कोई उनके ऊपर

गन्दगी फेंक देता था। उन्हें इससे कोई अन्तर नहीं पड़ता। एक पेड़ के नीचे पड़े रहते थे, अजगर के समान। कुछ मिला तो खा लिया नहीं तो ऐसे ही रह गए। उनका जो मल-मूत्र निकलता था उससे भी सुगंध निकलती थी। उसमें भी दुर्गंध नहीं आती थी। ऐसी नग्न और विचित्र अवस्था में भी उनके शरीर का सौन्दर्य इतना था और चेहरे पर मुस्कान ऐसी बनी रहती थी कि उस स्थिति में भी स्त्रियाँ उन पर मोहित हो जाती थीं। लेकिन इनको किसी से कोई लेना न देना, चले जा रहे हैं। ये ऋषभदेव हैं। अनेक प्रकार की सिद्धियाँ उनके सामने हाथ जोड़ कर खड़ी रहती थीं, लेकिन इन्होंने किसी भी सिद्धि को स्वीकार नहीं किया। राजा परीक्षित शुकदेवजी से प्रश्न पूछते हैं- महाराज, वे तो बड़े ही ज्ञानी स्थितप्रज्ञ थे, तब यदि वे किसी सिद्धि को स्वीकार कर भी लेते तो उनका क्या बिगड़ जाता? देखो, उनका तो कुछ नहीं बिगड़ता, लेकिन ज्ञानी पुरुष हम सबको यह सिखाते हैं कि अपने मन पर कभी भरोसा नहीं करना चाहिए।

यह मन बड़ा कुटिल कपटी होता है। जहाँ हमने इस पर भरोसा किया वहीं यह हमें चक्कर में डाल देता है। मरते समय तक इस पर भरोसा नहीं करना चाहिए। भगवान शंकराचार्य ने श्री गीता जी के भाष्य में लिखा है- "अनन्त निमित्तवान् हि कामः" इस काम के अनन्त निमित्त होते हैं। वह हमें कहाँ किस चक्कर में डाल दे इसका कोई ठिकाना नहीं, कोई भरोसा नहीं। इसलिए कहा- इस चंचल मन पर कभी विश्वास नहीं करना। विश्वास करते ही, क्षण भर में यह हमें नीचे गिरा देता है। अतः सदा सावधान, जागृत रहना चाहिए। इस प्रकार ऋषभदेव ने परमहंस की चर्या को, व्यवहार को सब के सामने प्रकट कर दिया और इसके बाद तो उन्होंने बोलना ही छोड़ दिया था। मुख में पत्थर का टुकड़ा रख लिया था। फिर एक दिन जब जंगल में पेड़ों के आपस में टकराने से जो आग लगी थी उसी में उन्होंने अपने देह को भस्म कर डाला, जिससे कि किसी को इतना भी कष्ट न उठाना पड़े कि इनके देह को जला दें, गाड़ दें या नदी में बहा दें। परमहंस ऋषभदेव का यह अवतार बड़ा ही श्रेष्ठ अवतार है। श्रद्धापूर्वक जो इसका श्रवण करते हैं और जो इस पर मनन करते हैं उन दोनों को ही भगवान वासुदेव की अनन्य भक्ति प्राप्त हो जाती है। शुकदेवजी कहते हैं कि यदि ऐसी भक्ति किसी के हृदय में आ जाए तो वह मोक्ष का भी विशेष आदर नहीं करता, उसे भी छोड़ देता है। भगवद्भक्ति जिसके हृदय में पूर्णतः प्रकट हो जाती है उसे मोक्ष की भी न तो इच्छा रहती है, न प्रयोजन। वह उसे स्वीकार नहीं करता। क्योंकि भगवत्सेवा में जो आनंद पाया, उसे छोड़ने के लिए वह तैयार नहीं होता। भगवान उसी को मुक्ति देते हैं जो मुक्ति को भी छोड़ने को तैयार हो जाए। तुकारामजी महाराज कहते हैं- "न लगे मुक्ति धन संपदा संत संग देई सदा"। मुझे धन संपदा या मुक्ति नहीं चाहिए, इस बात को कोई तर्क से नहीं समझ सकता। न ही वर्णन करके इसे समझाया जा सकता है। इस प्रकार ऋषभदेव के अवतार का यह सुंदर प्रसंग यहीं समाप्त होता है। जहाँ ऋषभदेव ने गृहस्थाश्रम

स्वीकार करके लोगों को गृहस्थ धर्म की शिक्षा दी, वहीं अन्ततः आत्म लोक का उपदेश करके परमहंस का व्यवहार और जीवन भी दर्शाया। कहते हैं, 'नमो भगवते ऋषभाय तस्मै' उन ऋषभदेव जी को नमस्कार है।

6.   भरत जी का हिरन शावक में आसक्त होना

ऋषभदेव के बाद, उनके ज्येष्ठ तथा श्रेष्ठ पुत्र भरत ने राज्य सम्हाल लिया। परिव्राजक बनकर जाने के पूर्व ऋषभदेव ने अपने इस पुत्र का राज्याभिषेक कर दिया था। राजा भरत महाभागवत थे। उन्होंन बहुत अच्छी प्रकार से राज्य किया। फिर जैसी पूर्व परंपरा थी उसी के अनुरूप, वे भी राजपाट का त्याग कर वन में चले गए। इस प्रकार राज वैभव का त्याग कर वे वहाँ साधु वेश में रहने लगे। देखो, मन से कितना सावधान रहना चाहिये, यही बात अब यहाँ दर्शाई गई है। भरत गहरी साधना में रत थे। परन्तु एक दिन विघ्न आ ही गया। क्या? कैसा विघ्न? बहुत से अन्य प्रकार के तप आदि साधना करने वालों के जीवन में प्रायः कोई स्त्री आ जाती है विघ्न डालने के लिए। लेकिन यहाँ तो और ही बात हुई। एक दिन वे गण्डकी नदी तट पर प्रणव का जप करते हुए बैठे थे। एक हिरनी जो गर्भवती थी, वहाँ पानी पी रही थी। तभी एक सिंह ने बड़ी जोर से गर्जना की, तो वह मृगी घबरा गई और घबराकर उसने एक छलांग लगायी। मृगी तो कूद गयी परन्तु कूदते समय उसका गर्भस्थ बच्चा पानी में गिर पड़ा। वह मृगी गिरकर वहीं मर गई। भरत को उस छोटे से हिरण शावक पर बड़ी दया आयी। हिरन तो वैसे भी देखने में सुन्दर होता है। तब छोटा-सा शावक तो कितना सुन्दर होगा। अब देखो उन्हें दया आयी, यह तो बहुत अच्छी बात है। वे नदी में कूद पड़े और उसे बचाकर ले आए। बोले- अब मुझे इसका भी पिता बनना पड़ेगा। और उसकी सेवा करने लगे। यहाँ तक भी, अच्छी बात है। लेकिन उनसे एक गलती हो गई। उस मृग को उन्होंने 'मेरा' मान लिया। देखो, अपने आपको तो उन्होंने भगवान के चरणों में अर्पित कर दिया परन्तु उस हिरन शावक को 'मेरा है' ऐसा मान लिया। यह भी कोई बात हुई?अरे भाई यदि तुमने अपने आपको भगवान के चरणों में अर्पित कर दिया कि भगवान मै आपका हूँ, तो हिरण शावक तुम्हारा कैसे हो गया? उससे ममत्व कर लिया, यही गलती हो गई। सेवा की, वह तो अच्छी बात थी, लेकिन वह बिल्कुल ममत्व रहित होनी चाहिए थी।

झेन मास्टर की एक कहानी है। विरक्त, ममत्व-रहित, ध्यान शील, और ज्ञानी के रूप में वे अपने गाँव में प्रसिद्ध थे। गाँव के किसी परिवार की एक लड़की थी, उसका किसी लड़के के साथ संबन्ध हो गया। वह गर्भवती हो गयी। यह बात प्रकट भी हो गई और फिर बच्चे का जन्म भी हुआ। परन्तु प्रश्न यह उठा कि शादी नहीं हुई है, तो बच्चा कैसे हुआ? किसका बच्चा है? घबराकर उस मूढ़ लड़की ने कह दिया कि बच्चा उस महात्मा का है। घर वालों को बड़ा गुस्सा आया, बोले इसका

इतना नाम है, गाँव में और यह ऐसा काम करता है। उसकी बड़ी बदनामी हो गई। उस महात्मा ने ऐसा कुछ किया नहीं था। वह तो निष्पाप था। अब उस लड़की के घर वाले बच्चे को उस महात्मा के पास ले आये और बोले- यह बच्चा आपका है सम्हालिए इसे। महात्मा ने सोचा अब इनसे कुछ कहने का क्या लाभ है? मैंने कुछ नहीं किया, यह मेरा नहीं है आदि कहने का कोई प्रयोजन नहीं। अतः वे बोले- अच्छा ऐसी बात है, तो दो बच्चे को। उनकी बड़ी निन्दा होने लगी परन्तु उन्हें इसकी चिन्ता नहीं थी। वे उस बच्चे को दूध पिलाते, उसकी सेवा करते देखभाल करते। इस प्रकार कुछ समय बीत गया। उस लड़की ने गलत काम तो किया ही था। अब उससे देखा नहीं गया कि महात्मा को सब लोग अपशब्द कहते हैं, गाली देते हैं। तथापि उनके मन में कोई विकार नहीं, कोई दुःख नहीं, कोई क्रोध नहीं। अब उससे रहा नहीं गया। उसने अपने पिता से कह दिया कि मैंने आपसे गलत बात कही थी। वे तो बड़े महात्मा हैं। उनका इसमें कोई हाथ नहीं है। अमुक व्यक्ति के साथ मेरा संबन्ध हुआ था। अब तो घरवाले बहुत शर्मिंदा हुए। एक महात्मा का ऐसा अनादर? वे उनके पास गये और क्षमा माँगने लगे। उन्होंने कहा- महाराज हमसे बड़ा अपराध हो गया हमें अभी पता लगा है कि यह बच्चा आपका नहीं है। आप उसे वापस दे दीजिए। तो महात्मा बोले- ऐसी बात है? लो इसे ले जाओ। इसको कहते हैं, वैराग्य। लाकर रख दिया- तो ठीक है, अब माँगने आए हैं- तो भी ठीक है। इतने दिनों तक मैंने इसे पाला है, अब इसको मैं शिष्य बनाऊँगा इत्यादि कुछ नहीं कहा उन्होंने।

यहाँ धीरे-धीरे भरत जी की साधन, भगवान का नाम स्मरण आदि सब काम हो गया। यदि जप भी करते तो बीच-बीच में देख लेते कि वह हिरन शावक ठीक तरह से बैठा है कि नहीं? उनकी ऐसी दशा हो गई। आखिर एक दिन वह मृग शावक चला ही गया। कहाँ निकल गया कुछ पता नहीं चला। अब उसके बिना वे रोने लगे। मेरा हिरन कहाँ गया, वह छोटा-सा शावक मेरे बिना कैसे रहेगा? कोई शेर आकर उसको खा तो नहीं जाएगा? वह कहीं गिर तो नहीं गया होगा? कोई शिकारी आकर शिकार तो नहीं कर लेगा? वह जमीन धन्य है जिसके ऊपर वह चल रहा होगा। राजा भरत ऐसी-ऐसी ऊटपटाँग बाते करने लगे। उसके बिना मेरा जीवन व्यर्थ है। कह कर रोने लगे। इसलिये कहा गया है कि मन के ऊपर कभी भरोसा नहीं करना। वह कहाँ पर अटक जाए, इसका कोई भरोसा नहीं। हिरन तो मिला नहीं, लेकिन हिरन का ध्यान करते-करते भरत मर गये और- "अन्ते या मतिः सा गतिर्भवेत" जीवन के अन्त में मन की जैसी वृत्ति होती है वैसी ही गति प्राप्त होती है। अतः अब ये हिरन बन गये। लेकिन उन्होंने जो भगवद्भक्ति की थी, वह भी व्यर्थ जाने वाली नहीं है। उस भगवद्भक्ति का प्रभाव ऐसा हुआ कि मृग देह में भी उनको यह स्मरण रहा कि पहले वे क्या थे और हिरन क्यों बन गये।

इसी स्मरण के कारण अब वे प्रतीक्षा करने लगे। बोले, अभी ते धैर्य धारण के अतिरिक्त और कोई उपाय नहीं है। इस देह का पतन होगा, तब देखेंगे। ऐसा सोच कर वे शान्ति से अपने प्रारब्ध को भोगते रहे। समय आने पर उनका वह (हिरन का) देह छूट गया। पहले तो वे राजर्षि थे, फिर हिरन बने और अब उनका जन्म एक ब्राह्मण कुल में हुआ। ब्राह्मण परिवार में इनका नाम क्या था, यह कहीं पर बताया नहीं गया है। इसलिए उनको जड़भरत के नाम से कहा गया है।

अब भी उनको पूर्व-पूर्व की बातें याद थीं। अतः उन्होंने निश्चय कर लिया कि अब मुझे किसी में आसक्त नहीं होना है। मैं किसी से बोलूँगा ही नहीं। कीचड़ लगाकर उसको साफ करने के बजाय उस से दूर ही रहना ठीक है। उसको हाथ ही क्यों लगाया जाए? दूध का जला छाछ भी फूँक-फूँक कर पीता है, ऐसी कहावत है। भरत जी ने सर्वसंघ छोड़ दिया, बोलते ही नहीं थे। मूढ़ के समान जड़वत् रहते थे। यद्यपि उनको पूर्व जन्म का सारा ज्ञान स्पष्ट था। उन्हें अब कुछ भी पढ़ने की आवश्यकता नहीं थी। तथापि वे जान-बूझकर मूर्ख के समान बने रहते थे। वो कहा भी जाता है- "जन्नपि हि मेधावी जडवलोक आचरेत"। बस वो जड़ मुर्ख की तरह रहते थे, सबकुछ ज्ञात होते हुए भी।

7. जड़ भरत व राजा रहूगण की भेंट

एक रहूगण नाम के राजा थे। वे कपिल मुनि के सत्संग में ब्रह्म ज्ञान प्राप्त करने के लिए पालकी में बैठकर जा रहे थे। उनके चार कहार थे जो रोज पालकी ढोते थे। लेकिन उस दिन उन चार में से तीन ही आये थे। एक कहार पता नही, उस दिन काम छोड़कर कहाँ चला गया था। उन तीनों ने देखा कि एक हृष्ट-पुष्ट आदमी अच्छा संड-मुसंड वहाँ पर बैठा हुआ है। वे बोले- उठो पालकी ढोओ। तो ये जड़भरत जी उठकर पालकी ढोने में लग गये। अरे भाई, पालकी ढोना भी एक प्रकार की कला होती है। किसी को काफी सामान हाथ में देकर कहें कि चलो तो चलना आता है क्या? अब उनको पालकी ढोने का अभ्यास तो था नहीं। वे अपनी मौज में कीड़े मकोड़ों को बचाते हुए चल रहे थे। पालकी हिलने लगी। राजा को गुस्सा आया। वे बोले- तुमको पालकी ढोना भी नहीं आता? और जब उन्होंने देखा कि वह तो अच्छा हट्टा-कट्टा है, तो कहने लगे- तुम मेरा अपमान करते हो? मेरी बात नहीं मानते? मैं दण्डधारी राजा हूँ। अब तुमको दण्ड दूँगा। दिखते तो बड़े मोटे-ताजे हो, लेकिन लगता है बहुत थक गये हो। खाते-पीते तो अच्छी तरह से हो ही। जब भरत जी ने ऐसी बात सुनी तो उन्हें कोई दुःख तो हुआ नहीं, लेकिन उन्होंने राजा रहूगण को खरी-खरी बात सुना दी।

कहने लगे- आप जो कह रहे हैं वह आपकी दृष्टि से सत्य ही है। मुझे बड़ा भार हो रहा है। मैं थक रहा हूँ। बोले यह शरीर यदि मैं हूँ, आगे मार्ग है, चलने का स्थान भी है और पालकी यदि मेरे ऊपर है, तो फिर यह भार होने की बात सही है,

मेरी स्थूलता इत्यादि भी सही है। लेकिन वास्तव में यह स्थूलता, दुर्बलता, जर्जरता आदि सब शरीर के धर्म हैं। उससे मेरा कुछ न बिगड़ता है, न बनता है। और दूसरी बात जो आपने कहीं कि ठीक से चलो, सो मैं तो वैसे ही चलूँगा जैसा मुझे आता है। और तीसरी बात जो आपने कही कि आप राजा हैं, मैं नौकर हूँ - तो महाराज यह दुनिया बड़ी विचित्र है, चक्र के समान है। यहाँ कभी कोई राजा बनता है कभी कोई। आज जो राजा है, वह कल नौकर बन जाता है, आज जो नौकर है, वही कल को राजा बन जाता है। यहाँ पर इसका कोई भरोसा नहीं है कि कब कौन क्या बन जाए। व्यर्थ में ही लोगों को अपने राज्य आदि का अभिमान होता रहता है। राज्य आदि को भगवान कोई बड़ी चीज नहीं समझते। आज इसको दे दिया, कल उसको दे दिया। कभी मैं राजा और आप नौकर रहे होंगे।

तैमूरलंग की एक कहानी मैंने सुनी है। तैमूरलंग एक मुसलमान शासक था। वह लंगड़ा था। उसने एक देश पर आक्रमण किया। वहाँ का राजा एक आँख से अन्धा था, उसको इसने जीत लिया। तैमूरलंग गद्दी पर बैठा था। तब उस राजा को सामने लाया गया। उसको एक आँख का देखकर तैमूरलंग को बड़ी हँसी आयी और वह जोर से हँसने लगा। उस राजा को बड़ा बुरा लगा। वह बोला- आप हँस रहे हैं? मेरी एक आँख है इसलिए आपको हँसी आ रही है? आज आप राज सिंहासन पर बैठे हैं लेकिन कल तक तो मैं बैठा था। और हो सकता है फिर कभी मैं बैठ जाऊँ। तो तैमूरलंग ने कहा- इसीलिए मुझे हँसी आ रही है। लगता है भगवान की दृष्टि में इस राज सिंहासन का कोई विशेष महत्त्व नहीं है। अन्धे के हाथ से लेकर उसे लंगड़े को दे दिया। सच है या नहीं, एक आँख वाले से लेकर एक पैर वाले को दे दिया"।

तो भरतजी ने कहा कौन स्वामी और कौन सेवक, मैं तो उन्मत्त हूँ। मुझे कोई अन्तर नहीं पड़ता। मुझे जैसे चलना आता है वैसे ही चलूँगा। जब उन्होंने (जड़भरत ने) ऐसी बात कही तो राजा रहूगण समझ गए कि मैंने कुछ गड़बड़ कर दी है। कोई कहार या सामान्य आदमी ऐसी बात नहीं कर सकता। यह तो आत्मज्ञान की बात करता है। राजा ने कहा- 'रोको' और वे पालकी से कूद पड़े। उनको (जड़भरत जी को) प्रणाम करके कहने लगे-

8.   राजा रहूगण को जड़भरत जी का उपदेश

हे ब्राह्मण आप कौन हैं? आपका तेज छिपा हुआ है। मुझसे बड़ा अपराध हो गया है। आप मुझे बताइये कि जिन कपिल मुनि के पास मैं सत्संग करने जा रहा हूँ, कहीं वे ही आप के रूप में मेरे पास, मेरे ऊपर दया करने तो नहीं आ गये हैं? आप कौन हैं? आपकी बात पहेली सी दिखाई देती है। और आपने जो कहा कि आपको न कोई परिश्रम होता है और न ही आपके लिए कोई मोटापा आदि कुछ है। यह सुनने में बड़ा विचित्र लगता है। मैं तो आपको देह सहित देख रहा हूँ। आपका मोटापा भी देख रहा हूँ। श्रम होते हुए भी देख रहा हूँ। और आप कहते हैं न कोई श्रम है,

न कोई मोटापा है। यह बात मेरी समझ में नहीं आती है। आप कहते हैं न कोई राजा है, न कोई सेवक। लेकिन इस समय तो यही सच है कि मैं राजा हूँ और ये मेरे सेवक हैं। तब आप कैसे कहते हो कि राजा-सेवक का कोई सम्बन्ध ही नहीं है। ऐसा कहें तब तो यह जो व्यवहार मार्ग दिख रहा है, वह सारा खत्म हो जाएगा। आपकी बात मेरी समझ में नहीं आ रही है। तब ब्राह्मण ने (भरत जी ने) राजा को उसके कहारों के सामने ही फटकारते हुए कहा- तुम मूढ़ होते हुए भी ज्ञानियों जैसी बातें कर रहे हो। ज्ञानी लोग तत्त्व ज्ञान को और व्यवहार को मिलाते नहीं हैं। मैंने जो बात कही थी वह तत्त्व दृष्टि से कही थी। तुम जो बात करते हो वह नाम-रूप की उपाधि से- औपाधिक दृष्टि से करते हो। यह सत्य नहीं है। कौन किसका स्वामी-सेवक होता है, जरा बताओ? हम जब तक अपने स्थूल शरीर व सूक्ष्म शरीर के साथ तादात्म्य किए रहते हैं, तभी तक हमें यह सारा व्यवहार दिखाई देता है। लेकिन जब इससे पिण्ड छुड़ाकर अपने आत्म स्वरूप में बैठकर देखते हैं तो सारा व्यवहार निर्मूल हो जाता है। तब यह सब सिर्फ माया का खेल दिखाई देता है।

मनुष्य जब तक आत्म तत्त्व को नहीं जान लेता तब तक वह माया में भटकता रहता है। काम, क्रोध आदि शत्रु उसे बहुत कष्ट देते रहते हैं। तत्त्व की दृष्टि से देखने पर तुमको यह संसार कुछ नहीं दिखाई देगा। जबरदस्ती अपने आपको कुछ मान लेते हो और उसी के अनुरूप सारा-का-सारा व्यवहार करने लग जाते हो। अपने आप को राजा कहते हो और मुझे सेवक। "अब ब्राह्मण (जड़भरत) से रहा नहीं गया। उन्होंने स्वयं को प्रकट कर ही दिया। बोले- तुमको मालूम है पूर्व जन्म में, मैं भरत राजा था। तुमने भरत का नाम सुना है?" वह चौंक गया। क्योंकि भरत तो प्रसिद्ध थे। (कहा जाता है कि जिस मृग के साथ भरत आसक्त हो गए थे वह मृग रहूगण बनकर आ गया था। मृग के प्रति इनके मन में जो प्यार था वह उमड़ पड़ा और प्रकट हो ही गया। वे उसे छिपा नहीं सके। अन्तर यह था कि अब पहले जैसी ममता-मूढ़ता नहीं थी।) फिर कहते हैं- इसीलिए मैं कह रहा था इस संसार चक्र में कौन कब राजा बनता है, फिर कब क्या बन जाता है इसका कोई ठिकाना है? मैं पहले राजा भरत था और एक मृग में आसक्त हो गया तो मुझे मृग का जन्म मिला। परन्तु भगवान की भक्ति का ही प्रभाव था कि हिरन के देह में भी मुझे सब याद था। भगवद्भक्ति का ही प्रभाव है कि अब मैं सारे बन्धनों से मुक्त हो गया हूँ।

9.   भवाटवी का निरूपण

अब आगे एक भवाटवी का वर्णन करते हैं, रूपक की भाषा में। उसी का स्पष्टीकरण अगले अध्याय में किया गया है। उसका सार इतना ही है कि भवाटवी- "अटवी" मानें जंगल और "भव" माने संसार, तो संसार रूपी जंगल में यह सारा-का-सारा एक काफिला एक समूह, व्यापारियों का दल भटक रहा है। इसमें हम सब रिश्ते-नाते

वाले जा रहे हैं। जाते-जाते जंगल में कहीं पर आग लग जाती है, तो कहीं पर भ्रांति होती है, कहीं पर ओले पड़ते हैं, तो कहीं बारिश होती है। जंगली प्राणी आते हैं, गड्ढे आते हैं, कहीं पर खाई आती है, कहीं पर्वत भी आ जाता है और हम जाते रहते हैं। जैसे, जंगल में जो यात्री काफिला लेकर जाते हैं उनके सामने ये सारी कठिनाइयाँ आती हैं। वे आपस में कभी लड़ते हैं, कभी झगड़ते हैं, कभी प्यार भी कर लेते हैं। फिर इसकी लड़की उसको देते हैं, उसका विवाह इसके साथ करते हैं, गाते बजाते हैं, कोई मर गया तो, रो भी लेते हैं। सब चलता रहता है। बोले यही भवाटवी है। इस संसार के जंगल में हम सब लोग इसी प्रकार से घूम रहे हैं। आज इससे मिले तो कल उससे बिछड़ गये। हमारा जीवन इसी प्रकार चलता रहता है। आज इसकी शादी उसके साथ हुई, तो कल वह उसके साथ खुश नहीं है। उसने इसको छोड़ दिया, इसने उसको छोड़ दिया आदि आदि। सारा खेल चल रहा है। कब तक? कभी जब दैव से पुण्य कर्म उदित हो जाएँ तब सत्संग प्राप्त होता है। फिर सत्संग से सारा-का-सारा मोह दूर हो जाता है। अन्यथा मोह दूर नहीं होता और इस संसार रूपी जंगल में हम भटकते ही रह जाते हैं। काम-क्रोध आदि के जितने बड़े-बड़े पर्वत कहो, खाई कहो, जंगली पशु कहो, वे सब हमको खा जाते हैं। एक सत्संग ही हमारे लिए यहाँ से निकलने का रास्ता है। इस प्रकार रहूगण को उपदेश देकर भरत जी स्वयं वहाँ से चले जाते हैं। वे तो मुक्तात्मा हो गये थे। रहूगण भी उनके उपदेश को ग्रहण करके ध्यानाभ्यास के द्वारा अपने आपको बन्धन से मुक्त कर लेते हैं। उन्होंने महात्मा भरत को नमस्कार किया।

राजा भरत जी जिस मार्ग पर चले, उसे तो हम मन से भी नहीं पकड़ सकते। क्या कोई मक्खी, कभी गरुड़ की गति को समझ सकती है? गरुड़ कहाँ-कहाँ जाते हैं इसे एक मक्खी क्या समझेगी? हमारा मन भी उस मक्खी जैसा है और भरतजी की गति गरुड़ जैसी है। अतः हम उसे क्या समझेंगे? जिन्होंने युवावस्था में ही सारे भोग छोड़ दिये और अपने मन को पूरी तरह से भगवान में ही लगा दिया, उन भरत महात्मा को यहाँ पर नमस्कार है। अब श्री शुकदेवजी आगे भरत वंश का वर्णन करते हैं, जिसमें (भरत वंश में) राजा सुमति आदि हुए। आगे उसी वंश में गय नाम का बहुत श्रेष्ठ राजा हुआ।

10. भूगोल का वर्णन

राजा परीक्षित शुकदेव जी से पूछते हैं-, महाराज, आपने बताया कि राजा प्रियव्रत ने सप्तद्वीप बनाए और सारे लोकों पर विजय प्राप्त की। कृपा करके आप मुझे भूगोल का विस्तृत वर्णन करके बताइये कि पृथ्वी कितनी बड़ी है, स्वर्ग कितना बड़ा है, इन सबका परिमाण क्या है, इनके लक्षण क्या हैं? शुकदेवजी कहते हैं- भगवान के सब लोकों का वर्णन कोई अनन्त काल तक करता रहे तो भी वह पूरा नहीं हो सकता। इतना ही समझ लो कि भगवान ही इस सृष्टि के कारण हैं, इसकी स्थिति के भी वे

ही कारण हैं। और यह अनन्त व्यापक सृष्टि भगवान में ही दिखाई देती है, लेकिन वास्तव में यह सृष्टि और उसका जितना विस्तार है वह सब-का-सब आरोपित है। वास्तविक नहीं है। इसलिए इस पर ज्यादा विवेचन करने की आवश्यकता नहीं है। आग्निध्र के पुत्र नौ वर्षों के अर्थात् नौ स्थानों के नाम से जाने गये। इस ब्रह्माण्ड में प्रियव्रत के द्वारा जो विभाग किये गये उन्हें ही नौ वर्ष कहते हैं। जिनके नाम हैं- भद्राश्व वर्ष, हरि वर्ष, केतुमाल वर्ष, रम्यक वर्ष, हिरण्यमय वर्ष, कुरु वर्ष, किम्पुरुष वर्ष, इलावर्त वर्ष और भारत वर्ष (अजनाभ वर्ष)। उन सभी स्थानों पर भगवान की आराधना की जाती है। उनका वर्णन आगे भी किया गया है। उसका सार बस इतना ही है कि भगवान की उपासना हर स्थान पर हो सकती है, होती है। इसलिए, हम भगवान की आराधना के अधिकारी हैं या नहीं, यह स्थान उसके लिए उचित है या नहीं, ऐसी शंकाओं को अपने मन में स्थान नहीं देना चाहिए।

पाँचवें स्कन्ध के सोलहवें तथा छब्बीसवें अध्याय में राजा परीक्षित ने प्रश्न किया कि आप इतने प्रकार के लोकों का वर्णन कर रहे हैं, वे सब कहाँ से आते है? फिर उनमें भेद किस कारण से हो गया? श्री शुकदेव जी उत्तर देते हैं कि उसका कारण है त्रिगुणात्मिका प्रकृति। सत्त्व, रजस और तमस इन तीनों गुणों के भिन्न-भिन्न अनुपात में होने वाले संयोग के कारण ही भिन्न-भिन्न प्रकार के लोक बनते हैं। उन लोकों में निवास करने वाले लोगों के स्वभाव, वासना और कर्म भी पृथक्-पृथक् होते हैं। और इसीलिए स्वाभाविक रूप से उनके कर्म फल भी भिन्न-भिन्न होते हैं। भिन्न-भिन्न फलों को हम एक ही स्थान पर नहीं भोग सकते। जैसे, यदि किसी को आकाश मार्ग से यात्रा करनी हो, तो वह रेलगाड़ी से संभव नहीं है, जहाज से भी संभव नहीं है, उसके लिए विमान में बैठना पड़ेगा। तो इस प्रकार भिन्न-भिन्न लोक, भिन्न-भिन्न कर्मादि तथा भिन्न-भिन्न प्रकार के जीव होते हैं।

जब पुण्य कर्म बढ़ जाते हैं, तो स्वर्ग की प्राप्ति होती है और पाप कर्म अधिक हो जाते हैं तो नरक में जाना पड़ता है। अन्ततः जब पाप-पुण्य बराबर रह जाते हैं तो मनुष्य लोक की प्राप्ति होती है। ऐसा कहा गया है कि यह मानव योनि मिश्रित कर्मों का फल है। नरक लोक कपड़ों की धुलाई करने की मशीन जैसा है। यहाँ पर पाप का फल (दण्ड) पाने के बाद जीव शुद्ध होने लगता है। इस पर प्रश्न उठता है कि यदि पाप-पुण्य समान होने पर मनुष्य जन्म मिलता है, तो सब के सुख-दुःख में समानता क्यों नहीं दिखती, उसमें भेद कैसे हो जाता है? बोले पाप-पुण्य का परिमाण समान होते हुए भी उसके स्वरूप में भेद हो सकता है। होता ही है। अब जैसे, कोई एक किलो कपास तौल रहा हो, तो दोनों का वजन समान होते हुए भी एक किलो का भार देखने में बहुत छोटा-सा दीखता है, और कपास का ढेर-सा लग जाता है। दोनों का वजन समान होते हुए भी कपास का गुण लौहे के गुण से भिन्न ही होता है। है न? तो इसी प्रकार अनुपात में, मात्रा में पाप-पुण्य समान होते हुए भी उनके स्वरूप अलग-अलग होते हैं, इसलिए सुख-दुःख में भी

नाना प्रकार के विभेद दीखते हैं। यह तथ्य सारे शास्त्रों के द्वारा ज्ञात होता है। फिर कहते हैं- भूगोल-खगोल का इतना व्यापक वर्णन इसलिए किया गयाहै कि यह सब भगवान का स्थूल रूप है। पहले इसमें अपने मन को स्थिर कर के उसे सूक्ष्म तथा शुद्ध बनाना चाहिए। और फिर सूक्ष्म से सूक्ष्मतम में जाना चाहिए और अन्ततः सूक्ष्मतम से निर्विशेष निर्गुण स्वरूप में पहुँचना है। इस प्रसंग के साथ ही पाँचवाँ स्कन्ध समाप्त होता है।

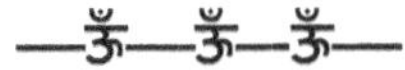

अध्याय-7

षष्ठ स्कन्ध

वासनाये ही, एक मात्र बंधन है

शुकदेव जी कहते हैं- देखो, परीक्षित अभी हम जो व्यवहार करते है, अपने पूर्व-पूर्व जन्मों की वासनाओं के वश में होकर करते हैं, उन पर आज हमारा कोई नियंत्रण नहीं है, अतः हम पाप कर्म करते रहते हैं। अच्छा, पाप कर्म कर लिया, उसके बाद कम-से-कम पश्चाताप् तो होना चाहिए। अर्थात् दुःख होना चाहिए कि मैंने कैसा कर्म किया। जैसा कि राजा परीक्षित को पश्चाताप हुआ था कि भला मैंने उस मरे हुए साँप को मुनि के गले में कैसे डाल दिया? मुझे इसके लिए कुछ दण्ड मिलना चाहिए। इस प्रकार पश्चाताप होने के बाद उस काम के लिए कोई प्रायश्चित करना चाहिए। 'प्रायश्चित' का अर्थ होता है- 'प्रायः' माने तप करना और 'चित्त' माने संकल्प करना। पूर्व में जो गलत काम किया उसके लिए स्वयं को दण्ड देना और अपनी शुद्धि करने के लिए यह संकल्प करना कि फिर से ऐसा कर्म नहीं करूँगा। लेकिन हमारा प्रायश्चित भी कैसा है, मालूम है? 'कुन्जरशौचवत'- जैसे हाथी स्नान करता है। हाथी के बारे में कहा जाता है कि वह नहाता है और अपने ऊपर धूल डाल लेता है। तो यह पाप-कर्म करना और उसके लिए प्रायश्चित कर्म करना, यह वैसा ही है जैसा हाथी का स्नान। जैसे, पापों को दूर करने के लिए लोग गंगाजी में स्नान करने जाते हैं। और गंगाजी से बाहर निकलते ही पाप कर्म करने के लिए फिर से तैयार रहते हैं, क्योंकि पाप करने की वृत्ति पहले जैसी थी वह वैसी ही रही। गंगा स्नान से पहले जो पाप किये थे उनसे तो छुटकारा हो गया। लेकिन जीव ज्यों-का-त्यों ही रहा। उसके स्वभाव में कोई परिवर्तन नहीं आया। जैसे, एक चोर था। वह जब पकड़ा गया तो जेल गया। उसे पाँच साल की सजा हुई। गलती से उसको जेल में दस दिन ज्यादा रख लिया गया। वह भी कुछ बोला नहीं। दस दिन बाद जेलर को पता लगा कि गलती हो गई है। उसने कहा मुझसे गलती हो

गई, मैंने तुमको दस दिन ज्यादा रख लिया। तो वह कहता है, "कोई बात नहीं। मैं फिर आऊँगा तो दस दिन कम रख लेना। माने, पाँच साल का दण्ड जिसके लिए मिला, उस चोरी से तो वह मुक्त हो गया लेकिन कहता है मैं फिर वही करूँगा। शुकदेव कहते हैं- हे राजन, एक कर्म से हम दूसरे कर्म को पूर्णतः नहीं काट सकते। थोड़ा अन्तर पड़ सकता है, लेकिन एक कर्म से दूसरे कर्म को पूरी तरह से काटना संभव नहीं है। उसके लिए उपाय है- तप, ब्रह्मचर्य, शम, दम, सत्य, त्याग, शौच, यम, नियम आदि का अभ्यास करना और फिर अपना देहाध्यास दूर करना। 'देह मैं हूँ' यह भाव ही सारे पाप कर्मों की जड़ है। जो लोग अपने आप को देह मानते हैं, वे सुख और भोग के लिए चाहे जिस प्रकार का काम करने को तैयार हो जाते हैं। इस देहाध्यास को समाप्त करना चाहिए। और उसके लिए पहले अपने आप को शुद्ध करना चाहिए। लेकिन कुछ लोग ऐसे भी होते हैं -

केचित्केवलया भक्त्या वासुदेवपरायणाः।
अघं धुन्वन्ति कात्स्न्र्येन नीहारमिव भास्करः।।

वे कहते हैं- इतना प्रयत्न तो मुझसे होने वाला नहीं है। सरल-सी बात तो यह है कि सारे पाप और पुण्यों के परे भगवान हैं। मैं तो उन भगवान की शरण में जाता हूँ। इस प्रकार वे भगवत्परायण हो जाते हैं। यहाँ कहते हैं, कृष्णार्पित हो जाने अथवा भगवान का नाम लेकर अपने आपको उनके प्रति अर्पित कर देने के समान पाप को दूर करने का दूसरा साधन नहीं है। उनके पाप हमेशा के लिए, जड़-सहित दूर हो जाते हैं। ऐसा किसी और साधन से नहीं होता। किसी ने चाहे जितने पाप-कर्म क्यों न किए हों, लेकिन यदि वह भगवन्नाम का आश्रय ले लेता है, तो उसे और कुछ करना नहीं पड़ता। यहाँ इसका एक दृष्टांत भी दिया गया है।

1. अजामिलोपाख्यान

कान्यकुब्ज देश में एक ब्राह्मण था। वह एक अच्छा आदमी था, वेद पढ़ता था, पूजा-पाठ भी करता था। लेकिन बस ऊपर-ऊपर से, इसलिए एक दिन उस ब्राह्मण का मन बिगड़ गया। वह वेश्या के पास जाने लगा। शराब पीने लगा। उसको धन देने लगा। अपनी पत्नी को घर से निकाल दिया। और उस वेश्या को घर ले आया। और तरह-तरह के पाप-कर्म करने लगा। उसका नाम था अजामिल। 'अजामिल' शब्द का अर्थ भी समझ लेना चाहिए। 'अजामिल' शब्द का दो प्रकार से विच्छेद होता है। एक है अजा-मिल। अजा, यह प्रकृति का नाम है, माया का नाम है। जो माया के साथ मिल गया है, उसे अजामिल कहते हैं। और दूसरी रीति से देखें तो अज़-अमिल, अज माने अजन्मा परमात्मा, उससे जो नहीं मिला हुआ है वह अजामिल। देखो, जो परमात्मा से नहीं मिला है लेकिन माया से मिला हुआ है ऐसे व्यक्ति को अजामिल कहते हैं। विचार करने पर पता चलता है वह हम ही हैं। इस

संदर्भ में महात्माओं द्वारा कथित एक कथा प्रसिद्ध है। उसके अनुरूप एक दिन एक महात्मा उस गाँव में आ पहुँचे। पूछने लगे कि अरे इस गाँव में कोई दानी आदमी है? देखो कुछ लोग बड़े दुष्ट होते हैं, बोले अजामिल बड़ा दानी आदमी है। बहुत अच्छा आदमी है, आप उसके घर जाइए। अब उन महात्मा को क्या पता, वे वहीं चले गए। अजामिल तो घर पर नहीं था, वह वेश्या स्त्री थी। उधर एक बच्चा खेल रहा था। उन्होंने पूछा- इसका नाम क्या है? वह स्त्री बोली- महाराज अभी तक हमारे घर कोई संत आए नहीं। इसलिए इसका नाम रखा ही नहीं। उन्होंने कहा- इसका नाम नारायण रखो। देखो संत की कृपा। बोले कम से कम इसको बुलाएँगे तो इनके मुँह से नारायण नाम तो निकलेगा। अजामिल आया, उसको सारा वृत्तांत पता चला। वह अपने बच्चे को नारायण-नारायण कहने लगा। उस बच्चे में उसकी बड़ी आसक्ति हो गई। अब अजामिल अट्ठासी साल का हो गया था। मरण शय्या पर पड़ा था। यमदूत उसको लने के लिए आए। और जब यमदूत आते हैं तो जो भी पाप-कर्म किए हों, वे सब-के-सब दिखाई देने लगते हैं। घबरा कर अजामिल ने पास खेल रहे अपने बच्चे नारायण को पुकारा। तब, अजामिल को अभी यमदूतों ने पकड़ा ही था कि इतने में हरिदास जो भगवान के ही समान रूप वाले होते हैं, वे भी वहाँ पहुँच गए। उन्होंने यमदूतों से कहा- छोड़ो इसको। यमराज के दूतों ने सोचा ये कौन लोग आ गए हैं? उनको मालूम ही नहीं था कि ये कौन लोग हैं। उन्होंने पूछा- तुम कौन हो? तो हरिदासों ने कहा- पहले तुम कौन हो यह बताओ। बोले- हम यमदूत हैं। इसके प्राण लेने के लिए आए हैं। आप हमें अपने कर्तव्य कर्म से क्यों रोकते हैं? यह तो बड़ा पापी आदमी है। हमें इसको लेकर जाना है। विष्णु दूतों ने कहा- तुम लोग, जिनका काम ही धर्म का पालन करना और करवाना है, वे ही अधर्म करने लग जाएँ तो बेचारी प्रजा कहाँ जाएगी? फिर उन्होंने विष्णु दूतों से कहा कि आप कौन-से धर्म की बात कर रहे हो? हमारे संविधान में तो ऐसा कुछ दिखाई नहीं देता है। इसने ऐसा कौन सा अच्छा कर्म किया है? विष्णु दूत कहते हैं- देखो, इस व्यक्ति ने परम धर्म का पालन किया है। समझे? तुम कहते हो कि जो वेद विहित है वह धर्म है। हम कहते हैं वेद स्वयं भगवान से प्रकट हुए हैं और भगवान का धर्म ऐसा है कि कोई कितना भी पापी क्यों न हो, मरण काल में यदि वह भगवान का नाम लेता है, तो उसके कोटि-कोटि जन्मों के करोड़ों-करोड़ों पाप ध्वस्त हो जाते हैं, समाप्त हो जाते हैं। सामान्य रूप से तुमने जो धर्म बताया, कर्म की गति दिखाई, वह ठीक है। लेकिन उसके लिए एक अपवाद है। अन्त समय में जो भगवान का नाम लेता है उसको कर्मफल आदि कुछ भोगना नहीं पड़ता। यह नियम है। और इसने आखिरी समय में भगवान का नाम लिया है। इसलिए इसके ऊपर अब तुम्हारा कोई अधिकार नहीं है। तुम लोग भागो यहाँ से। वे भाग गए और फिर विष्णु दूत भी चले गए।

इतना होना था कि अजामिल स्वप्न से जगा। उसने सब देखा, सुना। उसकी आँखें एकदम खुल गईं। उसने सोचा कि देखो, ब्राह्मण होकर भी मैं कितना नीच हो गया? मैंने कितने गलत काम किए। सिर्फ एक बार मैंने भगवान का नाम लिया और वह भी अपने बच्चे को पुकारने के लिए, फिर भी भगवान ने मुझे बचा लिया। अब फिर से मैं ऐसा बुरा काम कभी नहीं करूँगा। उसके पूर्व संस्कार फिर-से जागृत हो गए। वह हरिद्वार चला गया। वहाँ जाकर उसने पूरी तरह से अपने मन को भगवान में ही लगा दिया और मुक्त हो गया। अजामिल की यह कथा बड़ी प्रसिद्ध है। लेकिन वो कहानी हमें अधूरी सुनाई जाती है। अजामिल स्वप्न में मरा था, उसने स्वप्न से ही सीख लिया। लेकिन उस पर भगवान की कृपा अवस्य थी, तभी वो स्वप्न से भी सीख पाया।

2.   नाम-महिमा

इस विषय पर विशेष रूप से विचार करने की आवश्यकता है। देखो, हम लोग सोचते हैं कि हमने छोटा-सा पाप किया है, तो हमें छोटा-सा प्रायश्चित कर्म करना पड़ेगा। और यदि हमारा पाप बड़ा है तो उसके लिए उतना ही बड़ा प्रायश्चित कर्म करना पड़ेगा। अब देखो, यदि ऐसा हो, तो जिन्होंने करोड़ों जन्मों में पाप किए होंगे, उनका निस्तार कैसे होगा? इस गणित के अनुसार तो कभी नहीं होगा। बड़े पाप के लिए बड़े प्रायश्चित की जरूरत पड़े तब तो उसका कहीं अंत ही नहीं होगा। लेकिन भगवान ने एक बहुत बढ़िया चीज जगत में रख छोड़ी है। यहाँ जो सबसे बड़ा पाप है उसके लिए भगवान ने एकदम सरल-सा उपाय दे दिया है। यह भगवान का अनुग्रह है। इसी को 'पोषण' कहते हैं। यह बात हमारी समझ में नहीं आती है। भगवान ने उसको इतना सरल कर दिया है कि उसकी सरलता के कारण हमें उस पर विश्वास ही नहीं हो पाता। हम सोचते हैं पाप जितना बड़ा हो, जितना घोर हो, उतना ही बड़ा प्रायश्चित होना चाहिए। अब यदि किसी व्यक्ति का पाप अत्यंत घोर हो, तो क्या करें? तो बोले मेरा नाम ले लो, छुट्टी हो जाएगी। तुम सब पापों से मुक्त हो जाओगे। देखो, इस बात पर जल्दी विश्वास नहीं होता। है न? जैसे होम्योपैथिक दवाई पर लोगों को शीघ्र विश्वास नहीं होता। किसी आदमी को कुछ हो जाए और उससे कहा जाए कि इतने से ही ठीक हो जाएगा, बड़े-बड़े इन्जेक्शन, ऑपरेशन आदि की आवश्यकता नहीं है, तो उसको उस बात पर विश्वास ही नहीं होता। बहुत बार ऐसा होता है, रोग दिखने में बड़ा होता है लेकिन उसका उपाय सरल-सा होता है। उस छोटे उपाय पर हमें शीघ्र विश्वास नहीं होता। इसी प्रकार लोगों को लगता है इतना बड़ा पाप किया है, तो न जाने कौन-कौन से यज्ञ, दान, तप आदि पुण्य कर्म करने पड़ेंगे। बोले न, सरल-सा उपाय है, भगवान का नाम ले लो। बस! और कुछ करने की जरूरत नहीं है।

अब जरा कथा को भी देख लें। जब अजामिल की मुक्ति हो गई तो आश्चर्य चकित हो कर देवता लोग वैकुण्ठ में गए और भगवान से पूछने लगे कि अजामिल पर इतना बड़ा अनुग्रह क्यों किया? भगवान ने कहा कि उसने मेरा नाम लिया है इसलिए वो मेरे अनुग्रह का पात्र हो गया। तो देवता, ऋषि सब कहने लगे- भगवन उसने आपका नाम कहाँ लिया? भगवान बोले- लिया है, 'नारायण' बोला है उसने। तो देवतागण बोले- उसने आपको याद करके थोड़े ही नाम लिया, उसने तो अपने बच्चे को ध्यान में रख कर नारायण नाम लिया। उसको तो मालूम भी नहीं कि यह आपका नाम है। भगवान ने कहा- उसे मालूम नहीं, लेकिन मुझे तो मालूम है कि यह मेरा नाम है। और दूसरी बात, पूर्व में वो मेरा भक्त ही था बस कुछ समय के लिए भटक गया था। उसके अंतःकरण में पूर्व के संस्कार बीज रूप में पड़े थे, बस उस स्वप्न के कारण वो अंकुरित हो उठे देखो। भगवान कैसे हैं। जीव को मुक्त करने के लिए वे प्रतीक्षा करते रहते हैं कि यह मुझे कोई कारण या निमित्त दे दे, तो मैं झट से इसको मुक्त कर दूँ।

मुझे एक दृष्टान्त याद आता है, एक केमिस्ट्री पढ़ाने वाले प्रोफेसर थे। उनके कालेज में एक फुटबाल खेलने वाला विद्यार्थी था। केमिस्ट्री पढ़ाने वाले प्रोफेसर को फुटबाल से बड़ा प्यार था। वह लड़का फुटबाल अच्छा खेलता था और इनको फुटबाल अच्छा लगता था। इसलिए वह इनका प्रिय था। वह विद्यार्थी केमिस्ट्री में प्रवेश चाहता था। अतः उसका साक्षात्कार भी होना था। उनको मालूम था कि वह फुटबाल तो अच्छा खेलता है, लेकिन केमिस्ट्री में उसका दिमाग चलता नहीं। लेकिन उनका प्रिय था, अब प्रवेश कराना है तो कैसे कराएँ? बोले इतना सरल प्रश्न पूछा जाए कि उसका उत्तर वह सरलता से दे सके। और फिर उससे क्या प्रश्न पूछा मालूम है? हम जो नमक खाते हैं उसका रासायनिक सूत्र क्या है? अब जिसने थोड़ी भी केमिस्ट्री पढ़ी हो वह जानता है कि नमक को सोडियम क्लोराइड कहते हैं। उस लड़के से पूछा- तो उसने कहा नहीं मालूम। ठीक, तुमको मालूम नहीं और तुमने सही उत्तर भी दिया कि नहीं मालूम। प्रवेश मिल गया। क्योंकि इन्होंने कहा था कि कोई सही उत्तर देता है तो उसका प्रवेश हो जाएगा! देखो, जिसको जिससे प्यार होता है, उसका हित करने के लिए वह तो केवल बहाना ढूँढता रहता है। भगवान ने कहा यहाँ प्रवेश देना है, जीव को मुक्त करना है तो कुछ बहाना चाहिए। कोई उसे मेरा नाम समझ कर कहे या अपने पुत्र का नाम मानकर कहे पर उसने 'नारायण' कहा तो है न? बस! वह मेरी कृपा का पात्र हो गया।

देखो, यहाँ साधना का सिद्धान्त समझ लेना चाहिए। हमें साधना का जो फल मिलता है, वह एक तो हमारे पुरुषार्थ से, अपने प्रयत्न के कारण मिलता है। और एक होता है जो किसी और की शक्ति हमारे साथ हो, तो उसका फल मिलता है। जप-तप-ध्यान-यज्ञ-योग आदि जो हम अपनी शक्ति से करते हैं, उनसे हमारे जो दूसरे पाप हैं, वे समाप्त हो सकते हैं। लेकिन कुछ पाप ऐसे भयंकर होते हैं कि

उन्हें हम अपनी शक्ति से दूर नहीं कर सकते। अगर भगवान की शक्ति अवतरित हो जाए, तभी वे दूर हो सकते हैं। अब भगवान की शक्ति कैसे प्रकट हो? नाम के द्वारा! देखो, कभी-कभी छोटे-छोटे दिखने वाले पटाखों में भी कितनी शक्ति होती है? वह शक्ति दिखाई नहीं देती पर उनमें होती है। लेकिन जैसे ही उसे सुलगा देते हैं, तो वह भड़ाम से फूटता है। बड़ी-बड़ी सुरंगे कैसे खोदी जाती हैं? बारूद, बम आदि लगाकर। वे भी दीखते छोटे-छोटे से हैं परन्तु उनमें बड़ी शक्ति होती है। इसी प्रकार जब हम भगवान के नाम का उच्चारण करते हैं, तो उसमें जो शक्ति अव्यक्त रूप से होती है, वह व्यक्त हो जाती है। और वह उस पाप को समाप्त करती है। हमारा स्वभाव ही कर्मकाण्डी हो गया है, सोचते रहते हैं यह करें, वह करें, तो यहाँ कहा केवल नाम का ही आश्रय लेना चाहिए। "कलियुग केवल नाम अधारा" एक नाम ही आधार है। इसीलिए, भगवान का नाम जिन पर लिखा गया, वे पत्थर भी तैर (तर) गए। संत कहते हैं- 'जल ऊपर पाषाण तारे, क्यों न तारे दास रे'? जब पत्थर को तार सकते हैं तो एक सेवक को, दास को, भक्त को क्यों नहीं तार सकते? नाम का आश्रय-सहारा लेना चाहिए। तो इस प्रकार यह नाम की महिमा है।

जगत में दो चीजें हैं। एक नाम और एक रूप। लेकिन नाम का महत्त्व रूप से भी बढ़कर है। क्योंकि रूप हमारे सामने हो और यदि हम उसका नाम नहीं जानते हों तो रूप सामने होने के बराबर ही है। जैसे, किसी ने रसगुल्ला खाया और उसे मालूम न हो कि इसे रसगुल्ला कहते हैं, तो बाद में कोई पूछे रसगुल्ला खाया तो कहेगा नहीं खाया, रसगुल्ले का आनन्द मुझे मालूम नहीं। मालूम होते हुए भी नहीं मालूम। लेकिन कोई जब कहे इसे रसगुल्ला कहते हैं, तब वह कह सकता है आहा! मालूम है मुझे। इसी प्रकार किसी व्यक्ति से मिलने का आनन्द उसके रूप से मिलने मात्र से पता नहीं चलता। उसका जब नाम पता लगता है, तभी उससे मिलने का आनन्द आता है। दूसरी बात यह है कि जो व्यक्ति हम से दूर रहता है उसे हम याद करते रहते हैं। और जब वह सामने आता है तो दो मिनट बात करके दूसरे कामों में लग जाते हैं। माने? रूप ऐसा है कि सामने आने के बाद उसकी उपेक्षा हो जाती है। लेकिन नाम ऐसी चीज है कि जिसके कारण दूर की चीज भी अपने पास बनी रहती है। कहते हैं कि वियोग में असली संयोग होता है। जो चीज दूर है, उसको हम याद करते हैं। जिसको याद करते हैं, जिसका नाम लेते हैं, उसका रूप अपने आप मन में आता है। लेकिन जिसका रूप सामने हो, बाद में उसकी याद आए ही, यह कोई जरूरी नहीं है। जिसका नाम मन में आता है, उसका रूप भी आ ही जाता है। तुलसीदास जी ने कहा कि सगुण-निर्गुण देनों से बढ़कर नाम है। क्योंकि निर्गुण स्वरूप भी नाम से प्रकट होता है। 'यह ब्रह्म है' ऐसा कहा जाए तभी वह प्रकट होगा। अन्यथा ब्रह्म तो हम सबके हृदय में बैठा हुआ है। लेकिन किसी को आनन्द आ रहा है क्या? वह तो जब गुरु बताते हैं कि 'यह ब्रह्म है' तभी निर्गुण भी प्रकट होता है, और सगुण भी बताने पर ही प्रकट होता है। तो सगुण-

निर्गुण देनों की ही पहचान नाम के अधीन है। इसलिए नाम दोनों से बड़ा है। ऐसी यह नाम की महिमा लोगों को जल्दी से समझ में नहीं आती, क्या करें? उपनिषद, (जिसको वेदान्त का शास्त्र मानते हैं) में भी, नाम की कोई-न-कोई उपासना बताई गई है। 'तस्य तद्वनं नाम' ॐ इति नाम। कहने का तात्पर्य इतना ही है कि नाम की बड़ी महिमा है। नाम ने ही अजामिल को पवित्र कर दिया, यह छठे स्कन्ध का एक विशेष विषय है। इसी को अनुग्रह कहते हैं। इसी को पोषण कहते हैं।

3. इन्द्र द्वारा बृहस्पति जी का अपमान

आगे इन्द्र और वृत्रासुर की कथा आती है। एक बार इन्द्र देव ने मद में आकर, अभिमान के कारण अपने गुरु बृहस्पति का अपमान कर दिया। लेकिन गुरु कुछ बोले नहीं। गुरु (बृहस्पति) चुपचाप वहाँ से चले गए। बाद में इन्द्र को पश्चाताप हुआ कि मैंने कैसा गड़बड़ काम कर दिया। वे गुरु को ढूँढने गए। लेकिन गुरु चले गए, तो चले गए। पता नहीं वे कहाँ गए। गुरु की कृपा जैसे ही कम हो गई, इनकी शक्ति घट गई। असुरों की शक्ति बढ़ गई। असुरों ने इनके ऊपर आक्रमण कर दिया। अब इन्द्र घबराए। देखो, गुरु की कृपा नहीं रहती तो बड़ी हानि होने लगती है। अब क्या करें?

4. देवताओं द्वारा विश्वरूप का वरण

अब समय ऐसा आ गया कि इन्द्र देव को असुरों के जो गुरु हैं, उन्हीं के पास जाना पड़ा। तो वे असुरों के एक गुरु विश्वरूप के पास गए। विश्वरूप ने उन्हें नारायण कवच दिया। भागवत में इसका बड़ा ही विस्तृत वर्णन आता है। नारायण कवच धारण करके, फिर इन्द्र ने लड़ाई करनी शुरू की। यहाँ युद्ध का वर्णन आता है। बाद में जब उनकी विजय हुई तो विश्वरूप, जो असुरों के पक्ष के थे, वे आहुति देते समय एक बार देवताओं को देते तो एक बार (छिप-छिपकर) असुरों को भी दिया करते थे। इन्द्र को जब मालूम पड़ा तो उसने विश्वरूप का सिर काट डाला। अब विश्वरूप के पिता त्वष्टा को बड़ा गुस्सा आया। उन्होंने इन्द्र को मारने के लिए एक बड़ा यज्ञ किया। लेकिन मंत्र बोलने में कुछ गलती हुई। तब एक भयंकर प्राणी उसमें से निकला। उसका नाम था वृत्रासुर।

5. वृत्रासुर के वध के लिए देवताओं द्वारा दधीचि ऋषि से अस्थियाँ माँगना

वृत्रासुर इतना भयंकर था कि उसकी वजह से सारे-के-सारे देवता लोग व्याकुल हो गए कि अब इसको कैसे मारें? भगवान के आदेशानुसार देवता लोग दधीचि ऋषि के पास गए। भगवान ने कहा था कि दधीचि ऋषि बड़े तपस्वी हैं। वे अपनी अस्थियाँ तुमको दे देंगे। उनसे तुम जो वज्र बनाओगे, अस्त्र बनाओगे, उसी के द्वारा वृत्रासुर

का नाश हो सकता है। देवताओं को देखकर दधीचि ऋषि कहते हैं- संसार का सबसे बड़ा धर्म यही है कि हमारा यह जीवन किसी के, या समष्टि के काम आता हो, तो पीछे नहीं हटना चाहिए। इसलिए मैं अपना देह त्यागने के लिए तैयार हूँ। दधीचि ऋषि का त्याग बड़ा प्रसिद्ध है। वे ब्रह्म समाधि में चले गए। देह त्याग हो गया। उनकी हड्डियों से वज्र बनाकर इन्द्र देव वृत्रासुर के साथ युद्ध करने के लिए खड़े हो जाते हैं। वृत्रासुर बड़ा भयंकर युद्ध करता है।

6.   वृत्रासुर की भगवद्भक्ति व भगवत प्राप्ति

इन्द्र देव जब उसके साथ युद्ध करते हैं, तो एक बड़ी विचित्र बात देखने को मिलती है। वृत्रासुर के हृदय में भगवान के लिए जो भक्ति है, वह वहाँ पर प्रकट होने लगती है। वह कहता है-, "इन्द्र यह तो दुनिया है। इसमें हार-जीत, जीना-मरना, सब चलता रहता है। तुम मुझे मार भी दोगे तो मुझे कोई अन्तर नहीं पड़ता। मैं भगवान में रमा हूँ"। इन्द्र देव उसकी भक्ति देखकर आश्चर्यचकित होते हैं। वहाँ बड़ा भारी युद्ध होता है। अन्त में वृत्रासुर का मरण होता है। लेकिन वृत्रासुर भगवान के साथ एक रूप हो जाता है।

7.   वृत्रासुर का पूर्व चरित्र

यह कथा जब परीक्षित ने सुनी तो उनको आश्चर्य हुआ। अत्यंत राजसिक और तामसिक स्वभाव वाले वृत्रासुर के हृदय में ऐसी भक्ति कहाँ से आई? उसकी पूर्वकथा बताते हैं कि पहले (पूर्व जन्म में) वह राजा चित्रकेतु था। वही बाद में तप के द्वारा विद्याधर लोक को प्राप्त हुआ। शेष भगवान के द्वारा दिए गए विमान में बैठकर विचरण करता हुआ, एक दिन वह कैलाश पर्वत पर पहुँच गया। वहाँ उसने देखा कि पार्वतीजी शिवजी की गोद में बैठी हैं और अनेक ऋषि मुनि भी वहाँ पर बैठे हैं। चित्रकेतु ने भगवान शंकर की हँसी उड़ाई कि सामान्य आदमी भी सबके सामने अपनी पत्नी को गोद में लेकर नहीं बैठता है। लगता है इनको तो सामान्य धर्म का भी ज्ञान नहीं है। तत्त्वज्ञान की, धर्म की बड़ी-बड़ी बातें करते हैं और भरी सभा में पत्नी को गोद में बिठाते हैं। सुनकर पार्वतीजी को बड़ा क्रोध आया और उन्होंने उसे शाप दिया कि तुम असुर बन जाओ। उसने कहा- माताजी माफ करना, आपको दुःख हुआ, इस बात का मुझे दुःख है। मैं असुर बनने को तैयार हूँ। अब यहाँ धर्म की बात देखो। चित्रकेतु जो विद्याधर बनकर आया था। उसने क्या कहा? यही कि सामान्य पति भी पत्नी से एकान्त में मिलता है। सबके सामने थोडे ही इस प्रकार पत्नी को लेकर बैठता है। तब शिवजी ने कहा- अरे भाई मेरे अलावा दुनिया में है कौन? जरा सोचो तो सही। तुम सोचते हो, यह समाज मुझसे अलग है। मेरे लिए सब मैं ही हूँ। तो किसी से क्या छिपाना? और, वह सिर्फ पास में बैठी ही तो है। हम दो दीख रहे हैं, दो हैं नहीं, केवल दीख रहे हैं। "जगतः पितरौ वन्दे

पार्वतीपरमेश्वरौ"। ये तो जल और तरंग के समान है 'कहियत भिन्न न भिन्न' पहली बात तो यह है कि मैं और पार्वती दो नहीं हैं, एक ही हैं और यह दुनिया भी मुझसे अलग नहीं है। इससे बढ़कर और कौन सा एकान्त होता है? यह भीड़ है और यह एकान्त है, ऐसी हम लोगों की बुद्धि-दृष्टि होती है। तो वह चित्रकेतु वृत्रासुर बन गया, उसकी पूर्व भक्ति भी प्रकट हो गई और फिर वह मुक्त हो गया।

—ॐ—ॐ—ॐ—

अध्याय-8

सप्तम स्कन्ध

करने का रोग, सबसे बड़ा रोग है

अब आता है सातवाँ स्कन्ध जो बहुत ही सुंदर है। सातवें स्कन्ध का विषय है ऊतयः - कर्म वासना। पूर्व स्कन्ध में हमने देखा पोषण, यह भगवान की कृपा है, अनुग्रह है। अब, यदि भगवान की इतनी कृपा है, और सब पर है, तो एक स्वाभाविक प्रश्न यह उठता है कि तब जीव इतने दुःखी क्यों रहते हैं? सब अपने बेटे का नाम नारायण रख दे और हो जाये सब सही, सब मुक्तय लेकिन ऐसा नहीं है। देखो भगवान की कृपा तो सबके ऊपर है। परन्तु कर्मवासना अथवा ऊति के कारण ही लोग दुःखी होते रहते हैं। वे अपनी कर्मवासनाओं को छोड़ने के लिए तैयार नहीं होते। यह वासना तीन प्रकार की होती है- आसुरी वासना, दैवी वासना और मानवीय वासनाओं। इस स्कन्ध में पंद्रह अध्याय हैं, और पाँच-पाँच अध्यायों में एक-एक प्रकार की वासना का वर्णन किया गया है। हिरण्यकशिपु की कथा के द्वारा आसुरी वासना बताई गई है। प्रह्लाद के चरित्र द्वारा दैवी वासना कैसी होती है यह दर्शाया है और उसके बाद युधिष्ठिर का व्याख्यान आता है जिसमे युधिष्ठिर और नारद के संवाद द्वारा मानवीय धर्म, मानवीय वासनाओं का वर्णन किया गया है। प्रकृति में मनुष्य, असुर और देवता आदि भिन्न-भिन्न प्रकार के लोग होते है और उनकी वासनाएँ भी भिन्न-भिन्न प्रकार की होती है। इसलिए भगवान का अनुग्रह भी भिन्न-भिन्न रूपों में दिखाई देता है। स्वयं भगवान का किसी से न राग है, न ही किसी से द्वेष। भगवान निष्पक्ष रहते हैं। लेकिन हम लोगों को ऐसा लगता रहता है कि वे जब देखो तब देवताओं का पक्ष ले रहे हैं। यही प्रश्न यहाँ पर राजा परीक्षित ने पूछा है। कहते हैं- भगवान तो सम हैं, उनको किसी से राग-द्वेष नहीं है, वे निष्पक्ष रहते हैं, ऐसा कहा जाता है। फिर भगवान देवताओं का पक्ष क्यों लेते हैं, असुरों का पक्ष क्यों नहीं लेते हैं? उसका एक उत्तर यह है, जो गीताजी में बताया गया है-

समोऽहं सर्वभूतेषु न मे द्वेष्योऽस्ति न प्रियः।
ये भजन्ति तु मां भक्त्या मयि ते तेषु चाप्यहं।।

भगवान कहते हैं- "मुझे किसी से राग-द्वेष नहीं है, लेकिन भक्ति पूर्वक जो मेरा भजन करते हैं, मैं उनमें रहता हूँ और वे मुझमें रहते हैं"। भगवान शंकराचार्यजी ने इसका बड़ा सुंदर दृष्टांत दिया है। जैसे, अग्नि सबके लिए समान है। ठंड के दिनों में आग सुलगा कर जो आदमी उसके पास जाकर बैठता है, उसको ठंड नहीं लगती। परन्तु दूसरा कोई यदि दूर बैठा रहे तो, वह ठंड के मारे ठिठुरता रहेगा। अब यदि वह कहे कि देखो यह अग्नि उस आदमी की ठंड को तो दूर करती है और मैं यहीं पर रहता हूँ, परन्तु वह मेरी ठंड को दूर नहीं करती? तो अग्नि कहती है- मैं तो तुम दोनों के लिए समान हूँ। तुम मेरे पास तो आओ। इसी प्रकार जो आदमी भगवान के पास सहायता के लिए जाता है, उसके ऊपर कृपा होती रहती है। दूर से लग सकता है कि भगवान एक की सहायता कर रहे हैं और दूसरे की नहीं कर रहे हैं। भगवान कहते हैं कि तुम मेरे पास तो आओ, मैं तुम्हारी भी सहायता करूँगा। दूसरी बात यह है कि वैसे देखा जाए, तो भगवान में किसी भी प्रकार राग-द्वेष नहीं है। लेकिन जो असुर हैं उनको भी ऐसा लगता है कि भगवान उनके ऊपर नाराज होकर उन्हें दण्ड दे रहे हैं। सच में तो भगवान असुर के ऊपर भी प्रसन्न ही हैं। कोई कह सकता है आपको कैसे मालूम? देखो, यह बात केवल हिन्दू धर्म शास्त्रों में ही देखने को मिलती है। और कोई धर्म शास्त्र आप मुझे बता दीजिए जिसमें यह कहा गया हो कि कोई भगवान से द्वेष करे तो भी उसे मुक्ति मिलेगी। ऐसा कहीं पर मिला आपको? यहाँ तो कहा है कि भगवान से जो द्वेष करते हैं, उनको भी भगवान मुक्ति देते हैं, केवल भगवान से प्रेम करने वालों को ही नहीं।

1.   युधिष्ठिर का प्रश्न - नारद जी का समाधान

परीक्षित द्वारा पूछे गए प्रश्न का उत्तर देते हुए श्री शुकदेव जी ने नानद जी द्वारा कथित एक इतिहास सुनाया। युधिष्ठिर जब राजसूय यज्ञ कर रहे थे तो वहाँ पर भगवान को अग्रपूजा का सम्मान दिया गया। तब शिशुपाल, भगवान को गाली देने लगा। वह जब सौ गालियाँ दे चुका तो भगवान ने चक्र से उसका भेदन कर दिया। तब उसके शरीर से ज्योति निकली और वह भगवान में समा गई। सारे लोग देखते ही रह गए। रात-दिन द्वेष करने वाले व्यक्ति को भी भगवान की प्राप्ति हो गई। नारद जी ने कहा, भगवान तो ऐसे हैं कि- "स्नेहात्कामेन वा युन्ज्यात् कथन्चिन्नेक्षते पृथक्"।। कोई उनको स्नेह से याद कर रहा है, कि कामना से याद कर रहा है या शत्रु भाव से याद कर रहा है, यह भगवान नहीं देखते हैं। केवल यही देखते हैं कि वह मुझे याद कर रहा है। सच बात तो यह है कि जिससे हम द्वेष करते हैं, उसको जब याद करते हैं तो बड़ी तीव्रता से याद करते हैं। तन-मन

से! मानो हमारा हर कोश, प्रत्येक सेल याद करता है। यहाँ नारद जी युधिष्ठिर से कहते हैं - द्वेष से भगवान का स्मरण करने में जो तीव्रता होती है, वह प्रेम से स्मरण करने में नहीं होती। इसका अर्थ यह नहीं समझना कि सब को भगवान से द्वेष करना चाहिए। समझना यह है कि जिन्होंने द्वेष से भगवान को याद किया उनको भी भगवान ने मुक्त कर दिया, तो जो प्रेम से याद करते हैं उनके लिए क्या करेंगे? उन्हें भगवन अपना आनंद प्रदान करते है लेकिन जो शत्रु मान कर भगवन को याद करता है उसके जीवन में आनद की झलक नहीं मिलती, मुक्ति भले ही मिल जाये।

एक प्रसिद्ध श्लोक है भागवत का- कहते हैं, कामात्- काम वासना से भी यदि कोई स्त्री चाहे कि भगवान उसे पति रूप में प्राप्त हों, अथवा कोई द्वेष से या भय से या फिर स्नेह-प्यार से चाहे, तो भी उसको भगवान की ही गति प्राप्त होती है। उदाहरण देते हैं कि 'कामात् गोप्यः- बहुत सी गोपियों ने कामना से भगवान से प्यार किया था, वे भी मुक्त हो गईं। 'भ्यात्कंसः' - भय के कारण कंस दिन-रात भगवान को याद करता था वह भी मुक्त हो गया। 'द्वेषात् चौद्यादयः' -शिशुपाल आदि द्वेष से कृष्ण भगवान को याद करते थे, 'सम्बन्धात् वृष्णयः'- सारा वृष्णीवंश, नाते-रिश्ते वाले सम्बन्ध के कारण बड़े प्यार से भगवान को याद करते थे, हम सब बड़ी भक्ति के साथ भगवान को याद करते हैं। इसलिए कहते हैं, नास्तिक आदमी की बड़ी दयनीय स्थिति है। उससे तो वही अच्छा है जो भगवान का शत्रु बनता है। अब बताओ, और किस धर्म में ऐसा कहा गया है कि द्वेष पूर्वक भी यदि कोई भगवान को याद करे, तब भी उसे मुक्ति मिलेगी? भगवान के हाथों से हिरण्यकशिपु और हिरण्याक्ष की भी मुक्ति हो गई, इस कथा की पूर्व प्रस्तावना हम देख चुके हैं कि किस प्रकार जय-विजय को सनत्कुमार का शाप मिला और वे ही हिरण्याक्ष और हिरण्यकशिपु बनकर आए। हिरण्याक्ष की कथा भी हम देख चुके हैं। अब दूसरे भाई हिरण्यकशिपु के कार्यकलाप को देखेंगे।

2.   हिरण्याक्ष वध के बाद हिरण्यकशिपु का स्वजनों को उपदेश

हिरण्यकशिपु को जब अपने भाई के बध का समाचार मिला तो वह बहुत दुःखी, व्याकुल और क्रोधित हो गया। उसने सारे दानवों को बुलाया और उनसे कहा- अपने अस्त्र-शस्त्र लेकर जाओ और जहाँ कहीं मंदिर दिखाई दें, उनको तोड़-फोड़ डालो, जहाँ यज्ञ-याग चल रहा हो उसे ध्वस्त कर डालो, जो कोई साधु जप-तप करता दिखाई दे उसे मार डालो। जहाँ कहीं भी कोई धर्म की बात दिखाई दे तो उसको खत्म करो, सारे दैत्यों को आदेश देकर हिरण्यकशिपु घर आया। तो उसने देखा उसके रिश्ते-नाते वाले सभी स्वजन हिरण्याक्ष के वध का समाचार सुनकर रो रहे थे, तो उन सब को वह वेदान्त का लम्बा-चौड़ा भाषण देता है। जिसका जन्म होता है, उसका नाश होना ही है। लेकिन आत्मा अमर है। देखो, यहाँ स्पष्ट हो जाता है

कि ये असुर लोग भी देह से पृथक आत्मा का अस्तित्व मानते थे। ये असुर तप भी करते थे, यज्ञ भी करते थ, वेदों को भी मानते थे। यज्ञ और तप की शक्ति को मानते थे, भगवान के अस्तित्व को भी मानते थे। लेकिन सिर्फ मानते है, जानते बिलकुल भी नहीं। परमात्मा मानकर बैठ जाने का विषय नहीं है। सुरुवात मानने से हो सकती है, लेकिन परमात्मा तो जानने का ही विषय है। पूर्णता तो जानकर अनुभव से ही होगी, भाषण देना एक अलग बता है और जानना और परमात्मा में जीना अलग बात है। संत परमात्मा में जीते है और असुर ऊपर-ऊपर से परमात्मा को सिर्फ मानते तो है लेकिन अंदर से कोई अनुभव नहीं, कोई ज्ञान नहीं, कोई दया भाव नहीं। दया जो धर्म का मूल है, वह इनके हृदय में किन्चित् भी नहीं थी। उनकी दृष्टि में स्वयं का, अपना जो दुःख है वह तो सत्य होता है, परन्तु दूसरों का दुःख मिथ्या है, ऐसा उनका दर्शन है। अब देखो असुर किसको कहते हैं? ध्यान में रखना जो अपने दुःख को सत्य और दूसरों के दुःख को मिथ्या मानता है, वह असुर है और संत किसे कहते हैं? जो अपने दुःख को मिथ्या और दूसरे के दुःख को सत्य माने, वह संत है।

एक बार एक आदमी मेरे पास आकर कहने लगा- डॉ साब, मैं क्या करूँ? 1 लाख रूपये का नुकसान हो गया। तो मैंने कहा- अरे, नुकसान तो होता रहता है। जब सारी दुनिया मिथ्या है, उसमें 1 लाख रुपये कौन-सी चीज होते हैं। चले गए, तो चले गए? उसमें दुःखी होने की क्या बात है? उसे वेदान्त सुनाया। चार दिन के बाद वह पुनः मुझसे मिलने आया तो मैं मुँह लटकाये बैठा था। वह बोला, डॉ साब, क्या हो गया? तो मैंने उससे कहा कि भाई "मेरे दस हजार रुपया गायब हो गए हैं। इस पर वो बोले- डॉ साब, परसों मेरे 1 लाख रुपये गायब हो गए थ तो आपने कहा था 1 लाख मिथ्या है, दुःख मिथ्या है, सारी दुनिया मिथ्या है। आपके केवल दस हजार रुपये चले गए हैं तो उसके लिए इतना दुखी होना? मैंने कहा- फर्क इतना है कि 1 लाख रुपये तुम्हारे थे, दस दस हजार रुपये मेरे थे। यहाँ कहने का तात्पर्य है, दूसरे की लाभ-हानि तो मिथ्या और अपनी लाभ-हानि सत्य, यह आसुरी लक्षण हैं।

अब दैत्यों ने मारना-काटना शुरू कर दिया। और घर में हिरण्यकशिपु स्वजनों को वेदान्त की बात सुना रहा था। वेदान्त की बात सबके मुख से शोभा नहीं देती। कोई भी आदमी, चाहे जो बात करने लगे, तो वह उसे शोभा नहीं देती। देखो, असुरों में एकाग्रता तो थी लेकिन उनका चित्त शुद्ध नहीं था। हमारे मन में दो चीजें होनी चाहिए। एक तो चित्त शुद्ध होना चाहिए और उसमें एकाग्रता भी होनी चाहिए। किसी चीज में मन को लगा दें, तो कोई उसको हिला न सके, विचलित न कर सके।

3. हिरण्यकशिपु का तप व वरदान की प्राप्ति

देवताओ से अपने भाई की मृत्यु की भावना से हिरण्यकशिपु पाँव के अँगूठों पर खड़ा होकर हाथ ऊपर करके और दृष्टि ऊपर करके हिरण्यकशिपु तप करने लगा

और उसका तप ऐसा भयंकर हो गया कि उसके शरीर से ज्वाला के समान ताप निकलने लगा। ब्रह्माजी ने पूछा- हिरण्यकशिपु तुमको क्या चाहिए? असुर लोग एक माँग हमेशा किया करते थे, यही कि मैं मरूँ नहीं। मैं मरूँ नहीं अर्थात् मेरा देह बना रहे। हिरण्यकशिपु ने भी यही माँग की। ऐसा हो, तो अब देखो, असुर की क्या परिभाषा होगी? अपने देह में आसक्त होकर यह देह मैं हूँ, देह का भोग बना रहे, देह अमर रहे, ऐसा सोचना तथा अपने दुःख को सत्य और दूसरे के दुःख को मिथ्या मानना। स्वयं को सुख मिले, दूसरे को मिले या न मिले ऐसा जो सोचता है उसे असुर कहते हैं। इसलिए जब हिरण्याक्ष, हिरण्यकशिपु आदि नाम लिए जाते हैं, तो उसके सींग होंगे, वह बड़ा भयंकर होगा, उसके जबड़े बड़े होंगे और दांत निकले होंगे, ऐसा चित्र बनाने की या ऐसे भयंकर रूप की कल्पना करने की जरूरत नहीं। जिसको यह लगता है कि मैं देह हूँ, उसमें असुर का एक लक्षण आ गया, जब यह लगे कि मुझे मेरा भोग मिलता रहे, तो वह दूसरा लक्षण आ गया। दूसरे को मिले या नहीं मिले, कोई बात नहीं ऐसा लगे तो वह तीसरा लक्षण है। ये ही सारे आसुरी लक्षण कहलाते हैं, और जिसमें ये आ जाते हैं, वह असुर कहलाता है।

ब्रह्माजी ने हिरण्यकशिपु से कहा- सृष्टि निर्माण का विभाग तो मेरे पास है। परन्तु संहार का विभाग मेरे पास नहीं है। मैं केवल बनाता हूँ। इसलिए तुम्हारा मरण नहीं हो, ऐसा वर मैं तुम्हे नहीं दे सकता, वह मेरे हाथ में नहीं है। ये असुर लोग अपने आप को बहुत बुद्धिमान समझते थे। जो कोई अपने आप को ज्यादा बुद्धिमान समझने लगता है, वह गड़बड़ काम कर देता है। हिरण्यकशिपु भी अपने आप को बहुत बुद्धिमान समझता था। उसने सोचा, ऐसा वर कैसे माँग लूँ जो मेरा मरण हो ही नहीं? तो बोले अब दूसरी युक्ति लड़ानी चाहिए ऐसा सोचकर उसने ब्रह्माजी से कहा-, आपकी सृष्टि की, आपकी बनाई कोई चीज मुझे मार नहीं सके। मेरा मरण घर के अंदर नहीं हो बाहर भी न हो, आकाश में, ऊपर नहीं हो, जमीन पर भी नहीं हो। रात में नहीं हो, दिन में नहीं हो, किसी मनुष्य से नहीं हो, पशु से भी न हो, अस्त्र से नहीं हो और शस्त्र से भी न हो। इतनी सारी शर्तें लगा दीं उसने। ब्रह्माजी ने कहा तथास्तु! हिरण्यकशिपु की पत्नी कयाधू गर्भवती थी। नारद जी वहाँ पर पहुँचे। नारद जी ने कहा- मैं आपको अपने आश्रम में ले जाऊँगा क्योकि इसके गर्भ में जो बच्चा है वह बड़ा भागवत है। वे उसको लेकर गए। उसी बच्चे का नाम हुआ प्रह्लाद। हिरण्यकशिपु के चार पुत्र हुए। लेकिन सबसे श्रेष्ठ, सबसे सुन्दर, सबसे गुणवान् प्रह्लाद ही था। उसके कुछ गुणों को हम यहाँ देखेंगे।

4. प्रह्लाद-चरित्र

पहले प्रह्लाद शब्द के अर्थ के समझ लें। प्रह्लाद - 'ह्लाद' माने आनन्द। तो प्रह्लाद शब्द का अर्थ हुआ जो आनन्द में रहता है वह प्रह्लाद। 'प्रकृष्टः ह्लादः यस्य' जिसका आनन्द बहुत ऊँचे प्रकार का है बड़ा श्रेष्ठ है, (He who enjoys ultimate bliss) उसको प्रह्लाद कहते हैं। 'प्रकर्षेण हृदयति' दूसरों को जो आनन्दित करता है उसे प्रह्लाद कहते हैं। जो स्वयं आनन्द स्वरूप है, दूसरों को आनन्दित करता है, वह प्रह्लाद। प्रह्लाद में कैसे-कैसे गुण थे? 'ब्रह्मण्यः'- वे ब्राह्मणों का सम्मान करने वाले थे, 'शील सम्पन्नः' उनका शील बहुत ही ऊँचे स्तर का था। अर्थात उनका चरित्र, व्यवहार, भाव सब श्रेष्ठ थे।

'सत्यसन्धः' वे जो वाक्य बोलते सत्य ही बोलते, किसी को जो वचन देते उसे अवश्य पूर्ण करते, 'जितेन्द्रियः' अपनी इन्द्रियों पर पूर्ण संयम प्राप्त कर लिया था, "आत्मवत् सर्वभूतानां एकः प्रियसुहृत्तमः" जैसे वे स्वयं को देखते वैसे ही अन्य सभी प्राणियों को देखते थे। इसी कारण वे सभी प्राणियों के प्रिय बन गये थे। श्रेष्ठ पुरुषों के सामने वे दास भाव से खड़े रहते थे। अपनी बराबरी के लोगों के साथ वे भाई के जैसा व्यवहार करते और गुरु भगवान हैं, ऐसा मानते थे। अर्थात गुरु को कभी मनुष्य नहीं मानते थे। ऐसे उनके गुण थे।

"नोद्विग्नचित्तो व्यसनेषु निःस्पृहः"

किसी प्रकार का व्यसन-संकट, या कष्ट का प्रसंग आ जाए तो भी घबराते नहीं थे। उनको किसी वस्तु में कभी स्पृहा, आसक्ति, लालसा नहीं थी। चाहे वह देखी हुई चीज हो या अनदेखी चीज हो, ज्ञात अज्ञात सभी से विरक्त थे। 'प्रशान्तकामो रहितासुरोऽसुरः' असुर जाति में जन्म लेकर भी असुरों का एक भी लक्षण उनमें नहीं था। यह नारद जी की कृपा है, संत की कृपा है। प्रह्लाद के गुणों का जितना वर्णन किया जाए कम ही है।

बात यह है कि प्रह्लाद हरि भक्त थे। हरि भक्ति के कारण हिरण्यकशिपु के द्वेष के पात्र बन गये। एक बार जब वे गुरुकुल से घर भेजे गये थे, तब हिरण्यकशिपु ने बड़े प्यार से उन्हें अपनी गोद में बैठाकर पूछा- तुम अपने जीवन में किस चीज को सर्वश्रेष्ठ समझते हो, यह बताओ। प्रह्लाद ने कहा- मुझे तो ऐसा लगता है कि हम लोग देह-बुद्धि (देहात्मभाव) देह सहित, घर में रह कर अनेक प्रकार से आसक्त होकर अपने आप को नीचे गिराते हैं, अपना पतन कर लेते हैं, इससे अच्छा तो यही है कि घर छोड़कर वन में चले जाएँ और श्री हरि की शरण ग्रहण करें। इस अन्ध कूप में, संसार कूप में नहीं पड़ना चाहिए। यही सबसे अच्छी बात है। हिरण्यकशिपु ने जैसे ही सुना कि 'हरि की शरण में जाना चाहिए' तो उसको बड़ा क्रोध आया। क्रोध तो आया। अब तो हिरण्यकशिपु ने क्रोध में आकर प्रह्लाद को अपनी गोद से नीचे जमीन पर पटक दिया।

5. प्रह्लाद जी पर हिरण्यकशिपु का अत्याचार

अब हिरण्यकशिपु बहुत क्रोधित हो गया। बोला, अब इस लड़के को मार डालना चाहिए। इसका वध कर देना चाहिए। यह मेरे शत्रु की तारीफ करता है। उसका

भक्त बनता है। यह सुनते ही सारे राक्षस लोग 'छिन्धि-भिन्धि' (मारो-काटो) करते हुए उनको मारने के लिए दौड़ पड़े। वे चुपचाप बैठे हैं। न घबराये, न भागे, न रोये, न चिल्लाये, कुछ नहीं किया। उनके सारे अस्त्र-शस्त्र विफल हो गए। उन सब ने कितने ही प्रकार से प्रह्लाद को मारने का प्रयत्न किया। प्रह्लाद को पर्वत पर ले गए और वहाँ से धक्का दे दिया, परन्तु नीचे बचाने के लिए भगवान खड़े थे, तो वे कैसे मरते। साँप से दंश कराया, विष पिलाया फिर भी वे मरे नहीं। हिरण्यकशिपु की एक बहन थी होलिका। उसको वरदान मिला था कि अग्नि उसको नहीं जला पाएगी। उससे कहा गया कि तुम प्रह्लाद को गोद में लेकर चिता पर बैठो, हम उसमें आग लगा देंगे। देखो, प्रह्लाद तो समर्पित आत्मा है। जो भगवान की गोद में बैठा हो उसको काहे की चिन्ता? वे होलिका की गोद में थोड़े ही थे। भले ही हिरण्यकशिपु ने उनको होलिका की गोद में बिठाया हो, वे तो भगवान की ही गोद में बैठे थे। देखिए, कैसी विस्मयकारी बात है कि होलिका का वरदान मिथ्या हो गया। वह आग में जलकर मर गयी, प्रह्लाद ज्यों-के-त्यों रहे। इसलिए होलिका दहन किया जाता है। यही होलिका का दहन है। आध्यात्मिक शक्ति को समाप्त करने का कोई कितना ही प्रयास कर ले, वह समाप्त नहीं होती।

6. प्रह्लाद द्वारा असुर-बालकों को शिक्षा

अब प्रह्लाद की शक्ति देखी तो साथ में पढ़ने वाले सारे असुर बालकों के बड़ा आश्चर्य हुआ कि प्रह्लाद में कितनी शक्ति है। वे प्रह्लाद से कहते हैं- अरे प्रह्लाद तुम में इतनी शक्ति है, इतना ज्ञान है, इतनी भक्ति है, उस ज्ञान का थोड़ा-सा उपदेश हमको भी कर दो न! देखो, सत्संग का कैसा प्रभाव होता है। प्रह्लाद ने आज तक उनके साथ ऐसी कोई बात की ही नहीं थी। हमसे लोग प्रायः पूछते रहते हैं कि हम अपने बच्चों को संस्कार कैसे दें? समाज को कैसे सुधारें? तुम सुधरो बस! बाकी सब ठीक हो जाएगा। हम तो सिर्फ दूसरों को सुधारने की बात ही करते रहते हैं। देखो, प्रह्लाद ने तो किसी को उपदेश नहीं दिया था। उन्होंने कहा- मित्रो, कुमार अवस्था से ही भगवद्भक्ति रूपी धर्म का पालन करना चाहिए। जो लोग तुमको यह कहते हैं कि यह तो बाद में करने की चीज है वे तुम्हारे शत्रु हैं। ध्यान में रखना, यह मनुष्य जन्म दुर्लभ है, इतना ही नहीं वह अस्थिर है, चंचल है। निश्वास पर विश्वास है क्या बताओ, दूसरे क्षण में श्वास ले सकेंगे इसका कोई भरोसा है? यह श्वास अभी चल रहा है, कब बंद हो जाएगा पता नहीं। कहते हैं बाद में करेंगे। कौन-से बाद की बात करते हो? ये लोग ऐसी बात करते हैं जैसे इनको पूरा भविष्य मालूम हो। कब तक जीने वाले हैं, कुछ पता है? यह जो लौकिक सुख है, दुःख है वह आता जाता रहता है।

जब कभी हमें भगवान की भक्ति करने के लिए कहा जाता है, तो हम कहते हैं- उसके लिए समय कहाँ है। देखो, यमराज पूछते नहीं कि तुम्हारे पास समय

है या नहीं! वे कहते हैं- मेरे पास फुरसत ही फुरसत है, तुमको ले जाने के लिए! देखो हम कितने अभिमानी हो गए हैं? दो मिनट भगवान का नाम लेने के लिए समय नहीं है। कहते हैं प्रतीक्षा करना, जब बच्चे की शादी हो जाएगी तब मैं भक्ति करूँगा। ऐसे जो काल की प्रतीक्षा करते हैं, वे प्रतीक्षा ही करते रह जाएँगे। यह तो ऐसी बात है जैसे कोई आदमी समुद्र के किनारे पर स्नान करने के लिए खड़ा होकर सोचता रहे कि ये सारी लहरें जब शान्त हो जाएँगी, तब मैं जल में प्रवेश करूँगा और स्नान करूँगा। करते रहो प्रतीक्षा, ऐसा क्षण कभी आने वाला नहीं है। काल की प्रतीक्षा करते रह जाओगे और फिर बाद में कहोगे कि इतने बड़े भगवान को प्रसन्न करना तो बहुत ही कठिन काम है। मैं कैसे करूँ?

भगवान सबके हृदय में बैठे हैं। इसलिए सबके साथ दया करनी चाहिए, प्यार करना चाहिए। एक बात हम यहाँ दोहराते रहे हैं, पहला प्रश्न शौनकजी ने क्या पूछा था? परीक्षित ने क्या पूछा था? यही कि जीवन का परमश्रेय किस में है? सबसे बड़ा श्रेय यही है कि 'एकान्तभक्तिर्गोविन्दे'। पहले तो भगवान में एकनिष्ठ भक्ति, और फिर 'सर्वत्र तदीक्षणम' उसी भगवान को सभी ओर देखना। ऐसा नहीं कि मेरे हृदय में भगवान बैठे हैं और दूसरे के हृदय में शैतान बैठा है। वह भक्ति का लक्षण नहीं है। वह सबसे बड़ा पुरुषार्थ नहीं है। प्रह्लाद जी अपने सारे मित्रों को ऐसे ज्ञान की बात बताते हैं। फिर क्या हुआ? क्रान्ति हो गयी। सारे असुर बालक प्रह्लाद के साथ मिल गये। देखो, जिसने अपना जीवन अपने ज्ञान के अनुरूप बनाया हो उसके शब्दों में कैसी शक्ति आती है। कई बार माता-पिता कहते हैं या गुरु कहते हैं, दूसरे लोग भी कहते हैं कि ये हमारी बात मानते नहीं। ऐसा हो तो कुछ अपने में ही कमी होनी चाहिए। सुनते नहीं? आप तब सुना रहे हैं जब कोई सुनना नहीं चाहता। जब कोई सुनना नहीं चाहता तब सुनाएँ तो उसका कोई प्रभाव नहीं पड़ता। या फिर व सुनना तो चाहता है, लेकिन अपने आचरण में वह बात आयी नहीं, इसलिए भी उसका कोई प्रभाव नहीं पड़ता। प्रह्लाद ने स्वयं कोई बात नहीं कही। पूछने पर ही कही।

7. नृसिंह-अवतार

अब सारे असुर बालक जब प्रह्लाद के पक्ष में हो गये, तो हिरण्यकशिपु को डर लगा और क्रोधित होकर कहने लगा- तू बहुत दुर्विनीत अभिमानी हो गया है। स्तब्ध हो गया है। मूढ़, आज तुझे मैं यमालय भेजकर रहूँगा। प्रह्लाद की नम्रता देखो, हाथ जोड़कर खड़े हैं। कहते हैं- राजन, आप पूछते हैं किसके बल से मैं यहाँ खड़ा हूँ? क्या दुनिया में बल के, शक्ति के स्रोत पृथक्-पृथक् हैं? क्या कोई इस शक्ति से तो कोई किसी और शक्ति से जी रहा है? जिस बल से आप तीनों लोकों को डरा रहे हैं वह उसी का बल है। यद्यपि आप समझते हैं कि अपनी ही शक्ति से आप उन सब को डरा रहे हैं। हिरण्यकशिपु ने कहा- 'व्यक्तं त्वं मर्तुकामोऽसि' अब मुझे

विश्वास होने लगा कि तू मरना चाहता है। 'अतिमात्रं विकत्थसे' क्योंकि अब तू तो सीमा को पार कर रहा है, मर्यादा का अतिक्रमण कर रहा है। छोटे मुँह बड़ी बात करता है। मेरा पुत्र होकर मुझे ही उपदेश देता है। अन्तकाल में तेरी बुद्धि विपरीत होने लगी है। तूने अभी जिस ईश्वर की बात की, मेरे अलावा वह कौन-सा ईश्वर है? किधर है? यदि सर्वत्र है तो इस स्तम्भ में क्यों नहीं दीखता? यदि तुम्हारी बात सत्य है तो इस स्तम्भ को मैं अभी तोड़ता हूँ और देखता हूँ कि तेरा भगवान कहाँ है? इस प्रकार दुर्वचन कहता हुआ क्रोधित होकर हिरण्यकशिपु उस स्तम्भ को तोड़ने के लिए जाता है। देखो, बिल्कुल उचित समय है, सायंकाल का समय और खम्भे के अन्दर भगवान विराजमान् हैं, हिरण्यकशिपु एक हाथ में तलवार लेकर खम्भे की ओर दौड़ पड़ता है और उस खम्बे पर एक मुष्टिका का प्रहार करता है। किसी साधारण खम्भे के ऊपर कोई आघात करे तो उसमें से थोड़ी-सी आवाज आ सकती है, लेकिन वहाँ पर तो ऐसी आवाज हुई मानो पूरा ब्रह्माण्ड फट रहा हो। उस भयंकर आवाज को सुनकर हिरण्यकशिपु चौंककर पीछे की ओर आ गया। उसने सोचा खम्भे के ऊपर मारने से ऐसी आवाज तो नहीं हो सकती। देखकर हिरण्यकशिपु घबरा गया। वह कहता है- "कहीं ऐसा तो नहीं कि मुझे मारने के लिए भगवान ने ही यह रूप ले लिया हो। मैं इसको मारूँगा।" ऐसा कहकर भगवान को मारने के लिए वह उनकी ओर ऐसे दौड़ पड़ा, भगवान ने जोर से गर्जना की, अट्टहास किया, और फिर समय की थोड़ी प्रतीक्षा की क्योंकि ब्रह्माजी ने उसे (हिरण्यकशिपु को) जो वर दिया था, भगवान उसका भी सम्मान करते हैं। जब भगवान ने देखा कि न दिन है न रात है, सायं काल का समय है, तब उसको खींचकर ले गए देहली पर, क्योंकि महल के अन्दर मारना नहीं था, बाहर भी मारना नहीं था। तो देहली पर ले गए उसे। उस समय न दिन था, न रात थी, घर के अन्दर नहीं, बाहर भी नहीं, पृथ्वी पर नहीं, आकाश में भी नहीं इसलिए उसको गोद में उठा लिया। गोद में- ऐसा भी नहीं कह सकते, घुटनों पर डाल लिया उसको। अब देखो, भगवान का वह रूप ब्रह्माजी की सृष्टि का रूप नहीं था, वर माँगते हुए हिरण्यकशिपु ने कहा था- ब्रह्माजी की सृष्टि का कोई प्राणी मुझे मार न सके। उसको न नर कह सकते थे, न ही सिंह कह सकते थे।

अच्छा! नर नहीं मारे, पशु भी नहीं मारे, वे तो नृसिंह थे। एक और बात कही थी उसने - अस्त्र से भी नहीं मरूँ, शस्त्र से भी नहीं मरूँ। अब देखो, सिंह के जो नाखून होते हैं वे तो शरीर का एक अंग होते हैं। उनको अस्त्र नहीं कह सकते, शस्त्र भी नहीं कह सकते क्योंकि अपने से अलग चीज होती तो शस्त्र कह सकते थे। भगवान ने देखा कि अब समय आ गया है, तो भगवान ने उसके पेट को फाड़ डाला। हिरण्यकशिपु का वध हो गया। उस समय भगवान का रूप इतना उग्र था कि ऋषियों को या देवताओं को किसी को उनके पास जाने का साहस नहीं हो रहा था। लेकिन प्रह्लाद को कोई भय नहीं है। वे अपने भगवान को किसी भी रूप में

पहचान सकते हैं। तो प्रह्लाद को भगवान के पास भेजा गया। वे निर्भय होकर भगवान के पास जाते हैं। भगवान के पास जाकर हाथ जोड़कर साष्टांग प्रणाम करते हैं। चरणों में पड़े प्रह्लाद को देखा तो भगवान के क्रोध का कहीं अता-पता ही नहीं रहा। वे उसे प्यार से गोद में उठा लेते हैं। और सिर पर हाथ रखकर क्या बात कही मालूम हैं?- बेटा, मुझे माफ कर दो यदि मुझे आने में देर हो गई हो तो। तुमको इस राक्षस ने बहुत कष्ट दिया। मुझे बहुत पहले आना चाहिए था। "क्षमस्व यदि में विलम्बः" मुझे आने में बहुत देर हो गई। मैंने तुमसे बहुत प्रतीक्षा कराई। भगवान कहते हैं- बेटा प्रह्लाद मैं तुमसे बहुत प्रसन्न हूँ। तुमको जो वर माँगना हो, माँग लो। मैं सारी कामनाओं को पूर्ण करने वाला हूँ। तुम्हें जो चाहिए वह माँग लो। तो प्रह्लाद जी सोचने लगे कि भगवान मुझे माँगने के लिए कहते हैं। "भगवान आप माँगने के लिए कहते हैं? मैं आप से माँगू? फिर तो यह व्यापार हो गया। भगवान से जो प्रेम किया जाता है, वह क्या कोई व्यापार होता है कि मैंने आपसे इतना प्रेम किया तो आप कहें कि कुछ माँग लो और तब उस प्यार के बदले में मैं आप से कुछ माँग लूँ। यह क्या कोई मोल-भाव करने की चीज है?"

यहाँ पर प्रह्लाद जी ने बहुत बड़ी बात कही है। जो व्यक्ति अपने प्रेम के बदले में कोई चीज माँगता है, वह एक व्यापारी के सदृश है। और जो स्वामी चीजें दे-देकर किसी को अपने ऊपर आश्रित करना चाहता है, किसी को गुलाम बनाए रखने के लिए उसे कुछ देता रहता है, वह अच्छा स्वामी नहीं है। सेवक अपनी सेवा के बदले के कोई चीज माँगता है तो वह अच्छा सेवक भी नहीं है। लेकिन अब देखो भगवान के वर का अपमान कैसे करें?

प्रह्लाद जी सोचने लगे कि जब मैं कह रहा हूँ कि मुझे कुछ नहीं चाहिए तब भी भगवान कहते हैं कुछ माँगो, तो हो-न-हो मेरे हृदय में ही कहीं कोई कामना छिपी बैठी है जिसका ज्ञान मुझे नहीं है। ऐसा सोचकर वे कहते हैं- भगवान आप मुझ पर प्रसन्न हैं और मुझे कोई वर देना ही चाहते हैं तो मुझे यही वर दीजिए कि मेरे मन में कोई कामना उत्पन्न ही न हो। अब सब लोग भगवान की स्तुति करते हैं। उसके बाद भगवान वहाँ से अन्तर्धान होते हैं। भगवान ने स्वयं ही प्रह्लाद का राज्याभिषेक कर दिया था, अतः किसी और को करने की जरूरत ही नहीं पड़ी। प्रह्लाद जी असुरों के सबसे बड़े राजा हुए। भगवान ने उनको यह वरदान भी दे दिया कि अब भविष्य में तुम्हारे कुल के लोगों को मैं कभी मारूँगा नहीं। प्रह्लादजी की भक्ति, हिरण्यकशिपु का वध और नृसिंह भगवान के प्राकट्य के साथ सातवें स्कन्ध के दस अध्याय पूरे होते हैं।

इस स्कन्ध में अब तक हमने देखा कि भगवान की कृपा सभी लोगों पर होती है, लेकिन सब के जीवन में उसका प्रभाव समान रूप से दिखाई नहीं देता। किसी-किसी के जीवन में दुःख-ही-दुःख क्यों दिखाई देता है? तो कहा इसका कारण है

जीवों की कर्म वासनाएँ। ये कर्म वासनाएँ तीन प्रकार की होती हैं, दैवी, मानवीय और आसुरी।

आसुरी वासना का स्वरूप हमने हिरण्यकशिपु के जीवन में देखा। पहले होता है देहात्मभाव- मैं देह हूँ यह भाव, फिर उसी के कारण अनेक प्रकार के आसुरी भाव उत्पन्न होते रहते हैं। इसके ठीक विपरीत है प्रह्लाद जी का जीवन। उनके बारे में जितना भी कहा गया है वह कम ही है। प्रह्लाद जी के संस्कार दैवी हैं। इन दोनों प्रकार की वासनाओं का वर्णन हो चुका है। अब आगे मानवीय वासना का वर्णन है। युधिष्ठिर, नारद जी से प्रश्न पूछ रहे हैं। जिस प्रकार राजा परीक्षित ने शुकदेव जी के सामने प्रश्नों की सूची ही रख दी थी, जिसमें उन्होंने मनुष्य के सामान्य धर्म, विशेष धर्म, वर्णाश्रम धर्म आदि के बारे में भी प्रश्न पूछे थे, उसी प्रकार के अनेक प्रश्न विदुरजी ने भी मैत्रेय ऋषि से पूछे थे। परन्तु विदुरजी सारे प्रश्नों के उत्तर जाने बिना ही चले गए। क्योंकि उन्होंने तो वह सब जानने की जिज्ञासा रही, न ही आवश्यकता। उनका मन भगवत प्रेम से भर गया तो वे निवृत्त हो कर वहाँ से चले गए। लेकिन उनका प्रश्न तो शेष ही रह गया। इसलिए अब दूसरे प्रसंग के द्वारा हमें उसी प्रश्न का उत्तर बताया जा रहा है। तो युधिष्ठिर जी प्रश्न पूछते हैं कि- मनुष्य का सामान्य धर्म क्या है? विशेष धर्म क्या है? नारद जी सबसे पहली बात यह बताते हैं कि देखो, सारे धर्मों के मूल भगवान स्वयं हैं। देखिए, स्मृतिकारों ने दूसरे शास्त्रों में बताया- 'वेदोऽखिलं धर्ममूलं' वेद धर्म का मूल है। लेकिन भगवान बताते हैं कि धर्म का मूल तो मैं ही हूँ। क्योंकि वेद भगवान के निःश्वास हैं, अतः वास्तव में स्वयं वेद के भी मूल भगवान ही हैं। इसलिए भगवान ही धर्म के भी मूल हैं।

8. वर्णाश्रम-धर्म

अब 'वर्ण' तथा 'आश्रम' की बात आती है। 'आश्रम' का अर्थ क्या होता है? प्रत्येक व्यक्ति जीवन में अलग-अलग अवस्थाओं से गुजरता है। जैसे, सर्वप्रथम विद्यार्थी जीवन प्रारम्भ होता है। जिसे ब्रह्मचर्य आश्रम कहते हैं। मनुष्य जीवन की यह पहली अवस्था है। ब्रह्मचर्य आश्रम में शिक्षा प्राप्त करने के बाद व्यक्ति गृहस्थाश्रम में प्रवेश करता है। तब उसका वैवाहिक जीवन प्रारम्भ होता है। यह उसके जीवन की दूसरी अवस्थ है। इसमें जीवन के कर्तव्यों को निभाकर उसके पश्चात् आत्म-कल्याण के मार्ग में लग जाना चाहिए। अर्थात कर्म के मार्ग से निवृत्त होकर तत्पश्चात् ज्ञान के मार्ग पर चलना चाहिए। ब्रह्मचर्य आश्रम है- विद्यार्थी जीवन। इसमें पहले प्रवृत्ति-निवृत्ति इन दोनों को समझ लेना चाहिए। फिर अपने संस्कारों की प्रबलता के अनुसार कर्म मार्ग में या ज्ञान मार्ग में प्रवृत्त होना चाहिए। यानी पहले प्रवृत्ति-निवृत्ति का ज्ञान, उसके बाद गृहस्थाश्रम में- कर्म मार्ग में प्रवृत्ति और फिर वानप्रस्थ आश्रम में निवृत्ति मार्ग की तैयारी और अन्ततः सन्यास में

निवृत्ति ही होनी चाहिए। प्रत्येक आश्रम के कर्तव्य भी विशेष प्रकार के होते हैं। जैसे, ब्रह्मचर्य आश्रम (विद्यार्थी जीवन) के कर्तव्य हैं विद्या अध्ययन तथा गुरु सेवा। फिर गृहस्थ जीवन में प्रवेश हो जाने पर उसमें अन्य प्रकार के कर्तव्य निभाने पड़ते हैं। इसमें अपने सभी करणीय कर्मों को भगवान को समर्पित करने का विधान है। उसके बाद जब वह वानप्रस्थ आश्रम में प्रविष्ट हो तो उसे तप, त्याग आदि का अभ्यास करना चाहिए। इस प्रकार प्रत्येक आश्रम के कर्तव्य विशिष्ट होते हैं, भिन्न-भिन्न होते हैं लेकिन चाहे कोई ब्रह्मचर्य आश्रम में हो या गृहस्थाश्रम में, वानप्रस्थ आश्रम में हो, या फिर सन्यासाश्रम में, सभी आश्रमों में उसे सद्गुणों का पालन तो करना ही पड़ता है। देखो, आश्रम के अनुरूप कर्तव्य अलग-अलग हो सकते हैं लेकिन सद्गुण अलग-अलग नहीं होते। जैसे, जब कहा जाता है कि ब्रह्मचर्य अवस्था में बहुत ईमानदारी से, प्रमाणिकता पूर्वक पढ़ाई करनी चाहिए तो क्या गृहस्थाश्रम में बेईमानी करें, तो चल जाएगा? बाल्य अवस्था में बड़े नियमपूर्वक रहना, इसका अर्थ क्या यह है कि बड़े होकर हम नियमों को तोड़ सकते हैं? जगत में ऐसा ही देखा जाता है। यहाँ समझना यह है कि समय तथा अवस्था के अनुसार कर्तव्य तो बदलते रहते हैं, लेकिन सद्गुण नहीं बदलते। जीवन की किसी भी अवस्था में सद्गुण सदा ही सद्गुण रहते हैं। गृहस्थाश्रम में बेईमानी चल जाएगी क्या? ऐसा नहीं होता है। लेकिन न जाने क्यों हमारा दिमाग ऐसा ही हो गया है। अच्छा, यह हुआ आश्रम धर्म। एक 'वर्ण' धर्म भी होता है। प्रत्येक मनुष्य जब जन्म लेता है, तो वह अपने साथ विशेष प्रकार के संस्कार लेकर आता है, अपने पूर्व-पूर्व जन्मों के। उन संस्कारों के अनुसार उसका स्वभाव-वर्ण निश्चित होता है, जिसे शास्त्र की भाषा में ब्राह्मण, क्षत्रिय, वैश्य तथा शूद्र कहते हैं।

वर्तमान में इन शब्दों से ही लोग घबरा जाते हैं। किन्हीं शब्दों से हमें द्वेष भी होता है। लोग उनको लेकर झगड़ते भी रहते हैं। तथापि, वास्तविकता यही है कि बच्चे अपने साथ पूर्व-पूर्व के संस्कार लेकर आते हैं। जैसे, किसी बच्चे में अध्ययन के संस्कार होते हैं, किसी का मन शोधकार्य में लगता है, किसी का साहित्य में, किसी का कला में, किसी का नाटक में, तो किसी का मन दर्शन-शास्त्र में लगता है। किसी-किसी का मन ग्रंथ-वाचन में, ग्रंथ-लेखन में, ग्रंथ-पाठन में लगता है। यह क्या है? इसको ब्राह्मण के संस्कार कहते हैं। किसी बच्चे में नेतृत्व के संस्कार होते हैं। बचपन से ही वह स्कूल में मानीटर बनता है। बाद में जब वह काम करने के लिए किसी कम्पनी में जाता है तो वहाँ यूनियन लीडर बन जाता है। उसका स्वभाव ही नेतृत्व करने का होता है, वह डरता नहीं। यह पूर्व संस्कार हैं। और तीसरे प्रकार का बच्चा होता है वह जहाँ-कहीं भी जाए उसे व्यापार ही सूझता रहता है। हर जगह उसकी व्यापार करने की ही वृत्ति होती है। हिमालय में भी यदि उसे कोई गरम पानी का स्रोत दिखाई दे, तो वह कहता है कि यहाँ चाय की दुकान खोलनी चाहिए क्योंकि गरम पानी पहले से ही तैयार मिलता है। देखो, ऐसा विचार ब्राह्मण के

मन में आता ही नहीं। यह क्या है? स्वभाव की बात है - वैश्यवृत्ति है। एक और वृत्ति होती है- शूद्र वृत्ति। जैसे, यदि कोई कहता है- मुझे ज्यादा सोचने-विचारने को मत कहो। बस! काम बता दो, मैं उसे कर दूँगा। तो यह शूद्र वृत्ति है। इस वृत्ति का व्यक्ति अपनी बुद्धि को ज्यादा चलाने की बात नहीं सोचता। न ही वह ज्यादा पैसे कमाने की, नेतृत्व करने की, ज्यादा पढ़ाई-लिखाई की बात सोचता है। पर उससे जो काम कह दो, उसे वह कर देगा। उसमें भी वह अपनी स्वयं की बुद्धि ज्यादा नहीं लगाएगा। यह शूद्र वृत्ति है।

9. सामान्य-धर्म

अब देखो, जिसका जैसा स्वभाव हो, जिसके जैसे संस्कार हों वैसा ही उसका धर्म होता है। तात्पर्य यह है कि एक तो आश्रम के अनुसार धर्म होता है और दूसरा वर्ण के अनुसार। इनके अतिरिक्त एक सामान्य धर्म होता है- सद्गुणों का। वह सब के लिए समान होता है, चाहे कोई ब्राह्मण हो, क्षत्रिय हो, वैश्य हो या शूद्र हो। ब्राह्मणों को ईमानदारी से पढ़ना चाहिए। तो क्या वैश्य को बेईमानी से व्यापार करना चाहिए? क्षत्रिय को, राजनेता को क्या बेईमानी से काम करना चाहिए? ऐसा नहीं। सद्गुणों का धर्म समान होता है, चाहे कोई किसी भी आश्रम में हो या किसी भी वर्ण में हो, स्त्री हो या पुरुष कोई भी हो, किसी भी जाति-धर्म का हो, किसी भी देश का हो या किसी काल का हो।

10. वानप्रस्थाश्रम

इसके बाद वानप्रस्थ आश्रम का वर्णन किया गया है। हमारी संस्कृति में नियम ऐसा बताया गया है कि अपने पौत्र का मुख देख लिया तो घर छोड़ देना चाहिए। इस पर कोई कह सकता है मेरा तो लड़का नहीं है, लड़की है। बात यह है कि एक आयु निश्चित कर लेनी चाहिए जैसे, अधिक-से-अधिक साठ साल। साठवाँ साल मनाया जाता है न, क्यों? क्योंकि मनुष्य की परम आयु अधिक-से-अधिक एक सौ बीस साल की मानी जाती है। जैसे क्रिकेट में शतक होता है न? तो जब पचास रन हो जाएँ तब तालियाँ बजती हैं, उसी प्रकार साठ साल हो गए तो आधा जीवन पूरा हो गया। महाराज, अब निकलो, साठ साल के हो गए, तो अब निकल पड़ो घर से। लेकिन हम लोग ऐसे हैं कि सोचते हैं 'एक मैच और खेल लें, टेस्ट मैच नहीं तो रणजी ट्राफी, रणजी ट्राफी नहीं तो लोकल मैच तो खेल ही लें। लोग सेवानिवृत्त तो हो जाते हैं, पर फिर से कहीं-न-कहीं जुट जाते हैं'।

एक बार हमारे विभाग में किसी की सेवानिवृत्ति के मौके पर मैंने बोल दिया कि कम से कम सेवानिवृत्ति के बाद, जब उम्र के आखरी पड़ाव पर आ गये, कम से कम तब तो हमें ज्ञान प्राप्ति, भगवत प्राप्ति के बारे में सोचना चाहिए। जीवन में शान्ति और आनंद के अनुभव के प्रयाश करने चाहिए। कब तक सांसारिक

बंधनो में पड़े रहोगे। मेरा इतना कहना था की जो महोदय सेवानिवृत हो रहे थे वो बहुत नाराज हो गए। बोले अभी तो मैंने किसी NGO से बात कर ली है, उसे serve करूँगा, पोते-पोतिओं को खिलाऊंगा, फिर उनकी शादी भी करनी है। अभी कहा फुर्सत है। देखिए, मैं जंगल में जाने की बात नहीं कर रहा हूँ। घर में रहो, प्रेम पूर्वक रहो, लेकिन ध्यान केवल परमात्मा पर रखो, रिश्ते नातो से थोड़ा दुरी बनाओ, अपने बच्चो के जीवन में दखलअंदाजी करना बंद करो, यही वानप्रस्थ है। ज्यादा-से-ज्यादा समय आत्मज्ञान की प्राप्ति में लगाएँ। इस प्रकार यह वानप्रस्थ धर्म बताया गया।

11. संन्यासाश्रम

अगले अध्याय में संन्यास धर्म का वर्णन किया गया है। ब्रह्मचर्य, गृहस्थ तथा वानप्रस्थ इन तीनों आश्रमों से यह संन्यास आश्रम बड़ा कठिन है। संन्यासी के लिए दूसरा कोई आश्रय नहीं है और जीवन का कोई अन्य बड़ा लक्ष्य भी नहीं है। बस, वह तो भगवान में मन लगा कर शान्त रहे। सारे विश्व को आत्मस्वरूप देखे। इस बोध में दृढ़ निष्ठा प्राप्त कर ले कि बन्धन-मोक्ष आदि जितनी भी द्वैत की कल्पनाएँ, जो अलग-अलग प्रकार से स्फुरित होती रहती है, वे सब-की-सब मिथ्या है। अब देखो, ऐसा हो तो वह क्यों जीता रहे? किस प्रयोजन से जीता रहे? 'कालं परं प्रतीक्षेत'। बस, देह गिरने की प्रतीक्षा करता रहे। जब उसका काल आएगा तब देह गिर जाएगा और छुट्टी हो जायेगी। न जीने की तम्मना है न मरने का इरादा है, ये संन्यास है अर्थात न तो ज्यादा जीने की इच्छा करे, न ही मरने की इच्छा करे। देह रहे तो भी ठीक है, न रहे तो भी ठीक है, उसके रहने या न रहने से कोई फर्क नहीं पड़ता। बहुत सारे रिश्ते-नाते और न बढ़ाए। लोग के साथ अपने आप को बाँध न ले। कोई आता है तो उसको मिलकर छुट्टी कर दे। और नये-नये प्रकार के कर्म भी प्रारम्भ न करे। सहज ही भगवद् भाव में रहे। संन्यासी के लिए एक कठोर बात बतायी गई कि संन्यास लेकर जो भोग में जाता है, वह कुत्ते के समान है। कुत्ता जो उल्टी करता है, उसी को खाता है। उल्टी करके उसी को खाने वाला वातांशी कहलाता है।

एक बार छोड़ दिया तो छोड़ दिया, ऐसा होना चाहिए। एक बार अपने मन्त्रियों के साथ विचरण करते हुए प्रह्लाद जी ने कावेरी तट पर एक अवधूत मुनि को पड़े हुए देखा। उनके चरणों में वंदन करके प्रह्लाद ने उनसे कहा- आप बड़े आराम से पड़े है, कोई काम-धाम करते दिखाई नहीं देते। प्रह्लाद जी पहचान तो गये थे कि यद्यपि ये अजगर की तरह आलस्य में पड़े दीख रहे हैं लेकिन हैं बड़े पहुँचे हुए व्यक्ति। वे अवधूत तो महामुनि दत्तात्रेय थे। बोले प्रह्लाद, तुम मुझे बहुत प्रिय हो इसलिये मैं तुम्हारे साथ बात कर रहा हूँ। नहीं तो मुझे किसी के साथ बात भी करने की कोई आवश्यकता नहीं है। मैं तो अपने आत्मस्वरूप में पड़ा हूँ। लोगों को

लगता है कि यह आलसी है, कुछ काम नहीं करता है। काम करना और काम नहीं करना, ये दोनों ही अज्ञानी के लिये है। ज्ञानी के लिये न कर्म करना है, और न ही कर्म त्यागना है। उस ज्ञानी पुरुष की स्थिति कोई ज्ञानी पुरुष ही समझ सकता है। इस प्रकार यहाँ अवधूत भगवान ने परमहंस का धर्म प्रकट किया।

12. गृहस्थों के लिये मुक्ति का मार्ग

इसके बाद अब गृहस्थाश्रम धर्म का वर्णन आता है। युधिष्ठिर कहते हैं- भगवान मैं तो गृहासक्त मूढ़ व्यक्ति हूँ, अतः आप मुझे उपदेश दीजिए। एक गृहस्थ पुरुष की मुक्ति का मार्ग बताइये। सभी गृहस्थों के लिए यह ध्यान देने योग्य बात है। नारद जी कहते हैं- गृहस्थ को हमेशा इस भाव में जीना चाहिए कि यह घर मेरा नही भगवान का है, मैं भी भगवान का हूँ, यहाँ जो लोग हैं, वे भी भगवान के हैं, मैं ऑफिस जाता हूँ तो भगवान के लिए जाता हूँ, घर में जो स्त्री खाना बना रही है उसको यह भाव रखना चाहिए कि मैं भगवान के लिए भोजन बना रही हूँ। हम जो भी सेवा करें वह सब भगवान के लिए हो पुरुष के लिए बताया गया है कि जब घर में अतिथि आएँ तब घर में जो भी चीज हो उसे उनकी सेवा में लगा दे, अपने लिए उतना ही रखे जितना उसकी जरूरत का हो। उससे ज्यादा जो रखता है वह चोर है।

सांई इतना दीजिए जामें कुटुम समाय। मैं भी भूखा ना रहूँ साधु न भूखा जाय॥

उसे यही भाव रखना चाहिए कि भगवान मुझे बस इतना दें कि जिससे कुटुम्ब चलता रहे, मैं भी भूखा न रहूँ और जो व्यक्ति घर पर आता है, वह भी भूखा न रहे। जीवन धारण के लिए जितनी चीजें जरूरी हों उनके अतिरिक्त सब छोड़ दें तो महत्पद प्राप्त हो जाता है। कहने का भाव यह है कि चाहे कोई ब्रह्मचारी हो या गृहस्थ, वानप्रस्थी हो या संन्यासी, ब्राह्मण हो या क्षत्रिय, वैश्य हो या शूद्र, स्त्री हो या पुरुष, कोई भी हो, उसे अपना हर कर्तव्य, भगवान की पूजा समझकर करना चाहिए। और अन्य जो सद्गुण बताये गए हैं, उन सब का सम्पादन कर लेना चाहिए, जीवन में उन सभी सद्गुणों का अवतरण हो जाना चाहिए। इसके पश्चात अन्तिम अध्याय प्रारंभ होता है। अब देखो, कर्तव्य पालन करना चाहिए यह तो हम सब समझते हैं, परन्तु देखा यह जाता है कि उसमें अनेक विघ्न आते रहते हैं। अब वे कौन-सी चीजें हैं जो इसमें (कर्तव्यपालन में) विघ्न डालती रहती है?

ये जो काम, क्रोध, भय, शोक, मोह, दम्भ, हिंसा का भाव, निद्रा आदि सब आसुरी वृत्तियाँ हैं, वे ही सब विघ्न डालती रहती हैं। तो अब उन्हें कैसे जीतें? उन्हें जीतने के लिए यहाँ बहुत सुन्दर उपाय बताये गये हैं, इन्हें ध्यान में रखना चाहिए। हमारे मन में जो कामना उठती है, वह संकल्प करने से ही उठती है। जैसे, यह चीज बड़ी अच्छी है, बड़ी सुन्दर है, इसमें बड़ा सुख है, यह मुझे मिलेगी तो बड़ा सुख होगा। जब हम ऐसे संकल्प करने लग जाते हैं, तब उस वस्तु की इच्छा का

निर्माण होता है। मन में जब ऐसे संकल्प उठने लगें तभी सतर्क रहते हुए उन्हें वहीं त्याग देना चाहिए, रोक देना चाहिए या दूसरी रीति से कहें तो उसी समय मन को मानो एक चाँटा-सा लगाना चाहिए कि 'झूठ-मूठ की कल्पना करता रहता है, चुप बैठ'। बोले- संकल्प ही न करें तो कामना को जीत जाएँगे। तो यहाँ कहा संकल्प को त्याग कर कामना को जीत लेना चाहिए। कामना पूर्ति में जब कोई विघ्न आता है, तो हमें क्रोध आता है। कामना को जीत लेने से हमारा क्रोध भी जीत लिया जाता है। लोग पूछते रहते हैं, "मुझे बहुत क्रोध आता रहता है, उसे किस प्रकार से जीता जाए?" बोले, तुम्हारे मन में बहुत इच्छाएँ हैं। मन में इच्छाओं को रखकर तुम क्रोध को नहीं जीत सकते। तब वे कहते हैं - नहीं, मेरे मन में कोई इच्छा नहीं है। अच्छा, यह इच्छा तो है न कि सब लोग मेरी तारीफ करें? बस, वही एक इच्छा काफी है आपको परेशान करने के लिए। जैसे, रात को मच्छरदानी में एक ही मच्छर काफी है आपको परेशान करने के लिए, बहुत सारे मच्छरों की थोड़े ही जरूरत होती है? इसलिए कहा- कामना त्याग, काम जय के द्वारा क्रोध को जीत लो। अर्थ ही अनर्थ की जड़ है, ऐसा समझकर लोभ को जीत लो, लालच को जीत लो। सुख पाने के लिए हम जिसके पीछे भाग रहे हैं, वह बड़ा ही अनर्थकारी है, ऐसा समझकर लोभ को जीत लो। और ''भयं तत्त्वविमर्शनात्'' देखो भय कब उत्पन्न होता है? जब हम द्वैत में स्थित होकर, द्वैत को स्वीकार कर के समझते हैं कि यह चीज मुझसे अलग है, तब उससे भय उत्पन्न होता है। तो यहाँ कहा आत्म एकत्व के ज्ञान के द्वारा भय को जीतो। और जो शोक-मोह हैं- अपने स्वरूप का हमें जो अज्ञान है, उसे मोह कहते हैं, उसके कारण जो दुःख होता है उसे शोक कहते हैं, उन्हें (शोक-मोह को) आत्मज्ञान के द्वारा जीत लो।

अपने मन में जो दम्भ है, उसे साधु पुरुष की सेवा करके जीत लो। साधु पुरुष की सेवा दम्भ रखकर नहीं की जा सकती। यदि कोई ऐसा करे, तो उसकी पोल-पट्टी खुल जाती है। योगाभ्यास में उत्पन्न होने वाले विघ्नों को मौन के द्वारा जीत लो, इस प्रकार, इस सुन्दर अध्याय के सात यह सातवाँ स्कन्ध, जिसमें तीन प्रकार की वासनाओं का वर्णन किया गया, यहाँ समाप्त होता है।

—ॐ—ॐ—ॐ—

अध्याय-9

अष्टम स्कन्ध

समझदारी से जीवन जीना, साधना है

आठवें स्कन्ध का विषय है- मन्वन्तर। इसे सद्धर्म-स्कन्ध भी कहते हैं। ब्रह्माजी के एक दिन में चौदह मनु आते हैं। एक-एक मनु के शासनकाल को मन्वन्तर कहते हैं। जैसे, भारत की केन्द्रीय सरकार का शासन काल पाँच साल का होता है तो पाँच साल के लिए प्रधानमंत्री होते हैं (बीच में यदि कोई गड़बड़ न हो तो)। अमेरिका के राष्ट्राध्यक्ष या राष्ट्रपति का शासन काल चार साल का होता है। उसके बाद दूसरे राष्ट्रपति नियुक्त होते हैं। इसी प्रकार एक-एक मनु आते हैं, और उनका काम होता है, धर्म की स्थापना करना। प्रत्येक मन्वन्तर की अपनी व्यवस्था होती है। जैसे एक प्रधानमंत्री का अपना मंत्रिमण्डल होता है जिसमें गृह मंत्री, वित्त मंत्री, रक्षा मंत्री आदि सब होते हैं। जब शासन बदलता है, तब नया मंत्रि मण्डल भी बनता है। इसी प्रकार प्रत्येक मनु के काल में सारे देवता होते हैं, ऋषि होते हैं और भगवान का कोई-न-कोई अवतार भी होता है। मनु के पुत्र-पुत्रियाँ भी होती हैं। पूर्व स्कन्ध में हमने जो मानव धर्म देखा, वह सामान्य धर्म था। अब इस आठवें स्कन्ध में सद्धर्म का वर्णन है। धर्म और सद्धर्म में थोड़ा-सा अन्तर है। सामान्य धर्म का आचरण मनुष्य अपनी शक्ति के अनुसार करता है, परन्तु श्रेष्ठ पुरुषों में एक विलक्षण शक्ति दिखती है, जो ईश्वर प्रदत्त होती है। उस शक्ति से सम्पन्न होकर, वे सब जो आचरण करते हैं वह 'सद्धर्म' कहलाता है। सप्तम स्कन्ध में जो ब्रह्मचर्य, गृहस्थ, वानप्रस्थ आदि धर्म बताये गए, उनका पालन मनुष्य अपनी शक्ति से करता है। लेकिन सद्धर्म भगवत्शक्ति से अधिष्ठित होता है, इसलिये अधिकारी पुरुष ही बड़े-बड़े कार्य कर सकते हैं। परन्तु इस सद्धर्म का अधिकारी कौन बनता है? जिसने अपने धर्म का पालन भली प्रकार से किया हो, वही सद्धर्म का भी अधिकारी बन सकता है। यह एक बात हुई।

अब दूसरी बात को भी ठीक से समझ लेना चाहिए। जब हम स्वधर्म का पालन करते हैं, तब हमारी वासनाओं में परिवर्तन आने लगता है, हमारी वासनाएँ परिमार्जित होने लगती हैं, और जब सद्धर्म का आचरण होता है तब वासनाओं का क्षय होने लगता है। अभी हम में बहुत सारी कुवासनायें हैं। धीरे-धीरे उनको बदला जाता है। कर्तव्यपालन के द्वारा स्वभाव बदला जाता है। अब राजा परीक्षित कहते हैं- महाराज आपने स्वयम्भुव मनु की बात तो बनायी, लेकिन दूसरे भी जो मनु हुये और उन सब मन्वन्तरों में जो-जो बातें हुईं, वह सब भी आप मुझे बताइये। इस आठवें स्कन्ध में मन्वन्तरों की कथा के द्वारा भगवत् स्मरण रूपीधर्म, दान-धर्म, प्रतिज्ञा पूर्ति का धर्म आदि बताये गये हैं। भगवान के स्मरण से सारे संकट दूर हो जाते हैं, यह बात विशेष रूपसे यहाँ बताई गई है। उसके बाद दान-धर्म का वर्णन है और फिर प्रतिज्ञा-पूर्ति का भी वर्णन है। पहले गजेन्द्र की कथा कही गई है, उसके बाद राजा बलि तथा वामन भगवान की बड़ी प्यारी कथा है और उसके बाद अन्त में मत्स्यावतार की कथा है जिसके साथ समस्त ज्ञान की तथा सारे जीवों के जो बीज हैं, उन सबकी रक्षा करते हैं।

1. भगवान हरि के द्वारा गजेन्द्र की मुक्ति

स्वयम्भुव मनु के पश्चात् दूसरे मनु हुए स्वरोचिष मनु। उनके बाद तीसरे मनु हुए उत्तम। इनका अति संक्षिप्त वर्णन करके श्री शुकदेवजी आगे कहते हैं- चतुर्थ मन्वन्तर में उत्तम का भाई तामस मनु बना और उस मन्वन्तर में भगवान का 'हरि' नामक अवतार हुआ। उन हरि ने गजेन्द्र को मुक्त किया। हाथियों के राजा गजेन्द्र एक बार संकट में पड़ गये। हारकर अन्त में उन्होंने भगवान को पुकारा। "गजराज पे विपदा पड़ी मन में जपा तब हरि हरि। ग्रह मार के मुक्ति करी"। गजराज पर विपदा पड़ी तो उन्होंने भगवान को 'हरि हरि' कहकर पुकारा। तब भगवान आये और आकर ग्राह के बन्धन से उसे छुड़ा लिया। यह बड़ी सुन्दर कथा है। कहा जाता है कि जीवन में जब कोई संकट आए, कष्ट आए और यदि समझ में न आ रहा हो कि क्या करें, तब इस 'गजेन्द्र मोक्ष' प्रसंग का पाठ करने से वह संकट दूर हो सकता है। श्री शुकदेव जी ने जब गजेन्द्र मोक्ष की यह कथा कही। गजेन्द्र स्वयं को केवल मगरमच्छ से छुड़ाने के लिये भगवान से नहीं कह रहा था। वह तो वह संसार के बन्धन से छुड़ाने की बात कह रहा था। हमारी स्थिति भी गजेन्द्र जैसी ही है। हमें अपनी शक्ति का बड़ा अभिमान होता है। हमारे आस-पास जो लोग घूमते रहते हैं, उन पर भी हमें बड़ा भरोसा होता है कि ये हमें बचा लेंगे। देखो, कभी अकेले कहीं दूसरे शहर में जाना पड़ता है तो हमें लगता है वहाँ तो हमारा अपना कोई नहीं है। अरे, तुम्हें अपने लोगों पर इतना भरोसा है? हमें लगता है समय पर वे सब लोग हमारा साथ देंगे। दूसरी बात, विषय सुख में आसक्त इन्द्रियों के कारण ही इस संसार में आते हैं सुख पाने के लिये। नहीं जानते कि

यहाँ काल रूपी मगरमच्छ (चाहे उसे कालरूपी कहो या कामरूपी) बैठा हुआ है। वह हमारी प्रतीक्षा कर रहा है, आते ही हमारा पैर पकड़ लेने के लिए उद्यत है, तैयार बैठा है। देखो, काल भी पहले आदमी के पैर को ही पकड़ लेता है। आदमी का जब मरण समय आता है तब सबसे पहले उसके पैर ही ठंडे पड़ने लगते हैं, क्योंकि काल पहले पैर को पकड़ लेता है। तब भी, अन्त काल में भी हम लोग इस डाक्टर को बुलाओ, उस डाक्टर को बुलाओ- यही कहते रहते हैं। आक्सीजन ले-ले कर कब तक जीते रहेंगे? लोगों को लगता है आक्सीजन लेने से जी रहे हैं। अरे! आक्सीजन से जीते होते तो कोई कभी मरता ही क्यों? आक्सीजन तो बहुत उपलब्ध है। जब तक कोई जीता है, तब तक उसे आक्सीजन आदि देते रहते हैं, मरने के बाद आक्सीजन अदि भी कुछ काम नहीं करते हैं। उन्हें भी हटा देना पड़ता है। यह गजेन्द्र मोक्ष कोई सामान्य जरा से बन्धन से मुक्ति पाने की बात नहीं है, यह तो संसार बन्धन से मुक्ति की बात है। और वास्तव में यह संसार बन्धन तभी छूटता है जब हम भगवान की शरण में जाते हैं। "एतावान एव परो लाभः, अन्ते नारायण स्मृतिः" जीवन का सबसे बड़ा लाभ यही है कि अन्त में भगवान की स्मृति हो जाये। इस प्रकार गजेन्द्र मोक्ष का यह सुन्दर प्रसंग यहाँ समाप्त होता है। अब आगे दूसरे मन्वन्तर की कथा आती है। पाँचवें मन्वन्तर में भगवान ने वैकुण्ठ नामक अवतार ग्रहण किया। उसका संक्षिप्त वर्णन करके श्री शुकदेव जी आगे कहते हैं- छठे मन्वन्तर में भगवान ने 'अजित' नामक अंशावतार ग्रहण किया और उन्होंने ही समुद्र मन्थन के समय सारे देवता तथा असुरों की सहायता की। इतना कहकर शुकदेवजी मौन हो जाते हैं। तब राजा परीक्षित कहते हैं- "कृपा करके यह समुद्र मन्थन की कथा आप मुझे विस्तार से सुनाइए।"

2.   भगवान अजित से ब्रह्माजी की प्रार्थना

शुकदेवजी कहते हैं- एक बार दुर्वासा ऋषि देवताओं पर नाराज हो गये, और उन्होंने देवताओं को शाप दे दिया। तब सारे देवता शक्तिहीन हो गये। असुरों को अच्छा अवसर मिल गया। उन्होंने देवताओं पर आक्रमण कर दिया और वे विजयी होने लगे। सारे देवता दुःखी हो गये कि अब क्या करें? वे सब मिलकर अपने भगवान के पास गए और उन्हें अपना दुःख-कष्ट सुनाया।

तब भगवान कहते हैं- देखो, तुम धर्म-पूर्वक रहते नहीं। स्वकर्म करते नहीं और अपने ऊपर संकट मोल लेते हो और फिर उसके बाद मेरे पास आते हो। तुम लोगों को लगता है कि मैं कुछ छूमंतर कर दूँ और तुम्हारा सारा दुःख दूर हो जायें, ऐसा नहीं होगा। तुम सब भी थोड़ा कर्म करो। इस समय सारे-के-सारे असुर बड़े शक्तिशाली हो गए हैं। और उनका जो राजा है (राजा बलि) वह बड़ा गुरु भक्त है। इसलिए यदि इस समय तुम लोग उनसे युद्ध करोगे तो काम बनने वाला नहीं है। हमेशा एक ही पक्ष सफल नहीं हुआ करता। न ही सफलता सदा एकतरफा प्रयत्न

से प्राप्त हुआ करती है। इस समय तुमको चाहिये कि जाकर असुरों से मित्रता करो, झगड़ा नहीं। सन्धि करके उनसे कहो कि हम दोनों मिलकर कोई ऐसी योजना हाथ में लें, जो हम दोनों के लिये ही लाभदायक हो। जैसे, क्षीर सागर का मन्थन। उसमें जो अमृत निकलेगा। अमृत आपको भी, चाहिये हमें भी चाहिये। अमृत चीज ही ऐसी है कि उसी सभी लोग चाहते हैं।

3. देवताओं द्वारा समुद्र-मन्थन का प्रस्ताव

भगवान के आदेश मानकर देवता लोग राजा बलि के पास गये। दोनों का मिलना बड़ा विचित्र था। यह राजनीतिज्ञों का जो मिलना होता है कि हम साथ-साथ मिलकर कुछ करेंगे, वह सच में गड़बड़ ही होता है। यहाँ दोनों ही सोचते हैं कि अमृत निकलेगा तो हम ले लेंगे। प्रयत्न साथ-साथ करेंगे, पर अमृत निकलेगा तो उसे हम ले लेंगे। व्यावसायिक साझेदारी कैसी होती है, यह तो सब जानते ही हैं।

मैंने एक कहानी सुनी थी कि दो सेठ थे, उन्होंने साथ-साथ कोई व्यवसाय प्रारंभ किया। कई सालों तक तो सब बहुत अच्दी तरह से चलता रहा। फिर एक दिन पता नहीं कैसे, एक के खाने में जहर आ गया, और अन्ततः वह मरणासन्न होगया। मरते समय उसको लगा कि अब तो मैं मरणासन्न हूँ। क्यों न सच को स्वीकार कर लूँ। उसने अपने दूसरे साझेदार को बुलाया। वह घबराकर दौड़ता हुआ आया। पहला कहता है- देख, अब मैं मर रहा हूँ। मेरे घर का ध्यान रखना जरा अच्छी तरह से। और मरने से पूर्व मैं अपना अपराध तुमको बता देता हूँ। व्यवसाय में मैंने गड़बड़ी करके मैं दस लाख रुपये खा गया और तुम्हें अब तक नहीं बताया। लेकिन अब मुझे लग रहा है कि मरने से पहले तुम्हें यह बात बता ही दूँ। तब उसका दूसरा साथी भी आँखों से आँसू बहाते हुये कहता है- तुमने अपना अपराध स्वीकार कर लिया है, तो मैं भी स्वीकार कर लेता हूँ कि तुम्हारे भोजन में यह जहर मैंने ही मिलाया है।

इसी प्रकार, अब देखो समुद्र मन्थन से अमृत जब निकलेगा तो क्या देवता लोग यह चाहेंगे कि असुर अमृत ले जायें? ये तो आपस में बराबर विभाग भी नहीं करेंगे, क्योंकि असुर पहले ही शक्तिशाली बने हुए हैं। वे लोग अमृत ले लेंगे तो और भी शक्तिशाली बन जायेंगे। ये देवतागण ऐसा थोड़े ही चाहेंगे। जब देवता लोग राजा बलि के पास पहुँचे तो इन्द्र देव ने उनके सामने अपना प्रस्ताव रखा। राजा बलि ने सुना, विचार किया और फिर बोले- ठीक है, चलो, प्रारम्भ करते हैं। दोनों के बीच सन्धि हो गयी।

4. समुद्र-मन्थन

अब अजित भगवान तथा देवता लोग पूँछ की ओर चले गये, और असुर मुँह की ओर गये। जैसे ही मन्थन प्रारम्भ हुआ तो सब ने देखा कि मन्दराचल पर्वत

समुद्र में डूबता जा रहा है। सब का मनोबल टूट गया और वे हताश हो गए। तब भगवान ने एक अद्भुत कच्छप का अवतार ले कर मन्दराचल को ऊपर उठाया। जब तक मन्थन चलता रहा भगवान उसे अपनी पीठ पर धारण किए रहे। भगवान ने देवताओं को बता दिया था कि यद्यपि तुम लोग अमृत चाहते हो, तथापि मन्थन से एकदम अमृत नहीं आयेगा। पहले हलाहल विष निकलेगा। उससे घबराना नहीं।

5.   भगवान शंकर का विषपान

अब जब मन्थन प्रारंभ हुआ, तब सबसे पहले उसमें से जहर निकला। ऐसा भयंकर जहर कि उसकी गंधमात्र से सारा जगत् जलने लगा। उन्होंने विराट् रूप में भगवान शिवजी की स्तुति की और कहा आपको नमस्कार, नमस्कार, नमस्कार! हमारी रक्षा करें, हमारे ऊपर बड़ा संकट आया है। भगवान शिवजी सती जी की ओर देखते हैं। कहते हैं- देवी इनके ऊपर कष्ट आया है। फिर कहते हैं- कोई समर्थ व्यक्ति हो, शक्तिशाली हो तो उसकी शक्ति का क्या उपयोग है? जो दीन लोग हैं, उनकी रक्षा करना, यही उसका उत्तम उपयोग है। और यदि शक्तिशाली होकर भी कोई दीनों की रक्षा नहीं करता तो वह बड़ा अधर्म करता है। ऐसे कार्य में यदि अपने प्राणों का भी त्याग करना पड़े, तो भी कोई बात नहीं, कर देना चाहिए। सती जी उनके स्वभाव को तथा प्रभाव को जानती हैं। उनका स्वभाव कैसा है? उन्हें 'करुणावतार' कहा गया है, भगवान शिव बड़े ही करुणाशील हैं। भगवान ने दोनों हाथों से पूरा-का-पूरा जहर लेकर पी लिया और पीकर उसे अपने कण्ठ में रख लिया। वह जहर भी कुछ कम नहीं था। उसने अपना प्रभाव शिवजी के ऊपर भी दिखा ही दिया। उनके कण्ठ को नीला कर दिया। वह नीला रंग उनके लिये आभूषण बन गया। ये नीलकण्ठ भगवान हैं, भगवान के सभी नामों में नीलकण्ठ नाम बहुत अच्छा है क्योंकि उससे साधु स्वभाव, परोपकारी स्वभाव प्रकट होता है।

इस दुनिया में भी समझदार लोगों को जहर पीना पड़ता है। जो नासमझ हैं उनको तो कुछ नहीं करना पड़ता। लोगों की बातें सुनते हैं तो आश्चर्य होता है। लोग कहते हैं - इस घर में मैं ही काम करता हूँ, सब मुझे ही सहना पड़ता है, सारा अपमान मुझे ही सहन करना पड़ता है। सारी कटुता मुझे ही पचानी पड़ती है। यहाँ देखो, विष पान की क्रिया के द्वारा भगवान शिव हमें क्या सिखाते हैं? यही कि जीवन का सारा जहर, सारी कटुता को तुम पी लो क्योंकि तुममे शक्ति है। और दूसरी बात, उस कटुता को अन्दर मत जाने दो। कई बार लोग जीवन के कटु अनुभवों को प्राप्त करके उन्हें पी तो जाते हैं, पर वे स्वयं बहुत जहरीले और कड़वे बन जाते हैं। या फिर उस कटुता को उगलते रहते हैं। भगवान शिवजी यहाँ सिखा रहे हैं कि ऐसा नहीं होना चाहिए। स्वंय भी कटु स्वभाव वाले मत बनो और दूसरों के ऊपर भी कड़वाहट मत उगलो। शान्ति से रहो। अन्दर-ही-अन्दर जलते मत रहना। कुछ लोग सहन तो करते हैं, लेकिन भीतर-ही-भीतर जलते रहते है,

कुढ़ते रहते हैं। जीवन में समझदार लोगों को ही झुकना पड़ता है। समझदार लोगों को ही जहर पीना पड़ता है। जैसे, घर में एक बड़ा और एक छोटा ऐसे दो लड़के हों, और यदि बड़ा लड़का झगड़ा करता है, कोई चीज छोटे से छीनता है, तो उससे कहा जाता है, अरे तुम बड़े हो, समझदार हो, दे दो उसको। ऐसा ही कहते हैं न? बड़े लड़के से ही समझदारी की अपेक्षा की जाती है। छोटे बच्चे से हम समझदारी की अपेक्षा नहीं करते। बच्चों को तो हम बड़ा उपदेश देते रहते हैं, लेकिन अपने ऊपर आता है तो बात नहीं समझते हैं। यही बात नीलकण्ठ भगवान हमें बताते हैं। विष पी लो, लेकिन स्वयं जहरीले मत बनो, मर मत जाओ, दूसरों को भी न मारो, उसे अपना आभूषण बनाकर धारण कर लो! उसके बाद समुद्र मंथन से उच्चैःश्रवा नाम का पंख वाला, उड़ने वाला घोड़ा निकला। उसके बाद लक्ष्मी जी निकलीं। सब को देख लेने के बाद, अच्छी प्रकार से सोच विचार कर लक्ष्मी जी ने नारायण भगवान के गले में हार डाल दिया। उनका विवाह हो गया।

समझने योग्य यह बड़ी महत्त्वपूर्ण बात है कि अमृत मन्थन का जो फल आता वह एकदम से नहीं आता। उसके पूर्व जहर भी आता है। जो जितना बड़ा कार्य करने निकल पड़ता है, उसे उतना ही ज्यादा जहर पीना पड़ता है। कोई जब आध्यात्मिक ज्ञान प्राप्ति के लिए साधन-पथ पर अग्रसर होने लगता है, तो वह यही पाता है कि उसके मन में भी पूर्व की अपेक्षाकृत ज्यादा कटु वृत्तियाँ उत्पन्न होने लगी हैं। अर्थात साधन मार्ग में भी पहले जहर ही उत्पन्न होता रहता है। फिर ये हाथी, घोड़ा, गाय, कल्पवृक्ष आदि, ये सब क्या है? देखो साधना से मन में नई-नई शक्ति आने लगती है, सिद्धियाँ प्राप्त होने लगती हैं। ये ही मन्थन से निकलने वाले हाथी, घोड़ा, कल्पवृक्ष आदि हैं। उन्हें पा कर यदि कोई मोहित हो जाता है तो वह आगे नहीं बढ़ सकता। यहाँ वर्णन आता है कि ये देवता तथा असुर लोग थोड़ी-थोड़ी देर में ही, जब कुछ निकलता नहीं था, तो मन्थन करना छोड़ देते थे। ऐसा ये बार-बार करते थे। बार-बार भगवान उनको उत्साहित करते रहते थे। परन्तु वे कहते थे अब हम से कुछ नहीं होता। तब भगवान उनसे पुनः कहते थे कि तुम्हें अमृत अवश्य मिलेगा, मन्थन करो।

अब उसमें से एक दिव्य पुरुष निकले। वे परम सुन्दर, शक्तिशाली, पीताम्बरधारी थे। हाथ में अमृत का कलश लेकर धनवन्तरी निकले। देवता और असुर दोनों ने साथ-साथ यह योजना बनाई थी, लेकिन असुरों ने पहले ही कहा था कि जब अमृत आएगा तो उसे हम लेंगे। असुरों ने धनवन्तरी के हाथों से अमृत कलश छीन लिया। अब स्थिति ऐसी हो गई कि पहले तो देवता और असुर ये दो ही दल थे। अब असुरों को अमृत मिला तो उनमें आपस में ही झगड़ा शुरु हो गया कि पहले कौन पीयेगा?

6. मोहिनी-अवतार

हार कर तब देवताओं ने भगवान की तरफ देखा। भगवान ने कहा-, मुझे मालूम था कि तुम मेरे ही पास आओगे। अब रोओ मत। इतना सब मैंने किया है तो अमृत किस प्रकार से लेना है, वह भी मैं बता सकता हूँ। अब भगवान ने बड़ा सुन्दर मायावी रूप धारण कर लिया। वे स्त्री का रूप लेकर आ गए क्योंकि वे जानते हैं कि असुरों की एक कमजोरी है 'स्त्री', और दूसरी है 'सुरा'। भगवान विष्णु ने निश्चय करके अत्यंत सुंदर मनमोहक रूप ले लिया। लेकिन वह सौन्दर्य सात्त्विक नहीं था, मादक सौंदर्य था। भगवान की माया देखो कैसी है, उस रूप को देखकर देवताओं के मन में विकार उत्पन्न नहीं हुआ। लेकिन असुरों का मन जो पहले से ही बिगड़ा हुआ था, उसे भगवान ने और बिगाड़ दिया। फिर भगवान ने देवताओ को अमृत और असुरो को शराब बाँट दी। ये तो केवल कथा है लेकिन सत्य तो ये है कि भगवान निष्पक्ष है वो तो जैसी जिसकी प्रवृति उसको वैसा ही फल प्रदान करते है। असुर भले ही अमृत चाह रहे हो लेकिन उनकी जो प्रकृति है वो मदिरा की है। भगवान जिसके लिए जो सही है वही प्रदान करते है। कई बार हम भी भगवान से शिकायत करते है कि हमें, ये नहीं मिला। हमें वो नहीं मिला, लेकिन हम ये नहीं मानते के जो हमें मिला है हमारी प्रकृति और प्रवृति के अनुसार ही मिला है और हमारे लिए वही सही है।

7. समुद्र-मन्थन का तात्पर्य

अब इस समुद्र मन्थन के आध्यात्मिक अर्थ को भी समझना आवश्यक है। यह क्षीरसागर हमारा अन्तःकरण है। वास्तव में इसी में मन्थन करना है। इसके अनेक अर्थ बताए गए हैं। लेकिन मन्थन इसी का करना है। यह मन्थन मन के द्वारा किया जा सकता है। उसे करते ही रहना है। यह मन्थन निदिध्यासन अर्थात ध्यानाभ्यास की प्रक्रिया है। इसका सामान्य अर्थ ऐसा भी किया जा सकता है कि किसी भी कर्म का फल अमृत है और उस फल की प्राप्ति में अनेक विघ्न आते ही रहते हैं। सफलता भी प्राप्त होती है। विघ्नों से घबराना नहीं चाहिए और सफलताओं पर मुग्ध भी नहीं होना चाहिए। थोड़ी सफलता मिल गई तो वहीं अटके रह गए, ऐसा भी नहीं होना चाहिए। आगे बढ़ते जाओ, जब तक अन्तिम फल नहीं मिल जाता, तब तक बढ़ते रहो। इसी प्रकार जब निदिध्यासन रूपी मन्थन करने बैठें तो मैं देहादि नहीं हूँ, मैं तो चौतन्य स्वरूप आत्मा हूँ ऐसा ध्यान करना चाहिए। परन्तु ऐसा कब होगा? जिस प्रकार क्षीर सागर में पहले जड़ी-बूटी, ओषधियाँ आदि डाली गई थीं उसी प्रकार हमारे अन्तःकरण रूपी समुद्र में, वेदान्त के श्रवण द्वारा पहले उपनिषदों के वाक्य डाल दिए गए हों तब तो यह मन्थन किया जा सकता है। अन्यथा उससे कोई लाभ नहीं होता। एक और ध्यान में रखने योग्य बात यह है कि सारे काम भगवान् की ही कृपा से, उन्हीं के अनुग्रह से होते रहते हैं। अतः

उनका अनुग्रह अर्जित करके तब मन्थन करते रहना चाहिए। और यह जो अमृत है वह वास्तव में अपने आत्मस्वरूप का अनुभव है। मन्थन प्रारम्भ करने के बाद उस अनुभव की प्राप्ति तक, बीच में अच्छे-बुरे कई अनुभव प्राप्त हो सकते हैं। कड़वा अनुभव भी हो सकता है, अनेक प्रकार की सिद्धियाँ भी प्राप्त हो सकती हैं। लेकिन कड़वाहट आ जाए तो शिव जी का ध्यान कर लेना चाहिए। जहर चला जाएगा। अर्थात शिवजी की तरह शान्त चित्त होकर आगे बढ़ते रहने पर मन में उठने वाली आसुरी वृत्तियों को भगवान् स्वयं समाप्त कर देते हैं। सिद्धियों के आकर्षण को भी मिटा देते हैं। अन्ततः अमृतस्वरूप की प्राप्ति भी हो जाती है।

8. देवासुर-संग्राम

अब देवता लोग अमृत पी कर शक्तिशाली हो गए। असुर देखते ही रह गए। देवताओं को अमृत मिल गया- यह तो बड़ी गड़बड़ बात हो गई, ऐसा सोचकर वे सब बड़े क्रोधित हुए। और वे घोर युद्ध करने लगे। युद्ध में जब इन्द्र ने अपने वज्र से बलि को मार गिराया, तब देवता लोग दूसरे सभी असुरों को मारने लगे। ब्रह्माजी का आदेश पा कर नारद मुनि वहाँ आए। इस बार वे असुरों की ओर से आए और देवताओं को दैत्य संहार के विरत किया। फिर वे देवताओं से कहते हैं- तुम सबने अमृत पी लिया है, लक्ष्मी जी की कृपा दृष्टि भी प्राप्त कर ली है, चलो अब युद्ध करना बंद करो। युद्ध बंद हो गया। नारद मुनि के कहने पर राजा बलि के देह को उठाकर असुर उसे उनके गुरु शुक्राचार्य के पास ले गए। उनके पास संजीवनी विद्या थी। उस विद्या से उन्होंने सभी घायल असुरों को पुनः जीवित कर दिया। उनके स्पर्श से बलि की पूर्व स्मृति लौट आई और उसकी इन्द्रियाँ सचेत हो गई।

10. राजा बलि की अमरावती पर विजय

राजा बलि बड़े समर्थ थे और गुरु भक्त भी थे। इसलिए वे बड़े शक्तिशाली हो गए थे। बड़ी भारी तैयारी करके उन्होंने अपनी सेना के साथ जब अमरावती को घेर लिया, तब देव गुरु बृहस्पति के आदेशानुसार, स्वेच्छानुसारी रूप धारण कर देवताओं को स्वर्ग छोड़कर कहीं छिप जाना पड़ा। तब बलि ने स्वर्ग सहित पूरे विश्व पर विजय प्राप्त कर ली। अब देवता गण बड़े दुःखी हो गए कि हमारे पास कुछ नहीं रहा। देवताओं की माता अदिति को बहुत दुःख होने लगा कि मेरे पुत्रों में कोई सामर्थ्य नहीं रही। उनका कोई वैभव भी नहीं रहा। अदिति को अत्यधिक उदास देखकर कश्यप ऋषि ने उसका कारण पूछा तो अदिति ने उन्हें अपनी व्यथा कह सुनाई। और उनसे प्रार्थना की कि हमारे पुत्रों के लिए आप कुछ कीजिए। तब कश्यप ऋषि ने अदिति से कहा ठीक है, मैं तुम्हें व्रत बताता हूँ। उस व्रत के द्वारा तुम भगवान को प्रसन्न करो। और जब भगवान प्रसन्न हो जाएँ, तो तुम जो चाहती हो वह उनसे माँग लेना। ऐसा कह कर उन्होंने उसे 'पयोव्रत' बताया। उस व्रत के

आचरण द्वारा अदिति ने भगवान को प्रसन्न कर लिया। तब भगवान अदिति से कहते हैं-मैं तुम्हारी इच्छा जानता हूँ। लेकिन इस समय देवता लोग दुर्बल हो गए हैं। असुर लोग शक्तिशाली भी हैं और वे गुरु भक्त भी हैं। इसलिए हम उनका कुछ भी नहीं बिगाड़ सकते। देखो, भगवान सम दृष्टि वाले हैं या नहीं? बोले- इस समय मैं बिना कारण देवताओं का पक्ष लेकर असुरो को हटा नहीं सकता क्योंकि वे धर्मपूर्वक रह रहे हैं। अपने इस ईश्वर रूप में रहकर मैं पक्षपात नहीं कर सकता। लेकिन तुम्हारा काम भी तो करना है। इसलिए मैं तुम्हारा पुत्र बन कर आऊँगा, इन्द्र का छोटा भाई बनकर आऊँगा। एक भाई अपने भाई का पक्ष ले सकता है, वह पक्षपात नहीं कर कहलायेगा। भगवान ने ऐसी युक्तिपूर्ण बात बताई। और कहा तब मैं उसके साथ, उसके पक्ष में रहकर कार्य करूँगा, तुम्हारी इच्छा को पूर्ण करूँगा।

11. वामन-अवतार

भगवान के वचन सुनकर अदिति प्रसन्न हो गई। द्वादशी के दिन भगवान आविर्भूत हुए। वे शंख-चक्र-गदा-पद्म धारी रूप में प्रकट हुए। तब सारे देवता, मनु, पितर, सिद्ध, विद्याधर, यक्ष आदि सब प्रसन्न हो गए। दुंदुभियाँ शंख आदि सब बजने लगे। और सबके देखते-देखते ही भगवान ने अपना वह रूप त्याग कर छोटे-से ब्राह्मण वटु का रूप, वामन रूप धारण कर लिया। भगवान तो नट है। उनको रूप बदलने में कितनी देर लगती है? तो वे छोटे-से वटु 'वामन' बन गए। देखो, वे जानते हैं कि उन्हें राजा बलि के पास माँगने के लिए जाना है। जिसे माँगना होता है उसे छोटा बनना पड़ता है। बोले चाहे वह परमात्मा की क्यों न हो, लेकिन जिसे माँगने के लिए जाना हो उसे छोटा बनना पड़ता है। 'वामन' अर्थात बहुत सुन्दर, तो ये वटु छोटे-से हैं और बड़े सुंदर है। भगवान वामन रूप रखकर बोले-राजा बलि यज्ञ कर रहे हैं। अब मैं उनके पास जाता हूँ।

नर्मदा के किनारे 'भृगुकच्छ' नाम का क्षेत्र है। वहाँ राजा बलि अश्वमेध यज्ञ कर रहे हैं। बड़ा भारी मंडप लगा हुआ है। सारे ऋत्विक् आदि मंत्रोच्चारण सहित आहुतियाँ दे रहे हैं। वहाँ अनेक प्रकार के धार्मिक कर्म हो रहे हैं, दान भी दिया जा रहा है। उसी समय ये छोटे-से वामन भगवान एक हाथ में छत्री दूसरे हाथ में कमण्डलु कुशा लिए, यज्ञोपवीत धारण किए हुए धीरे-धीरे वहाँ जा रहे हैं। वहाँ के सारे ब्राह्यण, ऋत्विक और पुजारियों को लगने लगा कि दूर से कोई तेजपुंज-सा कुछ आ रहा है। उन्होंने सोचा कि शायद यज्ञ देखने के लिए सूर्य पृथ्वी पर आ रहे हों, या फिर सनत्कुमार आ रहे हों। क्योंकि वे बड़े तेजस्वी हैं न। शुक्राचार्य जी अपने शिष्यों के साथ ऐसा तर्क-वितर्क कर ही रहे थे कि तब तक छत्र, दण्ड, कमण्डलु लिए हुए वामन भगवान वहाँ प्रवेश करते हैं। 'मायामाणवकं' माया से ये वटु बने हैं। वास्तव में न तो वे वटु हैं न ही छोटे-से हैं। ये तो विश्वव्यापी परमात्मा हैं। छोटा-सा रूप लेकर अब यहाँ पर आये हैं। माँगने के लिए आये हैं, इसलिए छोटे

बनकर आये हैं। भगवान का तेज इतना प्रखरकर था कि उस तेज से सभी लोग ऐसे अभिभूत हो गए कि सारे ऋषि अपने-अपने शिष्यों सहित अपने आप ही अनायास उठ खड़े हो गए। आइए, आइए कह कर उनका स्वागत करने लगे। अभी उन्हें मालूम भी नहीं कि ये कौन हैं? देखो, मालूम होने की क्या जरूरत है? भगवान का तेज ही ऐसा था। वे वहाँ आते हैं। उन्हें देखकर राजा बलि ऐसे मुग्ध हो गए कि उनकी ओर देखते ही रह गए। फिर सम्हलकर राजा बलि उनका स्वागत करते हैं। अर्घ्य-पाद्य आदि सब कुछ देते हैं और उनकी पूजा करते हैं।

फिर कहते हैं- हे वटो तुमको जो-जो चाहिए हो वह माँग लो। मैं देने के लिए तैयार हूँ। भगवान फिर कहते हैं- हे राजन् तुमने जो वचन कहे वे तुम्हारे कुल के योग्य ही हैं। तुम प्रह्लाद के वंश के हो। तुम्हारे कुल में कभी कोई कृपण हुआ ही नहीं। सब-के-सब दानवीर हुए हैं। फिर कहते हैं- राजन् तुम सब कुछ दे सकते हो लेकिन मुझे बहुत ज्यादा चीजें नहीं चाहिए। फिर से वे यहाँ अपनी विरक्ति दिखाते हैं। कहते हैं, "मुझे तो तीन पैर जमीन चाहिए, बस!" मुझे और कुछ नहीं चाहिए। राजा बलि ने सुना तो बोले- ये इतनी लम्बी-चौड़ी तारीफ कर रहे थे तो मैंने सोचा बहुत कुछ माँगेंगे। जब कोई इतनी लम्बी तारीफ करे तो कोई भी आदमी यही समझेगा कि यह बहुत सारी चीजें माँगने वाला है। लेकिन ये कहते हैं- मुझे तीन पैर जमीन दे दो, ज्यादा कुछ नहीं चाहिए। राजा बलि कहते है-तुम जो कहते हो वह सब सही है लेकिन तुम बालक ही नहीं, बालबुद्धि भी हो। तुम समझते नहीं कि तुम क्या माँग रहे हो, किससे माँग रहे हो। जैसे एक करोड़पति के पास जाकर कोई उसकी खूब तारीफ करे कि आप बहुत दानवीर है, और फिर कहे कि मुझे पाँच रुपए दे दो। वह कहेगा तुम किसके साथ काम कर रहे हो? इसी प्रकार यहाँ राजा बलि कहते हैं- तुम्हें मेरे वचनों पर विश्वास नहीं होता है। तुम्हें ऐसा लगता है कि मैं दे नहीं सकता? मैं सब कुछ दे सकता हूँ। देखो यह बलि का अभिमान है। फिर कहते हैं- एक बार कोई मेरे पास माँगने के लिए आए तो उसे दुबारा किसी से कुछ माँगने की जरूरत न पड़े ऐसा मेरा नियम है। तुम तीन पैर जमीन लोगे तो तुमको अवश्य ही कहीं और जाना पड़ेगा, यह बात ठीक नहीं। इसलिए अपनी जीविका चलाने के लिए तुम्हें जितनी जमीन चाहिए हो माँग लो।

तब वामन भगवान कहते हैं- राजन, मनुष्य को कोई भी विषय कभी संतुष्ट नहीं कर सकता। जैसे, जो सौ-पति है वह हजार-पति बनना चाहता है। जो हजार-पति है वह लखपति बनना चाहता है और जो लखपति है वह करोड़पति बनना चाहता है। (करोड़पति रोड़पति बनना चाहता है क्योंकि वह सोचता है कि रोड पर ही अच्छा था।) करोड़पति, अरबपति बनना चाहता है। अरबपति खरबपति बनना चाहता है। खरबपति शंखपति और शंखपति पद्मपति बनना चाहता है। पहले मनुष्य सोचता है कि मैं नगरपालिका का (म्युनिसिपैलिटी का) चुनाव जीत लूँ, फिर सोचता है विधानसभा का जीत लूँ, फिर लोकसभा इलेक्शन जीत लूँ, फिर सोचता है एम.

पी. बनूँ, फिर उसे लगता है पीएम बनूँ और हमेशा के लिए बना रहूँ। इस प्रकार, इच्छाएँ बढ़ती ही जाती हैं। वामन भगवान आगे कहते हैं-इसलिए, मुझे ज्यादा चीजों का लालच नहीं है। तीन पैर जमीन से ज्यादा मुझे और कुछ नहीं चाहिए। मैं इसी में तृप्त हूँ। मेरा प्रयोजन जितने में सिद्ध हो मैं उसी में संतुष्ट हूँ। उससे ज्यादा मुझे और कुछ नहीं चाहिए।

सुनकर राजा बलि को हँसी आ गई। तथापि उन्होंने कहा- आपको इतना ही चाहिए तो ठीक है मैं उसे देने के लिए तैयार हूँ। ऐसा कहकर संकल्प करने के लिए वे हाथ में जलपात्र लेते हैं। कहा जाता है कि अतिथि को विष्णु भगवान समझकर ही कुछ देना चाहिए। किसी को भी जब दान देना हो, तो ये विष्णु हैं ऐसी भावना करके ही दान देना चाहिए। लेकिन यहाँ तो भावना करने की जरूरत ही नहीं है। यहाँ तो साक्षात् विष्णु भगवान ही खड़े हैं। अब दान करने के लिए उद्यत राजा बलि को देखकर, शुक्राचार्य जी जो राजा बलि को पुरोहित थे, उनको लगा कि राजा चक्कर में आने वाला है। यह वामन वटु छोटा-सा है लेकिन बड़ा खोटा है। इसका कोई भरोसा नहीं। उनको लगा कि यह तो इनका पूरा राज्य ही छीन लेगा। (और यदि इसने राज्य छीन लिया तो फिर मेरा क्या होगा? इसलिए वे नहीं चाहते कि राजा बलि संकल्प करें।) वास्तव में बात यह थी कि शुक्राचार्य जी भगवान की लीला को जानते थे। अतः वे पहचान गए कि ये तो स्वयं विष्णु भगवान हैं, अभी छोटे-से दीखते हैं लेकिन बाद में विराट् रूप (बड़ा रूप) धारण करके छल करेंगे। अतः वे राजा बलि को सावधान करते हैं-

देखो दान करना चाहिए लेकिन ऐसा नहीं कि अपना घर भी न रहे। कोई व्यापार भी करता है तो वह समझता है कि मूलधन को खत्म नहीं करना चाहिए। जरा सोचो, मूल ही खाने लग जाओगे, तुम्हारे पास रहने के लिए भी स्थान नहीं रहेगा, तब तुम क्या दान करोगे? ऐसा दान नहीं करना चाहिए। जिससे आपका रोजगार ही खत्म हो जाये, आय का साधन ही समाप्त हो जाये ऐसा दान श्रेष्ठ नहीं माना जाता। गृहस्थों के लिए बताया गया है कि उनके पास जो धन आता है उसे पाँच भागों में विभाजित करना चाहिए। एक धर्म करने के लिए, एक यश के लिए, एक धन को बढ़ाने के लिए, एक अपने भोग के लिए और एक अपने परिवार के लिए, इस प्रकार पाँच विभाग करने चाहिए। उसमें धर्म भी हो, अर्थ भी हो, काम भी हो, यश भी हो, सब हो। अब ये तुम्हारा सब कुछ लूट लेंगे तो क्या करोंगे? यह ठीक नहीं है। शुक्राचार्य जी कहते हैं, "ऐसा मत करो"। यह शुक्रनीति है। वे कहते हैं, "कभी-कभी झूठ बोलना भी ठीक है। लेकिन इस प्रकार सत्य-धर्म के वश में होकर अपने आपको फँसा लेना कोई अच्छी बात नहीं है।"

12. बलि की सत्यसन्धता

वैसे तो गुरु का वचन बहुत बड़ा माना जाता है, लेकिन यहाँ पर राजा बलि गुरु के वचन को नहीं मानते। उन्होंने देखा कि इस समय गुरु का वचन भी अधर्मयुक्त है। धर्म ही बड़ा है। धर्म से बढ़कर कोई चीज नहीं है। गुरु इसीलिए होते हैं कि वे हमको धर्म की बात बताएँ। वे यदि अधर्म की बात बताएँ तो कैसे मानी जायेगी? राजा बलि कहते हैं- गृहस्थों के लिए आपने जो धर्म बताया कि इस प्रकार का दान नहीं करना चाहिए कि जिससे अपना सारा कारोबार ही खत्म हो जाये, सो तो ठीक है। लेकिन असत्य से बढ़कर दूसरा पाप भी तो नहीं है। यह लड़का मेरे सामने खड़ा है और कहता है- मुझे तीन पैर जमीन चाहिए। अब यदि ऐसा मान लें कि बाद में यह बड़ा हो जायेगा, विराट् रूप धारण कर लेगा तो वह कल्पना ही होगी। सच बात तो यह है कि यज्ञ के समय ऐसा तेजस्वी ब्राह्मण यहाँ पर आया है और वह केवल इतनी सी चीज माँग रहा है। तो हम ऐसी कल्पना क्यों करें कि यह बड़ा हो जायेगा और मेरे साथ छल होगा? मैंने स्वयं कहा है कि तुमको जो चाहिए माँग लो, उसके बाद ही वह माँग रहा है। वचन का भी तो कुछ महत्त्व होता है। यदि वह वचन भंग करता है, तो वह इसका छल होगा। लेकिन, "तुमको जो चाहिए वह माँग लो" कहकर फिर माँगने पर न दूँ तो मेरा वचन भंग हो जायेगा।

दूसरी बात यह है कि आपके कथनानुसार यदि ये विष्णु भगवान है, तो फिर इससे बढ़कर और क्या बात हो सकती है? इसका अर्थ तो यही हुआ कि मेरा यज्ञ पूरा हो गया। यज्ञ तो किया ही जाता है विष्णु भगवान को प्रसन्न करने के लिए -'यज्ञो वै विष्णुः'। यदि साक्षात् विष्णु भगवान यहाँ आ गये हैं और उनको मैं कुछ देता हूँ तो इसमें गलत क्या है? वह चीज उन्हीं की तो है। और यदि ये विराट् रूप भी धारण कर लें, तो भी उसमें चिन्ता की क्या बात है। भगवान ने उसी समय विराट् रूप धारण कर लिया। भगवान के विशाल रूप ने पाताल से लेकर ब्रह्मलोक तक को व्याप्त कर लिया। उनका पैर इतना बड़ा हो गया कि एक पैर से उन्होंने पृथ्वी को और दूसरे पैर से स्वर्ग को व्याप्त कर लिया। वामन भगवान के इस विशाल रूप को राजा बलि देख रहा था परन्तु वह घबराया नहीं।

13. राजा बलि के अभिमान का निवारण

तीसरा पैर रखना तो अभी शेष था। उसके लिए कोई स्थान ही नहीं रहा। अतः भगवान ने गरूड़ की ओर देखा तो गरुड़ जी समझ गये। उन्होंने राजा बलि को वरुण पाश से बाँध लिया। भगवान कहते हैं, "मैंने एक पैर से पृथ्वी का नाप लिया, दूसरे पैर से स्वर्ग को नाप लिया, अब तीसरा पैर कहाँ रखूँ? तुम्हारा वचन अभी पूरा नहीं हुआ है। वचन पूरा नहीं होगा तो तुम्हें पाप लगेगा।" देखो बलि के मन में किसी प्रकार की कृपाणता या भय, कुछ नहीं आया। बलि कहता है- भगवान आप यदि ऐसा समझते हैं कि मैंने झूठ बोला है तो मैं अपने वचन को सत्य करता हूँ।

राजा बलि की महानता देखो, कहते हैं-, मैं अपने वचन को सत्य करता हूँ, जिससे बाद में मुझे दोष प्राप्त न हो। जबकि बात यह थी कि भगवान छोटे बन कर आये थे और तीन पैर की जमीन माँगी थी, तो वास्तव में उन्हें अपने बटु रूप के परिमाण से तीन पैर बराबर जमीन लेनी चाहिए थीं। तो क्या भगवान ने छल किया, झूठ बोला? ऐसा नहीं कह सकते। वह तो भगवान ने दूसरा रूप धारण कर लिया। बलि कहते हैं- यह मेरा मस्तक आपके सामने हैं। आप अपना पैर मेरे मस्तक पर रख दीजिये। मुझे नरक से भय नहीं लगता है, किसी ऐश्वर्य से नीचे गिर जाऊँ इसका भय नहीं लगता, कठिन से कठिन संकट से भी मुझे भय नहीं लगता। परन्तु 'इन्होंने वचन देकर उसे पूरा नहीं किया' इस प्रकार की अपकीर्ति मुझे नहीं चाहिए। जब उसने ऐसा कहा, तो देखो क्या आश्चर्य हुआ। राजा बलि बँधा हुआ है, उसकी पत्नी भी वहाँ पर है, भगवान का पैर उठा हुआ है, और उसी समय प्रह्लाद जी आते हैं। अब बँधा होने के कारण बलि उनकी पूजा आतिथ्य नहीं कर सकता था। अतः बड़ी शर्म से उसका सिर झुक गया। प्रह्लाद जी आते हैं और यह दृश्य देखते हैं। उनकी आँखों से प्रमाश्रु बहने लगते हैं। वे सच्चे भक्त हैं, अतः उनके मन में ऐसा भाव नहीं आया कि भगवान मेरे पौत्र के साथ कैसा व्यवहार कर रहे हैं। प्रह्लाद जी क्या कहते हैं मालूम है? कहते हैं- भगवान आपने इसको इन्द्रपद दिया और अब उसे वापस ले लिया, सो बहुत अच्छा किया। भगवान मैं तो समझता हूँ कि आपने इसके ऊपर बहुत बड़ा अनुग्रह कर दिया, बहुत बड़ी कृपा कर दी। यह संपत्ति वगैरह तो जीव को मोहित कर देते हैं। उस मोह के वश में आ कर व्यक्ति अपने आपको गिरा देता है, अभिमानी हो जाता है। आपने अच्छा किया कि इसका सब कुछ लूट लिया। विद्वान् लोग भी धन-सत्ता प्राप्त करने के बाद मोहित हो जाते हैं, पागल हो जाते हैं, गर्व और अभिमान से भर जाते हैं। आपको नमस्कार, पुनः पुनः नमस्कार। मेरे परिवार पर आपकी विशेष कृपा है। आप उसका विशेष ध्यान रखते हैं। विन्ध्यावली भी भगवान की प्रार्थना, स्तुति करती है।

ब्रह्मा जी को लगा कि भगवान छल कर रहे है। यह बात उनको अच्छी नहीं लगी, तो वे कहते हैं- भगवान आप इसको छोड़ दीजिए। यह इस प्रकार के दण्ड का अधिकारी नहीं है। इसने ऐसा कोई गलत कान नहीं किया है। भगवान ने उनकी तरफ देखा, मानो वे कह रहे हों तुम कौन वकालत करने वाले आ गये हों? उसने कहा भी नहीं और तुम जबरदस्ती आ गये। मान न मान मैं तेरा वकील। ऐसा कभी होता है क्या? श्री भगवान कहते हैं- ब्रह्मा जी आपको कुछ पता नहीं है। जिसके ऊपर मैं कृपा करता हूँ उसका धन लूट लेता हूँ। जिस संपत्ति के कारण मनुष्य मेरा, लोक का और समाज का अपमान करता रहता है, उस संपत्ति को मैं हर लेता हूँ। भगवान का यह प्रबल वाक्य है। धन माने केवल पैसा ही नहीं समझ लेना। हो सकता है भगवान उसका शरीर-स्वास्थ्य ले लें, उसका घर लूट लें, जो उसका प्रिय हो उस नाते रिश्तेदार को उठा ले जाएँ। एक बार भगवान श्रीकृष्ण और अर्जुन वेश

बदल कर साथ-साथ कहीं घूम रहे थे। वे एक धनवान के घर के सामने खड़े होकर भिक्षा माँगने लगे। उस धनवान ने कहा-भाग जाओ यहाँ से, हट्टे-कट्टे नौजवान हैं और आ गये भिक्षा माँगने के लिए। भगवान श्री कृष्ण कहते हैं- तुम्हारी संपत्ति और बढ़ जाये। अर्जुन देखता रहा, बोले भगवान उदार हैं। आगे चल कर उन्हें एक बूढ़ा भक्त मिला। उसके पास केवल एक गाय और बछड़ा ही थे। वह उस गाय का दूध दुह कर पीता था और बस भगवान का नाम लेता रहता था, ज्यादा कुछ काम नहीं करता था। ये उसके समीप गये तो उसने अपना जो थोड़ा-सा दूध था वह इनको दे दिया और स्वयं भूखा ही रह गया। भगवान आगे जाकर कहते हैं, "तुम्हारी गाय और बछड़ा मर जायें।" अब अर्जुन को बहुत बुरा लगा। अर्जुन कहता है, "भगवान यह कैसा न्याय हुआ"? जिसने आपको आगे जाने को कहा उसको तो आपने संपत्ति दे डाली और जिसके पास कुछ नहीं था, उसको शाप दे दिया कि उसकी गाय और बछड़ा मर जाएँ। बोले- नहीं, नहीं, उसके ऊपर तो मैंने कृपा की है। "कैसे?" "बात यह है कि वह मेरा भक्त है। वह मुझसे मिलना चाहता है। मैं भी उससे मिलने के लिए आतुर हूँ। ये गाय, बछड़ा ही बीच में अवरोध बने हुये हैं। ये उसके भजन में विघ्न डालते हैं। अब वह आसानी से मुझसे मिल सकता है।"

भगवान कहते हैं, "बलि मैं तुमसे बहुत प्रसन्न हूँ। मैंने तुम्हें नहीं बाँधा है, तुमने ही मुझे अपने सत्स्वभाव से बाँध लिया है। किसने किसको बाँधा? यह बड़ा विचित्र है, भगवान की माया है। भगवान कहते हैं- मैं तुम्हारे सिर पर पाँव रखता हूँ और तुम सीधे सुतललोक चले जाओ। वहाँ स्वर्ग से भी अधिक सुख सामग्री हैं, तुम वहाँ राज्य करो। "वहाँ तुम मुझे निरंतर देख पाओगे। मैं चक्र गदा आदि लेकर हमेशा तुम्हारे दरवाजे पर पहरेदार बन कर खड़ा रहूँगा।" बताओ कौन बँध गया? भगवान ने बाँध लिया अपने आपको उसके साथ और इतना ही नहीं, प्रह्लाद जी से कहते हैं- पह्लादजी, आप भी इसके साथ रहकर इसको सत्संग कराते रहिए। अब इससे बढ़कर क्या हो सकता है? भगवान और भक्त दोनों इस भक्त के पास आकर बैठ गये। किसके ऊपर ज्यादा कृपा की? बलि ने कहा- भगवान आपने मेरे ऊपर ऐसी कृपा की है कि मेरे पास बोलने के लिए शब्द ही नहीं है।

14. भगवान की भक्तवत्सलता

अब इस कथा पर थोड़ा विचार करें। भगवान राग-द्वेष रहित हैं, वे सबके लिए समान हैं। राजा बलि धर्मपूर्वक रह रहे हैं। अतः भगवान ईश्वर रूप से उनका विरोध नहीं कर सकते, लेकिन अदिति ने जो तप किया है उस तप से प्रसन्न होकर उनको जो वरदान चाहिए वह देना भी भगवान का कर्तव्य हो जाता है। तो अदिति की इच्छा भी पूर्ण करनी है और बलि को दण्ड भी नहीं देना है। यह कैसे हो? तो बोले मैं देवताओं का पक्ष लूँगा। कैसे? भाई बनकर मैं उनका पक्ष ले सकता हूँ। देखो, उन्होंने देवताओं का काम कर दिया, उनको पुनः स्वर्ग दिला दिया, उनकी माता

अदिति की इच्छा पूरी कर दी। राजा बलि को श्रेष्ठता मिलनी चाहिए वह भी दे दी, क्योंकि स्वर्ग से बढ़कर सुखवाले सुतल लोक का राज्य उसे दे दिया। और इतना ही नहीं, स्वयं वहाँ पर पहरा देने के लिए चले गये और प्रह्लाद को भी वहाँ पर भेज दिया। बताओ, स्वयं राजा बलि के सेवक हो गये। अधिक फल किसको दिया? भगवान ने राजा बलि को ही अधिक फल दिया है। यहाँ ध्यान देने योग्य एक और बात है। एक पैर से पृथ्वी को और दूसरे पैर से स्वर्ग को नापना-यह क्या है? बलि ऐसा धर्मात्मा था कि उसने अपने पुण्य से इस लोक को और परलोक को भी जीत लिया था। और जीत कर-ये मेरे लोक हैं, मैं इनका स्वामी हूँ, अब उन्हें भगवान को दान कर रहा हूँ, ऐसा अभिमान भी कर लिया। जो चीज अपनी है ही नहीं उसका किसी को कैसे दान कर सकते हैं? एक तो इन लोकों को जीतना और यह मेरा है ऐसा अभिमान करना, ममत्व करना, ये दोनों ही गलत हैं। बलि को ऐसा अभिमान हो जाने पर भगवान ने क्या किया? उसके इह लोक और परलोक दोनों ही ले लिये। लोक तो चले गए परन्तु उसका अभिमान अभी शेष था। दुनिया में किसी चीज को छोड़ना उतना कठिन नहीं है जितना कि उसे छोड़ने का अभिमान छोड़ना। जैसे, मैं सोचूँ- मैं घर-द्वार छोड़कर संन्यासी बना परन्तु कोई मेरे पाँव नहीं छूता। घर छोड़कर आये तो उसका अभिमान? किसने बोला था छोड़ने को? हम लोगों को छोड़ने का भी अभिमान हो जाता है। अब देखो, हमारे घर में जो कचरा होता है, उसको उठा कर फेंकते हैं तो क्या अभिमान करते हैं, सब को बताते हैं कि एक किलो कचरा फेंक दिया? तो आखिर हमने कचरा ही तो छोड़ा है, कचरा ही तो त्याग करके आये हैं, उसका क्या अभिमान करना? लेकिन हमको उसका भी अभिमान होता है। भोग के अभिमान से त्याग के अभिमान को छोड़ना ज्यादा कठिन होता है। तो भगवान कहते हैं- तुमने इहलोक छोड़ा, परलोक छोड़ा, लेकिन अब अभिमान को भी छोड़ो। राजा बलि समझ गया। उसने भगवान को अपना मस्तक दे दिया, भगवान इसमें जो उल्टी बुद्धि पड़ी है आप उसको दूर कर दो। भगवान ने उसको दूर कर दिया अपने चरणों के स्पर्श से। उसके अभिमान को नष्ट कर डाला। इस प्रकार से जब हम भगवान की भक्ति करते हैं, तब ऐसा ही होता है। अच्छा, अब एक दृष्टि से देखें तो लग सकता है कि भगवान ने छल किया है। लेकिन सच तो यह है कि छल करके अपने भक्त की महिमा को ही बढ़ा दिया है।

भक्त अपने वचन की पूर्ति कितने-कितने संकट सहकर करता है यह दर्शाता है। भले ही उसके साथ छल किया गया, लेकिन उसने एक बार भी ऐसा नहीं कहा कि मैं तुम्हारे ऊपर सुप्रीम कोर्ट में केस चलाऊँगा। वह तो सोचता है- मैंने वचन दिया है तो उसे मैं पूरा करूँगा। सामने वाला छल करता है, तो उसका दोष मेरे ऊपर नहीं है। वचन पूर्ति का जो बहुत बड़ा धर्म है- सद्धर्म है, उसे भगवान की शक्ति से वह (भक्त) पूरा करता है। भक्त को बड़ा बनाने के लिए भगवान अपने ऊपर दोषारोपण भी सहने के लिए तैयार हो जाते हैं। ऐसे भगवान को छोड़कर और

दूसरे किसी का क्या भजन करना? वे अपने ऊपर बुराई लेने को भी तैयार हैं। बोले देखो, मेरा भक्त बलि कैसा है। मेरे कपट करने पर भी, अपने गुरु के वचनों को छोड़कर भी, वह अपने वचन पर दृढ़ रहता है। इससे बढ़कर क्या हो सकता है? यह वचन पूर्ति का सद्धर्म है। भगवान उसके गुलाम बन गये, उसके सेवक बन गये। जो अभिमान का त्याग कर देता है, भगवान उसके सेवक बन जाते हैं। एक बात और समझ लो, भगवान ने छोटे- से रूप में आकर तीन पैर जमीन माँगी, जब दे दिया तो विराट् रूप धारण कर लिया। इसका अर्थ क्या है? भगवान हमारे पास आते हैं छोटे-से बन कर। कहते हैं तीन मिनट का समय दे दो, मेरा नाम ले लो। यह बहुत बड़ी बात है। हमारे पास ज्यादा समय कहाँ है? तो ज्यादा नहीं, बस दो-तीन मिनट दे दो। 'राम, राम, राम' तीन बार बोलो बस, ज्यादा नहीं। और यदि उनको तीन मिनट देना प्रारम्भ कर दें तो भगवान विराट् रूप लेकर हमारे पूरे जीवन को व्याप्त कर लेते हैं, हमारा सारा जीवन भगवन्मय हो जाता है। तो वामन भगवान के विराट् रूप धारण करने का यही अर्थ है। लेकिन मैंने एक जगह यह बात बताई तो एक आदमी ने कहा कि इसीलिए मैं नाम नहीं लेता। पूरा-का-पूरा समय ये ही ले लेंगे तो मैं व्यापार कैसे करूँगा? उसको दुकान की चिंता है। उसको इसका अर्थ समझ मे नहीं आता। भगवान ऐसे हैं कि आपका जीवन पवित्र कर देंगे, पूरे जीवन में व्याप्त हो जायेंगे। आपका जीवन भगवन्मय कर देंगे। यही वामन अवतार का रहस्य है।

15. मत्स्यावतार

सत्यव्रत नाम के एक राजर्षि हुये। राजर्षि में वैसे तो सभी गुण थे परन्तु थोड़ा सा अभिमान था कि मैं राजा हूँ और सबका रक्षक हूँ। भगवान ने सोचा इनका अभिमान मिटा दिया जाए तो ये ठीक हो जायेंगे और अगले मन्वन्तर के मनु बनने योग्य हो जायेंगे। धर्म वह है जिसका आचरण हम अपनी शक्ति से करते हैं, और सद्धर्म वह है जिसका आचरण भगवान अपनी शक्ति से करा लेते हैं। एक दिन राजर्षि सत्यव्रत ने नदी में स्नान करके अर्घ्य प्रदान करने के लिए जल उठाया तो एक छोटी सी मछली उनके हाथ में आ गई। जाने क्यों उसके ऊपर उन्हें बड़ा प्यार आया और वे उसे कमण्डलु में डाल कर ले आए। दूसरे दिन देखते क्या हैं कि वह बड़ी हो गई है। राजर्षि को देखकर वह कहने लगी कि कमण्डलु का पानी मेरे लिए पर्याप्त नहीं है। राजर्षि ने उसे एक बड़े मटके में डाला तो वह पुनः बढ़कर उस के जितनी बड़ी हो गयी। अब देखो, दूसरे ही दिन वह इतनी बड़ी हो गई। अरे! कोई मछली इतनी तेजी से बढ़ती है क्या? राजा सत्यव्रत ने सोचा कि मैं इसकी रक्षा करूँगा। यहाँ देखने की बात यह है कि भगवान उसके रक्षकपन के अभिमान को किस प्रकार मिटा रहे हैं। तो राजर्षि ने उसको उठाकर एक सरोवर में डाल दिया। वह और बढ़ गई और बोली इतना पानी मेरे लिए पर्याप्त नहीं है। तो उसे उठाकर एक बहुत बड़े हृद (Pond) में डाल दिया। वह पुनः बढ़ गई। इस प्रकार सत्यव्रत

उसे अनेक बड़े-बड़े सरोवरों में डालते गए परन्तु वह हर बार उतनी ही बड़ी हो जाती। बोले अब इसको समुद्र में डालते हैं।

समुद्र में डालते समय वह मछली राजा सत्यव्रत से कहने लगी-समुद्र में बड़े बड़े मगर आदि मुझे खा जाएँगे। आप मुझे समुद्र में न डालिए। तब सत्यव्रत मुग्ध होकर उसे देखने लगे। वे नमस्कार कर के बोलते हैं, "हे मत्स्य महाराज आप कौन हैं?" मुझे तो नहीं लगता कि कोई मछली ऐसे दिन दूनी रात चौगुनी बढ़ती जाती हो। उन्हें कुछ समझ में नहीं आ रहा था। तो वे सोचने लगे कि मत्स्य का रूप लेकर कौन मुझे मोहित कर रहे हैं? कहीं भगवान स्वयं ही तो नहीं आ गये हैं यहाँ। पहले उन्हें लगता था कि मैं इस मछली की रक्षा करने वाला हूँ। अब उनका वह अभिमान नष्ट हो गया और वे कहने लगे- आप मत्स्य नहीं हो सकते। जिस कारण से आपने यह मत्स्य रूप धारण किया है वह आप मुझे बताइये। भगवान बोले-, "तुम ठीक कहते हो। देखो, आज से सातवें दिन प्रलय होने वाला है। सब कुछ जल में विलीन हो जायेगा।" अब बात यह थी कि भगवान सारे जीव जन्तुओं की, पेड़ पौधों के बीजों की, संतति की, और ज्ञान की रक्षा करना चाहते थे। साथ ही उन्हें ज्ञात था कि हयग्रीव नामक असुर ने वेदों को चुरा लिया। तो वेदों को उससे ले कर पुनः ब्रह्माजी को देना था। कुछ लोग समझते हैं कि धर्म की, सभी जीवों की रक्षा हम ही करने वाले हैं, यह व्यर्थ का अभिमान है। सोचो प्रलयकाल में इन सारे संस्कारों की रक्षा कौन करता है? भगवान ने कहा - प्रलय के समय सब ओर जल ही जल हो जाएगा, तब एक नौका बहते-बहते आएगी। जितने प्रकार के प्राणी हैं, उन सब के बीजों को तथा सर्वओषधियों को लेकर, सप्तर्षियों के साथ तुम उसमें बैठ जाना। ऐसी कथा बाइबल तथा अन्य धर्म ग्रन्थों में भी पायी जाती है। आगे कहते हैं - फिर मैं एक बड़े मत्स्य के रूप में बहता हुआ वहाँ पर जाऊँगा, तब मेरे सींग में वासुकी से उस नौका को बाँध देना। तब, प्रलय काल बीत जाने तक मैं तुम सबकी रक्षा करूँगा। तब तुम मुझसे प्रश्न करना और मैं तुम्हें उपदेश करूँगा जिससे कि तुम्हें परब्रह्म स्वरूप का अनुभव हो जाएगा। प्रलय के बाद दूसरा कल्प प्रारम्भ हो जायेगा और तुम मनु बन जाओगे। भगवान के कथनानुसार सातवें दिन वहाँ सब ओर पानी-पानी हो जाता है और राजर्षि सत्यव्रत ऋषियों को नौका पर बिठा कर समस्त प्राणियों के बीजों तथ सर्वओषधियों को अपने साथ रख लेते हैं। मत्स्य वहाँ पर आते हैं और सत्यव्रत नौका को वासुकी नाग के द्वारा उनके सींग में बाँधते हैं। उसके बाद भगवान (मत्स्यराज) के पूर्व कथनानुसार सत्यव्रत प्रश्न करते हैं और उस प्रलय के समुद्र में नौका को खींचते हुए मत्स्यरूपधारी भगवान उन्हें आत्म तत्त्व का उपदेश करते हैं। उसी को मत्स्यपुराण कहते हैं। देखो, राजर्षि को लगता था कि मैं इनकी रक्षा करने वाला हूँ। अब उनको पता चला कि सारी सृष्टि की रक्षा करने वाले तो भगवान ही हैं। उनका अभिमान निवृत्त हो गया और अगले मन्वन्तर में वे मनु बने। भगवान ही माया से मीन-मछली-वराह और कछुए

के रूप में आते हैं। भगवान तो भगवान ही रहते हैं, उनमें कोई अन्तर नहीं आता। मछली के रूप में आये तब भी वे सर्वज्ञ, सर्वशक्तिमान ही थे। कोई भले ही उन्हें अंशावतार, कलावतार माने, भगवान तो सदा पूर्ण ही रहते हैं, चाहे जिस रूप में प्रकट हुए हों। या ये कहे कि मीन-मछली-वराह या कछुए सभी परमात्मा के अंश है। सभी में परमात्मा सामान रूप से व्याप्त है, हिन्दू धर्म प्रकृतिवादी धर्म है। प्रकृति में उपस्थित सभी प्राणी, पेड़-पौधे उस परमात्मा की ही अभिव्यक्ति है। यही दर्शाने के लिए आदि-दैविक जगत कि ये कथाये कही जाती है। लेकिन ऐसा भी नहीं है कि ये सब हुआ नहीं होगा, परमात्मा के साथ साथ प्रकृति भी अनादि है, क्या पता किसी काल में ये सब घटनाये घटित हुयी हो, लेकिन ये सिर्फ मानाने का विषय है लेकिन इन कथाओ से मनुष्य कैसे अपने जीवन में आध्यात्मिक जाग्रति ला सकता है? कैसे जीवन रुपी नौका से परमात्मा को अपनी नौका बनाकर इस जगत से, जन्म-मृत्यु से पार हो सकता है ये महत्व का है और ये जानने का विषय है धर्म मनाता है और अध्यात्म जनता है, अनुभव करता है यही दोनों में बुनयादी भेद है।

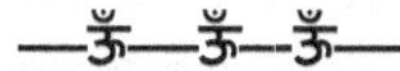

—ॐ—ॐ—ॐ—

अध्याय-10

नवम स्कन्ध

भक्त और भगवान अलग-अलग नहीं है

नवम स्कन्ध का विषय है "ईशानुकथा" यानी ईशकथा। नाम तो है ईशकथा, परन्तु इस नवम स्कन्ध में भगवान के भक्तों की ही कथा है। इसमें चौबीस अध्याय हैं जिनमें सूर्यवंश और चन्द्रवंश के राजाओं का वर्णन किया गया है। सारे राजाओं में कोई-न-कोई विशेषता थी। किसी में एक गुण प्रकर्षता से दिखाई देता था तो दूसरे में दूसरा गुण दिखाई देता था।

1. अम्बरीष-चरित्र

राजा परीक्षित ने मनु वंश का विस्तार जानना चाहा तो श्री शुकदेव जी कहते हैं- मनुवंश इतना बड़ा है कि जितना भी वर्णन करें वह पूरा नहीं होगा। अतः तुम उसे संक्षेप में सुनो। कुछ एक राजाओं की कथा यहाँ बताते हैं। मनु पुत्र राजा शर्याति की कन्या का नाम था सुकन्या। उसका विवाह च्यवन ऋषि के साथ हुआ था। उसके बाद नाभाग का पुत्र हुआ अम्बरीष। राजा अम्बरीष की कथा बड़ी सुन्दर और प्रसिद्ध है। राजा अम्बरीष बड़े महाभागवत हुए। दुर्वासा ऋषि जैसे व्यक्ति का शाप-ब्रह्मशाप भी उन्हें नहीं लगा, इनका स्पर्श तक नहीं कर पाया। राजा अम्बरीष विष्णु जी के बड़े भक्त थे। राजा अम्बरीष एकादशी का व्रत रखते थे। एकादशी का व्रत दशमी के दिन से प्रारम्भ होता है। दशमी के दिन एक बार खाया जाता है, एकादशी के दिन पूरा उपवास और द्वादशी के दिन भी एक ही बार खाना होता है। एकादशी इसलिए कि हमारी पाँच ज्ञानेन्द्रियाँ, पाँच कर्मेन्द्रियाँ और एक मन, ये ग्यारह उपाधियाँ ही हमको बिगाड़ती रहती है। अतः इन्हें संयमित करने की आवश्यकता रहती है। इसीलिए एकादशी के दिन उपवास का विधान है। तो एकादशी का अर्थ होता है इन ग्यारह उपाधियों के ऊपर पूर्ण संयम और उपवास का अर्थ होता है भगवान के पास बैठना-मौन रहना।

हमारी एकादशी कैसी होती है?- एकादशी के दिन दुगुना खाना और फिर भी कहना कि मैं भूखा हूँ। एकादशी ऐसे नहीं होती। एकादशी के दिन निराहार रहने का तात्पर्य केवल मुख से भोजन नहीं करना, इतना ही नहीं है। उस दिन अन्य इन्द्रियों नाक, कान आदि को भी अपने विषयों से हटा कर भगवान में ही लगना चाहिए। जो लोग व्रत के दिन यह सोचते हैं कि भूख लगती है इसलिए चलो सिनेमा देखने चलें या फिर ताश खेलें, वे लोग व्रत का प्रयोजन ही खत्म कर डालते हैं। यह धर्म नहीं, धर्म के साथ छल करना है।

एक समय की बात है। राजा अम्बरीष व्रतस्थ थे और द्वादशी के दिन पूजा आदि कर चुके थे, अब उन्हें व्रत छोड़ना है। उसी समय दुर्वासा ऋषि अतिथि बनकर आते हैं और कहते हैं कि मैं अभी स्नान करके आता हूँ। वे स्नान करने चले जाते हैं और फिर जल्दी लौटते नहीं। इधर अम्बरीष का व्रत तोड़ने का मुहूर्त टलता जा रहा था। उसी मुहूर्त में पूजा करके अन्न ग्रहण करने से उपवास पूर्ण होता है। अब लम्बे समय तक दुर्वासा जी लौट कर नहीं आये तो राजा ने दूसरे ब्राह्मणों से पूछा कि मुझे क्या करना चाहिए। मुहूर्त टल जाता है तो व्रत पूरा नहीं होता है और यदि ऋषि के आने के पूर्व ही मैं खा लेता हूँ तो अतिथि का अपमान होता है। इस धर्मसंकट के समय मुझे क्या करना चाहिए? उन्होंने कहा- तुम केवल जल का आचमन कर लो तो तुम्हारा व्रत पूरा हो जायेगा। फिर जब ऋषि लौट आयें, तो उन्हें खिलाने के पश्चात् तुम खा लेना। राजा ने वही किया। जब दुर्वासा ऋषि लौट कर आये और उन्हें इस बात का पता लगा, तो वे क्रुद्ध होकर बोले कि मुझे अतिथि रूप में स्वीकार करके फिर मेरा अपमान करते हो? और उन्होंने अम्बरीष को नष्ट हो जाने का शाप दे दिया। फिर उन्होंने अपनी एक जटा को उखाड़ कर कृत्या नाम की राक्षसी को उत्पन्न किया। अम्बरीष हाथ जोड़कर खड़े रहे, नाराज नहीं हुए। कृत्या जब अम्बरीष को मारने के लिए उनकी ओर बढ़ी तो उसी समय भगवान विष्णु का चक्र आया और उसने कृत्या को जला दिया। फिर वह सुदर्शन चक्र दुर्वासा ऋषि के पीछे लग गया। अब दुर्वासा ऋषि भाग रहे हैं। ब्रह्माजी, शंकर ही आदि कोई भी उनको अपनी शरण में लेने को तैयार नहीं होते। और वह चक्र भी ऐसा है कि गर्दन नहीं काटता, बस उनके पीछे-पीछे चलता जा रहा है। बड़ी भयानक स्थिति हो गई, एक बार गर्दन कट ही जाये तो छुट्टी हो। लेकिन नहीं, वह तो पीछे-पीछे जा रहा है। भयभीत होकर दुर्वासा ऋषि भगवान विष्णु के पास गये। कहते हैं, "भगवान मुझे बचाइये, यह चक्र मेरे पीछे लगा हुआ है"। तो भगवान कहते हैं- तुम मेरे पास आये हो परन्तु मैं तो भक्त पराधीन हूँ- भक्त के वश में रहता हूँ। अभी तो सुदर्शन चक्र अम्बरीष की सेवा में है, अतः इस समय उसके ऊपर मेरा भी कोई अधिकार नहीं है। अब यह चक्र तभी रुकेगा जब अम्बरीष क्षमा कर दें। फिर कहते हैं- मेरे भक्त का कोई अपमान करता है तो मैं उसे सहन नहीं करता। ध्यान में रखना, एक साल तक दुर्वासा ऋषि भागते रहे। भागते-दौड़ते

अन्त में वे राजा अम्बरीष के पास आते हैं और उसके पैरों पर गिर पड़ते हैं। राजा अम्बरीष लज्जित होकर कहते हैं- महाराज आप मेरे पाँव न छूइये, क्षमा करने का मेरा क्या अधिकार होता है? मैं तो आपका दास हूँ। यदि सर्वभूतात्म भगवान मेरे ऊपर प्रसन्न हैं तो मुझे और क्या चाहिए? यदि मेरे मन में आपके प्रति कोई प्रभाव न आया हो तो यह चक्र वापस लौट जाये।" ऐसा कहकर जब राजा अम्बरीष ने अनेक प्रकार से सुदर्शन चक्र की स्तुति की, तब दुर्वासा ऋषि को सब ओर से जलाने वाला सुदर्शन चक्र शान्त होकर भगवान के पास लौट गया। यहाँ ध्यान देने की बात यह है कि राजा अम्बरीष ने एक वर्ष तक भोजन ग्रहण नहीं किया। बोले, जब तक दुर्वासा ऋषि वापस नहीं आते और मैं उनको भोजन नहीं करवाता, तब तक मैं भी भोजन नहीं कर सकता। एक साल के बाद जब दुर्वासा ऋषि लौट आये तो राजा अम्बरीष ने पुनः उनका स्वागत सत्कार किया, उनके चरणों की वन्दना की और उन्हें भोजन कराया। तत्पश्चात जब दुर्वासा जी ने तृप्त होकर प्रसन्न चित्त से उन्हें भोजन करने को कहा, तब अम्बरीष ने भोजन किया। तब दुर्वासा ऋषि हर प्रकार से आशीर्वाद देते हुए अम्बरीष से कहते हैं- "अहो अनन्तदासानां महत्त्वं दृष्टमद्य मे"।। अनन्त भगवान के दासों का जो महत्त्व है वह आज मैंने अपनी आँखों से देख लिया।

2. इक्ष्वाकु-वंश

इसके बाद आता है इक्ष्वाकु वंश। इसमें सौभरि ऋषि, राजा त्रिशंकु, हरिश्चन्द्र, सम्राट सगर और खट्वांग ऋषि आदि का वर्णन है। खट्वांग राजर्षि थे। इन्होंने देवताओं की सहायता की थी। सहायता करने के बाद जब देवताओं ने कुछ माँगने के लिए कहा तो इन्होंने पूछा कि मेरे मरण में कितना समय बाकी है। देवताओं ने उत्तर दिया- आप के मरण में केवल दो घंटे रहे गये हैं। तब खट्वांग राजा ने दो घंटे में ही सब कुछ त्याग कर अपने मन को भगवान में लगा दिया। राजा अंशुमान, उनके पुत्र दिलीप और दिलीप के पुत्र भगीरथ अपने महत् प्रयास से गंगाजी को धराधाम पर ले आये। सूर्य वंश-इक्ष्वाकु वंश में ऐसे-ऐसे महान् राजा हुए हैं। उसके बाद इसी इक्ष्वाकु वंश में राजा दिलीप हुए, राजा दिलीप के पुत्र हुए रघु, रघु के पुत्र हुए अज, अज के पुत्र हुए दशरथ और दशरथ के पुत्र हुए भगवान श्रीरामचन्द्र जी।

3. श्रीराम तथा श्रीकृष्ण

कहा गया है कि कोई शिवजी का भक्त हो या कृष्ण जी का भक्त, उसे पहले भगवान रामचन्द्र जी का भक्त होना ही पड़ेगा। इस बात पर गम्भीरता से विचार करने की आवश्यकता है। देखिये, श्री रामचन्द्र जी और श्री कृष्ण जी में कोई भेद नहीं है, क्योंकि जो राम जी हैं, वे ही कृष्ण हैं। ये ज्यादा बड़े या छोटे हैं, ऐसा कहना मूर्खता का लक्षण हैं। लेकिन भगवान श्रीकृष्ण के जीवन और भगवान श्री

राम के जीवन में हम मनुष्यों की दृष्टि से थोड़ा भेद है। स्वयं उनमें कोई भेद नहीं है। अनेक बार ऐसा सुनने को मिलता है कि भगवान श्री कृष्ण जी का जीवन अनुकरणीय नहीं है। उनकी लीलाओं का अनुकरण नहीं, चिन्तन करना चाहिए। उनकी लीला चिन्तनीय है। लेकिन श्री रामचन्द्र जी की लीला केवल चिन्तनीय ही नहीं अनुकरणीय भी है। इसको सरल भाषा में कहें तो भगवान श्री कृष्ण जी ने जो कहा वह करो, जो किया वह मत करो और भगवान श्री रामचन्द्रजी ने जो कहा और जो किया दोनों ही करो। ऐसा कहने पर, यदि इसका कोई स्पष्टीकरण न मिले तो कई प्रकार के सन्देह भी उत्पन्न हो सकते हैं। ऐसा भी लग सकता है कि क्या भगवान श्री कृष्ण जी ने कहा कुछ, परन्तु किया कुछ और ही? यह तो अधर्म की बात हैं। कहना कुछ और करना कुछ, यह साधु पुरुष का लक्षण नहीं है। तो क्या भगवान श्री कृष्ण ने जो किया वह गलत किया? ऐसी भ्रान्ति में नहीं पड़ना चाहिए। वैसे देखा जाये तो भगवान श्री रामचन्द्र जी की भी कोई-कोई लीला ऐसी है जिसका अनुकरण हम नहीं कर सकते। जैसे-जैसे गर्भवती पत्नी को त्याग देना। हम ऐसा कर सकते हैं क्या? यदि कोई ऐसा करे, तो वह मूर्खता ही होगी। क्योंकि वह लीला तो चिन्तनीय ही है। भगवान की धर्म मर्यादा को हम समझ तो सकते हैं परन्तु उस धर्म मर्यादा को जीवन में उतारना बड़ा ही कठिन है। भगवान श्री कृष्ण जी की लीला को शब्दशः जीवन में उतारने की बात तो दूर रही उसे समझना भी बहुत कठिन है।

यहाँ मैं आपको एक बात बता दूँ। इन वाक्यों के अर्थ को ठीक से समझ लेना। भगवान रामचन्द्र जी मनुष्य रूप में आये और मनुष्यों को सिखाने के लिए आये। उन्होंने मानव धर्म का पालन करके दिखाया इसलिए उनकी लीला अनुकरणीय है। भगवान श्री कृष्ण भी मनुष्य रूप में दीखते थे परन्तु उन्होंने सब प्रकार से ईश्वर के धर्म को ही निभाया, यही अन्तर है दोनों में। भगवान श्री कृष्ण जी ने अधर्म का कार्य नहीं किया है। परन्तु वे जीव धर्म का-मनुष्य धर्म का नहीं, ईश्वर धर्म का आचरण कर रहे थे। अन्यथा सोलह हजार स्त्रियों के साथ विवाह करना कभी सम्भव है? एक साथ सोलह हजार स्त्रियों के साथ रहना तो ईश्वर का ही कार्य हो सकता है, मनुष्य का नहीं। ईश्वर के लिए सोलह हजार क्या, वह भी कम ही हैं। इसलिए राम चन्द्र जी ने अपने चरित्र में दर्शाया कि मनुष्य के लिए एक पत्नी पर्याप्त है। कहना यही है कि श्री रामचन्द्र जी ने मानव धर्म निभाया जबकि श्री कृष्णचन्द्र ने ईश्वर धर्म निभाया। अर्थात् मनुष्यों के लिए भगवान श्री रामचन्द्रजी के अवतार कार्य ही श्रेष्ठ हैं, आदर्श हैं। उनकी लीलाओं का जितना गान किया जाय वह कम ही है।

4. आदर्श की परिसीमा - भगवान श्री राम

भगवान श्री रामचन्द्र जी ने अपने जीवन में सभी धर्मों का सम्यक् निर्वाह किया है। बालकाण्ड में हम यह देख सकते हैं कि दशरथ जी के प्रति, माता के प्रति वे पुत्र धर्म का निर्वाह किस प्रकार करते हैं। गुरु के पास जाकर उन्होंने शिष्य धर्म का निर्वाह किया। विश्वामित्र जी ने साथ जा कर यज्ञ की रक्षा आदि करते हैं और यह दर्शाते हैं कि गुरु की सेवा किस प्रकार करनी चाहिये। ये आर्यव्रत लक्षण हैं। आगे जब जनकपुरी जाते हैं तो वहाँ सीता जी के प्रति उनके मन में अनुराग उत्पन्न हो जाता है। तथापि, धनुष यज्ञ के समय उत्तेजित नवयुवक की तरह धनुष को उठाने दौड़ नहीं पड़ते। जब गुरु जी का आदेश होता है तभी जाते हैं। "उठहु राम भंजहु भवचापा"। 'उठहु राम' ऐसा विश्वामित्र जी बोलते हैं तभी भगवान उठते हैं। कैसा सुन्दर शील है। परशुराम जी के साथ संवाद के समय परशुराम जी इनके साथ कितनी उग्रता से बात करते हैं परन्तु ये उनके साथ नम्रता पूर्वक ही बात करते हैं। जब कठोर होते हैं तो उसमें भी कितनी नम्रता है, वह भी देखने योग्य है। यह तो बालकाण्ड की बात हुई। अयोध्याकाण्ड में जब पहले दिन राज्य देने की, और फिर दूसरे ही दिन वन जाने की बात होती है, तब मुख से एक शब्द भी नहीं कहते। किसी ने दशरथ जी को भला बुरा कहा तो उन्होंने उसे भी रोक दिया। वे मेरे पिता हैं, मुझे राज्य दे सकते हैं तो ले भी सकते हैं। देखो पुत्र धर्म का कैसा निर्वाह किया है। यह आर्य लक्षण हैं। अपनी सौतेली माँ के लिये भी इनके मन में कभी दुर्भाव नहीं आया। भरत जी से वचन लेते हैं कि तुम अपनी माँ से कभी कड़वे वचन नहीं बोलोगे, उनको प्रसन्न करोगे। इसीलिए भगवान रामचन्द्रजी जब वापस आते हैं तो भरत जी पहली बात यही कहते हैं कि मैंने सभी माताओं को संतुष्ट किया। उनको मालूम था कि माँ मुझसे नाराज रहेंगी तो भगवान भी मुझसे नाराज हो जायेंगे। आगे जब लक्ष्मण जी को शक्ति लगी तो रामजी रोने लगे। कहते हैं, "यदि मुझको मालूम होता कि लक्ष्मण को शक्ति लगेगी और उसका वियोग होगा तो मैं पिताजी की बात भी नहीं मानता, यहाँ आता ही नहीं।" ऐसा भाई कहाँ मिलेगा? जब रावण के साथ युद्ध हुआ और उसका वध हो गया तब विभीषण जी कहते हैं कि भगवान आप चल कर दास के घर को पवित्र कीजिए। तब भगवान भरत जी का स्मरण करके व्याकुल हो जाते हैं और कहते हैं- भरत मेरी याद कर रहा है। मैं समय पर नहीं पहुचूँगा तो वह प्राणों का त्याग कर देगा। भरत के समान मुझे और कोई प्रिय नहीं है। यहाँ भगवान दर्शाते हैं कि भ्रातृधर्म का निर्वाह कैसे किया जाता है। जब भगवान श्रीराम वन में विचरते हुए किष्किन्धा पहुँचे, तो वहाँ सुग्रीव के साथ मित्रता की और वचन दिया कि मैं बालि को मार कर तुमको राज्य दिलाऊँगा। वालि को इन्द्र का वरदान प्राप्त था कि युद्ध में जो उसके सामने आयेगा उसकी आधी शक्ति वालि को प्राप्त हो जायेगी। हालाँकि भगवान ऐसे भी वालि को मारने में समर्थ थे परन्तु इन्द्र के वरदान का सम्मान करते हुए पेड़ के पीछे रहकर उसे मारा। लोग

भगवान की निन्दा करते हैं कि उन्होंने पेड़ के पीछे से वालि को मारा। इस बात को कितने लोग समझते हैं कि उन्होंने तो ऐसा करके इन्द्र के वरदान का सम्मान किया। भगवान मनुष्य रूप में आये थे, अतः वे देवता के वर का सम्मान करते हैं। यह उनका आर्यलक्षण है। इतना ही नहीं, वे तो सुग्रीव को दिये हुये वचन को पूर्ण करने के लिये अपने ऊपर लगने वाले आरोप की भी परवाह नहीं करते, अपने ऊपर दोष लेने के लिये भी तैयार हैं। ऐसे भगवान के स्वभाव का कहाँ तक वर्णन करें? यहाँ भगवान ने सखा धर्म निभाकर दिखाया है। विभीषण जी को शरणागत होकर आते ही लंका का राज्य प्रदान कर देते हैं। अब पति धर्म देख लो। अध्यात्म रामायण में एक प्रसंग आता है जिसमें अगस्त्य ऋषि रामचन्द्रजी से कहते हैं- तुम सीता जी के वियोग में क्यों रोते हो? यहाँ-वहाँ भटकते हुये उन्हें क्यों ढूँढ रहे हो? सब मिथ्या ही है। इस जगत में किसी चीज के आने-जाने से क्या फर्क पड़ता है। भगवान बोले- आप कैसी बात करते हैं?। उनके पिता ने उनका हाथ मेरे हाथ में दिया है। क्या मैं अपनी पत्नी की रक्षा भी नहीं कर सकता, उनको वापस प्राप्त भी नहीं कर सकता? ऐसा कैसे हो सकता है? पत्नी पर कोई कष्ट आये तो उसे उस कष्ट से छुड़ाना पति का धर्म है। वे सीताजी को वापस लेकर आते हैं। अब कोई कहे कि ऐसी पत्नी का त्याग क्यों किया? तो त्याग करते समय उन्होंने राजधर्म का पालन किया है।

भगवान ने किस समय किस धर्म का पालन किया है, यह नहीं जानने के कारण ही हमें भ्रान्ति हो जाती है। भगवान पति का धर्म निभाते हुए ही तो सीताजी को वापस ले आए, अन्यथा वापस लाने की क्या आवश्यकता थी? बोल देते कि रावण बड़ा शक्तिशाली है, लंका बहुत दूर है, कैसे लाएँ? ऐसा सोचकर चुपचाप बैठ जाते। दूसरा कोई होता तो दूसरी शादी कर लेता। लेकिन उन्होंने ऐसा नहीं किया। सीता परित्याग को समझना हम लोगों के लिए बड़ा कठिन है। लोगों को लगता है कि भगवान ने खुशी-खुशी सीताजी का त्याग कर दिया। परन्तु त्याग करने के बाद वे कितना रोते रहे क्या किसी को मालूम है? इन लोगों ने रामायण पढ़ी ही नहीं। आगे जब रावण के साथ युद्ध हुआ तो भगवान ने शत्रु धर्म का पालन किया है। शत्रु बन कर खड़े हैं, परन्तु वहाँ भी रावण के साथ किस प्रकार का व्यवहार कर रहे हैं यह देखने की बात है। प्रथम दिवस ही वह थक गया तो कहते हैं-तुम जाओ, आराम करके दूसरे दिन युद्ध करने के लिए आना। जब वह मर जाता है तो विभीषण से कहते हैं "मरणान्तानि वैराणि"। अब इसके साथ मेरा कोई वैर नहीं, कोई द्वेष नहीं है, इसका अंतिम संस्कार करो। और तो और, कहते हैं- "ममाप्येष यथा तव" जैसे यह तुम्हारा भाई है वैसे ही मेरा भी भाई है। जरा सोचो, शत्रु के लिए ऐसा कौन कह सकता है? ईश्वर के रूप में भी उन्होंने अपने भक्तों को इतनी प्रसन्नता दी जिसका वर्णन नहीं किया जा सकता। ये जो शब्द हैं- "आर्यलक्षणशीलव्रताय"

आदि, यदि इनके विषय में सोचें, भगवान के एक-एक चरित्र को देखते जाएँ, तो मन मुग्ध होकर रह जाता है। कैसा सुन्दर स्वभाव है।

पेड़ के ऊपर रहने वाले वानरों को भी अपने समान बना दिया-महान् बना दिया। उनके उपकार से अपने आपको बँधा हुआ समझते रहते हैं और उनसे कहते हैं कि तुम्हारे ऋण से मैं कभी मुक्त नहीं हो सकता, ऐसे हैं भगवान श्रीरामचन्द्रजी। "नमः उपशिक्षितात्मने"- देखो, हम लोग तो दूसरों को उपदेश देते रहते हैं, परन्तु यहाँ भगवान के लिए कहा गया है 'उपशिक्षितात्मनेय'- अर्थात जिन्होंने अपने मन को अपना शिष्य बना लिया। हमें तो दूसरों के ही विषय में लगता रहता है कि यह ऐसा क्यों करता है, या ऐसा क्यों बोलता है? अरे, हम स्वयं क्या बोलते रहते हैं इसके बारे में कभी सोचा है? कभी अपने मन पर भी विचार किया है कि हम क्या करते रहते हैं। दूसरे के काम में किंचित भी अनुशासनहीनता आ जाये तो कहते हैं कि इसे दण्ड मिलना चाहिए।

यहाँ देखो, भगवान का नियम यह है कि स्वयं अपने मन को दण्ड देना चाहिए, उसे अनुशासन में रखना चाहिए। अपने अपराधों के प्रति कभी भी क्षमावान् नहीं होना चाहिए, परन्तु दूसरे के ऊपर दया करनी चाहिए। यह समझने की बात है। हम लोग तो अपने ऊपर ही दया करते हैं। स्वयं तो मन में जो आया सो करते हैं, परन्तु दूसरा कुछ करे तो सोचते हैं कि उसे दण्ड मिलना चाहिए। जो अपने मन को अपना शिष्य बना ले, उसे वश में कर ले, वही रामचन्द्र जी का जीवन समझ सकता है। "नम उपासितलोकाय"- भक्त लोग तो भगवान की उपासना करते हैं लेकिन स्वयं भगवान श्रीरामचन्द्रजी लोक की- सारे लोगों की उपासना करते हैं। बोले 'ये मेरे भगवान हैं। अब देखो, भगवान श्रीरामचन्द्र जी का अवतार क्या केवल कुछ राक्षसों को मारने के लिए हुआ था? उनका अवतार तो- मानवों को कैसे जीना चाहिए, यह सिखाने के लिए हुआ था। किसी को जीना सिखाना बड़ा कठिन काम है। वह बड़ा लम्बा, सुदीर्घ कार्यक्रम होता है।

"राम भगत हित नर तनु धारी। सहि संकट किए साधु सुखारी।।"

सब प्रकार के संकट स्वयं सहन करने पड़ते हैं। तब कहीं इन मूढ़-जड़ लोगों में से कुछ के दिमाग में थोड़ा सा प्रकाश पड़ता है, बाकी सब ज्यों-के-त्यों ही रहते हैं।

संक्षेप में यह श्री रामचरित्र है। इसका विस्तार जितना भी करें, वह थोड़ा ही हैं। क्योंकि पूरा विस्तार तो कोई कर ही नहीं सकता है। लेकिन उनके जीवन की मुख्य बात को समझ लेना चाहिए। उपशिक्षितात्मन, उपासितलोकाय, साधुवादनिकषणाय आदि जो उनके विशेषण हैं उन्हें ध्यान में रखना चाहिए। मन के ऊपर संयम है या नहीं? रावण ने सबको जीत लिया था, बस अपने मन को ही नहीं जीता था। वह लोगों से अपनी उपासना करवाता रहा, परन्तु लोगों की उपासना नहीं की। यही रावण में और राम जी में अन्तर है। आगे लव-कुश राजा बनते हैं और उसके बाद

इक्ष्वाकुवंश का थोड़ा और वर्णन आता है। आगे निमि वंश का वर्णन आता है। और उसके बाद सोमवंश-चन्द्रवंश का वर्णन प्रारम्भ होता है। इसमें राजा पुरुरवा की, परशुराम जी की और उसके बाद राजा नहुष के पुत्र राजा ययाति की कथा आती है। राजा ययाति का विवाह शुक्राचार्य जी की पुत्री देवयानी के साथ हुआ। उसकी दासी बनकर आई थी शर्मिष्ठा, जो राजकन्या थी।

5.   परशुराम-अवतार

इसके बाद परशुराम अवतार की कथा आती है। परशुराम जी जमदग्नि ऋषि तथा रेणुका देवी के पुत्र थे। उनके और भी (वसुमन् आदि) कई लड़के थे। रेणुका देवी से एक दिन कोई अपराध हुआ। जमदग्नि ऋषि ने कहा- माँ को मार डालो, इसका सिर काट डालो। लड़के मारने को तैयार नहीं हुए। माँ को कैसे मारते? पिता को क्रोध आया। "मेरे आदेश को नहीं मानते? तुम भी मर जाओ।" इतने में उनका सबसे छोटा लड़का परशुराम हाथ में फरसा लेकर आया। पिता ने कहा-माँ को मारो। उसने इधर-उधर देखा भी नहीं। पिता जी ने कहा है तो बस! बात खत्म हो गई। फरसा उठाया और माता को तथा भाइयों को मार डाला। वह इसलिए कि वे जमदग्नि ऋषि का प्रभाव जानते थे। परन्तु ऐसी बात सुनकर हम सब को बड़ा आश्चर्य होता है। लोग आँखें फाड़-फाड़ कर देखने लगते हैं। ध्यान में रखना- यह भगवान का अवतार है- परशुराम-अवतार। परशुराम-अवतार रामावतार के पूर्व का अवतार है। यहाँ वर्णन का क्रम दूसरी तरह से चल रहा है। जमदग्नि ऋषि परशुराम के ऊपर प्रसन्न हुए और बोले, "बेटा मैं तुझ पर बहुत प्रसन्न हूँ। तुझे जो माँगना हो माँग ले।" परशुराम जी ने कहा-, "मेरी माँ को और भाइयों को जीवित कर दीजिए और वह भी इस प्रकार कि जैसे वे सो कर जगे हों। उन्हें यह स्मरण न रहे कि मैंने उनको मारा था, नहीं तो वे फिर कभी हृदय से मुझसे प्यार नहीं कर पायेंगे।" जमदग्नि ऋषि कहते हैं- तथास्तु! फलस्वरूप, जमदग्नि ऋषि भी प्रसन्न हुए, रेणुकादेवी भी प्रसन्न हुई।

उस समय सहस्रार्जुन कार्तवीर्य नाम का एक क्षत्रिय राजा था। उसको बहुत मद चढ़ गया था। एक दिन वह जमदग्नि ऋषि के आश्रम में आया। ऋषि के पास एक कामधेनु थी, जिसके कारण उस राजा का तथा उसकी सेना का बड़ा भव्य स्वागत किया गया। यह देख कर राजा सहस्रार्जुन कहता है कि यह गाय तो मेरी होनी चाहिए। वह जबरदस्ती उसे ले गया। जब परशुराम को यह मालूम पड़ा तो उन्होंने एक फरसे से सहस्रार्जुन को मार डाला और वापस आकर पिताजी से कहा कि मैंने उसे मार डाला। जमदग्नि ऋषि कहते हैं- तुमको उसे मारना नहीं चाहिए था, वह तो प्रजा का पालन करने वाला राजा था। कुछ दिन बाद सहस्रार्जुन के लड़के जमदग्नि ऋषि के आश्रम में आए, और ध्यानस्थ देखकर उन्हें मार डाला। परशुराम वापस आये तो बोले-अच्छा! इनका यह साहस! वे अपना फरसा लेकर चल पड़े। बोले ये क्षत्रिय लोग बहुत उन्मत्त हो गये हैं, इनको बहुत अभिमान हो गया

है। अब मैं पूरी पृथ्वी निःक्षत्रिय कर डालूँगा। उन्होंने इक्कीस बार क्षत्रियों को मारा और सारी पृथ्वी को दान में दे दिया। अपने लिए कुछ नहीं रखा। इस प्रकार उन्होंने अभिमानी क्षत्रियों का अभिमान चूर-चूर कर डाला। परशुराम जी भगवान के आवेश अवतार हैं। देखने में वे बड़े सुन्दर थे, लेकिन उग्र भी थे। वे किसी की ओर प्यार से भी देखते थे तो उसे लगता था कि उसका काल आ गया है। जब उग्र भाव से देखते होंगे तब क्या होता होगा आप समझ ही सकते हैं। परशुराम का नाम लेते ही सब लोग जहाँ-तहाँ भाग जाते थे। जब रामचन्द्र जी अवतार ग्रहण करके आ गये तो परशुराम जी ने सोचा कि क्षत्रिय वंश में अब अच्छा व्यक्ति आ गया है। अब मुझे कुछ करने की आवश्यकता नहीं है। ऐसा सोच कर उन्होंने क्षत्रियों को मारने का काम रोक दिया। फिर वे महेन्द्राचल जा कर वहाँ रहने लगे। वे महाभारत के समय में भी थे। कर्ण उनके पास शस्त्र-विद्या सीखने के लिए गया था। परशुराम जी तो चिरंजीव हैं। कभी कभी लोग पूछते हैं- भगवान का परशुराम अवतार और श्री राम अवतार दोनों समकाल में कैसे हुए?

ये थोड़ा सूक्ष्म है इसे समझना पड़ेगा हमारी जो परमात्मा की धारणा है वो बिलकुल बचकानी है। हमारे लिए परमात्मा कोई सात आसमान ऊपर बैठा कोई है, जो ऊपर बैठकर सब चला रहा है। और वो जब अवतार लेता है तो वो नीचे धरती पर उतर आता है। लेकिन यदि हम थोड़ा आध्यात्मिक नजरिये से इसको समझे तो परमात्मा कोई ऊपर बैठा व्यक्ति नहीं है बल्कि वो इस सम्पूर्ण ब्रह्मांड की समग्रता का एक्रीकृत रूप है। वो शक्ति है जो सम्पूर्ण अस्तित्व में व्याप्त है। इस सम्पूर्ण अस्तित्व में जो भी है वो परमात्मा की ही अभिव्यक्ति है। बस उसकी अभिव्यक्ति का प्रतिशत सबमे अलग-अलग है। पेड़-पौधों में अभिव्यक्ति कम है, तो कीड़े-मकोड़ो, पशु-पक्षिओ में थोड़ा ज्यादा और मनुष्य में थोड़ा और ज्यादा। मनुष्य में भी परमात्मा की अभिवयक्ति का प्रतिशत अलग-अलग है। जिसमे परमात्मा की अभिव्यक्ति अपनी समग्रता के साथ अभिव्यक्त होती है, उसे हम परमात्मा का अवतार या भगवान कहते है। उसमे सब कुछ भव्य होता है। भगवान राम, कृष्णा, परशुराम इनमे परमात्मा सम्पूर्णता के साथ अभिव्यक्त हुआ। लेकिन जब हम आदि-दैविक जगत की बात करते है तो उसमे हमें कथाओ के माध्यम से परमात्मा की अभिव्यक्तिओ को समझाया जाता है। लेकिन ये कहना कि, ये सिर्फ कहानिया है, सत्य नहीं है। ये कहना भी गलत होगा। काल, स्थिति और परिस्थितियों के अनुसार परमात्मा की अभिव्यक्ति बदलती अवश्य रहती है। परन्तु परमात्मा के अस्तित्व या उसकी समग्रता में न कोई परिवर्तन होता है, न उसके स्वरूप में कोई बदलाव होता है। इसलिए ये सवाल ही गलत है कि परशुराम अवतार और श्री राम अवतार दोनों समकाल में कैसे हुए? क्यों कि परमात्मा की अभिव्यक्ति एक समय में भी एक से जयादा व्यक्तियों के तौर पर हो सकती है।

6. ययाति-चरित्र

ययाति के चरित्र में समझने योग्य बात यह है कि वह महाभोगी राजा था, उसने खूब भोग किया लेकिन उसकी भोग की इच्छा कभी तृप्त नहीं हुई। वह स्त्री में अति आसक्त था। एक दिन देवयानी क्रोधित होकर उसे छोड़कर चली गयी। वह अपने पिता शुक्राचार्य के पास गई। शुक्राचार्य जी भी बहुत क्रोधित हो गए और उन्होंने ययाति को शाप दे दिया कि उसे बुढ़ापा आ जाये। उनको बुढ़ापा आ गया और वे व्याकुल हो गये कि मेरी कामवासना तो पूरी हुई नहीं और मैं बूढ़ा हो गया, अब मैं क्या करूँ? कामनाओं को तृप्त करते रहने से कामनाएँ कभी पूरी नहीं होती हैं। इच्छाओं को जितना ही पूर्ण किया जाए वे उतनी ही बढ़ती जाती हैं।

यह हम सबका अनुभव है। जैसे धूम्रपान करने वाला सोचता है कि यह अंतिम बार है इसके बाद मैं नहीं करूँगा। इसी प्रकार पीने वाला सोचता है कि मैं आखिरी बार शराब पीने वाला हूँ। चाय पीने वाला सोचता है कि अब मैं चाय छोड़ने वाला हूँ। इसलिए आखिरी कप चाय पी लेता हूँ, गिलास भरकर ले आओ। आखिरी बार कभी नहीं आता। किसी चीज को छोड़ना हो तो अभी, इसी क्षण छोड़ दो, तो छूट जाएगा, अन्यथा आगे भी नहीं छोड़ पाओगे। जैसे आग को बुझाने के लिए आग में घी की आहुति डालते जायें तो क्या वह कभी बुझेगी? जितना घी डालते जाएँगे उतनी ही उसकी लपटें और ऊँची-ऊँची होती जायेंगी। यह बात, बहुत लम्बे समय के बाद उस जड़ बुद्धि वाले राजा ययाति के दिमाग में आ ही गई। तब उसे लगा इतना भोग करने के बाद भी मुझे संतोष नहीं हो रहा है। अब यह सब छोड़ देना चाहिए। सब त्याग देना चाहिए। वे वन में चले गये और अपने मन को भगवान में लगा दिया। कुछ लोग सोचते हैं, यह कौन सी बड़ी बात हुई? कहते हैं न "सौ चूहे खाकर बिल्ली हज को चली।" इन लोगों ने इतना भोग किया, उसके बाद छोड़ दिया तो कौन सी बड़ी बात हो गई? ऐसा मत समझो कि यह छोट-सी बात है। त्याग करना कोई आसान बात नहीं है। अधिक भोग करने के बाद संस्कार दृढ़ हो जाते हैं। तब छोड़ना और भी कठिन हो जाता है। जब छोड़ने की बात आती है तो लोग कहते हैं-अंतिम पुत्र या पुत्री का विवाह कर दें, एक बार अमेरिका देख लें इत्यादि। भाव यह है कि भोग हमारे जीवन का लक्ष्य नहीं है। उसको छोड़ना ही हमारे जीवन का लक्ष्य है। इस प्रसंग के द्वारा यही दर्शाया गया है।

आगे एक बड़े महात्मा राजर्षि हुए। उनका नाम था रन्तिदेव। रन्तिदेव की कथा बड़ी सुन्दर है। उन्होंने सब कुछ छोड़ दिया, निष्किंचन होकर बैठ गये। वे भूखे थे, उनके पास कुछ नहीं था। और जब उनके पास कुछ खाने की वस्तु आयी, तब एक के बाद एक अतिथि आने लगे। वे सब उन सब को कुछ-कुछ देते गये। आखिर में एक अतिथि अपने कुत्तों को साथ ले आया, तो जो कुछ भी बचा था सो उसे दे दिया। फिर एक प्यासा चाण्डाल आया तो उसे पानी भी दे दिया। इस प्रकार रन्तिदेव ने सब कुछ दे दिया। उनका एक प्रसिद्ध श्लोक है जिसमें वे कहते

हैं- "न कामयेऽहं गतिमीश्वरात् पराम" मैं ईश्वर से बहुत बड़ी गति, सिद्धियाँ, या ऐश्वर्य प्राप्त करना नहीं चाहता। सारे जीव दुःखी हो रहे हैं। मैं उनके हृदय में बैठकर उनका दुःख ले लेना चाहता हूँ, जिससे कि उनको दुःख नहीं हो। ऐसे थे रन्तिदेव।

जीव ऐसे हैं कि दुःखी होते रहते हैं, क्योंकि इनमें इच्छाएँ बहुत हैं लेकिन उन्हें पूर्ण करने की शक्ति इनके पास नहीं है। भगवान में दुःख भी नहीं है और इच्छा पूर्ण करने की शक्ति भी है। लेकिन उनमें कोई इच्छा नहीं है। देखो, एक में सामर्थ्य है लेकिन इच्छा नहीं है। दूसरे में इच्छा है, तो सामर्थ्य नहीं है। फिर क्या करें? तो अपनी इच्छा भगवान में डाल दो या भगवान की सामर्थ्य प्राप्त कर लो। दोनों में से एक काम करना ही पड़ेगा। अब भगवान की सामर्थ्य तो क्या प्राप्त करेंगे? सबसे अच्छा यही है कि अपनी इच्छा भगवान में डाल दें। भगवान! मुझे दुःख हो रहा है, थोड़ा आप भी दुःखी हो जाइये! ये भगवन की भक्ति नहीं है। भगवन से तो अहैतुकी, निष्काम भक्ति होनी चाहिए। जहां भिखमंगापन है, वहाँ भक्ति नहीं है। हम उस परमात्मा की संताने है तो हम भिखारी कैसे हो सकते है। "वयम् अमृतस्य पुत्राः" हम उस अमृत रुपी भगवन के पुत्र है, ये छोटी छोटी बातो पर दुखी होना, हर बात पे परमात्मा के आगे हाथ फैला देना, ये हमें शोभा नहीं देता।

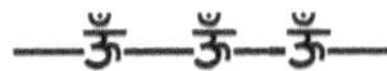

अध्याय-11

दशम स्कन्ध

ये संसार भगवान की लीला मात्र है

भागवत महापुराण में दशम स्कन्ध सबसे बड़ा है, इसमें नब्बे अध्याय हैं। इस स्कन्ध में दो भाग हैं- पूर्वार्ध और उत्तरार्ध। यहाँ पर भगवान श्री कृष्ण का चरित्र पूरी तरह से गाया गया है। दशम स्कन्ध के विषय में मतभेद हैं कि यहाँ निरोध बताया गया है या आश्रय। वैसे तो क्रम बताया गया है- निरोधो - मुक्तिः - आश्रयः। तद् अनुरूप यह निरोध स्कन्ध है। निरोध का अर्थ होता है प्रलय-संहार। यहाँ भगवान ने इतने असुरों का संहार किया कि उसे देखकर लगता है यह निरोध लीला भी है। इसलिए इस स्कन्ध को निरोध स्कन्ध भी कहते हैं। लेकिन, कुछ लोग इसको आश्रय स्कन्ध मानते हैं। क्योंकि भगवान ही आश्रय हैं। क्यों कि श्रीकृष्ण सम्पूर्ण जगत के आश्रय एवं द्रष्टा हैं। इसलिए यह भी कह सकते हैं कि यहाँ आश्रय तत्त्व बताया गया है। अतः निरोध कहें या आश्रय बात एक ही है, वह है तो भगवान की ही लीला।

1.   अवतार की प्रस्तावना

अब पहले भगवान के अवतार के विषय में विचार करके तत्पश्चात् ही श्रीकृष्ण अवतार को देखेंगे, पूर्व के स्कन्धों में अलग-अलग अवतारों की कथायें हैं। एक बड़ा शान्त अवतार है तो दूसरा बड़ा उग्र अवतार है। अतः उन पर विचार करते समय एक ही प्रकार का भाव बनाये रखना बड़ा कठिन होता है। परन्तु आगे बड़ा सुगम है, क्योंकि एक ही कथा चलने वाली है। भगवान कहते हैं- जब-जब इस संसार में धर्म की हानि होती है और अधर्म का उत्कर्ष होता है, तब मैं अवतार लेता हूँ। ध्यान देने की बात है कि भगवान ने ऐसा नहीं कहा कि धर्म का जब पूर्ण नाश हो जाता है और केवल अधर्म ही अधर्म रहता है, तब मैं अवतार लेता हूँ। हमारे अपने

अन्तःकरण में ही अधर्म बढ़ रहा है और धर्म घट रहा है, अतः वहाँ अवतार की बहुत आवश्यकता है। भगवान का एक अवतार तो समष्टि में होता है। लेकिन ऐसा न सोचना कि उस अवतार के लिए हमें त्रेता युग या द्वापर युग की प्रतीक्षा करनी पड़ेगी। ऐसा नहीं है। यदि हम चाहें तो अपने हृदय में उनका अवतार इसी समय हो सकता है। बस अपने हृदय को उस योग्य बनाने की आवश्यकता है। व्यष्टि (व्यक्ति) के स्तर पर अवतार ग्रहण करने के लिए भगवान की ओर से देर नहीं है। अब देखो, भगवान अवतार लेकर करते क्या हैं? "परित्राणाय साधूनां विनाशाय च दुष्कृतां"। साधु लोगों की रक्षा करते हैं और अधर्मियों का नाश करते हैं। यहाँ जो 'साधु' शब्द का प्रयोग किया गया है उसका अर्थ क्या है? साधु कहते किसे हैं? बस कपड़े रंग लिए और भिक्षा माँगने लगे। तो हो गये साधु बाबा, ऐसा नहीं है। साधु की अपनी परिभाषा है। प्राण संकट उपस्थित होने पर भी जो अपने धर्म मार्ग से विचलित नहीं होते उन्हें साधु कहते हैं। ऐसे साधु की रक्षा के लिए भगवान आते हैं। क्योंकि ऐसे साधु की रक्षा होती है, तो धर्म की रक्षा अपने आप हो जाती है।

"ये यथा मां प्रपद्यन्ते तांस्तथैव भजाम्यहं"।

भगवान कहते हैं- जो जिस भाव से, इच्छा से, मेरी उपासना, ध्यान, भक्ति करता है, उसके उस भाव-इच्छा को पूरा करना मेरा कर्तव्य है, धर्म है, स्वभाव है। रामावतार में भगवान श्रीरामचन्द्र जी वन में गये। अनेक ऋषि मुनि भगवान के सौन्दर्य को देखकर मोहित हुए और सोचने लगे कि हम कामवासना को जीतने का बहुत प्रयत्न करते हैं लेकिन यह छूटती नहीं है, तो क्यों न हम उस काम को भगवान में लगा दें। बोले, हम स्त्री बन जाएँ और भगवान राम हमें पति के रूप में प्राप्त हो जायें, प्रिय के रूप में प्राप्त हो जायें। भगवान श्रीकृष्ण के जीवन में आप अनेक प्रकार की विचित्रतायें देखेंगे। वे सब श्रीरामचन्द्र जी के जीवन में कहीं भी देखने में नहीं आतीं।

देखो, सच्चिदानन्द परमात्मा हम सबके हृदय में विराजमान हैं। वे हम सबका स्वरूप हैं। लेकिन फिर भी हमारा दुःख दूर नहीं होता। हम आनन्दात्मा क्यों नहीं है? जब कि उपनिषद् तो कहते है कि-

आनन्दाद्ध्येव खल्विमानि भूतानि जायन्ते।
आनन्देन जातानि जीवन्ति आनन्दं प्रयन्त्यभिसंविशन्तीति।।

परमात्मा आनंद है, और हम उसी आनंद से जन्मे है, उसी मे रहते है, और उसी आनंद में अंततः मिल जाते है। अब देखो आत्मा आनन्दस्वरूप है, ब्रह्मस्वरूप है लेकिन फिर भी हमको आनन्द का अनुभव नहीं हो रहा है। बोले - यह आनन्द अव्यक्त है। उसको व्यक्त होना पडेगा, अवतार लेना पडेगा। वह अवतार कैसा होगा? जब "तत्त्वमसि" महावाक्य किसी मनुष्य के हृदय में अवतरित होता है। अरे!

वह ब्रह्म तुम ही हो! तब उस वृत्ति में जो चैतन्य आरूढ़ होता है, वही भगवान का अवतार है। परमात्मा जब मनुष्य में अध्यात्म अवतार के रूप में प्रकट होता है, तो हमारी अविद्या ग्रन्थि को और अविद्या के जितने उपद्रव हैं उन सबको नष्ट कर डालता है। राजा परीक्षित शुकदेवजी से कहते हैं- यदुवंश में भगवान भूत-भावन विश्वात्मा प्रकट हुए थे, उनकी कथा आप विस्तार से सुनाइए। ऐसा क्यों? जिस प्रकार भगवान के चरणों से निकली हुई गंगाजी सबको पवित्र करती है। भगवत्कथा की महिमा तो उससे भी ज्यादा है, क्योंकि वह भगवद्धर्म की कथा है। वह कोई सामान्य धर्म नहीं है जो हमारे स्वभाव में यत्किंचित् परिवर्तन लाए या पापों को केवल क्षीण करे। वह तो पापों को पूर्णतः नष्ट करके भगवान में नैष्ठिकी रति उत्पन्न करने वाली है।

2. भगवान द्वारा पृथ्वी के कष्ट निवारण का आश्वासन

शुकदेव जी कहते हैं- पृथ्वी पर जब असुरों का भार बहुत बढ़ गया, कंस तथा उसके अनेक साथियों का पृथ्वी पर अत्याचार बढ़ गया, तब पृथ्वी बड़ी व्याकुल हो गई। पृथ्वी कहती है कि मेरे ऊपर पर्वत, जंगल, समुद्र आदि सब हैं, इनका मुझे भार नहीं लगता, लेकिन जो पाप कर्म करने वाले हैं, उनका मुझे बहुत भार लगता है। भगवान ने कहा- पृथ्वी मुझे पहले से ही मालूम है। शीघ्र ही मैं प्रकट होने वाला हूँ।

3. वसुदेव-देवकी का विवाह

शूरसेन ने मथुरा को बसाया था, वे ही मथुरा के पहले राजा थे। अब मथुरा में राजा उग्रसेन हैं, और उनका पुत्र है कंस। वसुदेव जी शूरवंश के हैं, उनका विवाह हो रहा है देवक की कन्या देवकी के साथ। देवकी कंस की चचेरी बहन हैं। विवाह के बाद विदाई के समय देवकी और वसुदेव रथ में बैठे हैं। तब देवकी को प्रसन्न करने के लिए, प्रेम दर्शाने के लिए, कंस स्वयं रथ हाँकने लगा। लेकिन देखो, आनन्द उत्सव चल रहा है और अकस्मात् वहाँ आकाशवाणी हुई- "अरे मूढ़, तू जिनका रथ हाँक रहा है, उनका आठवाँ गर्भ तेरा काल होगा"। इतना सुनते ही कंस तलवार निकालकर अपनी उस बहन देवकी को मारने के लिए तत्पर हो गया।

जैसे आकाश में बिजली चमककर चली जाती है, स्थिर नहीं होती, वैसी ही दुष्ट व्यक्ति की प्रीति भी स्थिर नहीं रहती है। देखो, यदि कंस का प्रेम सच्चा होता तो आकाशवाणी सुनते ही क्या वह एक क्षण के लिए विचार किए बिना ही देवकी को मारने के लिए तैयार हो जाता? माने, उसके प्रेम में कितनी सच्चाई है यह बात प्रकट हो गई। उसका प्रेम बहुत चंचल था, इसीलिए क्षर भर में वह मारने के लिए खड़ा हो गया। आजकल भी बस प्रेम ऐसा ही रह गया है। भाई-भाई, बाप-बेटा आपस में इतना द्वेष पाले हुए है लेकिन बाहर सब सही दिखाते है। मतलब जो प्रेम करता नहीं, बस जो प्रेम दिखाए वह कंश है।

4.   वसुदेव जी का कंस को वचन देना

वसुदेवजी बहुत गंभीर स्वभाव के हैं। सत्त्वगुण प्रधान अन्तःकरण, सात्त्विक बुद्धि और शुद्ध मन, ये ही देवकी और वसुदेव हैं। वसुदेव जी ने बहुत सोचकर शान्तिपूर्वक कहा, अरे कंस! तुमको देवकी से तो डर नहीं है न? इसके जो पुत्र होने वाले हैं उनसे तुमको डर है। मैं तुमको वचन देता हूँ कि इसके जो पुत्र होंगे, उन्हें मैं अपने हाथों से तुम्हें अर्पित कर दूँगा। फिर तुम्हें जो करना हो सो करना। समय आने पर उनके पहले पुत्र का जन्म हुआ।

5.   कंस द्वारा देवकी के छः पुत्रों की हत्या

कंस ने देवकी तथा वसुदेव को कारागृह में डाल दिया और उनके पुत्र को मार दिया। इतना ही नहीं, अपने पिता उग्रसेन को भी जेल में डाल दिया और स्वयं राजा बन बैठा। कहते हैं - जो लालची, दुष्ट राजा होते हैं वे माता-पिता, भाई, इष्ट-मित्र सबको दुःख देने के लिए तैयार हो जाते हैं। कंस ऐसा ही अत्याचारी बन गया। प्रलम्ब, बक, पूतना, चाणूर, मुष्टिक, केशि आदि असुर तथा जरासंघ, भौमासुर, बाणासुर, आदि सब उसके साथी थे। जब देवकी का दूसरा पुत्र हुआ, तो कंस ने उसको भी मार डाला। फिर तीसरा, चौथा, पाँचवा, छठा - छः पुत्रों को उसने मार डाला। अब भगवान ने अपनी योगमाया से कहा कि देवकी के सातवें गर्भ में शेष भगवान हैं। तुम ऐसा करो कि अपनी माया से उस गर्भ को खींच कर वसुदेव की दूसरी पत्नी रोहिणी, जो गोकुल में है उसके गर्भ में स्थापित कर दो।

गर्भ से खींच लिए जाने के कारण 'कर्षणात'- उनका नाम 'संकर्षण' होगा। उन्हीं का नाम 'बलराम' भी होगा। माया तो भगवान जैसा कहें वैसा ही करने वाली है, सो माया ने वह कार्य कर दिया। मथुरावासियों को लगा कि कंस के डर से देवकी का गर्भ गिर गया। लेकिन योग माया ने वहाँ दूसरा ही कार्य कर डाला था। वहाँ रोहिणी के गर्भ से शेष भगवान का जन्म हुआ। भगवान कहते हैं कि अब मेरे प्राकट्य का भी समय आ गया है। भगवान चुपचाप आते तो कोई मजा ही नहीं आता, अर्थात् भय से कंस की वृत्ति निरन्तर कृष्ण-कृष्ण-कृष्ण नहीं बनती। देखो, 'भयानक' भी एक रस है। रस की निष्पत्ति तभी होती है जब स्थायी भाव, विभाव, संचारीभाव आदि सब हों। साहित्य में बताया जाता है कि कोई भी रस उत्पन्न होता है तो क्रम से होता है। जैसे, हमें किसी की हत्या का वर्णन करना हो और सीधे पहले ही वाक्य में कह दें कि एक आदमी आया और उसने दूसरे आदमी को मार डाला तो कुछ लगेगा ही नहीं। लेकिन यदि उसकी पृष्ठभूमि तैयार करके ऐसा वर्णन करें कि अमावस्या की रात थी, सब ओर घना अंधकार छाया हुआ था, बारिश हो रही थी, उल्लू जोर-जोर से चिल्ला रहा था, बीच-बीच में बिजली चमक जाती थी। उस समय एक आदमी जंगल में चला जा रहा था-तो यह सारा वर्णन मन में भय के भाव को बढ़ाता रहता है, उद्दीप्त करता रहता है। अब क्या होने वाला है? फिर

क्या होने वाला है? यह सोच-सोच कर भय उत्पन्न होता है। निरन्तर एक ही वृत्ति उत्पन्न होने लगती है। यहाँ कंस के मन में भी भय उत्पन्न करना है, जिससे वह निरन्तर भगवान का स्मरण करता रहे।

6. भगवान का प्राकट्य - श्री कृष्णावतार

भगवान ने कहा- मैं कालातीत हूँ, लेकिन अब मैं काल में आऊँगा। रामावतार के समय मैं दिन में आया था, अब मैं रात के समय आऊँगा। तब सूर्यवंश में आया था, अब चन्द्रवंश में आऊँगा। भगवान सबके लिये समान हैं, यहाँ वे अपना समत्व दिखा रहे हैं। कहते हैं-उस समय नवमी के दिन आया था, अब अष्टमी के दिन आऊँगा। नवमी पूर्ण ब्रह्म की संख्या है, नौ की संख्या हमेशा पूर्ण रहती है। नौ दूनी अठारह, आठ और एक नौ, नौ तिया सत्ताईस, सात और दो नौ। हर बार नौ संख्या नौ ही बनी रहती है। यह नौ ब्रह्म का प्रतीक है। भगवान ने कहा- उस समय ब्रह्म की संख्या में आया था, अब इस समय माया की संख्या में आऊँगा। आठ माया की संख्या है लेकिन स्वयं भगवान की है। अष्टधा प्रकृति ही भगवान की माया है। अव्यक्त, महत्तत्त्व, अहंकार और पंचमहाभूत- ये ही आठ प्रकृतियाँ हैं। इसीलिये भगवान की पत्नियाँ भी सोलह हजार आठ या सोलह हजार एक सौ आठ हैं। उनमें जो आठ हैं- रुक्मिणी, सत्यभामा, जाम्बवती, कालिन्दी, मित्रविन्दा, सत्या भद्रा व लक्ष्मणा-ये भगवान की अष्टधा प्रकृति हैं। इसलिये भगवान ने कृष्णावतार में माया के ज्यादा ही कार्य किए। कृष्णावतार में वे अष्टमी (माया की संख्या) के दिन आए। अपनी अष्टधा प्रकृति पर अपना पूरा वश रखते हुए भगवान माया से प्रकट होते हैं। इस बार भगवान कृष्ण पक्ष में आये हैं, देखो, रामावतार में भगवान ने महल में अवतार लिया था, तो अब कृष्णावतार में जेल में प्रकट होते हैं। बोलिए श्रीकृष्णचन्द्र भगवान की जय! भगवान का अवतार कारागृह में मध्य रात्री के समय चुपचाप हुआ इसलिये हमें भी उनका जन्मोत्सव चुपचाप मनाना चाहिये। ज्यादा शोरगुल नहीं करना चाहिए, कंस को पता चल जायेगा। कंस को अभी पता नहीं चलना चाहिए। देखो, भगवान रामजी का अवतार दिन में बारह बजे होता है, तो उसे तो बड़े उत्साहपूर्वक मनाना चाहिए, लेकिन श्रीकृष्णावतार तो चुपचाप कर लेना चाहिए। तो कंस के कारागृह में भगवान प्रकट हुए। वसुदेव और माता देवकी का हृदय प्रसन्नता से भर गया। उन्हें लगा कि यह तो दान-पुण्य करने का समय है, लेकिन मैं तो जेल में पड़ा हूँ, मैं क्या करूँ? ऐसा सोच कर उन्होंने मन-ही-मन संकल्प कर लिया कि अवसर मिलते ही मैं बहुत सारे ब्राह्मणों को हजारों गायें दे दुँगा। वस्त्र, आभूषण, धन, सब कुछ दूँगा।

7.   श्रीकृष्ण को लेकर वसुदेव जी का गोकुल जाना

वसुदेव देवकी दोनों अपने भगवान प्राकृत शिशु को देख ही रहे थे कि भगवान वसुदेवजी से कहते हैं- जल्दी से मुझे एक टोकरी में रखो और यहाँ से गोकुल ले चलो। देखो 'गोकुल' शब्द कितना अच्छा हो। गोकुल का अर्थ होता है जहाँ गायों का ही परिवार हो। भगवान का गोत्र तो बड़ा दुर्गम है। सारी जाति-नीति, कुल-गोत्र और वर्णाश्रम के परे होते हुए भी वे क्षत्रिय वंश में आए और उसके बाद गोकुल में, वैश्य कुल में गए। नन्द आदि सारे गोप वैश्य हैं। अब देखो, भगवान क्षत्रिय हैं, वैश्य हैं, कि ब्राह्मण हैं- क्या हैं? वामनावतार में वे ब्राह्मण के रूप में आए थे, यहाँ क्षत्रिय के रूप में आते हैं और फिर वैश्य परिवार में चले जाते हैं। यहाँ दूसरी बात है कि वे वसुदेव-देवकी के पुत्र हैं, लेकिन बाल-लीला का सुख तो उन्होंने यशोदा और नन्द जी को ही दिया। इससे भगवान क्या जताना चाह रहे हैं? यही कि भाव से जो मुझे अपना पुत्र मान लेते हैं, बस मैं उन्हीं का पुत्र बन जाऊँगा। 'गोकुल' का दूसरा अर्थ होता है इन्द्रियों का परिवार। 'गो' माने इन्द्रियाँ, इस दृष्टि से इन्द्रियों के परिवार को गोकुल कहते हैं। भगवान के अवतार लेने का अर्थ है कि वे देह, इन्द्रिय, प्राण तथा बुद्धि के संघात में आ जाते हैं। प्रायः कहा जाता है कि भगवान देह, इन्द्रिय, मन बुद्धि के परे हैं? क्या वे इनमें नहीं है? भगवान कहते हैं, मैं इनके परे हूँ, बाहर हूँ तो इनके अन्दर कौन हैं? शैतान है क्या? तुम्हारी इन्द्रियों में कौन बैठा हुआ है? तुम्हारे मन में कौन बैठा हुआ है? विवेक चूड़ामणि में कहा गया है कि वे परमात्मा तो हमारे ही भीतर, बुद्धि गुहा में स्थित हैं।

भगवान वसुदेव जी से कहते हैं- मुझे गोकुल ले चलो। वसुदेवजी ने कहा- महाराज आपको ले चलें सो तो ठीक है, लेकिन दरवाजों में ताले लगे हैं और सारे पहरेदार सोए पड़े हैं। देखो, ब्रह्म जब आयेगा तो दरवाजे खुलेंगे ही। अन्यथा भगवान के आने का प्रयोजन ही क्या है? ब्रह्म आया तो दरवाजे खुल गये, सारे असुर सो गए, वसुदेवजी भगवान को उठाकर ले जा रहे हैं। देखो, गोकुल में यशोदाजी भी गर्भवर्तीं थीं और उनको भी उसी समय बच्चा हुआ। लेकिन उनको इतना ही ज्ञात हुआ कि बच्चा हुआ है। तब तक भगवान की माया ने उन्हें ऐसा मोहित किया कि वे थक कर सो गयीं। निद्रा के कारण उनको पता ही नहीं चला कि लड़का हुआ या लड़की। अब वसुदेव जी यशोदाजी के पास आते हैं जहाँ भगवान की माया- योगमाया प्रकट हुई हैं। वसुदेव जी ने अपने बालक को उनके पास सुला दिया और माया को ले कर वापस कारागृह में आ गये। जैसे ही माया अन्दर आयी, जेल के दरवाजे पूर्ववत् बंद हो गये। देखो, ब्रह्म आया तो दरवाजे खुल गये और माया आयी तो दरवाजे बंद हो गये, ताले लग गए। माया भी खूब, माया करना जानती है। वह इस तरह से रोई कि सारे पहरेदार जाग गये। जैसे ही उनको भान हुआ कि हमको नींद आ गयी थी, वे बेचारे घबराकर दौड़ पड़े कंस को सूचना देने के लिए।

8. योगमाया की भविष्यवाणी

कंस को वैसे भी ठीक तरह से नींद नहीं आती थी। जैसे ही उसने सुना कि बच्चे का जन्म हुआ है, तो उठकर सीधे दौड़ पड़ा और सूतिकागृह में पहुँच गया। देवकी कहती हैं कि यह लड़का नहीं लड़की है, तुम्हें लड़की की हत्या नहीं करनी चाहिए। बोले कुछ नहीं लड़का हो या लड़की, तुम्हारी माया मेरी समझ में नहीं आती है। लड़की कब लड़का बन जायेगी इसका कोई भरोसा नहीं है। वह इतना घबराया हुआ था कि बच्ची को पैरों से पकड़ कर गोल-गोल घुमाते हुए उसे एक पत्थर पर पटक दिया। लेकिन माया कहीं राक्षस के हाथ में आने वाली है? वह उसके हाथ से फिसल कर निकली और अष्टभुजा देवी के रूप में प्रकट होकर बोली- अरे मूर्ख! तू मुझे क्या मारता है? तेरा काल तो पहले ही जन्म ले चुका है, अब व्यर्थ ही निर्दोष बालकों की हत्या करना छोड़ दे। इतना कहकर देवी अन्तर्धान हो गई। अब देखो, यहाँ देवी को बोलने की क्या जरूरत थी? वे चुप रह सकती थीं, लेकिन कंस के मन में और ज्यादा भय उत्पन्न करना था, इसलिए बता दिया उसे। वह कहाँ है? यह नहीं बताया। इससे कंस की चिन्ता और भी बढ़ गई। उसके सारे मन्त्री दैत्य थे, असुर थे। उन नीतिहीन मन्त्रियों ने कहा कि हम आज ही नगरों, गाँवों और अन्य स्थानों के सारे नवजात शिशुओं को मार डालेंगे-चाहे वे दस दिन के हों, उससे कम दिनों के हों, या उससे अधिक दिनों के। देवता लोग हमारा कुछ नहीं बिगाड़ सकेंगे। उनका मूल है, विष्णु। उसकी माया समझी नहीं जा सकती। इसलिए वेदवादी ब्रह्मण, तपस्वी, यज्ञ-याग, गायें आदि जो उसके रहने के स्थान हैं, हम उन सब का नाश करेंगे।

9. नन्दघर में भगवान का जन्मोत्सव

प्रातः जब दूसरी सखियाँ आती हैं और उनको पता लगता है कि बच्चे का जन्म हुआ है, तो वे यशोदा को जगाती है कि उठो। अब नन्द बाबा के घर में भीड़ लग गई। क्योंकि वे गोकुल के राजा हैं, सबसे बड़े हैं। इनका बड़ा मकान है। कई लोग आ रहे हैं और जा रहे हैं, बड़ी भीड़ हो रही है। कोई उपहार लेकर आ रहे हैं, तो कोई ले कर जा रहे हैं। नन्दरानी किसी को कोई चीज, तो किसी को कोई और चीज दे रही है।

10. पूतना-मोक्ष

तब तक कंस की आज्ञा से शिशुओं को मारने वाली 'पूतना' नामक क्रूर राक्षसी गोकुल में नन्दबाबा के घर पहुँच गई थीं। यह पूतना खेचरी है, आकाश में विचरण करने वाली है। पूतना शब्द का अर्थ है- 'पूतना' जो पूत नहीं है, पवित्र नहीं है, अपवित्र है। ध्यान रखना ये भगवान श्रीकृष्ण की लीलाएँ हैं। वैसे, स्थूल दृष्टि से तो यही लगता है कि भगवान एक-एक कर सारे असुरों को मारते चले जा रहे हैं।

लेकिन, भगवान की लीला का एक ही अर्थ नहीं होता। आध्यात्मिक दृष्टि से देखने पर उसके अनेक अर्थ प्रकट होते हैं। जरा सोचो, रामावतार में भी सबसे पहले भगवान ने ताड़का का वध किया, एक स्त्री का वध किया। यहाँ कृष्णावतार में भी सबसे पहले पूतना वध है। अवतार ले कर पहले स्त्री को मारते हैं। यह क्या बात हुई? यह पूतना अविद्या रूप है। देखो, हमारा सारा दुःख अविद्या और अविद्या से उत्पन्न अनेक आसुरी वृत्तियों के कारण ही है। इन्हें हम एक-एक कर के देखते जाएँगे। पहले अविद्या, क्योंकि वह सबकी जननी है, सबका कारण है इसी प्रकार ताड़का-अविद्या, दुराशारूप है। इसीलिए रामावतार में भी पहले ताड़का वध आता है।

अविद्या रूपी पूतना गोकुल में आती है। पूतना ने सोचा कि यहाँ सब लोगों का ध्यान इसी बच्चे में लगा हुआ है, मैं इस बच्चे को कैसे ले सकती हूँ? इसीलिए वह अत्यन्त सुन्दर मायावी स्त्री का रूप धारण कर के वहाँ जाती है। और देखो कैसी है यह माया? वह राक्षसी तो भगवान को जहर पिलाने के लिए आई थी। फिर भी, चूँकि उसने कृष्ण के मुँह में अपना स्तन दिया था, भगवान ने माँ को प्राप्त होने वाली गति उसको दे दी।

11. शकटासुर का उद्धार

कहा जाता है कि हिरण्याक्ष दैत्य का एक पुत्र था जो लोमश ऋषि के शाप के कारण शरीर-विहीन हो गया था। भगवान ने संकटासुर का नाश अपने पाव से किया, ये संकटासुर जड़ता का प्रतिक है। पहले अविद्या को मारा, अविद्या के बाद आता है जड़वाद। देखो, बैलगाड़ी जड़ है, उस पर रखा गया दूध-दही आदि खाने-पीने का सामान भी जड़ है। उसमें बैठा संकटासुर भी जड़ का प्रतिक है और उसके नीचे सुला दिया गए थे भगवान। वे तो चेतन ब्रह्म हैं। क्या हम लोग भी यही नहीं करते रहते हैं? जड़ वस्तु को ऊँचा स्थान देते हैं और चेतन को नीचे कर देते हैं। किसी व्यक्ति की कीमत किससे लगाई जाती है? उसके पैसे से, उसके भोग से, उसके परिवार से। उसको इसी बात से नापते रहते हैं कि उसके पास पैसा कितना है, उसकी पूंजी कितनी है? इस में वह व्यक्ति जो चेतन है, वह तो हो गया गौण, उसे तो हमने नीचा कर दिया और जड़ चीज को ही महत्त्व देकर उसे ऊँचा कर दिया। जैसे उस व्यक्ति का अस्तित्त्व कोई माने ही न रखता हो। भगवान को यह बात अच्छी नहीं लगती। वे तो जड़वाद को समूल उखाड़ फेंकने के लिए ही आए थे। मानो वे कह रहे हों कि मैं चेतन ब्रह्म यहाँ आया हूँ, मुझे नीचे रखते हो? इसलिए भगवान ने गाड़ी को उलट दिया। शकटासुर-भंजन हो गया। इसी प्रकार, हमारे अन्तःकरण में भी जब भगवान का आविर्भाव होता है, तो अविद्या का नाश होता है और जड़ वस्तु का प्रभाव भी मिट जाता है।

12. तृणावर्त का उद्धार

एक दिन की बात है, यशोदा मैया दूध पिलाने के बाद भगवान को अपनी गोद में लेकर दुलार रही थीं। न जाने क्यों वे अत्यधिक भारी होने लगे। यशोदा को समझ में नहीं आया कि यह छोटा-सा बालक इतना वजनी क्यों होता जा रहा है? जब वह भार उनसे सहन नहीं हुआ तो उन्होंने श्रीकृष्ण को जमीन पर बैठा दिया। इतने में कंस के द्वारा भेजा गया उसका सेवक बवंडर का रूप धारण करके वहाँ आ गया। जब आँधी आती है, तो सारे पत्ते, धूल आदि गोल-गोल घूमते रहते हैं। कभी आपने देखा है कि आँधी आती है तो कैसा भँवर-सा बन जाता है? यह जो दूसरा असुर आया है- उसका नाम था 'तृणावर्त'। देखो, भगवान अब उसको भी मुक्ति देना चाहते हैं। यहाँ आपको एक बात बता देते हैं। यह जो भगवान की असुरों को मारने की लीला है, यह कोई बहुत शूर-वीरता की अथवा ऐश्वर्य लीला नहीं है। यह तो माधुर्य लीला है। असुरों को मारने में भगवान क्या कोई शौर्य हो सकता है? एक पाँव लगते ही शकटासुर मिट गया। दूध पिया तो पूतना खत्म हो गई। यह क्या कोई ऐश्वर्य है? यह तो माधुर्य की ही कथा है, करुणा की कथा है, शूरता की कथा नहीं है। तृणावर्त वहाँ आया, और झूँ करते हुए छोटे-से बच्चे रूपी भगवान को उड़ा कर आकाश में ले गया। जब आकाश में गए तो भगवान ने पकड़ लिया उसके गले को। और पकड़कर जोर से दबाने लगे। वैसे भी वह अपने से भारी भगवान के भार को सह नहीं पर रहा था। धीमा पड़ गया था। ऐसे अद्भुत बालक से वह अपने आप को छुड़ा नहीं सका। भगवान की यह एक विशेषता है- वे जिसे पकड़ते हैं उसे छोड़ते नहीं। अरे! कितनी अच्छी बात है। इसीलिए भगवान से कहो कि आप मुझे पकड़ लीजिए, किसी भी प्रकार से। भगवान ने उसके गले को इतनी जोर से दबाया कि उसके प्राण निकल गए और वह धड़ाम से नीचे गिर पड़ा। उधर आँधी के कारण किसी को कुछ दिखाई नहीं दे रहा था। तब अपने बच्चे को वहाँ न देख कर यशोदा मैया घबरा गईं, व्याकुल हो गई। सबकी आँखों में वैसे ही धूल, छाई हुई थीं। जब थोड़ी धूल छँट गई, सारा वातावरण शान्त हुआ, तब सब लोग देखते क्या हैं कि धड़ाम से कुछ गिरा। उन सबने पास जा कर देखा तो एक असुर पड़ा था वहाँ पर और छोटे-से कृष्ण उसके गले में लटके हुए खेल रहे थे। सब लोग कहते हैं- बच गया! देखो यशोदा मैया और सारे गाँव वाले यही सोचते हैं कि हम सब भगवान की बड़ी प्रार्थना करते रहते हैं, जप, तप, पूजा अभिषेक करते हैं, इसलिए यह बच्चा हर बार बच जाता है। अब यशोदा मैया उसको प्यार करने लगीं। देखो, यह तृणावर्त कौन है? तृणावर्त 'कामना' का प्रतीक है। जीवन में अविद्या हो, जड़वाद हो तो तृणावर्त आ जी जाता है, आँखों में धूल भर जाती है अर्थात् चित्त में विक्षेप, भ्रम छा जाते हैं। तृणावर्त-उद्धार का तात्पर्य यही है कि साधक को काम वासना पर विजय प्राप्त कर लेना चाहिए।

13. श्रीकृष्ण की बाल-लीला

लीला का अर्थ होता है जो केवल आनंद मात्रा के लिए क्रिया की जाये, जिस कर्म में कर्ता भाव न हो। तुलसीदास जी कहते है- "स्वांतः सुखाय तुलसी रघुनाथगाथा", मैंने ये रामचरितमानस अपना आनंद को प्रकट करने के लिए लिखी है और कोई इसका प्रयोजन नहीं है। भगवान का सच्चा भक्त निम्मित बनकर कर्म करता है, कर्म का कारण बनकर नहीं। इसी प्रकार भगवान स्वयं भी सिर्फ लीला करते है, कर्म नहीं। शुकदेव जी कहते हैं- कुछ ही दिनों में बलराम जी तथा श्री कृष्ण पहले तो घुटनों के बल, और उसके बाद खड़े हो कर चलने लगे। व्रजवासियों को, गोपियों को आनन्दित करते हुए तरह-तरह के खेल करने लगे। ये गोपियों के घरों में जाते हैं और बड़ा उत्पात मचाते हैं। कहीं असमय पर बछड़ों को छोड़ देते हैं और गोपियाँ डाँटती हैं, तो हँसने लगते हैं, ताली बजाते हैं कि देखो, हमने इनको कैसे मूर्ख बनाया। कहीं चुपचाप अन्दर जाकर दूध और दही पीते हैं। कहीं मटका तोड़ डालते हैं, कहीं दूध-दही लेकर मर्कटों को खिलाते हैं। इनका यह एक खेल था। माखन चोरी के भी दो-एक अर्थ विशेष हैं। देखो, मक्खन क्या होता है? दूध का सार है। तो भगवान सारग्राही हैं। वे मक्खन ले लेते हैं। माने, आपने जो कोई कर्म किए हों-छोटे या बड़े, वे उनको नहीं देखते, उनमें जो सार है, उसको ले लेते हैं। गोपियों ने बड़े भाव से मक्खन बनाया है। भगवान उस भाव को ग्रहण करते हैं। भगवान हमारे शुद्ध भाव को, प्रेम को, भक्ति को ग्रहण करते हैं। दूसरी बात यह है कि देखो, गाय का दूध दुहा, उसको गरम किया, दही बनाया, बिलोया, उसमें से मक्खन निकाला। उसके बाद गोपियाँ क्या करती थीं? उसे रख देती थीं। इतना सब कर्म किया और उसे रख दिया, देने को तैयार नहीं है। इसी प्रकार, हम भी बहुत सारे कर्म करते हैं, फिर कर्मफल का भोग करते हैं, तब कर्म तथा भोग की जो वासनाएँ होती हैं उन्हें हम इकट्ठा करते जाते हैं। इतना सारा कर्म करने के बाद अन्त में क्या लाभ होता है? वासनाओं का संग्रह- बस यही लाभ होता है। हम उन्हें त्यागने के लिए (यानी मक्खन देने के लिए) तैयार नहीं होते।

इस प्रकार, माखन चोरी का एक अर्थ तो यह है कि भगवान भाव को ग्रहण करने वाले हैं। दूसरा अर्थ है- वे हमें हमारी समस्त वासनाओं से मुक्त कर देते हैं। तीसरा अर्थ है- वे कोई दूध, दही थोड़े ही चुराते हैं, वे तो लोगों के मन को चुराकर ले जाने वाले भगवान हैं। सभी गोपियों को लगता रहता था कि भगवान हमारे घर में आएँ और चोरी कर के माखन ले जाएँ। भगवान उन्हीं की इच्छा पूरी कर रहे थे।

14. मृद्भक्षण-लीला

एक दिन माखन खाने के बाद भगवान ने मिट्टी खा ली। वे मिट्टी में बहुत लोटपोट तो होते ही थे, आज उन्होंने मिट्टी खा भी ली। उनके साथी-संगी जो ग्वालबाल थे, उन्होंने जा कर मैया से कह दिया। अब मैया ने डरे हुए श्री कृष्ण का हाथ पकड़

लिया और डाँट कर कहती हैं- 'भवान' (यानी आप) आपने मिट्टी क्यों खाई? तू ने मिट्टी क्यों खाई ऐसा नहीं कहतीं। छोटे बच्चे को आप कहती हैं। घरों में भी जब बड़े नाराज होते हैं तो छोटों को ऐसे ही सम्बोधित करते हैं। भगवान ने कहा- "नाहं भक्षितवान अम्ब" माँ मैंने मिट्टी नहीं खाई। मैया ने कहा तेरे सारे सखा कह रहे हैं, इतना ही नहीं तेरा बड़ा भाई बलराम भी यही कह रहा है। भगवान कहते हैं- यदि तुमको ऐसा लगता है कि मैं झूठ बोल रहा हूँ तो स्वयं देख लो। माँ ने कहा यदि ऐसा है तो मुँह खोल कर दिखा दे। तब भगवान ने मुँह खोल दिया तो माँ को वहाँ आकाश आदि पंचमहाभूत, दिशाएँ, सूर्य, चन्द्र, ग्रह, नक्षत्र, ज्योतिर्मण्डल, पंचतन्मात्रा, जीव, उनके कर्म, स्वभाव आदि सारा विचित्र संसार, व्रज भूमि सहित सारा ब्रह्माण्ड दीखने लगा। मैया ने वहाँ व्रज भूमि में स्वयं को भी देखा। पूर्व में जब मैया ने अपने बालक के मुँह में सारा विश्व देखा तो आँखें बन्द कर ली थीं। अब की बार उन्होंने बन्द नहीं कीं, वे सोचने लगीं, चिन्तन करने लगीं। क्या यह स्वप्न है, या भगवान की माया है? देखो, हम पहले देख चुके हैं कि भगवान की माया दो प्रकार की होती हैं एक तो भक्तों को मोहित करने वाली (स्वजनमोहिनी) और दूसरी अभक्तों को मोहित करने वाली (विमुखजनमोहिनी)। यहाँ भगवान चाहते हैं माँ का पुत्र प्रेम बढ़े, जिससे कि उनकी लीला सुगम हो। परन्तु यशोदा जी भगवान को पहचानने लगी थीं, दृश्य गायब हो गया था इसलिए भगवान ने माया बढ़ा दी। इसका अर्थ यह हुआ कि आप आँख खोलकर माया का विचार करने लग जाएँगे, तो सब कुछ गायब हो जायेगा। तो यहाँ भगवान ने माया को बढ़ा दिया। यशोदा मैया सब भूल गईं और अपने बालक को गोद में उठा कर प्यार करने लगीं। देखो भगवान ने मिट्टी क्यों खाई? पहले हमने देखा भगवान ने आँखें बन्द क्यों की?

अब मिट्टी क्यों खाई इस पर विचार करेंगे। इतना तो प्रायः सभी जानते हैं कि बर्तन में दूध या मक्खन रखते हैं तो बाद में उसे मिट्टी से साफ करना पड़ता है। यह कार्य भगवान रोज देखते थे। बोले, मैंने पहले माखन खाया है, तो अब मुँह को साफ करने के लिए मिट्टी खा लेता हूँ। ऐसा सोच कर भगवान ने मिट्टी खा ली। दूसरी बात यह है कि मिट्टी को 'रज' भी कहते हैं। रज का अर्थ वैसे तो धूल होता है, लेकिन रज का दूसरा अर्थ रजोगुण भी होता है। भगवान कहते हैं मैं तो सत्त्वगुणी हूँ, लेकिन अब मुझे असुरों को मारने का काम करना है। शान्त रहकर, सत्त्वगुण में स्थित हो कर मारने का काम नहीं हो सकता। आगे मुझे मारने का काम करना है, इसलिए मैं धूल खा कर रजोगुण को बढ़ा लेता हूँ। देखो, हम सबको सत्त्वगुण बढ़ाने की जरूरत होती है। परन्तु भगवान को रजोगुण बढ़ाने की जरूरत है, क्योंकि उनको क्रिया बढ़ानी है। इसलिए उन्होंने मिट्टी खाई। भगवान ने सोचा मेरे चरणों की धूलि की सब लोग तारीफ करते हैं। अब यह मुझे कैसे मिले? इसका स्वाद कैसा है मैं देखूँ तो सही। इस प्रकार तीसरी बात यह हुई कि सब भक्त लोग

प्रशंसा करते हैं, इसलिये स्वयं उसका स्वाद चखने के लिए भगवान ने मिट्टी खाई। या फिर भगवान के पेट में सारा ब्रह्माण्ड है।

राजा परीक्षित ने पूछा- नन्द और यशोदा ने ऐसा क्या पुण्य किया था, जो देवकी और वसुदेव के पुत्र होते हुए भी, भगवान श्री कृष्ण की बाल लीलाओं का सुख नन्द-यशोदा को मिला? उन्हें ऐसा सौभाग्य कैसे प्राप्त हुआ? श्री शुकदेवजी कहते हैं- नन्दबाबा पहले वसुप्रवर द्रोण थे और धरा उनकी पत्नी थीं। तभी इन्होंने ब्रह्माजी का आशीर्वाद पा लिया था वर्तमान जन्म के इस सौभाग्य के लिए। देवकी और वसुदेव की बड़ी साधना थी सो उनको भगवान की प्राप्ति हुई। परन्तु यशोदा जी को पता तक नहीं चला कि भगवान वहाँ कब आये। अब यहाँ देखो, देवकी साधन सम्पन्न हैं, यशोदा जी साधन हीन हैं और पूतना है कुसाधन सम्पन्न, भगवान यहाँ तीनों के लिए ही कल्याण का मार्ग बता रहे हैं। तात्पर्य यही है कि भगवान सब का कल्याण करते हैं, भगवान की प्राप्ति सबको हो सकती है। चाहे कोई साधन सम्पन्न हो या साधन हीन हो या फिर कुसाधन रत हो, कोई कैसा भी हो, पर भगवान की कृपा तो सबके ऊपर होती है।

14. ऊखल-बन्धन-लीला

एक दिन की बात है, यशोदा मैया श्रीकृष्ण के लिए मक्खन निकाल रही थीं। देखो, घर में नौकर-चाकरों की कमी नहीं थी, लेकिन श्रीकृष्ण के सारे काम वे स्वयं ही करती हैं। दधिमन्थन करते-करते वे थक गयीं। उनकी वेणी में, जो मालिनी के फूल गुथे हुए थे वे नीचे गिर गये। तब तक भगवान उनके पास पहुँच गये। माँ जब उधर लौटीं और फूटा हुआ मटका देखा तो वे सब समझ गईं। उनको उसकी तो इतनी चिन्ता नहीं हुई, लेकिन वे सोचने लगीं कि यह गया किधर? फिर उन्होंने देखा तो पाया कि ये महाराज बैठे हैं ऊखल के ऊपर। बोले, आज तो इसे पकड़ कर बाँध ही देना चाहिये, अब यह बहुत शैतानी करने लगा है। आगे-आगे भगवान दौड़ रहे हैं और माँ उनके पीछे-पीछे। जब भगवान ने देखा कि माँ थक गयीं हैं, तो उन्होंने सोचा इनको ज्यादा थकाना ठीक नहीं है। देखो, भगवान पकड़ में आ गये। यशोदा जी ने पकड़ा और उन पर गुर्रायीं। बोलीं, "आज तुझे मैं इस ऊखल के साथ बाँध कर रहूँगी। यह भी खल है, दुष्ट है और तू भी दुष्ट हो गया है। दुष्ट-दुष्ट साथ में रहते हैं, तो अब मैं तुम दोनों को साथ-साथ कर देती हूँ।"

जो जगत का आदि-अन्त है, जो स्वयं जगत बना है, जिसके आदि, मध्य, अन्त, बाहर भीतर का कोई पता नहीं लग सकता, उसको बाँधना है, और वह भी रस्सी से। बोले, अच्छा, बाँधो। दाम यानी रस्सी, उस से ऊखल के साथ इनको बाँधना है। जब यशोदा जी बाँधने लगती हैं, तो हर बार होता क्या है कि वह रस्सी दो अँगुल कम पड़ जाती है। अच्छा? देखो कैसा आश्चर्य है। वामन अवतार के समय भगवान बहुत बड़े हो गये थे, लेकिन यहाँ न वे बड़े न हुए न छोटे। ज्यों-के-त्यों ही

रहे, फिर भी दो अँगुल रस्सी कम पड़ जाती है। कैसी विचित्र बात है। यशोदा मैया दूसरी रस्सी ढूँढ कर लाईं और उसे जोड़ कर रस्सी को लम्बा किया, तब भी वह दो अँगुल कम पड़ रही है। उनकी समझ में नहीं आ रहा था कि यह लड़का बड़ा नहीं हो रहा है, मोटा नहीं हो रहा है, बढ़ भी नहीं रहा है, कुछ और भी नहीं हो रहा फिर यह रस्सी हर बार कम कैसे पड़ती जा रही है। क्या करें? लेकिन माँ ने कहा कि चाहे जैसे हो आज मैं तुमको बाँध कर ही रहूँगी। अब दोनों में स्पर्धा-सी हो रही है।

भगवान ने कहा- मुझे तुम बाँध नहीं सकती। तुमने द्वैत की उपाधि रखी है न, इसलिये रस्सी दो अँगुल कम पड़ती जा रही है। पहले तुम द्वैत को छोड़ो। लेकिन थोड़ी देर बाद जब उन्होंने देखा कि माता बहुत थक गयीं हैं- तब, कृपा करके भगवान बन्धन में आ गये। अन्यथा भगवान भी क्या कभी बन्धन में आ सकते हैं? क्या उन्हें कोई बाँध सकता है? इसीलिए भक्तों ने कहा-

प्रबल प्रेम के पाले पड़कर, प्रभु को नियम बदलते देखा।
अपना मान टले, टल जाए, भक्त का मान न टलते देखा।।

प्रबल प्रेम के कारण भगवान अपने नियम भी बदल देते हैं। अपना मान भले ही टल जाये, लेकिन भक्त का मान भंग कभी होने नहीं देते। भक्त मुझे बाँधना ही चाहता है, तो चलो ठीक है। मैं बँध जाता हूँ। देखो, आगे महाभारत के समय भगवान जब हस्तिनापुर जाते हैं और दुर्योधन आदि जब उनको पकड़ने की कोशिश करते हैं, तो भगवान विश्वरूप धारण कर लेते हैं, उनकी पकड़ में नहीं आते। वे ही भगवान यहाँ यशोदा के हाथों ऊखल से बँध गये। प्रेम के वश हो कर भगवान कुछ भी करने को तैयार हो जाते हैं। लेकिन कोई यदि ज्यादा चतुराई दिखाना चाहे, तो भगवान भी जानते हैं कि उनके साथ कैसा खेल करना चाहिए। तो यहाँ भगवान बँध गये! उन्हें बाँध रह यहाँ पर, अब मैं शान्ति से काम कर पाऊँगी। बोले जाओ! वे चली गयीं।

16. यमलार्जुन का उद्धार

वहाँ पास ही में यमलार्जुन नामक दो पेड़ थे। नलकूबर और मणिग्रीव ये दोनों कुबेर के पुत्र थे। नारद जी के शाप के कारण ये पेड़ बन गये थे। भगवान उन पेड़ों के पास जाते हैं। वे स्वयं तो उन दोनों वृक्षों के बीच से निकलकर आगे निकल जाते हैं पर साथ में बँधा हुआ, वह बड़ा-सा ऊखल टेढ़ा होकर अटक जाता है। भगवान उसे खींच रहे हैं। जैसे ही भगवान ने उसे खींचा, वैसे ही वे दोनों पेड़ जड़ से उखड़कर नीचे गिर पड़े। उनमें से नलकूबर और मणिग्रीव, ये दोनों कुबेर पुत्र निकले। वे भगवान से प्रार्थना करते हैं, भगवान की स्तुति करते हैं।

एक दिन वहाँ फल बेचने वाली आती है। जब भगवान ने सुना कि कोई फलवाली कह रही है, "फल लीजिए, ताजे-ताजे फली लीजिए", तो ये दौड़ कर बाहर आये। छोटे-से हैं, दौड़ते हुए आते हैं अपनी अँजुली में अनाज लेकर। अनाज तो

सारा मार्ग में ही बिखर गया था। वे अपने दोनों हाथ आगे बढ़ा देते हैं। फलवाली इनके छोटे-छोटे हाथों को फलों से भर देती है, फिर भगवान उसकी टोकरी रत्नों से भर देते हैं लेकिन उसे पता नहीं चलता। घर जाकर वह देखती है कि उसकी टोकरी में रत्न भरे हुए हैं। इस प्रकार गोकुल में भगवान बड़े हो रहे हैं। घटनाक्रम को देखते हुए व्रज के नन्दादि बड़े-बड़े गोप सोच में पड़ गए। उनका विचार था कि अब हमें कुछ करना चाहिए। उपनन्द नाम के एक गोप ने कहा कि गोकुल में आजकल उत्पात बहुत हो रहे हैं, इसलिए हमको गोकुल छोड़ देना चाहिए। पास ही में एक अच्छी जगह है, चलकर अब वहीं रहना चाहिये। कौन-सी जगह है? पास में वृन्दावन नाम की एक जगह है। वृन्दावन बहुत अच्छी जगह है। अपने बाल-बच्चों के और सगे सम्बन्धियों को लेकर अब हम वृन्दावन चले चलते हैं, इस जगह को छोड़कर। लगता है यह जगह अशुभ है। गोकुल के सभी लोगों को यह बात बहुत पसन्द आयी। बस! जल्दी-जल्दी सबने अपनी बैलगाड़ियाँ-छकड़े सब तैयार किये, सामान लादा और चल पड़े। उन सब को अब वृन्दावन जाकर वहीं रहना है। वे सब वृन्दावन में आकर बस गए। वृन्दावन की बड़ी शोभा थी, गोवर्द्धन पर्वत भी मन को प्रसन्न करते थे और यमुना जी के पुलिन भी मनभावन थे। सब देखकर बलराम तथा श्रीकृष्ण का मन प्रेम से भर गया। अपनी बाल लीलाओं से उन्होंने गोकुल की तरह यहाँ भी सबका मन मोह लिया। समय आने पर वे वत्सपाल बन कर अन्य ग्वालबालकों के साथ बछड़ों के लेकर जाते। बछड़े भी चरा लाते और साथ-साथ सभी मिलकर तरह-तरह के खेल भी खेलते।

17. वत्सासुर का उद्धार

एक दिन की बात है, यथावत ये सब बछड़ों का चराते हुए यमुना तट पर पहुँच गए। तब इन्हें मारने के लिए एक असुर बछड़े का रूप लेकर वहाँ आ गया। उसका नाम था वत्सासुर। भगवान ने उसको पहचान लिया कि वास्तव में यह बछड़ा नहीं असुर है। भगवान ने उसकी टाँग पकड़ी और गोल-गोल घुमाकर उसे कैथ के वृक्ष पर पटक दिया। यह वत्सासुर अहंता-ममता (आसंक्ति) का प्रतीक है। भगवान ने पहले अविद्या (पूतना) को मारा, फिर जड़वाद (शकटासुर) को मारा, उसके बाद काम (तृणावर्त), जो सबको खूब घुमाता है, उसे मारा। कामवासना जब आती है तो वह तृणावर्त की तरह आदमी को उड़ा कर ले जाती है और मार कर पटक देती है। अब भगवान ने ममता (वत्सासुर) को भी मार दिया।

18. बकासुर का उद्धार

बछड़ों को चराने हेतु बलराम श्याम तथा ग्वालबाल वन-वन घूमा करते थे। एक दिन बछड़ों को जल पिला कर, वे स्वयं भी जल पी रहे थे तो उन्होंने देखा कि वहाँ एक बड़ा-सा बगुला बैठा हुआ है। यह बगुला बक है, बकी (पूतना) का भाई। उसका मुँह

बड़ा विशाल है। जैसे ही उसने भगवान श्रीकृष्ण को आते देखा, बोला इसने ही मेरी बहन को मारा था। बस, वह उन्हें निगल गया। सारे ग्वालबाल व्याकुल हो गये। अरे! श्रीकृष्ण कहाँ गये? इसने तो उनको निगल ही लिया। जब श्रीकृष्ण बगुले के भीतर गए तो वहाँ अग्नि उत्पन्न हो गई। घबराकर बगुले ने श्रीकृष्ण को उगल दिया। फिर वह चोंच से भगवान को घायल करने लगा। भगवान ने उसके दोनों चोंच पकड़कर उसे फाड़ डाला। 'बकासुर' का वध हो गया।

बक तो आपको मालूम है न, बगुला भगत का अर्थ सब जानते ही हैं। एक पैर पर ऐसे खड़ा हो जाता है, जैसे ध्यानस्थ हो। परन्तु जैसे ही मछली देखी, झट से वह उसे पकड़ लेता है। यह बगुला बड़ा दम्भी होता है। देखो भगवान श्रीकृष्ण की लीलाएँ ऐसी है। ऊपर से लगता है, उन्होंने इसको मारा, उसको मारा। परन्तु इन सब पर यदि हम आध्यात्मिक दृष्टि से विचार करें, इन्हें अपने ही अन्तःकरण में देखते जाएँ, तो इनका अर्थ यानी जिनके ये प्रतीक हैं वे सब सामने आते जाएँगे।

अविद्या, जड़ता, काम, दम्भ ये सब आते हैं और भगवान सबको खत्म करते जा रहे हैं। ये सब असुर बन कर गोकुल में आये, अब वृदावन में भी असुर रहे हैं, यहाँ भी भगवान स्वयं उनको नष्ट कर रहे हैं। इसलिए देखो, हृदय में भगवान का प्रवेश हो जाए तो कितनी अच्छी बात होगी। बस! फिर तो वे ही सारा काम करते जाते हैं। फि हमको कुछ करने की जरूरत नहीं पड़ती। वे ही हमारे अन्तःकरण में उठने वाली आसुरी वृत्तियों को नष्ट करते रहते हैं। इस प्रकार बकासुर का वध हुआ।

19. अघासुर का उद्धार

अब एक दिन ये बच्चे खेल, खेल रहे हैं। तब अधासुर वहाँ आ गया। 'अघ' माने पाप। देखो, कंस एक के बाद एक असुरों को भेज रहा था। अघासुर ने देखा कि बच्चे खेल रहे हैं। यह बकी तथा बक का छोटा भाई है। एक अविधा (बकी) थी, उसका एक भाई था दम्भ (बक) और यह दूसरा भाई है पाप। इसका अर्थ क्या हुआ? जहाँ पर अविद्या हो, दम्भ हो, वहाँ पाप का भी प्रवेश हो ही जाता है। इसको समझने की दूसरी भी दृष्टि बताई गई है कि- ये गोपबाल भगवान श्रीकृष्ण के साथ खेल रहे थे, उन्हें अपनी बराबरी का मानकर। अब, यह जीव जब अपने आप को भगवान की बराबरी का मानकर खेलने लग जाता है, तब उसके जीवन में थोड़ा पाप आ जाता हैं। हमारे जीवन की ही बात को यहाँ कथा के रूप में बता रहे हैं। देखिये, रावण ने, हिरण्यकशिपु ने क्या भगवान की बराबरी करने की बात नहीं सोची थी? अतः यहाँ, एक ओर-से तो हमें प्यार से भगवान की लीला देखनी चाहिए और दूसरी ओर-से अपने जीवन में उसका तात्पर्य समझने का, अर्थ ढूँढने का भी प्रयास करना चाहिए। अब अघासुर आया। और जब उसने देखा बच्चे खेल रहे हैं, तो उसने अजगर का रूप धारण कर लिया। वह बहुत बड़ा अजगर बन गया

और अपना मुँह फैला कर बैठ गया। उसके मुँह के दोनों भाग गुफा जैसे लगते थे। जब बच्चे आये तो जब बच्चे आये तो उनको वहाँ गुफा दिखाई दी, तो उन्होंने सोचा अन्दर चलकर देखते हैं कि यह कैसी गुफा है? यह अघासुर खल है। मुँह फैला कर बैठा है। खेल-खेल में सारे-के-सारे बच्चे उसके मुख में प्रवेश कर गए। भगवान ने देखा कि सब-के-सब अन्दर चले गये हैं। अब क्या करें? ऐसा सोचकर वे स्वयं भी अन्दर प्रवेश करते हैं। तब क्या होता है? तब वह अजगर अपना मुँह बंद कर लेता है। भगवान क्या उसे जानते नहीं? अन्दर जाकर वे ऐसे बढ़ने लगे कि उसके गले तक पहुँच गए। उसकी श्वास पूरी तरह से रुक गयी। वह व्याकुल हो गया। अन्ततः उसके प्राण ब्रह्मरन्ध्र से निकल गए। तब भगवान ने अपनी अमृतमयी दृष्टि से सभी ग्वालबाल तथा बछड़ों को जीवित किया और अपने साथ सबको बाहर ले आये। बोले-तुम लोग चाहे जहाँ प्रवेश करने के पहले जरा देखा तो करो कि कहाँ प्रवेश कर रहे हो! हम लोग भी ऐसा ही करते हैं। पाप मुँह खोल कर बैठा रहता है। 'यह क्या है'? कहते हुए बस घुस जाते हैं उसके अन्दर। अन्दर घुस जाने के बाद पाप मुँह बंद कर लेता है और फिर हम पाप कर्म करते चले जाते हैं। इस बात को पहचानना आना चाहिये कि वह (पाप) मुँह खोलकर बैठा है, हमको आमंत्रण दे रहा है। क्या इसके अन्दर जाना चाहिये? हमें जाना कहाँ है, यह पहले अच्छी तरह से सोच लेना चाहिये।

20. ब्रह्माजी का मोह

एक बार ब्रह्मा जी को मोह हो गया कि मैं बहुत बड़ा हूँ। तब वे रेगिस्तान से होकर कहीं जा रहे थे तो उनको पार करने के लिए रास्ता ही नहीं मिल रहा था। एक लम्बी कतार में बहुत सारे ऊँट जा रहे थे। वे सब लदे हुए थे। ऊँटों के चालक इनकी तरफ देखते तक नहीं थे। वे बस अपने रास्ते चलते जा रहे हैं। ब्रह्माजी ने देखा कि यह कतार खत्म ही नहीं होती। (जैसे बड़े शहरों में रोड पर एक के बाद एक वाहन आते ही रहते हैं। पार कर ही नहीं पाते।) तब ब्रह्माजी ने एक को कहा कि भाई, तू जरा रुक जा। वह रुकता नहीं, देखता तक नहीं। ब्रह्माजी ने सोचा, मैं 'ब्रह्मा' इसे रोकता हूँ फिर भी यह रुकता नहीं, बात क्या है? आखिर उन्होंने गुस्से से एक को रोक ही लिया। और उससे पूछने लगे कि ऊँट के ऊपर क्या लाद कर ले जा रहे हो? वह कहता है, "ये सब ब्रह्माजी हैं। नये-नये ब्रह्माण्ड बन रहे हैं, वहाँ इनको नियुक्त करना है, इसलिये इन्हें ले जा रहे हैं।" ब्रह्माजी ने कहा- नमस्ते! वे समझ गए कि व्यर्थ ही में उन्हें अपने ब्रह्मा होने का अभिमान हो रहा था। उनके जैसे जाने कितने ब्रह्मा हैं। जैसे छोटा-सा गाँव हो और वहाँ कोई इंजीनियर, डॉक्टर या कलेक्टर हो तो उसे लगता है कि मैं बहुत बड़ा आदमी हूँ। लेकिन दिल्ली जैसे शहर में जाने कितने इंजीनियर, कलेक्टर या डॉक्टर होंगे, कुछ पता लगता है?

उसका कोई हिसाब होगा? छोटे से शहर में लोग स्वयं को बहुत बड़ा समझ कर बैठ जाते हैं। ऐसी ही स्थिति ब्रह्माजी की भी हो गई थी।

अब भगवान श्रीकृष्ण तथा बलराम जी छठे वर्ष में प्रवेश कर चुके थे। इसलिए अब उन्हें गौएँ चराने की अनुमति मिल गई थी। गौएँ चराते हुए वे वृन्दावन को पावन कर रहे हैं। भगवान श्रीकृष्ण तथा बलराम जी, समस्त गोपबालकों के नायक हैं। जब भी बच्चों का खेल होता था तो एक ओर श्रीकृष्ण नायक होते थे और दूसरी ओर बलराम, इस प्रकार विभाग होता था और फिर जो भी कोई खेल हो, वे सब मिलकर खेलते रहते थे।

21. धेनुकासुर का उद्धार

एक समय की बात है, श्रीकृष्ण के सखा श्रीदामा, सुबल तथा स्तोककृष्ण आदि सब आकर कहते हैं कि भगवान यहाँ ताड़वन नाम की एक अच्छी जगह है। वहाँ बड़े अच्छे ताड़ के पेड़ हैं जिनमें बड़े मीठे फल लगे हुए हैं, लेकिन वहाँ एक असुर रहता है। वह हमको वहाँ जाने नहीं देता है। हमें उन फलों को खाने की इच्छा हो रही है। आप को इच्छा लगे, आपका मन माने तो आप वहाँ चलिए। तब हम सब उन फलों को खा सकेंगे। तब वे सब मिलकर ताड़वन में जाते हैं। वहाँ बलराम जी उस धेनुकासुर का वध करते हैं।

22. कालिय नाग का दमन

फिर, एक दिन बलराम जी को लिए बिना ही भगवान अपने सखा ग्वालबालों के साथ यमुना जी के तट पर पहुँये। जेठ-आषाढ़ की गर्मी से त्रस्त होकर ग्वालबाल, गौओं तथा बछड़ों ने यमुना जी का जल पी लिया, जो जहरीला हो गया था। देखते-देखते सब-के-सब बेहोश हो गये। यमुना जी का जल विषैला क्यों हो रहा था? इसलिए कि उसमें कालिय नाग आकर रहने लगा था। वह जहाँ रहता था-उस कालिय हृद (कुण्ड) का जल इतना विषैला हो गया था कि विष की गर्मी से खौलता रहता था। यह कालिय नाग इन्द्रिय रूप है। जैसे उसके बहुत सारे फन होते हैं, वैस ही इन्द्रियों की भी असंख्य प्रवृत्तियाँ होती हैं जो हमारे अन्तःकरण को विषैली करती रहती हैं। भगवान ने जब देखा कि जल विषैला हो गया है, किसी के काम का नहीं रहा, तो उन्होंने निश्चय किया कि अब मुझे इसमें प्रविष्ट होकर इस नाग को बाहर निकाल डालना चाहिए। ऐसा निश्चय करके, पास के एक ऊँचे कदम्ब के वृक्ष पर चढ़कर श्रीकृष्ण कालिन्दी के उस कालियदह में कूद पड़ें। कालिया नाग के पास पहुंचकर भगवन ने उसे बहुत समझाया कि यमुना छोड़कर चले जाओ। लेकिन जब वो नहीं माना तो युद्ध होने लगा। कालिय पहले तो लड़ता रहा पर बाद घायल हो गया तो वहाँ से चलकर यमुना जी में जा बैठा। कालिय को समुद्र से जाने की आज्ञा देकर अपने समस्त आभूषणों से विभूषित होकर भगवान उस कालियहृद से

बाहर आते हैं। यशोदा मैया, नन्दबाबा आदि सारे व्रजवासियों के आनन्द का पारावार नहीं रहा। देखो, संभव है कि अभी इन सब घटनाओं का महत्त्व स्पष्ट नहीं हो रहा हो। आगे हम इसका भावार्थ या लक्ष्यार्थ भी देखेंगे। इन सब का गम्भीर भाव भी है, अन्यथा श्री शुकदेवजी इनका इतना वर्णन क्यों करते? एक अध्याय में क्रम से कहा जा सकता था कि भगवान ने निम्नलिखित- पूतना, शकटासुर, तृणावर्त, वत्सासुर, बकासुर, अघासुर आदि असुरों को मारा। चार पंक्तियों में पूरी बात कह सकते थे। एक-एक अध्याय में एक-एक घटना कहने की बात ही न रहती। और फिर विस्तृत वर्णन का एक और कारण यह है कि हमारी वृत्तियों को एकाग्र करना है। आखिर इस जीवन का, भागवत् का प्रयोजन क्या है? यही न कि हमारा मन, हमारी वृत्तियाँ कृष्णमय बनती जाएँ। इसलिए यहाँ एक-एक लीला का वर्णन करते जा रहे हैं। पहले यह हुआ, फिर वह हुआ, उसके बाद फिर यह हुआ और बाल्यावस्था में ही उन्होंने ऐसा किया, वैसा किया, यह सब बता कर उनका प्रभाव, उनका स्वभाव, उनका ईश्वरत्व, उनकी करुणा आदि सारे गुण प्रकट कर रहे हैं। यह दूसरा कारण है इन सभी लीलाओं के सुदीर्घ वर्णन का। तो यहाँ हम उनकी शक्ति, उनका प्रभाव देख रहे हैं। प्रायः मनुष्य को अपनी (मन की) आसुरी वृत्तियों से डर लगता रहता है।

जब सुनते हैं कि भगवान ने केवल तीन चार साल की आयु में इन सबको खेल-खेल में मार डाला था, उनके लिए तो यह बायें हाथ का खेल था, तब मन में विश्वास का उदय होने लगता है कि मेरे पाप, मेरे दुष्कृत्य, चाहे जितने निन्दनीय क्यों न हों, मेरे मन में चाहे जितनी आसुरी वृत्तियाँ क्यों न उठती हों, परन्तु यदि मैं श्रीकृष्ण को याद कर लूँ, उन्हें बुला लूँ तो क्या नहीं हो सकता। उनके लिए क्या असंभव है? देखते-ही-देखते वे सब को खत्म कर देंगे। ऐसा विश्वास मन में जगाने के लिए ही ये सारी घटनाएँ, सारे प्रसंग बताये जाते हैं। उनका प्रयोजन यही है कि मन में ऐसा विश्वास जाग जाए कि हमारे पाप भले ही हमें बहुत भयंकर लग रहे हों, घोर जान पड़ रहे हों, लेकिन भगवान उन्हें चुटकियों में खत्म कर सकते हैं। इसलिए बताते हैं कि भगवान ने दुष्ट दलन का कार्य तभी शुरू कर दिया था जब वे छः दिन के थे। यही बताने के लिए कि उनके लिए यह कोई बड़ा भारी काम नहीं है। उनके लिए यह तो खेल है। अर्थात् खेल-खेल में वे सब कर देंगे, डरो मत। लोग कहते रहते हैं मेरा मन बड़ा ऐसा है, वैसा है। काहे का मन! थोड़ा भगवान का नाम लेकर क्यों नहीं देखते। यही तथ्य दर्शाने के लिए इन लीलाओं का यहाँ इतना वर्णन किया गया है। निरन्तर एकवृत्ति बनी रहे इसलिए। भगवान के अनुग्रह से यमुना जी का पानी विषरहित ही नहीं, अमृत सदृश्य मधुर हो गया। यहाँ क्रीड़ा करने के लिए ही भगवान ने मनुष्य रूप धारण किया है, वे खेल कर रहे हैं। उनके लिए यह सब कोई बड़ी बात नहीं है। सबके ऊपर उनकी जो कृपा है, जो प्यार है, वह यहाँ प्रकट हो रहा है।

23. बलराम जी द्वारा प्रलम्बासुर का उद्धार

एक बार सब ग्वालबाल तथा श्रीकृष्ण-बलराम गौएँ चराते-चराते विचरण कर रहे थे, तब प्रलम्ब नामक एक लम्बा असुर ग्वालबाल का वेष बनाकर वहाँ आ गया। कहने लगा मैं भी खेलूँगा। भगवान ने कहा-, "आओ खेलो।" भगवान ने उसे पहचान लिया फिर भी उसे स्वीकार किया क्योंकि वह मित्र बनकर आया था। गीता जी में भगवान ने कहा भी है कि जो जिस भाव से मेरे पास आता है, मुझे चाहता है, मैं भी उसी भाव से उसे चाहता हूँ। फिर भगवान ने सारे ग्वालबालों को दो दलों में बाँट कर एक खेल प्रारम्भ किया। वह खेल इस प्रकार का था कि जो दल हार जाए उसे जीतने वाले की अपनी पीठ पर लादकर ले जाना पड़ता था। सदा की तरह एक ओर कृष्ण थे, एक ओर बलराम जी थे। प्रलम्बासुर ने सोचा कि श्रीकृष्ण को तो वह हरा नहीं पाएगा। इसलिए वह श्रीकृष्ण के दल में हो गया। प्रलम्ब अर्थात प्रकर्षण लम्बः माने बहुत लम्बा। आप उसे चाहे जो भी कह लो पर उसका अर्थ यही है कि जिस प्रकार हमारा लालच बढ़ता जाता है, वह प्रलम्बासुर भी लम्बा-लम्बा होता है यानी बढ़ता ही जाता है। प्रलम्ब हार गया और उसे बलराम जी को उठाना पड़ा। बलराम जी को उठाकर वह जाने लगा। उसे श्रीकृष्ण से थोड़ा डर लगता था। उसने सोचा बलराम जी को ही हर ले जाते हैं। बलराम जी को लाद कर एक पर्वत की ओट में जाकर फिर आकाश-मार्ग से जाने लगा। बलराम जी ने सोचा यह मुझे इधर-उधर क्यों ले जा रहा है? लगता है कुछ गड़बड़ काम करना चाहता है। वे कूद पड़े, उन्होंने उसकी तरफ देखा, तो उसने (प्रलम्ब ने) भी देखा कि अब मैं इन्हें मारूँगा। बलराम जी क्या कुछ कम थे, उन्होंने उसे ऐसे घूँसा लगाया कि वह मर ही गया। प्रलम्बासुर का वध हो गया।

24. श्रीकृष्ण द्वारा अग्निपान

गौओं ने देखा कि गोपबाल क्रीड़ा में लगे हुए हैं। गायों को कहीं-न-कहीं हरी-हरी घास दिख ही जाती थी। यानी कितना भी कुछ करो, ये इन्द्रियाँ विषयों की ओर चली ही जाती हैं। अच्छी तरह समझते हैं कि भगवान के पास रहने में ही सुख है, शान्ति भी, लेकिन क्या करें मन विषयों में चला ही जाता है। चाहे कोई "मृत्यु से मुक्ति तक" जैसी अच्छी किताब ही क्यों न पढ़ रहा हों, तब भी यह मन कहीं-कहीं चला जाता है। प्रवचन सुन रहे हों, तब भी जाता है, पूजा कर रहे हों, जप कर रहें हों, कुछ भी कर रहें हों मन अन्यत्र कहीं चला ही जाता है। यहाँ यह वर्णन बार-बा आता रहता है कि ये बछड़े या गायें और उनके पीछे ये ग्वालबाल कहीं-कहीं चले जाते हैं। इतने में वहाँ आग लग गई। फिर आँधी चलने लगी। तो उस आग ने सबको चारों ओर से घेर लिया। जंगल में कभी-कभी पेड़ आपस में टकरा जाते हैं, तो आग लग जाती है, जिसे दावानल कहते हैं। देखो हमारा मन भी इसी प्रकार जब इन्द्रियों का पीछा करता हुआ निकल पड़ता है, चल पड़ता है तो वह कहाँ जाता है? विषयाग्नि

में ही तो जाता है। और जैसे जंगल में अग्नि प्रकट होती रहती है, वैसे ही हमारे मन में कामाग्नि, क्रोधाग्नि, विषयाग्नि ये सारी उत्पन्न होती ही रहती हैं। विषयों की ओर ध्यान जाते ही, विषय चिन्तन प्रारम्भ होते ही बस! मन में आग लग जाती है। इसमें भी क्या कोई शंका हो सकती है किसी को? पहले वह कामाग्नि के रूप में प्रकट होती है, उसमें कोई विघ्न आ जाए तो वह क्रोधाग्नि हो जाती है। जब ऐसा लगने लगता है कि अमुक चीज मुझे चाहिए और यदि वह चीज किसी दूसरे को मिल जाए तो फिर वह अग्नि ईर्ष्यांग्नि हो जाती है। इस प्रकार न जाने कितने प्रकार की अग्नियाँ होती हैं। यहाँ भगवान ने पहले एक अग्नि से सब को बचाया, पर अब यह दूसरी अग्नि आसुरी अग्नि है। इस बार भी गोपबाल आ कर कहने लगे- कृष्ण-कृष्ण महावीर, कृष्ण-कृष्ण महावीर। इसमें एक बात और भी है जो विशेष ध्यान देने की है। जब भी कोई विघ्न आता है तो ये गोपबाल भगवान को याद करते हैं। कहने का अर्थ है हम भी कभी भूल से इधर-उधर चले जाएँ और यदि वहाँ आग लग जाए यानी कोई संकट उपस्थित हो जाए तो उस समय- अब क्या करें? ऐसा सोचकर यदि बैठे ही रह जायँ, तो जल जाएँगे। उस समय भगवान को याद कर लेना चाहिए। बार-बार भगवान को याद करना चाहिए। यहाँ देखो, कहानियों में ही कैसे बड़ी-बड़ी रहस्य की बातें बता दी गई हैं। वैसे तो कथा बड़ी तेजी से आगे बढ़ती जा रही है, लेकिन उसका जो सार है, उसमें जो विशेष अर्थ छिपा हुआ है, उसका जो तात्पर्य है उसे समझना परम आवश्यक है। यहाँ ग्वालबाल बार-बार भगवान का नाम लेकर उनकी शरण में जाते हैं। जब तक भगवान को याद नहीं करते, तब तक भगवान कुछ नहीं करते। अब गायें कहाँ चली गईं, यह क्या भगवान को नहीं मालूम? ये गोपबाल उनके पीछे गए हैं, यह क्या भगवान को नहीं मालूम? लेकिन वे स्वयं कुछ नहीं करते। क्योंकि वे उपद्रष्टा हैं न! वे सिर्फ देखते रहते हैं। जो मुझे बुलाएँगे मैं उनके पास आऊँगा। ऐसा उनका नियम है, स्वभाव है। तो जहाँ कष्ट आया, संकट आया कि ये सब भगवान को पुकारते हैं। तो भगवान वहाँ पर आये। फिर उनसे कहते हैं, "अच्छा आग लगी है, कोई बात नहीं, अब तुम लोग आँखें बन्द करो।" उन सब ने आँखें बन्द कर लीं। भगवान अग्नि पी गए। फिर बोले, "आँखें खोलो।" सबने आँख खोली तो उन्हें वहाँ कुछ भी न दिखाई दे। देखो, भगवान् ने उस आग को (क्रोधाग्नि को) पी लिया। इसमें आश्चर्य की कोई बात नहीं है। देखो कभी हमें भी क्रोध आ जाए और तब यदि हम भगवान् का स्मरण करने लग जाएँ, तो हमारा क्रोध टिक नहीं सकता। क्योंकि क्रोध करना और भगवान् का स्मरण भी करना, ये दोनों एक-साथ नहीं हो सकते।

भगवान का नाम लेते जाएँ और कामवासना को बढ़ाते जाएँ, क्या यह सम्भव है? नहीं है। करके देखो, राम-राम बोलते जाओ और कुछ गलत या गड़बड़ काम करते जाओ, वह नहीं हो पायेगा। ऐसी शक्ति नाम में है। परन्तु हमारा मन इतना चालाक है कि वह हमें भगवान का नाम लेने नहीं देता। सारे ग्वालबाल वापस घर

आते हैं, और दिन में जो-जो घटनाएँ होती रहती हैं, घर आकर उन्हें पूरी तरह-से सुनाते हैं कि आज ऐसा हुआ, आज वैसा हुआ। घरवाले भी दिन भर उनकी प्रतीक्षा करते रहते हैं कि ये कब घर आएँ और कब कोई नई लीला सुनाएँ। आज क्या हुआ? कौन-सी नई घटना हुई? सुनने के लिए सब आतुर रहते हैं। अब उन सब को यही विश्वास हो गया था कि कृष्ण और बलराम दोनों के रूप में कोई देवता ही यहाँ आये हुए हैं, क्योंकि उनके सारे कार्य अतर्क्य थे। वे उनकी समझ में नहीं आते थे। इसके बाद इस बीसवें अध्याय में वर्षा ऋतु व शरद ऋतु का इतना सुन्दर वर्णन किया गया है कि एक-एक श्लोक सुनने-समझने जैसा है। पहले वर्षा ऋतु का वर्णन है, उसके बाद शरद ऋतु का। यद्यपि यह सृष्टि का-निसर्ग का वर्णन है, लेकिन इस वर्णन के साथ-साथ, जीवन सम्बन्धी बातें अर्थात् इस जीवन में हमें किस प्रकार से रहना चाहिए, वह भी बताया गया है। दृष्टांत के लिए, जैसे बिजली चमकती है परन्तु स्थिर नहीं रहती, उसी प्रकार खल की प्रीति स्थिर नहीं होती। जल की धाराएँ पर्वत पर बरसती रहती हैं, लेकिन पर्वत की चोटियाँ उन धाराओं के आघात को सहती रहती है। कैसे सहती है? कहते हैं- बोले ये पर्वत, जल की धाराओं को, बूँदों की बौछार को उसी प्रकार सहन करते हैं जैसे साधु जन दुष्ट लोगों के वचनों को सहन करते हैं। देखो, इस प्रकार की रचनाओं के द्वारा जहाँ एक ओर सृष्टि का वर्णन हो रहा है, वहीं दूसरी ओर अपने मन को उपदेश भी प्राप्त हो रहा है, ऐसा सुन्दर वर्णन वहाँ किया गया है। भगवान ने देखा कि सृष्टि का सौन्दर्य नित नवीन होता जा रहा है। उसके मन में उत्साह भर आता है और वे वेणु लेकर बजाने लगते हैं। आज भी यदि हम किसी को अच्छी प्रकार से बाँसुरी बजाते हुए सुन लेते हैं, तो हमारा मन मुग्ध हो जाता है। भगवान तो अखिल कला गुरु हैं।

25. बाँसुरी की विशेषता

संगीत के सारे वाद्यों में यह बाँसुरी सबसे अधिक प्राकृतिक है, बाँस की बनी है। आगे पूछा गया कि इस बाँसुरी को यह भाग्य कैसे प्राप्त हुआ? एक ने उससे पूछा, "ऐ बाँसुरी, तूने ऐसा क्या पुण्य किया था जो भगवान तुझे अपने साथ रखते हैं और अपने होठों पर लगाते रहते हैं?" बोले, "मैं धूप में तपती रही हूँ! तुमको पता है?" देखो, बाँसुरी बनने के पहले तो वह बाँस के रूप में रहती है। बाँस का पेड़ पहले जमीन में रहता है, फिर बाहर आ कर वह सूरज की गर्मी, धूप, बारिश आदि सब सहन करता है। बाँस का वृक्ष जब बढ़ता है तो उसे इन सबको सहन करना पड़ता है कि नहीं? कितना तप करता है वह? इतना तप करने के बाद फिर उसको उखाड़ते हैं, काटते हैं, वह सब भी उसे सहन करना पड़ता है। फिर उसमें छेद करते हैं। एक ही नहीं, सात-सात छेद कर डालते हैं। अब बताओ, कोई हमारे ऊपर छिद्र बनाने लगे तो हमें कैसा लगेगा? बाँसुरी कहती है- मैं इन सारी बातों को सहन कर लेती हूँ। और दूसरी बात, अपने अन्दर वह कुछ रखती नहीं, भीतर से वह एकदम

साफ, खाली होती है। सबसे बड़ी बात तो यह है कि बाँसुरी अपनी कोई आवाज नहीं निकालती। जब भगवान प्राण फूँकते हैं, तो भगवान जैसा चाहते हैं वह वैसा ही स्वर निकालती है, अपना एक भी नया स्वर नहीं निकालती। अपने आप को पूरी तरह से समर्पित कर देती है, ऐसी होती है बाँसुरी। हमें भी अपने आपको ऐसा ही बना लेना चाहिए। जीवन के सारे कष्ट, ताप भी सहन कर लें, और भीतर से बिल्कुल खाली बन जायें, अन्दर कोई अवरोध न रह जाए। लेकिन हमारे अन्दर तो राग-द्वेष, काम-क्रोध न जाने क्या-क्या भरे रहते हैं। इसलिए कभी भगवान् हमें अपने पास ले भी जायें, हमसे कुछ कराना भी चाहें तो भी हम अपना ही राग आलापते रहते हैं, अपना ही स्वर निकालते रहते हैं। जैसे, हम हारमोनियम बजाने बैठते हैं तो बीच में ही न जाने किधर से कोई और ही सुर बजने लगता है। वह अलग से अपना ही राग आलापता रहता है। भगवान् कहते हैं, यह अच्छा नहीं है!

26. चीर-हरण-लीला का रहस्य

अब आती है चीर हरण की लीला। हेमन्त ऋतु में व्रज की कुमारियों ने, गोपियों ने कात्यायन व्रत किया। इस व्रत में एक मास तक कात्यायनी देवी की पूजा-आराधना की जाती है, व्रत भी रखा जाता है। अपना मनपसन्द वर पाने के लिए उन्होंने यह व्रत किया और उसकी समाप्ति पर यथावत् वे सब नदी में स्नान करने के लिए जाती हैं। कपड़े उतार कर किनारे पर रख कर वे सब विवस्त्र हो कर नदी में स्नान करती हैं। इतने में श्रीकृष्ण तथा उनके सखा घूमते-घूमते वहाँ आ गए। भगवान ने सोचा अच्छा, नदी में नहा रहीं हैं। उन्होंने सारे कपड़े उठा लिये और जाकर बैठ गये पेड़ के ऊपर।

अब आप जल्दी से हमें कपड़े दे दो। अगर नहीं देंगे तो हम राजा से जाकर कह देंगी। जाओगी? यहाँ से निकलकर जाओगी राजा से कहने? कैसे जाओगे? भगवान ने कहा- मुझे धमकी देती हो? ये धमकियाँ मेरे सामने नहीं चलेंगी। भगवान ने उनसे कहा कि तुमने वस्त्रहीन हो कर नदी में स्नान करके वरुण देवता तथा यमुनाजी का अपमान किया। इसलिए हाथ जोड़कर नतमस्तक हो कर प्रणाम करो। तब अपने-अपने वस्त्र ले जाओ। उन्होंने वैसा ही किया। तब भगवान ने उनको कपड़े दे दिये। सभी ने कपड़े पहन लिए। भगवान की इस लीला का भाव, दो दृष्टियों से समझा जा सकता है। एक धर्म की दृष्टि और दूसरी है ज्ञान की दृष्टि। धर्म की दृष्टि से देखा जाए तो इसका तात्पर्य क्या है? भगवान गोप कुमारियों से कहते हैं, नग्न अवस्था में स्नान नहीं करना चाहिए, ऐसा मनु स्मृति का आदेश है। क्योंकि ऐसा करने से जल देवता वरुण देव का अपमान होता है।

अब दूसरी बात, ज्ञान की दृष्टि या आध्यात्मिक दृष्टि से इसमें और भी ऊँचा अर्थ छिपा हुआ है। देखो, यह जीव वास्तव में सच्चिदानन्द स्वरूप है। वेदान्त विचार से यह स्पष्ट रूप से पता चलता है, यह सत्य समझ में आने लगता है।

परन्तु हमने अपने स्वरूप के ऊपर बहुत सारे आवरण चढ़ा लिये हैं। हमने पंचकोश- पाँच कपड़े पहन लिये हैं यानी पाँच प्रकार के आवरण डाल कर अपना स्वरूप छिपा लिया है। हमने यह जो शरीर धारण किया है यह एक कोश हो गया-अन्नमय कोश। दूसरा है प्राण- प्राणमय कोश, तीसरा मनोमय, चौथा विज्ञानमय और पाँचवाँ है आनन्दमय। ये पाँच कोश हैं, पाँच कोशों के आवरण डाले हों, तब क्या आत्मा का भान, ज्ञान हो सकता है? बोले, नहीं। क्योंकि आत्मा पंचकोशातीतः पंचकोशों से परे है। अब यदि आत्मा का अनुभव करना हो, तो ध्यानाभ्यास में इन्हीं कोशों का अनावरण करना पड़ता है। एक-एक कोश को-कपड़े को उतारते जाते हैं। अर्थात् एक-एक कोश से तादात्म्य हटाकर, बिल्कुल विवस्त्र अवस्था में, यानी निर्विशेष निरुपाधिक अवस्था में पहुँच जाते हैं। अतः विवस्त्र माने केवल शरीर पर कपड़े का न होना ऐसा नहीं समझना चाहिए।

भगवान कहते है, "तुम जैसे हो वैसे ही यानी ज्यों-की-त्यों अपने शुद्ध स्वरूप में मेरे सामने आ जाओ।" पंचकोश का तादात्म्य छोड़कर, माने यह शरीर मैं नहीं हूँ, प्राण मैं नहीं हूँ, मन मैं नहीं हूँ, बुद्धि मैं नहीं हूँ, अज्ञान मैं नहीं हूँ ऐसा निश्चय करके तब जाना है भगवान के पास। जिन लोगों ने वेदान्त सुना हो, जिनमें वेदान्त के संस्कार हों, उन्हें यह बात सरलता से समझ में आ सकती है। कहने का भाव इतना ही है कि देहादि से हमने जो तादात्म्य कर रखा है वही हमारे वस्त्र हैं। इन्हीं को छोड़कर भगवान के सामने जाना है। इस रीति से मनुष्य जब अपना जीवभाव छोड़कर भगवान के समक्ष खड़ा हो जाता है, तब भगवान उसको अपना लेते हैं। अपनाना भी क्या? तब तो उसमें और भगवान में भेद ही नहीं रह जाता।

भगवान रमण महर्षि जी ने कहा- जीव और ईश्वर में वेश के कारण ही भेद आ गया है। इस वेश को यदि कोई छोड़ दे तो उसमें और भगवान में कोई अन्तर नहीं रह जाता।" यह चीर-हरण-लीला भी बड़ी महत्त्वपूर्ण है। इसके द्वारा जहाँ एक ओर भगवान हमें धर्म क्या है यह सिखा रहे हैं, तो दूसरी ओर भक्त का जो धर्मव्रत अधूरा, अपूर्ण रहा जा रहा था उसे पूरा भी करा रहे हैं, साथ ही आध्यात्मिक ज्ञान भी सिखा रहे हैं। और देखो यह लीला कब हुई? भगवान ने पहले जब कई सारे असुरों का मर्दन कर दिया उसके बाद ही उन्होंने यह लीला की। अर्थात पहले सारी आसुरी वृत्तियों का नाश हो जाए, मन शुद्ध हो जाए, उसके बाद ही, उस शुद्ध अन्तःकरण वाले साधक को पंचकोश का विवेक हो पाता है। जब तक अज्ञान है, तब तक शरीर, मन, बुद्धि के साथ तादात्म्य करके रहना हमारे लिए बन्धनकारी सिद्ध होता है। लेकिन परमात्म स्वरूप के साक्षात्कार के बाद उसी शरीर, मन, इन्द्रियों के साथ काम करते रहने में कोई समस्या नहीं होती। तब उनसे कुछ नहीं बिगड़ता। गीता जी में कहा है- "सर्वथा वर्तमानोऽपि स योगी मयि वर्तते"।। वह योगी चाहे जिस प्रकार से रहे, वह मुझमें ही रहता है। न तो उसे कुछ छोड़ने की जरूरत है, न ही कुछ ग्रहण करने की। उसको कुछ भी करने की आवश्यकता नहीं है। वेदान्त की

यह बड़ी गूढ़ बात है। वह योगी तो जीवनमुक्त होता है। उसको फिर उपाधियों का बन्धन नहीं होता। उपाधियों का बन्धन, अविद्या अवस्था में ही रहता है। विद्या की स्थिति में नहीं रहता, इसलिए भगवान् ने बाद में उनको वस्त्र दे दिये। फिर कहा कि तुम लोगों ने जो संकल्प किया है, वह पूरा होगा तथा आपको मेरे चरण कमलों की प्राप्ति भी होगी।

27. गोप-बालों द्वारा ब्राह्मणों से अन्न की याचना

एक दिन भगवान गोपबालों के साथ वन में जा रहे थे। पेड़-पौधों की ओर देखकर कहते हैं देखो, ये पेड़ कितने परोपकारी हैं। धूप में, गर्मी में तथा पानी में ये तप करते रहते हैं और जब फल आते हैं तो उन्हें ये दूसरों को दे देते हैं। बोले, इन पेड़ों का स्वभाव भी साधु लोगों जैसा ही है। वृन्दावन के पेड़ों की तारिफ करते हुए, वे उस दिन वृन्दावन में बड़ी दूर निकल गए। चलते-चलते यमुना जी के तट पर पहुँच गए। वहाँ सबने यमुना जी का मधुर जल पिया। तब किन्हीं ग्वालबालों ने बलराम तथा कृष्ण से कहा- बलरामजी, कृष्ण जी हमें भूख लगी है, तुम दोनों कुछ उपाय करो, हमारी क्षुधा को तृप्त करो। देखो, गोपबालों का जीवन भगवान पर कितना निर्भर था, आप सोचें! बिल्कुल निर्भरा भक्ति है यह। भूख लगी है, तो भी कृष्ण-कृष्ण महाबाहो, संकट आया तो भी कृष्ण-कृष्ण महाबाहो हर चीज के लिए इनका जीवन भगवत केन्द्रित था। यहाँ यही दिखाया जा रहा है। भगवान ने कहा- "भूख लगी है? अच्छा चलो बैठ जाओ, सोचते हैं कि क्या करें।" फिर कहते हैं-यहाँ से थोड़ी दूरी पर बहुत सारे ब्राह्मण यज्ञ कर रहे हैं, यज्ञ में दान तो किया ही जाता है। अन्नदान भी करना चाहिए। तुम लोग जाओ और उनसे कहो कि हमें कृष्ण और बलराम ने भेजा है। वे वहाँ बैठे हैं, आप उनके लिए अन्न दीजिए। लेकिन ये ब्राह्मण जो कर्मकाण्डी पण्डित हैं, वे इस बात को थोड़े ही जानते हैं? यज्ञ करते-करते उनकी आँखों में, बुद्धि में धुआँ-ही-धुआँ हो गया है। इसलिए उन्हें यह बात समझ में नहीं आती। पण्डित हैं न, तो उन्हें अपने पाण्डित्य का बड़ा अभिमान भी है। "अग्नये स्वाहा, अग्नये इदं न मम। ब्रह्मणे स्वाहा......"। तो ये लोग स्वाहा-स्वाहा करने में लगे हुए हैं कर्मकाण्डी जो ठहरे।

भगवान ने गीता जी में कहा है कि सारे यज्ञों का भोक्ता मैं हूँ। यहाँ यज्ञ का भोक्ता स्वयं भोजन माँग रहा है लेकिन वे ब्राह्मण इस बात को नहीं समझते। अब उनके मुख से न हाँ निकलता है, न ना। मतलब यही हुआ कि वे देना नहीं चाहते। उनके मन में शंका आती है। पण्डितों को शंका बहुत होती रहती है। तब वे सभी ग्वालबाल रोता-सा मुँह लिए लौट आते हैं। भगवान से पूरी बात कह कर अन्त में कहते हैं-उन्होंने कुछ नहीं दिया। भगवान ने कहा, "अच्छा अब ऐसा करो- अब उन ब्राह्मणों के पास न जा कर ब्रह्मण-पत्नियों के पास जाओ और उनसे माँगो।

कहना तुमको हमने भेजा है।" ब्राह्मण-पत्नियाँ भगवद्भक्त थीं। वे वहाँ आती हैं, उनको भोजन अर्पित करती हैं।

28. इन्द्र के अभिमान का मर्दन

इस के बाद इन्द्र-यज्ञ का प्रसंग आता है। भगवान ने देखा कि गोकुल में बड़ा भारी आयोजन हो रहा है। सारे लोग यज्ञ की तैयारी कर रहे हैं। भगवान जानते सब हैं, लेकिन अनजान बनकर पिताजी से पूछते हैं कि पिताजी यह सब क्या चल रहा है? किस की तैयारी हो रही है? पिता जी कहते हैं - बेटा "पर्जन्यो भगवानिन्द्रो" देवराज इन्द्र पर्जन्य-वृष्टि के देवता हैं। वर्षा कर के वे सदा हमको प्रसन्न करते रहते हैं। इसलिए उनकी पूजा की जाती है। प्राचीन परंपरा से हम ऐसा करते चले आ रहे हैं। यह एक प्रकार से हमारा नियम बन गया है। उनको हम नमस्कार करते हैं, यज्ञ से प्रसन्न करते हैं। भगवान कहते हैं- यदि प्रसन्न नहीं करोगे तो क्या होगा? "वे नाराज हो जाएँगे इसलिए हम यज्ञ करते हैं"। भगवान अब इन्द्र देव को थोड़ा क्रोध दिलाना चाहते थे क्योंकि इन्द्र को अभिमान हो गया था। भगवान नहीं चाहते कि कोई किसी के डर से भक्ति करे और भगवान यह भी नहीं चाहते थे कि इन्द्र पद को प्राप्त होकर कोई ऐसा बन जाए कि किसी ने यज्ञ नहीं किया, तो वृष्टि नहीं करें या ज्यादा वर्षा कर दें। भगवान ने सोचा यह कौन सा अभिमान आ गया है इसे? तो अब इन्द्र क्रोध दिलाने के लिए पिताजी से कहते हैं- यह इन्द्र कौन होता है? वर्षा क्या इन्द्र करता है? कर्म से जीव का जन्म होता है, कर्म से उसका लय भी होता है। कर्म ही सबसे बड़ी चीज है। और यदि मान भी लें कि कोई कर्म फलदाता ईश्वर है तो वह कर्मफल किसको देगा? कर्म का जो कर्ता होगा, उसी को तो फल देगा न? जो कर्म करता ही नहीं, उसको कैसे फल देगा? कर्ता लोगों का ईश्वर हो सकता है। अकर्ता का तो हो नहीं सकता। कोई कर्म करेगा तभी तो वह फल देने वाला होगा। और वह भी कर्म के अनुसार ही फल देता है, वह सर्वसमर्थ तो है नहीं। इन्द्र भी दिखता तो है नहीं, हमारे गोवर्द्धन पर्वत साक्षात दिखाई देते हैं और ये हमारी सेवा भी कर रहे हैं। मैं तो कहता हूँ गोवर्द्धन पर्वत की पूजा करो। और यह सारा अन्न 'स्वाहा-स्वाहा' करके इन्द्र को देने की जरूरत नहीं है। इसे सारी गौओं तथा ब्राह्मणों को बाँट दो बस! मैं तो यही ठीक समझता हूँ।

29. गोवर्धन-धारण-लीला

यहाँ देखो, यह समय भगवान सात साल के थे। तथापि उन सभी बड़े-बूढ़ों को, सारे व्रजवासियों को इस छोटे से बालक पर कुछ ऐसा विश्वास हो गया था कि वे उसकी बात को मान गए और कहा कि ठीक है, ऐसा ही करते हैं। उन्होंने देख लिया था कि वह बड़ा विलक्षण बालक है इसलिए उन सबने उसका कहा मान लिया। बोले, चलो ठीक है। इन्द्र-यज्ञ के लिए जो तैयारी की गई थी, उससे उन सब ने गोवर्द्धन

की पूजा शुरू कर दी। तब भगवान ने पुनः कहा- बाकी जो अन्न है उसे अश्व, चाण्डाल आदि सबको दे दो। इन्द्र को देने की जरूरत नहीं। इस प्रकार भगवान ने इन्द्र को गुस्सा दिला दिया। जिसमें अभिमान बहुत बढ़ गया हो उसे थोड़ा भी छेड़ दो तो वह फट से आहत हो जाता है। जब गोवर्द्धन की पूजा होने लगी तो इन्द्र को क्रोध आ गया। अच्छा! यह बात है! इनकी यह हिम्मत? ऐसा सोचकर इन्द्र ने भयंकर वर्षा करनी शुरू कर दी। मानो प्रलय काल के बादल आकाश में छा गये हों। सब ओर पानी-पानी हो गया। देखो, फिर भी भगवान स्वयं हो कर कुछ नहीं कर रहे हैं। वर्षा में भीग कर सब लोग ठंड से त्रस्त हो गए। तब सब-के-सब भगवान की शरण में जाकर कहने लगे, "कृष्ण हम पहले ही कह रहे थे, इन्द्र नाराज हो जाएँगे, देखो वे अतिवृष्टि करने लगे हैं। आप तो महाभाग हैं, लेकिन हमारा भाग्य आप ही के हाथों में है, हमारी रक्षा कीजिए।" भगवान ने कहा- अच्छा चिन्ता मत करो। एक ही हाथ से उन्होंने गोवर्द्धन पर्वत को ऐसे उखाड़ लिया मानो कोई छत्रक पुष्प को उखाड़ रहा हो। और फिर उस पर्वत को धारण कर लिया, एक छोटी-सी ऊँगली पर। इतना ही नहीं, दूसरी हाथ से मुख में लगी हुई बाँसुरी भी पकड़े हुए हैं। उस छवि की कल्पना करो जरा। यह गोवर्द्धन-लीला है। फिर अपने हाथ को ऊँचा उठा कर पर्वत का एक छाता-सा बना दिया। फिर कहा- सब-के-सब इस गिरिराज के नीचे आ जाओ। डरना नहीं, मैं पर्वत को गिरने नहीं दूँगा। भगवान श्रीकृष्ण का आश्वासन पाकर सारे व्रजवासी अपने-अपने छकड़े, गौएँ, बछड़े, सामान आदि सब लेकर छत्र रूपी पर्वत के नीचे गड्ढे में आ गये।

सात दिनों तक वर्षा होती रही और भगवान खड़े रहे, उस पर्वत को अपनी ऊँगली पर लिये हुए। उस समय भगवान की आयु सात साल की थी। सात दिनों तक तो कुछ नहीं कहा पर आखिर में गोपबाल कहते हैं- कृष्ण तुमको कष्ट हो रहा होगा। थकान लग रही होगी। थोड़ी देर के लिए यह पर्वत श्रीदामा के हाथ में दे दो। या अपना हाथ ही बदल लो। एक हाथ की जगह दूसरा हाथ कर लो। हम तब तक तुम्हारा हाथ दबा देंगे। हँसकर इसके लिए मना करते हुए भगवान ने उनसे कहा तुम लोग भी अपनी-अपनी लकड़ियाँ पर्वत के नीचे लगा दो। तो सबने लकड़ियाँ लगा दीं और यही समझने लगे कि वे भगवान को थोड़ा सहारा दे रहे हैं। गोवर्द्धन-लीला समाप्त होने के बाद जब कभी भगवान बोलते थे कि देखो, मैंने गोवर्द्धन को उठाकर तुमको बचाया था, तो ये गोपबाल बोलते थे- ज्यादा चतुर न बनो, हमको भी लकड़ी लगायी थी! ऐसा मत कहो कि आपने ही उसे उठाया था। देखो, हम सब भी ऐसे ही लकड़ी लगाने वाले लोग हैं। सारा काम भगवान करते रहते हैं, हम लोग इसी प्रकार लकड़ी लगाते हैं और सोचते हैं, कहते भी हैं कि हमने भी किया है। ऐसी है यह गोवर्द्धन-लीला। लीला तो बढ़िया है ही साथ ही इसमें जो "गो" है उसके अर्थ अनेक होने से इस गोवर्द्धन-लीला के तात्पर्य भी कई हो जाते हैं। इसलिए यह गोवर्द्धन-लीला बढ़िया ही नहीं, सारगर्भित भी है। "गो" का एक अर्थ होता है गाय,

अतः भगवान ने गोवर्द्धन को उठाया यानी गायों का संवर्द्धन किया। "गो" का दूसरा अर्थ होता है- पृथ्वी। पृथ्वी का भी संवर्द्धन भगवान ने ही किया। उसको सारे असुरों से बचाया, अर्थात् उसको ऊपर उठाया। "गो" का एक और अर्थ होता है वेद। तो वेदों को भी भगवान ने उठा लिया अर्थात वेदधर्म जो लुप्त-सा हो रहा था उसको भी भगवान ने ऊपर उठाया, उसका उत्थान किया। गो का अर्थ इन्द्रिय भी होता है। इन्द्रियाँ नीचे की ओर जाती रहती हैं। भगवान ने कहा तुम सदा नीचे-नीचे जाती रहती हो जरा ऊँचे उठो। माने भगवान ने इन्द्रियों को मोड़कर परमात्मा की ओर लगा दिया। भगवान ने गायों का संवर्द्धन किया, इन्द्रियों को ऊँचा उठा लिया, धर्म को ऊँचा उठा लिया और पृथ्वी को भी ऊँचा उठाया। यही गोवर्द्धन-लीला का सच्चा अभिप्राय है। दूसरी बात यह है कि इस लीला के द्वारा भगवान ने इन्द्र देवता के अभिमान को नष्ट कर डाला। एक और बात यह है कि भगवान चाहते हैं कि हम जो यजन पूजन करें वह प्रेम भक्ति से करें, डर से नहीं। साथ ही भगवान कहना चाहते हैं कि जो अदृष्ट है उसको तुम खूब देते हो और जो दृष्ट है उनको कुछ नहीं देते। उनको भी तुम प्रसन्न किया करो। इन्द्र ने जब देखा कि सात दिनों तक भगवान हिले भी नहीं तो वे आश्चर्यचकित, विस्मित रह गए। समझ गए कि यह बालक तो कोई और ही है। वे शान्त हो गये। इन्द्र का अभिमान नष्ट हो गया। उन्होंने वर्षा रोक दी। तब भगवान ने सबसे कहा-अब आप सब लोग यहाँ से निकलकर स्वस्थान पर लौट जाइये। उन्होंने सब को बाहर निकाला और फिर सब से कहा कि अब तुम लोग आराम से रहो। चिन्ता करने की कोई बात नहीं है।

30. रासलीला की प्रस्तावना

श्रीमद्भागवत का यह बड़ा महत्त्वपूर्ण प्रसंग है। अतः इसके प्रारम्भ में थोड़ी प्रस्तावना की विशेष आवश्यकता है। द्वैत भाव से तो इस प्रसंग का आनन्द लेना सम्भव ही नहीं है। एक रूप होकर ही इसका आनन्द अनुभव किया जाता है। आखिर हमारे जीवन का परम-लक्ष्य यही रसानुभूति है। देखो, जहाँ रस नहीं आता, हम वहाँ बैठ नहीं सकते, चाहे वह सिनेमा हो या नाटक, मंदिर या प्रवचन जो भी कुछ हो। आखिर हर चीज में हम सब रस को ही तो ढूँढते रहते हैं। यहाँ गोपियों ने रसस्वरूप परमात्मा को चाहा, ढूँढा और उनके साथ नृत्य किया, लीला की। यदि प्रारम्भ से देखें तो भगवान ने शैशव काल में सब से पहले अविद्या रूपी पूतना को और फिर बाल्यकाल में ही अविद्या की जितनी वृत्तियाँ होती हैं उन सब को मारा। आसुरी वृत्तियों को समाप्त करने के बाद उन्होंने सारे देवताओं को यानी दैवी वृत्तियों को भी जीत लिया क्योंकि देखा यही जाता है कि कई बार मनुष्य आसुरी वृत्तियों को तो दूर कर लेता है, लेकिन जब उसमें दैवी गुण आने लगते हैं तो उसको अभिमान होने लगता है। उसे अपनी विद्या-बुद्धि का भी अभिमान हो जाता है। ब्रह्मा जी बुद्धि के देवता हैं। जो वेदान्त की भाषा जानते हों उन्हें यह

बात सरलता से समझ में आ जाती है। 'रसनायाः वरुणः' रसना के देवता वरुण हैं। पानी का सम्बन्ध रसनेन्द्रिय तथा उपस्थेन्द्रि-जननेन्द्रिय इन दोनों के साथ होता है। असुरों को मारने के बाद, भगवान ने इन सबके अभिमान को भी नष्ट कर दिया। देखिये, यहाँ भगवान श्रीकृष्ण अपनी इन लीलाओं के द्वारा क्या दर्शा रहे हैं? इन लीलाओं के निमित्त से-ब्याज से, वे हमारा मार्ग दर्शन कर रहे हैं। अर्थात् भगवान हमें सिखा रहे हैं कि जीवन में पहले आसुरी वृत्तियों को नष्ट करना है और उसके बाद दैवी गुणों पर विजय भी प्राप्त करनी है यानी सद्गुण तथा बुद्धि आदि का जो अभिमान हो जाता है, उसे भी दूर करना है। यह रासलीला कुछ ऐसी है कि इसके विषय में यानी भगवान के साथ गोपियों का जो रास हुआ इस विषय में अधिकतर लोगों के मन में वृथा शंकाएँ आती रहती हैं।

यहाँ हम पहले यह समझ लें कि रासलीला क्या होती है। देखो, आखिर हम सभी जीवों का लक्ष्य क्या है? दिन-रात हम जो काम करते हैं, उसके फलस्वरूप चाहते क्या हैं? आनन्द ही तो चाहते हैं, परमानन्द का ही तो अनुभव करना चाहते हैं। हम सब जिसका अनुभव करना चाहते हैं वह रस क्या है? उपनिषदों में कहा "रसो वै सः" रसस्वरूप-आनन्दस्वरूप वह ब्रह्म है, भगवान हैं। "रसग्ं ह्येवायं लब्ध्वाऽऽनन्दी भवति"। उस रसस्वरूप ब्रह्म को, भगवान को पाकर ही सारे लोग आनन्दित होते रहते हैं। इस समय हमें जो भोजन से, वस्त्रालंकार से, नाम-रूप-यश आदि से, और अलग-अलग प्रकार की सत्ता से आनन्द मिलता है, वह वास्तव में भिन्न-भिन्न आनन्द नहीं होता। कोई साहित्य का रस जानता है, कोई नाट्य कला का रस जानता है, कोई संगीत का रस जानता है, कोई भोजन का रस जानता है, तो कोई अन्य कलाओं का रस जानता है। परन्तु सारे रसों को जानने वाले कितने होते हैं? "रसानां समूहः रासः।" सारे रसों का जो समूह है, सारा-का-सारा आनन्द जहाँ पर घनीभूत, पंजीभूत हो जाता है उसको कहते हैं 'रास'। जहाँ आनन्द पृथक्-पृथक् नहीं रह जाता, जहाँ आनन्द में क्षुद्रता-श्रेष्ठता आदि नहीं रह जाती, या यों कहो कि सारे-के-सारे रस जिस एक महा आनन्द में मिल जाते हैं वह आनन्द 'रास' कहलाता है।

वास्तव में अपने समस्त कर्मों के फलस्वरूप हम सब भी रास ही तो चाहते हैं। उस आनन्द के साथ एकरूप हो जाना चाहते हैं। है न? अर्थात अनजाने में ही हम सब भी उस आनन्द स्वरूप परमात्मा के साथ एकरूप होना चाहते हैं। पर वह होगा कब? वह 'रास' कब होगा? जिन्होंने अपनी रसनेन्द्रिय (स्वादेन्द्रिय) और जननेन्द्रिय, उन दोनों को जीत लिया हो, वे ही रास के अधिकारी बनते हैं। इसलिए यहाँ कामना की तो कोई बात ही नहीं हो सकती। यहाँ उसका कोई प्रश्न ही नहीं उठता है। दूसरी रीति से देखें तो भगवान ने नाग देवता को भी जीत लिया यानी इन्द्रियों को जीत लिया। अग्नि को पी गए, माने वाणी का भी संयमन कर लिया। इन्द्र पर विजय का तात्पर्य है, मन तथा इन्द्रियों पर विजय। इसी प्रकार ब्रह्माजी

पर विजय प्राप्ति का तात्पर्य है अन्तःकरण पर विजय। तो इस प्रकार, जिसने इन सब पर विजय प्राप्त करके अपने अन्तःकरण को शुद्ध कर लिया हो, उसे अपने वश में कर लिया हो, वही बाद में रास करता है। अर्थात् उसी को बाद में परमानन्द का अनुभव प्राप्त होता है।

योग रतोवा, भोग रतोवा। सगं रतोवा, सगं विहीनह।।
यसय बाह्मणी, रमते चित्तः। ननंदति ननंदति ननंदतेवा।।

रासलीला, कामलीला नहीं है, काम विजय की लीला है। क्योंकि इसमें हम देखेंगे कि भगवान खड़े ही (स्थिर) रहते हैं। भगवान के मन में विकार थोड़े ही आता है? उसका कोई प्रश्न ही नहीं उठता है। अर्थात् परब्रह्म तो निष्काम हैं पहले इस बात को अच्छी तरह से समझ लेना चाहिए। प्रायः जब इस प्रकार का विवेचन किया जाता है, तो किसी-किसी को लगता है बड़ा गम्भीर विवेचन किया जाता है, तो किसी-किसी को लगता है बड़ा गम्भीर विवेचन चल रहा है, लेकिन देखो, यदि भक्ति में गम्भीरता को नहीं पहचानेंगे तो वह निरी भावुकता बनकर रह जाएगी और तब मन में बहुत सारी शंकाएँ आती रहेंगी। इसके विपरीत, यदि इसके रहस्य को समझ लें तो उसका रसास्वादन भी कर पाएँगे, और मन में कोई शंका भी नहीं आएगी। अच्छा, तो यह हुआ अध्यात्म ज्ञान की दृष्टि से इस रासलीला का विवेचन। सब प्रकार से अपने मन को शुद्ध कर लेने के बाद ब्रह्मानन्द में डूब जाना चाहिये। सारे रस वहाँ इकट्ठे हो जाते हैं, एकत्रित हो जाते हैं। फिर एक परमात्मा है और इन सारी वृत्तियों के साथ वह खेल रहा है, लेकिन फिर भी ब्रह्मानन्द ज्यों-का-त्यों बना रहता है। इसमें वृत्तियों को शान्त करने की भी जरूरत नहीं है। यही अन्तर है एक योगी में और परम भक्त में-रासलीला में। योगी क्या करता है? वह अपनी सारी वृत्तियों को शान्त करता है। लेकिन यह रास ऐसा है कि इसमें असंख्य वृत्तियों के साथ रहते हुए भी यहाँ रास है, रस है। एक-एक गोपी के साथ एक-एक कृष्ण वहाँ है। फिर दो-दो गोपियों के बीच में एक-एक कृष्ण वहाँ हैं। अलग-अलग प्रकार से खेल होता है। वैसे देखा जाये, तो प्रत्येक वृत्ति के साथ हम भगवान् को देख सकते हैं। एक वृत्ति गयी और दूसरी वृत्ति आयी। उसके बीच में यानी हर दो वृत्तियों के बीच में भी परमात्मा हैं। प्रत्येक वृत्ति के साथ भी परमात्मा हैं। और यह खेल चलता जा रहा है, कोई अपनी आँखों को बन्द करके देखें, तो रासलीला का आनन्द उसको यहीं पर मिलने लग जाएगा। इस प्रकार यहाँ तो कामलीला का कोई प्रश्न ही नहीं आता।

थोड़ा विचार करके देखना चाहिए कि इस कथा को कौन सुना रहा है? किसे सुना रहा है? यह बड़ी महत्त्वपूर्ण बात है। शुकदेव जी, जो विरक्तों के शिरोमणि हैं, ब्रह्म भाव में डूबे हुए हैं, साक्षात ब्रह्मस्वरूप हैं, वे सुना रहे हैं। भला वे कामना की, खेल-कूद की बात सुनाएँगे क्या? उनको उसमें कोई रस आ सकता है? राजा

परीक्षित को, जो मरने जा रहे हैं। यह सोचने की बात है कि जो मरणासन्न हो, जिसने सारे भोग भोग लिये हों उसे क्या कोई काम की लीला सुनाएगा। व्याकरण की दृष्टि से, भागवत की भाषा भले ही संस्कृत भाषा हो, पर वास्तव में भागवत की भाषा समाधि की भाषा है। सतही दृष्टि से भले ही यह लौकिक भाषा लगती हो, शब्द हमारे ही शब्दकोश के हों, लेकिन उसका अर्थ समाधिगम्य हैं, समाधि में समझने वाला है। जिन्होंने अपने मन को शुद्ध नहीं किया हो, वे इस बात को समझ नहीं पाएँगे। इसे महर्षि शुकदेवजी सुना रहे हैं और वह भी मुमूर्षु परीक्षित को सुना रहे हैं, जिसका अन्तिम समय उसके समक्ष खड़ा है। क्या उसको काम की चर्चा अच्छी लग सकती है? परीक्षित बार-बार कहते हैं- मुझे भगवान का यश सुनाइये। भला शुकदेव जी क्या उसको काम चर्चा सुनाएँगे? अच्छा, इस लीला को एक और दृष्टि से भी देख सकते हैं। पूर्व अवतार में भगवान ने श्रुतियों को, ऋषियों को और अन्य स्त्रियों को भी वचन दिया था कि मैं तुम्हारे साथ रास करूँगा। हेमन्त ऋतु में भगवान ने व्रतधारी गोपियों से, तथा कुमारियों से भी कहा था कि मैं तुम्हारा प्रेम स्वीकार करूँगा। अब बताओ इन सबको जो वचन दिया था उसे पूर्ण करना भी ईश्वर का धर्म है या नहीं? आखिर जीव भगवान से मिलना चाहता है तो क्या भगवान का यह कर्तव्य नहीं कि जीव की इच्छा पूरी करें?

31. गोपी-गीत

देखो, भगवान आत्माराम हैं। लेकिन लीला के द्वारा पहले तो दो-दो गोपियों के बीच एक भगवान और फिर वहाँ जितनी गोपियाँ थीं उतने भगवान हो गये, प्रत्येक के साथ एक-एक इस प्रकार से। उपनिषद् में भी कहा- प्रत्येक वृत्ति में चौतन्य है। दो वृत्तियों के बीच में भी चौतन्य है। है या नहीं? अब यहाँ देखो, किसी भी बात को देखने की अपनी-अपनी दृष्टि होती है। यहाँ सोचने की बात यह है कि हमारा ध्यान किस ओर है। हम वृत्ति की ओर ध्यान देते हैं कि चैतन्य की ओर? भगवान श्रीकृष्ण को एक सामान्य मनुष्य मानकर मत चलो। उनको हम दो रूपों में देख सकते हैं। एक तो वे ईश्वर रूप हैं और फिर वे ही ब्रह्मस्वरूप भी हैं। उन्हें यदि ब्रह्मस्वरूप से देखें, तो यह लीला बड़ी सहज रीति से समझ में आ जाती है। उन्हें ईश्वर रूप से देखें तो भी बात समझ में आ जाती है। उन्हें ईश्वर रूप से देखें तो भी बात समझ में आ जाती है। तब अधर्म की तो कोई बात ही नहीं हो सकती। स्वयं भगवान ही जब अनेक-अनेक रूपों में प्रकट हो गये हैं, तब वे स्वयं अपने साथ ही तो खेल कर रहे हैं। वास्तव में, बात यह है कि हमको कुछ ज्ञान है नहीं। उपनिषद् कहते हैं- मैं एक हूँ और मैं ही अनेक बन जाता हूँ। वे भगवान जो एकमात्र हैं, अद्वितीय हैं वे ही अनेक बन गए हैं, तो फिर अनेक चीजें वास्तव में अनेक कहाँ हुई? उस ब्रह्म ने, भगवान ने कामना की कि मैं अनेक बन जाऊँ। पूरी सृष्टि में इस समय वही दिखायी दे रहा है। जब हम अपनी सीमित दृष्टि से- जो

इस छोटे-से शरीर में केन्द्रित होती है-उस से सोचने लगते हैं तभी यह मैं हूँ, यह मेरा है इत्यादि समझ बैठते हैं और फिर, भगवान ने अधर्म किया, चोरी की, या झूठ बोला- ऐसा कहने लग जाते हैं। यह भी कोई कहने की बात है? एक साधारण मनुष्य को क्या दोष दें?

आगे राजा परीक्षित ने भी ऐसा ही प्रश्न पूछा है। वास्तव में तो हम सबके लिए ही, उन्होंने ऐसा प्रश्न पूछा है। वे जानते थे कि आगे लोग मूढ़ता वश ऐसा पूछेंगे। यानी हम सब के शंका निवारणार्थ ही परिक्षित जी ने प्रश्न पूछा है। भगवद्गीता में भी, चौथे अध्याय में भगवान जब कहते हैं कि यह ज्ञान सबसे पहले मैंने विवस्वान् को दिया, बाद में उसने मनु को दिया, फिर उसने इक्ष्वाकु को दिया, तो अर्जुन पूछता है- भगवान आपका जन्म अभी निकट भूत में हुआ है और उन लोगों का जन्म तो बहुत पहले हुआ था, तब आपने यह ज्ञान उन लोगों को कैसे दिया? भगवान शंकराचार्य जी अपने भाष्य में लिखते हैं कि यह प्रश्न अर्जुन अपने लिये नहीं पूछता। आगे मुर्ख लोगों को भगवान की भगवत्ता के बारे में कोई शंका न हो, इसलिए वहाँ अर्जुन वैसा प्रश्न पूछता है। तब भगवान अपना ईश्वरत्त्व प्रकट करते हुए कहते हैं- "बहूनि मे व्यतीतानि जन्मानि" इसके पूर्व भी मेरे बहुत-से जन्म हुये हैं। यहाँ भी परीक्षित जो प्रेम रस में डूबे हुए हैं, भला वे ऐसे प्रश्न क्यों करने लगे? लेकिन हम लोगों को ऐसी शंका होती है। है न? ये लौकिक धर्म आदि जो भी होते हैं, वे सब हम जैसे भेद दृष्टि वालों के लिए होते हैं। अभेद या अद्वैत दृष्टि वालों के लिए भी वही सब धर्म नहीं होता, इस बात को हम भूल जाते हैं। यदि हम स्वयं अपने व्यक्तिगत धर्म को ही देखें, तो विद्यार्थी जीवन में हमारा जो धर्म होता है, वही गृहस्थाश्रम में नहीं रहता है। गृहस्थ का धर्म वानप्रस्थ और संन्यास में भी नहीं रहता हैं।

एक धर्म का व्यक्ति अपने ही धर्म को ध्यान में रखते हुए यदि दूसरे व्यक्ति के धर्माचरण को देखता है, तो उसे वह अधर्म करता हुआ ही दीखता है। जगत् में ऐसा ही हो रहा है। हिन्दू किसी मुसलमान को देखता है तो उसे लगता है, वह बड़ा अधर्म कर रहा है क्योंकि वह उसे भी अपनी ही दृष्टि से देखता है। मुसलमान को लगता है ये लोग बड़ा अधर्म कर रहे हैं, मूर्ति-पूजा करते रहते हैं। तीसरे को कुछ और ही 'अधर्म' लगता है। तो सब अपनी-अपनी सीमित दृष्टि ले कर बैठ गये हैं। उसी के अनुसार दूसरों को देखते रहते हैं। इसी कारण वस्तुस्थिति को समझने में भूल होती रहती है। अब यहाँ, हम भी जब जीव-भाव में बैठकर ईश्वर की ओर देखते हैं, तभी हमें ऐसा भासने लगता है कि ईश्वर अधर्म कर रहा है। धर्म के विषय में भी लोगों की अपनी-अपनी कल्पनाएँ होती हैं, अपनी-अपनी धारणाएँ होती है। वे सोचते हैं, हम जो कह रहे हैं वही सत्य है। हमारे कहे धर्म का पालन करोगे, तभी तुमको स्वर्ग मिलेगा।

एक रोचक कहानी मैंने पढ़ी थी। एक आदमी मर गया। वह कैथॉलिक था। ईसाईयों में में प्रोटेस्टेंट और कैथॉलिक ये दो मुख्य विभेद होते हैं। उस दिन न जाने क्यों देवदूत के पास थोड़ा अवकाश था, उन्हें उस दिन ज्यादा काम नहीं था। वे मरने वाले से कहने लगे-तुम नये हो, चलो मैं तुमको स्वर्ग दिखा लाता हूँ। वे साथ-साथ चल पड़े। एक जगह एक आदमी बैठा हुआ दिखाई पड़ा तो उसने पूछा यह कौन है? बोले, यह बौद्ध धर्म का पालन करने वाला है। फिर उसने दूसरे को देखकर पूछा, वह कौन है? वह हिन्दू है, फिर यह मुसलमान है। फिर एक दीवार दिखाई दी। उसके उस पार से कुछ शोरगुल सुनाई दे रहा था। कुछ हँसी मजाक की आवाजें आ रहीं थीं। उसने पूछा वहाँ क्या है? वहाँ कैथॉलिक बैठे हुये हैं। जोर से मत बोलो। उनको मालूम नहीं कि यहाँ दूसरे लोग भी बैठे हुए हैं। उनको लगता है वे ही स्वर्ग में आये हैं। उनकी दृष्टि से, दूसरा कोई स्वर्ग जा ही नहीं सकता। सब अपनी-अपनी दृष्टि का तादात्म्य है, और उसी के अनुसार अच्छा-बुरा, धर्म-अधर्म, सही-गलत सोचते रहते हैं। यह कितनी मूर्खता की बात है। एक ही माप से हम सभी को तौलते जाते हैं। ऐसा थोड़े ही होता है? तो कहने का तात्पर्य यही है कि हमें ईश्वर के कर्मों को जीव की दृष्टि से नहीं, ईश्वर दृष्टि से देखना आना चाहिए। अब यहाँ वही बात है।

श्री शुकदेवजी कहते हैं- तेजस्वी पुरुष का धर्म साधारण मनुष्य के धर्म से भिन्न होता है। देखो, अग्नि जो है वह तेजस्वी है, उसमें जो कुछ भी डाला जाए, वह उसे खत्म कर देती है। अग्नि सब चीजों का भक्षण कर सकती है। उसमें चाहे लकड़ी डालो, कागज डालो, तेल डालो, घी डालो, या फिर आदमी को डालो-मरा हुआ या जिंदा किसी को भी डालो, उस को भी वह खत्म कर देती है। यदि घर को डाल दो तो घर भी जल जायेगा। वह सब कुछ खा सकती है। अब, यदि कोई कहे कि अग्नि तो सबका भक्षण करती है, मैं भी सबका भक्षण करूँगा, तो उससे इतना ही कह सकते हैं कि करो, करके देखो! कहने का अर्थ है अग्नि में अलग ही सामर्थ्य होती है। सामर्थ्यशाली की योग्यता, उसका धर्म दोनों ही भिन्न प्रकार के होते हैं। उसके साथ हर किसी की बराबरी नहीं की जा सकती, लेकिन विशेषता ये है की उसमे स्वयं को मिटाया जा सकता है। हम मिटे तो परमात्मा प्रकट, हम प्रकट तो परमात्मा अप्रकट। ये साधारण सा गणित है।

अनीश्वर, असामर्थ्यशाली जीव को कभी गलती से भी भगवान की बराबरी नहीं करनी चाहिए। लोक में भी हम देख सकते हैं कि ऑफिस में यदि कोई निचले दर्जे का व्यक्ति अफसरों से बराबरी करने लग जाता है, तो उसकी क्या गति होती है। कोई यदि प्रधानमन्त्री की बराबरी करने लग जाए तो सोचो क्या होगा? ऐसी बराबरी नहीं कर सकते हैं। हर आदमी को अपनी योग्यता समझकर उसके अनुसार ही रहना पड़ता है। तो यहाँ कहते हैं, हमें मन से भी भगवान की बराबरी करने का प्रयत्न नहीं करना चाहिए। देखो रावण ने भगवान की बराबरी करने का प्रयत्न

किया। ये हिरण्यकशिपु आदि, सारे असुर भी भगवान की बराबरी करने का प्रयास करते हैं और मर जाते हैं। लेकिन, जो लोग भगवान के सेवक बने रहे, देखो वे कितने महान हो गये।

32. सुदर्शन व शंखचूड़ का उद्धार

इसके बाद, एक बार शिवरात्रि के दिन अम्बिका वन में जाकर, नन्दादि सब गोपों ने पशुपति भगवान की पूजा की, देवी जी की भी पूजा की और फिर दान-पुण्य आदि अनेक सत्कर्म करके वे सब उस दिन वहीं नदी के तट पर ही सो गये। तब वहाँ एक अजगर ने नन्दबाबा को पकड़ लिया। देखो इन सब ने सत्कर्म तो किये, पर उसके बाद वे सब सो गए माने सतर्क नहीं रहे, इसलिए अजगर आ गया। तात्पर्य यह है कि सत्कर्म करके यदि सचेत न रहें, तो अहंकार रूपी अजगर आ जाता है और वह हमें खा ही डालने की थाह में रहता है। भगवान ने उस अजगर से नन्दबाबा को छुड़ाया और अपने चरण स्पर्श से अजगर बने हुए सुदर्शन को अजगर योनि से मुक्त करा दिया। उसे अपने पूर्व रूप-विद्याधर रूप की प्राप्ति हो गई। उसका पूर्व नाम 'सुदर्शन' था। अंगिरा ऋषि के शाप के कारण वह अजगर बन गया था। तो भगवान ने इधर अपने पिता को भी मुक्त कराया और साथ ही उस अजगर का भी उद्धार कर दिया। फिर एक बार वसन्त ऋतु की रात्रि के समय जब श्रीकृष्ण तथा बलराम जी गोपियों के साथ नृत्य-गान करते हुए विहार कर रहे थे, तब 'शंखचूड़' नामक एक यक्ष जो कुबेर का अनुचर था, वह गोपियों को लेकर भागने लगा, तब भगवान श्रीकृष्ण ने उसका वध कर दिया। उसकी चूड़ामणि निकाल कर भगवान ने उसे बलराम जी को दे दिया।

33. अरिष्टासुर, केशी तथा व्योमासुर का उद्धार

जो लोग अस्त्र-शस्त्र लेकर विरोधी बनकर आयें, वे फिर भी अच्छे हैं। लेकिन यदि कोई भक्त का वेश बनाकर आये और हमें बहकाकर चला जाए, तो वह ज्यादा दुःखद बात होती है। है न? जैसे घर में चोर आ जायें, तो लोग बड़े सावधान हो जाते हैं। परन्तु यदि कोई साधु का वेश बनाकर आये और चमत्कार करके कोई चीज निकालकर दिखाने लग जाए, तो उनको लगता है अरे! ये साधु तो सिद्ध दिखाई देते हैं और बाद में आपको पता चले कि ये आदमी तो बहरूपिया था, बेवकूफ बना के चला गया।

इसलिए इसके बाद भगवान अरिष्टासुर, केशी तथा व्योमासुर इन तीनों वेश धारी बहरूपिओ असुरों का नाश कर दिया। अब देखो, कभी-कभी धर्म के नाम पर अधर्म की बात सिखाने वाला हमारे पास आ पहुँचता है। उसी को अरिष्टासुर या वृषभासुर कहा गया है। वृषभ माने बैल, इसे धर्म का प्रतीक माना गया है। लेकिन यदि कोई असुर, वृषभ का वेश बना कर यानी धर्म का रूप धारण करके आ जाये

तो वह बड़ा दुःखदायी सिद्ध होता है। जैसे, जीवन में कभी-कभी हमको मिथ्या धर्म का उपदेश करने वाले लोग बहुत मिल जाते हैं, वे हमें वास्तविक धर्म मार्ग से, ज्ञानमार्ग से बहका देते हैं। भगवान ने इस मिथ्या धर्म वाले का भी नाश कर दिया। अरिष्टासुर (वृषभासुर) का वध कर दिया। व्रजवासियों को पता तक नहीं है कि अब आगे क्या होने वाला है। अब कंस को प्रेरणा हुई क्योंकि नारदजी जाकर उसके कान में कुछ भर आये। अरे! तुमने इतने सारे असुर गोकुल में भेजे लेकिन उस छोटे-से बालक ने उन सबको मार दिया। मालूम है। वही तो तेरा काल है। तुझे कुछ समझ में नहीं आता, वही कृष्ण है। वही देवकी का आठवाँ गर्भ-आठवाँ पुत्र है। ऐसा नारद जी ने उसे बता दिया। तब कंस ने देवकी तथा वसुदेव जी को पुनः कारागृह में डाल दिया और फिर केशी को व्रज में भेज दिया, श्रीकृष्ण तथा बलराम जी को मारने के लिए। फिर वह सोचने लगा कि अब मैं क्या करूँ। उसने एक योजना बनाई। कंस स्वयं भी बड़ा अच्छा पहलवान था। उसको कुश्ती का बड़ा शौक भी था। उसके पास कई बड़े-बड़े पहलवान थे। जिनमें चाणूर तथा मुष्टिकासुर ये दोनों प्रधान थे। उनके सामने दूसरा कोई टिक नहीं पाता था। उसके पास एक कुवलयापीड नाम का बड़ा भयंकर बलशाली हाथी भी था। उसने सोचा यहाँ एक दंगल का आयोजन करते हैं। उसमें मल्ल युद्ध (कुश्तीबाजी) और एक धनुष-यज्ञ का आयोजन कर उस दंगल के बहाने श्रीकृष्ण तथा बलराम को यहाँ बुलाते हैं। बुलवाकर कुवलयापीड को उन दोनों पर छोड़ देंगे। वे कुवलयापीड से ही मर जायेंगे या फिर उनको कुश्ती खेलने के लिए कहेंगे। अब यहाँ ध्यान में रखना ये ग्यारह साल के बालक हैं। जबकि चाणूर और मुष्टिक बड़े-बड़े पहलवान हैं। बोले इनके साथ उनकी कुश्ती करा देंगे। तो ये उनको पकड़कर पीस डालेंगे। ऐसी योजना बनाकर कंस उन दोनों को लाने के लिए अक्रूर जी को भगवान के पास व्रज में भेजता है। इस बीच केशी जो पहले हयग्रीव नाम का असुर था, जिसने प्रलय के समय वेदों को चुरा लिया था, वह घोड़े का रूप लेकर हुँकार भरता हुआ व्रज में पहुँचता है। (और वह वेदों को छिपा देते है।) घोड़ा स्वभाव से हिनहिनाता-घोर ध्वनि करता रहता है। केशी ने भी बहुत ही जोर-जोर से हिनहिनाकर व्रज में सबके मन में भय उत्पन्न कर दिया। देखो यहाँ समझना यह है कि वेदों का अध्ययन भी भक्ति का विरोधी नहीं होना चाहिए। यदि ऐसा हो तो वह वास्तविक वेदार्थ का विरोध है, उसका तिरस्कार हैं। इसलिए भगवान ने इस केशी नाम के असुर का वध कर दिया। कई बार जीवन में भी, ऐसे ही न जाने कहाँ से कोई आ जाता है और कहने लगता है "मैं आपको वेद पढ़ाऊँगा।" वह वेद के वास्तविक तात्पर्य को तो छिपा देता है और वेद पढ़ाने के बहाने, हमें दूसरी ही कोई बात सिखाने लग जाता है। ऐसे आसुरी वेदवादियों से व्रजवासियों की भक्ति खण्डित न हो जाए, ऐसा सोचकर भगवान ने उसके खण्डन के मार्ग को, निमित्त को नष्ट कर दिया, उस वेद विरुद्ध मार्ग को अवरुद्ध कर दिया। केशी का नाश कर दिया। तब नारदजी भगवान के पास आकर उनकी स्तुति करते हैं। कहते हैं- केशी

का वध करके आपने सबको उसके भय से मुक्त कर आनन्दित कर दिया। फिर आगे भगवान के द्वारा होने वाले संहार तथा विशिष्ट कार्यों को भी उन्होंने कहकर सुनाया। उसके बाद भगवान से विदा लेकर वे वहाँ से चले गये। देखो, कोई-कोई व्योमासुर होते हैं। यह व्योमासुर कौन है, मालूम है? यह हमें भक्ति मार्ग से हटा कर हमारी योग समाधि, जड़ समाधि लगवा देता है, या फिर हमें शून्य में पहुँचा देता है। जो ऐसा करता हो वही व्योमासुर है। इसलिए भगवान ने व्रज में आये हुए उस व्योमासुर का वध कर दिया। अरिष्टासुर (वृषभासुर), केशी तथा व्योमासुर इन तीनों को भगवान ने मारा, इसलिए कि व्रजवासियों को निरन्तर भक्ति रस मिलता रहे।

अब यह ध्यान में रखने की बात है कि भक्ति रस की पुष्टि वियोग में ज्यादा होती है। वियोग भक्ति रस को बढ़ाता है। क्योंकि वियोग में सतत स्मरण बना रहता है। इसलिए भगवान ने इन्हें पहले संयोग की रति तो दी ही, अब वियोग की रति देने जा रहे हैं। उसी से भक्ति रस पक्का होता है। जैसे, दूध को यदि कच्चा ही रखा जाए तो वह फट जाता है। जबकि तपाकर रखने पर वह बिगड़ता नहीं है। वैसे तो अभी भी हम लोग तप रहे हैं, परन्तु यह ताप संयोग रहित, वियोग का ताप है। संयोग के बाद का जो वियोग होता है, उसका ताप दूसरे ही प्रकार का होता है। वह अन्तःकरण को पूर्णरूप से निष्ठावान् बना देता है। भगवान सोचते हैं, संयोग का रस तो इन सब ने चख लिया, अब जरा इन्हें वियोग के रस का अनुभव कराते हैं। इसलिए भगवान जाने की तैयारी में लग जाते हैं।

34. अक्रूर जी की व्रजयात्रा

अक्रूर जी भगवान श्रीकृष्ण में भक्ति भाव रखते हैं, भगवान भी उन्हें अपने चाचा के समान मानते हैं। ये उनके नाते-रिश्तेवाले ही हैं। बड़ा भारी वंश है। अक्रूर जी की आयु भी काफी बड़ी है। भगवान अब, उन्हें भी शुद्ध कर देना चाहते हैं। देखिये, भगवान को ला कौन सकता है? क्रूर तो उन्हें ला नहीं सकता। इसलिए भगवान को मथुरा में लाने के लिए कंस ने अक्रूर को भेजा। पहले उसने कई क्रूर लोगों को भेजा, तो उन सब का संहार हो गया, सब-के-सब नष्ट हो गये। बोले क्रूर लोगों के द्वारा हम भगवान की हानि नहीं कर सकते। क्रूर लोगों के द्वारा भगवान को यहाँ पर ला भी नहीं सकते। इसलिए अब अक्रूर को भेजते हैं, जिससे कि वे प्रेम से उनको यहाँ ला सकें। अक्रूर को तो वे मना नहीं करेंगे। ऐसा सोचकर, अपनी यह कुयोजना अक्रूर जी को सुनाकर कंस उनसे कहता है, "आप नन्द के ग्राम में जाइये और कहिये कि मथुरा में एक बड़े भारी धनुष-यज्ञ का आयोजन किया गया है। आप उसे देखने के लिए चलिए।" ऐसा कहकर उन लोगों को श्रीकृष्ण तथा बलराम के साथ यहाँ ले आइये। यह जानकर कि कंस उन्हें क्यों बुलाना चाहता है, अक्रूर जी को अच्छा तो नहीं लगा। लेकिन वे सोचते हैं, इस बहाने मुझे वृन्दावन जाने

को मिलेगा, वहाँ मुझे भगवान का दर्शन होगा। उनको साथ में लाने का सौभाग्य भी प्राप्त होगा। मुझे और क्या चाहिए? वे तो भगवान हैं, शक्तिशाली हैं। वे कंस से डरने वाले नहीं हैं। मुझे भी उससे घबराने की कोई आवश्यकता नहीं है। ऐसा सोचकर अक्रूर जी भगवान को लाने के लिए रथ पर चढ़कर मथुरा से वृन्दावन की ओर चल पड़े। रास्ते में अक्रूर जी मनोरथ करते जाते हैं कि मैं उन भगवान का दर्शन करने जा रहा हूँ जो सारी पृथ्वी का भार उतारने के लिए यहाँ आये हैं, जिन्होंने वहाँ नन्दबाबा और यशोदा जी को अपनी बाललीला का सुख दिया, बछड़ों तथा गौओं को भी चराया है। ग्वाल बालों के साथ मिलकर उन्होंने माखनचोरी की लीला की, और भी न जाने कितनी-कितनी लीलायें की हैं। गोपियों के साथ विहार भी किया। उन भगवान का अब मुझे दर्शन होगा। आगे चल कर अक्रूर जी ने देखा कि श्रीकृष्ण व बलराम दोनों गोदोहन स्थान पर उपस्थित हैं। उन दोनों की अति शोभन वेश-भूषा तथा रूप लावण्य को देखकर अक्रूर जी मुग्ध हो गए। प्रेम भाव से भरकर वे पुनः रथ से कूद पड़े और उनकी आँखों से अश्रु प्रवाह होने लगा। भगवान ने बड़े प्रेम से उन्हें हृदय से लगा लिया। फिर बलराम जी ने भी उन्हें गले से लगाया और दोनों भाई हाथ पकड़कर उन्हें घर ले आए और वहाँ उनका भली प्रकार से स्वागत सत्कार किया। नन्दबाबा ने भी उनका सम्मान किया और बड़े प्रेम से उनका कुशल मंगल पूछा। भगवान श्रीकृष्ण उनसे पूछते हैं कि मथुरा का क्या हाल है? वहाँ का क्या समाचार है? क्रूर जी बोले-आपको क्या समाचार बतायें, वहाँ आपके माता-पिता को कंस ने जेल में डाल रखा है। अपने पिता उग्रसेन को भी जेल में डालकर वह स्वयं राजा बन बैठा है और सबको बहुत कष्ट पहुँचाता रहता है। अब जल्दी से उसका संहार हो जाना चाहिये। तब भगवान बोले-ठीक है, चलने की तैयारी कीजिए।

35. श्रीकृष्ण-बलराम का मथुरागमन

श्रीकृष्ण ने कंस के निमन्त्रण के बारे में नन्दबाबा को बताया और नन्दबाबा ने सारे गोपों को आज्ञा दे दी कि कल प्रातः दंगल में सम्मिलित होने के लिए मथुरा चलना है, उसकी तैयारी कर लें। भगवान वृन्दावन छोड़कर आगे चले गए। रथ हाँकते हुए अक्रूर जी चले जा रहे हैं। श्रीकृष्ण व बलराम को लेकर अक्रूर जी का रथ जब मथुरा में प्रवेश करता है, तो वे कहते हैं, "भगवान आप मेरे घर चलिये"। भगवान कहते हैं- मैं आपके घर अवश्य आऊँगा, लेकिन बाद में। अभी आप हम दोनों को यहीं उतार दीजिए। अक्रूर जी बोले- आप मथुरा में पहली बार आये हैं। आपको यहाँ कुछ पता नहीं है। यहाँ मैं आपको ऐसे कैसे छोड़ दूँ?" बोले, "नहीं, आप हमें यहीं छोड़ कर, वापस घर जाइये और कंस को जो समाचार देना हो वह दे दीजिए।"

36. श्रीकृष्ण का मथुरा प्रवेश

रथ से उतरकर भगवान मथुरा में प्रवेश करते हैं। भगवान जान-बूझ कर उतर आये हैं। इसलिए कि मथुरा की गलियों में जाकर जहाँ-जहाँ उनके भक्त बैठे हुये हैं, उन सब को दर्शन देना है। उन सब का दर्शन स्वयं भगवान को भी करना है। साथ ही, (छूटते ही) भगवान वहाँ पर कंस तथा अन्य असुरों व दुष्ट जनों के मन में भय का संचार भी करना चाहते हैं। और देखो इतने में क्या हुआ? एक धोबी कंस के बहुत सारे कपड़े लेकर जा रहा था। उसे बड़ा अभिमान था कि कंस का नौकर है। प्रायः जो नौकर बड़े लोगों की नौकरी में हाते हैं, उन्हें उसका भी अभिमान हो ही जाता है। श्रीकृष्ण उस धोबी से कहते हैं- इसमें हमारे योग्य जो कपड़े हों हमें दे दो। वह रजक कपड़े नहीं देता। (यह धोबी कौन है, मालूम है? यह वही है जो रामावतार के समय भी धोबी था। अभी भी उसका मन शुद्ध नहीं हुआ था। लेकिन रामावतार में भगवान ने उसे कुछ किया नहीं था। परन्तु अब भगवान उसे भी मुक्त करना चाहते हैं।) जब देखा कि वह कपड़े नहीं दे रहा है, तो भगवान श्रीकृष्ण ने उसको एक तमाचा लगाया। वह उसी से लुढ़क कर गिर पड़ा और मर ही गया। भगवान ने कपड़े ले लिये। अपनी गोपाल मण्डली को भी भगवान ने कपड़े दे दिये। उनसे कहा-तुम भी पहन लो, जिसको जैसा समझ में आये वैसा बाला लेकर पहन लो। पता नहीं शहर के कपड़े कैसे पहने जाते हैं, बस किसी तरह पहन लो। अब भगवान तो छोटे हैं, जबकि कपड़े बहुत बड़े हैं। इतने में वहाँ एक दर्जी आ पहुँचता है। उसके मन में भगवान के प्रति बहुत प्यार था। वह कहता है-मैं इन्हें आपके नाप से बनाकर सिल देता हूँ। तो भगवान बोले-ले लो। दर्जी ने कपड़े सिल दिये। भगवान ने उसका कल्याण कर दिया।

37. कुब्जा पर कृपा

इस प्रकार भगवान मथुरा में सभी लोगों पर अपना प्रभाव डालते जा रहे हैं। पहले पहल उन्होंने रजक को मार दिया। मथुरा में लोग कहने लगे अरे! कंस के धोबी को मारने की हिम्मत किसने की? कंस के सेवक को एक ही तमाचे में मार दिया? तुरन्त ही समाचार फैल गया। मथुरा में कुब्जा नाम की एक कुबड़ी स्त्री रहती थी। वह कंस के यहाँ सैरन्ध्री का काम करती थी। कंस के लिए वह अंगराग चन्दन आदि ले जाती है और उसकी सेवा में रहती है। उसे देखकर भगवान ने सुंदरी कह कर उसे सम्बोधित किया और उससे चन्दन और अंगराग माँगा। प्रसन्न होकर उसने दे दिया। फिर भगवान उसके निकट गए, उसकी ठोड़ी को पकड़ा, अपने पैरों को उसके पैरों पर रखकर जैसे ही उसे ऊँचा किया तो वह सीधी हो गयी। सुन्दरी तो वह थी, अब वह सर्वांग सुन्दरी हो गई। लेकिन उस कुब्जा का मन बहुत शुद्ध नहीं था। न ही उसके मन में कोई लज्जा संकोच ही थे। वहीं बीच रास्ते में ही उसने श्रीकृष्ण का उत्तरीय पकड़ लिया। बोली -मेरे साथ मेरे घर चलो। भगवान भी क्या कम है?

कहते हैं- अभी तुम जाओ, तुम्हारे घर मैं बाद में आऊँगा। भगवान ने उसको भी वचन दे दिया। आगे वे उसे पूरा भी करते हैं।

38. धनुष-भंग

मथुरा नगरी का दर्शन करते हुए आगे बढ़ते-बढ़ते वे यज्ञमण्डप पर पहुँच जाते हैं। वहाँ यज्ञमण्डप के बीचों-बीच वह धनुष रखा गया था। रक्षकों के रोकने पर भी ये रुके नहीं। भगवान ने उसे उठाकर डोरी चढ़ाते हुए तोड़ ही दिया। फिर उसी के टुकड़ों से बलराम जी तथा श्रीकृष्ण ने उस दुष्ट रक्षकों को ही नहीं, वरन उनकी सहायता के लिए भेजे गए कंस के अन्य सैनिकों को भी मार डाला। शीघ्र ही नगर के सभी लोगों में यह खबर फैल गई। कंस की और भी जितनी चीजें वहाँ पर थीं, भगवान श्रीकृष्ण ने एक-एक करके उन सबको नष्ट कर दिया। यह सब देखकर कंस के पक्ष वालों के मन में तो डर बैठ गया परन्तु अन्य जो भगवान के भक्त थे, वे सब बड़े प्रसन्न हो गए। वे कहने लगे-बहुत अच्छा, अब इस कंस को अपने किये का फल मिलने वाला है। इस प्रकार मथुरा में विचरण करके सूर्यास्त के समय श्रीकृष्ण बलराम तथा उनके साथी ग्वालबाल अपने डेरे पर पहुँचे। भोजनादि के बाद उस रात उन सब ने वहीं विश्राम किया। कंस की चाल जानते हुए भी निश्चिंत हो कर वे सो गए। कंस को सारी बातों का पता लगा तो वह बहुत डर गया, उसे नींद भी नहीं आ रही थी।

39. कुवलयापीड़ का उद्वार

अगले दिन रंगशाला पहुँच कर भगवान ने द्वार पर खड़े मदमस्त कुवलयापीड हाथी को झूमते हुए देखा। रास्ता माँगने पर महावत ने हाथी को क्रोधित करके भगवान की ओर बढ़ा दिया। थोड़ी देर उसके साथ खेल करके भगवान ने उसकी सूँड़ पकड़कर उसे पटक दिया। फिर उसे दबाकर उसके दोनों दाँत उखाड़ लिये। एक दाँत बलराम जी को दे दिया और दूसरा अपने पास रख लिया। वहाँ अन्दर रंगशाला में कंस सबसे ऊँचे मंच पर बैठा है। मथुरावासी तथा देश भर से आए हुए लोग भी सजे हुए रंगशाला में पहुँच कर यथोचित स्थान पर बैठे हुए हैं। यद्यपि कंस बड़ा धीर था, तथापि कुवलयापीड के मरने का समाचार मिला, तो कंस का मन भयभीत होने लगा। फिर भी उसको लगा अभी, चाणूर और मुष्टिक मेरे दो खास पहलवान बचे हुए हैं। वे दोनों श्रीकृष्ण का काम तमाम कर सकते हैं। अभी भी उसको ऐसा ही लग रहा था। वैसे, आशा तो कुछ थी नहीं, फिर भी वह एक झूठी आशा लेकर बैठा था। कुवलयापीड हाथी के दाँतों को शस्त्र के समान धारण करके, बलरामजी तथा श्रीकृष्ण, गोपबालों सहित उस रंगशाला में प्रवेश करते हैं। तब वहाँ उपस्थित सभी लोगों को भगवान अपने-अपने भावानुरूप अलग-अलग प्रकार से दिखाई देते

हैं। तुलसीदास जी ने भी अपने रामायण में यही कहा है। "जिन्ह कें रही भावना जैसी। प्रभु मूरति तिन्ह देखी तैसी।।"

40. चाणूर, मुष्टिक आदि का उद्धार

तब, श्रीकृष्ण-बलराम जी को देखकर चाणूर कहता है कि मैंने सुना है तुम लोग युद्ध में, कुश्ती में बड़े निपुण हो। आओ, कुश्ती लड़कर महाराज (कंस) को प्रसन्न करें। उनकी आज्ञा का पालन करना हम प्रजा का कर्तव्य है। वन में तुम लोग मल्ल युद्ध करते ही थे। तुम दोनों ने कई असुर भी मारे हैं, ऐसा भी मैंने सुना है। वे सब कच्चे थे। अब असली के साथ तुम्हारा पाला पड़ा है। तब भगवान उससे कहते हैं, "मैं तो छोटा-सा बालक हूँ और तुम इतने बड़े। मल्ल युद्ध बराबर बल वालों के बीच होना चाहिए। यह भी कोई बराबरी है। मैं तुम्हारे साथ कैसे युद्ध करूँ?" तब चाणूर कहता है, न तो तुम दोनों छोटे हो न किशोर। तुम लोग तो बड़े बलवान् हो। हजारों हाथियों का बल धारण करने वाले कुवलयापीड को भी तुमने यों ही मार दिया। चलो, अब मेरे साथ कुश्ती लड़ो।" भगवान कहते हैं-लड़ना ही है तो फिर लड़ो। तब श्रीकृष्ण के साथ चाणूर और बलराम जी के साथ मुष्टिक मल्ल-युद्ध में भिड़ गये। रंगशाला में बैठी हुई स्त्रियाँ, बड़े-बूढ़े सब कहने लगे, "कैसी दुष्टता हो रही है? यह कैसा अधर्म हो रहा है यहाँ पर। इसमें हमें बैठना नहीं चाहिए। इतना बड़ा यह राक्षस-असुर और छोटे से श्रीकृष्ण। इनमें क्या कोई बराबरी है? इनका यह युद्ध ठीक नहीं है। कोई कुछ बोलता क्यों नहीं?" वहाँ सब लोग ऐसा बोलने लगे। भगवान ने थोड़ी देर दाँव-पेंच दिखा कर फिर उस चाणूर को हाथों से उठाकर जमीन पर पटक दिया। चाणूर की मृत्यु हो गई। तब तक बलराम जी ने भी उस मुष्टिकासुर का वध कर डाला। फिर भगवान ने शल तोशल और बलराम जी ने कूट का भी वध कर डाला। शेष पहलवान डर कर भाग गए।

41. कंस का उद्धार

इस प्रकार भय के मारे अधीर होकर वह बकबक करने लगा। वह स्वयं श्रीकृष्ण के पास जाने का साहस नहीं कर पाया। भगवान नीचे खड़े हैं और कंस ऊपर मंच पर है। वह चिल्ला रहा है, उसे डर भी लग रहा है। तब, भगवान ने सहसा छलाँग लगाई और सीधे मंच पर पहुँच गए।

इस प्रकार भगवान ने जब कंस का वध कर दिया तो सब लोग प्रसन्न हो गये। किसी को विश्वास ही नहीं हो रहा था कि जो हमको इतना त्रस्त कर रहा था वह एक क्षण में मर गया। हमारे देखते-देखते ही वह खत्म हो गया। कंस की रानियों का समाधान करके, सभी मरने वालों का क्रिया-कर्म कराकर फिर भगवान जेल में जाते हैं। देवकी-वसुदेव को छुड़ाकर, उनके पैर पड़ते हैं। तब भी वे दोनों अपने इन पुत्रों को हृदय से नहीं लगा पाते। उन्हें लगा कि जगदीश्वर को अपना पुत्र कैसे

मानें? यह देखकर, स्वजनमोहिनी माया के द्वारा उनके उस ज्ञान को हटाते हुए भगवान कहते हैं-मेरे होते हुए भी आपको इतने समय तक यहाँ इस प्रकार से कष्ट भोगना पड़ा। हमारे जीवन के इतने दिन व्यर्थ हो गए। हमने आपकी कोई सेवा नहीं की। आप हमें क्षमा कर दीजिए। भगवान के कथन से देवकी-वसुदेव मोहित हो गए और अपने पुत्र को गोद में उठा लिया। फिर उन्हें हृदय से चिपका कर वे आनन्द मग्न हो गए।

42. श्रीकृष्ण-बलराम का गुरुकुल में जाना

अब वसुदेव जी को लगा कि मेरे ये दो बालक हैं, अभी तक मैंने इनका कोई संस्कार भी नहीं कराया है। ऐसा सोचकर तब उन्होंने गर्गाचार्य से उनका यज्ञोपवीत संस्कार कराया। फिर विद्याध्ययन के लिए उन्हें गुरुकुल में सान्दीपनि मुनि के पास भेजा। जिनका निःश्वास ही चारों वेद हैं, उन भगवान को वेदाध्ययन के लिए भेजा। लेकिन देखो, भगवान परम्परा का पालन करते हैं और गुरुकुल में जाते हैं। वे कहाँ गये? सान्दीपनि साधनालय, सान्दीपनि ऋषि का आश्रम- जो उज्जैन में था, भगवान वहाँ गए। गुरु के घर में रहकर उनकी सेवा करते हुए, भगवान ज्ञान प्राप्त करते हैं। गुरु के घर में रहकर उनकी सेवा करते हुए, भगवान ज्ञान प्राप्त करते हैं। गुरु उन पर प्रसन्न होते हैं। तब भगवान कहते हैं, "मैं आपके लिए क्या गुरुदक्षिणा लाऊँ? मुझे बताइये।" गुरुजी ने अपनी पत्नी से सलाह करके कहा कि प्रभास क्षेत्र के समुद्र में डूबकर हमारा बेटा मर गया। आप उसको वापस लेकर आइये। भगवान बलराम जी के साथ खोज करते हुए जाते हैं। यमराज- काल के पास जाकर उस मृत पुत्र को ले आते हैं, और दक्षिणा में गुरु को सौंप देते हैं। गुरुपत्नी प्रसन्न हो जाती हैं और इनको आशीर्वाद प्राप्त हो जाता है।

गुरुकुल से भगवान जब मथुरा लौट आये तो सब लोग उनसे मिलकर, उन्हें देखकर परमानन्द में डूब गए। वहाँ भी समय अपनी गति से बीतता जा रहा था। तब गोकुल की याद करके भगवान को लगा कि वहाँ गोकुल में सारी गोपियाँ उनके विरह में व्याकुल हो रही हैं। भगवान को स्मरण हो आया कि मैंने उनसे कहा था कि मैं लौटकर आऊँगा, लेकिन यहाँ राज-काज में मैं ऐसा फँस गया हूँ कि यहाँ से निकलना मुश्किल हो रहा है। भगवान ने सोचा उद्धव मुझसे कोई कम तो हैं नहीं, क्यों न मैं उसी को वहाँ भेज दूँ?।

43. उद्धव जी की व्रजयात्रा

उद्धव जी भगवान के उत्सवमूर्ति कहलाते हैं। आपने मन्दिरों में देखा होगा, एक तो मुख्य मूर्ति होती है, जो प्राण प्रतिष्ठित होती है और दूसरी उत्सव मूर्ति होती है, क्योंकि जब कभी कोई उत्सव हो और कोई शोभा यात्रा निकालनी हो तो प्रतिष्ठित मूर्ति को नहीं उठाते। दूसरी जो उत्सव मूर्ति होती है उसी को रखकर यात्रा निकाली

जाती है। उद्धव जी भगवान श्रीकृष्ण के परम सखा हैं, वृष्णि कुल के प्रधान पुरुष हैं, वृहस्पति के श्रेष्ठ शिष्य हैं और श्रीकृष्ण शिष्य हैं और श्रीकृष्ण के मन्त्री भी हैं। एक दिन भगवान उद्धव जी को बुलाकर उनसे कहते हैं- मेरा संदेश लेकर ब्रज में जाओ और मेरे नन्दबाबा, यशोदा मैया, गोप, गोपबालों को और गोपियों को प्रसन्न करो। ऐसा कहकर भगवान उद्धव जी को गोपियों के पास व्रज में भेजते हैं। एक तो इसलिए कि उद्धव जी उनके जैसे ही हैं। तो अपने जैसा मानकर, माने उद्धव गया तो मैं ही गया ऐसा समझकर, उन्हें व्रज में भेजते हैं। दूसरी बात यह थी कि उद्धव जी को थोड़ा अपने ज्ञान का अभिमान भी था। भगवान श्रीकृष्ण जब गोपियों को याद करते थे, तो वे कहते थे-क्या आप हमेशा उनको याद करते रहते हो। उद्धव जी को बड़ा अजीब लगता था कि ऐसी भी क्या बात है उनमें? गाँव की अनपढ़ स्त्रियाँ ही तो हैं, थोड़ा-सा मक्खन वगैरह खिलाती रही होंगी, तो उनको इतना क्या याद करना? उनको गोपियों का माहात्म्य पता ही नहीं था। भगवान चाहते थे कि उद्धवजी को जो अभिमान है, वह मिट जाये और उन्हें थोड़ा-सा शुद्ध प्रेम भी प्राप्त हो जाये। ऐसा सोचकर भगवान श्रीकृष्ण ने उद्धव जी को व्रज में भेज दिया। भगवान का संदेश लेकर उद्धव जी सूर्यास्त के समय व्रज में जा पहुँचे। उस समय गौएँ वापस घर लौट रही थीं। भौंरे गुंजार कर रहे थे। पक्षी चहचहा रहे थे। चारों ओर फूल खिले हुए थे। व्रजवासी गोप-गोपी सुंदर वस्त्रों से सजकर श्रीकृष्ण-बलराम जी की लीलाओं का गान कर रहे थे। सब के घरों में दीपक जलाए जा रहे थे। सभी के घरों में नित्य पूजा की गई थी। उद्धवजी को लगा यहाँ तो कोई भी दुःखी नहीं है। सभी आनन्द से रह रहे हैं।

44. उद्धव जी से गोपियों का संवाद

अगले दिन गोपियाँ उद्धव जी से मिलीं। दूर से देखने पर उद्धव जी श्रीकृष्ण जैसे ही जान पड़ते थे। अतः पहले तो गोपियों को लगा अरे! श्रीकृष्ण आ गये क्या? लेकिन जैसे-जैसे वे पास में आये तो सोचा, उनसे तो इनकी कोई बराबरी ही नहीं है। तथापि जब उन्हें यह पता लगा कि इन्हें हमारे भगवान ने ही यहाँ भेजा है और ये उनके सखा हैं, तब गोपियों को उन पर प्यार आने लगा। बोलीं, भगवान नहीं, भगवान के सखा तो हैं। इनको उन्होंने ही भेजा है, यह जानकर वे समाचार पूछने लगीं, भगवान के वियोग में रोते हुए और भी कई-कई बातें पूछने लगीं। तब उद्धव जी उनको ज्ञान की बातें समझाने लगे कि भगवान सर्वव्यापी हैं। उनका वियोग किसी को हो ही कैसे सकता है? वे तो तुम्हारी आत्मा ही हैं। वे कभी तुमसे दूर हो ही नहीं सकते। तुम उनका ध्यान करो, निर्गुण का ध्यान करो। तब गोपियाँ उद्धव जी से कहती हैं-ध्यान तो करें, लेकिन पहले यह बताओ ध्यान किया किससे जाता है? बोले-मन से किया जाता है। फिर वे कहती हैं, वह मन तो हमारे पास है ही नहीं। सूरदास जी ने पद लिखा है- "ऊधो मन नाहीं दस बीस" हमारे पास दस-बीस

मन कहाँ हैं? जैसे, घर में यदि दो-चार लड़के हों, तो उन्हें अलग-अलग कामों में लगा सकते हैं। चार लड़कों को चार कामों में यहाँ-वहाँ भेज सकते हैं। अब मन तो एक ही होता है। "एक हतो सो गयो स्याम संग" वे कह रही हैं एक मन था, वह तो श्याम के संग चला गया, अब दूसरा कौन-सा मन लायें, तुम्हारे कहे उस निर्गुण का ध्यान करने के लिए? ये निर्गुण कौन होते हैं? निर्गुण कौन देश के वासी हैं? बोले हम तो इन हाथों से, इन अंगों से भगवान की पूजा करती थीं, सेवा करती थीं, प्यार करती थीं और भगवान भी स्वयं अपने हाथों से हमारे बालों में फूल लगाया करते थे और न जाने क्या-क्या किया करते थे, और तुम कहते हो कि हम यह सब छोड़कर, विभूति लगा लें और आँखें बन्द करके ध्यान लगा कर बैठ जाएँ! वे कहती हैं-उद्धव जी, सच बात तो यह है कि भगवान के जाने के बाद इस गोकुल में कुछ रहा ही नहीं। फिर एक गोपी भगवान में कुछ इस प्रकार से तन्मय हो गई कि उड़ते हुए एक भौंरे को देखकर, वह उसे श्रीकृष्ण के दूत के रूप में सम्बोधित करते हुए उससे बातें करने लगी।

वास्तव में, जो वह भौंरे से कह रही थीं, वह सब उद्धव जी को लक्ष्य करके ही कह रही थीं। दस श्लोकों में वर्णित यह प्रसंग 'भ्रमर-गीत' नाम से प्रसिद्ध है। उन श्लोकों में गोपियों ने अपने भावोद्गार प्रकट किए हैं। उद्धवजी ने जब गोपियों ने उन भावों को, उनके प्रेम को देखा और समझा, तो उन्हें अपने ज्ञान का जो अभिमान था, वह जाता रहा, वह दूर हो गया। तब, उन्होंने भगवान का संदेश सुनाकर गोपियों को सान्त्वना दी। उद्धव जी ने कहा कि श्रीकृष्ण ने कहा है, "मैं ही सब की आत्मा हूँ। सब में हूँ, अतः मुझसे तुम्हारा वियोग कभी हो नहीं सकता। तुम्हारे प्रेम के, तुम्हारे भावों को मैं भली प्रकार से जानता हूँ। इसीलिए तुम से दूर रहता हूँ, जिससे कि तुम सब मन से मेरी सन्निधि का अनुभव कर के, मुझे ही प्राप्त हो सको। मैं तुम लोगों से अवश्य मिलूँगा, अतः निराश होने का कोई कारण ही नहीं है। तुम सब का मन जब पूर्णतः मुझमें ही एकाग्र हो जाएगा तब तुम लोग सदा के लिए मुझे प्राप्त हो जाओगी।" भगवान का ऐसा संदेश सुनकर गोपियों को बड़ा आनन्द हुआ।

दशम स्कन्ध (उत्तरार्ध)

45. जरासन्ध के सत्रह आक्रमण

उत्तरार्ध में सर्वप्रथम जरासन्ध का प्रसंग आता है। जरासन्ध मगध देश का राजा था और वह बड़ा शक्तिशाली था। जन्म लेते ही उसके दो टुकड़े हो गए थे, पर जरा नाम की स्त्री ने उन्हें जोड़ दिया था। इसी वजह से उसका नाम जरासन्ध पड़ गया। इसी कारण उसका वध तभी सम्भव था जब उसके दो टुकड़े कर दिए जाएँ। यह जरासन्ध भी कंस का मित्र था। जरासन्ध, शिशुपाल, दन्तवक्त्र, शाल्व, विदूरथ

और कंस, इन सबकी आपस में बड़ी मैत्री थी। जरासन्ध ने अपनी दोनों लड़कियों का विवाह कंस से कर दिया था। कंस की उन दो पत्नियों के नाम थे अस्ति और प्राप्ति। ये दोनों नाम बड़े विचारणीय हैं। गीताजी में कहा गया है- "इदमस्तीदमपि मे भविष्यति पुनर्धनम"।। मनुष्य की दो ही वृत्तियाँ प्रधान होती हैं। यह चीज मेरे पास है 'अस्ति' और मुझे अन्य की प्राप्ति करनी है 'प्राप्ति', प्रायः मनुष्य अपने जीवन में इन्हीं दो बातों को महत्त्व देता रहता है। भगवान के द्वारा जब कंस की मृत्यु हो गई, तब ये दोनों अस्ति-प्राप्ति अपने पिता जरासन्ध के पास गयीं। जरासन्ध ने जब उनसे सुना कि श्रीकृष्ण ने कंस को मार दिया है तो वह बड़ा क्रोधित हो गया। उसने बड़ी भारी (तेईस अक्षौहिणी) सेना के साथ मथुरा पर आक्रमण कर दिया। तब, बलरामजी तथा श्रीकृष्ण उससे युद्ध करते हैं। उसकी चतुरंगिणी सेना को नष्ट करते हैं पर उसे मारते नहीं, छोड़ देते हैं। उसे हार कर लौट जाना पड़ता है। भगवान श्रीकृष्ण उसे मारते नहीं, इसका विशेष कारण है। वह यही कि जरासन्ध जीवित रहेगा, तो वह पुनः असुरों को एकत्रित करके ले आएगा। तब अनायास ही भगवान के अवतार का प्रयोजन सिद्ध होगा, दुष्टों का संहार होगा, जिससे पृथ्वी का भार हल्का होगा। इसी प्रकार से, उस जरासन्ध ने सत्रह बार मथुरा पर आक्रमण किया, बार-बार युद्ध किया परन्तु हर बार भगवान ने उसे हराकर छोड़ दिया, मारा नहीं।

46. द्वारका का निर्माण

जरासन्ध का एक मित्र था कालयवन। नारद जी से जब कालयवन ने श्रीकृष्ण बलराम का पराक्रम सुना, तो अपनी म्लेच्छों की सेना को साथ लेकर उसने मथुरा पर चढ़ाई कर दी, मथुरा को घेर लिया। तब, बलराम जी से मिलकर भगवान ने विचार किया कि कालयवन के पीछे-पीछे जरासन्ध भी पुनः आक्रमण करने आता ही होगा। हम दोनों ही यदि इससे लड़ने लग जाएँ, तो जरासन्ध उसी समय आकर हमारे स्वजन तथा प्रजा जनों को मार डालेगा। ऐसा सोचकर भगवान श्रीकृष्ण ने समुद्र में एक द्वारका नाम की नगरी बनवा ली। ऐसी नगरी जिसके द्वार में 'क' माने ब्रह्म खड़ा हो, यानी जो मोक्ष का द्वार हो उसे द्वारका कहते हैं। पुराणों के अनुसार सात नगरियाँ मोक्षदायिनी मानी गयी हैं। पहली अयोध्या, दूसरी मथुरा, इन्हें तो सब जानते ही हैं। तीसरी है माया अर्थात् हरिद्वार। हरिद्वार को माया नगरी कहते हैं। उसके बाद चौथी नगरी है काशी। इस बात को भी सब जानते ही हैं कि जहाँ गंगा जी बहती हैं, जहाँ भगवान विश्वनाथ विराजमान हैं, उस काशी में जिसका मरण होता है, उसके कान में भगवान तारक मंत्र का उपदेश देते हैं और उसकी मुक्ति हो जाती है। पाँचवीं की कांची, कांची नगरी दक्षिण भारत में है। उसमें भी दो भाग हैं- विष्णुकांची और शिवकांची। छठी है उज्जैन, जो मध्य प्रदेश में है। इसे अवन्तिका कहते हैं, और सातवीं है द्वारका। वर्णन आता है कि लीला संवरण

के समय भगवान ने अपनी द्वारका नगरी को समुद्र में डुबो दिया था। वर्तमान में जिस नगरी को द्वारका कहते हैं, वह दूसरी द्वारका है। पुरातत्त्व विभाग के लोग अब उस पूर्व की द्वारका की खोज में लगे हैं, उन्हें कुछ अवशेष मिल भी रहे हैं। द्वारका का निर्माण करके भगवान ने अपनी अचिन्त्य योग शक्ति से सारे स्वजनों को वहाँ पहुँचा दिया। मथुरा से उन्हें ले गये, क्योंकि मथुरा पर बार-बार आक्रमण हो रहे थे। भगवान ने अपनी द्वारका समुद्र में बसाई जिससे कि भविष्य में कोई आसानी से उस पर आक्रमण न कर सके। भगवान ने उसका वैभव वैकुण्ठ से भी अधिक बढ़ा दिया। जहाँ भगवान विराजते हों, वहाँ पर क्या कमी हो सकती है?

47. कालयवन का भस्म होना

कालयवन जो मथुरा को घेर कर बैठा था, वह बड़ा अजेय था। उसे यह वरदान प्राप्त था कि युद्ध में उसके सम्मुख जो भी आए, उसे भागना पड़ेगा। भगवान इस रहस्य को जानते थे। अतः बलराम जी से सलाह करके, उन्हें मथुरावासियों की रक्षा के लिए वहीं छोड़कर वे स्वयं कालयवन का सामना करने के लिए मथुरा के द्वार से बाहर निकल आए। कालयवन के सामने आते ही वे भाग गये। आध्यात्मिक दृष्टि से यह जरासन्ध जरा अवस्था है, जीवन का उत्तरार्ध है। यद्यपि अनेक रोगों के रूप में इसके पुनः-पुनः होने वाले आक्रमण से हमारी शरीर रूपी मथुरा नगरी क्षतिग्रस्त हो जाती है, उसके अवयव क्षीण होने लगते हैं, तथापि अनेक बार हम उसे पराजित करके उस पर विजय प्राप्त कर लेते हैं। परन्तु जब वह काल रूपी कालयवन को साथ लेकर, उसे सामने करके आता है तब उससे नहीं लड़ा जा सकता। काल को पराजित करना हो तो उससे युद्ध किया नहीं जाता, काल के परे जाना पड़ता है। वह ब्रह्म विद्या से ही सम्भव है। उसके लिए ब्रह्म के द्वार द्वारका जाना पड़ता है। अतः सत्रह बार जरासंध को भगवान ने हराकर लौटा दिया। लेकिन अठारहवीं बार जब जरासंध अपने मित्र कालयवन को भेजा, तब भगवान उससे लड़ते नहीं, तब भगवान उस कालयवन से या जरासन्ध से युद्ध नहीं करते, तब वे युद्ध भूमि से भागकर मथुरा को छोड़ द्वारका में बस जाते हैं। अब इसका अर्थ यह मत समझ लेना कि भगवान डर के मारे भाग गये थे। भगवान को डर किस बात का? भगवान तो चतुराई करके भाग गए थे। देखो, यहाँ भगवान हमें सिखा रहे हैं कि किसी भी काम को तत्काल निबटा देना चाहिए। कालयवन ने भगवान को भागते देखा, तो वह स्वयं भी उनके पीछे भागने लगा। भागते-भागते भगवान उस गुफा में घुस गये जिसमें राजा मुचुकुन्द सो रहे थे। राजा मुचुकुन्द ने बहुत दिनों तक जगकर देवताओं की सहायता की थी। वे इतने थक गये थे कि देवताओं ने जब उनसे कहा कि आपको क्या वर चाहिए? तो उन्होंने कहा था, "मैं बहुत थक गया हूँ। अब तो मुझे नींद चाहिए, नींद में मुझे कोई परेशान न करे।" तब उन्हें यह वरदान प्राप्त हो

गया था कि उनकी निद्रा में यदि कोई विघ्न डालता है, तो सर्वप्रथम उनकी दृष्टि जिस पर पड़े, वह जलकर भस्म हो जाए।

48. मुचुकुन्द की कथा

तो ये मुचुकुन्द महाराज वहाँ सो रहे थे। भगवान को सब मालूम था। अतः वे भागते हुए वहाँ पहुँचे और गुफा के अन्दर छिप गये। अपना उपवस्त्र उन्होंने सोते हुए मुचुकुन्द पर डाल दिया। इतने में इनका पीछा करते-करते कालयवन भी गुफा में घुस आता है, परन्तु उसे वहाँ पर ठीक से कुछ दिखायी नहीं पड़ता। देखो, प्रकाश से जब एकदम कोई अंधेरे में जाता है, तो थोड़ी देर तक वह ठीक से कुछ देख नहीं पाता। कुछ देर बाद उसने देखा कि कोई वहाँ पर सो रहा है। फिर उस उपवस्त्र को देखकर कालयवन ने समझा कि यह कृष्ण ही हैं। उसे लगा कि युद्ध से भागकर यहाँ आकर सोता है? ऐसा सोचकर उसने सोये हुए मुचुकुन्द को श्रीकृष्ण समझ कर लात मार दी तो सोये हुये राजा मुचुकुन्द जग गए। उनको लगा मुझे नींद से जगाने के लिए यहाँ कौन आ गया है? फिर तो क्या था, बस कालयवन सामने ही खड़ा था। जैसे ही राजा मुचुकुन्द की दृष्टि उस पर पड़ी वैसे ही वह जलकर राख हो गया। तब मुचुकुन्द देखते क्या हैं कि भगवान वहाँ चुपचाप खड़े हैं। ये मुचुकुन्द महाराज भगवान के भक्त थे। देखो, यहाँ भगवान ने एक साथ दो काम कर दिये हैं। एक तो भक्त को दर्शन दे दिया, मानो कि भगवान उससे कह रहे हों अब कितना सोओगे? बहुत सो लिये, अब जागो। तो एक ओर मुचुकुन्द को जगाकर अपना दर्शन करा दिया और दूसरी ओर कालयवन को भी सीधे निबटा ही दिया। देखो, इसलिए भगवान मथुरा से भाग आए थे, डर के कारण नहीं। तो यहाँ भगवान राजा मुचुकुन्द को दर्शन देते हैं और आशीर्वाद भी देते हैं कि तुम्हें मेरी अनपायनी भक्ति प्राप्त होगी।

49. बलरामजी तथा श्री कृष्ण के विवाह

अब द्वारका में पहले, राजा रैवत की कन्या रेवती के साथ बलराम जी का विवाह हुआ। फिर श्रीकृष्ण जी के पास रूक्मिणी जी का सन्देश आता है। देखो, भगवान की जो प्रकृति है वह अष्टधा है, सो उनके आठ विवाह तो विशेष हैं। उसके बाद उनके हजारों विवाह हुए। एक साथ उनकी सोलह हजार शादियाँ हुयीं। ध्यान में रखना, ऐसा नहीं था कि एक श्रीकृष्ण हों और सोलह हजार कन्याएँ हों। प्रत्येक के साथ एक-एक श्रीकृष्ण थे। लोग कहते हैं-भगवान ने सोलह हजार विवाह किये थे, तो हम दो-चार विवाह क्यों नहीं कर सकते? वे यह नहीं जानते कि भगवान ने उन सोलह हजार पत्नियों का ध्यान किस प्रकार रखा था। वह सारा वर्णन हम आगे देखेंगे-जब नारद जी भगवान की दिनचर्या देखने के लिए द्वारका में जाते हैं तब। सामान्यतः, मनुष्य एक पत्नी के साथ ही आनन्द पूर्वक रह ले, वही बहुत है।

भगवान की शक्ति अपार होती है। उनकी बराबरी कोई अन्य नहीं कर सकता, इस बात को भली प्रकार से समझ लेना चाहिए। अब देखो भगवान कैसे हैं! रुक्मिणी जो विदर्भ देश के राजा भीष्मक की कन्या थीं। उनका भाई था रुक्मी। रुक्मिणी ने भगवान के गुणों की बड़ी प्रशंसा सुनी थी और इधर भगवान श्रीकृष्ण ने भी रुक्मिणी की बहुत प्रशंसा सुनी थी। दोनों का मन एक दूसरे पर मुग्ध हो गया था, यद्यपि दोनों ने एक दूसरे को देखा भी नहीं था। रुक्मिणी का भाई रुक्मी श्रीकृष्ण से द्वेष करता था और वह अपनी बहन का विवाह चेदिराज शिशुपाल के साथ कराना चाहता था। रुक्मिणी को शिशुपाल पसंद नहीं था। वे लक्ष्मी हैं, उनको तो भगवान श्रीकृष्ण ही चाहिए। अतः वे सोचने लगीं कि अब ये कैसे हो? क्योंकि श्रीकृष्ण को तो ये लोग निमन्त्रण भी नहीं भेजेंगे। स्वयंवर का आयोजन तो होगा, पर श्रीकृष्ण को आमंत्रण नहीं दिया जायेगा।

50. रुक्मिणी जी का संदेश व उसका रहस्य

तब रुक्मिणी जी ने सोचा, ये लोग उन्हें नहीं बुलाते तो मैं ही बुला लेती हूँ। बड़ा साहस करके रुक्मिणी जी ने भगवान श्रीकृष्ण को संदेश भेजा-एक विश्वासपात्र ब्राह्मण के माध्यम से। ब्राह्मण देवता जब श्रीकृष्ण के पास पहुँचे तो पहले भगवान ने स्वयं उनका स्वागत-सत्कार किया, सेवा की, भोजन कराया, फिर उनसे आने का कारण पूछा। तब ब्राह्मण ने उन्हें रुक्मिणी जी का जो संदेश सुनाया वह इस प्रकार था- "हे भुवन सुन्दर (देखो भुवन सुन्दर का क्या तात्पर्य होता है? जो त्रिभुवन में सबसे सुन्दर हो उसे कहते हैं भुवन सुन्दर या जिसके कारण त्रिभुवन को भी सुन्दरता प्राप्त हो वह) आपके गुण ऐसे हैं कि सुनने वालों के कर्ण के द्वार से हृदय में प्रविष्ट होकर, वे उनके सारे पाप ताप संताप को नष्ट कर देते हैं। आप का रूप ऐसा है कि उसे देखकर देखने वाले की दृष्टि सफल हो जाती है।" यहाँ ध्यान देने की बात है कि हमारी आँखें केवल दूरदर्शन या संसार के अन्य व्यक्ति या वस्तुओं को देखने के लिए नहीं बनी हैं। ये तो भगवान का दर्शन करने के लिए हैंय और भगवान का दर्शन हो सकता है। रुक्मिणी जी ने आगे कहा है- आप के ऐसे रूप तथा गुणों का वर्णन सुनकर मेरा मन लज्जा संकोच त्यागकर पूर्णरूप से आप में ही समविष्ट हो रहा है, आप में ही रम रहा है। फिर कहती हैं- मैं ही नहीं वरन् ऐसी कौन सी धीर कुलवती कन्या होगी जो उचित समय आने पर, कुल, शील, रूप, विद्या, वय, धन, धाम आदि में अपने ही समान तथा सारे विश्व को रमाने वाले, आप का वरण न करे? इसलिए, मैंने आपका वरण किया है तो इसमें कोई अनुचित या अयोग्य बात नहीं है। मैंने स्वयं को आपके प्रति समर्पित कर दिया है। अतः आप यहाँ आकर मुझे अपनी पत्नि के रूप में स्वीकार कीजिए।

अनुभव से यह बात लोगों को ज्ञात हो ही जाती है कि भगवान के अतिरिक्त और चीजों को चाहने वाला दुःख ही पाता है। अतः वह अज्ञानी ही कहा जा सकता

है। यहाँ समझने की एक बात यह भी है कि कभी-कभी भगवान को चाहते हुए भी हम ऐसी स्थिति में होते हैं कि स्वयं वहाँ से निकल नहीं पाते। लेकिन भगवान हमें उस परिस्थिति से निकाल सकते हैं। तभी तो रुक्मिणी जी ने कहा था- आप मुझे यहाँ से ले जाइए। मैं यहाँ से नहीं निकल सकती। यानी साधक तो भगवान से यही कहेगा कि आप मुझे यहाँ से ले चलिए, ऊपर उठाइए। इतना ही नहीं, उस साधक का भाव कैसा होना चाहिए? भाव यह होना चाहिए। कि भगवान के बदले में मुझे दूसरी कोई चीज नहीं चाहिए। नचिकेता जब यमराज के पास पहुँचे तो यमराज ने उन्हें बहुत-सी अन्य चीजें दीं और कहा कि तुम इन्हें ले लो, आत्मज्ञान की बात छोड़ दो। नचिकेता ने कहा, "अपनी चीजें आप अपने पास ही रख लीजिए। मुझे तो आत्मज्ञान ही चाहिए"। देखो, हमें आत्म ज्ञान की प्राप्ति क्यों नहीं होती? क्योंकि हम आत्मा का श्रवण तो करते हैं, लेकिन वरण नहीं करते। सुनते बहुत हैं, लेकिन मुझे परमात्मा ही चाहिए ऐसा हमें नहीं लगता, हम परमात्मा का वरण नहीं करते।

जबकि रुक्मिणी जी कैसी थीं? उन्होंने तो कहा- सैंकड़ों जन्मों तक मुझे तप करना पड़े तो मैं करूँगी, लेकिन आपके अतिरिक्त और किसी का वरण नहीं करूँगी। मुझे दूसरा कोई नहीं चाहिए। भगवान श्रीकृष्ण ने जब ब्राह्मण के द्वारा रुक्मिणी जी के संदेश सुने तो उनका हृदय द्रवित हो गया। कहते हैं, "मैंने भी उनकी प्रशंसा सुनी है, मैं अवश्य आऊँगा। राजा भीष्मक ने बुलाया नहीं तो क्या हुआ? जिसका विवाह होना है स्वयं उसने ही बुला लिया है तो फिर सोचना क्या है?" ऐसा निश्चय करके फिर भगवान ने सोचा कि स्वयंवर में पहुँचने के लिए इसी समय यहाँ से चलना होगा। अतः अपने सारथी दारुक को बुलवाकर, उस ब्राह्मण के साथ भगवान अकेले ही विदर्भ देश की राजधानी कुण्डिनपुर की ओर चल पड़े। जब बलराम जी को इस बात की सूचना मिली तो उन्हें लगा कि श्रीकृष्ण अकेले चले तो गये हैं, लेकिन वहाँ युद्ध अवश्य होगा। रुक्मी के जो अन्य मित्र जरासन्ध, दन्तवक्त्र, शाल्व आदि हैं, वे सब क्या देखते रह जायेंगे? वे सब क्या चुपचाप सब सह लेंगे? ऐसा नहीं होगा। ऐसा विचार करके बलराम जी अन्य यदुवंशियों को भी साथ लेकर श्रीकृष्ण के पीछे-पीछे वहाँ पहुँच गए। तो भगवान श्रीकृष्ण स्वयंवर स्थल कुण्डिनपुर पहुँच गए। रुक्मिणी जी ने पहले ही (पत्र में) उन्हें बता दिया था कि कैसे-कैसे वे देवी की पूजा करने के लिए जाएँगी और वहाँ से लौटते समय श्रीकृष्ण उनका अपहरण कर के ले जाएँ। यह सब सुनकर आजकल की लड़कियाँ कह सकती हैं कि फिर हम भी यदि ऐसा कुछ करें, तो उसमें गलत क्या है? तब, पुनः वही बात कहनी पड़ेगी कि चाहे जिसकी, चाहे जिस बात की बराबरी न तो करनी चाहिए, न ही वह की जा सकती है। अत्यंत विकट परिस्थिति में रुक्मिणी जी को ऐसा करना पड़ा था। वहाँ कुण्डिनपुर में सभी उनके विरोधी थे। इतना ही नहीं, यहाँ यह भी समझना होगा कि रुक्मिणी जी का श्रीकृष्ण के साथ जो सम्बन्ध है, वह बहुत भिन्न प्रकार का है। यह तो भगवान के साथ सम्बन्ध है, किसी और

सामान्य कामी, भोगी, अज्ञानी, अल्पज्ञ, अल्पशक्तिमान् जीव के साथ नहीं है। यहाँ तो परम प्रभु परमात्मा का वरण है।

51. रुक्मिणी जी का अपहरण

भगवान श्रीकृष्ण जब विदर्भ की राजधानी कुण्डिनपुर पहुँच गए, तब राजा भीष्मक ने उनका तथा बलराम जी का बड़े आदरपूर्वक स्वागत किया। यद्यपि, वे समझ नहीं पा रहे थे कि इनको निमन्त्रण किसने भेजा है, तथापि राजा भीष्मक ने श्रीकृष्ण बलराम जी का यथोचित स्वागत किया क्योंकि वे भक्त थे। उधर शिशुपाल आदि सब बड़े प्रसन्न थे। शिशुपाल समझ रहा था कि रुक्मिणी का विवाह मेरे ही साथ होगा क्योंकि रुक्मिणी का भाई रुक्मी तथा पिता भीष्मक दोनों मेरे साथ हैं। वैसे, रुक्मिणी का विवाह शिशुपाल के साथ ही हो, इसमें राजा भीष्मक का कोई विशेष आग्रह नहीं था। परन्तु उनका लड़का रुक्मी जो ज्यादा शक्तिशाली था, वह श्रीकृष्ण से बहुत द्वेष करता था। यह जानते हुये भी कि रुक्मिणी श्रीकृष्ण को ही चाहती हैं, वह रुक्मिणी का विवाह श्रीकृष्ण की जगह शिशुपाल से ही कराना चाहता था। अतः रुक्मिणी के साथ अपना विवाह निश्चित मानकर शिशुपाल प्रतीक्षा कर रहा था। निर्धारित समय पर पूर्व परम्परा के अनुसार रुक्मिणी जी देवी के मन्दिर में पूजा करने जाती हैं। पूजन के पश्चात्, जब वे वहाँ से लौट रही थीं, तब सबके देखते-देखते ही भगवान बड़ी तेजी से वहाँ पहुँचते हैं। रुक्मिणी जी तो पहले से ही तैयार थीं, सो भगवान ने उन्हें उठाकर अपने रथ पर बैठा लिया और वहाँ से चल दिये। यह सब इतनी तेजी से हुआ कि दूसरे सब देखते ही रह गये। परन्तु जैसे ही वहाँ उपस्थित राजाओं को स्थिति का भान हुआ, तो वे सभी क्रोधित होकर श्रीकृष्ण के पीछे चल पड़े। तब बलराम जी सहित यदुवंशी सेना ने शत्रु राजाओं की सेना को नष्ट कर दिया। जरासन्ध आदि राजा युद्ध से भागकर लौट आये। लौटकर उन सबने देखा कि शिशुपाल हतोत्साहित होकर अत्यंत निराश हो गया है।

52. श्रीकृष्ण-रुक्मिणी-विवाह

रुक्मिणी के साथ भगवान का यह जो विवाह हुआ उसे राक्षस विवाह कहते हैं। विवाह भी अनेक प्रकार के होते हैं। इस प्रकार जब कन्या का अपहरण कर के उसे ले जाते हैं, तो वह विवाह राक्षस विवाह कहलाता है। लड़का-लड़की एक दूसरे को पसंद हों और वे अपनी इच्छा से विवाह करें, तब उसे गान्धर्व विवाह कहते हैं। गान्धर्व विवाह को ही आजकल की भाषा में प्रेम विवाह कहते हैं। वैदिक विवाह, गान्धर्व विवाह, राक्षस विवाह, पिशाच विवाह-ऐसे कई प्रकार के विवाह होते हैं। तो पहले भगवान रुक्मिणी जी का अपहरण करके (राक्षस विवाह कर) वहाँ से उन्हें ले गए, लेकिन द्वारका पहुँचकर भगवान ने रुक्मिणी जी से वैदिक विवाह किया। इस प्रकार रुक्मिणी तथा श्रीकृष्ण का विवाह सम्पन्न हुआ।

53. प्रद्युम्न द्वारा शम्बरासुर का वध

उसके बाद, इनके पुत्र हुए प्रद्युम्न। प्रद्युम्न पूर्व जन्म में कामदेव थे। उन्हें भगवान शंकर ने जला दिय था, तो वे अनंग हो गये थे। कामदेव की पत्नि रति की प्रार्थना पर शंकर भगवान ने कह दिया था कि अगले जन्म में कामदेव वासुदेव के घर रुक्मिणी नन्दन के रूप में प्रकट होगा। तो अब वे ही कामदेव भगवान के पुत्र प्रद्युम्न बनकर आ गए। भागवत में उनकी कथा विस्तार से कही गई है। दस दिन के प्रद्युम्न को शम्बरासुर ने समुद्र में फेंकवा दिया था, क्योंकि उसे मालूम हो गया था कि प्रद्युम्न बड़ा होकर उसका शत्रु बनेगा। समुद्र में एक बड़े मच्छ ने बालक प्रद्युम्न को निगल लिया। मछुओं ने उसे मच्छ को शम्बरासुर को भेंट कर दिया। उसके पाकशाला में जब वह मच्छ काटा गया तो उसमें से एक सुन्दर शिशु निकला। नारद जी से रति को इस प्रकार होनी का पूर्व ज्ञान हो गया था। इसी कारण वह मायावती बनकर शम्बरासुर के महल में काम करने लगी थी। उसने उस शिशु प्रद्युम्न को ले कर उसका पालन-पोषण किया। प्रद्युम्न शीघ्र ही युवक बन गये तब रति ने अपना असली स्वरूप प्रकट करके सारी कथा कह सुनाई और यह भी कहा कि द्वारका में आपकी माता आपके लिये व्याकुल हैं। तब रति के द्वारा सिखाई गई महामाया नामक विद्या अर्जित कर प्रद्युम्न ने शम्बरासुर को मार डाला। उसके बाद, रति को साथ लेकर आकाश मार्ग से वे द्वारका पहुँच गए। तब नारद जी ने वहाँ पहुँचकर सारा वृत्तान्त कह सुनाया। सभी लोग प्रद्युम्न तथा रति से मिलकर बड़े आनन्दित हुए।

54. भौमासुर का उद्धार

तत्पश्चात् भौमासुर का पसंग आता है। उसी का नाम था नरकासुर। यद्यपि वह पृथ्वी देवी का ही पुत्र था, तथापि वह बड़ा भयंकर और महा अत्याचारी असुर था। उसने षोडश सहस्र (16000) से भी अधिक कन्याओं का अपहरण करके उन्हें अपने महल में बन्दी बनाकर रखा था। उन कन्याओं की ओर से भगवान को निवेदन गया कि भगवान आप हमें इस असुर से छुड़ा लीजिए। भगवान सत्यभामा को साथ लेकर वहाँ जाते हैं। जब भगवान वहाँ पहुँचते हैं तो देखते क्या हैं कि वहाँ भौमासुर ने अनेक प्रकार की किलेबन्दी व अभेद्य दीवारें खड़ी कर रखी थीं। भगवान अपने सुदर्शन चक्र तथा अन्य आयुधों से उन सब को ढहाते हुए आगे बढ़ते चले जाते हैं। फिर भौमासुर के साथ उनका युद्ध होता हैं अन्त में भगवान उसे मार डालते हैं। इसलिए दीवाली के समय पहले लक्ष्मी पूजन करते हैं और फिर नरक चतुर्दशी के दिन लोग प्रातः शीघ्र उठकर स्नान करते हैं और आरती करते हैं क्योंकि उस दिन भगवान श्रीकृष्ण ने नरकासुर (भौमासुर) को मार डाला था। ये परम्पराएँ मालूम होनी चाहिए। नरकासुर का वध करके जब भगवान ने उन सोलह हजार कन्याओं को मुक्त किया, तब वे सब-के-सब भगवान से प्रार्थना करती हैं कि अब आप ही

हमें आश्रय दें। हम आपकी ही शरण ग्रहण करती है। इसी कारण, तब उन सभी कन्याओं के साथ भगवान का विवाह हुआ।

55. श्रीकृष्ण के सोलह हजार विवाह

अब देखो, भगवान के जो इतने सारे विवाह हुए वे बड़े विचित्र थे। इस प्रसंग को, मात्र ईश्वर दृष्टि से ही नहीं, सामाजिक दृष्टि से भी जरा विचार करके देखना चाहिए। सच बात तो यह है कि जब किसी की कन्या अपहृत हो जाती है और वह दूसरे के घर में, या राक्षस आदि के घर में रह कर आती है, तो कई बार स्वयं उसके माता-पिता भी सहजता से उसे स्वीकार करने के लिए तैयार नहीं होते। उनका मन अनेक प्रकार की आशंकाओं से भर जाता है। उन्हें लगता है अब इसके कारण समाज में हमारी अवहेलना हो सकती है। हम उसका सामना कैसे करेंगे? कई बार माता-पिता भी अपनी उस कन्या को छोड़ देने के लिए तैयार हो जाते हैं। यहाँ भगवान सोचते हैं, ये 16000 हैं, अब यदि इनको किसी ने स्वीकार नहीं किया तो फिर कैसी स्थिति हो जायेगी? वह तो बड़ी भयानक स्थिति होगी, क्योंकि जब इतनी सारी स्त्रियाँ बिना किसी घर-बार के रह जायेंगी तब समाज की स्थिति तो बिगड़ेगी ही, स्वयं इनकी स्थिति भी खराब हो जायेगी। ऐसा सोच-विचार कर के भगवान ने उन्हें स्वीकार कर लिया। देखो, उन सब पर भगवान ने यह कितना बड़ा उपकार किया! इस घटना को देखने की एक दृष्टि तो यह हो सकती है कि भगवान ने इनकी इच्छापूर्ति की। परन्तु यह तो एक बड़ी ही सामान्य बात हुयी। विशेष बात तो यह है कि ऐसा कर के भगवान ने समाज में कितना बड़ा परिवर्तन ला दिया, कितनी बड़ी क्रान्ति और साथ ही शान्ति भी स्थापित कर दी। इस तरह भगवान ने उन सभी कन्याओं पर उपकार करके उनका कल्याण कर दिया। अब देखो यह एक विचारणीय बात है कि क्या किसी एक पुरुष के लिए 16000 स्त्रियों से एक साथ विवाह करना सम्भव है? क्या पहले कभी किसी ने ऐसा किया है? सोलह हजार स्त्रियों के साथ रहना क्या सम्भव है? यदि प्रत्येक के साथ एक-एक मिनट के लिए ही रहना हो, तो भी कितना समय लग जाएगा जरा बताओ? अतः इतनी बात तो स्पष्ट ही है कि ऐसा नहीं हो सकता। ऐसा था भी नहीं। उन राज कन्याओं के लिए भगवान ने न केवल सोलह सहस्र महल बनवाए वरन् उन्होंने स्वयं अपने भी उतने ही रूप बना लिए, जितनी उनकी रानियाँ थीं। प्रत्येक महल में भगवान हर एक के साथ अलग-अलग होते थे। हम पहले भी देख चुके हैं कि जब ब्रह्माजी ने बछड़ों तथा ग्वालबालों को छिपा दिया था, तब भगवान स्वयं ही उतने बछड़े तथा गोपबाल बनकर, व्रजवासियों को आनन्दित कर रहे थे। तब, स्वयं अपने ही अनेक प्रतिरूप बना लेने में उनका क्या बिगड़ता है? आखिर एक तन की उपाधि ही तो चाहिए न। बस! हो गए अनेक रूप। इस प्रकार, सोलह सहस्र राजकन्याओं के साथ भगवान का विधिवत् विवाह हुआ। वहाँ से लौटते समय श्रीकृष्ण इन्द्र की

अमरावती से सत्यभामा के लिए पारिजात वृक्ष भी ले आये। उसके लिए इन्द्र तथा अन्य देवताओं से उन्हें लड़ना भी पड़ा।

56. श्रीकृष्ण की संतति का वर्णन

आगे श्रीकृष्ण की सन्तति का वर्णन आता है। प्रद्युम्न के पुत्र अनिरुद्ध के विवाह का भी वर्णन है। यहाँ उसे हम संक्षेप में देखेंगे। बाणासुर की कन्या थी, ऊषा। वह स्वप्न में एक पुरुष को देखती है। उसका मन उस पुरुष पर न्योछावर हो जाता है। अतः अगले दिन से वह गुमसुम सी रहने लगती है। उसे देखकर उसकी सखी चित्रलेखा कहती है, "तुम्हें क्या हो गया है, तुम ऐसी उदास क्यों हो गयी हो?" तब ऊषा ने उससे कहॉ "स्वप्न में मैंने एक पुरुष को देखा। वह इतना सुन्दर था कि मेरा मन उस पर रीझ गया है।" अब वह चित्रलेखा भी बड़ी विलक्षण प्रतिभाशाली थी। कहती है- मैं चित्र बना-बना कर दिखाती हूँ, तुम बताना कि उनमें से कौन-सा चित्र उस पुरुष से मिलता है? फिर वह चित्र बनाती जाती है। जब उसने भगवान श्रीकृष्ण का चित्र बनाया तो ऊषा ने कहा कि वह इस चित्र से मिलता-जुलता था। फिर उसने प्रद्युम्न और प्रद्युम्न के बाद अनिरुद्ध का चित्र बनाया। तब ऊषा ने कहा कि वह ऐसा ही था। चित्रलेखा को योग सिद्धियाँ भी प्राप्त थीं। अपनी योग विद्या से वह अनिरुद्ध को द्वारका से उठा कर ले आती है और ऊषा के कक्ष में पहुँचा देती है। जब बाणासुर को इस बात का पता लगा, तब सैनिकों सहित ऊषा के महल में जाकर उसने अनिरुद्ध को घेर लिया। फिर जब देखा कि अनिरुद्ध ने साहस पूर्वक उन सबका सामना करते हुए सैनिकों का संहार कर डाला, तो बाणासुर ने नागपाश से अनिरुद्ध को बाँध लिया। यह बड़ी विचित्र कथा है। उधर द्वारका में किसी को पता ही नहीं चला। क्योंकि देखो भगवान श्रीकृष्ण की सहस्रों पत्नियाँ थीं तो बच्चे कितने रहे होंगे? तब नारद जी वहाँ द्वारका में जाते हैं और कहते हैं कि अरे तुम्होरे घर में रोल कॉल होता है कि नहीं? सभी बच्चे घर वापस आ गए कि नही इस बात का भी कोई ध्यान रखता है या नहीं? आपके घर का एक बच्चा गायब है, किसी को इस बात का पता भी है? (बोले- हाँ? एक बच्चा नहीं है? कौन है वह? तब नारद जी ने कहा-अनिरुद्ध कहाँ है? कहाँ गया है? बोले-पता नहीं कहाँ गया? इतने सारे है तो पता ही नहीं चलता कि कौन कहाँ गया? इस प्रकार, यह बड़ी विचित्र लीला है।) फिर नारद जी ने सारी बातें कह सुनाईं कि किस प्रकार अनिरुद्ध अब बाणासुर के नागपाश से बन्धा हुआ वहाँ शोणितपुर में कैद है। तब श्रीकृष्ण, बलराम तथा अन्य यदुवंशी बाणासुर पर चढ़ाई कर के बन्दी बनाए गए अनिरुद्ध को मुक्त कराते हैं। फिर ऊषा और अनिरुद्ध का विवाह करा कर उन्हें ले आते हैं। इसके पूर्व, रुक्मी की पौत्री रोचना के साथ अनिरुद्ध के विवाह के समय, जुआ खेलते हुए जब रुक्मी ने बेईमानी की और व्यंग किया, तो बलराम जी ने

उसे मार ही डाला। उस पर रुक्मिणी जी बहुत नाराज हुईं। श्रीकृष्ण मौन साध गए। इससे वह झगड़ा वहीं समाप्त हो गया।

57. राजा नृग का उद्धार

इसके बाद भगवान ने गिरगिट रूप को प्राप्त हुए राजा नृग का उद्धार किया। उसे देवता का रूप प्राप्त हो गया। पूर्व जन्म में वह बड़ा दानी था। तथापि, एक बार जिस गाय को दान में दिया जा चुका था, वह किसी प्रकार लौटकर पुनः राजा नृग की गायों में मिल गई थी। अनजाने में वह गाय पुनः किसी दूसरे ब्राह्मण को दान में दी गई। जिस ब्राह्मण को वह पहले दी गई थी उसने राजा नृग के पास जाकर कहा कि उस गाय को वे उसे लौटा दें। परन्तु, जिसे वह दूसरी बार दान में दी गई थी वह उसे लौटाने को तैयार नहीं था। राजा नृग शीघ्र इसका समाधान नहीं कर पाए। इस प्रसंग को वाल्मीकि के रामायण में बड़ी सुन्दर रीति से कहा गया है। न्याय करने में विलम्ब करने के कारण ही राजा नृग को गिरगिट बनना पड़ा। इस प्रसंग से सीखना यह है कि एक बार दान दी गई वस्तु, गलती से भी पुनः दान में नहीं दी जा सकती। ब्राह्मण का धन कभी गलती से भी हमारे पास न आ जाए। दूसरी बात यह कि किसी राजा को न्याय करने में कभी विलम्ब नहीं करना चाहिए। कुछ समय बाद, बलराम जी कहते हैं कि मैं एक बार व्रज में जाकर आता हूँ। जिस प्रकार गोकुल में भगवान श्रीकृष्ण के प्रेमी प्रशंसक गोप, गोपियाँ थीं, उसी प्रकार वहाँ बलराम जी के प्रशंसक भी थे। तो बलराम जी व्रज में जाते हैं और सबसे मिलकर उन्हें सुख देकर लौट आते हैं।

58. राजा पौण्ड्रक की कथा

इस बीच, जब बलराम जी व्रज में थे, तब कुरूष देश के एक अज्ञानी राजा पौण्ड्रक को उसके कुछ मूर्ख साथियों ने बहका दिया कि सच्चे वासुदेव तो तुम ही हो। द्वारका में जो श्रीकृष्ण है, वह भले ही वासुदेव कहलाता हो, पर वह असली वासुदेव नहीं है। वह जबर्दस्ती शंख-चक्र आदि धारण किये बैठा है। सब लेकर नाटक कर रहा है। उनकी बातों में आ कर, वह पौण्ड्रक अपने आप को वासुदेव मानने लगा। वह अपने हाथ में चक्र (लकड़ी का) रखने लगा। उसने लकड़ी के दो और हाथ भी बनवा लिये। इतना ही नहीं, उसने लकड़ी का ही एक गरूड़ भी बनवा लिया। उसमें भी चक्र आदि लगवाकर उड़ने का प्रबन्ध करा लिया। ग्लाइडर जैसी कोई चीज बनवा ली उसने। फिर उन साथियों के बहकावे में आकर पौण्ड्रक ने श्रीकृष्ण के पास अपना दूत भेज दिया। देखो, हमारी वर्तमान की राजनीति में भी यह सब बहुत हो रहा है। कोई कहता है हम असली काँग्रेसी हैं, तो कोई वे असली नहीं है। कहने का अर्थ है आज भी पौण्ड्रक बहुत हैं। यह असली है कि वह, इस बात का झगड़ा चलता रहता है। यह कोई नई बात नहीं है। वह दूत द्वारका पहुँच कर राज

सभा में बैठे हुए श्रीकृष्ण को अपने राजा का संदेश सुनाते हुए कहता है- मैं ही एक मात्र वासुदेव हूँ, तुम कौन हो? जो झूठ-मूठ अपने आप को वासुदेव कहकर, विष्णु भगवान के आयुध तथा चिन्हों को धारण किए बैठे हो? मेरी शरण में आकर उन सबका समर्पण कर दो। अन्यथा मेरे साथ युद्ध के लिए तैयार हो जाओ। सुनकर सभा में उपस्थित मन्त्रीगण तथा उग्रसेन आदि सभी हँसने लगे। भगवान उस दूत से कहते हैं, "जाकर अपने राजा से कह देना कि मैं इन चिन्हों को अवश्य छोड़ूँगा, तुम पर ही नहीं तुम्हें बहकाने वाले तुम्हारे साथियों पर भी छोड़ूँगा।" दूत ने जाकर राजा पौण्ड्रक को सारी बातें कह सुनाईं। पौण्ड्रक का साथ देने वाला था काशी नरेश। पता नहीं क्यों उसे भगवान श्रीकृष्ण से बड़ी चिढ़ थी। वह पौण्ड्रक से कहता था, लड़ना पड़े तो मैं तुम्हारा साथ दूँगा। तब तक स्वयं भगवान ने पौण्ड्रक पर आक्रमण कर दिया। तब पौण्ड्रक के साथ उनका युद्ध होता है। वह बनावटी गरुड़ के ऊपर बैठकर सामने आ तो गया पर वह कहाँ टिकने वाला था? जल कर खत्म हो गया। वह स्वयं भी मारा गया। लेकिन इसके बाद यहाँ जो बात बतायी गयी है वह विशेष ध्यान देने योग्य है। वह यही है कि उस पौण्ड्रक को भी भगवद् रूप की प्राप्ति हो गयी। भले ही उसने मूर्खता वश अपना रूप भगवान के समान मान लिया था, तथापि उसकी मुक्ति हो गई।

पहले भी हम देख चुके हैं कि स्नेह से, भय से, द्वेष से या और किसी भी भाव से कोई भगवान को याद करता है, तो उसकी मुक्ति हो जाती है। राजा पौण्ड्रक ने तो मूर्खता वश ही भगवान के रूप का ध्यान किया, तब भी उसे सारूप्य मुक्ति प्राप्त हो गई। ऐसे भगवान हमें और कहाँ मिलने वाले हैं? फिर भगवान ने पौण्ड्रक का साथ देने वाले काशी नरेश का भी वध किया और वे द्वारक लौट आए। अपने पिता की मृत्यु का प्रतिशोध लेने के लिए काशीराज के पुत्र सुदक्षिण ने जब अभिचार कर के द्वारकापुरी में माहेश्वरी कृत्या भेजी, तब भगवान की आज्ञा पाकर सुदर्शन चक्र ने कृत्या को शक्तिहीन कर के लौटा दिया और स्वयं काशी में जाकर काशी नरेश की नगरी वाराणसी को भी जला डाला। उसके बाद बलरामजी ने द्विविद नाम के एक उपद्रवी वानर का जो नरकासुर का मित्र था, संहार किया। फिर श्रीकृष्ण व जाम्बवती नन्दन साम्ब ने जब दुर्योधन की कन्या लक्ष्मणा का हरण कर लिया, तो अनेक कौरवों ने मिलकर साम्ब को बाँध कर कैद कर लिया था। तब बलराम जी वहाँ जाकर दुर्योधन आदि सभी कौरवों को अपनी शक्ति दर्शाते हैं। उन्होंने हस्तिनापुर को डगमगा दिया। तब कौरव उनकी शरण में आ गए। फिर उन सब ने लक्ष्मणा का विवाह साम्ब के साथ सादर सम्पन्न कराया और प्रेमादर से उन्हें विदा किया।

59. नारद जी का भगवान की गृहस्थी देखना

इसके बाद एक सुन्दर प्रसंग का वर्णन आता है। एक दिन देवर्षि नारद जी के मन में विचार आया है कि मैं कितने ही गृहस्थों को देखता रहता हूँ, एक पति और एक पत्नी में ही कितना कलह, कितना झगड़ा होता रहता है, अशान्ति रहती है। एक पत्नी को ही खुश रखना कठिन हो जाता है, तो फिर ये श्रीकृष्ण सोलह हजार एक सौ आठ पत्नियों के साथ कैसे रहते होंगे? इस कुतूहल से भर कर उन्होंने सोचा जरा चलकर देख आऊँ कि द्वारका में श्रीकृष्ण की इतनी बड़ी गृहस्थी कैसे चल रही है। नारायण, नारायण करते हुए वे वहाँ पहुँच ही गए। नारदजी पहले रुक्मिणी जी के महल में गए। भगवान वहाँ उनका स्वागत करते हुए कहते हैं- आइये! हमारा बड़ा भाग्य है जो आप हमारे घर पर पधारे हैं। फिर भगवान उनको बैठाते हैं और उनके चरण धोते हैं, और उनकी पूजा करते हैं। फिर कहते है- आदेश करें कि हम आपकी क्या सेवा करें। जब वे दूसरे महल में जाते हैं तो भगवान कहते हैं- अरे! नारद जी आप कब आये? आइये। वहाँ भी भगवान उठकर उनका स्वागत करते हैं और पूजा सत्कार करते हैं। भगवान के अन्तःपुर में, एक-एक करके नारद जी सभी महलों में गए। वहाँ उन्होंने देखा कि जितने महल हैं, जितनी रानियाँ हैं उतने भगवान हैं। हर महल में उन्होंने भगवान को अलग-अलग रूप में देखा। कहीं उन्होंने भगवान को स्नान करते हुए पाया, तो कहीं सन्ध्या वन्दन करते हुए। कहीं पूजा करते हुए तो कहीं यज्ञ करते हुये। कहीं पर जलपान (नाश्ता) करते हुये देखा तो कहीं अपनी पत्नी के साथ बात करते हुए। कहीं भगवान अपनी सुधर्मा नामक सभा में जाने के लिए तैयार खड़े थे। कहीं पर ऐसा दिखायी दिया कि भगवान के पास कई लोग आये हुए हैं, भगवान उनके साथ वार्तालाप कर रहे हैं। इस प्रकार वे एक-एक महल में जाते हैं। जिस महल में जाते हैं। उसी में श्रीकृष्ण को देखते। सब देख-देखकर नारद जी चकरा गये कि यह सब क्या है? इतने महल, इतनी पत्नियाँ और इतने श्रीकृष्ण? वे समझ गये। कहने लगे- नमस्ते अस्तु भगवन-भगवन! आपको नमस्कार! आपकी माया को नमस्कार! एक साथ इतनी सारी पत्नियों को कैसे खुश रख रहे होंगे? आपके प्रति ऐसी शंका करना व्यर्थ है, मूर्खता है। यहाँ वर्णन आता है कि भगवान बड़े नियम निष्ठ थे। वे प्रातः जल्दी उठते थे और उठते ही आत्म ज्योति का ध्यान करते थे। उसके बाद ही अन्य सभी कामों को एक के बाद एक क्रमबद्ध रीति से अनुशासन पूर्वक करते थे। ऐसे भगवान की गृहचर्या थी।

60. इन्द्रप्रस्थ की ओर प्रस्थान

तब सारे सगे-सम्बन्धियों तथा सेना को भी साथ लेकर भगवान इन्द्रप्रस्थ की ओर चल पड़े। वहाँ पाँचों पाण्डव, कुन्ती माता, द्रौपदी, सुभद्रा आदि सबसे भगवान तथा उनकी पत्नियाँ बड़े प्रेम से मिलीं और भगवान ने कई महीनों तक वहाँ रह कर सबको आनन्दित किया। दिग्विजय की स्थापना के लिए युधिष्ठिर ने चारों दिशाओं

में अपने भाईयों को भेज दिया। जब उन्हें पता चला कि अन्य सभी राजाओं को तो वश में कर लिया गया है, परन्तु जरासन्ध अभी उनके वश में नहीं हुआ है, तो वे सोच में पड़ गए।

61. जरासन्ध का उद्धार

तब, द्वारका से चलते समय उद्धव जी ने जरासन्ध को जीतने का जो उपाय बताया था, उसी के अनुसार भगवान श्रीकृष्ण भीम तथा अर्जुन को साथ लेकर, ब्राह्मणों का वेश धारण कर जरासन्ध के घर पहुँचते हैं। जरासन्ध का यह नियम था कि प्रतिदिन अपनी पूजा आदि के बाद भोजन के पूर्व, वह अपने अतिथियों की इच्छा पूर्ण करता था। तो अपने नियम के अनुसार जरासन्ध उनसे पूछता है, "आपको क्या चाहिये? आप क्या भिक्षा लेंगे?" बोले, हमें युद्ध की भिक्षा चाहिए। अरे! ब्राह्मण होकर युद्ध करते हो? भगवान ने कहा हम ब्राह्मण नहीं हैं। फिर अपना असली रूप प्रकट करते हुए उन्होंने कहा कि ये भीम हैं, ये अर्जुन हैं और मैं श्रीकृष्ण हूँ। तब जरासन्ध श्रीकृष्ण से कहता है, "तुम तो डरपोक नम्बर एक हो। तुम रणभूमि से भाग गए थे। मैं तुम्हारे साथ युद्ध नहीं करूँगा।" फिर भीम की ओर देख कर वह कहता है, "यह मेरे काम का है। मैं इसके साथ युद्ध करूँगा।" तब भीमसेन और जरासन्ध दोनों के बीच मल्लयुद्ध होता है। दोनों एक दूसरे से भिड़ जाते हैं। उन दोनों में सत्ताईस दिनों तक युद्ध होता रहा। तब भीमसेन थकने लगे। वे समझ नहीं पा रहे थे कि अब क्या किया जाए। अतः अड्डाईसवें दिन भीमसेन भगवान की ओर देखते हैं, मानो वे श्रीकृष्ण से कह रहे हों मैं अपनी शक्ति से जरासन्ध को नहीं जीत पाऊँगा। तब भगवान ने उनमें अपनी शक्ति का संचार किया और फिर एक डाल को बीच से चीर कर दिखाया कि उसको इस तरह से दो भागों में चीर डालो। तभी उसका वध सम्भव है। अन्यथा यह मरने वाला नहीं है। इतना समझते ही अगले ही क्षण भीमसेन ने उसको पृथ्वी पर गिरा दिया और उसके एक पैर पर अपना पैर रख कर दूसरे को पकड़कर चीर डाला। देखो, जरासन्ध दो टुकड़ों के रूप में जन्मा था, उसे जरा नाम की राक्षसी से जोड़ दिया था। अतः उसका वध भगवान के निर्देशानुसार दो भागों में चीर कर ही सम्भव था। अन्यथा उसकी मृत्यु सम्भव नहीं थी। वास्तव में जरासन्ध कर्म बन्धन है, देहाध्यास है। इसका नाश जड़ चेतन विवेक के बिना नहीं हो सकता। यही इस प्रसंग का आध्यात्मिक पक्ष है। जरासन्ध की मृत्यु के बाद भगवान श्रीकृष्ण ने उसके द्वारा बन्दी बनाए गए राजाओं को बन्धन से मुक्त कर दिया। उन्हें धन-सम्पदा भी दिलाई। इसी विजय के साथ दिग्विजय भी पूरी हो गयी। अब भगवान श्रीकृष्ण, भीमसेन तथा अर्जुन पाण्डवों के पास इन्द्रप्रस्थ लौट आते हैं। वे सारे राजा लोग भी भगवान के भक्त बन कर उस यज्ञ में जाते हैं। सभी को प्रसन्नता होती है।

62. भगवान श्रीकृष्ण की अग्रपूजा और शिशुपाल का उद्धार

युधिष्ठिर द्वारा आमन्त्रित ऋषि-मुनि, देवता गण, भीष्म पितामह, द्रोणाचार्य, धृतराष्ट्र, उनके पुत्र, विदुर जी, कृपाचार्य, आदि सभी वहाँ उपस्थित थे। यज्ञोचित समय पर याजकों ने युधिष्ठिर से विधिपूर्वक राजसूय-यज्ञ करवाया। फिर युधिष्ठिर ने उन सबका पूजन किया। राजसूय-यज्ञ में, सदस्यों में सबसे श्रेष्ठ पुरुष की पूजा 'अग्रपूजा' का विधान होता है। तद् अनुसार अब अग्रपूजा होनी थी तो यह विचार होने लगा कि अग्रपूजा किसकी हो? क्योंकि वहाँ पर भीष्म पितामह आदि सभी बड़े-बड़े महानुभाव उपस्थित थे।

पाँचों पाण्डवों में सहदेव जी बड़े बुद्धिमान् माने जाते थे। जब देखा कि कोई निर्णय नहीं हो पा रहा है, तो सहदेव जी ने कहा कि अग्रपूजा के लिए सब प्रकार से योग्य तो श्रीकृष्ण ही है। अतः उन्हीं की पूजा होनी चाहिए। भीष्म पितामह आदि सभी श्रेष्ठ पुरुषों ने इस प्रस्ताव को तुरन्त सम्मति दे दी। बोले- हाँ, अग्रपूजा के लिए श्रीकृष्ण ही सर्वथा योग्य हैं। तब उनको रत्नों से सुशोभित सिंहासन पर बिठाया गया। फिर युधिष्ठिर महाराज ने उनके चरण कमलों को धोकर चरणामृत अपने सिर पर चढ़ाया।

वस्त्राभूषण समर्पित कर भगवान की पूजा की। सभी लोग नमो नमः कह कर प्रणाम करने लगे और जय जयकार करने लगे। आकाश से पुष्प वृष्टि भी होने लगी। तब शिशुपाल खड़ा होकर कहने लगा कि यहाँ इतने बड़े-बड़े लोग, राजा-महाराजा, ज्ञानी तपस्वी सभी उपस्थित हैं, उनके समक्ष गोकुल में गाय चराने वाले इस कृष्ण की क्या श्रेष्ठता है?

यह तो झूठ बोलता है, चोरी करता है, सब प्रकार के अनुचित काम करता रहता है। इस सम्मान के लिए यह किसी भी प्रकार से योग्य नहीं है। इसकी पूजा करते हो? वर्णन आता है कि शिशुपाल का जब जन्म हुआ था तब उसका रूप बड़ा विचित्र था और उसके चार हाथ थे। उसकी माँ को ज्ञात था कि जिसकी गोद में उसके दो अतिरिक्त हाथ गिर जायेंगे और दो ही हाथ रह जायेंगे, उस व्यक्ति के द्वारा उसका मरण होगा। अतः जो भी आता था, माँ उसकी गोद में शिशुपाल को देती थीं। एक बार, शिशुपाल के बचपन में भगवान श्रीकृष्ण भी वहाँ पहुँच गए तो शिशुपाल की माँ ने बच्चे को श्रीकृष्ण की गोद में दे दिया। तब उसके दो हाथ गिर गए और दो ही रह गए। माँ समझ गईं कि इन्हीं के हाथों से मेरे पुत्र का मरण होगा। उन्होंने कहा- भगवान आप इसके ऊपर कृपा कीजिए। इसे मारिये नहीं। तब भगवान ने उनसे कह दिया था कि भरी सभा में इसकी निन्यानबे गल्तियों को तो मैं क्षमा कर दूँगा, परन्तु जब इसके सौ अपराध पूरे हो जाएँगे तब मेरा सुदर्शन चक्र इसके सिर को काट देगा। माँ ने कहा-अच्छा ठीक है। वे प्रायः शिशुपाल से कहती रहती थीं कि देख बेटा, गाली मत देना नहीं तो तेरा सिर कट जायेगा। लेकिन जब मन में द्वेष भर जाता है, तो कोई बात समझ में थोड़े ही आती है, देखो, यह

शिशुपाल है कौन? वे ही जय-विजय जो हिरण्यकशिपु बने थे, रावण-कुम्भकरण बने थे, वे ही दोनों अब शिशुपाल-दन्तवक्त्र बने थे। यह उनका तीसरा जन्म था। अब भरी सभा में शिशुपाल भगवान को अपशब्द कहता जा रहा था। भगवान चुपचाप बैठे थे। केवल गिनते जा रहे थे। निन्यानबे गालियाँ हो गईं। तब भी श्रीकृष्ण शान्त बैठे हैं, कुछ करते नहीं यह देखकर शिशुपाल का साहस बढ़ गया। उसे लगा कि ये मुझसे डर रहे हैं।

वो कहते ना, आदमी कीचड़ से बचकर चलकर चलता है तो कीचड़ सोचता है कि आदमी मुझसे डर गया। लेकिन ऐसा नहीं है। तब, जब उसने पुनः अपशब्द कह कर सौवाँ अपराध किया तो भगवान ने अपना चक्र उसी ओर छोड़ दिया। वह चक्र चल पड़ा और उसने शिशुपाल के सिर को काट डाला। सभा में सबके देखते-देखते उसके शरीर से एक ज्योति निकली और वह भगवान में समा गयी। शिशुपाल की मुक्ति हो गई। सब के आश्चर्य की सीमा नहीं रही। वे सब देखते रह गए।

इस प्रकार राजसूय-यज्ञ सम्पन्न हुआ। हम पहले भी (प्रथम स्कन्ध में) देख चुके हैं कि नारद जी ने जब युधिष्ठिर से कहा था कि कोई द्वेष की भावना से भी भगवान को याद करे, तो भी उसकी मुक्ति हो जाती है, तब युधिष्ठिर को बड़ा आश्चर्य हुआ था। अब यहाँ एक बात ध्यान देने योग्य है। शिशुपाल के शरीर से ज्योति निकली और भगवान में मिल गयी। तो फिर भगवान में तथा शिशुपाल में क्या भेद रहा? कोई भेद नहीं रहा न? देखो, वह शिशुपाल जो लड़ाई-झगड़ा कर रहा था, सो किसके साथ कर रहा था? वास्तव में वह अपने साथ ही कर रहा था।

इसी प्रकार पूरी दुनिया में सारे-के-सारे लोग अपने साथ ही झगड़ा करते रहते हैं। जब वे ऐसा सोचते हैं कि मैं किसी और के साथ लड़ाई कर रहा हूँ, तब भी वे अपने साथ ही लड़ रहे होते हैं। अरे भाई, थोड़ा सोचो, जब हम कहते हैं कि यह मेरा मित्र है और यह मेरा शत्रु है, तो वे दोनों मेरे ही होते हैं कि नहीं? कभी आपने ध्यान दिया इस बात पर? अब, मित्र को हम अपना कहते हैं। लेकिन साथ ही शत्रु को भी तो अपना ही कहते है न? अपनी चीज से हर किसी को प्यार होता ही है। इस प्रकार से देखें तो भी, जब कभी हम अपने शत्रु से लड़ाई-झगड़ा करते हैं, तो वास्तव में अपने साथ ही तो लड़ाई कर रहे होते हैं। वह कैसे? जरा सोचो, शत्रु भी किसने बनाया? हमने ही बनाया। हम स्वयं एक शत्रु को खड़ा करके फिर उसके साथ लड़ाई-झगड़ा करने लगते हैं। यह सब अपने ही मन की कल्पना है। हम जबर्दस्ती भेद खड़ा कर लेते हैं। सोचना यह चाहिए कि हम जो द्वेष कर रहे हैं वह किसके साथ कर रहे हैं? कोई व्यक्ति दूसरे के साथ द्वेष कर ही नहीं सकता। अपने ही मन की कल्पना का द्वेष हम दूसरे के ऊपर डालते हैं और फिर उससे लड़ाई करने लग जाते हैं। वास्तव में, तब हम स्वयं अपने ही साथ लड़ रहे होते हैं। लेकिन ये बात, जल्दी से समझ में नहीं आती। परन्तु जब समझ में आती है,

तब हमारा झगड़ा समाप्त हो जाता है। कहना बस इतना ही है कि हम व्यर्थ की लड़ाई कर रहे हैं, वो भी स्वयं अपने साथ!

63. दुर्योधन का अपमान

इस राजसूय-यज्ञ में एक घटना ऐसी घटी कि दुर्योधन अप्रसन्न हो कर इन्द्रप्रस्थ से हस्तिनापुर चला गया। राजसूय-यज्ञ के बाद युधिष्ठिर का जैसा वैभव बढ़ा, हर प्रकार की जो अभिवृद्धि हुई, उसे देखकर दुर्योधन का मन ईष्या से भर गया। फिर एक दिन सभी लोग मयदानव के द्वारा निर्मित सभा, जो श्रीकृष्ण ने पाण्डवों को बनवाकर दी थी, उसमें बैठे थे। वह ऐसा मायावी महल था कि उसमें जल की जगह काँच और काँच की जगह जल का आभास होता था। वह सभा भरी हुई थी। उसी समय जल का आभास होता था। वह सभा भरी हुई थी। उसी समय दुर्योधन वहाँ प्रविष्ट हुआ। जहाँ थल (काँच) था उसे जल समझकर उसने सम्हलते हुए पैर रखा और जहाँ पर जल था उसे थल समझकर वह जल में गिर पड़ा। तब उसे देखकर द्रौपदी, भीमसेन तथा वहाँ उपस्थित नरपति हँस पड़े। उससे दुर्योधन क्रोधित हो गया और वह उसी समय सभा से निकल कर हस्तिनापुर लौट गया। एक प्रकार से, इसी घटना से महाभारत युद्ध का बीजारोपण हो गया। महाभारत में इसका बड़े विस्तार से वर्णन किया गया हैं भागवत में तो एक अध्याय में संक्षेप में बताया गया है क्योंकि वह इसका मुख्य विषय नहीं है। इसलिए भागवत को भली प्रकार से समझना हो तो थोड़ा महाभारत भी पढ़ना चाहिए। पाण्डवों की प्रसन्नता के लिए राजसूय-यज्ञ के बाद, भगवान अपने सगे सम्बन्धियों के साथ कुछ महीनों तक इन्द्रप्रस्थ में रहे। अचानक एक दिन उन्हें लगा कि कहीं उनके शत्रु द्वारका को न घेर बैठें। हुआ भी ऐसा ही था। श्रीकृष्ण की अनुपस्थिति देखकर शाल्व जिसने रुक्मिणी स्वयंवर के समय प्रतिज्ञा की थी कि मैं पृथ्वी को यादव विहीन कर दूँगा, उसने द्वारका पर चढ़ाई कर दी। प्रद्युम्न के साथ उसका युद्ध हो रहा था। तब भगवान वहाँ पहुँचे और उन्होंने शाल्व का और उसके बाद दन्तवक्त्र तथा विदूरथ का भी उद्धार कर दिया।

64. बलराम जी की तीर्थयात्रा

कुछ दिनों बाद, जब पता चला कि कौरव तथा पाण्डवों के बीच युद्ध होने वाला है, तो बलरामजी तीर्थ यात्रा करने चले गए क्योंकि वे मध्यस्थ थे, दोनों में से किसी भी पक्ष से लड़ना नहीं चाहते थे। अनेक तीर्थों से होते हुए वे नैमिषारण्य पहुँच गए। वहाँ बड़े-बड़े ऋषिगण एक विशेष व लम्बे सत्संग सत्र के लिए एकत्रित थे। वहाँ बलराम जी ने देखा कि सूत जाति में उत्पन्न रोमहर्षण जी व्यास गद्दी पर सबसे ऊपर विराजमान हैं और वे वन्दन भी नहीं करते, उठकर स्वागत भी नहीं करते। बलराम जी को लगा कि व्यास शिष्य रोमहर्षण में न तो विनय है, न ही

उनका आचरण धर्म शास्त्रों के अनुरूप है। तब उन पर क्रोधित होकर बलराम जी ने कुशा की एक नोक से रोमहर्षण पर प्रहार कर दिया। उतने से ही रोमहर्षण की मृत्यु हो गयी। सारे ऋषिगण हा हा करने लगे। उन सब ने बलराम जी से कहा कि यद्यपि हम जानते हैं कि आप योगेश्वर हैं, वेदशासन से परे हैं, तथापि यह बड़ा ही अधर्माचरण हो गया है। यह ब्रह्महत्या के समान है। अतः लोक शिक्षा के लिए आप स्वयं ही कोई प्रायश्चित कर लें तो अच्छा होगा। तब बलराम जी ने उन्हीं से उसका विधान करने के लिए कहा और उन्होंने फिर वैसा ही किया।

65. श्रीकृष्ण के सखा सुदामा जी की कथा

इसके बाद भगवान के प्रिय सखा सुदामा जी का प्रसंग आता है। भगवान श्रीकृष्ण जब वेदाध्ययन के लिए सान्दीपनि ऋषि के गुरुकुल में गए थे, तब वहाँ एक सुदामा नाम का ब्राह्मण भी विद्यार्थी था। वहीं पर श्रीकृष्ण व सुदामा दोनों घनिष्ठ मित्र बन गए थे। दोनों साथ-साथ रहते थे। सुदामा, श्रीकृष्ण से बहुत प्यार करते थे। एक बार श्रीकृष्ण तथा सुदामा अपने गुरुजी की पत्नी के कहने पर लकड़ी लाने के लिए जंगल में गए थे, तब तेज वर्षा हो जाने से उन्हें एक जगह पर रुकना पड़ गया। दोनों को ठंड भी बहुत लग रही थी। अब सुदामा जी को भूख भी लग गई। उनके पास कुछ चने रखे थे तो वे उन्हीं को चुपचाप खाने लगे। भगवान को दिये बिना वे अकेले ही खा रहे थे। जब कुड़ुम-कुड़ुम की आवाज आयी तो भगवान ने कहा, "क्या हो रहा है? (भगवान को भी भूख लगी थी) किस चीज की आवाज आ रही है?" बोले-मैं ठंड के मारे ठिठुर रहा हूँ तो मेरे दाँत बज रहे हैं। सुदामा ने ऐसी बात कही। लगता है इसीलिए सुदामा जी के जीवन में बहुत दारिद्रय आ गया। भगवान को कुछ दिया नहीं, तभी तो गरीबी आ गयी। द्वारका से कुछ ही दूरी पर उनका गाँव था। साथ में उनकी पत्नी भी थी। सुदामा जी बड़े विद्वान् होते हुए भी अति दरिद्र अवस्था में थे। विरक्त स्वभाव वाले होने के कारण न तो जीवन यापन के लिए वे अधिक कोई कार्य करते थे न ही किसी से कुछ माँगते। भगवान का नाम लेते रहना-यही उनका काम था। बहुत ज्यादा काम करने की प्रकृति ही नहीं थी उनकी। इसका अर्थ यह नहीं कि वे आलसी थे, श्रीकृष्ण के प्रति उनके मन में सदा ही इतना प्रेम उमड़ता रहता था कि उनके अंग प्रेम से शिथिल हो जाते थें उनसे कुछ काम बनता ही नहीं था। अति प्रेम के कारण वे भगवत स्मरण में डूबे रहते थे। सुदामा जी प्रायः अपने सखा श्रीकृष्ण की याद किया करते थे। कहते थे कि श्रीकृष्ण और मैं साथ-साथ पढ़ते थे। सुना है अब वह द्वारका का राजा हो गया है। उसका वैभव विष्णु भगवान के समान है। वहाँ की शोभा, वहाँ का ऐश्वर्य, वैकुण्ठ के समान है। यह सब उनकी पत्नी कई बार सुन चुकी थी। अति दरिद्रता के कारण सुदामा जी का शरीर क्षीण हो गया था। उनकी पत्नी की भी वही दशा थी। एक दिन उसने कहा कि पतिदेव, आप अपने मित्र श्रीकृष्ण की बहुत प्रशंसा करते रहते

हैं, यह भी कहते रहते हैं कि वे बड़े धनवान् हैं, श्रीपति हैं। आप प्रायः उनका स्मरण करते रहते हैं। एक बार अपने उस मित्र से मिलने क्यों नहीं चले जाते? देखो, वह ब्राह्मणी सोचती है कि सुदामा जी वहाँ जायेंगे तो श्रीकृष्ण अपने बचपन के मित्र की दशा देखकर समझ जायेंगे कि वह बड़ी गरीबी में है और फिर भगवान अपने आप उन्हें कुछ दे देंगे। ऐसा सोचकर, वह कहती है कि भले ही आप उनसे कुछ माँगना नहीं, पर एक बार उनसे मिलने तो जा ही सकते हैं।

देखिये, सुदामा जी में बहुत सारे सद्गुण थे लेकिन एक अवगुण भी था। ऐसा कहने पर लगता है भला सुदामा जी में कौन सा अवगुण था? उनमें यही अवगुण था कि उनको थोड़ा अभिमान था। किस बात का अभिमान था उन्हें? यही कि मैं किसी से कुछ माँगूँगा नहीं, इसी बात का अभिमान था उन्हें। देखो, कभी-कभी लोगों में ऐसा अभिमान भी देखा जाता है। यह अभिमान कुछ विचित्र प्रकार का होता है। 'मैं किसी के आगे हाथ नहीं फैलाऊँगा' जीवन में ऐसा अभिमान चल नहीं पाता। और यदि कोई ऐसा अभिमान कर के बैठ जाए कि मैं भगवान से भी कुछ नहीं माँगूँगा तब तो वह किसी भी तरह नहीं चलता। देखो, बहुत-से लोगों में बहुत सारी बातें अच्छी होती हैं लेकिन कोई-न-कोई कमी रहती ही है। कई लोगों की अध्यात्म मार्ग में बड़ी प्रवृति होती है, लेकिन वे संन्यास लेना बिल्कुल पसंद नहीं करते। इसलिए कि संन्यास लेने पर भिक्षा माँगनी पड़ती है। वे कहते हैं, "मैं भिक्षा नहीं माँग सकता। स्वयं कमा कर अपनी कमाई का खाऊँगा।" देखो, 'अपनी कमाई का' यह जो अभिमान है न, यही उन्हें संन्यास लेने से रोकता रहता है। सुदामा जी में भी इसी प्रकार की वृत्ति थी कि मैं किसी से कुछ माँगूँगा नहीं। अब ब्राह्मणी ने जब ऐसा कहा, तो सुदामा जी सोचने लगे कि भगवान के पास जाने से कुछ बिगड़ता तो है नहीं। भले ही कुछ माँगने के लिए न सही, पर इसी बहाने श्रीकृष्ण से मिलना तो होगा। बहुत दिन हो गये हैं उनसे मिले हुए। देखो, गुरुकुल में दोनों साथ पढ़ते थे, लेकिन उसके बाद वे कभी मिले ही नहीं। श्रीकृष्ण तो भगवान हैं, राजकाज में वे कभी इधर तो कभी उधर आते-जाते रहते थे। उन्हें जगह-जगह, आना-जाना तो पड़ता ही था, साथ ही और भी जाने क्या-क्या करते रहना पड़ता था। जबकि सुदामा जी तो सामान्य जीवन व्यतीत कर रहे थे। अतः अनेक वर्ष बीत गए परन्तु दोनों के मिलने का अवसर ही नहीं आया था। अब सुदामा जी का शरीर तो ऐसा जर्जर हो गया था, जैसे उनमें कोई ताकत ही न हो। ज्यादा आयु के नहीं होते हुए भी वे मानो बूढ़े-से लगने लगे थे। जब सोच लिया कि भगवान से मिलने जाना है, तब उन्होंने अपनी पत्नी से कहा, "वहाँ मैं खाली हाथ कैसे जाऊँ? घर में कुछ हो तो लाकर दो!" वैसे भगवान को अभी यह मालूम नहीं था कि सुदामा जी का विवाह हो गया है। लेकिन सुदामा जानते हैं कि वे पूछेंगे कि गुरुकुल वास के बाद क्या-क्या किया? जब उन्हें पता चलेगा कि विवाह भी हुआ है, तो वे अवश्य ही पूछेंगे कि भाभी ने मेरे लिए क्या भेजा है? अतः सुदामा जी कहते हैं, "घर में

कुछ हो तो दे दो।" घर में तो कुछ था नहीं। अतः वह ब्राह्मणी जाकर चार मुट्ठी चिउड़ा माँग कर ले आती है। चार घरों से आया हुआ वह चिउड़ा चार प्रकार का था। कोई सफेद था तो कोई लाल, कोई पतला था तो कोई कड़ा। अब घर में ऐसी दरिद्रता थी कि उन्हें बाँध कर देने के लिए कोई अच्छा कपड़ा भी नहीं था। किसी प्रकार उसने एक चिथड़े में उन चिउड़ों को बाँध दिया। सुदामा जी उस पोटली को लेकर चल पड़े। जाते समय सुदामा जी मनोरथ करते जा रहे थे कि मैं इतने दिनों बाद भगवान से मिलूँगा। वे मुझसे किस प्रकार मिलेंगे? कभी उन्हें लगता है पता नहीं वे मुझे पहचानेंगे भी या नहीं। तब क्या होगा? वे तो राजा हैं और मैं ऐसी दशा में हूँ! पता नहीं कैसे मिलना होगा। वहाँ क्या होगा? इस प्रकार सोचते हुए वे जा रहे थे, शरीर में शक्ति तो थी नहीं, अतः वे थक कर एक जगह बैठ गए तो बैठे-बैठे उन्हें नींद आ गई। भगवान को उन पर दया आयी तो उन्होंने कुछ ऐसी माया की कि सुदामा जी को उसी समय नींद में ही उठा कर द्वारका की सीमा पर पहुँचा दिया। भगवान ने उन्हें चल कर वहाँ पहुँचने की तकलीफ भी उठाने नहीं दी। जब सुदामा की आँख खुली तब उन्हें वहाँ पर एक विशाल नगरी दिखायी दी।

जैसे, एक छोटे से गाँव से कोई आदमी जब मुम्बई शहर में जाता है तो वह आश्चर्य से सब ओर देखने लगता है और कहता है कि ये सारे लोग दौड़ क्यों रहे हैं? कहीं आग लगी है क्या? तो वहाँ के लोग कहते हैं-दौड़ कौन रहा है? यह तो यहाँ की सामान्य बात है। एक बार एक गाँव का आदमी पहली बार दिल्ली गया। वह कहने लगा यह जुलूस किस लिए निकल रहा है? बोले जुलूस? यह तो यहाँ के लोग चल रहे हैं, बस और कुछ नहीं। तो इसी प्रकार सुदामा जी देखने लगे और उन्हें लगा कि यह कैसी अद्भुत नगरी है? वह तो सोने की द्वारका थी, चमचम चमकने वाली। सुदामा जी ने देखा कि वहाँ चौड़ी-चौड़ी सड़कें हैं, चित्र-विचित्र हाट-बाजार हैं और जाने क्या-क्या चीजें हैं। चलते-चलते वे राजमहल के सामने पहुँच गए। उनको यह भी समझ में नहीं आया कि मैं महल में पहुँच गया हूँ। इसलिए कि उन्हें तो वहाँ सारे ही घर महल के समान लग रहे थे। श्रीकृष्ण के महल के द्वार पर खड़े होकर वे द्वारपाल से कहते हैं- श्रीकृष्ण का महल कहाँ है? द्वारपाल कहता है, "यही है"। द्वारिका में ब्राह्मणों के लिए कोई रोक-टोक नहीं थी। इसलिए वे सीधे श्रीकृष्ण के महल तक पहुँच सकते थे। तो सुदामा जी भी चलते गए और वहीं पहुँच गए जिस महल में श्रीकृष्ण रुक्मिणी जी के पलंग पर विराजमान थे। अपने बाल सखा को देखते ही भगवान् उठकर तत्क्षण उतर आये और सुदामा जी को बाहों में भर लिया। कवियों ने वर्णन किया है कि जब सुदामा जी ने द्वारपाल से कहा कि वे श्रीकृष्ण से मिलना चाहते हैं तब वह अन्दर जाकर भगवान् से कहता है, "भगवान् एक दरिद्र ब्राह्मण आया है जो शक्तिहीन, बिल्कुल जर्जर अवस्था में है और अपना नाम सुदामा बता रहा है"। "सुदामा" इतना सुनते ही भगवान् वहाँ से दौड़ पड़े। देखो परम शक्तिशाली भगवान् अपने आसन से दौड़ पड़े। फिर वे ऐसी

आतुरता से अपने सखा को गले लगाते हैं, कि वह बेचारा तो वैसे ही दुबला-पतला था, हड्डियाँ ही बची थीं, वह दबा जा रहा था। भगवान् प्यार से उसको दबाते ही चले जा रहे हैं। उनको यह ध्यान ही नहीं रहा कि यह इतना दुबला है, इसमें कोई ताकत नहीं है, मैं इसे दबाता जाऊँ तो क्या होगा इसका?।

सारे लोग चकित, विस्मित होकर देखते ही रह गये। पहरेदार सब डर गए कि हम तो इन्हें रोक रहे थे, वैसे हम इनको भगा ही देने वाले थे। अच्छा हुआ अन्दर आकर पूछ लिया, नहीं तो बाद में जब श्रीकृष्ण को पता चलता तब हमारी नौकरी तो जाती ही, पता नहीं और क्या हो जाता। अब भगवान सुदामा जी को अन्दर ले जाते हैं और उन्हें अपने पलंग पर बिठाते हैं। फिर कहते हैं, लाओ इनके चरण धोने कि लिए पात्र लाओ। सारी चीजें मँगाकर उनके चरण धोते हैं, उनकी पूजा करते हैं। रुक्मिणी जी चँवर डुलाने लगती हैं। सारी पत्नियाँ आकर खड़ी हो जाती हैं। वे सब सिर्फ देखती रह जाती हैं। भगवान देखो कैसे हैं! सुदामा जी को सुन्दर पीताम्बर धारण करवाते हैं। सुन्दर उपवस्त्र पहनाते हैं। फिर गुरुकुल की बातों को याद करते हैं और कहते हैं-सुदामा, गुरुकुल की पढ़ाई के बाद तुमने क्या किया? तुम्हारा विवाह हुआ कि नहीं? जब सुदामा ने हाँ भरी तो कहते हैं, "फिर तो भाभी ने मेरे लिए कुछ-न-कुछ दिया ही होगा। बताओ क्या दिया है?" सुदामा जी तो द्वारका का वैभव देखकर चकित हो गये थे। वास्तव में, वहाँ की भव्यता देखकर वे वैसे ही घबरा गए थे और फिर भगवान ने जिस तरह से उनका स्वागत किया, उनसे प्यार किया, उसके बाद तो उन्हें कुछ समझ में ही नहीं आ रहा था कि मैं क्या हूँ, कहाँ हूँ। वे भूल ही गये थे कि मैं साथ में एक पोटली लेकर आया हूँ जिसमें चिउड़े रखे हैं। जब भगवान ने पूछा तब उनको उसकी याद आयी लेकिन वे सोचने लगे इस वैभव में मैं उसे कैसे निकाल कर दूँ? यहाँ तो बड़े-बड़े लोग इनसे मिलने आते होंगे। वे सब जाने क्या-क्या उपहार लेकर आते होंगे। अब मैं वह चिउड़ा कैसे दूँ इनको? ऐसा सोचकर सुदामा जी कहते हैं, "नहीं मैं कुछ नहीं लाया हूँ" और उसे छिपाते भी जाते हैं। भगवान कहते हैं, "ऐसा तो हो ही नहीं सकता। भाभी ने मेरे लिए कुछ तो दिया ही होगा।" भगवान मन में सोचते हैं इसकी पुरानी आदत अभी गयी नहीं। उस समय भी इसने मुझे दिया नहीं था, अब भी नहीं दे रहा है। जब तक यह मुझे देता नहीं तब तक मैं इसे कैसे दूँ? भगवान बड़े कृपालु हैं। उन्होंने उस पोटली को देख ही लिया। फिर वे उसे खींचने लगे। ब्राह्मण ने पूरी ताकत लगा दी उसको बचाने के लिए। लेकिन भगवान के सामने वह क्या कर सकता था।

आखिर भगवान ने उसे ले ही लिया। फिर वे उस पोटली को खोलते हैं और खोल कर उसमें से एक मुट्ठी चिउड़ा उठाकर सीधे अपने मुँह में डाल लेते हैं। कहते हैं-कितना मीठा है? इसका स्वाद तो अमृत के समान है। वे खाते चले जा रहे हैं। इतने में रुक्मिणी जी भगवान का हाथ पकड़ लेती हैं, यह कहते हुए कि क्योंजी आप अकेले ही सब खा जाओगे क्या? क्या हम सब को कुछ नहीं मिलेगा? सुदामा

जी आश्चर्य से भर कर यह सब देखते रह गये! भगवान अब उन्हें भोजन कराते हैं। यहाँ भगवान उन्हें आग्रह करके खिला रहे हैं। सब देख-देख कर रुक्मिणी जी तथा अन्य सभी लोग समझ गये कि ये श्रीकृष्ण के बहुत ही प्रिय मित्र हैं। फिर भगवान ने उन्हें अपने ही पलंग पर सुलाया। अब देखो, इतना प्रेम होते हुए भी भगवान ने उन्हें ज्यादा दिनों तक अपने पास नहीं रखा। अगले दिन जल्दी ही उन्हें विदा कर दिया। कहते हैं कि सुदामा अब तुम घर जाओ। अब भला यह भी कोई तरीका है आतिथ्य का-अतिथि के सत्कार का? आपस में इतना प्रेम हो, तब तो यदि अतिथि स्वयं कहे कि अब मैं चलता हूँ तब भी आग्रहपूर्वक उसे रोकना चाहिये। इसके विपरीत, यहाँ भगवान कहते हैं कि अब तुम वापस जा सकते हो। देखो, भगवान ऐसा इसलिए कहते हैं क्योंकि वे जानते हैं कि सुदामा जी की पत्नी वहाँ सतत् प्रतीक्षा कर रही है। दूसरी बात, यदि कोई उपहार के रूप में चार प्रकार का चिउड़ा साथ लेकर आता है, तो उसकी गृहस्थी की क्या दशा होगी यह तो कोई भी समझ सकता है। फिर भगवान तो सर्वज्ञ हैं। वे सब जानते हैं और समझते हैं कि यदि मैं इसे ज्यादा दिनों तक यहाँ रोक लूँ तो वहाँ इसकी पत्नी व्याकुल हो जायेगी। इसलिए भगवान ने सुदामा जी को जल्दी वापस भेज दिया। देखो, भगवान का व्यवहार भी कितना विचित्र है। इन्होंने सुदामा जी को जो पीताम्बर पहनाया था, जो आभूषण आदि पहनाये थे, वह सब उन्होंने उतार लिए। उनकी वही पुरानी धोती उन्हें दे दी कि यही पहनकर वापस जाओ। इतना ही नहीं, भगवान ने उन्हें कुछ दिया भी नहीं। जैसे वे आये थे, वैसे ही खाली हाथ उन्हें विदा कर दिया।

अब सुदामा जी वापस जा रहे हैं, उनके मन की इच्छा तो पूरी हो गई परन्तु एकाएक (अचानक) उनके मन में विचार आया कि मैं आया किसलिए था? भले ही भगवान के पास जाने में स्वयं सुदामा जी का दूसरा कोई प्रयोजन नहीं था, परन्तु पत्नी ने जिस काम के लिए भेजा था, वह तो हुआ नहीं। वे सोचते हैं, मैंने कुछ माँगा नहीं, श्रीकृष्ण ने कुछ दिया भी नहीं। देखो, फिर भी सुदामा जी के मन में ऐसी कोई बात नहीं आयी कि यह कैसा मित्र है? इसने मुझे कुछ दिया ही नहीं। मुझसे तो माँगता है कि भाभी ने मेरे लिए जरूर कुछ दिया होगा। लेकिन जब मैं वापस चल पड़ा, तो मुझे कुछ देने की बात ही नहीं की। सुदामा जी ने ऐसा कुछ भी नहीं सोचा। वे तो सोचते हैं कि श्रीकृष्ण ने यही सोचकर मुझे धन सम्पत्ति नहीं दी होगी कि इसको धन मिल जाएगा तो यह मुझे भूल जायेगा। उस पैसे को सम्हालने में लग जायेगा। इसे मेरा विस्मरण हो जायेगा। यही सोच कर भगवान ने मुझे कुछ दिया नहीं। मेरे ऊपर उनकी कितनी कृपा है कि जो स्वर्णादि के आभूषण तथा पीताम्बर मुझे पहनाए थे, उन सब को भी उन्होंने उतार लिया। देखो, सुदामा जी ऐसा सोचते हैं! ऐसा सोचते हुए सुदामा जी लौट कर जा रहे हैं। थकान के कारण मार्ग में वे एक जगह पर थोड़ा विश्राम करने के लिए बैठे, तो बैठते ही उन्हें नींद आ गई। तब भगवान ने पुनः वही माया की। जब सुदामा जी की नींद खुली

तो वे देखते क्या हैं कि सामने एक सुन्दर नगरी-सी दीख रही है। एक महल भी दिखायी दे रहा है। वे पहचान नहीं पाये कि वह उनका अपना ही गाँव है। इसलिए सोच में पड़ गए कि मैं कहाँ आ गया हूँ। वे अपने घर को भी पहचान नहीं पाए। सोचने लगे कि मेरी झोपड़ी कहाँ चली गयी? इतने में उन्होंने देखा कि सामने जो महल जैसा घर था उसमें से, कई दास दासियों से घिरी हुई एक स्त्री उनकी ओर चली आ रही है। वह सुन्दर वस्त्रालंकार से सुशोभित थी। सुदामा जी उससे पूछते हैं कि यहाँ सुदामा की एक झोपड़ी थी वह कहाँ गई? वे अपनी पत्नी को भी पहचान नहीं सकें। पत्नी उनका हाथ पकड़कर उन्हें महल में ले जाती हैं। कहती है, "यह आपका ही घर है।" जरा सोचो, उस समय सुदामा जी की कैसी मनोदशा हुयी होगी? सब देखकर सुदामा जी भगवान के वात्सल्य का गुणगान करने लग जाते हैं। वहाँ द्वारका में तो भगवान ने उन्हें कुछ दिया नहीं क्योंकि वे जानते थे कि ये मेरे पास-मेरे लिए ही आये हैं। इसलिए भगवान ने सुदामा जी को तो अपने आपको ही दे डाला। उनकी पत्नी की इच्छा थी कि भगवान उनकी दशा सुधार दें, सो भगवान ने यह सारा ऐश्वर्य उनकी पत्नी को दे दिया। बोले इनको चाहिए अर्थ-इसलिए भगवान ने उन्हें अर्थ दे दिया। जबकि सुदामा जी को तो परमार्थ चाहिये, वे भगवान के पास धन माँगने नहीं गये थे। वे तो भगवान से मिलने के लिए ही उनके पास गये थे। भगवान उनको मिल गये! श्रीकृष्ण चरित्र में सुदामा जी का यह हृदय को छू जाने वाला प्रसंग बड़ा प्रसिद्ध है। बड़े-बड़े कवियों ने इस प्रसंग पर अनेक सुन्दर काव्य भी लिखे हैं।

66. भस्मासुर का नाश

राजा परीक्षित ने एक बड़ा विलक्षण प्रश्न पूछा। वे कहते हैं, "भगवान मैं यह बड़ी विचित्र बात देखता हूँ कि शिवजी स्वयं तो फक्कड़ बाबा हैं, भस्म लगाकर एक जगह पर बैठे रहते हैं। उनका कोई वैभव या ऐश्वर्य तो दिखायी नहीं देता। लेकिन जो उनकी भक्ति करते हैं, उन्हें तो बड़ा वैभव प्राप्त होता है"। जबकि विष्णु भगवान स्वयं तो लक्ष्मी पति हैं लेकिन उनकी भक्ति करने वाले न तो संख्या में अधिक दिखाई देते हैं और न ही वे ज्यादा वैभवशाली बनते हैं।" शुकदेवजी महाराज कहते हैं, "देखो, बात ऐसी है कि शिवजी बड़ी जल्दी प्रसन्न हो जाते हैं। शिवजी का नाम ही आशुतोष है। आशुतोष माने वे जो शीघ्र सन्तुष्ट हो जाएँ। वे औघड़ दानी हैं। उनसे जो माँग लो वे दे देते हैं और देकर कभी-कभी अपने आपको संकट में डाल लेते हैं। विष्णु भगवान ऐसे नहीं हैं। वे अपने भक्तों की बड़ी परीक्षा लेते हैं, जल्दी से वर नहीं देते। शिवजी का स्वभाव ऐसा है कि किसी ने जरा-सी भी तपस्या कर ली, तो बस वे प्रसन्न हो कर उसे वर दे देते हैं। जबकि विष्णु भगवान जिस पर प्रसन्न होते हैं पहले उसका धन लूट लेते हैं। तब उसके रिश्ते-नाते वाले उसे त्याग देते हैं। तब वह धनार्जन में लग जाता है। तो उसमें भी विष्णु भगवान उसे विफल

कर देते हैं। तब आखिर वह हर ओर से त्रस्त होकर विरक्त हो जाता है। तब विष्णु भगवान उसकी भक्ति बढ़ाकर फिर उस पर कृपा करते हैं और तब उसे परब्रह्म की प्राप्ति होती है।

इस सन्दर्भ में एक इतिहास प्रसिद्ध है। एक असुर था वृकासुर, बाद में उसी का नाम भस्मासुर हुआ। वह तप करके शिवजी को प्रसन्न कर लेता है। शिवजी प्रसन्न होकर उससे कहते हैं, "तुम्हें क्या चाहिए? वर माँग लो।" वह कहता है, "मैं जिसके सर पर हाथ रखूँ वह जल कर भस्म हो जाये।" सुनकर शिवजी पहले तो सोच में पड़ गए, तथापि हँसकर उन्होंने तथास्तु कह दिया। वर पा कर वृकासुर की बुद्धि बिगड़ गई। वर देकर शिव जी जाना ही चाहते थे कि इतने में वृकासुर कहता है, "यहाँ मेरे सामने आप ही हैं, तो सबसे पहले आपके ही सर पर हाथ रख कर देखता हूँ कि मेरे हाथ में वह शक्ति आ गई है या नहीं!" अब भगवान शंकर को लगा कि यह तो गड़बड़ बात हो गयी। मैंने तथास्तु कह दिया है, अतः अब वर तो सिद्ध होगा ही। ऐसा सोचकर वे भागने लगे, तो वह वृकासुर भी उनके पीछे-पीछे भागने लगा। भागते-भागते शिवजी विष्णु जी के पास वैकुण्ठ में पहुँचते हैं।

विष्णु भगवान उनकी दशा देखकर कहते हैं, "आप तो ऐसे हैं कि जो जैसा वर माँग लेता है उसे वही दे बैठते हैं और फिर स्वयं संकट में पड़ जाते हैं।" फिर, एक ब्राह्मण बटुक का वेष बनाकर विष्णु भगवान वृकासुर की ओर जाते हैं-ऐसा भागवत में लिखा है। अन्य पुराणों के अनुसार वे मोहिनी का रूप लेकर जाते हैं। वृकासुर के निकट पहुँच कर विनम्र भाव से प्रणाम करके कहते हैं, "इतनी तेजी से भागते हुए आप कहाँ जा रहे हैं?" बोले, "मैं शिवजी का पीछा कर रहा हूँ। वे वर देते हैं और भाग जाते हैं।" विष्णु भगवान कहते हैं, "कैसा वर?" वह कहता है, "मैं जिसके सिर पर हाथ रखूँ, वह जलकर भस्म हो जाए। ऐसा वर मैंने माँगा और उन्होंने दे भी दिया। अब मैं उन्हीं के सिर पर हाथ रख कर परीक्षण करना चाहता हूँ कि वह वर मुझे प्राप्त हो गया है या नहीं।" सुन कर बटुक वेषधारी भगवान हँसने लगे। भगवान की हँसी यानी माया। इस बात को हम पहले भी देख चुके हैं। तो भगवान ने उसे मोहित कर दिया। बोले, आप ऐसी-ऐसी बातों पर विश्वास कैसे कर लेते हैं? अब भी यदि उनकी बात पर आपका विश्वास बना हुआ है तो अपने ही सिर पर हाथ रखकर देख लीजिए। इसके लिए किसी और के पीछे क्यों भागा जाये? नारायण भगवान की मीठी बातों से उसका दिमाग फिर गया। वह मोहित हो गया। कहता है, "बात तो ठीक ही है।" मोहिनी अवतार की दृष्टि से वर्णन आता है कि मोहिनी को देखा तो वह अपने आप को भूल गया। मोहिनी नृत्य करने लगी, तो वह वृकासुर भी उसके साथ नृत्य करने लगा। नृत्य करते-करते मोहिनी ने अपने सिर पर अपना हाथ रख लिया, तो उसने भी उसका अनुकरण करते हुए वैसा ही किया। जैसे ही उसने अपने सिर पर हाथ रखा वैसे ही वह जल कर भस्म हो गया। इस प्रकार भस्मासुर का अन्त हो गया।

यह भस्मासुर कौन है? यह हमारी बुद्धि है। बुद्धि स्वभावतः ही विचिकित्सा करती रहती है। जो भी चीज सामने आ जाए, वह उसी का परीक्षण करने लगती है और उसे छिन्न-भिन्न कर डालती है। जैसे यह क्या है? क्यों है? कैसे है? आदि-आदि। यह बुद्धि का स्वभाव होता है। लेकिन, जब तक बुद्धि अन्य विषयों की ही विचिकित्सा करती रहती है, तब तक, भले ही हम उसे विद्या कहते रहें पर वह होती है अविद्या। चाहे वह कोई आविष्कार हो, या वैज्ञानिक खोज ही क्यों न हो। वेदान्त में, इस बुद्धि का हाथ स्वयं अपने ही ऊपर रखवा देते हैं। कहते हैं- यह विचार करो कि तुम कौन हो? कहाँ से आये? अभी तक, तुमने यह क्या किया है, वह क्या है इस प्रकार का बहुत विचार कर लिया है। अब जरा वेदान्त के अनुरूप 'कोऽहम्' विचार करो। तुम कौन हो? यह विचार करो। बुद्धि को स्वयं की ओर मोड़ दो। जब हमारी बुद्धि कोऽहम् विचार करने लगती है, तब वह स्वयं तो खत्म हो जाती है, केवल शुद्ध अहम अथवा भगवान ही शेष रह जाते हैं। तो, जरा स्वयं अपने ऊपर हाथ रख लो! तो ये कुतर्की बुद्धि नष्ट हो सकती है।

अहमयं कुतो भवति चिन्वतः। अयि पतत्यहं निजविचारणं।।
अहमि नाशभाज्यहमहंतया। स्फुरति हृत्स्वयं परमपूर्णसत।।

मैं कौन हूँ, मैं कहाँ से आया हूँ? जब इस प्रकार के विचार होने लगते हैं, तब अहंकार की वृत्ति गिर जाती है यानी नष्ट हो जाती है। जब अहंकार का नाश हो जाता है, तब हमारा सत चित स्वरूप प्रकट हो जाता है।

67. भृगुऋषि द्वारा त्रिदेवों की परीक्षा

एक बार ऋषि मुनियों के बीच विचार चल रहा था कि ब्रह्मा, विष्णु और महेश इन तीनों देवों में सर्वश्रेष्ठ कौन हैं? इसका निर्णय करने के लिए उन्होंने भृगु ऋषि से कहा कि आप जाकर परीक्षण कर आइए कि इन तीनों में श्रेष्ठ कौन हैं।

तो महर्षि भृगु सबसे पहले ब्रह्मा जी के पास जाते हैं। वहाँ पहुँचकर दण्ड के समान खड़े रहते हैं, नमस्कार नहीं करते। उन्हें स्तब्ध खड़ा देखकर ब्रह्मा जी को बड़ा गुस्सा आता है कि मेरा अपना लड़का है और यहाँ आकर नमस्कार भी नहीं करता, अभिवादन तक नहीं करता। उन्हें क्रोध तो आया, लेकिन उन्होंने सोचा कि आखिर मेरा अपना ही बेटा है, जाने दो। ऐसा सोचकर उन्होंने अपने क्रोध को शान्त किया। महर्षि भृगु ने कहा- ये तो परीक्षा में फेल हो गए। इन्हें क्रोध आ गया। फिर वे कैलाश पर्वत पर शिवजी के पास जाते हैं। भगवान शिव ने भृगु ऋषि को आते देखा तो उन्हें लगा मेरा भाई आया है। इसलिए वे बड़े प्यार से उठकर भृगु ऋषि को हृदय से लगाना ही चाहते थे कि भृगु ऋषि बोल पड़े, "मुझे हाथ मत लगाना। मेरा स्पर्श न करना। तुम सदा वेद बाह्य आचरण करते फिरते हो।" ऐसी बात सुनी तो शिवजी को क्रोध आ गया। तीक्ष्ण आँखों से वे भृगु ऋषि को देखने लगे और

फिर अपने त्रिशूल से उन्हें मारने ही जा रहे थे, पर सती जी ने उन्हे रोक लिया। भृगुजी ने कहा- ये भी फेल हो गए।

इसके बाद वे नारायण भगवान के पास गये जहाँ लक्ष्मी जी भी थीं। देखो, ब्रह्मा जी के पास गये तो इन्होंने कुछ किया नहीं, कुछ बोले भी नहीं। उसी से उनको गुस्सा आ गया। शिवजी के पास जा कर कड़ा बोल दिया, तो उससे शिव जी को क्रोध आ गया। अब नारायण भगवान के पास जाते हैं और सीधे एक लात मारते हैं नारायण भगवान की छाती पर। नारायण भगवान उनके पैरों को पकड़ लेते हैं। कहते हैं, "ब्राह्मण देवता, मेरा हृदय बड़ा कठोर है, आपके पैर अति कोमल हैं आपके पैरों को चोट तो नहीं लगी?" भृगु ऋषि ने कहा, "ये पास हो गए। परीक्षा में सफल हो गए।" भगवान ने उनके चरण चिन्हों को अपने हृदय पर सदा के लिए धारण कर लिया, जिससे यह प्रकट हो जाता है कि उन्हें ब्राह्मणों से कितना अधिक प्रेम है। लेकिन वहाँ पर लक्ष्मी जी भी थीं। भृगु ऋषि का वह व्यवहार देखकर उन्हें क्रोध आ गया। तबसे लक्ष्मी जी ब्राह्मणों के पास जाती ही नहीं। ठीक ही तो है, भगवान भले ही क्षमा कर दें, लेकिन क्या उन्हें वैसा करना चाहिए था? लक्ष्मी जी को लगा मेरे सामने ही भगवान को लात मार दी। कुछ कहना न सुनना, आ कर सीधे लात मार देना, यह कौन-सा तरीका होता है। भृगु ऋषि ने जो किया, उसे अभी तक ब्राह्मण लोग भोगते हैं। ब्राह्मण से मेरा तात्पर्य उससे है जो वाकई में ब्रह्म को जनता है, पंडित से नहीं। पंडितो के पास तो आज लक्ष्मी बहुत है क्यों की वे ब्राह्मण नहीं है।

इसके बाद, दशम स्कन्ध का जो अन्तिम अध्याय है उसमें भगवान के लीला विहार का वर्णन किया गया है। द्वारका में श्रीकृष्ण 16000 से अधिक रानियाँ थीं। उन सब के अपने-अपने बड़े सुन्दर-सुन्दर महल थे। जितनी रानियाँ थीं उतने ही रूप धारण करके भगवान उनके साथ लीला विहार करते थे। संक्षेप में, भगवान की पत्नियाँ उनसे कितना अनुराग करती थीं, कितना अधिक प्रेम करती थीं, इन सबका यहाँ सुन्दर वर्णन किया गया है। फिर श्रीशुकदेव जी ने यदुवंश की सन्तति का संक्षिप्त वर्णन किया है। उसके बाद कहा कि सारे देवतागण ही यदुवंशियों के रूप में अवतरित हुए थे। वे सब श्रीकृष्ण से अति स्नेह करते थे और उसी भाव में डूबे रहते थे। भगवान श्रीकृष्ण सर्वत्र हैं, वे ही सबके आश्रय स्थान हैं। तथापि अधर्म का अन्त करके, प्राणियों का दुःख मिटाने के लिए वे अवतार ग्रहण करते हैं। अन्त में भगवान का जयकार करते हुए कहते हैं कि उनके कर्मों का तथा उनकी लीलाओं का श्रवण, कीर्तन और चिन्तन कर के मनुष्य पराभक्ति को प्राप्त करता है, भगवान के परमधाम को प्राप्त कर लेता है। इसलिए भगवान की लीलाओं का श्रवण अवश्य करना चाहिए। इसके साथ ही दशम स्कन्ध समाप्त होता है।

——ॐ——ॐ——ॐ——

अध्याय-12

एकादश स्कन्ध

मृत्यु, अविद्या के कारण उपजी एक भ्रान्ति मात्र है

1. मुक्ति का स्वरूप

एकादश स्कन्ध मुक्ति स्कन्ध है, श्रीमद्भागवत का सार है। यद्यपि, सगुण लीला तथा भाव की दृष्टि से तो, दशम स्कन्ध ही भागवत का सार है, तथापि ज्ञान की दृष्टि से एकादश स्कन्ध का महत्त्व सर्वोपरि है। जिस प्रकार एकादशी का विशेष तात्पर्य होता है, उसी प्रकार इस एकादश स्कन्ध का भी यही तात्पर्य है कि हमें अपनी पाँचों ज्ञानेन्द्रियाँ, पाँचों कर्मेन्द्रियाँ तथा एक मन, इन ग्यारहों को भगवत् तत्त्व में मिला देना चाहिए। मुक्ति का अर्थ होता है अपने स्वरूप में स्थित हो जाना। अभी हम अपने स्वरूप से भिन्न किसी और ही स्थिति को प्राप्त हो गए हैं। इस अन्यथा स्थिति को छोड़कर अपने वास्तविक स्वरूप में, स्व-स्वरूप में स्थित हो जाने को ही 'मुक्ति' कहते हैं। मुक्ति भारतीय सनातन संस्कृति की पुरे विश्व को आध्यात्मिक दृष्टि के रूप में एक अनोखी देन है भारतीय सनातन के अतिरिक्त और धर्मों में स्वर्ग-नरक तो है लेकिन बाकी धर्म, अध्यात्म की सर्वश्रेष्ठ शिखर, मुक्ति तक नहीं पहुंच पाए। लेकिन आज भी हमारे देश में, मुक्ति या मोक्ष के विषय में लोगों के मन में बड़ी विचित्र धारणाएँ हैं, भिन्न-भिन्न विचार हैं। कोई सोचता है स्वर्ग में जाना, मोक्ष है। कोई सोचता है भगवान के लोक में, भगवान के पास जाना मोक्ष है, या फिर भगवान के समान ऐश्वर्य प्राप्त करना अथवा भगवान के जैसा रूप प्राप्त करना मोक्ष है। किसी को लगता है, जन्म-मरण के पिण्ड से छुटकारा पा जाना या पुनः जन्म नहीं लेना मोक्ष है। ऐसी नाना प्रकार की धारणाएँ होने के कारण, जरा अच्छी तरह से विचार कर के समझ लेना चाहिए कि वास्तव

में मोक्ष किसे कहते हैं। अभी हमें जो रूप प्राप्त है, वह हमारा असली रूप नहीं है। इसीलिए हमें दुःख प्राप्त हो रहा है। दरसल अभी हमें यह भी पता नहीं है कि हमें दुःख क्यों हो रहा है?

मुम्बई के लोग सोचते हैं कि हम मुम्बई में हैं, इसलिए हमें दुःख हो रहा है। शिमला चले जाएँगे तो हमें सुख प्राप्त हो जायेगा। शिमला वाले सोचते हैं दिल्ली वाले लोग बड़े सुखी है। कहने का अर्थ है, प्रायः लोग यही समझते रहते हैं कि किसी स्थान (देश) के कारण उन्हें दुःख प्राप्त हो रहा है, या फिर उनका समय खराब है, शनि की दशा चल रही है इसलिए दुःख हो रहा है। उन्हें लगता है हमारी साढ़ेसाती कट जायेगी, ग्रह शान्त हो जायेंगे, तो सब ठीक हो जायेगा। लेकिन वैसा नहीं होता। कोई सोचता है कि मेरे घर पर गाड़ी नहीं है इसलिए मैं दुःखी हूँ। गाड़ी आ जायेगी तो मैं सुखी हो जाऊँगा। जिसके घर में गाड़ी होती है, वह सोचता है मैं इसे बेच दूँगा तो सुखी हो जाऊँगा। ऐसे-ऐसे लोग भी होते हैं। कोई सोचता है मैं अपनी पत्नी के कारण दुःखी हो रहा हूँ। पत्नी को बदल दूँगा तो सुखी हो जाऊँगा। इसलिए अब मैं दूसरी शादी कर लेता हूँ। ऐसा सोचकर पह पत्नी से विवाह विच्छेद कर लेता है। तब उसका पड़ोसी उसी स्त्री के साथ, शादी करने को मरे जा रहे है। इस दुनिया में यह कोई अतिशयोक्ति नहीं है। कोई कहता है मैं अमुक को प्राप्त करके सुखी हो जाऊँगा तो दूसरा कहता है मैं अमुक को छोड़कर सुख पाऊँगा। शहर वाला आदमी सोचता है, गांव के लोग सुखी है, और गांव के लोग सोचते है शहर के लोग सुखी है। यह सब चलता रहता है। मनुष्य देश (स्थान) बदलता है, कार्य क्षेत्र बदलता है, और भी न जाने क्या-क्या करता है लेकिन उसकी स्थिति ज्यों-की-त्यों बनी रहती है। जरा सोचो, क्या ये सब हमारे दुःख के कारण हो सकते हैं? सच तो यह है कि हमें अपने दुःख का असली कारण ही पता नहीं है। वेदान्त तो कहता है- अरे मूढ़! तुम्हारे दुःख का कारण ये सब नहीं है। तुम्हारे दुःख का असली कारण तो कुछ और ही है। तुमने अपने आप को इस शरीर के साथ बाँध कर, यह शरीर मैं हूँ ऐसा मान लिया है यही तुम्हारे सुख-दुःख का कारण है। यह तो तुमने एक वेश धारण किया हुआ है। फिर उस वेश के साथ तुम्हारा पूर्ण तादात्म्य हो गया है। लेकिन, वास्तव में तुम वह (शरीर) नहीं हो। इसीलिए, जैसे ही तुम इस तादात्म्य को छोड़ दोगे, तो बस! तब तुम मुक्त ही हो। तुमको मुक्ति प्राप्त नहीं करनी है। देखो, वेदान्त कहता है- तुम पहले से ही मुक्त हो, लेकिन अज्ञानता वश अपने आप को बन्धन में डालकर फिर समझते रहते हो कि तुम बद्ध हो। तुम्हारा बन्धन वास्तविक नहीं है, वह तो माना हुआ है।

मन एव मनुष्याणां कारणं बन्धमोक्षायोः।।

मन से कल्पना करके ही तुम बन्धन में आ गये हो। इसके अतिरिक्त दूसरा कोई बन्धन है ही नहीं। यह दुःख ही बन्धन है। बन्धन क्या है यह भले ही हमारी समझ

में न आता हो, लेकिन सभी को वह दुःख रूप में अनुभव में आता है। यदि किसी से कहें कि तुम बन्धन में हो, तो वह कहेगा, बन्धन कहाँ है? मैं तो स्वतंत्र हूँ। बन्धन माने कोई रस्सी से बँधा होगा, केवल वो ही नहीं होता। दुःख रूप में जो अनुभव में आता है, वही बन्धन है। एक आदमी था, वह किसी नाटक कम्पनी में काम किया करता था। उसे नाटक में हमेशा स्त्री का पात्र मिलता था। क्यों कि पहले स्त्रियाँ नाटक में काम नहीं करती थीं, इसलिये पुरुष लोग ही स्त्री का वेश धारण करते थे। आज कल भी कई टीवी सीरियल ऐसे है जिनमे पुरुष, स्त्री का रोल करते है, केवल लोगो को हँसाने के लिए। तो वह व्यक्ति, जो थातो पुरुष परन्तु स्त्री के पात्र का अभिनय करते-करते, स्त्री रूप से उसका ऐसा तादात्म्य हो गया कि वह एक स्त्री की तरह ही बोलने लगा। अब देखो, उसका वह अभिनय दूसरों के लिए ही मनोरंजक हो, परन्तु स्वयं उसके लिए तो वह समस्या जनक बन गया। एक पुरुष यदि अपने आप को स्त्री मानने लग जाए, तो बताओ उसकी कैसी स्थिति हो जाएगी? बड़ी विचित्र स्थिति हो गई उसकी। कोई जब उसे पुकारता भी था तो वह कहता था, "आती हूँ", और वह भी स्त्री की आवाज में कहता था। अब यह जो उसका बन्धन है, वह कब कटेगा? जरा सोचो। बन्धन कटना क्या है, वह तो पुरुष है ही। तथापि वह स्त्री भाव के बन्धन से कैसे छूटे? उसकी मुक्ति कैसे हो? उसके लिए मोक्ष क्या है?

हित्वा त्यक्त्वा अन्यथा रूपं स्वरूपेण व्यवस्थितिः।।

बस! इतना ही है कि वह उस वेश को छोड़ दे, उसे त्याग दे। क्योंकि वह उसका अपना रूप नहीं है, अन्यथा रूप है। अतः उसने जो दूसरे के रूप के साथ तादात्म्य कर लिया है, उसे छोड़ दे बस! तब वह पुनः अपने पुरुष रूप को प्राप्त हो जाएगा। इसी को "स्वरूपेण व्यवस्थितिः" कहते हैं। कुछ और थोड़े ही करना है? उसको पुरुष बनने के लिए। पुरुष तो वह है ही। इतनी सरल-सी बात है! अब देखो, हम सब के साथ भी ऐसा ही हो गया है। हम सब भी, इस संसार रूपी नाटक में काम कर रहे हैं। यहाँ हमने शरीर रूपी वेश धारण कर लिया है। जरा सोचो, क्या यह शरीर हमारा 'आपा, हमारा 'मैं' हो सकता है? यदि शरीर ही मैं होता, तो स्वप्नकाल या निद्रावस्था में भी 'मैं' को वहीं होना चाहिए, जहाँ शरीर हो। लेकिन जब हम सो जाते हैं, तब इस शरीर के साथ कोई व्यवहार हो पाता है, क्या? कोई जब मर जाता है, तब उसके शरीर के साथ कोई व्यवहार कर पाते हैं क्या? शरीर तो पड़ा रहता है। इसलिए, इस बात पर अवश्य सोचना चाहिए कि क्या यह शरीर 'मैं' हो सकता है? हम सब ने शरीर, प्राण, इन्द्रियाँ, मन, बुद्धि आदि का वेश अपने ऊपर ओढ़ लिया है। अर्थात् शरीरादि पंचकोशों के साथ हमने प्रगाढ़ तादात्म्य कर लिया है। मैं काला हूँ, मैं गोरा हूँ ऐसा लोग कहते रहते हैं। परन्तु ये सब तो शरीर के रंग हैं। यह तो सिर्फ ऊपरी चमड़ी का भेद है। अन्दर से तो सब एक जैसा ही होता है।

गोरे लोगों को बड़ा अभिमान होता है कि हम गोरे हैं और काले लोगों में कभी-कभी हीनता का भाव आ जाता है कि हम काले हैं। उन्हें कोई कुरूप कहता है तो बड़ा दुःख होता है, गुस्सा भी आता है। सुकरात की नाक बहुत बड़ी थी, फैली हुयी थी। किसी ने सुकरात से कहा-तुम्हारी नाक तो बहुत ही बड़ी है। तो वे बोले, "अच्छा है न, मैं ज्यादा ऑक्सीजन ले सकता हूँ।" देखो, जो ऐसे महापुरुष होते हैं उन्हें ऐसी बातों का कुछ अच्छा-बुरा नहीं लगता। शरीर के साथ क्या तादात्म्य करना? जबकि प्रायः लोगों को इस शरीर से इतना तादात्म्य होता है कि किसी ने जरा कुछ कह दिया कि तुम्हारे बाल सफेद हो रहे हैं, झड़ रहे हैं तो उन्हें डर लगने लगता है, चिन्ता होने लगती है। बालों को क्या कोई पकड़ कर बैठ सकता है? लोगों को इस बात पर रोना आने लगता है। कोई कितना ही मेकअप कर ले, ब्रेकअप से वह बच नहीं सकता। चाहे जो कर ले, वह सब मिटने ही वाला है। बुढ़ापा देख कर भी लोग भयभीत हो जाते हैं। कोई-कोई प्लास्टिक सर्जरी करा लेते हैं। कब तक अपने आप को बचाओगे? प्रकृति का नियम है- विकृति। उसमें परिणाम तो होगा ही।

देखो, मनुष्य अपनी देह से कितना आसक्त हो गया है। कोई कहता है मैं नाटा हूँ, तो कोई कहता है, मैं मोटा हूँ। मोटे लोग दुबले होने का प्रयत्न करते रहते हैं, नाटे लोग लम्बे होने का प्रयत्न करते रहते हैं। शरीर से ही तादात्म्य करके लोग कहते हैं, मैं बड़ी ऊँची जाति का हूँ। मैं ब्राह्मण हूँ, क्षत्रिय हूँ, वैश्य हूँ या फिर शूद्र हूँ। अपने शरीर से इतना तादात्म्य कर रखा है कि किसी निम्न जाति के व्यक्ति का कोई नाम ही ले लो, तो भी सहा नहीं जाता। फिर, मैं अमुक देश का हूँ, ऐसा भी तादात्म्य कर बैठते हैं। तब, दूसरे देश वालों से द्वेष भी हो जाता है। कहना यही है कि शरीर के साथ तादात्म्य करके ही हमने अपने आप को छोटा-सा, परिच्छिन्न-सा मान लिया है। इसी कारण हमें दुःख होता रहता हैं। ये सब संयोग की बात है, सत्यता नहीं। इसके अतिरिक्त हमारा जो प्राण के साथ तादात्म्य हो गया है उसी के कारण हमें भूख-प्यास लगती हैं, उनसे भी पीड़ित होकर हम रोते रहते हैं। सबके अपने-अपने दुःख हैं। सब लोग रोते रहते हैं। अरे! कितना तादात्म्य कर लिया है, शरीर के साथ, और प्राणों के साथ। इतना ही नहीं इन्द्रियों के साथ और मन-बुद्धि के साथ भी तादात्म्य कर लिया है। एक क्षण सोचते हैं कि हम कितने सुखी हैं, तो अगले क्षण पाते हैं कि दुःखी हो गए। क्षण में रोना क्षण में हँसना, फिर चिल्लाना, यह सब चल रहा है। हम ये मानते ही नहीं कि सुखी-दुःखी होने वाला तो मन है। हम मन है क्या? यह शरीर हम है क्या? शरीर हमारा है, हम शरीर नहीं हैं। मन भी हमारा है, हम स्वयं मन नहीं है। मन के साथ तादात्म्य हो जाने के कारण ही जीवन में शोक-मोह आदि लगे रहते हैं। बुद्धि के साथ तादात्म्य करके ही लोग स्वयं के बड़ा ज्ञानी अथवा अज्ञानी मानते-समझते रहते हैं। ज्ञान का, अज्ञान का, सब का अभिमान करके बैठ जाते हैं। यह सब अन्यथा रूप है। यह सब हमारा 'आपा' अथवा 'मैं' नहीं है। इन सब का जो द्रष्टा है, वही वास्तविक 'मैं' है। अपने शरीर

को सब देखते-जानते हैं। जिस चीज को हम देखते हैं, जैसे किताब को देखते हैं, तो वह किताब हम थोड़े ही हो सकते हैं? इसी प्रकार जब हमारी देह को भी हम देखते हैं, जानते हैं तब यह देह हम कैसे हो सकते हैं? जैसे, किताब को देखने वाला किताब से भिन्न होता है, वैसे ही देह को देखने वाला भी देह से भिन्न होना ही चाहिए। वह स्वयं देह नहीं हो सकता। लेकिन हम सब यही मान बैठे हैं कि यह देह मैं हूँ। यही हमारा मूल बन्धन है। जो हमारा आपा नहीं, स्व नहीं, उसके साथ हमने प्रगाढ़ तादात्म्य कर लिया है कि यही मैं हूँ। बस इसी को बन्धन कहते हैं। जैसे ही हमें यह विवेक हो जाएगा, वैसे ही हमारा बन्धन कट जाएगा। इसी को आत्मा-अनात्मा विवेक कहते हैं। यही दृष्टा-दृश्य विवेक है। अन्तःकरण में जब इस विवेक का उदय होता है, तब समझ में आता है कि यह शरीर अनात्मा है, जड़ पदार्थ है। यह 'मैं' नहीं हो सकता। मैं इससे भिन्न हूँ, इसका प्रकाशक, इसको देखने वाला दृष्टा सच्चिदानन्द स्वरूप हूँ।

"हृत्स्थले मनःस्वस्थता क्रिया" (उपदेश सार 10)

बस! तब समझ लेना चाहिए कि हमारी अपने स्व स्वरूप में स्थिति हो गयी है। तो देखो, भागवत में ऐसी बढ़िया परिभाषा बताई गई है मुक्ति की। बोले, स्वर्ग आदि में जाना मोक्ष नहीं है। किसी अन्य रूप को प्राप्त करना भी मोक्ष नहीं है। ऐश्वर्य प्राप्ति भी मोक्ष नहीं है। कोई नया ही अनुभव प्राप्त करना, आँखों से प्रकाश देखना अथवा आँखें बन्द करके कोई अन्य प्रकाश देखना, ये सब भी मोक्ष नहीं है। आँखें बन्द करके प्रकाश देखने की क्या आवश्यकता है? देखना ही है तो आँखे खोलकर देखो न! बाहर बड़ा अच्छा प्रकाश है। सूर्य का प्रकाश देख लो, चन्द्रमा का देख लो। लोग न जाने किस-किस चीज को मोक्ष समझते रहते हैं। श्री शुकदेव जी कहते हैं-

"अन्यथा रूपं हित्वा स्वरूपेण व्यवस्थितिः"

जो मेरा अपना स्वरूप नहीं है वह अन्यथा रूप है। उसको छोड़ कर अपने स्वरूप में बैठ जाना है, स्थित हो जाना है। बस यही मोक्ष है। उसके लिए न तो दूसरे देश में (लोक-लोकान्तर में) जाना है, न दूसरे काल में, और न ही किसी दूसरी स्थिति को प्राप्त करना है। दूसरा और कुछ नहीं करना है। न ही अपने शरीर को बदलना है। अर्थात देशान्तरापत्ति, लोकान्तरापत्ति, कालान्तरापत्ति या अवस्थान्तरापत्ति- इन सबमें से कोई भी मोक्ष नहीं है। यहीं पर रहते-रहते, जब विवेक हो जाए, तब उसी समय हम मुक्त हैं। तब देह रहते हुए भी हम मुक्त हैं, देह के बिना मुक्त ही हैं। जैसे, नाटक में जब कोई नट किसी पात्र का अभिनय करता है, उस पात्र के अनुरूप वेष धारण करता है, तब यद्यपि वह (वेश) उसका अपना स्वरूप नहीं होता, तथापि उस भूमिका के निर्वाह से उसका कुछ नहीं बिगड़ता। लेकिन यदि उस पात्र के साथ पूर्ण तादात्म्य करके वह समझ बैठे कि वही उसका अपना आपा है, 'मैं' अर्थात् उसे

भ्रम हो जाए कि वह पात्र ही उसका अपना स्वरूप है, तो फिर वही उसका बन्धन हो जाता है। अन्यथा, चाहे कोई भिखारी का ही पात्र निभा ले, तो भी उससे उसका क्या बिगड़ता है? कुछ भी तो नहीं। वह इसलिए कि उसे मालूम है कि भिखारी का वेश धारण करने के बाद भी, वह धनवान् ही बनने वाला है, भिखारी थोड़े ही बनने वाला है। इसी प्रकार स्त्री का या अन्य कोई भी वेश धारण करने से उसका कुछ नहीं बिगड़ता क्योंकि वह मात्र एक नाटक है।

एक आदमी किसी नाटक में काम कर रहा था। अपने पात्र के अनुसार उसे अन्तिम दृश्य में मर जाना था। उसके बाद परदा गिर जाता, ऐसा वह नाटक था। हुआ यह कि समय पर उसने तो मरने का अभिनय किया लेकिन परदा गिरा ही नहीं। उसे पता नहीं चल पाया कि अभी परदा गिरा नहीं है। वह जब उठने लगा, तो देखा कि परदा अभी गिरा नहीं है। तब वह फिर से गिरा कर पड़ा रहा। देखो, नाटक में मरने में भी उसे किसी प्रकार का भय लगता है क्या? कोई दुःख होता है क्या? नहीं होता, क्योंकि उसे पता है कि वह तो नाटक के एक पात्र से सम्बन्धित घटना है, दृश्य है। वह जानता है कि मरने वाला स्वयं नहीं है, वह तो नाटक का एक पात्र है। तब भला उसे भय क्यों लगने लगा? देखो, प्रथम दृष्ट्या वेदान्त की ये बातें बड़ी असाधारण व आश्चर्यजनक लग सकती हैं, तथापि श्रवण-मनन करते रहने पर स्पष्ट हो जाती हैं। ग्यारहवें स्कन्ध में जो मुक्ति बतायी गयी है उससे हमारा रोना-धोना हमेशा के लिए बन्द हो सकता है। यह मोक्ष ऐसा है कि एक बार जिसे मिल जाये, तो फिर वह रो नहीं सकता। उसे रुलाई नहीं आ सकती। बस यही एक समस्या है इसमें! क्योंकि कुछ लोगों को रोना भी अच्छा लगता है, वे रोते ही रहते हैं। उसी के कारण उन्हें सहानुभूति मिलती रहती है। तो श्रीमद्भागवत के इस एकादश स्कन्ध में ऐसा बढ़िया मोक्ष बताया गया है कि जिसके बाद मनुष्य को दुःख का स्पर्श नहीं होता।

भगवान श्रीकृष्ण इस धरा पर आये, धर्म की संस्थापना के लिए। जब तक वे अध्यात्म ज्ञान का उपदेश न करें, तब तक धर्म संस्थापना नहीं हो सकती थी। क्योंकि धर्म वह होता है जिससे सबकी धारणा हो। समाज की धारणा तभी हो सकती है, जब प्रत्येक व्यक्ति को दूसरे व्यक्ति से प्रेम हो। प्रेम के बिना धारणा नहीं हो सकती, संगठन नहीं हो सकता। हम लोग राष्ट्रीय एकता की, संगठन आदि की बहुत बातें करते हैं। लेकिन परस्पर द्वेष भी करते रहते हैं। राष्ट्रीय एकता के चाहे जितने नारे लगाते रहें, परन्तु एक दूसरे से प्रेम न कर सकें तो एकता कहाँ से होगी? धारणा कैसे होगी? जब तक हम औरों को जान नहीं लेते तब तक उनसे प्रेम नहीं होता। वे सब हमसे भिन्न कोई अन्य नहीं है, हमारा अपना स्व-स्वरूप ही उन सब के रूप में भासित हो रहा है, इस प्रकार का ज्ञान-अद्वैत ज्ञान हुए बिना प्रेम नहीं हो सकता। जब तक हम अपने आपको दूसरे में देख नहीं लेते, तब तक उनसे प्रेम होता नहीं। प्रेम हुये बिना उनकी सेवा होती नहीं। तात्पर्य यही है

कि ज्ञानी ही धर्म संस्थापना कर सकता है। महाभारत में भी हम देखते हैं कि वहाँ केवल युद्ध या काट-छाँट ही नहीं है, वहाँ भी भगवान श्रीकृष्ण ने धर्म संस्थापना के लिए अर्जुन को भगवद् गीता का उपदेश दिया है।

राजविद्या राजगुह्यं पवित्रमिदमुत्तमं। प्रत्यक्षावगमं धर्म्यं सुसुखं कर्तुमव्ययं।।

गीता जी के इस श्लोक में भगवान ने उस अद्वय अज्ञान को अव्ययम् के साथ-साथ धर्म्य भी कहा है। उद्धव जी भगवान के बाल सखा थे, भगवान के भक्त भी थे। उन्हें भी भगवान ने वही ज्ञान दिया था। भगवान श्रीकृष्ण ने अपने जीवन काल में ये ही दो महत्त्वपूर्ण उपदेश दिये थे। एक अर्जुन को और दूसरा उद्धव जी को। श्रीमद्भागवत के इस (एकादश) स्कन्ध में कहा गया है कि हमारी जो एकादश उपाधियाँ हैं- पाँच ज्ञानेन्द्रियाँ, पाँच कर्मेन्द्रियाँ तथा अन्तःकरण, इन्हीं के साथ तादात्म्य करके हम अपने स्वरूप से दूर हट गये हैं। इसी बात को समझ कर उस तदात्म्य को समाप्त करना है। अपने स्वरूप में स्थित हो जाना है। यही मुक्ति है। इस मोक्ष की प्राप्ति एक क्षण में भी हो सकती है। बस ! बात दिमाग में बैठ जानी चाहिए, कि हमें द्रष्टा होना है, कर्ता नहीं। यही मोक्ष का लक्षण है। कर्ता बनते ही, परिणाम स्वरूप हमें भोक्ता भी बनना ही पड़ता है। यह कर्ता-भोक्ता बनना ही बन्धन है। ज्यों ही द्रष्टा बन जाते हैं, त्यों ही मुक्त हो जाते हैं। ज्ञानी मनुष्य के कर्मों को भी कर्म नहीं कहा जाता। उसके पुरे जीवन के क्रिया-कलाप, लीला बन जाते है। जहा कर्म तो होते है लेकिन कर्मों में कर्ता भाव नहीं होता तो वो लीला बन जाता है। भगवान राम, भगवान कृष्णा और अन्य महापुरुषों हमें कर्म तो करते दिखाई देते है लेकिन उनमे कर्ता भाव नहीं होता इसलिए हमने उनके कर्मों को लीला कहा है। और लीला का कोई पाप-पुण्य नहीं होता है। भगवान भगवतगीता में कहते है-

**यस्यनाहं कृतोभावो बुद्धिर्यस्य न लिप्यते।
हत्वापि स इमाँल्लोकान्न हन्ति न निबध्यते।।**

जिसमे कर्ताभाव नहीं, उसके कर्मों का कोई पाप-पुण्य नहीं, कोई बंधन नहीं। सार रूप में इतनी प्रस्तावना के बाद अब हम एकादश स्कन्ध में प्रवेश करते हैं।

2. यदुवंशियों के नाश की पृष्ठभूमि

श्री शुकदेवजी महाराज कहते हैं कि श्री कृष्ण अवतार में भगवान को जो लीला करनी थी, वह उन्होंने कर ली। तब, भगवान सोचने लगे कि सारे असुर तो नष्ट हो गये। जिनके सहारे मैंने उन सब का नाश कर दिया, अब केवल यदुवंशी लोग ही शेष बचे हैं। ये सब बड़े शक्तिशाली हैं। अभी तो इन्हें सम्भालने के लिए मैं यहाँ हूँ, परन्तु अपने इस अवतार को समाप्त करके जब मैं यहाँ चला जाऊँगा तब ये सारे निरंकुश हो जायेंगे। अभी जो ये ठीक है, अच्छे हैं, बाद में पता नहीं कैसे

हो जायें? बाद में यदि ये सब और भी अधिक शक्तिशाली हो कर मनमानी करने लग जाएँ, आसुरी स्वभाव वाले बन जाँए, तो इन्हें रोकने वाला कौन होगा? अतः जाने के पूर्व मैं इन सब को भी समाप्त कर देता हूँ। देखो, यहाँ ध्यान देने योग्य बात यह है कि जहाँ भगवान में राग दीखता है, वही अनासक्ति भी स्पष्ट दीखती है। उनका यह कृष्णावतार बड़ा विलक्षण अवतार है। जहाँ उन्होंने गोपियों पर वैसा अनुपम प्रेम दर्शाया, वहीं उन्हें छोड़कर चल दिए। वे भोग में पूर्ण थे, तो विराग मे भी पूर्ण थे, योग में भी पूर्ण ही थे। लीला संवरण के पूर्व स्वयं अपने ही यदुवंशियों को नष्ट करने में भगवान को कुछ लगा नहीं, कोई हिचकिचाहट नहीं हुई क्योंकि वे तो मुक्त थे। भगवान की यह बड़ी आध्यात्मिक लीला है। तो भगवान ने सोचा कि संभव है बाद में ये सारे यदुवंशी जो अत्यंत शक्तिशाली हो गए हैं, वे सब आसुरी स्वभाव वाले बन जाएँ। देखो, यह बात सच भी है।

हमारे अन्तःकारण से भी जब भगवान चले जाते हैं, तो अच्छी वृत्तियाँ भी गड़बड़ करने लग जाती हैं। जब तक कोई देखने वाला होता है, तब तक सब ठीक चलता रहता है। कितने ही घरों में हम देखते हैं कि जब तक माता-पिता जीवित रहते हैं, तब तक उनके बच्चे बड़े प्यार से रहते हैं। उन्हें जो जैसे सबकी नजर लग जाती है कि कितने अच्छे बच्चे हैं। जहाँ पिता जी चले गये, माँ चल बसीं, अनर्थ होना शुरू हो जाता है। तू-तू, मैं-मैं भी हो ही जाती है। बहुत अच्छे बच्चे थे फिर क्या हो गया? इसीलिए यहाँ भगवान कहते हैं "मैं इनको समाप्त कर के उसके बाद ही जाऊँगा।" देखो, व्यवहार में भी ऐसे उपाय पाए जाते हैं। जैसे, "कण्टकेन कण्टकम" कोई जंगल में जा रहा हो और यदि उसके पैर में काँटा चुभ जाए, तो एक और काँटा ले कर, वहा उस (चुभे हुए) काँटे को निकाल डालता है। फिर दोनों काँटो को फेंक देता है। दूसरे काँटे को सम्भाल कर नहीं रखता कि इसने बड़ी सेवा की है, इसलिए इसे रख लेते हैं-ऐसा नहीं होता। क्योंकि उसे काँटे को जेब में या और कहीं भी रखने से वह इधर-उधर चुभता ही रहता है। तात्पर्य यह है कि काँटे से काँटे को निकालना है और फिर उन दोनों को त्याग देना है।

अब जरा इसी प्रसंग पर धर्म की दृष्टि से, आध्यात्मिक दृष्टि से विचार करें। मैं देह हूँ, मैं मन हूँ, मैं बुद्धि हूँ, मैं अहंकार हूँ, मैं जीव हूँ, मैं दुःखी हूँ, मैं कर्ता हूँ, मैं भोक्ता हूँ, - ये सारी अज्ञान जन्य वृत्तियाँ है। इन्हें हटाने के लिए हम ज्ञान की वृत्तियों का आश्रय लेते हैं। यह देह मैं नहीं हूँ इन्द्रियाँ मैं नहीं हूँ, मैं आनन्द स्वरूप आत्मा हूँ, ब्रह्म हूँ आदि वृत्तियों के द्वारा उन अज्ञान जनित वृत्तियों को काटते हैं। लेकिन बाद में ज्ञानात्मक वृत्तियों को भी समाप्त करना होता है।

यद्यपि सात्त्विक वृत्तियों के द्वारा राजसिक तथा तामसिक वृत्तियों को समाप्त किया जाता है, तथापि उसके बाद उन सात्त्विक वृत्तियों का भी त्याग करके त्रिगुणों के परे जाया जाता है। वेदान्त की प्रणाली में वेद को भी ब्रह्म कहा गया है। तो ब्रह्म वाक्यों से यानी वेद वाक्यों से ही दोनों प्रकार की वृत्तियों का

निषेध हो जाता है। अनात्म वृत्ति का भी और उसके बाद आत्म वृत्ति का भी निरास (निराकरण) हो जाता है। बस! तब केवल आत्मा ही रह जाती है। संक्षेप में, व्याहारिक दृष्टि से तो भगवान ने पहले यदुवंशियों के सारे असुरों को नष्ट कर दिया, फिर यह सोचकर कि कहीं वे यदुवंशी आगे चलकर आसुरी न बन जाएँ, भगवान ने योजनापूर्वक उन्हें भी नष्ट करवा दिया। इसी प्रसंग का आध्यात्मिक दृष्टिकोण यह है कि पहले अनात्म वृत्ति को ज्ञान की वृत्ति से हटाया, फिर उससे भी निवृत्त हो गए। दोनों को हटा कर निर्द्वन्द्व हो गये! यह भी गयी, वह भी गयी। रहा कौन? निर्द्वन्द्व, अद्वय परमात्मा स्वयं रह गया। स्वस्वरूपस्थ हो कर रह गया। बस! फिर द्वितीय कोई रहा ही नहीं। अन्य कुछ रहा ही नहीं। अपनी सहज स्थिति में पहुँच कर अभय हो गए। जिससे अपने स्वरूप में स्थिति हो जाती है, अभयता ही प्राप्ति हो जाती है, उसी ज्ञान को इस एकादश स्कन्ध में बताया जा रहा है। वेदान्त के संस्कार न हों तो यह प्रकृत प्रसंग क्लिष्ट-सा लग सकता है। यह भी लग सकता है कि अब तक तो भागवत अच्छा चल रहा था। अब कुछ स्पष्ट नहीं हो रहा है। देखो यह वेदान्त का विषय है, तात्त्विक चर्चा है, अब थोड़ा इसे भी समझ लेना चाहिए सगुण को समझ लिया, अब थोड़ा निर्गुण को भी समझना है। "रघुपति महिमा अगुण अगाधा" क्योंकि भगवान की जो अगुण महिमा है वही उनकी गहराई है, उनका वास्तविक स्वरूप है। जब तक भगवत् तत्त्व का ज्ञान उदित नहीं होता, तब तक भक्ति में गहराई नहीं आती, गम्भीरता नहीं आती। तब तक भक्ति मात्र एक भावना बन कर रह जाती है। इसलिए दोनों (निर्गुण तथा सगुण) स्वरूपों को समझना आवश्यक है।

3. यदुवंशियों को ब्रह्मशाप

श्री शुकदेव जी कहते हैं कि जब भगवान ने निश्चय कर लिया कि धराधाम से जाने से पूर्व सात्त्विक वृत्ति रूपी यदुवंशियों को भी समाप्त करके जाना है, तब वे सोचने लगे कि उन्हें कैसे मिटाया जाए? इसीलिए भगवान ने उन्हें ब्रह्मशाप दिला दिया। खेल-खेल में यदुवंशी युवकों ने ऋषियों का- ब्राह्मणों का अपराध कर दिया और उसी कारण उनके शाप के पात्र बन गए। देखो, रामावतार में तो भगवान सबको अपने साथ लेकर गए थे, लेकिन कृष्णावतार में वे सबकों नष्ट करके जाते हैं। रामावतार तथा कृष्णावतार दोनों को सतही दृष्टि से देखने पर उनमें बड़ा विरोधाभास दीखता है। जहाँ रामचन्द्र जी सारे अयोध्यावासियों को साथ लेकर गए, वहीं श्रीकृष्ण सारे द्वारिका वासियों को खत्म करके जाते हैं। दोनों बातें वैसे तो विपरीत दीखती हैं, पर दोनों का तात्पर्य एक ही है। एक विधि प्रधान है, तो दूसरी निषेध प्रधान। जैसे, जब अन्वय पद्धति से उपदेश किया जाता है। तो कहते हैं कि सब कुछ भगवान ही हैं और जब व्यतिरेक पद्धति से उपदेश होता है तो कहते हैं कि भगवान ही हैं और दूसरा कुछ है ही नहीं। इस तरह दो प्रकार से विचार किया

जाता है। वेदान्त में ये दो प्रक्रियाएँ होती हैं, एक अन्वय की पद्धति और दूसरी व्यतिरेक की। चाहे कहो कि जो कुछ भी दिखायी दे रहा है, वह सब भगवान ही है, ब्रह्म ही है **"सर्व खलु इदं ब्रह्म"** या फिर यह कहो कि भगवान के अतिरिक्त कुछ है ही नहीं **"नेह नानास्ति किंचन"**।

यदुवंशी युवकों ने एकयुवक, साम्ब का गर्भवती स्त्री का-सा वेश बना दिया। फिर उसे लेकर वे सब ऋषियों के पास जाते हैं। और बनावटी नम्रता पूर्वक उनसे कहते हैं, "भगवन! यह नवयुवती गर्भवती है। यह जानना चाहती है। कि इसके गर्भ से पुत्र उत्पन्न होगा कि पुत्री? आप कृपा करके इसे बता दीजिये। स्वयं पूछने में इस संकोच हो रहा है।" वह साम्ब भी जो था, स्त्रियों के समान अभिनय करने में बड़ा कुशल था। लेकिन ऋषियों से क्या छिपा रह सकता है? वे समझ गए कि ये यदुवंश के युवक हमारे साथ खिलवाड़ कर रहे हैं। उन्हें इस बात से क्रोध आ गया और क्रोध से भरकर उन्होंने कहा, "इसके गर्भ से न पुत्र होगा, न पुत्री। एक लोहे का मूसल पैदा होगा और वह तुम्हारे समस्त कुल को नष्ट कर डालेगा।" ऋषियों के वचन सुनकर वे यदुवंशी कुमार घबरा गये। उन्होंने जल्दी से साम्ब के पेट पर से सारे कपड़े हटाये, तो सचमुच उसमें से, उसी समय एक मूसल निकल आया। मूसल यानी लोहे का वह डण्डा जिससे धान कूटते हैं। ऋषियों का शाप था, वह तो तत्क्षण लग जाता है, सिद्ध हो जाता है। भयभीत होकर वे सोचने लगे कि खेल-खेल में यह क्या हो गया? लेकिन देखो, उनकी बुद्धि कैसी हो गयी। घर लौटकर उन्होंने सब की उपस्थिति में उग्रसेन जी को तो सब बता दिया लेकिन भगवान श्रीकृष्ण को नहीं बताया कि हमने ऋषियो के साथ इस प्रकार का खेल किया और उनके शाप से एक मूसल निकला है। देखो, प्रायः जीवन में कोई-कोई बात ऐसी होती ही है जिसे हम छिपाना चाहते हैं। इस बात को वहाँ सभी लोग जान गये थे, लेकिन किसी ने भी श्रीकृष्ण को नहीं बताया। उन्हें लगा कि श्रीकृष्ण तो ब्राह्मणों का बड़ा आदर करते हैं, उनकी पूजा किया करते हैं। इस बात को सुनकर वे बड़े नाराज हो जायेंगे। यहाँ तक कि उग्रसेन जी ने भी श्रीकृष्ण को यह बात नहीं बताई। उन्होंने उस मूसल को चूर-चूर कर डाला। फिर भी एक कड़ा जैसा शेष रह गया कि जिसका चूरा हुआ ही नहीं। तब उग्रसेन जी ने कहा इस टुकडे को तथा चूरे को समुद्र में बहा दो। अब भगवान के संकल्प को कौन जान सकता है। भगवान की माया से वह सारा-का-सारा चूर्ण किनारे आ गया और ऐरक (घास) के रूप में उग आया। चुरा बनाने के बाद भी, उस मूसल का जो एक छोटा-टुकड़ा बच गया था, उसे एक मछली ने निगल लिया। उस मछली को एक मछुए ने पकड़ लिया। मछली के पेट से जब वह लोहे का टुकड़ा निकला, तो मछुए ने उसे लोहार को दे दिया। शिकार खेलने वाला एक लुब्धक उस लोहार के पास आ पहुँचा। शिकार करने वाले ये भील जाति के लोग अपने पास धनुष-बाण आदि रखते हैं। उस लुब्धक ने लोहार से कहा

कि मेरे बाण को नुकीला करने लिए यह लोहे का टुकडा ठीक रहेगा। उसने उस टुकडे को लेकर अपने बाण में लगा लिया।

4.   वसुदेव जी को नारद जी के द्वारा ज्ञानोपदेश

नारद जी बार-बार भगवान के पास आते रहते थे। वे भगवान श्रीकृष्ण से अत्यधिक प्रेम करने वाले हैं। उन्हें बारं-बार भगवान श्रीकृष्ण के दर्शन करने की इच्छा होती रहती थी, अतः वे प्रायः द्वारका आते रहते थे। एक बार, वहाँ पहुँच कर वे वसुदेव जी के घर जाते हैं। इसलिए कि नारद जी सोचते हैं कि वसुदेव जी भगवान से प्यार तो करते हैं, परन्तु उन्हें अपना बच्चा समझ कर प्यार करते हैं। अब यदि ये भगवान को सिर्फ बेटा-बेटा कहते रह जायेंगे, तो बात अधूरी ही रह जाएगी। उसमें पूर्णता नहीं है। अतः अब इन्हें भगवान के स्वरूप का- भगवत तत्त्व का ज्ञान प्राप्त हो जाना चाहिए। अब उसका समय आ गया है। नारद जी को घर आए देखकर वसुदेव जी ने उनका स्वागत किया। फिर उनकी पूजा आदि कर लेने के बाद, वे नारद जी से कहते हैं- भगवान! आप जैसे भगवन्मय भगवत प्रेमी जन हमारे घर में प्रवेश करें, यह हमारे ऊपर बड़ी कृपा है। यद्यपि मैं तो इतने से ही कृत-कृत्य हूँ। तथापि मेरे मन में बहुत बार ज्ञान प्राप्ति की इच्छा होती है, सत्य को जानने की जिज्ञासा होती है। सभी लोग श्रीकृष्ण को परमात्मा कहते हैं लेकिन जब भी मैं उनसे ज्ञान की बात पूछने जाता हूँ, जो वे मेरे ही पैर छूकर कहते हैं- आप तो मेरे पिता हैं। फिर वे मुझसे ही सीखने की बात करने लग जाते हैं। इतना ही नहीं, मेरे मन में भी, 'यह मेरा बेटा है', ऐसा भाव आता ही रहता है। (पता नहीं माता देवहुति ने अपने ही पुत्र कपिल मुनि से कैसे ज्ञान प्राप्त कर लिया था। और तो ऐसा कोई दीखता नहीं।) इसलिए मैं आप से उन साधनों को जानना चाहता हूँ जिनके श्रवण मात्र से ही मनुष्य सर्वतः भयावह इस भवसागर से मुक्त हो जाता है।

ब्रह्मंस्तथापि पृच्छामो धर्मान् भागवतांस्तव।
यांछुत्वा श्रद्धया मर्त्यो मुच्यते सर्वतोभयात्।।

जिसका पालन करके मनुष्य सब प्रकार के भ्रमों से, संसार के भय से छूट जाता है, वह भागंवत धर्म क्या है, आप मुझे सुनाइये। मैंने पहले भी भगवान की आराधना की थी। उस समय उनकी लीला से मोहित होकर मैंने उनसे ज्ञान नहीं माँगा, उनको इस पुत्र रूप से माँग लिया। इसलिए वे पुत्र रूप में आ गये हैं। अब इस रूप मे मैं उनसे यह ज्ञान प्राप्त नहीं कर सकता। अतः आप मुझे मृत्यु से मुक्ति तक के, इस संसार रूपी सागर से पार जाने का रास्ता बताइये। वसुदेव जी ने देवर्षि नारद जी से ऐसा निवेदन किया। यह सुनकर नारद जी का हृदय प्रसन्नता से भर गया।

5.   राजा निमि तथा नौ योगीश्वरों का संवाद

तब नारद जी, वसुदेव जी से कहते हैं, "तुम ने बहुत अच्छा प्रश्न पूछा है। केवल बहुत सौभाग्यशाली लोगो के मन में ही जन्म-मृत्यु से पार जाने कि जिज्ञाशा उत्पन होती है इसलिए मै आपको एक कथा के द्वारा मृत्यु से मुक्ति तक जाने का मार्ग बताता हूँ।" लेकिन चलना तो इस पर आपको ही पड़ेगा। गुरु या महापुरुष रास्ता दिखा सकते है लेकिन चलना तो मनुष्य को खुद ही पड़ता है और बिना चले मंजिल नहीं मिलती, चाहे रास्ता ही क्यों न पता हो। फिर कहा- वसुदेवजी, ऋषियों ने इस संदर्भ में एक एतिहासिक कथा कही है। भगवान ऋषभ देव जो मुँह में पत्थर डाल कर राज्य से चले गये थे। उनके सौ पुत्र थे, जिनमें सबसे थे बड़े राजा भरत। बाकि निन्यानवे में से, नौ पुत्र महाभागवत हुए। जिनको नौ-योगीश्वरों के नाम से जाना गया। कहते हैं कि मिथिला के राजा निमि एक बार बहुत बड़ा यज्ञ करा रहे थे। उसी समय, उनकी सभा में ये नौ योगी पदार्पण करते हैं। वे बडे तेजस्वी व सिद्ध थे। सदा अपने स्वरूप में स्थित रहने वाले मुक्त पुरुष थे। वे सब यत्र-तत्र स्वच्छन्द रूप से विचरण करते रहते थे। एक बार वे सब स्वतः ही अनायास राजा निमि के यज्ञ में पहुँच गये। तब राजा निमि कहते हैं-

मन्ये भगवतः साक्षात् पार्षदान् वो मधुद्विषः।
विष्णोर् भूतानि लोकानां पावनाय चरन्ति हि।।

कि आप तो साक्षात भगवान के पार्षद हैं। सबका कल्याण करने के लिए ही आप इस जगत मे विचरण करते रहते हैं। आज मेरा भी कल्याण करने के लिए आप यहाँ पधारे हैं। यह मनुष्य जन्म बड़ा दुर्लभ है, इतना ही नहीं, **"देहिनां क्षणभंगुरः"** यह तो बड़ा भंगुर भी है। अभी है, अगले क्षण में रहेगा या नहीं इसका कोई भरोसा नहीं है, कोई निश्चय नहीं है। **'दुर्लभो मानुषो देहो'** मनुष्य देह दुर्लभ है- इस बात पर आजकल के लोग विश्वास नहीं करते। कहते हैं- दुर्लभ कैसे है? जनसंख्या इतनी बढती जा रही है। लोक संख्या को देखकर लोगों को लगता ही नहीं कि मनुष्य जन्म दुर्लभ है। लेकिन शास्त्र कहते हैं- **'जन्तूनां नर जन्म दुर्लभम'** अरे! संसार में यदि जन्तुओं की, जीवों की संख्या देखी जाये तो अन्य जीवों की तुलना में मनुष्यों की संख्या ही कितनी है? थोड़ा विचार करो। वह बहुत थोड़ी सी है। मनुष्य जीवन एक चौराहा है जबकि अन्य जन्म केवल एक सीधा रास्ता। मनुष्य चाहे तो पशुओ से भी निचे गिर सकता है और चाहे तो देवताओ से भी ऊपर उठ सकता है ये उसे स्वतंत्रता है और प्रत्येक मनुष्य इस सम्भवना के साथ जन्म लेता है कि वह अपने वास्तविक स्वरूप को जानकर, मृत्यु के पाश से सदा के लिए मुक्त हो सकता है इसलिए विदेह राज निमि कहते हैं, "मनुष्य जन्म तो दुर्लभ है ही, लेकिन उससे भी दुर्लभ है, भगवान के अनन्य भक्त के दर्शन। मैं यही समझता हूँ कि जब भी कोई

भक्त मिल जाएँ तो उनसे व्यर्थ की चर्चा नहीं करनी चाहिए। उनसे अपने कल्याण की बात पूछ लेनी चाहिए। कहा जाता है कि आधे क्षण का सत्संग भी जिसे प्राप्त हो जाये, उसका कल्याण हो जाता है। मैंने सुना है कि कोई महिला कही सत्संग में गयी थी। उस दिन वहाँ उसे केवल तीन ही शब्द सुनायी दिये। एक था 'आ गये', दूसरा था 'बैठ गये' तीसरा था 'जा रहे हैं' बस! फिर वह महिला सत्संग से घर लौट आई। उसके पति ने पूछा, "सत्संग करके आयी हो?" तो उसने कहा, "हाँ", लेकिन आज न जाने क्यों मुझे नींद आती रही, ठीक से श्रवण नहीं हुआ, मैंने वहाँ सिर्फ तीन शब्द ही सुने। दैवयोग से उसी समय एक चोर उनके घर में घुस आया। फिर उसके पति ने पूछा कि कौन-से शब्द सुने? तो उस महिला ने कहा, "आ गये।" वह चोर उसी समय वहाँ आया था। उसका आना और इसका बोलना कि 'आ गये' दोनों एक साथ हुए। चोर घबरा गया। फिर वह कहती है, "बैठ गये।" चोर को लगा अरे! यहाँ मुझे कोई देख रहा है। यदि कोई देख रहा है, तो फिर मै यहाँ चोरी नहीं कर सकता। ऐसा सोचकर वह चोर उठकर जाने लगा। तब तक वह महिला कह रही थी 'जा रहे हैं।

6. प्रथम प्रश्न- भागवत धर्म का तात्पर्य

तो विदेहराज निमि उन नौ यौगियों से कहते हैं कि आप कृपा करके मुझे समझाकर बताइये कि- आत्यन्तिक क्षेम क्या हैं? मनुष्य का सबसे बड़ा कल्याण किसमें है? राजा निमि में कहते हैं- यदि आपकी दष्टि में हम सुनने की योग्यता रखते हों, तो आप हमें भागवत धर्म समझाइये। यहाँ विदेहराज निमि ने एक के बाद एक कई प्रश्न पूछे हैं। एक-एक प्रश्न का उत्तर एक-एक योगीश्वर ने दिया है। तो विदेहराज निमि पूछ रहे हैं कि वह भागवत धर्म क्या है जिसके द्वारा आत्यन्तिक क्षेम प्राप्त होता है? यह पहला प्रश्न है। इसका उत्तर उन नौ योगियों में से कवि नामक योगि ने दिया है। कवि अर्थात् क्रान्तिदर्शी, सर्वज्ञ। योगीश्वर कवि कहते हैं- 'मैं तो समझता हूँ कि जो अच्युत परमात्मा हैं, उनके चरण कमलों की सेवा करना ही सबसे बड़ा धर्म-भागवत धर्म है और इसी से इस संसार सागर का भय समाप्त हो जाता हैं। इसी से, यह जो हमारी बुद्धि असत् वस्तुओं में लगी रहने के कारण उद्विग्न बनी रहती है वह वहाँ से हट कर परमात्मा में लग जाती है और उसे अभयता प्राप्त हो जाती है। भागवत धर्म, वह क्या है? हम उसका पालन कैसे करें? देखो, यहाँ इस श्लोक में प्रथम पुरुष में (करोति यद यत) बोला गया है। प्रायः जब कोई कार्य करके इसे बोलते हैं तब उत्तम पुरुष में (करोति यद यत) कहा जाता है।

कायेन वाचा मनसेन्द्रियैर्वा बुद्ध्याऽऽत्मना वानुसृतस्वभावात्।
करोति यद्यत्सकलं परस्मै नारायणायेति समर्पयेत्तत्।।

योगीश्वर कवि कहते हैं कि मनुष्य अपने शरीर से, वाणी से, इन्द्रियों से, मन से, स्वभाव से जो कुछ भी करता हो- चलना, उठना, फिरना, देखना, बोलना, सोना, खाना, पीना, हँसना, रोना आदि, वह सब-का-सब भगवान को अर्पित है, ऐसा मान कर करे। वह जो-जो कर्म करता हो, सब-का-सब भगवान को समर्पित कर दे। यही कर्म योग है और ऐसा करना ही भावगत धर्म कहलाता है। भगवान शंकराचार्य जी ने भी ऐसी ही बात कही है-

यद्‌यत्कर्म करोमि तत्त्दखिलं शम्भो तवाराधनम्।

हे भगवन्! मैं जो-जो कार्य करता हूँ, वह सब-का-सब आपकी पूजा है। ऐसा जिसका भाव हो, उस पुरुष का सोना भी भगवान के लिए ही होता है, और जागना भी।

इस प्रकार से अपने सारे कर्मादि, सभी कुछ "नारायणायोति समर्पयेत्तत्" भगवान के श्री चरणों में समर्पित कर दिए जाएँ तो भगवान ही भगवान रह जाएँगे, दूसरा कुछ रहेगा ही नहीं। फिर कहते है- यदि कोई अपने आपको भी समर्पित कर दे, तब तो उस मनुष्य को किसी से कोई भय भी नहीं रह जाता! देखो, हमें जो भय होता है वह **"द्वितीयाद् वै भयं भवति"** दूसरे से ही होता है। दूसरे व्यक्ति के दर्शन मात्र से भय नहीं होता, भय होता है उसे दूसरा, अन्य जानने पर। यह अन्य मानना- अन्यता का दर्शन, भ्रामक होता है, मोह के कारण होता है। वह जो दूसरा है, वह मेरा ही रूप है, ऐसा जान लेने पर, मोह मिट जोने पर भ्रम नहीं होता।

मुझे एक कहानी याद आती है, किसी राजा का एक महल था। उसके एक कमरे में आमने-सामने बहुत सारे दर्पण लगे थे। उस कक्ष में प्रवेश करने पर अपने असंख्य रूप दिखाई देते थे। राजा का एक कुत्ता था। वह एक दिन उस कमरे में घुस आया। उसने देखा कि वहाँ हजारों कुत्ते एक साथ उसकी ओर आ रहे हैं। वह भौं-भौं करके उनकी ओर दौड़ने लगा। तब वे सब भी उसकी ओर दौड़ने लगे तो वह घबरा गया। अब देखो, उस कुत्ते को जो डर लगा रहा था, वहकिस कारण से था? दूसरा कोई था क्या वहाँ पर? नहीं था। लेकिन "द्वितीयाभिनिवेशतः" उसे दूसरे का - अन्य का अभिनिवेश हो गया था। जैसे वहाँ दूसरा कोई नही था, वैसे ही यहाँ भी दूसरा कोई नहीं है, लेकिन जब तक हम यही मानकर बैठे रहेंगे कि दूसरा है, तब तक डर भी लगता ही रहेगा। जैसे, रात को यदि कोई खट-पट की आवाज आती है या कोई आहट मालूम पड़ती है। तो हम घबराकर देखने लगते हैं कि कौन है। तब यदि कोई आदमी धीरे से कमरे में घुस आता है और वह अलमारी के पास जाकर उसे खोलने लगता है, तो उस समय जल्दी-से हमारे मुख से आवाज भी नहीं निकलती। लगता है बोलूँ कि न बोलूँ। फिर भी हिम्मत करके डरत-डरते कहते हैं- कौन है? वह आदमी बत्ती जलाता है। तब राहत भरी आवाज में कहता हैं- पिताजी आप? फिर निश्चन्त हो जाते हैं कि ये तो अपने ही पिता जी हैं। दूसरा कोई नहीं है। अब देखो, जब तक ऐसा समझ रहे थे कि कोई दूसरा आया है, तब तक बड़ा डर

लगता रहा। जैसे ही पता चला कि ये तो मेरे पिताजी हैं, या मेरा भाई है तो सारा भय चला गया। तब, स्वंय से भिन्न किसी और को (पिताजी या भाई को) देखने के बाद भी उनमें दूसरे का अभिनिवेश नहीं रहा। यह दूसरा नहीं, यह तो मेरा ही है, इतना समझते ही बस! भय समाप्त हो गया। कहने का तात्पर्य है जब अद्वैत में प्रतिष्ठा होती है, तभी जाकर व्यक्ति अभय बनता है। यहाँ योगीश्वर कवि कहते हैं- अविद्या के कारण ही हमें ये सारी-की-सारी चीजें अन्य रूप में दिखायी देती हैं। लेकिन "भक्त्यैकयेशं गुरुदेतात्मा" जब कोई गुरु को ईश्वर मानता है, और ऐसा मानकर जब वह ईश्वर की अनन्य भक्ति करता है, वेदान्त विचार करता है तब उसके हृदय से अविद्या निवृत्त हो जाती है। अविद्या निवृत्त होने पर उसे पता लगता है कि जिस-जिस को वह दूसरा मान रहा था, अन्य समझ रहा था, वह सब अन्य अथवा दूसरा नहीं है। यहाँ दूसरा तो कुछ है ही नहीं। मै ही मैं हूँ! सारे रूपों में आत्मा स्वयं ही है। वास्तव में तत्त्व तो एक ही है, लेकिन जो देखने वाला है वह अपनी भावना के कारण दो या अनेक चीजें देखने लग जाता है। जैसे स्वप्न में, एक मात्र मन ही होता है, तथापि अपनी कल्पना से, जाग्रत अवस्था के मनोरथों के कारण पता नहीं वह कितनी-कितनी चीजें देखने लगता है, एक स्वप्न प्रपंच खड़ा कर लेता है। कहना यही है कि यह मन ही द्वैत खड़ा कर लेता है। इस मन का यदि आत्मा में निरोध कर दिया जाए, तब द्वैत नहीं रहता।

माण्डूक्यकारिकाकार लिखते हैं कि- **मनसो ह्यमनीभावे द्वैतं नैवोपलभ्यते।**

जहाँ मन, अमन बन जाता है वहाँ द्वैत नहीं रहता। जब मन फड-फड़ करता है, तभी द्वैत दिखाई देता है। जैसे ही मन शान्त हो जाता है, द्वैत नही रहता। यह सारा द्वैत प्रपंच मन का ही स्फुरण हैं मन जब पूर्णतः शान्त हो जाए, तब साधक परमात्मा का अनुभव कर लेता है। ऐसी स्थिति में पहुँच जाने के बाद उस भक्त के दिमाग में सगुण और निर्गुण का भेद नहीं रहता। कई लोग अपने को बड़े अद्वैतवादी समझते रहते हैं और फिर सगुण-निर्गुण को लेकर विवाद भी करते रहते हैं। कोईद्कोई कहते हैं- हम तो निर्गुण वादी हैं। अरे! तो सगुण कौन सी चीज है? अद्वैत बोध के बाद सगुण-निर्गुण का भेद नहीं रहता क्योंकि तब परमात्मा एक ही है, यह बोध हो जाता है। ज्ञानेश्वर महाराज ने लिखा है- "तुझ सगुण म्हणो कि निर्गुण रे" भगवान तुमको मैं सगुण कहूँ कि निर्गण कहूँ? "सगुण निर्गुण दोन्ही एकु गोविन्दु रे" सगुण-निर्गुण दोनों ही एक गोविन्द हैं, परमात्मा हैं। उसी एक अद्वितीय परमात्मा को कोई सगुण कहते हैं तो कोई निर्गण। भागवत धर्म का पालन करते हुए यानी प्रत्येक कर्म को ईश्वरार्पण बुद्धि से करते हुए उसका मन शुद्ध होता है और तब फिर वह सद्गुरु से आत्मज्ञान प्राप्त कर लेता है। यह सुनकर मन में प्रश्न उठता है कि उसके बाद वह क्या करता है? कैसे रहता है?

बोले, फिर वह सारी सृष्टि को भगवन्मय देखता है। इसी कारण तब वह जिसे देखता है, उसी को नमस्कार करने लग जाता है। लोग सोचते हैं अरे! यह किसको नमस्कार कर रहा है? खम्भे को नमस्कार कर रहा? पशु को नमस्कार कर रहा है? जबकि वह तो परमात्मा को नमस्कार कर रहा होता है। भगवान रामकृष्ण परमहंस, काली देवी की आरती उतारते-उतारते स्वयं अपनी ही आरती उतारने लग जाते थे। लोग कहते थे, अरे! देवी की आरती करते हो या स्वयं अपनी? बोले- मुझे जहाँ देवी दीखती है, वहीं आरती करता हूँ। तो वह ऐसा हो जाता है! उसे सर्वत्र-हर जगह भगवान का दर्शन होने लगता है।

इसके बाद, भगवान की भक्ति के विषय में एक बड़ी ही सुन्दर बात कही गई है।, कहते हैं जैसे-भूख लगने पर जब हम भोजन करने बैठते हैं, तब मुख में ग्रास डालते ही तीन चीजें एक ही साथ होती हैं "तुष्टिः पुष्टिः क्षुदपायोऽनुघासम"। एक है तुष्टि- जब तेज भूख लगी हो, तब मुँह में ग्रास डालते ही बड़ा संतोष होता है दूसरी है पुष्टि- थोड़ा अन्न मुँह में जाते ही अपने अन्दर शक्ति के संचार का अनुभव होने लगता है और तीसरी है- क्षुधा निवृत्ति ये तीनों चीजें साथ-साथ होती है, तब भगवान का ज्ञान रूपी अनुभव और विषयों से विरक्ति ये दोनो भी आ जाते हैं। भगवान की भक्ति के साथ विरक्ति भी आती है, और उससे परमात्मानुभूति हो जाती है। भक्ति, विरक्ति और परमात्मानुभूति ये तीनों साथ-ही-साथ प्राप्त होती हैं। (जैसे भोजन प्रारम्भ करने पर तुष्टि, पुष्टि और क्षुधा निवृत्ति साथ-ही-साथ हो जाती हैं।) फिर जब इन तीनों में पूर्ण निष्ठा हो जाती है, तब उस भागवत का पूरा जीवन भगवत् केन्द्रित हो जाता है और उसे परम शान्ति प्राप्त हो जाती है। देखो, प्रायः लोग साधना का क्या अर्थ समझते हैं? यही कि नित्य प्रातः उठकर पाँच-दस मिनट भगवान का नाम ले लिया, पूजा कर ली तो बस हो गयी भक्ति या साधना। फिर शेष समय वे अन्य लौकिक कर्मों में लग जाते हैं। यहाँ कहते हैं, चाहे वह सत्कर्म को, जैसे जप तप, पूजा ध्यान, भजन, दान-पुण्य आदि, या अन्य कोई भी लौकिक कर्म हो, जैसे दफ्तर जाना, पढाना, पढ़ना, व्यवसाय करना आदि जो कुछ भी हो, वह सब-का-सब भगवान का काम है, ऐसा समझ कर करना ही सच्ची साधना है। लोग इस तथ्य को नहीं समझते। दस-पाँच मिनट कुछ कर लेने को ही भक्ति या साधना समझ बैठते हैं। इसीलिए उनके जीवन में सदा द्वन्द्व बना रहता है उन्हें साधना के लिए अवकाश ही नहीं मिलता। कहते हैं- डॉ साब घर का जंजाल लगा ही रहता है। अरे! थोड़ा इस प्रकार से काम करो, हर कर्म को भगवान का समझकर, भगवान की प्रीति के लिए करो, फिर देखो कि भक्ति, विरक्ति और अनुभूति ये तीनों साथ-ही-साथ कैसे प्राप्त होती हैं। सुनकर राजा निमि प्रसन्न हो गए।

7. द्वितीय प्रश्न - भक्त के लक्षण

फिर वे दूसरा प्रश्न पुछते हैं। कहते हैं, "भागवन, आपने अभी भागवत धर्म बताया। साधना भी बतायी। अब कृपा करके यह भी बताइये कि जो भगवान का भक्त बन गया, जिसे भागवत कहते हैं, उसके लक्षण क्या होते है? उसके धर्म क्या होते हैं? उसका स्वभाव, उसका वर्तन, उसका व्यवहार कैसा होता है? क्योंकि भक्त भी अनेक प्रकार के देखे जाते हैं। भले ही वे सभी भगवान से प्रेम करतें हों तथापि उनमें भेद दीखता है, वे सब एक ही श्रेणी के हों ऐसा नहीं लगता। अतः आप कृपा करके मुझे बताइये कि सर्वश्रेष्ठ भक्त कौन होता है? उसके लक्षण क्या होते हैं?"। तब हरि नाम के योगी उन्हें उत्तम भक्त, मध्यम भक्त तथा सामान्य भक्त के लक्षण बताते हैं। जो भगवान का भक्त होता है उसे भागवत कहते हैं। भगवत प्राप्ति का जो साधन है उसे भी भागवत कहते हैं और भगवान का जो स्वरूप है, वह तो भागवत् है ही। तो स्वयं भगवान भागवत हैं, भक्त भागवत है, और भगवत प्राप्ति का साधन भी भागवत है। इस रीति से भी सब अद्वैत ही है। देखो, यहाँ योगेश्वर हरि ने विदेह राज निमि के दूसरे प्रश्न का सीधा-सा उत्तर दिया है। पहले उत्तम भक्त फिर मध्यम भक्त और अन्त में सामान्य भक्त कौन होता है, अब योगीश्वर हरि कहते हैं- "सर्वभूतेषु यः पश्येद भगवद्भावमात्मनः" जिसने स्वं को अपनी आत्मा को भगवद्रूप को से पहचान लिया है अथार्त वह सारे भूतों का- समस्त प्राणियों का स्वरूप है ऐसा जान लिया है, साथ ही- वे सारे भूत (प्राणी) आत्मरूप भगवान में ही हैं, ऐसा भी जिसने जान लिया, वही सबसे श्रेष्ठ भक्त है, उत्तम भागवत है। देखो, यह तो उपनिषद या गीता जी की ही बात है श्रीमद्भागवद्गीता में कहा गया है- "सर्वभूतस्थमात्मानं सर्वभूतानि चात्मनि"। जो समस्त भूतों में आत्मा को और आत्मा में सारे भूतों को देखता है, वही सबसे श्रेष्ठ योगयुक्तात्म है। इसीलिए तो तुलसीदास जी ने कहा-

सीयराममय सब जग जानी। करउँ प्रनाम जोरि जुग पानी।।

समस्त जगत को सीता-राममय देखते हुए मैं उन्हें प्रणाम करता हूँ यही उत्तम भक्त का लक्षण है। वह ऐसा नहीं कहता कि यह पशु है, यह पेड़ है, जीव है, यह जन्तु है। वह तो सबको भगवद्भाव से देखता है। वह अपने में और जगत में भेद नहीं देखता क्योंकि उसकी भेद-बुद्धि मिट चुकी है। उसकी भेद-बुद्धि समाप्त हो गयी है। इस प्रकार, पूरे जगत को जो आत्मभाव से देखता है, वह सबसे उत्तम भक्त है।

जरा सोचो, अभी हम जगत् को किस दृष्टि से देखते है? परिवार में तो फिर भी यह मेरा भाई है, मेरी बहन है, इस प्रकार की एकता देखी जाती है। परन्तु अन्य लोगों को हम अपना नहीं समझते। यह अपना है और यह पराया है- ऐसा भेद भाव बना ही रहता है। लोक में प्रायः देखा जाता है कि लोग अपनो के लिए तो कुछ

भी करने को तैयार हो जाते हैं परन्तु दूसरों के लिए नहीं करते। वह इसीलिए कि उनको 'पर' दृष्टि से देखते हैं। उन्हें दूसरा समझते हैं। इसके विपरीत, जगत को जो आत्मभाव से देखता है, उसके मन में किसी के प्रति ऐसी भेद बुद्धि नहीं रहती। ऐसे को ही सबसे उत्तम भक्त कहते हैं। जो रोज भगवान को पंद्रह किलो का नैवेद्य चढ़ाये और चार-चार घण्टे पूजा घर में बैठा रहे, वही उत्तम भक्त हो, ऐसी बात नहीं है। अच्छा, अब जो मध्यम श्रेणी का भक्त कहलाता है, वह कैसा होता है?

ईश्वरे तदधीनेषु बालिशेषु द्विषत्सु च। प्रेममैत्रीकृपोपेक्षा यः करोति स मध्यमः।।

कहते है जो, ईश्वर से प्रेम करता हो, ईश्वर के भक्तों के प्रति मैत्री का भाव रखता हो, नासमझ या अज्ञानी जनों पर दया करता हो, कृपा करता हो तथा भगवान से द्वेष करने वालों की उपेक्षा करता हो, वह मध्य श्रेणी का भक्त कहलाता है। देखिये, यहाँ एक बात ध्यान में लाने की है। हमें किसी द्वेषी व्यक्ति से भी द्वेष करने की आवश्यकता नहीं है। चाहे वह भगवान से ही द्वेष करने वाला क्यों न हो। हमें उसका अनुकरण अथवा उसके समान आचरण करने की कोई आवश्यकता नहीं है। देखो, यहाँ मध्यम भक्त के लक्षणों के रूप में चार बातें कही गयी हैं- ईश्वर से प्रेम, ईश्वर के भक्त के प्रति मैत्री, अज्ञानियों पर दया, कृपा तथा ईश्वर से द्वेष करने वालों की उपेक्षा। उपेक्षा का अर्थ है, नजरअंदाज करना, उस पर ध्यान न देना। परन्तु नारद जी कैसे हैं, मालूम है? वे तो ऐसे हैं कि अभक्तों के पास भी जा-जाकर, उन्हें कोई-न-कोई ऐसा उपदेश कर आते हैं कि जिससे वे भी भगवान के भक्त बन जाएँ। और यदि वे भक्त न बन सकें तो उन्हें कुछ ऐसा बता आते हैं कि जिससे उनका मन भगवान में लग जाए। वे भक्ति करने लग जाएँ। नारद जी उनकी उपेक्षा भी नहीं करते। वे तो सोचते हैं कि ऐसे लोगों को भगवद् मार्ग पर, सत्य के पथ पर लाने की और भी ज्यादा जरूरत है। इसी विचार से वे कंस के पास भी चले गए थे। लेकिन उसको दूसरे प्रकार का उपाय बताया था। उसे बता दिया कि देवकी के आठवें गर्भ से उसका अन्त होगा। फिर यह भी बता दिया था कि वह गोकुल में पल रहा है। जो उपदेश उन्होंने ध्रुव जी को या प्रह्लाद जी को किया था, वही कंस को नहीं किया था, क्योंकि वह उसके लिए तैयार नहीं था। अतः उसे वैसी ही बात बताई थी जिससे उसका कल्याण हो जाए। उन्हें मालूम था कि कंस भगवान से प्रेम नहीं कर सकता। इसलिए, उसके (कंस के) मन में नारदजी ने भगवान का भय बैठा दिया, जिससे कि (भले ही भय के कारण ही क्यों न हो) वह दिन-रात भगवान का ही चिन्तन करता रहे। कहने का तात्पर्य इतना ही है कि संत लोग किसी की उपेक्षा नहीं करते। जगत् में ऐसा भी देखा जाता है कि समाज में जो लोग बड़े प्रतिष्ठित या धनवान् होते हैं, उनका सम्मान भले ही होता हो लेकिन उनका चरित्र व स्वभाव बहुत अच्छे हों यह कोई आवश्यक नहीं होता है। अब यदि कोई साधु या सन्यासि उनके घर जाते हैं तो लोग कहने लगते है कि आज-कल

साधु लोग भी धनवानों के वश में हो गए हैं। वे इस बात को नहीं समझते कि साधु के मन में धन-सम्पत्ति का कोई विचार हो न हो?। यह बात गौण है लेकिन असली बात यह होती है कि वे किसी की भी उपेक्षा नहीं करते। मैंने सुना है एक ज्ञानी महात्मा थे वे धनवानों के पास जा-जाकर उनकी खुशामद किया करते थे। किसी ने उनसे कहा- आप ज्ञानी महात्मा होकर उनके पास क्यों जाते रहते हैं? बोले - बात यह है कि चाहे कद्दू हँसिए पर पड़े या हँसिया कद्दू पर, कटेगा कौन? कद्दू ही कटेगा न? वे हमारे पास आयें या हम उनके पास जाएँ, कटने वाले वे ही हैं। बन्धन तो उन्हीं का कटेगा। एक और महात्मा थे जो बारं-बार चोरी किया करते थे। पकड़े जाने पर उनको जेल में भेज दिया जाता था। किसी ने कहा- आप साधु होकर चोरी क्यों करते हैं? बोले- इसलिए करता हूँ कि मैं पकड़ा जाऊँ और जेल में जाऊँ। वह क्यों? इसलिए कि जेल में चोर डकैत आदि रहते हैं। उनको कौन सिखाएगा? ऐसे तो कोई जेल के भीतर जाने नहीं देगा, इसलिए मैं चोरी करता हूँ। जिससे कि जेल में जाकर उन्हें भी कुछ सिखा सकूँ। कहने का अर्थ इतना ही है कि साधु जन उनकी भी उपेक्षा नहीं करते। जो अज्ञानी है, मूढ़ है, अधर्मी है।

यद्यपि ऐसे लोगों की या द्वेष करने वालों की उपेक्षा करना ही मध्यम श्रेणी के भक्त के लिए उचित है तदपि उसे भी द्वेष करने वालों से डरने की कोई जरूरत नहीं हैं। हाँ, इतना अवश्य है कि साधक अवस्था में हमें उनसे दूरी रखनी चाहिए। जब तक शुद्ध ज्ञान प्राप्त नहीं हो जाता, तब तक उनका संग नहीं करना चाहिए, लेकिन उनसे द्वेष भी नहीं करना चाहिए। सामान्यतः देखा यही जाता है कि पहले तो मनुष्य भोगों में आसक्त रहता है। जब वह थोड़ा बहुत धर्माचरण प्रारम्भ करता है, धर्म मार्ग पर चलने लगता है, तो अपने आप को बड़ा धर्मात्मा और दूसरों को पापात्मा समझने लगता है। स्वयं को बहुत श्रेष्ठ समझने लगता है। ऐसा नहीं होना चाहिए। अच्छा, अब देखो सामान्य भक्त - प्राकृत भक्त कौन होता है?

अर्चायामेव हरये पूजां यः श्रद्धयेहते।
न तद्भक्तेषु चान्येषु स भक्तः प्राकृतः स्मृतः।।

कहते हैं जो केवल मूर्तिपूजा करता है, मूर्ति को स्नान कराना, माला पहनाना, नैवेद्य अर्पण करना, आरती करना आदि तो सब करता है लेकिन भगवान को कोई भक्त आ जाए, या कभी-कभी स्वयं भगवान ही आ जाएँ, तो उन्हें भगा देता है। उनकी सेवा नहीं करता, उनसे प्रेम नहीं करता। जो ऐसा हो, वह प्राकृत भक्त कहलाता है। पूजा आदि करना अच्छा है लेकिन उसी में अटके रहना अच्छा नहीं है। उसके आगे भी बढ़ना चाहिए, उससे ऊँचा भी उठना चाहिए। बहिःस्थ मूर्ति में जिस परमात्मा की पूजा कर रहा हूँ, वह मेरे हृदय में भी है और वही परमात्मा सब के हृदय में है- किसी साधक का जब ऐसा भाव बन जाता है, तब उसे उत्तम भागवत कहते हैं। जो मूर्ति पूजा तक ही सीमित रहता है, उसका किसी दूसरे के

प्रति वैसा प्रेम नहीं होता। मूर्ति के सम्मुख भले ही उसकी आँखों में आँसू आ जाते हों, हृदय गद्-गद् हो जाता हो, परन्तु जब तक अन्य लोगों के प्रति उसके मन में कोई विशेष भाव नहीं उठता, तब तक वह प्राकृत भक्त ही कहलाएगा। उत्तम भक्त के लक्षणों का विस्तार करते हुए आगे कहते हैं कि समस्त दृश्य प्रपंच को देखते हुए तथा इन्द्रियों द्वारा अन्य विषयों का भी ग्रहण करते हुए, वह यही समझता है कि यह सब भगवान की माया है, भगवान का विलास है। साथ ही, ऐसा समझते हुए जो न किसी से द्वेष करता है, न ही किसी में आसक्त होता है वह उत्तम भक्त है। भगवत गीता में भगवान कहते है-

चतुर्विधा भजन्ते मां जनाः सुकृतिनोऽर्जुन।
आर्तो जिज्ञासुरर्थार्थी ज्ञानी च भरतर्षभ।।

कि चार तरह के मनुष्य मुझे भजते है। दीन-दुःखी, जिज्ञासु, धन-पद के इच्छुक तथा ज्ञानी। इन चारो में ज्ञानी उत्तम भक्त है, जिज्ञासु मध्यम तथा दुखी और धन-पद के इच्छुक, ये प्राकृत भक्त है।

देखो, संसार में रहते हुए मनुष्य की परिस्थितियाँ एक जैसी तो रहती नहीं। कभी सम्पत्ति आती है, तो कभी विपत्ति आती है, कभी बीमारी आती है, तो कभी शरीर स्वस्थ भी रहता है। कभी धन प्राप्त होता है, लाभ होता है तो कभी हानि भी होती है। कभी घर में बच्चे का जन्म होता है तो कभी किसी का निधन भी होता है। ये सब होते रहते हैं लेकिन इन नाना प्रकार के संसार-धर्मों से- परिवर्तनों से उत्तम भक्त मोहित नहीं होता। वह कैसे? वह इसलिए कि 'हरेः स्मृत्या' उसके हृदय में भगवान का ऐसा अखण्ड स्मरण बना रहता है जिसके कारण उक्त संसार-धर्म किसी प्रकार विचलित नहीं कर पाते। यहाँ पर, इसी निमित्त से हमें भी यह उपदेश दिया गया है कि जीवन में कभी कोई दुःखद परिस्थिति आए, तो रोते मत बैठो। भगवान का स्मरण करो। ऐसा क्यों हो गया? कैसे हो गया? ऐसा नहीं होना चाहिए था, मेरे ही साथ ऐसा क्यों होता रहता है, दूसरों के साथ क्यों नहीं होता? प्रायः हम लोग इस प्रकार से सोचते व रोते रहते हैं। अपने मन को इसी प्रकार से त्रस्त करते हैं। यहाँ कहा ऐसा चिन्तन छोड़कर भगवान का स्मरण करते रहो। देखिये उत्तम भक्त के ये ही सब लक्षण गीता जी के बारहवें अध्याय में "अद्वेष्टा सर्वभूतानां मैत्रः करूण एव च"। आदि श्लोकों के द्वारा कहे गए हैं। वहाँ यह कहा गया है कि वह देह में जरा भी आसक्त नहीं होता। अपने वर्ण, आश्रम, जाति आदि का उसे अभिमान नहीं होता। यहाँ कहते हैं- उसमें यह मेरा है, यह पराया है, इस तरह के भेद भाव नहीं होते।

एक बार तुकाराम जी महाराज किसी पर्वत पर बैठे थे। तब रिद्धि-सिद्धि उन्हें वर देने के लिए वहाँ पहुँच गईं। उन्हें भगवान ने भेजा था। वे आकर कहती हैं, "भगवान आपके ऊपर बड़े प्रसन्न हैं। उन्होंने ही हमें आपकी सेवा के लिए भेजा है।

आपकी जो इच्छा हो आप उसे माँग लीजिए"। तुकाराम जी को लगा, मैं यहाँ बैठकर शान्ति से भगवान का नाम ले रहा हूँ। ये बेकार में यहाँ आकर उसमें विघ्न डाल रही हैं। इसलिए तुकाराम जी ने उन्हें वापस भेज दिया। भगवान का आदेश पाकर वे पुनः आ गईं। तब तुकाराम जी ने उनसे कहा, "भगवान ने कुछ माँगने के लिए कहा है? तो उन्होंने हाँ भरी। तब तुकाराम जी ने कहा, "अब जाओगी तो वापस मत आना। अरे! चाहे वर देना हो, या जो भी कुछ करना हो, परन्तु भगवान के स्मरण में विघ्न क्यों डालती हो?" देखो ये भक्त ऐसे होते हैं कि त्रैलोक्य का वैभव भी प्राप्त हो रहा हो, तो भी उसे प्राप्त करने के लिए वे भगवान की स्मृति नहीं छोड़ते। नरसी मेहता न बहुत ही अच्छी बात कही है- "वैष्णव जन तो तेणे कहिये, जे पीर परायी जाने रे"। परायी पीर जानने का अर्थ कोरा उपकार करना और फिर उसका भी अभिमान करना- ऐसा नहीं होता। उनके मन में कभी अभिमान आता ही नहीं। कहना यही है कि जिसके मन में सदैव भगवान का स्मरण बना रहता हो वह सबसे उत्तम भक्त है।

भक्ति रूपी रस्सी से, प्रेम की डोरी से जिसने अपने आपको भगवान के चरणों से भली प्रकार बाँध लिया हो, जिसके लिए भगवद विस्मरण का कोई प्रश्न ही नहीं उठता हो, वह उत्तम भक्त है। तो इस प्रकार पहले प्रश्न के उत्तर के रूप में भागवत धर्म (परम श्रेय का साधन) और दूसरे प्रश्न का उत्तर देते हुए, उस भागवत धर्म का आचरण करने वाले भगवद्भक्त के- उत्तम भक्त के सुन्दर लक्षण समझा दिए गए।

8. तृतीय प्रश्न - माया का स्वरूप

अब यह तो प्रायः सभी जानते हैं कि भक्ति में जो बाधक तत्त्व है वह है 'माया'। यह माया हमें जल्दी से भगवान के पास जाने नहीं देती। इसलिए राजा निमि तीसरा प्रश्न पूछते हैं। वे कहते हैं, "भक्ति के मार्ग से माया बड़े-बड़े मायावियों को भी मोहित कर देती है। वह माया क्या है? यह आप हमें समझा कर बातइए।" इसका उत्तर तीसरे योगीश्वर अन्तरिक्ष जी ने दिया है। उन्होंने दो प्रकार की माया का वर्णन किया है। उसी को तुलसीदास जी ने इस प्रकार कहा कि माया दो प्रकार की होती है। एक अविद्या माया और दूसरी विद्या माया। जो सम्पूर्ण जगत् का सृजन करती है उसे विद्या माया कहते हैं।

मयाध्यक्षेण प्रकृतिः सूयते सचराचरम।

गीता जी में भगवान कहते हैं, "मेरी अध्यक्षता में, प्रकृति चराचर सृष्टि की रचना करती है।" यह जो पंच महाभूतों की सृष्टि, स्थिति तथा लय करने वाली माया है, वह हमारी समस्याओं का कारण नहीं हैं। लेकिन- जीव जब इस सृष्टि के साथ तादात्म्य करके यह मैं हूँ, यह मेरा है, यह उसका है, यह अच्छा है, यह बुरा है, इस प्रकार उसमें राग-द्वेष का निर्माण कर लेता है। तब उसे ही अविद्या

माया कहते हैं। हम जीवों ने मैं, मेरा वाली जो सृष्टि बना ली है, वही अविघा माया का कार्य है, वही हमें बन्धन में डालने वाली होती है। वही हमें साधना में, भक्ति में आगे बढने से रोकती रहती है। जरा सोचो, क्या आकाश के कारण हमें कभी कोई समस्या होती है? कितना सुन्दर विशाल आकाश है, उसमें सूर्य है, चन्द्रमा है, अनेक-अनेक तारे-नक्षत्र हैं, वे सब चमकते रहते हैं या फिर ये जो नदियाँ हैं, पहाड़ हैं, वन हैं, वृक्ष है, पशु हैं, क्या इनके कारण कोई समस्या या कोई दुःख की बात होती है? जहाँ हम इस जगत की किसी भौतिक वस्तु को देखते हैं, वहीं 'यह मेरी है' 'यह उसकी है' आदि अनेक भाव मन उठने लगते हैं। चन्द्रमा को देखकर कोई यह नहीं कहता कि चन्द्रमा मेरा है, तुम उसकी ओर मत देखो! ऐसा कोई कहता है क्या? हिमालय को देखकर यह पर्वत मेरा है- इस प्रकार का भाव मन में नहीं आता। उसे देखकर तो मन में बड़ा आनन्द होता है। इतना ही नहीं, यदि किसी का ध्यान उस ओर न हो तो उससे भी कहते हैं कि देखो, देखो! हिमाच्छादित (बर्फीले) पर्वत कितने अच्छे लग रहे हैं। देखो, यह जो भगवान की माया है, वह हमें दुःख या कष्ट देने वाली नहीं होती है। लेकिन जहाँ 'मैं-मेरा', 'इसका-उसका' यानी 'स्व-पर' भाव मन में आते हैं, वहीं राग-द्वेष भी हो ही जाता है। तब फिर, मैं कर्ता हूँ मैं भोक्ता हूँ- इस प्रकार के भाव भी आ ही जाते हैं। यह जो अविद्या माया है, यही अनात्मा में आत्मबुद्धि करा देती है। माया उसे कहते हैं जो किसी चीज को, वह जैसी हो वैसा न दिखाकर वह जैसी न हो वैसा उसे दिखा दे, अर्थात् उसका यथार्थ रूप न दिखाकर उसे अन्यथा रूप में दर्शा दे। फिर उसी अन्यथा रूप को हम सच मान बैठते हैं। जो जैसा न हो, उसे वैसा दर्शा देना- यह माया का कार्य है। इसी माया के कारण हम मोहित होते रहते हैं। माया का यह लक्षण हम पहले भी देख चुके हैं 'यन्नयेन विरुध्यते' जो सारे तर्कों का विरोध करती हो यानी जो तर्कों से सिद्ध नहीं होती। इतना ही नहीं वरन् उसके विषय में जितना तर्क किया जाए वह उतनी जटिल प्रतीत हो, जो किसी रीति से समझ में न आए, उसी को माया कहते हैं।

यह माया सत्वगुण, रजोगुण तथा तमोगुण आत्मिका होती है, ईश्वर की अध्यक्षता में वह सृष्टि की उत्पत्ति, स्थिति तथा लय करती है। स्वयं उसकी अपनी कोई स्वतन्त्र सत्ता या शक्ति नहीं होती। तथापि जब हम ईश्वर के अस्तित्व को भूल जाते हैं और माया (प्रकृति) के अस्तित्व को स्वतन्त्र रूप से स्वीकार कर मान लेते हैं, तब वह माया हमें मोहजाल में फँसा देती है। इसके विपरीत, यदि मन में भगवान की स्मृति बनी रहे, और उन्हें ही माया के प्रेरक के रूप में जाने लें, तब वह माया हमें नहीं फँसाती। माया के इन लक्षणों को बताकर योगीश्वर अन्तरिक्ष जी कहते हैं, "बताओ, तुम ओर क्या जानना चाहते हो?" तब विदेहराज निमि ने यह बड़ा स्वाभाविक प्रश्न पूछा कि भगवान। इस माया को पार करने का उपाय क्या है?

9. चतुर्थ प्रश्न - माया तरण का उपाय

भगवन्! माया को पार करना बहुत कठिन है 'अकृतात्मभिः' जिन्होंने अपने आप पर कभी संयम नहीं रखा, स्वयं को अनुशासन में नहीं रखा, ऐसे अज्ञानी लोगों के लिए माया बडी दुस्तर होती है। देखो, गीता जी में स्वयं भगवान ने भी ऐसी ही बात कहीं है।

दैवीह्येषा गुणमयी मममाया दुरत्यया।
मामेवये प्रपद्यन्ते माया मेतां तरन्तिते।।

भगवान श्रीकृष्ण कहते हैं, "मेरी माया को पार करना बड़ा कठिन है लेकिन जो मेरी शरण में आते हैं, वे उसे बड़ी सरलता से पर कर जाते हैं।" जैसे, मछली पकड़ने वाला जब जाल फैलाकर मछली पकड़ने के लिए नदी में खड़ा होता है, तब जो मछलियाँ उसके पैर के पास रहती हैं, या पहुँच जाती हैं, वे उस जाल में नहीं फँसतीं। वैसे ही जो भगवान की शरण ग्रहण करते हैं वे माया में नहीं फँसते। इसी को गीता जी की भाषा में 'मामेव ये प्रपद्यन्ते' कहा गया है। पैर के ऊपरी भाग को 'प्रपद' कहते हैं। 'प्रपद्यन्ते' जो उसके पास रहते हैं, माने जो भगवान की शरण में आ जाते हैं, उन पर माया का कोई प्रभाव नहीं पडता। लेकिन, जो लोग भोगों में आसक्त हो कर उन्हें भोगने के लिए भगवान के चरणों से दूर चले जाते हैं, वे माया जाल में फँस कर पकडे जाते हैं। कहना यही है कि भगवान के चरणो को मन छोड़ो। इसीलिए तो कहते हैं 'जाऊँ कहाँ तजि चरण तिहारे' आपके चरणों को छोडकर हम कहाँ जाएँ? क्योंकि जहाँ जाते हैं वहीं फँस जाते हैं, सीधी-सी बात बस यही हैं।

यहाँ राजा निमि कहते हैं कि अब कृपा करके आप यह बताइये कि जिनकी बुद्धि प्रखर न हो, अर्थात जो स्थूल बुद्धि वाले हों, वे माया को किस प्रकार पार कर सकते हैं? इसका उत्तर प्रबुद्ध नाम के चौथे योगीश्वर ने दिया है। माण्डूक्य कारिका में श्री गोडपादाचार्य जी ने कहा है कि अनादि माया के कारण सोया हुआ यह जीव जब 'प्रबुध्यते' जगता है- तब वह अद्वैत आत्मा को जान लेता है। अतः 'प्रबुद्ध' वह है जो माया रूपी निद्रा से जग गया हो। तो इसलिए प्रबुद्ध योगी बताते हैं। कि माया को कैसे पार करना है। देखो, स्वप्न की माया से छूटने के लिए उपाय क्या है? जाग जाना! इसके अनिरिक्त दूसरा कोई विकल्प नहीं है। जागे बिना स्वप्न दूर नहीं होता। रस्सी में यदि साँप की भ्राँति हो गयी हो, तो जब तक 'यह सर्प नहीं, रस्सी है' ऐसा जान नहीं लेते तब तक भ्राँति मिटती नहीं। यह भ्राँति प्राणायाम आदि से नहीं मिटती। रस्सी के स्थान पर साँप देखने वाला यदि प्राणायाम करने बैठ जाए तो उसे साँप का दिखना बंद हो जाएगा परन्तु रस्सी का बोध नहीं होगा। अतः आँख खुलने पर या प्राणायाम छूटने पर वह साँप पूर्ववत् ही दिखायी देगा। वह भ्रामक साँप तब तक बना रहेगा जब तक रस्सी का ज्ञान नहीं होता। प्रबुद्ध

जी कहते हैं- "कर्माण्यरभमाणानां दुःखहत्यै सुखाय च"। लोग सुख प्राप्ति के लिए, दुःख की निवृत्ति के लिए कर्म तो करते हैं, लेकिन उससे उनका दुःख दूर नहीं होता। श्री विद्यारण्य स्वामी जी तो कहते हैं कि लोग बड़े विचित्र हैं। वे पुण्य का फल तो चाहते हैं लेकिन पुण्य नहीं करते है। सच बात है न! यही नहीं, वे पाप का फल नहीं चाहते लेकिन प्रयत्नपूर्वक पाप करते रहते हैं, हत्या करते हैं, चोरी करते हैं, दुराचार, अभिचार, व्यभिचार आदि नाना प्रकार के पापाचार करते हैं। वह भी योजनापूर्वक करते हैं। परन्तु इन निषिद्ध कर्मों का फल नहीं चाहते। जिस प्रकार का फल चाहते हैं, उस प्रकार के कर्म करते नहीं। इस बात को न समझकर लोग दिन-रात पैसे कमाने में, व सांसारिक भागों में व्यस्त रहते हैं। वे इनसे कभी छूट ही नहीं पाते। ऐसा कहने पर, बड़ा स्वाभाविक प्रश्न यह उठता है कि यदि ऐसा है तो इस माया से छूटने के लिए क्या करना चाहिए? कहते हैं- "तस्माद् गुरुं प्रपद्येत" गुरु के पास जाओ। लेकिन देखो, गुरु के पास कौन जायेगा? "जिज्ञासुः न तु बुभुक्षुः" जिज्ञासु ही जाएगा। यह नहीं कि अब मैं अमुक स्वामी जी के पास जा रहा हूँ। क्यों? व बड़े धनवान स्वामी हैं, उनकी बहुत बड़ी शिष्य-मण्डली है। बड़े-बड़े लोग उनके पास आते हैं। मैं उनका शिष्य बनने वाला हूँ। गुरु के पास जाना चाहिए जिज्ञासु बन कर। प्रबुद्ध जी कहते हैं- जिन्होंने शास्त्र का अध्ययन किया हो, और शास्त्र के द्वारा निर्दिष्ट परब्रह्म का चिन्तन करते हुए जिनका मन शान्त हो गया हो अर्थात जो परब्रह्म में स्थित हों, ऐसे गुरु के पास जाना चाहिए। उनके पास जाकर उनसे भागवत धर्म को सीख लेना चाहिए क्योंकि गुरु तो देव ही नहीं वरन वे ही आत्मा भी हैं। उन्हें ही अपना इष्ट देव मानकर उनसे अच्छी तरह से इन धर्मों को सीख लेना चाहिए और वे जिस प्रकार का साधन बताएँ, उसे छल, कपट, माया आदि छोड़कर भली प्रकार से करना चाहिए। साथ ही मन से असंग बनने का प्रयत्न करना चाहिए। देखो, सबसे बड़ी साधना हम आपको बता देते हैं। एक निश्चय कर लीजिए कि दुनिया की किसी भी घटना के कारण मैं अपने मन को विषम होने नहीं दूँगा, उत्तेजित होने नहीं दूँगा। ऐसा निश्चय करके मन की शान्ति, समता बनाये रखिये। यही सबसे बड़ी साधना है। स्वामी अखण्डानन्द जी ने साधना में के सन्दर्भ एक बड़ी अच्छी बात बतायी है। यही कि अपनी बुद्धि में एकत्व का ज्ञान होना चाहिए। तो देखो, माया को पार करना हो, तो बुद्धि में सदा एकत्व का ज्ञान बना रहना चाहिए। दृष्टि में समता हो और व्यवहार में असंगता। एकता के ज्ञान का तात्पर्य यही है कि एक ही परमात्मा, एक ही तत्त्व, सब में व्याप्त है ऐसा जानना। यह मेरा है, यह पराया है, इस प्रकार के भेद ज्ञान से मन में राग-द्वेष ही उत्पन्न होते रहते हैं। तो साधना यही है कि दृष्टि में समता होनी चाहिए। अपने जैसा ही सबको देखना चाहिए और व्यवहार काल में लोगों के साथ असंगता होनी चाहिए। प्रायः हमें जिसके साथ काम करना पड़ता है, उसमें आसक्ति हो जाती है। जैसे, राजा भरत हिरण शावक की सेवा किया करते थे। सेवा करना

तो बड़ा अच्छा कार्य था, लेकिन सेवा करते-करते वे उसमें आसक्त हो गये क्योंकि उनके इस व्यवहार में असंगता नहीं आयी थी। इसीलिए वे माया में फँस गये। एकता, समता और असंगता यह तीन चीजें यहाँ बतायी गयी हैं।

प्रबुद्ध जी आगे कहते हैं- "श्रद्धां भागवते शास्त्रे" भागवत शास्त्र में श्रद्धा होनी चाहिए और यहाँ जो एक विशेष बात बतायी गयी है उसे ध्यान में रखना चाहिए। वह यही कि 'अनिन्दां अन्यत्र चापि हि' अपने शास्त्र में तो श्रद्धा रखनी ही चाहिए लेकिन अन्य शास्त्रों की निन्दा नहीं करनी चाहिए। दूसरे धर्म ग्रन्थों की, दूसरे शास्त्रों की निन्दा करने वाले धर्म के अभिमानियों को यह बात अच्छी तरह से समझ लेनी चाहिए। जैसे, हिन्दुओं में जो वैष्णव होते हैं वे शैवों की निन्दा करते हैं और शैव वैष्णवों की निन्दा करते हैं। ये सोचते हैं कि जो हमारा शास्त्र है, बस वही सही है। जैसे, कोई-कोई गीता पढ़ने वाले ऐसे होते हैं कि उनके सामने यदि कोई किसी दूसरे धर्म के ग्रंथ का नाम ही ले ले, तो बस! इतने से ही वे उस शास्त्र की निन्दा करने लग जाते हैं। ऐसा नहीं होना चाहिए।

10. पंचम प्रश्न - नारायण का स्वरूप

माया तरण का उपाय सुनकर, अब राजा निमि को प्रश्न पूछने का एक और अच्छा निमित्त मिल गया। वे कहते हैं, "आपने कहा कि जो 'नारायण परायण' हो जाता है वह माया को सरलता से तर जाता है। कृपा करके अब मुझे आप यह बताइए कि 'नारायण' का स्वरूप क्या है? उनका स्वभाव कैसा होता है।" देखो, प्रश्नों का कैसा क्रम चल पड़ा है। पहला प्रश्न था कि जिससे परम श्रेय की प्राप्ति होती है वह भागवत धर्म क्या है? दूसरा था भगवद्भक्त कौन है? उसके लक्षण क्या हैं? फिर तीसरा था कि भगवद्भक्ति में जो बाधक बनती है वह माया क्या है? उस माया को पार करने का उपाय क्या है, कहाँ से प्रारम्भ करें? तब यह बताया गया कि जो नारायण परायण हो जाता है वह माया को पार कर जाता है। ऐसा कहने पर, स्वाभाविक प्रश्न यह उठा कि जिन नारायण के परायण हो जाना है, उनका स्वरूप क्या है? कोई कहता है वे क्षीरसागर में रहते हैं तो कोई कहता है वे वैकुण्ठ लोक में रहते हैं। कोई कहता है गोलोक में रहते हैं, तो कोई कहता है साकेत लोक में रहते हैं। कोई कहता है वे शंख-चक्र-गदा-पद्मधारी चतुर्भुज हैं तो कोई कहता है वे द्विभुज हैं। वास्तव में वे कैसे हैं? उनका क्या स्वरूप है? देखो, प्रभु को चतुर्भुज, द्विभुज मानने वालों में भी बहुत झगड़ा होता रहता है। झगड़े में वे एक दूसरे की भुजा काट डालते हैं। भगवान सब देखते रहते हैं कि ये कैसे लोग हैं! यह कोई मजाक की बात नहीं है, ऐसा होता है। भगवान का तिलक किस प्रकार का होना चाहिए इस बात को लेकर लोग कोर्ट में केस करते हैं। अंग्रेजों के समय में भी किया था। अंग्रेज न्यायधीश उसका क्या निर्णय सुनाते? बोले, चार दिन आड़ा और चार दिन सीधा लगाते रहो। नहीं तो मन्दिर को ही बन्द कर डालो। वे और क्या

कहते? देखो, ऐसे मूढ़ लोग भी होते हैं। इसीलिए कहा गया है कि मूढ़ भक्त या मूढ़ मित्र के स्थान पर एक बुद्धिमान् शत्रु का होना ज्यादा अच्छा है। ये मूढ़ भक्त बहुत कष्ट देते रहते हैं, बहुत उपद्रव मचाते रहते हैं। अतः यहाँ प्रश्न यह है कि उन नारायण का स्वरूप क्या है? वे दूध के सागर में रहते हैं कि शहद के सागर में? कहाँ रहते हैं? श्रीमद्भागवत में यह 'नारायण' शब्द बार-बार आता रहता हैं। इसलिए जरा अच्छी तरह से समझ लेना चाहिए कि नारायण का स्वरूप क्या है।

राजा निमि ने कहा, "आप ब्रह्मज्ञानियों में श्रेष्ठ हैं। कृपा करके मुझे बताइये कि जिनको नारायण कहते हैं, परमात्मा कहते हैं, ब्रह्म भी कहते हैं, उनका स्वरूप क्या है? लोक में उनके जो भिन्न-भिन्न रूप बताए जाते हैं क्या वे ही सब उनके वास्तविक स्वरूप हैं?" देखो, इस संदेह का सबसे अच्छा उत्तर एक ही श्लोक में पहले ही बताया गया है। जब नारायण भगवान ने ध्रुव जी के कपोल को शंख से स्पर्श किया था, तो ध्रुव जी ने उनकी स्तुति में कहा था- जो भगवान मेरे हृदय में प्रवेश करके मेरी वाणी को, प्राणों को, ज्ञानेन्द्रियों को तथा अन्तःकरण को चेतना प्रदान करते हैं, वे सत्चौतन्य स्वरूप हैं। परमात्मा का, नारायण का वास्तविक स्वरूप यही है। राजा निमि के पंचम प्रश्न का उत्तर पिप्पलायन योगी ने दिया है। पिप्पलायन जी कहते हैं, "जिन्हें 'नारायण' कहा जाता है वे ही इस व्यापक विश्व के, सृष्टि के उद्भव, स्थिति व प्रलय के हेतु हैं, कारण हैं अर्थात अधिष्ठान रूप हैं। समस्त के कारण होते हुए, वे स्वयं अकारण हैं, उनका कोई कारण या हेतु नहीं क्योंकि वे तो स्वतः सिद्ध हैं।"

एक ओर तो पिप्पलायन योगीश्वर ने ऐसा उत्तर दिया कि भगवान सम्पूर्ण सृष्टि के आदिकारण हैं, यही उनका स्वरूप है। अब, जगत का कारण असत् तो हो नहीं सकता, वह जो भी हो, सत् ही होगा। अर्थात वे स्वयं सत् हैं, वे ही देह-प्राण-इन्द्रिय आदि सभी उपाधियों को चेतना प्रदान करते हैं और वे ही जाग्रत-स्वप्न-सुषुप्ति इन तीनों अवस्थाओं को प्रकाशित भी करते हैं। इसी को वेदान्त की (शास्त्रीय) भाषा में कहते हैं कि जो ब्रह्म समस्त जगत का अधिष्ठान है, वही उसका प्रकाशक भी है। दूसरी ओर पिप्पलायन योगी यह भी कहते हैं कि ऐसे परमात्म तत्त्व को न तो मन से जाना जा सकता है, न ही वाणी या चक्षु से। तब अन्य इन्द्रियों की बात ही क्या की जाए। सच तो यह है कि समस्त इन्द्रियाँ उसी चौतन्य स्वरूप परमात्मा के कारण ही अपने-अपने विषयों को ग्रहण करने में समर्थ होती हैं। उनका न कभी जन्म हुआ है न उसे कोई रोग होता है, न ही उसका कभी मरण होता है।

वह निर्विशेष सत, चैतन्य स्वरूप तथा उनकी उपलब्धि-केवल अनुभव स्वरूप है। जो लोग यह कहते हैं कि हमें आत्मा का अनुभव नहीं हो रहा है, वे बड़े मूढ़ हैं। जिस आत्मा के कारण अन्य सारे अनुभव हो रहे हैं, सारी वस्तुओं का अनुभव हो रहा है, कहते हैं उसी का अनुभव नहीं है! बोध स्वरूप आत्मा का जिसको अनुभव

नहीं होता हो, वह तो मनुष्य के रूप में मिट्टी का ढेला ही है। उसे शास्त्र भी किस प्रकार समझा पाएगा? इस बात को मैं अपनी मर्जी से नहीं कह रहा हूँ। ऐसा श्री विद्यारण्य स्वामी जी ने अपने 'पंचदशी' नामक प्रसिद्ध ग्रन्थ में कहा है। सभी चीजें आँखों से ही दिखायी दे रही हैं लेकिन आँखें स्वयं तो दिखाई नहीं देतीं। तथापि आँखें हैं, इसमें कोई शंका है क्या? बिना आँख के तो कोई देख ही नहीं सकता। इसी प्रकार, सारे जगत का बोध हो रहा है, ज्ञान हो रहा है, इसी से सिद्ध होता है कि अनुभव स्वरूप आत्मा है! सच्चिदानन्द ही उनका स्वरूप है, लेकिन अभी वह प्रकाशित नहीं हो रहा है। हमारा अन्तःकरण पता नहीं कैसा हो गया है। यद्यपि परमात्मा ही परम हैं, वे स्वयं ही सभी कुछ बने हुए हैं, तथापि वे सर्वत्र प्रकाशित नहीं होते। ऐसा क्यों हैं? तो कहा- हमारा स्वरूप तो सच्चिदानन्द है और वह सदा ही उपलब्ध है। लेकिन हमें ऐसा अनुभव नहीं हो रहा है क्योंकि हमारा मन अशुद्ध हो गया है, जैसे दर्पण पर धुल जम जाती है, ऐसे ही मलिन हे गया है। यह मैला मन साफ कैसे हो? क्योंकि जो पुरुष निष्काम हो जाता है, जिसका मन निर्मल हो जाता है, उसी को इस प्रकार का अनुभव प्राप्त हो सकता है। इसलिए प्रश्न यह है कि यह मन शुद्ध कैसे हो? मन जब भगवान के सगुण रूप का ध्यान करता है, उनके चरणों पर आश्रित हो जाता है और उनकी सेवा करता है, तब वह शुद्ध हो जाता है। मन की शुद्धि हो जाने पर भगवान का स्वरूप प्रकट हो जाता है। इस प्रकार पिप्पलायन योगी ने नारायण भगवान का स्वरूप तथा उनकी उपलब्धि का साधन भी बता दिया।

11. षष्ठ प्रश्न - कर्मयोग का स्वरूप

अब राजा निमि कहते हैं-भगवन! आप मुझे वह कर्मयोग बताइये जिसके द्वारा मनुष्य का मन सुसंस्कृत व शुद्ध हो जाता है। और उसे नैष्कर्म्य की, शुद्ध ज्ञान की प्राप्ति हो जाती है। कर्म योग के विषय में राजा निमि के प्रश्न (छठे प्रश्न) का उत्तर देते हुए आविर्होत्र योगीश्वर कहते हैं। कर्म क्या होता है, अकर्म क्या होता है, विकर्म क्या होता है यह तो वेद शास्त्र से ही समझने योग्य है। यह लौकिक चर्चा का विषय नहीं है।

गीता जी में भी भगवान ने अर्जुन से यही कहा है कि-

किंकर्म किमकर्मेति कवयोऽप्यत्रमोहिताः।
तत्तेकर्म प्रवक्ष्यामि यज्ज्ञात्वा मोक्ष्यसेऽशुभात्।।

कवियों को भी मोहित करने वाले कर्म-अकर्म-विकर्म के रहस्य को अच्छी तरह से समझ लेना चाहिए क्योंकि कर्म की गति गहन होती है। भगवान यह नहीं कहते कि जाकर वेद पढ़ लो। कहते हैं, "मैं स्वयं तुम्हें बताऊँगा।" गीता जी में कहे गए कर्म-अकर्म-विकर्म को समझना हो, तो भागवत पढ़ना चाहिए। क्योंकि गीता जी में

इस विषय का ज्यादा विस्तार नहीं है। 'कर्मणि अकर्म यः पश्येद्'-जो कर्म में अकर्म देखता है, अकर्म में कर्म देखता है वह बुद्धिमान् है। वहाँ बस इतना ही बताया गया है। यहाँ आविर्होत्र योगी ने अति स्पष्ट रूप से बताया है कि कर्म-अकर्म-विकर्म इन तीनों शब्दों का अर्थ क्या होता है। भागवत शास्त्र में बताए गये अर्थ को ही भगवान शंकराचार्य जी ने भी बताया है। 'कर्म' माने कर्तव्य कर्म और 'विकर्म' माने निषिद्ध कर्म। आविर्होत्र जी कहते हैं कि बालकों व सामान्य लोगों के लिए वेद विधि-निषेधात्मक होते हैं। उन्हें अपना जीवन वेदों के अनुसार बना लेना चाहिए। आजकल लोग सोचते हैं कि जैसा वेद में बताया गया है वैसा हम क्यों करें? लेकिन जरा सोचो, गणित की कक्षा में जब बताया जाता है कि एक और एक दो होते हैं तब क्या हम यह पूछते हैं कि दो क्यों होते हैं? अंग्रेजी की कक्षा में जब सिखाया जाता है कि cat माने बिल्ली, तब हम यह नहीं कहते कि जब 'क्याट' कहते हैं तो kat क्यों नहीं लिखते? chemistry को चेमिस्ट्री नहीं बोलते, केमिस्ट्री बोलते हैं। जब ch लिखते हैं तब 'च' क्यों नहीं बोलते? ऐसा कोई नहीं पूछता। वहाँ जैसा बताया जाता है वैसा ही पढ़ते हैं। लेकिन धार्मिक बातों में ऐसा क्यों? वैसा क्यों? यह सब बहुत पूछते रहते हैं।

देखो, यहाँ सीधी-सी बात इतनी ही है कि जब तक अपनी बुद्धि को शुद्ध करने का उपाय ज्ञात नहीं हो जाता और उस उपाय के द्वारा हमारी बुद्धि शुद्ध नहीं हो जाती, तब तक वेदों में कही गई बातों को मान लेना चाहिए। जैसे, हम डाक्टर के पास जाते हैं तो वे जो दवा देते हैं उसे ले लेते हैं, ज्यादा तर्क-वितर्क नहीं करते। इसी प्रकार वेद भी मन को शुद्ध करने के जो उपाय बताते हैं, उन्हें समझ कर वैसा ही करना चाहिए। यहाँ कहा- जो स्वयं तो अज्ञानी हैं, अपनी इन्द्रियों पर संयम भी नहीं रख पाते और फिर दूसरे की बात मानते भी नहीं- ऐसे व्यक्ति अधर्म करते रहते हैं और फिर उसी कारण मृत्यु-से-मृत्यु की ओर जाते रहते हैं। इसलिए मनुष्य को वेदोक्त कर्म करने चाहिए। पहले जो माता-पिता बताते हैं। बड़े-बुजुर्ग बताते हैं। गुरु बताते हैं। उन कर्मों को करना चाहिए। तो पहले विकर्म को यानी निषिद्ध कर्मों को छोड़ दें, फिर कर्तव्य कर्मों को करें और उसके पश्चात कर्तव्य कर्मों के भी ईश्वरार्पित भाव से करें। ऐसे ईश्वरार्पित कर्मों सेट पहले निवृति और फिर निवृति से ज्ञान की प्राप्ति होती है। यद्यपि वेदों में स्थान-स्थान पर वर्णन आता है कि अमुक कर्म करने से तुम्हें अमुक फल मिलेगा या स्वर्ग मिलेगा। फिर स्वर्गादि की प्राप्ति कराने वाले कर्मों का भी वर्णन आता है। तथापि, वास्तव में उसका प्रयोजन स्वर्ग की प्राप्ति कराने में नहीं होता। जिस प्रकार बच्चे को कहते हैं कि तुम पढ़ाई करो, तो तुम्हें सर्कस दिखलाने ले जायेंगे, तो उसमें प्रयोजन सर्कस दिखाना नहीं होता है। यद्यपि सर्कस दिखलाना मुख्य उद्देश्य नहीं होता तथापि वह लड़का तो सर्कस देखने के लिए ही पढ़ाई करने लग जाता है। 'और यदि उसे सर्कस दिखलाने नहीं ले जाया जाए तो वह स्वयं घर पर ही सर्कस दिखाने लग जाता है।' पढ़ाई

करके जब उसे ज्ञान प्राप्ति में आनन्द मिलने लगता है, तो सर्कस अपने आप छूट जाता है। इसी प्रकार यहाँ भी वेदों में जो कर्मों का विधान पाया जाता है, वह हमें कर्म में लगाने के लिए न होकर, कर्म से छुड़ाने के लिए- निवृत्ति की ओर ले जाने के लिए ही होता है। आगे कहते हैं- सेवा शुश्रूषा के द्वारा पहले सद्गुरु का अनुग्रह प्राप्त करें। फिर उनसे सीखकर प्रारम्भ में मूर्तिपूजा करें। उसके बाद अपने समस्त कर्तव्य कर्मों को भी, भगवान की पूजा समझ कर करना चाहिए। एक अद्वितीय भगवान ही सबमें हैं, ऐसा जानकर सबकी सेवा-पूजा करनी चाहिए। कर्तव्य कर्मों को भी यदि ईश्वर भक्ति पूर्वक ईश्वरार्पण भाव से किया जाए, तो एक दिन वे हमें नैष्कर्म्य की ओर ले जाते हैं। यही कर्मयोग का रहस्य है।

12. सप्तम प्रश्न - अवतारों की कथा

राजा निमि कहते हैं-भगवन आपने कहा कि आपके निर्देशानुसार कर्मयोग का पालन करने से अन्ततः भगवान की प्राप्ति हो जाएगी। आपने मुझे भगवान का निर्गुण स्वरूप तो बता दिया। लेकिन आप सदा यह भी कहते रहते हैं कि हमें भगवद्भक्ति करनी चाहिए और आपने ऐसा भी कहा है कि जब-जब धर्म का ह्रास होता है और अधर्म बहुत बढ़ जाता है तब-तब धर्म संस्थापना के लिए भगवान स्वयं अवतार ग्रहण करते हैं। अब जरा आप मुझे उन अवतारों की कथा भी सुना दीजिए। वे कौन-सी लीलाएँ हैं जिन्हें वे अब तक कर चुके हैं, कर रहे हैं और आगे करने वाले हैं, यह भी बता दीजिए, जिससे कि भगवान की कथा सुनते-सुनते हमारा मन शुद्ध हो जाए, एकाग्र हो जाए। मन में भाव उत्पन्न हो जाए। मन में भाव उत्पन्न होगा तो उनसे प्रेम हो जाएगा और तब सहज ही हम अपने सारे कर्म उन्हें ही अर्पित कर सकेंगे। तब फिर उनके स्वरूप का बोध भी हो जाएगा। अतः अब आप भगवान की सगुण लीलाओं का वर्णन कीजिए। तब द्रुमिल नाम के योगीश्वर इसका (सातवें प्रश्न का) उत्तर देते हुए कहते हैं, "अरे, तुम भगवान की लीला और कर्म पूछ रहे हो? बेटा, इस पृथ्वी पर धूल के जितने कण हैं, क्या तुम उनकी गिनती कर सकते हो?"

यदि कोई यह कहता है कि मैं भगवान के सभी गुणों का वर्णन कर सकता हूँ, तो समझ लो वह अभी नासमझ बच्चा ही है।

13. अष्टम प्रश्न - अभक्तों की गति

राजा निमि कहते हैं- आप सब तो 'आत्मवित्तमाः' आत्मज्ञानी हैं, परम भागवत हैं, लेकिन यहाँ ऐसे भी लोग हैं जिन्हें अपने मन पर कोई संयम नहीं है, जिनका मन अशान्त रहता है और जो भगवान की भक्ति भी नहीं करते। वे सदा ही कामनाओं से पीड़ित रहते हैं, ऐसे लोगों की क्या गति होती है? इसका उत्तर आठवें योगीश्वर चमस जी ने दिया है। कहते हैं-भगवान की भक्ति नहीं करने वाले भी दो प्रकार के होते हैं। एक तो वे होते हैं जो अज्ञान के कारण भक्ति नहीं करते, उन्हें तो कुछ

ज्ञात ही नहीं होता। इसलिए वे भगवान की भक्ति नहीं करते। और दूसरे वे होते हैं जो जानते तो सब हैं परन्तु मन में श्रद्धा नहीं होने के कारण भक्ति नहीं करते।

जो लोग भगवान का भजन नहीं करते, यही नहीं, वरन भगवान का, भगवान के मन्दिर का, भक्तों का, शास्त्रों का तथा धर्म का अपमान भी करते हैं, उनका तो अवश्य ही अधःपतन होता है। यह एक सामान्य बात है जो सहजता से समझी जा सकती है। लेकिन- ऐसे भी लोग होते हैं जो संस्कार के कारण, जन्म जाति के कारण, या अज्ञान के कारण भगवान से दूर रहते हैं। उनको भगवत् मार्ग पर बढ़ने का कभी अवसर ही नहीं मिलता। तो मालूम नहीं होने के कारण, अश्रद्धा के कारण नहीं-अज्ञान के कारण जो भगवान का भजन नहीं करते, उनके ऊपर तुम जैसे लोगों को दया करनी चाहिए। यहाँ चमस योगीश्वर का कहना है कि जो समझदार लोग हैं, वे धीरे-धीरे, सोपान-दर-सोपान उन अज्ञानियों को समझायें और मार्ग पर लगायें। तब शनैः-शनैः उनकी स्थिति ठीक हो जायेगी। लेकिन प्रायः पण्डित लोग अभिमानवश, समझाने के बजाय उन्हें यह कह कर दूर रखते हैं कि इसमें तुम्हारा अधिकार नहीं है। इतना ही नहीं, वे उन्हें दूसरी ही चीजों में उलझाये रखते हैं। ऐसे कर्मकाण्डी पण्डितों की यहाँ कड़ी निन्दा की गयी है। क्योंकि जानबुझ कर भी वे दूसरों को मूर्ख बनाते हैं- यह महापाप है। उनकी अपनी बुद्धि तो बिगड़ी हुई है ही, वे दूसरों को भी भ्रमित करते रहते हैं। गीताजी में भगवान श्रीकृष्ण कहते हैं-

न बुद्धिभेदं जनयेदज्ञानां कर्मसंगिनाम्।

अज्ञानियों में बुद्धि भेद उत्पन्न नहीं करना चाहिए। उन्हें धीरे-धीरे ज्ञान मार्ग पर लाना चाहिए। उन्हें समझाते रहना चाहिए कि तुम ऐसा करो, वैसा करो। ये अज्ञानी जब संकट में पड़ते हैं, तो कर्मकाण्डी पण्डित उनसे कहते हैं-यह यज्ञ करो, इतनी गायों का या इतने तोले सोने का दान करो। और जब वे पूछते हैं किसको दान करें? तो कहते हैं हमको और किसको? इस प्रकार उन्हें न जाने क्या-क्या बता देते हैं।

धन की उपयोगिता धर्म पालन के लिए होती है और धर्माचरण विशुद्ध ज्ञान के लिए होता है। लेकिन जो लोग धन का उपयोग केवल अपने घर परिवार के लिए ही करते हैं, वे अपना मरण सामने देखते हुये भी नहीं देखते और संसार में फँस कर मर जाते हैं। इसलिए असत् चीजों को छोड़कर भगवान का ध्यान करना चाहिए। इस प्रकार चमस योगीश्वर ने अपने उत्तर में बताया कि अभक्तों की गति दो प्रकार की होती है। जो अश्रद्धा के कारण भक्ति नहीं करते उनकी तो दुर्गति ही होती है लेकिन जो अज्ञान के कारण भगवद्भक्ति नहीं करते वे दया के पात्र हैं, उन्हें समझाना चाहिए।

14. नवम प्रश्न - भिन्न-भिन्न युगों में भगवत प्राप्ति के साधन

राजा निमि कहते हैं-अब आप कृपा कर के यह बताइए कि सत्ययुग, त्रेतायुग, द्वापर युग तथा कलियुग में भगवान की-परमात्मा की अभिव्यक्ति किस-किस प्रकार से होती है? प्रत्येक युग में वे किस रूप में प्रकट होते हैं, उनका वर्ण क्या होता है और उनकी प्राप्ति के साधन क्या होते हैं? तब उनकी उपासना किस प्रकार करनी चाहिए? इसका उत्तर देते हुए नवें योगीश्वर करभाजन जी कहते हैं-सत्ययुग में (कृतयुग में) भगवान का श्वेत वर्ण होता है। वे गोरे होते हैं। तब तप व ध्यान के द्वारा भगवान की आराधना की जाती है। "त्रेतायां रक्तवर्णः असौ" त्रेतायुग में भगवान का रक्तवर्ण (लालवर्ण) होता है। त्रेतायुग में यज्ञ- आदि के द्वारा भगवान की आराधना होती है। इसमें यज्ञ विशेष साधन होता है। द्वापरयुग में भगवान श्याम वर्ण के होते हैं और तब वे पीताम्बर धारण करते हैं। द्वापर में उनकी प्राप्ति का साधन होता है-पूजा। पूजा के द्वारा उनकी सेवा, आराधना, उपासना की जाती है। वही मोक्ष का साधन बनती है। कलियुग में भगवान का कृष्णवर्ण होता है। इस युग में भगवान का नाम लेने मात्र से ही वे अति प्रसन्न होते हैं। अतः कलियुग में उनकी प्राप्ति का साधन होता है नाम संकीर्तन। इस युग में बहुत सारे भगवद्भक्त उत्पन्न होते हैं और भगवन्नाम संकीर्तन मात्र से इनकी सद्गति हो जाती है। कलियुग की ऐसी विलक्षण बात यहाँ बताई गयी। कलिसंतरण उपनिषद् में वर्णन आता है कि नारद जी ब्रह्मा जी के पास जाकर कहते हैं कि यह कलियुग बड़ा घोर है। इसमें लोग इस संसार सागर को कैसे पार करेंगे? तो ब्रह्मा जी ने कहा-

हरे राम हरे राम, राम राम हरे हरे।
हरे कृष्ण हरे कृष्ण, कृष्ण कृष्ण हरे हरे।।

कलियुग के लिए यह महामन्त्र है। इसके संकीर्तन से ही सबका कल्याण हो जाएगा। इस प्रकार चारों युगों में भगवत् प्राप्ति की जो साधनाएँ होती हैं वे बताई गयीं। लेकिन इस संदर्भ में एक बात है, जो विशेष ध्यान देने योग्य है। ये चारों युग काल की दृष्टि से बाहर तो होते ही हैं, साथ ही हमारे मन में भी ये चारों आते जाते रहते हैं। मन में घोर तमोगुण की वृत्ति आ जाए तो वह कलियुग हो गया। सात्त्विक वृत्ति आ जाए, तो वह सत्य युग हो गया। कहना यही है कि कलियुग में भी, हम चाहें तो सत्य युग की भाती भी रह सकते हैं। इसी प्रकार सत्य युग के लोग भी भीतर-ही-भीतर अपने हृदय में कलियुग में हो सकते हैं।

नारद जी कहते हैं, "इस प्रकार राजा निमि ने नवयोगियों से ज्ञान-भक्ति सम्बन्धी अपने सारे (नौ) प्रश्नो के उत्तर सुने। सुनकर वे बहुत प्रसन्न हो गए। फिर प्रसन्नचित्त होकर उन्होंने बड़ी श्रद्धा-भक्ति तथा कृतज्ञता के भाव से उन योगीश्वरों की पूजा की। उसके बाद सबके देखते-देखते ही वे नव योगी वहीं से

अन्तर्धान हो गये। राजा निमि भी उनके उपदेशानुसार, उनके द्वारा बताए गए भागवत धर्म का अनुकरण करते हुए भगवान के साथ एकरूप हो गए। मुक्त हो गए। नारद जी ने कहा- "वसुदेव जी, देवकी जी, इसी प्रकार आपने भी प्रश्न पूछे, आपको उत्तर मिल गएं। अब आप इन्हीं भागवत धर्मों का आचरण कीजिए। तब आप भी मुक्त हो जाएँगे। आप तो इतने भाग्यवान् हैं कि नारायण भगवान स्वयं आपके पुत्र बनकर आये हुए हैं। आपके जैस भाग्य और किसका हो सकता है? आप श्रीकृष्ण में केवल पुत्र बुद्धि न रखिए, उन्हें केवल अपना पुत्र मानकर न बैठिए। वे तो ब्रह्म हैं, साक्षात् परमात्मा हैं, अतः उन्हें पुत्र भाव से प्यार करना तो ठीक है लेकिन साथ ही ब्रह्म रूप से जानना भी जरूरी है। उनमें ब्रह्म बुद्धि बनाए रखते हुए आप उनकी भक्ति कीजिए।" नारद जी के द्वारा इस नवयोगी प्रसंग को सुनकर देवकी तथा वसुदेव जी आश्चर्यचकित हो गए। विस्मित हो गए। उन्होंने अपना मोह छोड़ दिया। नारद जी के वचनों से उनको भी उसी प्रकार की भक्ति प्राप्त हो गयी और वे मुक्त हो गए।

15. देवताओं की भगवान से स्वधाम (स्वरूप में) लौटने के लिए प्रार्थना

अगले अध्याय में वर्णन आता है कि जब नारद जी वसुदेव देवकी को उपदेश देकर चले गए तब ब्रह्मा जी, महादेव जी तथा देवेन्द्र, सारे देवता, भूतगण, मरुद्गण आदि सब भगवान के पास द्वारका में आए। सभी देवताओं ने भगवान की स्तुति की। तब ब्रह्मा जी ने कहा, "भगवान हमारी प्रार्थना पर आप अवतार ग्रहण करके इस पृथ्वी पर आये और आपने असुरों को मार कर पृथ्वी का भार उतार दिया। श्रीकृष्ण के रूप में आपको यहाँ पृथ्वी पर आए एक सौ पच्चीस वर्ष बीत चुके हैं। "अब यहाँ आपको द्वारा करणीय कोई देवकार्य शेष नहीं है। आपके यदुकुल को ब्राह्मणों का शाप भी मिल चुका है, सभी यदुवंशी स्वयं ही नष्ट हो जायेंगे।

16. भगवान श्रीकृष्ण से उद्धव जी की प्रार्थना

अब द्वारका में घोर अपशकुन व उत्पात होने लगे। तब भगवान अपने सभी स्वजनों से कहते हैं कि यहाँ हमारे कुल को ब्राह्मणों का शाप लग चुका है। अतः अब इस स्थान को छोड़कर प्रभास क्षेत्र में जाना चाहिए। प्रभास महापुण्यप्रद क्षेत्र है। वहाँ जाकर हम पूजा, तर्पण, दान धर्म आदि करेंगे। ब्राह्मणों को भोजन कराएँगे। उन्हें दान-दक्षिणा देंगे। इससे हमें पुण्य की प्राप्ति होगी और हमसे जो पाप हो गए हैं, उनसे मुक्त हो जायेंगे। तब सभी यदुवंशी भगवान के आदेश का पालन करते हुए वहाँ से प्रभास क्षेत्र जाने के लिए अपने-अपने रथ जोतने लगे।

उद्धव जी ने जब यह देखा-सुना, और यही नहीं वरन घोर अपशकुनों को भी देखा, तो वे समझ गये कि भगवान इनको यहाँ से क्यों निकाल रहे हैं। वह इसलिए

कि अब भगवान स्वयं भी यहाँ रुकने वाले नहीं हैं। उद्धव जी ने पाँच वर्ष की आयु से ही भगवान की भक्ति की थी। भगवान की आयु अब 125 वर्ष की हो चली है तो उद्धव जी भी बूढ़े हो ही गए होंगे। वे भगवान के साथ-साथ ही रहे हैं। अब, जब उन्होंने देखा कि सब लोग जाने की तैयारी में हैं, भगवान अकेले बैठे हैं, तब, उद्धव जी एकान्त में भगवान के पास जाते हैं और-भगवान को प्रणाम करके कहते हैं, "भगवान यह देखकर मुझे आश्चर्य हो रहा है कि ब्राह्मणों का शाप मिला है इसलिए आप इन सबको यहाँ से भेज रहे हैं। तब भगवान श्रीकृष्ण उद्धव जी से कहते हैं, "तुम समझ गये हो कि अब मैं क्या करने वाला हूँ। अब यहाँ मेरा काम समाप्त हो गया है। आज के सातवें दिन द्वारका नगरी समुद्र में डूब जायेगी। मेरे प्रस्थान के बाद यहाँ कलियुग का प्रवेश हो जायेगा और सब कुछ उलटा-पुलटा हो जायेगा।"

"मेरे जाने के बाद इस स्थान पर तुम भी मत रहना। क्योंकि कलियुग में यहाँ रहने वालों की अधर्म की ओर प्रवृत्ति हो जायेगी। सब कुछ छोड़कर तुम अपना मन मुझमें ही लगा देना और ज्ञान का आश्रय लेकर ज्ञानी पुरुष के समान रहना।" अब आगे बढ़ने के पूर्व, यहाँ एक बात ध्यान में लाने योग्य है। यहाँ एक प्रश्न यह उठ सकता है कि उद्धवजी भी उसी यदुवंश के थे तब वे कैसे बचे रह गए? आपस में कलह के कारण, पूरे यदुवंश का संहार हो गया तो उद्धव जी का संहार क्यों नहीं हुआ? भगवान भी चले गए, बलराम जी भी चले गए तब केवल उद्धव जी क्यों रह गए? तो बात यह है कि भगवान ने सोचा कि उद्धव जी किसी बात में मुझसे कम नहीं हैं। इसलिए मेरे बाद ये यहाँ मेरे प्रतिनिधि के रूप में रहकर ध्यान करें, मेरे द्वारा दिए जाने वाले ज्ञान का प्रचार करें। ऐसा सोचकर, भगवान ने उन्हें ज्ञान दिया और विनाश के पूर्व ही बदरिकाश्रम भेज दिया। उनको वहाँ रहने नहीं दिया।

17. उद्धवगीता

श्रीमद्भागवत में भगवान श्रीकृष्ण ने उद्धव जी को यह जो उपदेश दिया उसी का नाम है 'उद्धवगीता'। इसमें भगवान ने उद्धव जी को पहले संक्षेप में सारी बातें बता दी हैं। उसके बाद जैसे-जैसे उद्धव जी पूछते गए, वैसे-वैसे भगवान उसका विस्तार करते गए। भगवान ने जो मुख्य बातें बतायीं, उन्हें हम सार रूप में देखेंगे। एकादश स्कन्ध के सातवें अध्याय के प्रारंभ में आने वाले चार-पाँच श्लोक इसके सार रूप हैं।

भगवान कहते हैं-

यदिदं मनसा वाचा चक्षुर्भ्यां श्रवणादिभिः।

नश्वरं गृह्यमाणंच विद्धि माया मनोमयम्।।

"उद्धव इस बात को समझ लो कि अपनी बुद्धि, वाणि, चक्षु (नेत्र), कर्ण (कान) आदि इंद्रियों द्वारा तथा मन के द्वारा तुम्हें यह जगत या इस जगत का जो कुछ भी

अनुभव में आता है, वह सब-का-सब नश्वर है, नाशवान है। इतना ही नहीं वरन वह सब 'माया मनोमयम' मायामय है, मनोमय है।"

अब देखो, अनुभव में आने वाली सभी चीजें नाशवान् होती हैं यह बात तो समझ में आती है क्योंकि यह तो सब के अनुभव से प्रमाणित है। परन्तु मायामय अथवा मनोमय क्या होता है? मायामय अर्थात जो चीज जैसी दिखाई दे रही है वह वास्तव में वैसी नहीं है। माया के कारण वह वैसी दीख रही है। जैसे, सूर्य अस्त होता हुआ दिखाई देता है। पृथ्वी चपटी दिखाई देती है। परन्तु वास्तव में न सूर्य अस्त होता है, न ही पृथ्वी चपटी है। पृथ्वी स्थिर लगती है, चन्द्रमा घटता-बढ़ता दिखाई देता है, लेकिन न तो पृथ्वी स्थिर है न ही चन्द्रमा घटता-बढ़ता है। यह सब माया के कारण होता है। इसी को मायामय कहते हैं, मनोमय कहते हैं। इसी को वैज्ञानिक भाषा में Theory of relativity 'सापेक्षवाद' के द्वारा समझाया जाता है। वे कहते हैं कि जो चीज, किसी दृष्टि से जैसी दिखाई देती है, वह वस्तु या चीज स्वयं अपनी दृष्टि से वैसी नहीं होती। अर्थात सत्य कुछ और ही होता है। इसलिए जो-जो कुछ मन से, आँख, नाक, कान से ग्रहण होता है, वह सब व्यावहारिक तो है लेकिन पारमार्थिक सत्य नहीं है। जब हम इस व्यावहारिक सत्ता को ही वास्तविक मान बैठते हैं, अर्थात उसे ही पारमार्थिक सत्य समझ बैठते हैं। तब वह हमारे दुःख का कारण बन जाती है। जैसे, कोई सिनेमा या नाटक देखने जाए और उसमें होने वाली घटनाओं को वास्तविक समझ बैठे तो उसे बड़ा दुःख होगा। जबकि, यदि वह उन्हें चित्रपट का सत्य समझे, तो फिर उन दुःखद घटनाओं को देखते हुए भी वह उनसे अप्रभावित रहेगा। बल्कि तब उन्हीं घटनाओं से उसका मनोरंजन हो सकता है, तब उन्हें देखकर वह आनन्दित हो सकता है कि देखो कितनी अच्छी तरह से दर्शाया गया है, कितना अच्छा अभिनय हैं इस प्रकार, मन व इन्द्रियों से जो कुछ भी ग्रहण होता है, वह सब वास्तविक नहीं, मायिक है, मनोमय है।

अब, प्रश्न यह उठता है कि यह सब मनोमय है इस बात को कैसे समझें?

पुसोऽयुक्तस्य नानार्थो भ्रमः स गुणदोषभाक्।
कर्माकर्मविकर्मेति गुणदोषधियो भिदा।।

भगवान उद्धवजी से कहते हैं कि बात यह है कि जिसका मन स्थिर न हो, एकाग्र न हो, अपने स्वरूप में स्थित न हो, वह बड़ा चंचल होता है। एक बार जब उस अस्थिर या चंचल मन का व्यापार प्रारम्भ होता है, तो जगत का व्यवहार भी प्रारम्भ हो जाता है। इसके विपरीत, जब मन का व्यवहार नहीं होता तब इस जगत का अनुभव भी नहीं होता। यह सबको मालूम है, सबके अनुभव की बात है। जैसे, गहरीनिन्द्रा में मन का व्यापार नहीं होता, तब क्या हमें जगत का अनुभव होता है? नहीं होतां। सुख-दुःख, राग-द्वेष, प्रिय-अप्रिय आदि वृत्तियाँ अथवा कोई समस्या, कष्ट या पीड़ा किसी बात का अनुभव नहीं होता। इसीलिए तो लोग सो जाना चाहते हैं, नशीली

दवाएँ लेते हैं, क्या-क्या नहीं करते-जिससे कि उसका मन उन समस्याओं से हट जाए! इसका अर्थ यही तो हुआ कि मन गतिमान् हो, मन सक्रिय हो, तो जगत का अनुभव होता है, अन्यथा नहीं होता। इस तर्क से यही सिद्ध होता है कि सब मन का ही प्रक्षेपण है, अर्थात मनोमय है। इसीलिए कहा, ये सारे विक्षेप मन के ही हैं, मन जैसे ही चंचल होता है वैसे ही विभिन्न प्रकार से गुण-दोष भी भासने लगते हैं। और यदि मन स्थिर हो जाए तो ये सब नहीं भासते, जगत का अनुभव नहीं होता।

भगवान कहते हैं-

तस्मादयुक्तेन्द्रिय ग्रामो युक्तचित्त इदं जगत।
आत्मनीक्षस्व विततमात्मानंमय्यधीश्वरे।।

इसलिए तुम अपने मन को शुद्ध करके उसे अपने स्वरूप में स्थिर कर दो। जब तुम अपनी इन्द्रियों को तथा मन को वश में कर लोगे, तब तुम इस समस्त विश्व को स्वयं में और स्वयं को मुझमें पाओगे, मुझ परमेश्वर, परब्रह्म से अभिन्न पाओगे। जब तुम तत्त्व ज्ञान व उसके अनुभव रूप विज्ञान से पूर्ण हो जाओगे, तब उसी अनुभव से संतुष्ट रहने के कारण् सारे विघ्नों से परे हो जाओगे यानी विघ्न तुम्हें पीड़ित नहीं कर पाएँगे। फिर यह जगत तुम्हें गुणदोषमय, दुःखमय, समस्याजनक, रागास्पद या द्वेषास्पद नहीं लगेगा। ऐसा ज्ञान जिसे हो जाता है वह ज्ञानी पुरुष अच्छी-बुरी सभी चीजों से ऊपर उठ जाता है। जैसे, एक छोटा बच्चा राग-द्वेषात्मक या गुण-द्वेषात्मक बुद्धि नहीं रखता। उसके मन में किसी के लिए राग-द्वेष की भावना नहीं होती। वह किसी में गुण-दोष भी नहीं देखता। इसी प्रकार ज्ञानी पुरुष भी इन राग-द्वेष, गुण-दोष की भावनाओं से मुक्त हो कर जगत में विचरण करता है।

दोषबुद्ध योभयातीतो निषेधान्न निवर्तते।
गुणबुद्धया चविहितंन करोतियथार्भकः।।

विधि-निषेध तो बालकों व अज्ञानियों के लिए हुआ करते हैं जबकि ज्ञानी पुरुष विधि-निषेध तथा तज्जन्य सुख-दुःख के परे चला जाता है। वह निषिद्ध कर्म करता ही नहीं क्योंकि उसके मन में उन्हें करने की इच्छा ही नहीं होती', इसका मतलब यह नहीं कि किसी कर्म को निषिद्ध जानकर फिर उसका त्याग करता हो।

ज्ञानी पुरुष जिन कर्मों को करता है-उन्हें कर्तव्य बुद्धि से यानी यह सब मुझे करना चाहिए, यह मेरा कर्तव्य है, ऐसा समझकर भी नहीं करता। वह तो जो भी करता है उसे छोटे बच्चे की तरह स्वाभाविक रूप से करता है। जैसे एक बच्चा जब कोई काम करता है तो इसे करना चाहिए ऐसा समझ कर नहीं सकता और न ही इसे छोड़ना चाहिए, नहीं करना चाहिए, ऐसा समझ कर छोड़ता है। वह तो सहज भाव में रहता है और उसी भाव में रहते हुए कुछ-कुछ करता रहता है। ज्ञानी पुरुष

राग-द्वेष, गुण-दोष आदि सभी द्वन्द्वात्मक भावनाओं से मुक्त हो कर विचरण करता है। सार रूप में भगवान ने जो बात बताई वह इतनी है कि मन, वाणी, चक्षु आदि इन्द्रियों तथा बुद्धि से हमें जो-जो अनुभव में आता है, वह सब सत्य होता है। सिद्धान्त रूप में यह एक बात हुई। दूसरी बात यह है कि वास्तव में जो सत्य है, पारमार्थिक सत्ता है, वह कुछ और ही है। उसी को सच्चिदानन्द परमात्मा कहते हैं। वह परमात्मा ही चाहे मन से कह लो या माया से-विविध रूप में हमें दिखाई दे रहा है, भास रहा है। इसलिए यदि उस परमार्थ सत्य का अनुभव करना हो, तो पहले अपने मन व इन्द्रियों के व्यापार को स्थिर करना पड़ता है। ऐसा करके शान्त चित्त होकर बैठ जाने पर सच्चिदानन्द का अनुभव होता है और इस जगत का अनुभव नहीं होता। इस सत्य का जिसे एक बार अनुभव हो जाए, उसके बाद वह फिर चाहे जिस प्रकार का व्यवहार करे, तब भी बन्धन में नहीं पड़ता। इस सन्दर्भ में गीता जी में बड़ी अच्छी बात कही गयी है- "सर्वथा वर्तमानोऽप स योगी मयि वर्तते"।। जिसे यह ज्ञान हो गया हो कि एक परमात्मा ही विविध रूप में भास रहे हैं, समस्त व्यवहार करता हुआ भी वह बन्धन में नहीं आता। जबकि अज्ञानी पुरुष व्यवहार न भी कर रहा हो तब भी (केवल मन से विषयों की कल्पना करके ही) वह बन्धन में आ जाता है। अतः उद्धव तुम असत्य का, अनात्म का त्याग करके अपने सत स्वरूप में स्थित हो जाओ। पूरे जगत को ज्ञान की दृष्टि से आत्म रूप देखते हुए पृथ्वी पर विचरण करो।

भगवान की इन बातों को, तथा उनके आदेश को सुनकर उद्धव जी कहते हैं- भगवन! आपने अभी जो ज्ञान, की संन्यास की बात कही, वह सामान्य लोगों के लिए बहुत ही कठिन है, दुर्लभ है। जिन लोगों का मन अभी लौकिक या सांसारिक चीजों में ही लगा हुआ है उनके लिए तो यह त्याग, यह संन्यास-ज्ञान सब बड़ा ही दुष्कर है। मैं भी इन्हीं के समान सांसारिक बातों में तथा मैं, मेरा में भ्रमित हो गया हूँ। इस ज्ञान की प्राप्ति के लिए अपने मन का निर्माण कैसे करूँ?। देखो, क्या उद्धव जी को ज्ञान नहीं था? उन्हें ज्ञान तो हुआ था, परन्तु वह पुस्तकों से प्राप्त ज्ञान था। इसलिए भगवान ने उन्हें गोपियों के पास भेजा था, तब उन्हें जो ज्ञान का अभिमान था वो नष्ट हो गया। तब उनके हृदय में भक्ति का प्रवेश भी हो गया था। जीवन में, सच में ज्ञान तभी होता है जब हृदय में भक्ति आती है। गीता जी में भी यही कहा गया है।

भक्त्यात्वनन्यया शक्य अहमेवंविधोऽर्जुन।
ज्ञातुंद्रष्टुंचतत्त्वेन प्रवेष्टुं च परंतप।।

इसीलिए यानी भक्ति भाव की प्राप्ति के लिए भगवान ने उन्हें व्रज में भेजा था। वहाँ जा कर गोपियों से मिलने पर, उनके प्रेम, भक्ति-भाव को देखकर जब उद्धव जी के हृदय में भी भक्ति का संचार हुआ तब जाकर उनका हृदय तत्त्व ज्ञान को

ग्रहण करने योग्य बना। अतः अब यहाँ वे भगवान से तत्त्व ज्ञान सम्बन्धी प्रश्न पूछते हैं। कहते हैं-मैं आपकी शरण में आया हूँ, आप ही मुझे समझाकर बताइये। भगवान भी बड़े विलक्षण हैं। अर्जुन को उपदेश देते हैं कि 'उद्धरेदात्मनात्मानम्' अपना उद्धार स्वयं करो, यहाँ उद्धव जी से भी यही कहते हैं कि अपना उद्धार स्वयं करो। देखो, समझदार लोगों को भगवान सदा यही कहते हैं। बोले, 'प्रायेण' प्रायः जो लोकतत्त्व विचक्षण लोग हैं वे अपना उद्धार स्वयं करते हैं, वे अपनी बुद्धि को शुद्ध करते हैं और फिर उस शुद्ध बुद्धि से सब प्रकार का ज्ञान अर्जित करते हैं।

18. अवधूतोपाख्यान (चौबीस गुरुओं की कथा)

लोग प्रायः कहते रहते हैं कि हमने सुना है कि गुरु बनाना चाहिए क्योंकि गुरु के बिना मनुष्य की गति नहीं होती। वे सोचते रहते हैं कि हम किसको गुरु बनाएँ? और इसी सोच में पड़कर वे गुरु को ढूँढते भी रहते हैं। लेकिन ऐसे ढूँढ-ढाँड कर कोई गुरु नहीं बन सकता क्योंकि सच तो यह है कि गुरु बनाए नहीं जाते। यदि कोई इस प्रकार से किसी को गुरु बना भी ले, तो एक दिन वह उन्हें छोड़ भी सकता है, छोड़ ही देता है। यहाँ पर भगवान श्रीकृष्ण ने गुरु के विषय में एक बहुत अच्छी बात बताई है। इसे अच्छी तरह समझ कर ध्यान में रखना चाहिए।

भगवान कहते हैं- इस जगत में 'लोक तत्त्व विचक्षणः' जो बुद्धिमान लोग होते हैं, वे स्वयं अपने प्रयत्न से अपना उद्धार कर लेते हैं। गीता जी में कहा गया है कि हम स्वयं ही अपने सबसे अच्छे मित्र हैं (मन यदि अपने वश मे हो तो) और हम स्वयं ही अपने सबसे बुरे शत्रु हैं (मन यदि अपने वश मे हो तो)। यहाँ भगवान कहते हैं- "आत्मनो गुरुरात्मैव" हम स्वयं ही अपने सबसे बड़े गुरु हैं। ऐसी बात हमें और कहीं देखने को नहीं मिलती। हम स्वयं अपने गुरु हैं-ऐसा सुनने पर लगता है यह कैसी बात है? यह तो हमारी समझ में नहीं आती। अब तक तो हमने यही सुना था कि गुरु की शरण में जाना चाहिए, गुरु के बिना ज्ञान नहीं होता, गति नहीं होती। इसीलिए, यहाँ भगवान के कथन का भाव अच्छी प्रकार समझ लेना चाहिए। बात यह है कि यदि हम सीखने के लिए तैयार न हों, तो कोई भी हमें सिखा नहीं सकता। किसी के सिखाने से यदि लोग सीख गए होते, तो आज जगत ऐसा नहीं होता। माता-पिता, सगे-सम्बन्धी, इष्ट-मित्र, संत-महात्मा, गुरुजन आदि सभी सिखा-सिखा कर हार गए। जगत कुछ बदला है क्या? आप को सच बता रहे हैं, किसी गुरु के पास जा कर भी, यदि हम उन्हें अपना गुरु न मानें, तो वे हमें क्या सिखा पाएँगे? ऐसी दशा में, हमें सिखाने के लिए ब्रह्मा जी आ जाएँ, चाहे स्वयं भगवान कृष्णा आ जाएँ, या फिर कोई अन्य समर्थ गुरु ही क्यों न आ जाएँ, तो भी वे हमें सिखा नहीं पाएँगे। इसलिए यहाँ कहा कि हम स्वयं ही अपने गुरु हैं, अर्थात हम स्वयं ही अपने आप को सिखा सकते हैं-यदि चाहें तो! सीखने के लिए तैयार हों, तो। जे भी कोई सीखने के लिए तैयार है, वह हर चीज से सीख सकता

है। उसके कितने ही गुरु हो सकते हैं। स्वामी विवेकानन्दजी ने भी कहा था- "You can not teach any one but somebody may learn from you" यहाँ भी इसी अर्थ में कहा गया है कि यदि हम सीखना चाहें, तो बहुतों से बहुत कुछ सीख सकते हैं। पेड़-पौधों से, फूल-पत्ती से, हवा से, पानी से, हर चीज से कुछ-न-कुछ सीखने के लिए मिल ही जाएगा। अब इसका अर्थ यह नहीं कि जीवन में किसी गुरु की आवश्यकता ही नहीं। यहाँ पर गुरु की आवश्यकता को या महत्त्व को नकारा नहीं जा रहा है। हमारे ध्यान को परमात्मा की ओर मोड़ देने वाले प्रत्यक्ष-साक्षात् गुरु की आवश्यकता में किसी प्रकार का संदेह नहीं। तथापि, कहना बस इतना ही है कि गुरु के द्वारा सिखाए जाने के बाद भी, जब तक हम स्वयं उस पर चिन्तन नहीं करते, तब तक ज्ञान नहीं होता। तभी तो शास्त्रों में वर्णन आता है कि भगवान श्रीकृष्ण एक बार दुर्योधन को धर्म की शिक्षा देने गए, तो दुर्योधन कहता है, "भगवान! यह सब आप मुझे क्या सिखा रहे हैं। यह सब तो मैं पहले से जानता हूँ। धर्म क्या है, अधर्म क्या है, मुझे सब मालूम है। समस्या इतनी ही है कि धर्म का पालन मैं कर नहीं सकता और अधर्माचरण छोड़ नहीं सकता। इसलिए मुझे उपदेश देने से क्या होगा?" अब बताओ ऐसे व्यक्ति के साथ क्या किया जाए?

देखो, इसलिए यहाँ विशेष रूप से कहा कि "आत्मनो गुरुरात्मैव पुरुषस्य विशेषतः" हम स्वयं ही अपने गुरु हैं। कहने का अर्थ यही है कि जब हम सीखने के लिए तैयार हों तभी सीख सकते हैं। अर्थात हमें स्वयं ही अपने आप को सिखाना होगा। और जब ऐसा होगा, तब हम हर चीज से सीख सकते हैं। वह कैसे? "यत् प्रत्यक्षानुमानाभ्यां श्रेयोऽसावनुविन्दते" अपनी आँख-कान-नाक आदि इन्द्रियों द्वारा तथा मन से इस जगत की एक-एक चीज को ग्रहण करते चलें तो उन सब से बहुत कुछ सीख सकते हैं। यह जो 'विश्वविद्यालय' शब्द है, इसका सही अर्थ तो यही है कि यह जो विश्व है वही विद्यालय है। विश्वविद्यालय किसी बिल्डिंग का नाम नहीं होता। लेकिन हम सब तो उसी में फँसे हुए हैं। स्कूल कालेज में जाने से ज्ञान होता है यह तो सबको मालूम है। लेकिन कितने ही ऐसे संत-महात्मा हुए, जो कभी किसी स्कूल या कालेज में नहीं गए। इस विश्व से ही उन्होंने सब सीख लिया, जबकि लोग सोचते रहते हैं कि हम गुरु बनाएँगे। जरा सोचो किनको गुरु बनाओगे? जिनको भी बनाओगे, वह अपनी बुद्धि से ही तो बनाओगे। इसलिए, करणीय तो यही है कि अपने मन को शुद्ध करें और जिज्ञासा को यानी ज्ञान की इच्छा को बढ़ाते जाएँ। सीखने के लिए तैयार रहें। जहाँ-जहाँ से जो-जो सीखने को मिले, सीखते चलें। सब में गुरु भाव रखें। यहाँ ध्यान में लाने की एक बात यह है कि भगवान ही सबके गुरु हैं। वे ही भिन्न-भिन्न रूपों से हमें सिखाते रहते हैं। वे ही हमारे जीवन में विशिष्ट गुरु के रूप में भी आते हैं। अब गुरु क्या करते हैं? सच्चे गुरु तो वे ही हैं जो हमें ऐसी सीख दें, ऐसी बुद्धि दे दें, जिससे हम हर चीज से सीखने में समर्थ हो जाएँ। भगवान ने कहा कि इस संदर्भ में महापुरुष

एक प्राचीन इतिहास कहा करते हैं। यह इतिहास अवधूत ब्राह्मण दत्तात्रेयजी तथा राजा यदु के संवाद के रूप में है। एक बार, राजा यदु ने अवधूत ब्राह्मण दत्तात्रेय जी को निर्भय होकर आनन्द से विचरते देखा। उनके निकट जाकर राजा यदु ने उनसे कहा- आप कुछ करते तो हैं नहीं। यों ही यत्र-तत्र, जहाँ-तहाँ विचरण करते हैं। आपको ऐसा विलक्षण, निर्मल, निश्चिन्त बुद्धि कहाँ से प्राप्त हुई-जिसे प्राप्त करके आप एक बालक के समान उन्मुक्त भाव से विचरण करते हैं? आपको देखने मात्र से ज्ञात होता है कि आप सारे कर्मों को करने में समर्थ हैं, सर्वज्ञ हैं, बुद्धिमान हैं, निपुण हैं- कार्यकुशल हैं, भाग्यशाली हैं, अमृतभाषी हैं। इतना सब होते हुए भी आप कुछ करते तो दिखाई नहीं देते लेकिन बड़े आनन्द में डूबे रहते हैं, मग्न रहते हैं, जबकि सारे संसार में लोग शोक से, पाप से, ताप से संतप्त हो रहे हैं, विक्षिप्त हो रहे हैं, और आप ऐसे निश्चिन्त दीखते हैं जैसे किसी जंगल में दावाग्नि लगी हो, सारे प्राणी तप रहे हों, और तब वहाँ कोई हाथी ठंडे पानी में बैठा हो। आप को ऐसी शान्ति, ऐसी सहज स्वरूप स्थिति कहाँ से मिल गई जो आप अपने आप में रमते हैं, मग्न रहते हैं? वह आप कृपा करके हमें भी बताइये। ऐसा प्रश्न सुनकर अवधूत दत्तात्रेय जी प्रसन्न हो गए। उन्होंने कहा, "राजन बात ऐसी है कि मेरे बहुत सारे गुरु हैं, जिनका आश्रय मेरी अपनी बुद्धि है।" अर्थात अपनी बुद्धि से ही उनका आश्रय लेकर अवधूत जी ने उन सब से सीख लिया। लेकिन 'मैं सीखता गया' ऐसा कहना जरा अभिमान की बात हो जाती है, इसलिए अवधूत जी ऐसा नहीं कहते कि मैंने सीखा, कहते हैं-ये सब मेरे गुरु हैं, इन्होंने मुझे सिखाया। सच बात तो यह है कि वे स्वयं उन सबसे सीखते गए। जो व्यक्ति अपने अनुभवों से सीखता जाए वही बुद्धिमान् है। देखो, हम सब बैंक में अपना डेपाजिट-जमा खाता बढ़ाना चाहते हैं कि नहीं? बोले हाँ, बढ़ाना चाहते हैं। तो आप को एक बात बता देते हैं। एक बैंक ज्ञान का भी है। उसमें आपका खाता सदा बढ़ता ही रहेगा। जीवन में दुःख का, सुख का, कष्ट का, सफलता का, असफलता का जो-जो अनुभव प्राप्त हो, उस एक-एक अनुभव से यदि हम सीखते जाएँ, अपने खाते में ज्ञान की पूँजी जमा करते जाएँ, तो हमारे ज्ञान का भण्डार भरता जाएगा। जीवन में सीखते जाना चाहिए, दुःख से, निराशा से, उदासी से, निन्दा से, स्तुति से, सब से सीखते रहना चाहिए। कभी किसी पर विश्वास किया और उसने धोखा दिया, तो उसे कोसते नहीं बैठना चाहिए। उससे भी सीखते चलो। ज्यादा अपने आप को परेशान करने का कोई प्रयोजन नहीं, समझ लो कि सबक सीख लिया। अवधूत दत्तात्रेयजी कहते हैं, "उन गुरुओं के नाम तथा उनसे मैंने जो सीखा वह सुनो। मेरे 24 गुरु हैं- **पृथ्वी, वायु, आकाश, जल, अग्नि, चन्द्रमा, सूर्य, कबूतर, अजगर, समुद्र, पतंग, भौंरा या मधुमक्खी, हाथी, शहद निकालने वाला, हिरन, मीन, पिंगला वेश्या, कुरर पक्षी, बालक, कुमारी कन्या, बाण बनाने वाला, सर्प, मकड़ी तथा भृंगी कीट।** इन सब से मैंने अपने लिए जो शिक्षा ग्रहण की है अब वह सुनो।" यहाँ एक बात ध्यान

देने की है कि अवधूत जी तो संन्यासी थे। अतः उन गुरुओं से उन्होंने वही सीखा जो उनके लिए उचित था। इसका अर्थ यह नहीं होता कि हर व्यक्ति उसी बात को सीखे। अपने-अपने आश्रम, अवस्था तथा स्तर के अनुरूप मनुष्य उन सब से या किसी और से किसी दूसरी बात को भी सीख सकता है। किसी और शिक्षा को भी ग्रहण कर सकता है। जहाँ तक वह सीख उसके कल्याण के लिए हो, वहाँ तक बात अच्छी है। यही कारण है कि श्रीमद्भगवतद्वीता के कई-कई भाष्य तथा व्याख्याएँ उपलब्ध होती हैं। इसमें ऐसी कोई खराबी नहीं है जहाँ तक कि कहा गया अर्थ मनुष्य के कल्याण के लिए हो। परन्तु ऊट-पटाँग अर्थ लगा कर अपनी बुद्धि को भ्रमित करके औरों की बुद्धि को भी भ्रमित करना ठीक नहीं है।

अवधूत जी कहते हैं, "इस पृथ्वी को देखो इस पर लोग कितना लड़ते हैं। यह मेरी जमीन है, यह तुम्हारी है करके-इस बात को लेकर एक दूसरे को मार भी डालते हैं। इस पृथ्वी के लिए भाई-भाई भी शत्रु बन जाते हैं। फिर भी यह पृथ्वी सबको अपने ऊपर रहने का स्थान देती है। सब को क्षमा करती है।" देखो, लोगों को जब क्रोध आता है तो वे दनादन पृथ्वी पर चीजों को दे मारते हैं, जोर-जोर से पैर पटक-पटक कर चलते हैं। जब बच्चे गिर पड़ते हैं तो उन्हें चुप कराने के लिए प्रायः लोग कहते हैं, इसने (पृथ्वी ने) तुम्हें गिरा दिया? मारो इसे। ऐसा कहकर मारते भी हैं। भला पृथ्वी ने इन सबका क्या बिगाड़ा है? लेकिन पृथ्वी कभी कोई प्रतिक्रिया नहीं करती, धीरता से वह सब सहती है। इतना ही नहीं, सब को क्षमा भी करती रहती है। अवधूत जी कहते हैं- "मैंने पृथ्वी से धैर्य को, क्षमा को सीख लिया।" पृथ्वी के ही अंग जो पर्वत वृक्ष आदि हैं, वे सदैव दूसरों के लिए कार्यरत रहते हैं। उनका तो जीवन ही परहित के लिए होता है। इनसे परहित करते रहने की सीख ले लेनी चाहिए।

वायु सर्वत्र विचरण करती है पर कहीं अटकती नहीं, आसक्त नहीं होती। इसीलिए शास्त्रों में कहा गया है "असक्तः वायुवत् चरेत"। यह जो समीर (वायु) है, यह तो प्रत्यक्ष ब्रह्म है, सबका जीवन है, निरंतर सेवारत है। परन्तु कहीं भी प्रदर्शन नहीं है। अब देखो, यदि कोई कमरे की सारी खिड़कियाँ बंद करके बैठ जाए, तो वायु का प्रसार न होने के कारण थोड़ी ही देर में वहाँ घुटन-सी होने लग जाती है। जबकि, खिड़की दरवाजे खोल दिए जाएँ और वायु बहने लग जाए तो उसी क्षण वहाँ ताजगी आ जाती है। वह स्थान शुद्ध हो जाता है, पवित्र हो जाता है। तो वायु की ही तरह, सर्वत्र विचरण करते हुए भी ज्ञानी को अनासक्त बने रहना चाहिए। जहाँ-जहाँ जाए, सब को पवित्र, आनन्दित करता जाए, पर स्वयं कहीं अटके नहीं। जीवन में मनुष्य को विषयों के बीच से गुजरना पड़ता ही है। परन्तु उसे वायु के समान अनासक्त रहना सीख लेना चाहिए। असंग रहकर वायु सब को आनन्द देती जाती है। यहाँ अवधूत जी कहते हैं- असंग रहते हुए सब को आनन्द देते जाना- यह मैंने वायु से सीख लिया। यह तो बाहर की वायु, प्राण वायु की बात हुई, अपने

भीतर भी प्राण वायु होती है। उससे मैंने सीखा कि जितनी आवश्यकता हो उतना ही खाना-पीना चाहिए जिससे कि मन व इन्द्रियाँ असंयमित न हो जाएँ।

अब यह जो आकाश है वह सब को रहने के लिए स्थान देता है, सूर्य, चन्द्र, नक्षत्र, ग्रह मण्डल, सारा सौर मण्डल, नदी, समुद्र, वृक्ष, पर्वत सभी-के-सभी आकाश में रहते हैं। इसीलिए कहते हैं 'अवकाशात् आकाशः'। सब को अवकाश- स्थान प्रदान करने के कारण इसे आकाश कहते हैं। यह आकाश कितना उदार और व्यापक है। इसमें बारिश होती है, आँधी-तूफान आते हैं, सब इसी में होता रहता है, लेकिन सूक्ष्म होने के कारण यह किसी से लिप्त नहीं होता। इसमें कोई विकार नहीं है। अपना हृदय भी इतना उदार, इतना विशाल बन जाना चाहिए। यह मैंने आकाश तत्त्व से सीखा। देखो, आकाश जैसी उदारता, विशालता हमारे हृदय में आ जाए तो हृदय में जगह हो जाने के कारण फिर बाहर भी हो ही जाती है। जैसे, रेलगाड़ी में किसी स्टेशन पर कोई चढ़ता है और कहता है, कि जरा बैठने दो, तो जो पहले से बैठा होता है वह कहता है जगह कहाँ हैं? परन्तु उसी समय यदि उसे अपना कोई परिचित दीख पड़े तो उसे बुला-बुला कर बैठा लेता है। तब जगह हो जाती है- क्योंकि उसके लिए हृदय में जगह है।

आपः, यानी पानी तो जीवन है। प्यासे को जल के दर्शन से ही आनन्द होता है। उसके स्पर्श से तन-मन में शीतलता आ जाती है। इसीलिए जब भी कोई गाँव या शहर बसाते हैं, तो पहले देख लेते हैं कि आस-पास पानी उपलब्ध है या नहीं। पानी न मिले तो सब उजड़ जाता है। अतः पानी तो जीवन है। यह सब को जीवन दान देता है। यही नहीं, जल कितना शीतल, कितना तरल, निर्मल होता है। बहता रहता है और सारे मल को हर लेता है। गर्मी तथा प्यास से त्रास को हर कर सुख-शान्ति प्रदान करता है। अवधूत जी कहते हैं, सबको जीवन दान देना, शीतल पवित्र कर देना, यह मैंने पानी से सीखा।

अग्नि को देखो। वह कैसी विलक्षण, तेजस्वी, ऊर्ध्वगामी तथा दुर्धर्ष है! दुर्धर्ष यानी उसे कोई पकड़ नहीं सकता। ऐसा क्यों? क्योंकि वह ऊर्ध्वगामी है। ऊँचे-ऊँचे जाती रहती है। देखो, ऊँचे व्यक्ति को- माने जिसका चरित्र, गुण, ज्ञान आदि सब ऊँचे हों उसे कोई छू नहीं सकता, उसका अपमान नहीं कर सकता। और जो निम्न गामी यानी नीचे की ओर जाने वाला हो, उसका तो कोई भी अपमान करता रहता है। उसे खरीद भी लेता है। इसलिए अग्नि के समान तेजस्वी ऊर्ध्वगामी बनना चाहिए। दूसरी बात, अग्नि में जो कुछ भी डाला जाए, वह उसे भस्म कर देती है। शुद्ध कर देती है। पवित्र कर देती है। सर्वभक्षण कर के भी वह ज्यों-की-त्यों बनी रहती है। अग्नि का तो लक्षण ही यही है कि उसमें पड़ जाने पर मलिन से मलिन भी शुद्धता को प्राप्त कर लेता है। इतना सब होते हुए, करते हुए अग्नि में किसी की अशुद्धि, किसी का दोष नहीं आ जाता। वह स्वयं शुद्ध बनी रहती है।

अवधूत जी अब यह बताते हैं कि उन्होंने चन्द्रमा से क्या शिक्षा ली। चन्द्रमा में हमें सोलह कलाएँ बढ़ती घटती दिखाई देती हैं। पूर्णिमा का चन्द्रमा पूरा दिखाई देता है। अमावस्या के दिन वह बिल्कुल दिखाई नहीं देता। तो क्या वास्तव में चन्द्रमा घटता बढ़ता है? नहीं। इसी प्रकार, बढ़ता घटता तो हमारा शरीर है, परन्तु हमें लगता है मैं बड़ा हो गया, मोटा हो गया, दुबला हो गया, या मैं बच्चा था, अब युवक हो गया हूँ, प्रौढ़ हो गया हूँ या फिर वृद्ध हो गया। जबकि 'मैं' न तो बढ़ता है न घटता है, वह बच्चा युवा वृद्ध आदि कुछ नहीं होता। वह तो सदा एक रस बना रहता है। देह, प्राण, मन आदि उपाधियों के कारण अपने में दुर्बलता, सबलता, मोटापा, सशक्तता, अशक्तता, सुखित्व-दुखित्व का आरोप होता है। परन्तु अपने स्वरूप में ये सारे विकार नहीं होते। जैसे दीपक की लौ का सतत जन्म-मरण होता रहता है, ठीक वैसे ही शरीर निरन्तर जन्मते मरते रहते हैं, पर अज्ञान के कारण हमे इसका भान नहीं होता। चन्द्रमा से मैंने सीखा कि समस्त परिवर्तनों के बीच रहते हुए भी हमारा 'स्व', 'आपा' या 'आत्मा' अपरिवर्तनशील बना रहता है।

अवधूत जी कहते हैं- सूर्य जिस प्रकार समुद्र का जल ग्रहण करके फिर उसे पृथ्वी पर छोड़ देता है, उसी प्रकार साधक को भी विषयों का ग्रहण करके फिर उन्हें छोड़ ही देना चाहिए। कई-कई स्थानों में प्रतिबिम्बित हो कर अनेक रूप से भासित होने पर भी सूर्य एक ही बना रहता है। अनेक नहीं हो जाता। और न ही वह जिसमें प्रतिबिम्बित हो रहा है उसके विकारों से विकृत होता है। इसी प्रकार हमारा आत्म तत्त्व भी उपाधियों के (शरीर आदि के) निमित्त से अनेक भासते हुए भी एक ही बना रहता है। यह मैंने सूर्य से सीखा। अब देखो, सूर्य से हम और भी कई बातों की शिक्षा ले सकते हैं। इस पृथ्वी पर जीवन आदि सारा कुछ संभव है सूर्य के ही कारण। यहाँ शक्ति का स्रोत सूर्य ही है। इसी प्रकार हमें भी सब की आन्तरिक शक्ति - मनोबल का स्रोत बन जाना चाहिए। We must become the source of inspiration to the rest. उपनिषद् में कहा गया है कि- "सूर्यो यथा सर्वलोकस्य चक्षुर्न लिप्यते चाक्षुषैः बाह्यदोषैः"। सूर्य मानो सारे जगत् की आँख है, अर्थात् वह सब को प्रकाशित करता है लेकिन किसी के गुण-दोष से लिप्त नहीं होता। सूर्य का यह विलक्षण गुण है, तो हमें भी ज्ञान रूपी प्रकाश से सब को प्रकाशित करते चलना है पर किसी के गुण-दोष से लिप्त नहीं होना है।

अब अवधूत जी बताते हैं कि उन्होंने कबूतर से क्या सीखा। किसी जंगल में कबूतरों का एक जोड़ा रहता था। उन्हें साथ-साथ रहते हुए कई वर्ष बीत गए। साथ ही एक दूसरे के प्रति आसक्ति भी बढ़ती गयी। फिर जब उनके बच्चे हुए, तो वे दोनों उनके लालन पालन में मग्न हो गए। उनमें भी आसक्त हो गए। वे भगवान की इस माया से ऐसे मोहित हो गए कि अपने इस सुखदायक परिवार के अतिरिक्त उन्हें और किसी चीज का भान ही नहीं रहा। एक दिन जब वे कबूतर कबूतरी चारा लाने के लिए बाहर गए थे, तब किसी बहेलिए ने जाल फैलाकर उन छोटे-छोटे

पक्षियों को फाँस लिया। कबूतर कबूतरी लौट आए तो उन्होंने देखा कि उनके बच्चे जाल में फँस कर छटपटा रहे हैं। अपने बच्चों को उस हाल में देखकर कबूतरी का हृदय दुःख से भर गया और वह रोने लगी। वह इतनी दुःखी, इतनी विह्वल हो गई कि स्वयं भी जाल में कूद पड़ी। यह देखकर वह कबूतर भी रोते हुए नाना प्रकार से विलाप करने लगा। वह कहने लगा - मेरे बच्चे, मेरी पत्नी सब पकड़े गये। अब इस घर में इनके बिना मैं कैसे रहूँगा? मेरा सर्वनाश हो गया। What is life without wife? पत्नी के बिना मैं कैसे जीऊँगा? ऐसा इसलिए लगता है क्योंकि विषय सुख तथा गृहस्थाश्रम के सुख के अतिरिक्त हमें किसी और निर्विशेष, निर्निमित्तक स्वाभाविक स्वरूप सुख या आत्म सुख का न परिचय होता है न उसमें विश्वास। तो रोता विलपता हुआ वह कबूतर भी जाल में कूद पड़ा। अरे! सब लोग बन्धन में पड़े हैं, तुम उन्हें छुड़ा तो सकते नहीं, अपने आप को स्वयं ही उस स्थिति में डाल लेने का क्या प्रयोजन? बहेलिए ने क्या किया मालूम है? वह बड़ा खुश हो गया, सब को पकड़ कर ले गया। यहाँ समझने की बात यह है कि प्यार करना तो बड़ी अच्छी बात है। घर-गृहस्थी वालों को अपने स्वजन-परिजनों से प्रेम अवश्य करना चाहिए। प्रेम के बिना न तो कोई गृहस्थाश्रम सफल होता है और न ही जीवन में रस आता है। लेकिन ऐसी मूढ़ आसक्ति कर के बैठ जाना कि अमुक के बिना मैं कैसे रहूँ - यह बात बिल्कुल ठीक नहीं है। ऐसी आसक्ति से कोई लाभ नहीं होता। क्योंकि तब न तो हम मरने वाले को बचा पाते हैं और न अपने आपको। और न ही अपने आपको सम्भाल पाते हैं। इस प्रकार, आसक्ति के कारण मनुष्य अपने आपको बन्धन में डाल लेता है। अवधूत जी कहते हैं, "इसलिए ऐसी मूढ़ ममता और आसक्ति नहीं करनी चाहिए, यह मैंने कबूतर कबूतरी से सीखा।" इसी बात को गीता जी में ऐसे कहा गया कि ज्ञानी पुरुष का एक लक्षण यह होता है कि "यः सर्वत्र अनभिस्नेहः" वह किसी से अति स्नेह नहीं करता। वह सब जगह जाता है, सब के साथ प्यार से रहता है, यथा योग्य, यथा प्रसंग व्यवहार भी करता है, सब कुछ करता है लेकिन किसी से आसक्त नहीं होता।

अब अजगर की बात बता रहे हैं। अजगर तो मालूम है न आपको? पूरे बकरे को, या जो कुछ सामने आ जाए, वह उसी को निगल लेता है। और यदि कुछ न मिले तो पड़ा रहता है। कोई प्रयास नहीं करता। अब ये दत्तात्रेयजी तो अवधूत वृत्ति वाले थे, सो उन्होंने कहा कि मैंने अजगर से "यदृच्छा लाभ सन्तुष्टः" जो मिल जाए उसी से संतुष्ट रहने की वृत्ति सीख ली। और मैंने यह भी सीख लिया कि बेकार में ज्यादा दौड़-भाग करने की कोई जरूरत नहीं है। समय पर भाग्य से जो मिल जाए उसे खा लो और यदि न मिले या कम पड़ जाए तो बैठे रहो, अपने मन में क्षोभ नहीं आने दो। जैसे, कहते हैं न 'होगा राम तो देगा खटिये पर'। अब ऐसी बात सब को अच्छी नहीं लगती। उनकी दृष्टि में यह दर्शन या विचार ठीक नहीं है। वे कहते हैं, "क्या बैठे रहते हो, कुछ करो।" लेकिन यहाँ आप को एक बात

बता देते हैं। उसे ध्यान से सुन लेना। होगा राम तो देगा, ऐसे निश्चल भाव से बैठ जाना (जरा भी व्याकुल नहीं होना, कुछ भी न मिले तब भी कुछ नहीं माँगना) बहुत ही कठिन होता है। पूर्ण समर्पण इस संसार का सबसे बड़ा साहसिक कृत्य है और एकढंग से ये बात ठीक भी है कि आपको जो मिलना होगा, वह निश्चय ही मिलेगा। लेकिन, किसी चीज की इच्छा मन में ले कर मत बैठना। अब ये दत्तात्रेयजी तो अवधूत संन्यासी थे, उन्होंने अजगर से जो शिक्षा ग्रहण की वह उनके लिए उचित थी, परन्तु एक गृहस्थाश्रमी को क्या सीख लेनी चाहिए? जिसके ऊपर घर परिवार निर्भर करते हैं उसे तो अजगर वृत्ति का यही तात्पर्य समझना चाहिए कि अपने कर्तव्यों का पालन करके और न्यायोचित रीति से उसे जो प्राप्त हो, उसी से संतुष्ट हो जाए।

सिन्धु अर्थात समुद्र से मैंने गम्भीरता सीख ली। भगवान श्री रामचन्द्र जी के लिए कहा गया है 'समुद्र इव गांभीर्यं' कि उनका गांभीर्य समुद्र के समान था। समुद्र में कितनी ही नदियाँ आकर मिलती हैं परन्तु उसमें कभी कोई बाढ़ नहीं आती। यही नहीं, जब नदियाँ सूख जाती हैं और उनका जल घट जाता है, तब भी समुद्र पर उसका कोई प्रभाव नहीं होता। उसमें कोई विकार या क्षोभ नहीं होता, वह सदा अक्षुब्ध रहता है। उसका अस्तित्व नदियों पर आश्रित नहीं होता। वह अपने आप में परिपूर्ण होता है। जबकि वे नदियाँ समुद्र से मिलकर समुद्र जैसी विशालता पा जाती है, स्वयं समुद्र बन जाती है। हमारे मन में तो उथले जल के समान सदा उथल-पुथल मची रहती है। जबकि समुद्र में सतह पर भले ही लहरें दीखती हों लेकिन भीतर से वह अत्यन्त शान्त और गहरा रहता है। इसी प्रकार साधक को भी, जीवन में भोगों की प्राप्ति से या अप्राप्ति से कोई अन्तर नहीं पड़ना चाहिए। जब ऐसा होता है तब, वे सारी भोग अपने स्वरूप में ही भासित हो रहे हैं इस ज्ञान के द्वारा वे सारे भोग आत्म स्वरूप में समा जाते हैं। यह बड़ी विलक्षण बात यहाँ पर कही गई है।

पतंगाकीट से मैंने सीखा कि रूपासक्ति नहीं होनी चाहिए। पतंगा रूप देखकर - अग्नि की ज्वाला को देखकर उस पर आसक्त हो जाता है और स्वयं को नष्ट कर लेता है। वह स्वयं ही उसके पास जाता है और जल जाता है। इसी प्रकार इन्द्रियों के परवश मनुष्य भी, रूप के प्रति आसक्त हो कर स्वयं को नष्ट कर लेता है। संसार में रूप हमें बहुत आकर्षित करता है। स्त्री के लिए पुरुष का रूप, पुरुष के लिए स्त्री का रूप और अन्य भौतिक विषयों के भी रूप बड़े आकर्षक लगते हैं। वे मन को ललचाते हैं और अपना विवेक खो कर हम उनमें पड़ जाते हैं और स्वयं का सर्वनाश कर लेते हैं।

मधुकृद् यानी मधुमक्खी से मैंने सीखा कि मनुष्य को सार-ग्राही होना चाहिए। शहद (मधु) बनाने वाली मधुमक्खियाँ भिन्न-भिन्न फूलों पर जा-जाकर उनका सार ले आती हैं। इनसे मैंने सीखा कि जीवन में कभी एक स्थान पर अटकना नहीं

चाहिए। जहाँ कहीं से जो कोई हित की बात जानने को मिले, उसे तथा छोटे-बड़े सभी ग्रंथों से उनके सार को ग्रहण कर लेना चाहिए। यदि बच्चा भी कोई बुद्धिमत्ता की बात कहता है, तो उसे सीख लेना चाहिए। देखो, यदि कूड़ेदान में हमें कोई हीरा या रत्न मिल जाए तो क्या उसे वहीं छोड़ देंगे कि यह कूड़ेदान में पड़ा है? ऐसा तो नहीं होता। उसे ले ही लेते हैं न? कहा गया है "मोल करो तलवार का, पड़ा रहने दो म्यान"। अतः ज्ञान की बात कहने वाला बच्चा है कि बूढ़ा, स्त्री है कि पुरुष यह महत्त्व की बात नहीं होती, वह जो कह रहा है उसी का महत्त्व होता है। ज्ञान की बात जहाँ से, जिससे सीखने का मिल जाए उसे सीख लेना चाहिए, यह मैंने मधुमक्खी से सीखा।

गज- हाथी की स्पर्श में बड़ी आसक्ति होती है। एक विशेष ऋतु में उनकी काम वासना जगती है और तब उनकी वृत्ति ऐसी हो जाती है कि वे हथिनियों के साथ शरीर रगड़-रगड़ कर स्पर्श सुख भोगते हुए चलते रहते हैं। जानकार लोग गड्ढा बनाकर उसके ऊपर नकली हथिनी को खड़ा कर देते है। स्पर्शासक्ति के कारण हाथी जब अपने शरीर को उससे रगड़ने जाता है तब वह गड्ढे में गिर कर बन्धन में फँस जाता है। अन्य सभी आसक्तियों की तुलना में स्पर्शासक्ति सबसे खतरनाक होती है। जब तक कोई दूसरे का स्पर्श न करे, तब तक तो सब ठीक ही होता है (लेकिन जहाँ टच किया, वहाँ चट गया)। शास्त्रों में तो बड़े स्पष्ट रूप से कहा गया है कि अपने अंग से, स्वयं अपने ही अंगों का भी ज्यादा स्पर्श नहीं करना चाहिए, क्योंकि ऐसा करने से मन में कामना उत्पन्न हो जाती है। तब स्त्री-पुरुष के परस्पर स्पर्श के परिणाम की तो बात ही क्या कही जाए? अवधूत जी कहते हैं-हाथी से मैंने सीखा कि स्त्री में आसक्त नहीं होना चाहिए।

मधुहा यानी मधुहारी - शहद निकालते वाले से मैंने सीखा कि धन या भोग सामग्री का संचय नहीं करना चाहिए। इनके लोभ में पड़ कर किया गया परिश्रम व्यर्थ जाता है। क्योंकि जैसे मधुमक्खियाँ प्रयत्न पूर्वक सब जगह से मधु इकट्ठा करती हैं परन्तु न तो वे स्वयं उसे खाती हैं न ही किसी को देती हैं, एक दिन कोई मधुहारी कम्बल ओढ़ कर आता है और सारा शहद ले जाता है। वैसे ही, जब मनुष्य लोभी हो कर धन तथा अनेक भोग्य वस्तुओं का संग्रह करता है और फिर न तो वह स्वयं उनको भोगता है और न ही दूसरों को भोगने देता है, तब मधुहारी की तरह कोई आ कर उन्हें लूट ले जाता है। इसलिए ज्यादा संग्रह नहीं करना चाहिए। सबसे ग्रहण करके सबको देते जाना चाहिए- जैसे पेड़-पौधे, पहाड़-नदियाँ आदि। यह मैंने मधुहारी से सीखा।

अब बताते हैं कि हिरन से क्या सीखा। वेणुनाद सुनकर यानी संगीत से मोहित होकर हिरन भान भूल जाता है और बँध जाता है। बोले, यति को चाहिए कि ग्राम्य संगीत तथा लोक या ग्राम्य विषयों की बातें न सुने। क्योंकि विषयों की बातें सुनने मात्र से भी उनके प्रति मोह उत्पन्न होने लगता है। भगवान शंकराचार्य कहते है-

"वीणा वाद्यम सौंदर्य, भुक्तये, न च मुक्तये"। संगीत तभी हितकारी होता है जब उसमें भक्ति का पुट आ जाए। भक्ति युक्त संगीत तो कल्याणकारी होता है, लेकिन भक्ति विहीन संगीत बन्धन का कारण बन जाता है। अतः मैंने हिरन से सीखा कि शब्द अथवा ध्वनि में, या संगीत में आसक्त नहीं होना चाहिए।

आगे कहते हैं- मैंने देखा है कि मीन माने मछली की स्वाद में बड़ी आसक्ति होती है। मछुआरे के काँटे में लगे हुए माँस के टुकड़े के लोभ में पड़कर वह बन्धन में आ जाती है। अपना मरण स्वयं बुला लेती है। इसी प्रकार मनुष्य भी स्वादासक्ति के कारण ही अपना विनाश स्वयं कर लेता है। अन्य इन्द्रियों को जीतना उतना कठिन नहीं है जितना कि स्वादेन्द्रिय को जीतना। भोजन कम करके या बन्द करके अन्य इन्द्रियों पर तो विजय प्राप्त की जा सकती है। परन्तु उससे स्वयं रसनेन्द्रिय पर विजय प्राप्त नहीं होती, वरन् उससे स्वादासक्ति और भी बढ़ जाती है। अतः, जब तक रसनेन्द्रिय पर विजय प्राप्त न हो जाए तब तक इन्द्रिय विजय नहीं होती, मन पर वश भी नहीं हो पाता। जिसने रसनेन्द्रिय को जीत लिया हो, वास्तव में वही अपनी इन्द्रियों का तथा मन का स्वामी हो सकता है।

अवधूत जी आगे बताते हैं कि उन्होंने पिंगला वेश्या से क्या सीखा। विदेहराज जनक की नगरी में पिंगला नाम की एक वेश्या रहती थी। वह नित्य ही तैयार हो कर किसी पुरुष के आने की प्रतीक्षा करती थी जिससे कि उसे धन प्राप्त हो। एक दिन की बात है, नित्य की तरह सज-धज कर वह प्रतीक्षा कर रही थी। देर रात तक प्रतीक्षा करने पर भी कोई नहीं आया। तब अकस्मात् उस पर ऐसी भगवद्कृपा हुई कि उसके मन में वैराग्य उत्पन्न हो गया। वह अपने आप को कोसने लगी कि मुझे इतना श्रेष्ठ शरीर मानव शरीर प्राप्त हुआ है और मैं अब तक इसे बेचती रही। इन दुष्ट लोगों को खुश करके, उनकी कामना पूर्ण करके, धन प्राप्त करने में लगी रही। मैं कैसी मूढ़ बनी रही। मैं विदेहराज की इस नगरी में रहती हूँ जहाँ प्रायः सब ज्ञानी हैं। यहाँ मैं ही एक ऐसी गयी-बीती, पापी स्त्री हूँ। सर्वस्व देने वाले, सच्चा प्रेम, सुख व परमार्थ धन देने वाले हृदयस्थ प्रभु को छोड़कर मैं आज तक इन नश्वर पुरुषों की, उनसे प्राप्त होने वाले धन की आशा करती रही। अब मैं इस प्रकार के मोह में नहीं पड़ूँगी। ऐसा निश्चय करते ही, किसी पुरुष के आने की आशा उसके चित्त से छूट गयी और वह एकदम शान्त होकर सो रही। इस प्रकार वैराग्य उत्पन्न होने पर, पिंगला ने जैसा अनुभव किया और उसे कह सुनाया वह 'पिंगला गीत' नाम से प्रख्यात है। वह बड़ा ही सुंदर है। "आशा हि परमं दुःखं नैराश्यं परमं सुखं"। सार रूप में उसका भाव यही है कि आशा ही हमें दुःख देने वाली होती है। Disappointment comes to those who make appointments with the desires- जो अनेक प्रकार की झूठी आशाएँ लगाये रहते हैं, उन्हें जीवन में बहुत निराश होना पड़ता है। अवधूत जी कहते हैं- पिंगला से मैंने सीखा कि किसी से कोई आशा नहीं करना ही परम सुख की स्थिति है।

अब बताते हैं कि उन्होंने कुरर पक्षी से क्या सीखा। कुरर एक छोटा-सा गिद्ध जाति का पक्षी होता है। अवधूत जी कहते हैं, "एक कुरर पक्षी मुँह में माँस पिण्ड लिये जा रहा था। इतने में कई शक्तिशाली गिद्ध आदि अन्य बड़े-बड़े पक्षी उसके ऊपर झपट पड़े और उसे चांच मारने लगे। तब मैंने देखा कि कुरर पक्षी ने माँस पिण्ड को छोड़ दिया। जैसे ही उसने माँस पिण्ड को छोड़ा, वैसे ही सारे पक्षी भी उसे छोड़ कर उस माँस पिण्ड की ओर चले गए और शान्ति हो गयी। इससे मैंने समझ लिया कि जो लोग संसार की चीजों को ज्यादा पकड़कर रखते हैं, उन पर दूसरे झपटते हैं। अतः प्रिय लगने वाली वस्तुओं को ज्यादा पकड़कर नहीं रखना चाहिए। तभी शान्ति हो सकती है। और फिर आनन्द स्वरूप परमात्मा की प्राप्ति हो जाती है।"

अर्भक यानी बच्चे से मैंने सीखा कि "संन्यासे परमं सुखम्" किसी भी चीज को छोड़ देने में ही सुख है, पकड़ कर रखने में नहीं। देखो, बच्चा कैसा होता है? वह देह की, भूख-प्यास की चिंता भुलाकर खेलने में रमता है। न तो वह भूतकाल का विचार करता है, न ही भविष्य की चिन्ता। वह तो वर्तमान में रमता है, और स्वभाव से निष्पाप होता है। दूसरी बात, वह मानापमान की परवाह नहीं करता और बहुत ही सहज (spontaneous) वर्तन करता है। जैसे कभी उसे माँ के ऊपर या किसी और पर गुस्सा आ जाए, तो वह उस पर गुस्सा कर लेता है। आपस में लड़ भी लेता है। उसके बाद थोड़ी ही देर में हँसने लग जाता है। माँ के गले में हाथ डाल कर या अन्य बच्चों से मिलकर प्यार भी कर लेता है। जबकि जिन बच्चों के बीच लड़ाई होती है, उनके माता-पिता आपस में लड़कर वैर साध कर बैठ जाते हैं। अवधूत जी कहते हैं, "बच्चे से मैंने सीखा कि अपने मन को निर्मल करके सहज बन जाना चाहिए। साथ ही यह भी सीख लिया कि प्रत्येक क्षण में (वर्तमान में) कैसे जीना चाहिए।"

अब अवधूत जी यह बताते हैं कि उन्होंने कुमारी कन्या से क्या सीखा। एक बार, किसी कुमारी के घर उसका वरण करने के लिए कुछ लोग आ पहुँचे। तब घर में उस कुमारी के अतिरिक्त दूसरा कोई नहीं था। अतः कुमारी ने स्वयं ही उनका स्वागत किया। फिर उन्हें बैठने के लिए कहकर वह उनके भोजनादि की व्यवस्था करने के लिए भीतर गई। भोजन तैयार करने के लिए उसे धान कूटने की आवश्यकता पड़ गई। जब वह कूटने लगी, तो उसके हाथ की चूड़ियाँ खन-खन करने लगी। उसे लगा कि चूड़ियों की आवाज से मेहमानों को पता चल जायेगा कि हमारे घर में सामान नहीं है और मौके पर मुझे कुछ कूटना पड़ रहा है। ऐसा सोचकर वह एक-एक चूड़ी तोड़ने लगी। जब केवल दो-दो चूड़ियाँ रह गई तब भी वे खन-खन कर रही थीं। यह देखकर उसने एक-एक और चूड़ी तोड़ दी। तब केवल एक-एक ही चूड़ी रह गयी और आवाज होनी बंद हो गयी। देखो, जहाँ दो होते हैं वहाँ खट-पट होती ही है। जैसे ऑटो रिक्शा आदि के पीछे लिखा रहता है 'एक

में शान्ति, दो में क्रांति'। कहा भी गया है कि जहाँ दो बर्तन होते हैं वहाँ आवाज होती ही है। द्वैत में शान्ति हो ही नहीं सकती। मशहूर फिलोसोफर सात्र कहता है- "Other is Hell", दूसरा दुःख है। जहाँ ज्यादा लोग होते हैं वहाँ किसी-न-किसी कारण अशान्ति हो ही जाती है। केवल दो लोग हो तब भी वार्तालाप तो होता ही है। मैंने कुमारी से सीखा कि अकेले ही विचरण करना चाहिए। अद्वैत भाव में ही रहना चाहिए क्योंकि अद्वैत में ही शान्ति है।

अब, शरकृत बाण बनाने वाले व्यक्ति की बात बताते हैं। एक बार मैंने देखा कि एक बाण बनाने वाला बाण की नोक बनाने में इतना एकाग्र हो गया कि वहाँ से राजा की सवारी निकल गयी लेकन उसे पता ही नहीं चला। बोले इसी प्रकार मन को एकाग्र कर लेने पर संसार की कोई भी चीज हमारे मन में किसी प्रकार का क्षोभ उत्पन्न नहीं कर सकती। दूसरों को ठीक करने के बदले, यदि हम स्वयं अपने मन को ही शान्त कर लें, एकाग्र कर लें, तो अन्य सब अपने आप ही ठीक हो जाता है। जीवन में यदि थोड़ा भी वैराग्य हो, तो मन को सरलता से एकाग्र किया जा सकता है। वैराग्य व अभ्यास के द्वारा मन को किसी लक्ष्य में स्थिर कर देने से वह शान्त हो जाता है। यदि उसे स्वरूप में स्थिर करने का अभ्यास करें तो जैसे-जैसे मन स्वरूपस्थ होता जाता है वैसे-वैसे हमारी कर्मवासनाएँ क्षीण हो जाती है। सत्त्व बढ़ जाने से मन शान्त हो जाता है।

आगे बतातें हैं कि सर्प से क्या सीखा। साँप कभी अपना बिल (घर) नहीं बनाता। पहले से बने-बनाए बिल में घुस कर आराम से सो जाता है। दत्तात्रेय जी कहते हैं कि साँप से मैंने यह सीखा कि जैसे उसका कोई निश्चित बिल नहीं होता, कभी किसी बिल में रहता है तो कभी किसी और बिल में, वैसे ही साधु को भी किसी एक विशेष घर से आसक्ति नहीं होनी चाहिए। जहाँ काम हो वहाँ रुक जाए और काम समाप्त हो जाए, तो वहाँ से चल दे। मुझे तो यही समझ में आता है कि अपना कोई घर मत बनाओ, किसी ने जो घर बनाया हो, उसमें जाकर रह लो। यहाँ पर कहने का अर्थ इतना ही है कि जो साधु-संन्यासी हैं उन्हें बहुत सारे मकान-दुकान बनाने के चक्कर में नहीं रहना चाहिए। जितने से काम चल जाए, बस उतना ही ठीक है। लेकिन आजकल बड़ा उलटा मामला हो रखा है, आजकल के तथाकथित साधु-सन्यासीयो बड़े-बड़े घर बना रहे है, हेलीकाप्टर में घूम रहे है, भागवतकथा के नाम पर लाखो की फीस लेते है लेकिन आत्म-ज्ञान के नाम पर सब गूढ़गोबर, लोगो को बेवकूफ बनाने का धंधा है और धन में तो आसक्ति गृहस्थों से भी जयादा है। खैर सब कलयुग का प्रभाव है, जिसने सबका विवेक हर लिया है। यहाँ गृहस्थों के लिए कहा गया है कि घर बनाना गृहस्थ का सबसे बड़ा कर्तव्य है। पहले आपका अपना घर होना चाहिए। लेकिन इस प्रसंग से शिक्षा यह लेनी है कि उस (अपने द्वारा बनाए गए) घर में आसक्त होकर नहीं बैठना है। कहीं और जाना पड़े, तो चल दें। इसीलिए गृह-प्रवेश करके, घर में सर्वप्रथम भगवान को बैठाया

जाता है और ऐसा भाव रखा जाता है कि यह घर भगवान का है, हम उसके सेवक हैं। इसी भाव से घर में रहना चाहिए। उसमें ममत्व करके नहीं बैठना चाहिए। जैसे, साँप कुछ दिनों तक किसी बिल में रहता है, और फिर वहाँ से निकलकर किसी और बिल में चला जाता है। वैसे ही हमें भी किसी घर को छोड़ कर किसी और घर में जाकर रहना पड़े तो उसके लिए तैयार रहना चाहिए। किसी एक विशेष घर में आसक्ति नहीं रखनी चाहिए। इसीलिए भगवतगीता में भक्त का लक्षण कहा गया है - 'अनिकेतः' उसका अपना कोई घर नहीं होता है। श्री शंकराचार्य जी ने भी कहा है- "न निश्चितः निकेतः यस्य" उसका कोई निश्चित घर नहीं होता। यही मेरा घर है मैं यहीं रहूँगा - ऐसा नहीं होना चाहिए। जहाँ रहने को मिल जाए वहीं रह लो बस, बात खतम हो गयी। अर्थात् गृहस्थों को घर तो बनाना चाहिए लेकिन उसमें आसक्ति नहीं होनी चाहिए। उसे छोड़ने का समय आ जाए तो छोड़ दें।

ऊर्णनाभि माने मकड़ी, उससे क्या सीखा? मकड़ी अपने मुख से ही तंतु निकाल कर जाल बुनती है। उसमें घूमती है, रमती है और फिर उसे अपने में ही समेट कर अन्त में अकेली रह जाती है। इसी प्रकार, परमात्मा भी पूरी सृष्टि को स्वयं से प्रकट करके उसमें विहार करता है और अन्ततः स्वयं में ही उसका लय भी कर लेता है। यहाँ किसी प्रकार का द्वैत, त्रैत या नानत्व है ही नहीं। उसी एक अद्वितीय परमात्मा से यह समस्त सृष्टि प्रकट हुयी है। इसलिए अवधूत जी कहते हैं कि मैंने मकड़ी से सीखा कि भेद बुद्धि नहीं रखनी चाहिए। अद्वैत ही पारमार्थिक सत्य है। शेष सब आभासिक सत्ता है, वास्तविक नहीं है।

फिर कहते हैं कि सुपेशकृत यानी भृंगी कीट से क्या सीखा। जिस प्रकार, भृंगी कीट जब किसी कीड़े को ले जाकर अपने निवास स्थान में बन्द कर देता है, तब वह क्रीड़ा भय के कारण उस भृंगी का चिन्तन करते-करते एक दिन (अपने पूर्व शरीर को छोड़े बिना ही उसी में रहते हुए) भृंगी के ही रूप को प्राप्त हो जाता है। इसी प्रकार मनुष्य भी भय से, राग से, द्वेष से, प्रेम से या किसी भी भाव से अपने मन को जिसमें लगा दे, एकाग्र कर दे, वह उसी स्वरूप को प्राप्त हो जाता है।

अवधूत दत्तात्रेय जी कहते हैं- इस प्रकार अपनी बुद्धि से इन चौबीस गुरुओं का आश्रय लेकर मैंने उनसे ज्ञान प्राप्त किया है। इसके अतिरिक्त मैंने अपने शरीर से भी कुछ सीखा है, शिक्षा प्राप्त की है। जीने-मरने वाला यह शरीर, नश्वर होते हुए भी मोक्ष प्राप्ति का साधन है, द्वार है, क्योंकि यह ऐसी बुद्धि से युक्त है जो ब्रह्म का साक्षात्कार अर्थात् ब्रह्म का साक्षात् अपरोक्ष अनुभव कर सके। यद्यपि यह शरीर एक तो नश्वर है और फिर मल युक्त- अपवित्र भी है, तथापि इस शरीर में हम अद्वय ज्ञान प्राप्त कर सकते हैं। इसलिए इसे ज्ञान प्राप्ति में लगाना चाहिए और अन्य कामों में नहीं। अवधूत जी ने कहा कि इस प्रकार, सब से सीख कर मैं इस ज्ञान में स्थित हूँ। मेरी बुद्धि ज्ञान में स्थिर हो गयी है।

भगवान श्री कृष्ण उद्धव जी से कहते हैं, "राजा यदु हमारे पूर्वजों के भी पूर्वज थे। उनके वंशज होने के कारण ही हम लोग यादव कहलाते हैं।" अवधूत दत्तात्रेय जी की इस कथा को सुनकर यदुराज बड़े प्रसन्न हुये। उन्होंने दत्तात्रेय जी की पूजा वन्दना की और स्वयं "सर्वसंगविनिर्मुक्त" हो गये। हमें भी इसी प्रकार मुक्त हो जाना चाहिए। यहाँ भगवान उद्धव जी से कहते हैं कि तुम अपनी बुद्धि को शुद्ध कर लोगे तो तुम्हें भी इसी प्रकार हर वस्तु से ज्ञान प्राप्त होने लग जायेगा। जीवन में दृष्टि हो तो प्रत्येक वस्तु से ज्ञान प्राप्त किया जा सकता है। और इसके विपरीत यदि मूढ़ बने रहें, तो चाहे ब्रह्मा जी या विष्णु जी स्वयं आकर हमें शिक्षा दें, तब भी ज्ञान प्राप्त नहीं होगा।

19. बद्ध, मुक्त तथा भक्त के लक्षण

अगले अध्याय में भगवान कहते हैं कि शुद्ध आत्म तत्त्व के ऊपर अविद्या, अज्ञान के कारण अनेक प्रकार के आरोप हो गए हैं। व्यक्तिगत दृष्टि से देह, इन्द्रिय, मन, बुद्धि, प्राण आदि का, तथा समष्टि या सृष्टि की दृष्टि से आकाश, वायु, जल, अग्नि, पृथ्वी, नदी, पहाड़ आदि का आरोप हुआ है। शास्त्रीय भाषा में इसे ही अध्यास कहते हैं। अब हमारी स्थिति ऐसी हो गयी है कि दृश्य जगत में हमारी इतनी सत्य बुद्धि हो गई है कि सर्वाधार भगवान जिन पर यह सारी सृष्टि स्थित है, वे हमें दीखते नहीं। हमें उनका भान भी नहीं होता। भगवान कहते हैं- आत्माधिष्ठित, आत्मा पर भासित होने वाले इस अध्याय को, भ्रांति को दूर करना चाहिए, इसे मिटा देना चाहिए। ऐसा कहने पर सहज रूप से प्रश्न यह उठता है कि उसे किस प्रकार दूर करें? उसे दूर करने का उपाय क्या है?

मयोदितेष्ठवहितः स्वधर्मेषु मदाश्रयः।

पूर्व चर्चित होने के कारण, इस प्रसंग में इसका उपाय संक्षेप में बता रहे हैं। कहते हैं- सर्वप्रथम अत्यन्त श्रद्धा भक्ति के साथ अपने स्वधर्म का पालन करना चाहिए। ऐसा करने से मन शुद्ध होने लगता है और तब ज्ञान की प्राप्ति की इच्छा- जिज्ञासा प्रबल हो जाती है। इसके पश्चात् कर्म बाहुल्य यानी ज्यादा कर्म या कर्म की अधिकता में नहीं पड़ना चाहिये। देखो, भगवान श्री शंकराचार्य जी ने अपने "साधना पन्चकां" में भी कहा है कि विवेकपूर्वक अपने कर्तव्य कर्मों को समझना चाहिए और उन्हें भगवान की पूजा समझकर करना चाहिए। तब मन शुद्ध होता है। उसके बाद ही आत्म-ज्ञान की तीव्र जिज्ञासा उत्पन्न होती है। तब "निजगृहात्तूर्ण विनिर्गम्यतां" अपने घर से शीघ्र निकल पड़ना चाहिए। ऐसी बात सुनकर कोई कह सकता है कि मैं रोज घर से बाहर निकलता हूँ सब्जी लाने के लिए- इस प्रकार नहीं। "गम्यतां- निर्गम्यताम्-विनिर्गम्यतां", बोले घर से ऐसे निकलो कि पुनः लौटना न पड़े। परन्तु ऐसा कब करना चाहिए? जब आत्मज्ञान प्राप्त करने की इच्छा अति प्रबल हो जाये

तब! तब घर से निकल कर कहाँ जाना चाहिए? क्या करना चाहिए? क्या किसी पेड़ के नीचे पड़े रहें? नहीं! कहते हैं तब गुरु के पास जाना चाहिए। तैत्तिरीय उपनिषद में कहा गया है कि गुरु तथा शिष्य के मध्य सन्धान (जोड़ने वाली कड़ी) है- संवाद। गुरु-शिष्य संवाद से जो प्राप्त होगा, उसे सन्धि कहते हैं। वह विद्या है। तात्पर्य यह है कि तब आचार्य के पास जाना चाहिए फिर विनम्र भाव से उनसे विद्या प्राप्त करनी चाहिए। भगवान कहते हैं-उद्धव, इस प्रकार यहाँ कथित क्रम से तुम अध्यास का निरसन (निवारण) कर सकते हो। तब उद्धव जी पूछते हैं- भगवान! गुणों में रहते हुए भी उनके व्यापार से असंग रहने का क्या उपाय है? ज्ञानी पुरुष गुणों में वर्तन करते हुए भी बन्धन से किस प्रकार मुक्त रह पाते हैं? यह मुझे समझाकर बताइये। इस प्रसंग में यह बात स्मरणीय है कि अर्जुन ने भी स्थितप्रज्ञ के प्रसंग में भगवान से इसी प्रकार का प्रश्न किया था। यहाँ उद्धव जी कहते हैं- "नित्यमुक्तो नित्यबद्ध एक एवेति मे भ्रमः"।।

जो बद्ध है, वही मुक्त है। आत्मा पर ही अध्यास हो गया है, अतः वही बन्धन में है और अध्यास का निराकरण करके वही मुक्त हो जाता है। एक ही आत्मा-बद्ध भी है और वही मुक्त भी हो जाता है। ऐसा कैसे सम्भव है? मुझे बड़ा भ्रम हो रहा है। इसलिए आप मुझे समझा कर बताइये। तब इसके उत्तर में भगवान् कहते हैं- अरे उद्धव! यह बन्धन और मोक्ष अपने आप में कुछ है ही नहीं। आत्मा में न बन्धन है, न मोक्ष। गुणों की दृष्टि से ही बन्धन और मोक्ष की कल्पना की गयी है। गुण अर्थात् सत्त्व गुण, रजो गुण और तमो गुण। जहाँ रजो गुण तमो गुण में मिला रहता है वहाँ सत्त्व गुण अत्यंत न्यून अर्थात कम होता है। वहाँ बन्धन, दुःख, रोदन आदि होते हैं। यही संसार है। अब इनके स्थान पर यदि सत्त्व गुण प्रधान हो जाए, ज्यादा हो जाये तो मोक्ष का प्रसंग उपस्थित हो जाता है। आत्मा का अज्ञान ही बन्धन का हेतु है। आत्म ज्ञान के पश्चात् बन्धन का कोई प्रश्न ही नहीं रह जाता।

बद्ध और मुक्त ये दोनों वास्तव में दो नहीं हैं, इस बात को स्पष्ट रूप से समझाने के लिए, उनकी विलक्षणता को दर्शाने के लिए मुण्डकोपनिषद् में दो पक्षियों की बात बतायी गई है। एक पेड़ पर दो पक्षी बैठे हुए हैं। उनमें से एक पक्षी चुपचाप बैठा है। वह कुछ करता नहीं, सिर्फ देखता रहता है। दूसरा पक्षी फल खाता रहता है। जब फल मीठा निकलता है तो वह खुश हो जाता है और जब वह कड़वा लगता है तो दुःखी हो जाता है। कड़वा स्वाद आते ही वह ऊपर की डाली पर शान्त, स्वस्थ होकर बैठे पक्षी को देखने लगता है। उसे देखकर वह प्रसन्न होता है और इसी कारण उसकी ओर देखने लगता है। परन्तु जैसे ही उसे कोई और फल दिखायी दिया तो वह पुनः उसे खाने में, उसका स्वाद लेने में लग जाता है। इस रीति से वह कभी दुःखी, तो कभी सुखी होता रहता है। यह जीव भी व्यर्थ में जिस-तिस फल को चखता रहता है। इसी के परिणाम स्वरूप वह दुःख में, बन्धन

में पड़ जाता है। जबकि हमारा आत्म तत्त्व, सबको प्रकाशित करते हुए निश्चल हो कर बैठा रहता है। मुण्डक श्रुति का कहना है कि उस पक्षी की तरह जब यह जीव भी फल भोगने का चक्कर छोड़कर-देखने लगता है, विचार करता है तब उसकी दृष्टि अपने आत्म तत्त्व की ओर जाता है।

इस तथ्य को जानने वाले ज्ञानी पुरुष की स्थिति का वर्णन करते हुए भगवान श्री कृष्ण कहते हैं- "देहस्थोऽपि न देहस्थः", देह में रहते हुये भी वह देह में नहीं होता, (अर्थात् स्वयं को देह नहीं मानता) और अज्ञानी पुरुष तो "अदेहस्थोऽपि दहस्थः" वास्तव में देह में नहीं होते हुये भी देह में ही होता है। ज्ञानी पुरुष इन्द्रियों से सभी विषयों को ग्रहण करते हुए, उन्हें देखते हुए भी उनमें आसक्त नहीं होता। जबकि अज्ञानी पुरुष विषयों को सामने न देखने हुए भी, उनकी कल्पना कर-करके उसी में आसक्त हो जाता है। जैसे, किसी सेठ का नौकर दस किलो तेल ले कर सेठ जी के पीछे चल रहा था। चलते-चलते वह कल्पना करने लग गया कि इस तेल को बेच कर मैं पैसे कमाऊँगा, मेरी शादी होगी और पत्नी आयेगी। तब हम दोनों मजे से रहेंगे। फिर किसी दिन उसके साथ झगड़ा भी होगा। वह मुझे मारेगी और मैं गिर पड़ूँगा। ऐसा सोचते ही उसके सिर पर रखा तेल का घड़ा गिर गया। सेठ जी उस पर बरस पड़े, "अरे! तूने मेरा दस किलो तेल बेकार कर दिया। यह सुनकर वह कहने लगा कि आपको तो केवल तेल ही गया है, मेरा तो पूरा परिवार ही चला गया! यहाँ समझने की बात यही है कि विषय सामने नहीं होते हुए भी, उनके चिन्तन मात्र से ही मनुष्य उनमें फँस जाता है, जैसे वह नौकर! और फिर उन विषयों की प्राप्ति के लिए इन्द्रियों द्वारा जो भी कर्म होते हैं, उन सबका कर्ता स्वयं को मानकर, लोग बन्धन में पड़ जाते हैं।

ज्ञानी पुरुष का वर्णन करते हुए भगवान आगे कहते हैं कि वह किसी की निन्दा-स्तुति नहीं करता। न तो वह अच्छा काम करने वाले की अत्यधिक स्तुति करता है और न ही बुरा काम करने वाले की निन्दा। किसी सन्त ने कहा है कि किसी की बहुत ज्यादा स्तुति मत करो, क्योंकि अधिक स्तुति करोगे तो एक दिन निन्दा भी करनी पड़ेगी। आगे कभी वह कोई ऐसा विपरीत काम कर बैठेगा कि तुम्हें उसकी निन्दा करनी पड़ेगी। इतना ही नहीं, ज्यादा किसी की निन्दा भी मत करो क्योंकि बाद में जब वह अच्छा काम करेगा, तो उसकी स्तुति भी करनी पड़ेगी। इस बात को भली प्रकार समझकर, कोई हमारी स्तुति करे या निन्दा करे, उससे अपने मन को प्रभावित होने नहीं देना चाहिए, और न ही उसमें फँसना चाहिए।

भगवान के ऐसे वचन सुनकर उद्धव जी कहते हैं -

प्रभो! अब आप मुझे वह भक्ति बताइये, जिससे युक्त होकर आपके विचार से भक्त उत्तम-श्रेष्ठ भक्त माना जाता है, और साधु पुरुष भी जिसका आदर करते हैं। तब भगवान ने जो कहा उसका सार-संक्षेप इतना ही है कि साधक को सद्गुणों से सम्पन्न तितिक्षु, गंभीर, धैर्यशील, निष्काम, सत्यसार (यानी उसके जीवन का

सार सत्य ही हो) कृपालु तथा सबकी सेवा में रत संत पुरुष का संग करना चाहिए क्योंकि ऐसे संत पुरुष का व्यवहार ही भक्ति का वास्तविक स्वरूप है। उसके बाद, भक्ति की और अधिक पहचान के लिए सत्संग करना चाहिए।

20. सत्संग की महिमा

भगवान शंकराचार्य जी ने भी ''भज-गोविन्दम'' में सत्संग की महिमा गाई है।

$$सत्संगत्वेनिस्संगत्वं, निस्संगत्वेनिर्मोहत्वं।$$
$$निर्मोहत्वेनिश्चलतत्त्वं, निश्चलतत्त्वेजीवन्मुक्तिः।।$$

सत्संग से हमारी विषयासक्ति कम हो जाती है और मन का विवेक जाग्रत हो जाता है। विवेक की जाग्रति से सत्य-असत्य का भेद समझ में आने लगता है और फिर तत्त्व का बोध भी हो जाता है। ''ज्ञाते तत्त्वे कः संसारः'' तत्त्व का बोध हो जाने पर संसार नहीं रहता। भगवान श्री कृष्ण कहते हैं, ''सत्संग के प्रभाव से ही व्याध, गणिका, गज, अजामिल, विभीषण, निषादराज, गीध (जटायु), शबरी, सुग्रीव तथा न जाने कितने पशु-पक्षी और हीन जाति के लोग भी सब मुक्त हो गये। इतना ही नहीं जिन गोपियों ने काम भाव से भी मेरा संग किया वे सब भी निष्काम हो गयीं। ''अतः सब छोड़ कर तुम मेरी शरण में आ जाओ। तुमको भय से मुक्ति मिल जायेगी।'' सब रूपों में मैं ही प्रकट होता हूँ। माया का आश्रय लेकर संसार वृक्ष के रूप में परमात्मा ही अभिव्यक्त होता है। इस तत्त्व ज्ञान को ''गुरुपासनयैकभक्त्या'' गुरु की उपासना रूपी अनन्य भक्ति के द्वारा जान लो। ज्ञान रूपी तलवार से अज्ञान को, अपने जीव भाव को काट कर परमात्मस्वरूप में स्थित हो जाओ।

21. हंसोपाख्यान

उद्धव जी ने पुनः कहा- भगवान, संसार में लोग प्रायः इस बात को जानते हैं कि विषय सुख परिणाम में दुःख देता है। फिर भी वे उसे रमते रहते हैं। ऐसा क्यों है? इसका क्या कारण है? देखो, श्रीमद्भागवत में भगवान के अवतार, श्री कृष्ण लीला, बन्ध, मोक्ष, तत्त्व आदि अनेक प्रसंग आते हैं। कभी-कभी लगता है इसमें तो किस्से कहानियों का ही वर्णन चल रहा है। परन्तु सच में देखा जाए, गहरी दृष्टि से देखा जाए तो ऐसी बात नहीं है। सभी प्रसंगों में तत्त्व ज्ञान भरा हुआ है। भगवान कहते हैं-उद्धव! तुम ठीक कहते हो। तुमने जो पूछा है वह विषय ही ऐसा है कि जो सरलता से समझ में न आएगा। इसका मूल कारण यही है कि देह (स्थूल सूक्ष्मादि) में मनुष्य की जो सत्य बुद्धि (अहं बुद्धि) हो गई है, वही उसके सत्त्व प्रधान मन को रजोगुणी बना देती है और फिर विषयों से लिप्त होकर वह शुद्ध विवेक की सामर्थ्य को खो बैठती है। इसलिए साधक को चाहिए कि हताश हुए बिना सतत प्रयास रत होकर, अपने मन को मुझमें लगाए। तुम्हें ही नहीं, सनत्कुमारों को भी यह विषय

जल्दी से समझ में नहीं आया था। तब मैंने उन्हें योग का यही उपदेश किया था। तब भगवान श्री कृष्ण कहते हैं- एक बार जब सनत्कुमारों को इस विषय में शंका हुयी, तब मैं ही हंस बनकर वहाँ पहुँच गया। "देखिये भगवान हंस के रूप लेकर वहाँ पहुँचे और सनत्कुमारों को ज्ञान का उपदेश किया।" इसीलिए यह प्रसंग हंसगीता के नाम से प्रसिद्ध है। अब देखो, भगवान हंस बनकर क्यों आये? हंस किसे कहते हैं? अहं सः = हंसः। 'हंस' शब्द में 'अ' का लोप हो गया है। हंस की विशेषता यह होती है कि वह नीर-क्षीर का विवेक करने में समर्थ होता है। दूध और पानी को अलग करना बहुत कठिन होता है, परन्तु हंस इस कार्य को कर लेता है। तात्पर्य यह है कि विवेकी पुरुष ही एकत्व का ज्ञान प्राप्त करके इस सत्य को समझता है कि 'सः' - 'वह' 'मैं' (अह) ही हूँ।

'सोऽहं - हंसः'। प्रकृत प्रसंग में प्रश्न यह था कि मन में गुण (या विषय) और गुणों में मन, इस प्रकार ये दोनों एक दूसरे में प्रविष्ट हो गये हैं। तो ऐसे में मन को विषयों से यानी गुणों से पृथक कैसे किया जाए? तो इसके लिए यानी पृथक्करण के लिए विवेक की आवश्यकता होती है। इसलिए भगवान विवेक रूपी हंस बनकर वहाँ पहुँचे और भगवान ने संक्षेप में उत्तर दिया। बोले - मन और विषय एक दूसरे में प्रविष्ट हैं और तुम मन को विषयों से अलग करना चाहते हो। ये बडी विचित्र बात है। पहले यह समझ लो कि मन और विषय ये दोनों पृथक-पृथक नहीं है। एक ही हैं। ये दोनों ही मायिक हैं, माया की वृत्तियाँ हैं, आभास हैं, आत्मा पर आरोपित हैं। तुमने इन दोनों को सत्य मान लिया है, दोनों का स्वतंत्र अस्तित्व स्वीकार कर लिया है। जबकि आत्मा में न गुण है और न मन है।

सच तो यह है कि जो सत्य है, आत्म तत्त्व है वह इन दोनों से परे है। जब तुम्हारा ध्यान उसकी ओर जाएगा यानी जब तुम आत्म तत्त्व का चिन्तन करोगे, तब इन दोनों (विषय और मन) से मुक्त हो जाओगे। त्रिगुण ही, एक ओर मन और दूसरी ओर विषय बनकर भासते रहते है। वह कैसे? जैसे, केई बच्चा जब अंगूठा चूसता है, तो उसी का मुख भोक्ता बना हुआ होता है और स्वयं उसी का अंगूठा भोग्य यानी भोग विषय बना रहता है। अब ध्यान दें तो वास्तव में यहाँ पर भोक्ता और भोग का विषय दोनों दो नहीं हैं। मुख और अंगूठा ये दोनों ही उसी बच्चे की देह के अंग हैं। इतना ही नहीं, स्वयं वह देह भी शुद्ध अहं- आत्म तत्त्व पर आरोपित है। तात्पर्य यह है कि यदि कोई मन को विषयों से अलग करना चाहे, तो वह कभी सम्भव नहीं हो सकता। तथापि, मन क्या है, यह विचार करने पर मन बचता ही नहीं। तब केवल तुम्हारा स्वरूप ही रह जायेगा। यह भगवान का हंसावतार था। इस प्रसंग को 'हंस गीता' कहते हैं। भगवान उद्धव जी से कहते हैं, "इस प्रकार मैंने उनकी शंका का निवारण किया।

अतः यह सत्य है कि उपाय अनेक बताये जाते हैं। तथापि तुम इतनी बात समझ लो कि उनमें से जो मेरी भक्ति के अनुकूल हों, वे ठीक हैं, परन्तु जो भक्ति के प्रतिकूल हों, विरोधी हों वे ठीक नहीं हैं, उन्हें छोड़ देना चाहिए।

22. सर्वश्रेष्ठ मार्ग

इसके बाद भगवान यह बताते हैं कि सबसे उत्तम, सबसे श्रेष्ठ मार्ग कौन सा है। श्री भगवान कहते हैं- अपने मन को मुझमें ही लगा देने से, मुझमें ही अर्पित कर देने से बढ़कर श्रेय का दूसरा कोई साधन नहीं है। क्योंकि जो भक्त ऐसा करते हैं उनकी आत्मा के रूप में मैं ही स्फुरित होता हूँ। अतः उन्हें जो अपने स्वरूप आनन्द की अनुभूति होती है उसे विषयी लोग भला क्या जानें? ऐसे जो भक्त होते हैं, उन्हें मेरे पीछे नहीं आना पड़ता, मैं स्वयं उनके पीछे-पीछे जाता रहता हूँ। कबीर दास जी ने भी यही कहा है। पहले कबीर जी राम-राम करते थे, बाद में राम जी कबीर-कबीर करते हुए उनके पीछे-पीछे जाते थे। भगवान कहते हैं, "मैं ऐसे भक्तों के चरणों की धूल लेता हूँ।" भक्ति ही श्रेय का सबसे बड़ा साधन है क्योंकि भक्ति से दोनों कार्य हो जाते हैं। पहले मन शुद्ध है, फिर परमात्मस्वरूप का बोध होता है। और जब भक्ति हृदय में आती है तब उस भक्त का कण्ठ गद्गद् हो जाता है, शरीर में रोमान्च होता है, चित्त द्रवित हो जाता है और आँखों से प्रेमाश्रु बहने लगते हैं।

ऐसा भक्त मात्र अपने आपको ही नहीं वरन इस अखिल भुवन को भी पवित्र कर देता है। जब तक ऐसा नहीं होता, तब तक मन शुद्ध नहीं होता। इस बात को भगवान ने यहाँ स्पष्ट रूप से बता दिया है। शरीर पुलकित हुए बिना, चित्त द्रवित हुए बिना, आनन्दाश्रुओं के बिना मन कैसे शुद्ध हो सकता है? जैसे तपाये जाने पर सोना मैल को छोड़ देता है, वैसे ही भक्ति योग से अन्तःकरण का मल छूट जाता है। मेरी पावन कथा के श्रवण-कीर्तन से मन जैसे-जैसे शुद्ध होता जाता है, वैसे-वैसे उसे सूक्ष्म तत्त्व का दर्शन होने लगता है। और फिर अपने शुद्ध स्वरूप में, परमात्मा में स्थिति हो जाती है।

23. सिद्धियों का निरूपण

आगे उद्धव जी भगवान से पूछते हैं, "मुमुक्षु को आपका ध्यान किस प्रकार करना चाहिए?" इसका उत्तर में भगवान कहत है। जितासन, जितश्वास, जितेन्द्रिय और जितसंग होकर भगवान के विराट् रूप का ध्यान करें। विराट रूप का ध्यान न कर सकें, तो मन में भगवान की किसी मूर्ति का ध्यान करें। फिर कहा कि साधक जब जितश्वास, जितेन्द्रिय होकर धारणा करने लग जाता है, तब उसे अनेक प्रकार की सिद्धियाँ प्राप्त होने लग जाती हैं। देखो, जब किसी काम को बिल्कुल एकाग्रचित्त होकर करने लग जाते हैं, तो उसमें सिद्धि प्राप्त होती है। एकाग्रता शक्ति है, कोई जब किसी विशेष कर्म में कुशल हो जाता है तो उसकी प्रसिद्धि भी हो जाती है। लोग प्रणाम करने लगते हैं, पूजा करने लग जाते हैं। यह सब सिद्धियों का ही प्रताप है। केवल अणिमा, महिमा, लघिमा आदि ही सिद्धियाँ होती हों ऐसी बात नहीं है। ये भी सिद्धियाँ हैं, परन्तु ये सब मन को विचलित करने वाली होती हैं। इसलिए, कोई निन्दा करे तो डरने की बात नहीं है, परन्तु यदि कोई तारीफ करने लग जाये, तो सचेत हो जाने की आवश्यकता है, क्योंकि तारीफ को, नमस्कार को पचाना बड़ा

कठिन होता है। ऐसी सिद्धियों से डरना चाहिए, उनसे सतर्क रहना चाहिए। भगवान कहते हैं, ऐसी सिद्धियों की प्राप्ति को श्रेष्ठ नहीं समझना चाहिए। ये सिद्धियाँ मिल भी जायें तो टिकती नहीं हैं। तो फिर वास्तविक, श्रेष्ठ सिद्धि क्या है?

निर्गुणे ब्रह्मणि मयि धारयन् विशदं मनः।
परमानन्दमाप्नोति यत्र कामोऽवसीयते।।

बोले, ऐसी सिद्धि प्राप्त करो जिसके पश्चात् कोई कामना ही नहीं रह जाये। देखो, कोई वस्तु मिल जाए, कोई सिद्धि प्राप्त हो जाये, तो उससे हमारी सारी इच्छाएँ निवृत्त नहीं होतीं, उसके बाद भी मन में अतृप्ति की भावना बनी रहती है। परमानन्द की प्राप्ति तो केवल अपने स्वरूप में स्थित होने पर ही होती है। तब सारी कामनाएँ समाप्त हो जाती हैं।

भगवान रमण महर्षि जी कहते है, अपने स्वरूप में स्थिर होना ही वास्तविक सिद्धि है। अन्य सिद्धियाँ स्वप्न में प्राप्त लाभ के समान हैं। प्रायः किसी-किसी सिद्धि की प्राप्ति से ही मनुष्यों को अभिमान हो जाता है कि हम तो सुखी हो गये। जबकि सत्य तो यह है कि इन सभी सिद्धियों से भगवान बहुत बड़े हैं और शिद्धियो से आजतक कोई सुखी नहीं हुआ।

24. भगवान की विभूतियाँ

उद्धव जी कहते हैं- भगवान आप बार-बार कहते हैं कि सारी सृष्टि के आदि-मध्य-अन्त आप स्वयं हैं। सबके स्वामी भी आप ही हैं। यह तो ठीक है, लेकिन हमारा मन पूर्णतः आपके स्वरूप में स्थित नहीं हो पाता। हम आपका ध्यान करना तो चाहते हैं, लेकिन यह सारा जगत आपके जिस विराट स्वरूप में स्थित है, उसका ध्यान हम नहीं कर पाते। अतः आप अपनी कुछ ऐसी विभूतियों का वर्णन कीजिए जिनका हम ध्यान कर सकें। ध्यान के लिए उद्धव जी ने विभूतियों के बारे में पूछा तो भगवान को अर्जुन की याद आ गयी। भगवान कहते हैं- अरे उद्धव, महाभारत के युद्ध के समय अर्जुन को मोह हुआ और उसने भी ऐसा ही प्रश्न किया था। तब मैंने देवता, नाग, गन्धर्व, किन्नर, मनुष्य, नदी, पर्वत आदि सबमें अपनी एक-एक विशेष विभूति का वर्णन किया था। जैसे- पर्वतों में मैं हिमालय हूँ, नदियों में गंगाजी हूँ और "प्रह्लादश्चास्मि दैत्यानां" असुरों में मैं प्रह्लाद हूँ। वहाँ अर्जुन के साथ बात कर रहे थे तो भगवान ने कहा था "पाण्डवानां धनन्जयः" पाण्डव में मैं धनन्जय हूँ।

'विभूति' का अर्थ होता है, भगवान की अभिव्यक्ति। भगवान अलग-अलग रूपों में प्रकट होते हैं। यद्यपि पूरा जगत ही भगवान का एक रूप है, तथापि उसमें कई चीजें ऐसी हैं, जिनमें भगवान की विशालता और व्यापकता दृष्टिगोचर होती है। जहाँ-जहाँ तेज की अधिकता होती है, वहाँ भगवान की उपस्थिति सरलता से पहचानी जा सकती है। जैसे, सूर्य का तेज देखकर तत्क्षण हाथ जोड़ने का मन

करता है, हिमालय के ऊँचे शिखरों के समक्ष स्वतः ही मस्तक झुक जाता है। वैसे लोग प्रायः अपने आपको बड़ा आदमी समझते रहते हैं। लेकिन, यदि किनारे पर खड़े होकर समुद्र को लहराते हुए देखें अथवा समुद्र के बीचों-बीच जाकर देखें, तो ज्ञान होता है कि हम कितने छोटे-से जीव हैं। और तब समुद्र की विशालता व गम्भीरता में अकस्मात भगवद दर्शन होने लगते हैं।

समुद्र स्नान करते समय तो बड़ा ही अच्छा लगता है। समुद्र स्नान करके देखना चाहिए। जब लहरें हमारे ऊपर आती हैं, तो लगता है जैसे माता-पिता हमें बाहों में बाँध रहे हैं, आलिंगन दे रहे हैं। गंगा जी में स्नान करने जाएँ, तो लगता है जैसे माँ की गोद में खेल रहे हैं। वहाँ भगवान के अस्तित्व का तीव्र भान होता है। अतः ये भगवान की विभूतियाँ हैं। जैसे, कोई मुम्बई नगरी देखने जाता है तो उसे क्या दिखाते हैं? उसे तो मुम्बई के प्रसिद्ध स्थल, जैसे गेटवे ऑफ इण्डिया, ताजमहल होटल, हैंगिंग-गार्डन आदि ही दिखाते हैं। ऐसा क्यों? इसलिए कि ये सब दर्शनीय स्थल, मुम्बई की विभूतियाँ हैं। उन्हें देख लिया तो जैसे मुम्बई देख लिया। ब्रह्माण्ड में जुगनू का प्रकाश भी भगवान का ही है। परन्तु उसमें भगवत्ता दिखाई नहीं देती है, सूर्य में दिखाई देती है। निर्गुण निराकार स्वरूप भगवान ही सभी रूपों में दिखाई दे रहे हैं। यहाँ भगवान उद्धव जी से कहते हैं, ये सारी विभूतियाँ मन के विकार मात्र हैं, परमार्थ, वस्तु नहीं हैं। इसलिए तुम अपनी वाणी, प्राण, मन आदि को वश में रख कर मेरी भक्ति करो। इससे तुम्हारा जन्म-मरण का बन्धन छूट जाएगा।

25. वर्णाश्रम-धर्म

इसके आगे वर्ण-धर्म तथा आश्रम धर्म (ब्रह्मचर्य, गृहस्थ, वानप्रस्थ तथा संन्यास-धर्म) बताए गए हैं। युधिष्ठिर तथा नारद जी के संवाद रूप में इन्हें हम पहले भी देख चुके हैं। यहाँ गृहस्थाश्रम के सन्दर्भ में एक विशेष बात बतायी गयी है। गृहस्थाश्रम के कर्तव्य सम्पन्न होने के बाद भी घर छोड़ने को तैयार नहीं होते। अरे भाई, किसी नवविवाहित को घर छोड़कर भागने की जरूरत नहीं है। लेकिन, जब अपना कर्तव्य पूरा हो जाए, हमारे बिना भी घर चल सकता हो, उसके बाद भी वहीं अटके रहना उचित नहीं है। देखो, गृहस्थाश्रम अच्छा है, लेकिन गृहस्थाश्रम में आसक्त होकर वहीं बने रहना अच्छा नहीं है। व्यक्ति को आगे बढ़ना चाहिए। 'चरैवेति' आगे बढ़ते रहो। छोटा बच्चा अंगूठा चूसता है तो ठीक है, परन्तु 15 वर्ष का होने पर भी चूसता रहे तो उचित नहीं है। तो गृहस्थाश्रम से वानप्रस्थ की दिशा में बढ़ना चाहिए और वानप्रस्थ से संन्यास की दिशा में। इस प्रकार वर्णाश्रम धर्मों का निरूपण किया गया है और एक बात सबके लिए बताई गई है कि- चलते समय दृष्टि आगे होनी चाहिए। अर्थात भूतकाल के विषयों का चिंतन नहीं करना चाहिए और वाणी ऐसी हो जो सत्य से पवित्र की गई हो। अर्थात जो बोला जाए वह सत्य

ही होना चाहिए। और मन से जिस कार्य को करने का निर्णय कर लिया हो, उसका आचरण तभी करना चाहिए जब वह पवित्र हो।

26. शुद्ध ज्ञान तथा भक्ति का निरूपण

आगे भगवान यम-नियम आदि भक्ति के साधनों का वर्णन करते हैं। इसमें एक बात वे पहले ही कह देते हैं कि भक्त अनेक प्रकार के होते हैं, परन्तु जो ज्ञानी भक्त हैं वे मुझे अत्यंत प्रिय हैं। ऐसे भक्त के ज्ञान का स्वरूप क्या है? यो आत्मानुभव द्वारा प्राप्त होता है। वह कोई आनुमानिक या केवल तर्क से प्राप्त बौद्धिक ज्ञान नही होता। बुद्धि से प्राप्त ज्ञान जब तक अनुभव सिद्ध नहीं होता, तब तक उसमें पूर्ण असंदिग्धता नहीं आती, और ऐसा ज्ञान किसी काम का नहीं होता। ज्ञान वही है जो श्रुति-युक्ति-अनुभूति सिद्ध हो। भगवान कहते हैं - "मायामात्रमिदं ज्ञात्वा" सब कुछ माया का खेल है, जैसा दिखाई देता है वैसा नहीं है, ऐसा जानकर इस ज्ञान का भी मुझमें संन्यास कर देना चाहिए अर्थात इस ज्ञान का अभिमान नहीं करना चाहिए। भगवत्स्वरूप बनना चाहिए। यहाँ भगवान ने एक बहुत बड़ी बात कही है। कहते हैं- ज्ञानी को मेरे अतिरिक्त और कोई वस्तु प्रिय नहीं है, वह और कोई वस्तु को नहीं चाहता। एक मैं ही उसका इष्ट हूँ। वह मुझसे अत्यधिक प्रेम करता है और इसी कारण वह सबसे (क्योंकि सबके हृदय में मैं ही निवास करता हूँ) प्रेम करता है। इसलिए मुझे वह अति प्रिय है। ज्ञान का सर्वत्र प्रसार करके वह ज्ञान द्वारा मेरा पोषण करता है। उद्धव तुम इस बात को भली प्रकार जान लो कि जगत का आदि-मध्य-अन्त सब मैं ही हूँ। आगे उद्धव जी भगवान से कहते हैं- आपने समझाकर बताया कि शुद्ध ज्ञान क्या होता है। यह भी समझाइये कि शुद्ध भक्ति क्या होती है। भगवान कहते हैं- "भक्तियोगः पुरा एव उक्तः" भक्तियोग तो मैंने पहले ही तुमको बता दिया है। परन्तु मेरे वचन सुनकर तुम प्रसन्न होते हो इसलिए पुनः सुनाता हूँ। भक्ति का प्रारंभ 'श्रद्धा' से होता है। सर्व प्रथम तो मनुष्य को महापुरुषों की सेवा करनी चाहिए। इसी के फलस्वरूप भगवत्कथा श्रवण का अवसर मिलता है। कथा सुनने से मन में श्रद्धा उत्पन्न होने लगती है। श्रद्धा होने पर भगवत्कथा में रति उत्पन्न होती है।

इस प्रकार भक्ति धीरे-धीरे बढ़कर नैष्ठिकी हो जाती है। और फिर "कायेन वाचा मनसेन्द्रियैर्वा" पूर्वकथित भागवत धर्म के अनुसार जो कुछ प्राप्त होता है, जो कुछ तुम करते हो, वह सब मुझको ही अर्पण कर दो। इसके बाद यहाँ भगवान ने धर्म, ज्ञान और वैराग्य के बारे में बताते हुए कहते है। "धर्मो मद्भक्तिकृत्"- धर्म वही है जो हृदय में भक्ति उत्पन्न करे। "ज्ञानं चैकात्म्य दर्शनम्"- भूतमात्र में एक ही आत्मा व्याप्त है, ऐसा दर्शन ही ज्ञान है। "गुणेषु असंग वैराग्यं"- प्रकृति के गुणों से असंगता ही वैराग्य है।

अब सरल शब्दों में कहा जाए तो बात इतनी है कि मन में सदा सत्त्व गुण, रजो गुण तथा तमो गुण आते जाते रहते हैं, हम उनसे प्रभावित होते रहते हैं, और तादात्म्य भी करते रहते हैं। इन्हीं गुणों को अंग्रेजी में 'मूड' (mood) कहते हैं। और यह 'मूड' बदलता रहता है। जैसा 'मूड' आता है, हम वैसे ही बन जाते हैं। इसलिए कहते भी हैं यह बड़ा 'मूडी' आदमी है। मूडी आदमी को ही 'मूढ़' कहते हैं। जो 'मूड' के वश में रहता है, उसी को मूढ़ कहते हैं। लेकिन जब गुणों से अनासक्ति हो जाती है, तब मन में वृत्ति आने पर भी उसके साथ तादात्म्य नहीं होता, यही वास्तविक वैराग्य है।

रागी हो जाना, कामी हो जाना, क्रोधी हो जाना - यह सब वैराग्य के अभाव के कारण होता है। कौपीनधारी बन जाना, सारे अंगों पर भस्म-विभूति लगाकर एक पत्थर पर बैठ जाना (और पत्थर जैसा बन जाना), इन सबका नाम वैराग्य नहीं होता। आगे भगवान इन्द्रिय तथा मन के संयम का वर्णन करते हैं। और एक अच्छी बात भी बताते हैं, मूर्ख पुरुष की परिभाषा देते हैं। "मूर्खो देहाद्यहंबुद्धिः" देह को ही 'मैं' समझने वाला मूर्ख है। इसके बाद भगवत प्राप्ति का मार्ग बताते हैं। बोले, मेरे द्वारा बताया गया वेद मार्ग ही भगवत प्राप्ति का मार्ग है।

अब देखो, दुःख किसे कहते हैं? दुःख की परिभाषा क्या है? विषयों से सुख की अपेक्षा करते रहना ही दुःख है। भोग से, खाने पीने से हम सुखी हो जाएँगे, ऐसा सोचना ही दुःख है। फिर कहा- दरिद्र कौन है? गरीब कौन है? हम सोचते हैं, जिसके पास धन नहीं वह दरिद्र है। लेकिन यहाँ दरिद्र की सुन्दर परिभाषा दी गई है। दरिद्र व्यक्ति वह है जो हमेशा असंतुष्ट रहता है। असंतुष्ट व्यक्ति गरीब है या नहीं? बहुत कुछ मिल जाने पर भी, यह नहीं है, वह नहीं है- ऐसा लगना ही दारिद्रय है। बचपन में जब हम बोलते थे कि यह नहीं है, वह नहीं है, तो पिताजी हमें डाँट देते थे। कहते थे- नहीं है, नहीं है क्यों कहते रहते हो, यही दरिद्रता का, असंतुष्टि का लक्षण है। कृपण अथवा दया का पात्र कौन है? "कृपणो योऽजितेन्द्रियः"- दया का पात्र वह है जिसका अपनी इन्द्रियों पर संयम नहीं। अजितेन्द्रिय तो वस्त्रविहीन से भी बढ़कर दया का पात्र है। वास्तव में वही कृपण है।

ईश्वर कौन है? ईश्वर की परिभाषा क्या है? "गुणेष्वसक्तधीरीशो" जो प्रकृति के गुणों से नितान्त अनासक्त रहता है, वही समर्थ होता है, शक्तिशाली पुरुष होता है, ईश्वर हो जाता है। दूसरे अर्थ में वैराग्यवान पुरुष ही ईश्वर कहलाता है और जो गुणों में आसक्त हो जाता है उसे जीव कहते हैं। अब भगवान एक सुन्दर तथा ऊँचे स्तर की बात कहते हैं। कहते हैं- गुण-दोष की बात मैं कहाँ तक बताता रहूँ? किसी में गुण-दोष देखना ही दोष है और गुण-दोष दोनों नहीं देखना ही सबसे बड़ा गुण है। क्या अच्छा है, क्या बुरा है यह कब तक देखते रहोगे? जरा इन भावों से ऊँचे उठ जाओ।

27. ज्ञानयोग, कर्मयोग व भक्तियोग

आगे भगवान ने ज्ञानयोग, कर्मयोग तथा भक्तियोग का वर्णन किया है, उनके लक्षण बताए हैं। यहाँ ध्यान में रखने की बात यह है कि ये तीनों साधन रूप हैं, प्रायः लोगों के मन में प्रश्न उठता है कि हमारे लिए कौन सा योग उत्तम है? जिनको विषयों से शुद्ध वैराग्य हो गया है उनका अधिकार ज्ञानयोग में है। उनको अन्य कर्मों में फँसना छोड़कर विचार करना चाहिए। सच्चे वैराग्य का उदय होने पर व्यक्ति स्वतः ही ज्ञान मार्ग में प्रवृत्त हो जाएगा। इसके लिए उसे कुछ और करने की आवश्यकता नहीं पड़ती। प्रबल वैराग्य निश्चय ही तीव्र जिज्ञासा को जन्म देता है। परन्तु जिन्हें अभी विषयों से वैराग्य नहीं हुआ है, घर छोड़ने का साहस नहीं है, भय लगता है और यही विचार आता रहता है कि मैं जाऊँ तो कहाँ जाऊँ? उनके लिए कहा- अभी तुम कहीं मत जाओ, घर में ही रहो। ऐसे लोगों के लिए कर्मयोग का मार्ग है। जो पूर्ण विरक्त नहीं है, और जिनकी कर्म में भी अधिक आसक्ति नहीं है, ऐसों के लिए भगवान ने भक्तियोग बताया है। तो जो नितान्त अनासक्त-विरक्त पुरुष है, उसके लिए ज्ञान योग, जो आसक्त है उसके लिए कर्मयोग तथा जो पूर्ण विरक्त नहीं है परन्तु बहुत आसक्त भी नहीं है, उसके लिए भक्तियोग का मार्ग बताया गया है। यहाँ यह भी बताया है कि कर्म कब तक करते रहना चाहिए।

बोले, व्यक्ति को तब तक गृहस्थाश्रम में रहकर कर्म करना चाहिए जब तक विषयों से वैराग्य नहीं हो जाता। विधेयात्मक रीति से कहें तो जब तक भगवान की कथा में श्रद्धा और रति नहीं हो जाती, तब तक कर्म की स्थिति है। श्रद्धा और रति हो जाने के बाद व्यक्ति को बहुत ज्यादा कर्म नहीं बढ़ाने चाहिए। यही बात गोस्वामी जी ने भी अपने मानस में कही है।

28. गुण-दोष का विवेचन

आगे देश-काल, द्रव्य तथा गुण-दोष का विवेचन किया गया है। इसमें विशेष रूप से समझने की बात इतनी है कि कौन-सा देश, कौन-सा काल तथा कौन-सा द्रव्य पवित्र है, जो वस्तु हमारे मन को भगवान् की ओर ले जाए, वह पवित्र है। और जो हमें भगवान् से विमुख कर दे, वह अपवित्र है। मुम्बई में रहते हुए भी यदि हमारा मन भगवान् की ओर जाता है, तो हमारे लिए मुम्बई पवित्र है। यदि हरिद्वार या ऋषिकेश में रहकर भी मन में मादक द्रव्य आदि के ही विचार आते रहे हों, तो हमारे लिए वे स्थान पवित्र नहीं है, यद्यपि भौतिक दृष्टि से वे स्थान बड़े ही पवित्र हैं।

29. सांख्य का विवेचन

सांख्यतत्त्व का अर्थ है, प्रकृति-पुरुष का विवेक, जिसमें चौबीस तत्त्वों का विवेचन किया गया है। तृतीय स्कन्ध में कपिल मुनि तथा माता देवहूति के संवाद में इसे हम देख चुके हैं। उद्धव जी प्रश्न पूछते हैं- भगवान, प्रकृति के तीन गुणों के कारण

हमारे मन में विभिन्न प्रकार के विचार, वृत्तियाँ उत्पन्न होती रहती हैं। भगवान ने कहा है कि हम जिस प्रकार के विषयों की भावना करते रहते हैं, उसी प्रकार की गति को प्राप्त होते हैं देखो, सरल सिद्धान्त यह है कि जीवन भर हम जिस चीज का चिन्तन करते रहते हैं, उसी के अनुरूप हमारा स्वभाव, वृत्ति बन जाती है और मरण काल में जैसी वृत्ति होगी वैसी ही गति हो जाएगी। राजा भरत हिरन-हिरन करते रहे, तो उसी के फलस्वरूप उन्हें हिरन का ही रूप प्राप्त हो गया। वास्तव में तो मरने की प्रतीक्षा करने की भी आवश्यकता नहीं है। हम क्षण-क्षण मर ही रहे हैं। मन में क्रोध की वृत्ति आयी, और उसके साथ तादात्म्य कर लिया तो क्रोधी आदमी का जन्म हो गया, भय की वृत्ति आयी, तो डरपोक आदमी पैदा हो गया। हमारे भागवत शास्त्र में जन्म-मरण की सीधी-सी बात बतायी गई है। बोले, मन में उठने वाली नई-नई वृत्तियों के साथ तादात्म्य कर लेना ही 'जन्म' है। यहाँ हम एक-एक चीज के साथ तादात्म्य कर लेते हैं। अब देह के साथ तादात्म्य हो गया तो देहधारी बन जाते हैं। यदि वह पुरुष देह हो तो पुरुष बन जाते हैं, और यदि स्त्री देह हो तो स्त्री बन जाते हैं। यही जन्म है। जीव न स्त्री है, न पुरुष है, वह जिसके साथ तादात्म्य कर लेता है, वही बन जाता है। जैसे, जीव की, नवजात शिशु की कोई मातृभाषा नहीं होती। वह जहाँ जन्म लेता, जहाँ जाता है वहीं की भाषा सीखने लग जाता है। एक अंग्रेज परिवार था। उन्होंने एक फ्रैन्च बच्चे को जन्म से ही गोद ले लिया। अब वह अंग्रेज परिवार फ्रैन्च भाषा सीखने लगा। किसी ने पूछा कि आप लोग फ्रैन्च क्यों सीख रहे हैं? तो बोले हमें तो फ्रैन्च भाषा आती नहीं, यह लड़का बड़ा होकर फ्रैन्च भाषा में बोलेगा तो हम इसकी बात कैसे समझ पाएँगे? अरे! जन्म से क्या होता है? आप उसको जैसे संस्कार देंगे, जिस भाषा में उससे बात करेंगे, उसी से उसका तादात्म्य हो जाएगा और वह उसी भाषा में बोलने लग जायेगा। इन सब के मूल में- तादात्म्य ही है। तादात्म्य माने तद् आत्मा- वैसा ही बन जाना।

इसलिए भगवान कहते हैं- अरे उद्धव, तू इन व्यर्थ की वस्तुओं के साथ तादात्म्य मत कर लेना। विषयों तथा इन्द्रियों के साथ तादात्म्य करके लोग वैसे ही बन जाते हैं। फिर दूसरे लोगों के भोग्य बनते हैं, अतः इन असद विषयों का चिन्तन मत करना।

30. भिक्षुगीत

अब एक सुन्दर गीत आता है जिसे 'भिक्षु गीत' कहते हैं। इस गीत के द्वारा सहन शक्ति को बढ़ाने का उपाय बताया गया है। अवन्ती नगरी में एक ब्राह्मण रहता था। उसने परिश्रम करके बहुत धन संग्रहीत कर लिया था। कामी, क्रोधी व लोभी तो वह था ही, साथ ही वह ऐसा कंजूस था कि क्या बताएँ। 'चमड़ी जाये लेकिन दमड़ी नहीं जाये' यह कहावत उस पर सही उतरती थी। न तो वह स्वयं धन का उपयोग करता था और न ही किसी और को, यहाँ तक कि पत्नी बच्चों को भी

नहीं करने देता था। घर वाले परेशान हो गये थे। दैव योग से ऐसा हुआ कि उसका धन समाप्त होने लगा, लोगों ने भी उसका धन छीनना-झपटना शुरू कर दिया, इस तरह उसका सब धन चला गया और वह दरिद्र हो गया। उसने अपने धन का उपयोग न कभी धर्म के लिए किया, न भोग के लिए, अन्ततः उसकी बुरी स्थिति हो गयी। तब उसको कोई पूछता भी नहीं था। ऐसा होने पर न जाने उस पर कैसी भगवत् कृपा हुई कि उसके मन में वैराग्य उत्पन्न हो गया।'

वह सोचने लगा कि अर्थ से मैंने इतनी आसक्ति की कि न कुछ खाया, न खिलाया, न ही धर्म किया, और अब उसी अर्थ के कारण इतना अनर्थ हो गया है। फिर वह धन के दोषों पर विचार करने लगा। इच्छाओं को पूर्ण करने पर वे और बढ़ जाती हैं, कामना पूर्ति से लोभ बढ़ता है। व्यक्ति कामना पूर्ति के लिए पाप कर्म करने लग जाता है, जिसके पास ज्यादा हो उससे, उसे ईर्ष्या होने लगती है और काम्य वस्तु न मिले तो क्रोध आता है। इस प्रकार विचार करके वह समझ गया कि अर्थ तो अनर्थ की जड़ है। तब उसने निश्चय कर लिया कि अब मैं पुनः धन की माया में पड़ने वाला नहीं हूँ। मेरा सब कुछ लूटकर, मुझे सडक पर लाकर भगवान ने मुझ पर बड़ी कृपा की है। मैं बड़ा भाग्यशाली हूँ। इस प्रकार सोच-सोच कर वह आत्मज्ञान में स्थित होने लगा। बोले, अब मुझे चिन्ता करने की कोई आवश्यकता नहीं है। यहाँ श्रीमद्भागवत में लिखा है कि उसके बाद जब वह गाँव में जाता, तो दुष्ट लोग उसके ऊपर थूक देते, कोई उस पर पत्थर फेंकता तो कोई उसकी झोली, कमण्डलु लेकर भाग जाता। 'महाकंजूस आ गया है साधू बाबा बनकर'- लोग इस प्रकार के कटु वचन कहते, परन्तु वह ब्राह्मण तो मग्न होकर गाता फिरता।

कभी-कभी हमारी जीभ दाँतों से कट जाती है। तो क्या हम दाँतों को सजा देते हैं? क्या ऐसा मानते हैं कि दाँत जीभ को दुःख देने वाले हैं? कभी आँख में उँगली चली जाए और उसी कारण आँख में दर्द होने लगे तो हम यह मानते हैं कि उँगली आँख को दुःख देने वाली है? नहीं, ऐसा नहीं मानते। क्योंकि हम अपने शरीर के प्रत्येक अंग को आत्म दृष्टि से देखते हैं। यहाँ एक सुन्दर बात यह सिद्ध होती है कि कर्म हमारे दुःख का कारण नहीं हो सकता। ज्योतिष शास्त्र के अनुसार हमारे ग्रह भी अच्छे बुरे होते हैं। लोग पूछते रहते हैं कि ये ग्रह क्या होते हैं? अरे! ग्रह का प्रभाव तो शरीर पर पड़ता है, आत्मा पर नहीं। जैसे, ठण्ड पड़ती है तो उसका प्रभाव तो पड़ेगा- लेकिन शरीर पर, आत्मा पर नहीं। सर्दी, गर्मी, बारिश आदि का प्रभाव भी शरीर पर ही पड़ सकता है, आत्मा पर नहीं। इसलिए वे ग्रह भी दुःख देने वाले नहीं है। देखो, यह भिक्षु कितनी बढ़िया बात कहता है। कहता है- कर्म, ग्रह, देवता, लोग, देश-काल, परिस्थिति आदि हमें दुःख नहीं देते। वह तो हमारी उल्टी बुद्धि, हमारा मन ही गड़बड़ करता रहता है। इस मन को उल्टा करें तो 'नमः' बन जाता है। नमः, नमः करते हुए भगवान को नमस्कार करने से, उनके सामने झुकने से, यह मन समाप्त हो जाता है। नमस्कार से, नमन से मन नम हो जाता है। यही

उपाय है मन को समाप्त करने का। तो वह ब्राह्मण आत्म दृष्टि से सबको देखने लगा। अन्य लोग उसे देह दृष्टि से देखते थे। वह भली प्रकार से जानता था कि मैं देह नहीं हूँ। इसलिए, जब दुष्ट लोग उस पर कुछ फेंकते थे, तो वह यही कहता कि जहाँ कूड़ादान होता है, वहाँ कूड़ा ही तो फेंकते हैं। यह शरीर भी तो कचरे की ही पेटी है। लोग इस पर कचरा डाल रहे हैं तो क्या बिगड़ गया? वह तो बड़ी अच्छी बात है कि भगवान ने ऊपर से इस शरीर को बहुत संवार कर भेजा है, अन्यथा (अंदर से देखने पर) हमें स्वयं घृणा होने लग जाती। ऐसा विवेक कर उस ब्राह्मण ने जाना कि मुझे कोई दुःख नहीं है।

देह के साथ तादात्मय हटा दो, यह देह तुम हो ही नहीं। फिर कौन तुम्हें दुःख दे सकता है? कोई कहे कि तुम मोटे या दुबले हो, तो मुझे दुःख क्यों हो? जब मैं शरीर हूँ ही नहीं, तो उसके मोटा या दुबला होने से मुझे क्या अन्तर पड़ता है? यह भिक्षुगीत बड़ा सुन्दर है, जो कोई भी इस भिक्षुगीत को भली प्रकार समझ लेता है, वह निर्द्वन्द्व हो जाता है।

31. त्रिगुणों के कार्यों का वर्णन

इसके बाद भगवान सत्त्व गुण, रजो गुण व तमो गुण के कार्यों का निरूपण करते हैं। संक्षेप में सत्त्वगुण का कार्य है ज्ञान, ज्ञान के प्रति जिज्ञासा। रजो गुण का कार्य है कर्म और तमो गुण के कार्य हैं आलस्य, प्रमाद व निद्रा। जो इन तीनों गुणों के परे होता है उसे निर्गुण कहते हैं। भगवान ने यहाँ एक विशेष बात कही है। वन में रहना सात्त्विक निवास है, गाँव में रहना राजसिक है, और नाइट-क्लब- जहाँ जुआ, सट्टेबाजी, मदिरा-पान आदि होते हैं, वहाँ रहना तामसिक है। यहाँ समझने की बात यह है कि वन में रहने वाला हर व्यक्ति सात्त्विक हो, ऐसी बात नहीं है। किन्तु सात्त्विक गुण जब बढ़ने लगता है, तब भीड़-भाड़ से दूर रहना अच्छा लगता है। "मन्निकेतं तु निर्गुणम" जो परमात्मा में रहता है, वह निर्गुण है, भगवान का भक्त है। और परमात्मा कहाँ है? वे तो सर्वव्यापी है। अतः ऐसे आदमी को इससे केई अन्तर नहीं पड़ता कि वह गाँव में है कि जंगल में, यह भेद भी साधक अवस्था में ही होता है, उसके पश्चात नहीं। इस प्रकार भगवान ने संक्षेप में त्रिगुणों का वर्णन किया है।

32. ऐलगीत

आगे भगवान कहते हैं कि ये गुण ही व्यक्ति को सदा मोहित करते रहते हैं। इनसे सावधान रहना चाहिए। भोग में आसक्त नहीं होना चाहिए। भिक्षुगीत में हमने देखा कि धन में आसक्त एक ब्राह्मण विरक्त भिक्षु होकर गाने लगा। अब आगे पुरूरवा के ऐलगीत का वर्णन आता है। राजा पुरूरवा पहले उर्वशी में अति आसक्त था। उसके मन में जब वैराग्य का उदय हुआ तो वह विचार करने लगा कि मैं कैसा दुष्ट,

पापी और नीच व्यक्ति हूँ। मैं पिण्ड से, देह से प्रगाढ़ तादात्म्य (अत्यन्त आसक्ति), करके बैठ गया। ऐसा सोचकर वह स्वयं को धिक्कारने लगा और फिर उसने स्वयं को कामवासना से मुक्त कर लिया। राजा पुरूरवा ने कामासक्ति छोड़कर स्वयं को मुक्त कर लिया। कहने का भाव यह है कि वैराग्य का, ज्ञान का प्रारम्भ कहीं से भी हो सकता है। लेकिन पहुँचना तो भगवद्भक्ति में ही है।

पूर्व में कोई गलत काम हो भी गया हो, तो 'मैंने ऐसा क्यों किया?' यह सोचते रहने में कोई लाभ नहीं है। पहले जो हुआ सो हुआ, अब उसे छोड़कर भगवान का ध्यान करो और आनन्द लो। हम लोग तो वर्तमान में भी आनन्द नहीं ले पाते। इस प्रकार भगवान ने ऐलगीत का वर्णन किया।

33. क्रियायोग

अगले अध्याय में भगवान क्रिया योग बताते हैं। क्रिया योग क्या है? भगवान की आराधना करना, षोडश उपचारों द्वारा भगवान की पूजा करना ही क्रिया योग है। भगवान का ध्यान, आह्वान, उसके बाद आसन, अर्घ्य, पाद्य, धूप, दीप, नैवेद्य आदि समर्पित करना, फिर आरती आदि के द्वारा भगवान का पूजन करना और पूजन करते-करते, धीरे-धीरे इन सभी के परे चले जाना - यही क्रियायोग है।

34. परमार्थ का निरूपण

उसके बाद भगवान ने परमार्थ का निरूपण किया है। परमार्थ में बताते हैं कि परमात्मा, अर्थात् तत्त्व, देश-काल-वस्तु-व्यक्ति सबके परे है। वह नाम, रूप, गुण, क्रिया, द्रव्य, सम्बन्ध आदि से मुक्त है, निर्विशेष है। उस स्वरूप में स्थित हो जाओ। उसमें स्थित होकर सारे जगत को देखो। किसी की स्तुति अथवा निन्दा मत करो। यह संपूर्ण जगत आत्मा ही है, ऐसा जानकर शान्त हो जाओ। परमार्थ तत्त्व में द्वैत का लेश मात्र भी नहीं है।

अपने सेवकों को इस ज्ञानामृत का पान कराकर संसार से मुक्त करने वाले भगवान श्री कृष्ण को नमस्कार! इसके साथ 'उद्धव गीता' का प्रसंग समाप्त होता है।

अब द्वारका में बड़े भारी अपशकुन होने लगे। भगवान जानते थे कि अब ब्राह्मण शाप से यादवों के संहार का समय आ गया है। तब, सुधर्मा-सभा में उन्होंने सारे यदुवंशियों से कहा कि द्वारका में बड़े-बड़े उत्पात होने लगे हैं। अब हमें इस स्थान को छोड़कर प्रभास क्षेत्र में चलना चाहिए। वहाँ चलकर हम सब देवताओं की पूजा आदि करेंगे। तब यदुवंशियों ने वैसा ही किया। प्रभास क्षेत्र में पहुँच कर उन सब ने श्रद्धा भक्ति पूर्वक सभी मंगल कार्य भी किए। तथापि, दैव वश उनकी बुद्धि हर ली गई। कहा गया है-"हृष्टः तृप्यति, तृप्तः धर्म अतिक्रामति" जब व्यक्ति अत्यधिक हर्षित हो जाता है तो उसे एक प्रकार का नशा चढ़ता है और तब वह धर्म का अतिक्रमण कर जाता है। ये यदुवंशी भी इसी प्रकार मोहित होकर मैरेयक

नाम की मदिरा पीने लगे। उनको ऐसा नशा चढ़ गया कि किसी छोटी-सी बात पर तू-तू, मैं-मैं होने लगी और वे आपस में लड़ने लगे। किसी को भाई-भाई को, बड़े-छोटे का भान नहीं रहा, आपस में घोर युद्ध होने लगा। वे सब आपस में ऐसे भिड़ गए कि उनके सारे शस्त्रास्त भी नष्ट हो गए। तब वे सब वहाँ समुद्र तट पर लगी एरका नाम की घास उखाड़ कर उसी से एक-दूसरे पर प्रहार करने लगे। यह वही घास थी जो ब्राह्मणों के शाप के अनुसार, उस मूसल के चूरे से उग आई थी। उनके हाथों में आकर वह घास वज्र के समान कठोर बन गई। तब भगवान श्रीकृष्ण तथा बलराम जी ने वहाँ जाकर उन्हें शान्त करने का प्रयत्न किया। लेकिन, वे सब ऐसे मूढ़ हो गये थे कि श्रीकृष्ण तथा बलराम जी पर ही प्रहार करने दौड़ पड़े। तब, क्रोधित होकर श्रीकृष्ण तथा बलरामजी ने मुट्ठी-मुट्ठी भर एरका घास उखाड़ कर उन्हें मारना प्रारम्भ कर दिया। उसी से सब का संहार हो गया। सबका नाश देख कर अब भगवान जाने के लिए उद्यत हो गए। तब तक बलराम जी ने भी समुद्र तट पर बैठकर स्वयं को आत्म स्वरूप में स्थित कर, देह का त्याग कर दिया।

तब भगवान एक पीपल के वृक्ष के नीचे बैठ गए। फिर उन्होंने शंक-चक्र-गदा-पद्म सहित अपना चतुर्भुज रूप धारण कर लिया। गले में कौस्तुभ मणि थी, कानों में मकर-कुण्डल थे और पीताम्बर धारण किये हुए थे। उनके तेज से चतुर्दिक् प्रकाशित हो रहे थे। और देखो भगवान कैसे बैठे थे। भगवान पेड़ से टिककर बैठे थे। उनके पैर अत्यन्त मनोहारी, श्यामल कोमल थे। दाहिना पैर लम्बा किया हुआ था और बायाँ पैर मोड़कर दाहिनी जाँघ पर रख कर नितांत शान्त होकर बैठे थे। वहाँ से कुछ दूरी पर शिकार करने वाला जरा नाम का एक लुब्धक धनुष बाण लेकर बैठा हुआ था। उसके बाण की नोक पर उसी मूसल का बचा हुआ टुकड़ा लगा था - जिससे ब्रह्म शाप के अनुसार यदुवंशियों का नाश होना था। वह दूर से देख रहा था। भ्रांतिवश उसने भगवान के चरण को हिरन का मुख समझ लिया और उस पर बाण छोड़ दिया। वह बाण सीधे जाकर भगवान के पैर में धंस गया। लुब्धक जब पास पहुँचा और भगवान को देखकर उनके चरणों पर गिर पड़ा। उसके देखते-देखते गरुड़ ध्वज आदि से सुसज्जित भगवान का रथ उड़कर आकाश में चला गया। भगवान कहते हैं- दारुक अब तुम द्वारका में जाओ और बचे हुए लोगों को (जिनमें स्त्रियाँ ही अधिक हैं) यहाँ का सब समाचार सुना देना। मैं जा रहा हूँ, यह भी बता देना। उनसे कहना कि अब द्वारका समुद्र में डूब जाएगी। अतः वे सब अपनी-अपनी धन-संपदा तथा मेरे माता-पिता को लेकर अर्जुन के संरक्षण में इन्द्रप्रस्थ चले जाएँ। फिर कहते हैं- "मेरे भागवत धर्म का आश्रय लेते हुए, ज्ञाननिष्ठ होकर तुम अपने स्वरूप में स्थित हो जाना।" ऐसा कहकर भगवान ने दारुक को द्वारका भेज दिया। इतने में ब्रह्माजी, शिवजी आदि सभी देवता तथा ऋषिगण भगवान का महाप्रयाण देखने के लिए वहाँ पहुँच गए, और श्रीकृष्ण के जन्म, लीला आदि का गान करने लगे। लेकिन वहाँ तो आश्चर्य ही हो गया। भगवान अभी तो सामने दिखाई दे रहे

थे और दूसरे ही क्षण कुछ भी नहीं था वहाँ पर। भगवान का प्रस्थान कैसे हुआ, किसी को समझ में नहीं आया। क्योंकि सच बात तो यह है कि भगवान कहीं गये थोड़े ही थे? वे तो सर्वव्यापी हैं। वे एक स्थान पर प्रकट हुए थे और फिर वहीं पर लुप्त हो गए। इसीलिए, वे कहाँ गये, कैसे गये, किसी को कुछ पता नहीं चला।

श्री शुकदेव जी परीक्षित से कहते हैं- इस प्रकार जो भगवान के सुन्दर अवतार तथा उनके बाल चरित्र व कैशोर चरित्र का श्रवण करता है, उसे भक्ति प्राप्त होती है, परमहंस की गति प्राप्त हो जाती है। इसी प्रसंग के साथ ही एकादश सकन्ध पूर्ण होता है।

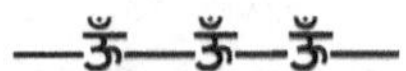

अध्याय-13

द्वादश स्कन्ध

अपने वास्तविक स्वरुप में लौट जाना, मुक्ति है

अब द्वादश स्कन्ध का प्रारम्भ होता है। बारहवाँ स्कन्ध श्रीमद्भागवत का अन्तिम स्कन्ध है। एक सम्प्रदाय की दृष्टि से इसमें आश्रय तत्त्व बताया गया है और दूसरे सम्प्रदाय की दृष्टि से इसमें निरोध बताया गया है, निरोध अर्थात प्रलय।

1. कलियुग के गुण-दोष

राजा परीक्षित शुकदेव जी से पूछते हैं कि जब भगवान अपने धाम चले गये, तब पृथ्वी पर किसका राज्य हो गया, आगे कौन से राजा होंगे? इसके उत्तर स्वरूप श्री शुकदेव जी ने आगे आने वाले कलियुगी राजवंशों का वर्णन किया और तत्पश्चात कलिधर्म का निरूपण किया।

2. चार प्रकार के प्रलय

अगले अध्याय में चार प्रकार के प्रलय अर्थात Dissolution, बताये गये हैं। अब तक हमने सृष्टि का निरूपण देखा है, अब प्रलय को भी देखेंगे। (1) नित्य प्रलय - प्रतिदिन का हमारा शयन ही नित्य प्रलय है। जब कोई जीव सो जाता है तो उसका संसार, सुख-दुःख सब लीन हो जाते हैं। यह प्रतिदिन होता है और वह जब जागता है तो फिर से सृष्टि हो जाती है, सो जाने पर पुनः लय हो जाता है। और फिर, संसार के सभी प्राणी नित्य ही उत्पन्न व नष्ट होते रहते हैं। सभी पदार्थ नित्य परिवर्तित होते रहते हैं। यह भी नित्य प्रलय ही है। (2) नैमित्तिक प्रलय- किसी निमित्त के कारण जो प्रलय होता है, उसे नैमित्तिक प्रलय कहते हैं। काल की गणना हम देख चुके हैं। लाखों युग का एक महायुग होता है। और एक हजार महायुगों के बीतने

पर ब्रह्माजी का एक दिन होता है। ब्रह्माजी का एक दिन समाप्त होने पर जो प्रलय होता है, उसे नैमित्तिक प्रलय कहते हैं। (3) प्राकृत प्रलय- ब्रह्माजी की आयु सौ साल की बतायी जाती है। उनके सौ साल पूरे होने पर जो प्रलय होता है, उसे प्राकृत प्रलय कहते हैं। (4) आत्यन्तिक प्रलय- आत्यन्तिक अर्थात पूर्णतः। दूसरे प्रलयों में सृष्टि के बीज नष्ट नहीं होते, अतः प्रलय और सृष्टि का क्रम बना रहता है। इसलिए हमें बारम्बार इस बन्धन रूपी सृष्टि की प्राप्ति होती रहती है। परन्तु आत्यन्तिक प्रलय ज्ञान से होता है। अतः हम चाहें तो सृष्टि का आत्यन्तिक प्रलय इसी समय कर सकते हैं। जैसे, जब हम सिनेमा देखते हैं तो प्रलय करके ही देखते हैं। सिनेमा, नाटक आदि देखते समय हमें ज्ञात होता है यह सब वास्तविकता नहीं है- मिथ्या है। यदि ऐसा समझकर देखें, तो उसका आत्यन्तिक प्रलय हो ही गयी है, उसके लिए सिनेमा की समाप्ति आवश्यक नहीं है। वह हमें दुःखी-सुखी नहीं कर सकता है। हाँ, नाटक देखते हुए उसमें आने वाले दृश्यों के अनुरूप कभी हँस लेते हैं, कभी रो लेते हैं, तो कभी भयभीत भी हो जाते हैं, लेकिन नाटक समाप्त होने पर हम पूर्ववत ही रहते हैं। तो आत्यन्तिक प्रलय होती है, ज्ञान के द्वारा। जब ज्ञान की दृष्टि से इस सृष्टि को देखते हैं तो समझते हैं कि तत्त्व केवल एक ही है, वही तत्त्व विभिन्न नाम रूप धारण करके नाना रूप से भास रहा है। इसमें कोई दूसरा सत्य, तत्त्व नहीं है। ऐसा जानना ही आत्यन्तिक प्रलय है। इस प्रकार शुकदेव जी ने परीक्षित को चार प्रकार के प्रलय समझाकर बताए हैं।

3. परीक्षित का मोक्ष

अगले अध्याय में शुकदेव जी परीक्षित को परमार्थ ज्ञान बताते हैं। कहते हैं-

त्वंतुराजन्मरिष्येति पशुबुद्धिमिमांजहि।

अरे परीक्षित! अब तुम अन्तिम बात सुन लो- जो आदमी सोचता है कि मैं मरने वाला हूँ वह मूढ़-बुद्धि, पशु-बुद्धि वाला है। 'मैं मरने वाला हूँ' इस पशु-बुद्धि का तुम त्याग कर दो। सत्य तो यह है कि तुम मरणशील नहीं हो, केवल तुम्हारे देह का जन्म तथा मरण होता है। देखो, भगवान ने भी देह धारण किया, परन्तु अन्ततः उसे त्याग दिया। क्या भगवान अपनी देह को बनाए नहीं रख सकते थे? शुकदेव जी कहते हैं- भगवान ने अपने उस देह को यहाँ नहीं रखा क्योंकि तब मूढ़ लोग भी चाहने लगते कि उन्हें भी अपने देह का त्याग न करना पड़े। भगवान यही दर्शाते हैं कि देह से आसक्त नहीं होना चाहिए और इसीलिए उन्होंने अपने अत्यन्त सुंदर देह का भी लय कर दिया। तो देह का लय तुम्हारा लय, तुम्हारा मरण नहीं है। तुम्हारा लय तो अपने स्वरूप में ही होता है।

अरे! तुम्हारा जन्म न तो पहले कभी हुआ था, न अब हुआ है और न आगे कभी होगा। मन ही ऐसी काल्पनिक सृष्टि करता रहता है। वही विभिन्न वस्तुएँ उत्पन्न करके उनसे जुड़ जाता है। शुकदेव जी कहते हैं- परीक्षित अब तुम यह सब

छोड़कर आत्म स्वरूप में स्थित हो जाओ। तब, ऋषि कुमार के शाप के अनुसार जो तक्षक आएगा, वह भी तुम्हारा कुछ नहीं बिगाड़ सकेगा।"

"तुम्हें कुछ और पूछना हो तो पूछ लो। यद्यपि सात दिन पूरे हो रहे हैं, ऋषि कुमार के शाप के अनुसार तक्षक के आने का समय हो रहा है। तथापि, जब तक मैं यहाँ बैठा हूँ तब तक वह नहीं आएगा।" शुकदेव जी परीक्षित से ऐसा क्यों कहते हैं? बोले- शुकदेव जी सर्वभूत हृदय, सबकी आत्मा हैं। उनकी ओर से तो पेड़ पौधे भी बात कर रहे थे। तक्षक की आत्मा भी शुकदेव जी ही हैं, अतः यदि शुकदेव जी उससे कहें कि अभी मेरे शिष्य को कुछ पूछना है, तुम रुक जाओ तो उसे रुकना पड़ेगा, परन्तु परीक्षित के लिए तो अब पूछने योग्य कुछ भी शेष नहीं था। कोई शंका हो तो पूछें, उनकी तो सभी शंकाएँ निवृत्त हो गयी थीं।

राजा परीक्षित कहते हैं- करुणाशील भगवन! आप स्वयं चलकर यहाँ पधारे और आपने मेरे सामने श्री हरि को साक्षात् प्रगट कर दिया। आपके लिए यह कोई आश्चर्य की बात नहीं है क्योंकि आप तो भगवान के साथ एकरूप हो चुके हैं। जो अज्ञानी लोग हैं, संसार के तापों से तप्त लोग हैं, उन पर तो आप जैसे महात्मा लोग कृपा करते ही हैं। आपने ऐसे पुराण का वर्णन किया जिसके प्रत्येक श्लोक में, प्रत्येक पद में भगवान के यश को ही गाया गया है।

अब तो मैं अत्यन्त शान्त स्वरूप ब्रह्म में प्रवेश कर चुका हूँ। अब तक्षक आदि के दंश से होने वाले मरण से मैं किंचित भी भयभीत नहीं हूँ। अब आप मुझे आज्ञा दीजिए। मैं अपने कामना रहित चित्त को ब्रह्म स्वरूप में लीन कर के प्राणों का त्याग कर दूँगा।

आपने सर्वोत्तम ज्ञान देकर मेरे अज्ञान को दूर कर दिया और जिससे उत्तम श्रेय की प्राप्ति होती है, उस भगवत्पद को दर्शा दिया। मुझे और कुछ नहीं चाहिए। शुकदेव जी परीक्षित की बात सुनकर बोले- ठीक है, अब मेरा कार्य पूर्ण हो चुका। देखो, शुकदेव जी स्वभावतः कहीं रुकते ही नहीं थे, परन्तु परीक्षित के लिए सात दिन वहीं रहकर कथा सुनाते रहे। अब राजा परीक्षित बड़े प्रेम पूर्वक उनकी पूजा करते हैं। उसके बाद- देखो गुरु कैसे हैं! वे महाराज अपने शिष्य परीक्षित का निर्वाण आदि देखने के लिए वहाँ ठहरते भी नहीं। वहाँ से चले जाते हैं।

इधर राजा परीक्षित के सारे संशय छिन्न-भिन्न हो गये। और वे निःसंग महायोगी ब्रह्मभूत होकर वहाँ बैठ गए। अब उनको किसी का ध्यान ही नहीं रहा। देह भाव का त्याग तो वे पहले ही कर चुके थे, अब शाप के अनुरूप तक्षक का आकर दंश करना एक औपचारिकता मात्र रह गयी थी, वह भी पूर्ण हो गयी और सबके सामने ही तक्षक के विष की ज्वाला से परीक्षित का शरीर जलकर भस्म हो गया और इस प्रकार परीक्षित का मोक्ष हो गया। देखो, प्रारम्भ हुआ था एक सर्प से। राजा परीक्षित ने एक मृत सर्प को शमीक ऋषि के गले में डाला तो उन्हें शाप मिला। यहाँ पर तक्षक के दंश से जो मरण हुआ, वह तो परीक्षित की देह का मरण था। उनका मरण नहीं था। वे तो अपने स्वरूप में स्थित हो गये थे। भागवत शास्त्र

हमें मरने की कला सिखाता है तो गीता शास्त्र हमें जीने की कला सिखाता है। और वास्तव में दोनों एक ही चीज हैं। इसलिए भगवद्गीता सुनकर जीवन से नहीं डरना चाहिए और भागवत सुनकर, मरण से नहीं डरना चाहिए। डरने की कोई बात ही नहीं है। ऐसे ज्ञान में स्थित हो जाना है।

4. मार्कण्डेय ऋषि का माया-दर्शन

अब इसके आगे सूत जी और शौनक जी का संवाद है। यहाँ मार्कण्डेय जी का एक छोटा-सा प्रसंग है, जिसमें मार्कण्डेय ऋषि को भगवान की माया देखने की इच्छा होती है। भगवान उनको प्रलय का दर्शन कराते हैं और कहते हैं, यह सब मेरी माया ही है। यह सृष्टि, बड़े-बड़े राजा आदि सब अनेक बार आये और गये। अब केवल उनकी कथा मात्र रह गयी हैं। सत्य वस्तु तो अपना स्वरूप ही है। बाकी सभी चीजें लुप्त हो जाती हैं, यही सिखाने के लिए मार्कण्डेय ऋषि का प्रसंग कहा गया है।

5. उपसंहार

अन्त में उपसंहार करते हुए सूत जी सब की वन्दना करते हैं। कहते हैं- जिनकी स्तुति सारे देवता-गण, सभी मुनि-जन तथा समस्त श्रुतियाँ करती हैं, 'देवाय तस्मै नमः' उन परमात्मा को नमस्कार। यह श्रीमद्भागवत निर्मल पुराण है, इस ग्रंथ में संन्यासियों द्वारा अनुभव किया गया श्रेष्ठ ज्ञान गाया गया है। इसमें ज्ञान-विराग-भक्ति सहित नैष्कर्म्य को प्रकट किया गया है। भक्ति सहित इसका श्रवण, पठन, चिन्तन करने वाला मनुष्य मुक्त हो जाता है। 'सत्यं परं धीमहि' हम परम सत्य का ध्यान करते हैं- इस कथन के साथ भागवत का प्रारंभ हुआ था और अब अन्त में भी यही कहते हैं।

हम उस परम सत्य पर ध्यान करते हैं जो स्वयं परमात्मा ही है। उन्होंने ही सर्वप्रथम यह ज्ञान ब्रह्माजी को दिया, ब्रह्माजी ने नारद जी को, नारद जी ने वेद व्यास जी को, वेद व्यास जी ने शुकदेव जी को और वही ज्ञान शुकदेव जी ने अत्यन्त करुणा करके राजा परीक्षित को दिया। उस परम सत्य को सत्य स्वरूप परमात्मा को हम नमस्कार करते हैं। इसी ज्ञान के द्वारा राजा परीक्षित को संसार से मुक्त कराने वाले शुक योगीन्द्र को नमस्कार! अन्त में प्रार्थना करते हैं कि-

भवेभवेयथा भक्तिः पादयोस्तव जायते। तथा कुरुष्वदेवेशनाथस्त्वंनोयतः प्रभो।।
नमसंकीर्तनं यस्यसर्व पापप्रणाशनं। प्रणामो दुःखशमनस्तंनमामि हरिपरं।।

भगवान! हम जन्म लेने से नहीं डरते परन्तु प्रत्येक जन्म में आपके श्री चरणों में हमारी भक्ति बनी रहे। उस हरि को नमस्कार जिनका नाम संकीर्तन समस्त पापों का नाश करने वाला है। इस प्रकार द्वादश स्कन्ध की समाप्ति होती है और इसी के साथ भागवत ग्रन्थ की भी समाप्ति होती है। देखो, यहाँ ग्रन्थ की भले ही समाप्ति

होती हो, लेकिन इस ज्ञान की समाप्ति नहीं होती। इस ज्ञान का हमें बार-बार अनुसन्धान करना है और अनुसन्धान करके उस ज्ञान में स्थित हो जाना है।

भागवत महापुराण शुरू होती है, राजा परीक्षित जी को मिले श्राप पर (उनके मृत्यु के भय के साथ) और खत्म होती है राजा परीक्षित के देह त्याग के साथ। देखिये मैने देह त्याग कहा, मृत्यु नही।

यह तो हम सभी को अनुभव है कि हमारा शरीर दो तरह के तत्वो से मिलकर बना है। एक है, प्रकृति के स्थूल तत्व तथा दूसरा है, चेतना तत्व। प्रकृति के तत्वो (पृथ्वी, आकाश, अग्नि, वायु, जल) मे पंचमहाभूत प्रकृति के है, ये यही से हमे मिले है। इस प्रकृति से। लेकिन एक दूसरा तत्व है जो हमे इस संसार से नही मिलता, वो है चैतन्य (Pure Consciousness) का तत्व। संसार तब तक ही है जब तक ये दोनो तत्व संगठित है। अगर एक भी तत्व शरीर से निकला तो संसार खत्म, लेकिन संसार खत्म होने का मतलब जीवन खत्म होना नही होता। वैज्ञानिक भी अब मानते है कि इस अस्तित्व मे जो भी कुछ है, वो नष्ट नही किया जा सकता। किसी भी पदार्थ को, वस्तु को नष्ट करने का कोई उपाय नही है। धूल के एक कण को भी नष्ट नही किया जा सकता, केवल रूपान्तरित किया जा सकता है। पानी की एक बूंद भाप बनती है, भाप फिर पानी होके बरसती है। ये जीवन-मरण भी ऐसा ही है। लेकिन ज्ञानी मनुष्य जो इस बात को विवेक पूर्वक जानता है। वो शरीर के रहते-रहते ही चेतना और पंचमहाभूतो को पृथक करने की चेष्टा करता है। जीते-जी दोनो प्रकार के तत्वो को उनके स्वरूप से जान लेना और जानकर उनको, उनके श्रोत को लौटा देना मुक्ति है। और अंत समय तक तत्वो को अहंकार भाव के साथ पकड़े रहना बंधन है। मृत्यु है।

इस भागवत महापुराण से जो ज्ञान प्रतिपादित किया गया है, यदि कोई मनुष्य उसके अनुसार अपने जीवन को रूपान्तरित करता है तो मै ये दावे के साथ तथा अनुभव के आधार पर कहता हूँ कि मृत्यु उस मनुष्य को छू भी नही सकती क्योकि रूपान्तरित मनुष्य यह जानते है कि मरता कुछ भी नही, मृत्यु भ्रम है। लेकिन ये करने मात्र से नही होता, ये अनुभव की बात है। कर्म, ज्ञान या भक्ति के मार्ग पर शुद्ध किये अन्तर्करण के साथ चलकर ही, इस अनुभव को पाया जा सकता है।

ये किताब एक छोटा सा प्रयास है केवल इस तथ्य को दर्शाने के लिए कि मुक्ति, मोक्ष या सुखो-दुखो से छुटकारा या परमानन्द कोई कोरी कल्पना नही है। भारतीय मनिषियो द्वारा जो अनुभव पुराणो में दर्शाये गये है, वो बहुत ही गूढ़ है। लेकिन यदि मनुष्य में थोड़ा विवेक जाग्रत हो और यदि वह मनुष्य जीवन को एक भोग के लिए मिला समय न समझ कर, इस जीवन को अपने उद्धार के लिए उपयोग करे। जितना भी समय इस संसार में जीवन जीने के लिए मिले उसे अपनी मुक्ति के पथ पर लगाये। तो मुक्ति बहुत सुगम है। आंनद बहुत सुगम है, वो प्राप्त ही है, बस हमें अपने जीवन की धारा को बदलने मात्रा की देर है। जीवन

धारा जब बहिर्मुखता से अंतर्मुखी हो जाती है वही राधा बन जाती है, फिर हर ओर आनंद ही बरसता है।

बहुत से मनुष्य भागवत या भगवतगीता या अन्य ग्रंथो को केवल कहानिया कथाओ या तार्किक बुद्धि का विषय बना लेते है। बहुत से कथा वाचक है, जो इस ग्रन्थो को रटकर लोगो को कथा वाचना शुरू कर देते थे, कथा वाचना अपना धन्धा बना लेते है, और खुद उनके जीवन मे कोई अनुभव नही होता लेकिन लोगो को ज्ञान बाटते रहते है। ये अनुभव हीन लोगो के चक्कर मे ज्यादा न पढ़े बस इतना ही करे कि जीवन को बहुत ही समझदारी एवं विवेकपूर्ण ढंग से जीये। ऐसे लोगो का सानिध्य करे जो वाकयी में कुछ जानते है जिन्हे वाकयी में कुछ अनुभव है। जिनके लिए धर्म, धंधा नही है। धर्म जिनके लिए संप्रदायिकता का साधन नही है।

धर्म ते बिरते योग ते ज्ञान।
ज्ञान मोक्ष प्रदत इति वेद बखाना।।

यकिन मानिये, जिसने भी धर्म पूर्वक जीवन जीया, उसने जीवन मे संसार के प्रति वैराग्य का उदय होगा ही होगा। उसके जीवन मे अपने को जानने की इच्छा होगी ही होगी, और जिसके जीवन में स्वयं के वास्तविक स्वरूप को जानने की प्रबल जीज्ञासा पैदा हो गयी तो फिर उसके जीवन मे ही ज्ञान और भक्ति का उदय होता है।

मनुष्य जीवन एक संभावना है। अपने परम लक्ष्य तक पहुचने की, जो मनुष्य इस संभावना को साकार कर लेते है केवल वे ही जीवन जीते है। बाकी तो केवल जीवन को व्यर्थ ही गवांते है। एक अर्थ मे कहे तो वे लोग अन्ततः आत्म हत्यारे शाबित होते है। यह पुस्तक एक माध्यम बन सकता है मुक्ति का, लेकिन सिर्फ उनके लिए जो जीवन के सही माइने समझ कर विवेकपूर्ण ढंग से जीवन को जीते है। उनकी मृत्यु फिर मृत्यु नही होती, वह केवल एक अनन्त यात्रा का विश्राम मात्र होती है। बहुत शान्त, बहुत सुगम और बहुत सौम्य।

किताब के लेखक ने, अपने बुद्धि, विवेक तथा अनुभवों के आधार पर इस किताब में परम पवित्र श्रीमद भागवतम के तथ्यों के माध्यम से मृत्यु से मुक्ति तत्व की यात्रा को प्रतिपादित करने का प्रयास किया है, इस प्रयास में कुछ भूल एवं त्रुटिया सम्भवतः हो सकती है। उसके लिए लेखक क्षमा प्रार्थी है।

ॐ पूर्णमदः पूर्णमिदं पूर्णात्पूर्ण मुदच्यत।
पूर्णस्य पूर्णमादाय पूर्णमेवावशिष्यते॥
ॐ शान्तिः शान्तिः शान्तिः॥

—ॐ—ॐ—ॐ—